U0016844

古代中國的歷史與文化

勞榦 著

自　序

　　當六十五年十月，我的論文集出版，現在又十四年了。在出版論文集時，已有未能找到的論文，到了現在，又有不少新作的論文。為了要搜集起來，來顯示近年工作的大概，實在還有再出一部文集的必要。因為各篇論文是彼此相關的，只有集合起來，才可以互相補充和互相比較，來現出一些問題中比較完整的形貌。在這裡除去做了分類的工作以外，在這些論文中，也還有再加詮釋的重要性。只因為篇幅有限，在這自序中，也只能根據幾個重點，加以申說。

　　首先要說明的是治亂週期與朝代週期的問題。宇宙中許多事物都有其週期性，四時代謝是人所共知的，常見的例如日食週期、地震週期以至噴泉週期，尤其商業的景氣週期，是國民經濟上一件大事。治亂週期就是綜合了若干小的週期而形成了若干大週期。這個看法的基點是根據李四光用戰爭次數，而統計出來治亂週期。若再深入研究來尋求解釋，就知道和朝代週期相關性相當密切。而社會組織的週期也有相當的影響。朝代週期無疑的是和君主世代的能力漸減性有密切關係，但統治的士大夫階級如其各家族長久的繼續下去，即使朝代已換，仍然保存前朝社會組織，也可能將前朝許多因素沿襲下去，而與前朝仍在同一的治亂週期以內。但是人類的社會是不斷進展的，科技的應用也是不斷進步的。治亂週期所含因素本來非常複雜，再加上時代的進展，後一週期自然和前一週期不同。只是對中國來說，中國數千年一直是家族統治的專制政體，所以一個朝代最長不過二三百年，到了朝代結束，就可能即是天下大亂、人民痛苦之時。今後也只有脫離家族影響之後，才會突破原有朝代式的轉移，而開創民族未來新的形式。只是舊的痕路，刻畫很深，解脫出來，當然也是相當費事的。

關於〈漢代尚書的職任及其與內朝的關係〉這一篇是繼續以前所作〈漢代的內朝與外朝〉那一篇而來。所謂「內朝」，是指天子的文學侍從之臣，特別提出來的九卿大夫再加上天子親近的將軍而形成了一個親近顧問的團體。外朝是指丞相以下的朝官，各有所司而不能時常接近天子的。在高帝、惠帝、文帝、景帝時期都沒有這麼重要，到武帝時期，卻養了一群的「天子賓客」，形成一種「智囊團」，做成了一個政策制定的中心，而使丞相只能負執行的任務。其中加官（把一個特殊名義加到公卿大夫等朝官上去）如散騎、左右曹、給事中、諸吏；專任的如侍中、常侍；從外面調來，不必再加上名義的，如將軍；都是屬於內朝的各種官職。但內朝只是顧問的團體，雖然成了決策的源頭，卻還要天子的詔書，才能發生效力，因而尚書一職，就變成了發號施令的關鍵部分。至於尚書官署應當算到內朝，還是應當算做外朝？以尚書的機能來說，無疑的，應當算內朝的一部分。因為侍中、給事中，應當算內朝的「委員」，而尚書卻是內朝的「秘書」，再由天子裁斷諸事。不錯，在外朝議事時，尚書令也出席，所以就機能方面言，他是天子的秘書，而不是丞相的部屬。不能因為尚書出席外朝，而認為是外朝之職，這是事實演變的結果。以後就使尚書令成為真正的宰相，而原來稱為「宰相」的司徒和司空變成只是一個尊貴的虛名了。

內朝這個機構既已成立，霍光當政就是利用大將軍的內朝地位，憑著武帝遺詔，控制尚書機構而來掌權的。到了後來的當政大臣，就更加上領尚書事、錄尚書事、平尚書事等等正式名義。東漢時期，當政的外戚也都是以大將軍或車騎將軍輔政而加上領尚書事或錄尚書事的職銜。一直到魏晉南北朝，所有權臣也都沿用這種名義。

漢武帝是一個多采多姿的君主，而且在位的時間比較長，這就形成了政治上許多變化。尚書官權力的樹立，由於武帝；內機構的建立，由於武帝；對策辦法的出現而影響到選舉制度，由於武帝；開闢疆土，新設郡縣，創立刺史制度以及東移函谷關來形成畿內與關東交界，由於武帝；改革幣制，始鑄五銖錢，由於武帝；以至於把十月歲首，改為正月歲首亦由武帝。其中影響的確相當複雜。這一個對於政策和制度關係相當複雜的皇帝，在其一生中也當然會被「宮廷陰謀」包圍著，而「宮廷陰謀」當中，幅度最大的，要數「巫蠱之禍」。

巫蠱之禍的起因也是相當複雜的。第一，是武帝的健康狀況和情緒問題。第二，是武帝內寵和內寵間黨羽的爭鬥。第三，是漢代的民俗禁忌也深深的攪

入政爭禍亂之中，而使關係更為複雜。第四，司馬遷的《史記》也牽涉到這個風波之中，而《漢書·司馬遷傳》又收入了號稱司馬遷作的〈報任安書〉，使司馬遷和《史記》也多少和武帝晚年政局有點關係。因而巫蠱之禍更加深了其中的歷史意義。

這是討論《史記》是否「謗書」的一個關鍵。在《史記》中除去〈景紀〉、〈武紀〉遺失以外，只有〈平準書〉和〈封禪書〉對武帝略有諷刺，但這些諷刺的語句還可能認為是被人添加的。刪掉以後，可以無傷敘述的本文。所以《史記》全書應該是司馬遷在巫蠱之禍時，為避免牽連，把涉及武帝較多的景武二紀毀掉，在謹慎中保存下的著作。其被稱為「謗書」的，不是關於《史記》的本身，而是這一篇〈報任安書〉。因為〈報任安書〉的諷刺，是這封信中的本旨，不是附加部分。《史記》認做「謗書」既被人認定之外，後來蔡邕曾因董卓黨的嫌疑，請求續修漢史以贖罪。就因為不能再有謗書的理由，而被拒絕。由於名滿天下的蔡邕尚不能免罪，也就使賈詡為了自保，唆使董卓殘部李傕、郭汜等叛變，以致洛陽覆沒，東漢政權也毀了。

其實〈報任安書〉文章好，並且還有內容，作者對於司馬遷的思想，了解得相當深刻，從來就沒人懷疑過。但是這封信的本身卻有很深的矛盾，影響到是否可以合理存在的問題。此書中「今少卿抱不測之罪，涉旬月，迫季冬」表示寫的時候是正在巫蠱之禍以後，漢武帝的大整肅時期，當時天下譁然，人人自危。司馬遷當時未被巫蠱之禍牽入，自保還來不及，怎樣可能寫這封激切的信給當時重罪的囚犯？如其說這是一封寫好未發的信，那司馬遷連〈景紀〉和〈武紀〉都不敢保留，又怎敢家藏這篇激切的信，來作牽連入罪的證據？試看一看《昭明文選》卷四十一中有司馬遷的〈報任安書〉，接著就是楊惲的〈報孫會宗書〉（惲文出《漢書》本傳）。這兩封信都是氣勢雄肆的好文章，比較之下很有相似之處。如其〈報任安書〉為一篇仿作，而非司馬遷的親筆，應當只有楊惲才有此資格。

在〈再論漢代亭制〉、〈釋簡中的「烽」〉以及〈與嚴歸田教授論秦漢郡吏制度書〉幾篇文字，都是根據漢簡討論漢代地方制度中的幾個問題。漢承秦制，採用的是「郡縣制度」，而郡縣制度實可溯及更早。《左傳》哀公二年，晉趙鞅所言「上大夫受縣，下大夫受郡」一直成為問題，實際上郡縣制度距此稍後，就可證明早已秦漢相同，所以上下二字實是鈔寫的錯誤，當作「下大夫受縣，

上大夫受郡」。也就是郡縣制度在春秋晚年，已在晉國開始了。

漢代的邊塞組織，是屬於地方性質的。所以從漢簡中整理出來的新證據，也是主要的和郡縣制度相關。郡吏和縣吏的組織，是郡縣制度中一個重要部分，縣以下的鄉亭和鄉里的組織，又是另外的一個重要部分。鄉是縣以下的分區。鄉以下又分為兩種不同的管理。「鄉里」是以居民的人口為主的，里是戶籍的基本單位。另外，「鄉亭」是以道路的遠近為標準的，亭是其中的基本單位。在邊塞上，亭的防禦性更加強一些。在漢簡中也叫作隧。隧除防禦性以外，又是一些通信的據點。其通信的種種方法，是烽煙、烽表以及苣火。隨著塞外情勢嚴重的程度，而加以區別。不過並非一成不變，而是隨時調整的。這是根據敦煌漢簡、居延漢簡和居延新出漢簡所得的結論。

當然，這裡還有一個疑問。亭既然只是一種治安或防禦單位，而不是一種戶籍單位，為什麼東漢以後，列侯的等級可以分做縣侯、鄉侯、亭侯三等。這個亭侯的亭，顯然是代表區域的。對於這種事實的解釋，是：漢代封侯的標準，是以戶口（稅收）為代表。受封亭侯的，所畫的區域，往往需要小於鄉而大於里；恰恰亭的巡邏區域，正好大致和這相符。這就變成了亭是受封區域，實際上亭的任務和戶口登記並不相干的。

關於古代地理問題，首先要討論的，是齊國的東進事項。這就是〈論齊國的始封和遷徙及其相關問題〉，這篇是一個政治問題，所以列入「歷史與政治」一類中。不過有關地理問題，也應當討論一下。齊的始封，雖然號稱始於太公。不過按照周初一般情形，第一個國君應當不是太公而是齊侯呂伋。當然太公也可能到過營邱，不過也應當和周公、召公一樣，並未自己就國，而他自己仍長駐鎬京。周公是比較清楚，並未長期居魯，召公也並未長期居燕。太公雖可能到過營邱，他在京師任職，卻未能長期居留下去。在齊、魯、燕三國中，始封時應當是同級的大國。但後來齊、燕都有超越的發展，而魯國卻衰弱下去。傳說中齊國尊賢，而魯國尊親，以致情況相殊，這只是以成敗來推論的，最重要的還在於有無敵國外患。魯國接近中原，有宋衛等國支援，邊疆問題不嚴重。齊國接近邊陲，一定要自行解決邊疆問題，而和萊人就有不能並容之勢。東進的必需，就成為齊國進取的契機。

因為齊國是逐漸向東發展的，齊國的始封按地理形勢，是在漢代濟南郡治所在東平陵附近，亦即現在章邱縣附近。傳說中太公始封的營邱就在臨淄，是

絕對錯誤的。齊侯不取萊，臨淄是不可能作都城的。城子崖的古城是考古發現中一個非常重要的古代遺址，只有認為在營邱的齊國故址，這個歷史的空白才可能把它填補上。當發掘城子崖時，時期太早，並無齊國東進的觀念，無意中把臨淄當作營邱，以致全盤擾亂，現在是糾正的時候了。

〈秦郡的建置及其與漢郡的比較〉是一篇對於秦時郡制的研究。漢郡是從秦郡沿襲而來，其中頗有因革。《漢書‧地理志》中對於各郡頗有注明；但其中忽略的地方太多，而且還有明顯的錯誤。歷來各家討論秦郡的人很多，但不知為了什麼，大家一致都有這個大疏忽，一直沒有人看出來。這就是漏了河內郡。

此郡從戰國到漢一直不可能取消掉，可是從來討論秦郡的學人，都把河內郡忘掉了。從戰國開始，河內的鄴一直是魏國的重要城邑。孟子見魏惠王，魏惠王說「河內凶則移其民於河東，移其粟於河內，河東凶亦然。」河內及河東，正是魏國兩個重要的郡。漢代河內、河東及河南，稱為三河，兩漢時期，都是全國的重要據點。這就是河內地理位置（商代舊都，而且南北朝時，亦屢建都邑），戶口和財富，都一定要被重視。自來講秦制的學者把河內畫入東郡，這是不可能的。因為秦併六國，設置郡縣，其郡界還是依照六國時的舊界。為的是各國有各國的賦稅制度，而且各郡的文籍檔案，各自集中到郡治，沿襲舊界，比較方便。河內屬魏，東郡屬齊，兩國舊制不同，更無把肥饒的河內取銷，勉強歸入東郡之理。所以秦代一定有河內郡的。因為新的設想加入了河內郡，其他郡數也就要斟酌更改了。

有關歷法一項，這是一個相當複雜而困擾的問題。歷法本身已經夠複雜的了，再加上中國古代歷法問題，更具有許多難於解決的疑點。自從甲骨發現以後，殷歷的排定，是研究甲骨文當前需要的事項。當時群言龐雜，有種種不同的設計，最後是董作賓先生認為殷代用的還是四分歷，總算把原則問題歸於底定。董先生的《殷歷譜》也是一個精心排比下的不朽之作。只是董先生所採用的武王伐紂的定點，用的是唐代僧一行算出的前 1111 年，而僧一行又是據劉歆的算法而改訂出來的。在國際間通用的武王伐紂年代卻是前 1027 年，這是據《古本竹書紀年》定出來的，劉歆未能看到《竹書紀年》，所以無法採用這個年代，而自行臆斷採用了另一個年代，國際間的學者都認為證據不足，不予採用。因而董先生的《殷歷譜》也就在國際間甲骨文研究中被擱置。

要想把殷歷譜和國際間認可周初年代搭上橋樑，就得把殷歷譜加以設計，

使其適合於被認可的年代，通過了種種的準備工作以後，得到的結論，是武王伐紂，也就是周代的開始應當在前 1025 年，比國際通用的前 1027 年後了二年。不過這也是可以解釋的，因為《竹書紀年》用的是建寅曆，而周代官方用的是建子曆，武王伐紂正在建寅曆的年尾，建子曆的年初，所以要差一年。再加上周代各王還可能有未逾年改元的，這就再差一年，也很容易。

若照前 1025 年為周代開始，算起來周初諸王的在位年數和年壽有一些出人意表的差異。其中大致的估計，是：

文王在位五十年，年壽約為六十五歲。（《禮記》按傳聞文王壽九十七，武王壽九十三，與真實歷史矛盾，不可信據。）

武王在伐紂以前在位十三年，伐紂以後在位四年，共計在位十七年，年歲當為五十六、七歲。

成王在位二十一年，約為十三歲即位，其中周公攝政七年，二十歲親政，年歲約為三十三歲。

康王在位十九年，約為十六歲即位，年歲約為三十四歲。

這個數目因為成康令主壽命如此的短，令人驚異，不過比較兩漢的君王，就不覺到不合理了。西漢除高帝和武帝以外，沒有一人到過五十的。東漢更為清楚，除去光武年過六十以外，明帝四十八，章帝三十三，和帝二十七，安帝三十二，順帝三十，桓帝三十六，靈帝三十四。比較下來，成康兩代的年壽只有三十多，不算稀罕。只是倘若真的如此，就不免使人失望罷了。據《文選》三十五，漢武帝〈賢良詔〉李善注引《竹書紀年》「成康之際，天下安寧，刑措四十年不用。」也指實成康兩代，總計確為四十年。但是成康兩代年數不夠多，總使人不服氣。我也查到了前 1051 年干支與前 1025 年略同，希望能找到這一年。但是對這一年，什麼有力的證據也找不到，就只好放棄了。

以上除去大致談了一些歷史問題以外，主要說的是有關於官制、地理和歷法的問題。因為這三項是會被人認為煩瑣的學問，但是歷史與文化的許多關鍵問題，又需要這三項的結論來解決，所以盡量避免繁複，就其重要的中心點來重新敘述。

為了還有許多方面上文未曾討論到，現在以〈漢代豪彊及其政治關係〉為主，就社會和文化方面，再來討論一下。首先要問的是：什麼是「豪彊」。就史料來看，豪彊指的是一個家族，而不一定屬於個人。《漢書·王莽傳》「或

耕豪民之田，見稅什五」，這裡所謂豪民，當然指豪富的人們。《史記·呂不韋傳》：「子楚夫人，趙豪家女也，得匿。」這裡所謂豪家，當然指財富之家。子楚夫人也就是秦莊襄王王后，秦始皇的母親，其家得為豪家，究竟原來就有錢，或者由於呂不韋替他們經營出來，這不關重要，所要認定的就是豪家的條件是財富。

　　秦始皇的外家既然屬於財富家族，所以在統一六國之後，對於私人的財富，是加以承認的。在《史記·貨殖傳》中看到的，只是非常少數的選樣，卻顯然可以看出來秦始皇對於私人財產表示的態度。張良是反秦的健將，他的能夠活動，還不是靠他的財產來支援。甚至項氏叔姪，他們能夠起來，也還是倚賴私人財富的力量。從春秋晚期以後，已經出現了財富集中的情況，戰國時代從都市的發展來看，更是豪富競起的有利時期。戰國時代的戰爭，除去損失兵員，耗減勞動力以外，對於發展中的都市，並未曾有大的破壞。到秦始皇吞併六國，許多國家抵抗不大，尤其是財富的齊國，幾乎只是去接收。楚漢之間的戰爭破壞性大些，但戰國時的豪門大姓，依舊還是豪氏大姓，這就形成了漢初豪彊勢力增長的情況。再加上幾種來源：第一是漢初的封國，成為新貴族，也就是新的豪家。第二是憑種種方法，新進的高級官僚，也會把他們家族變成豪家。第三是漢代領土的新開發，這些中原移民，也更有新的機會來增加財富。這些種種不同來源的豪家，也可能代替了舊日豪家因為種種原因變成了的「破落戶」，他們已經失去了豪家地位後所有社會上的舊有地位。

　　從戰國以來，許多客觀條件鼓盪之下，使封建的國家形成了官僚的帝國。這些大小的官僚，需要有人候補的，也就是說一個國家的文官制度，自然應運而生。戰國時期百家之學紛紛傳授也不過是為了補充職業的官僚。秦始皇晚年，李斯建議焚書，禁詩書及百家語，「有欲學者，以吏為師」，所謂「以吏為師」是要吏員帶門徒，而《倉頡篇》、《爰歷篇》、《博學篇》，就是準備著應用的教科書，當然，這是不夠用的，等到漢代開始，雖然最先「挾書之律」還未除去，但自由傳授也就進行起來，也就等於把學校傳習，和文官制度聯結起來。東漢左雄建議的「諸生試家法，文吏議章奏」雖然是較晚時期的事，但不論「諸生」或「文吏」都是官僚的候選者，從漢初已經是這樣的。

　　照《鹽鐵論》中桑弘羊所說的「儒生多窶人子，遠客饑寒」，這是表示著文官制度雖然在西漢中期已經樹立了安定的軌道；但不論是學校，或者是郡

吏，一定是豪門要占些便宜。《後漢書‧馬武傳》說「諸卿不遭際會，自度爵祿何所至乎？」高密侯禹先對曰：「臣少學問，可郡文學博士。」帝曰：「何言之謙乎？卿鄧氏子，志行修整，何為不可掾、功曹。」這就是表示著漢代郡吏的升遷，要靠幾個條件：學力能力是一個條件，品行是一個條件，而家庭關係也算一個重要條件。這裡光武說「卿鄧氏子」，就可見到在升遷中，家庭在當地的地位，非常重要。這種情形，就會使豪門的優勢，更容易延續下去。

漢代朝廷命官不外幾個來源：郎署、太學、孝廉、上計吏，再加兩種特殊的情況，由功臣或列侯出任，以及由郡吏得著特殊機會逐漸升遷。這些管道看來，還是對於豪家占便宜些。其中清貧卓行力學之士誠然也有，只是機會少些。兩漢書中，誠然有不少出身清寒的人士，但卻不可以把此與貴戚豪門列名的人來做數字統計的。因為出身寒微的人，能夠冒出來，一定有特殊能力，而憑家世財富出來的人，反而多屬庸碌一流。所以清寒出身在正史列傳中所占的比例和清寒出身在當時官吏總數中所占的比例，一定不能相同，也就難以統計了。

自從隋唐實行科舉以後，雖然使清寒的人出路稍寬一點。但因為科舉的標準受到種種限制，所取的不免多數是「帖括之士」，還是不能得到真正的人才。論者不免回想到兩漢的舊辦法，認為這一種「鄉舉里選」，比較上應為更公平的辦法。其實完全不是這回事，號稱屬於「鄉舉里選」的孝廉推薦，除去少數的特例以外，推薦候選人的郡太守，被貴戚、豪彊的「關說」壓迫之下，是無法公平處置的。在《後漢書‧种暠傳》有一段感人的事實，說：

> 始為門下吏，時河南尹田歆外甥王湛名知人。歆謂之曰：「今當舉六孝廉，多得貴戚書命，不能相違，欲得一名士，以報國家。」明日湛送客於大陽郭，遙見暠，異之。……歆即召暠於庭，辯詰職守，暠對辭有序，歆甚知之，召署主簿，遂舉孝廉。

這裡敘述到的田歆，當然是一個賢的長官，但也不能不敷衍關說的人，勉強擠出一個位置來推薦人才。那就可知在當時的文官制度下，人才與非人才的比例了。左思〈詠史〉詩：「世胄躡高位，英俊沈下僚，地勢使之然，由來非一朝。」這些世胄以及豪彊，在政治及社會上有特殊優惠的機會，在任何一種少數人控制的政權下，都是一樣的。隋唐以來的科舉制度，確實少許有些補救，但取不了真正的人才，也是無可如何的。

　　貴戚在功能上亦是豪彊，而貴戚以外的地方豪彊，亦所在皆然。雖然不論貴戚或地方勢力，對於中央的政令，都是衝突的。依照法家思想，在一個政權之下，只能馴服在一個來源，所以不論貴戚或者地方大姓，都不能對於天子的絕對威權加以妨害。漢武帝設置刺吏，以六條察郡國，制止豪家大姓的發展是一個重要目的。不過不論是怎樣有力的中央，對於豪家大姓，也只能加以抑制，而不能加以消滅。不論何處，還是大姓占了上風。敦煌一處，唐末到宋初的史料還存在了一些，其中張、曹、李、索四姓，可以遠溯漢晉，其中李姓則為隴西成紀李姓世族的後人，這就可以看出大姓傳統也延長了時間不少。魏晉南北朝世族掌政的局面，實際上也是源遠流長的。

　　這本論文集牽涉的方面比較多，稍加解釋補充，已經費了不少的文字。為了節省篇幅，就此作一個小結束。對於聯經出版事業公司惠予出版，非常感荷，謹志深厚的謝意。

　　　　　　　　　　　　　　　　　　　　勞　榦

目　次

一、歷史與政治

中國歷史的週期及中國歷史的分期問題

　　凡是一種延長下去的進展都有它的週期性，不論生物或無生物都是一樣。生物的個體是非常顯著的，具有它的幼壯老死。無生物也是一樣，一年的四季，一日的朝暮當然是週期，即是就宇宙全部而言，也一樣的含有週期性，只是這些週期性不完全都被人類測得罷了。

　　中國歷史當然不會屬於一個例外。所不同的是中國因為特殊地理形勢的關係，和世界其他部分被高山、大海以及大沙漠隔絕著。在鴉片戰爭以前，所有對外的交通都在半封閉狀況之下。雖然間或受點外來文化上的影響，但這種影響始終未成為主流。因而中國歷史的週期，在過去的時候始終是在幾個類似情形之下，複合了上一個週期的升降。

　　週期，當然不就是一種簡單的週期。週期的形成決不屬一個簡單的原因，而是複雜的因素湊合而成的。並且週期之內還包括了許多小週期，週期之外還要彙合其他週期造成更大的週期。所以對於人類歷史來說，最大週期是什麼樣的週期，還不是現在的人所能解答。

　　中國的朝代本身是一個週期，這一種的週期代表了興衰和治亂。就一般情形來說，除去特殊短命的朝代不算，一般典型的朝代，大致是二百年至三百年。形成這個期限當然不是一些簡單的問題，不過就其主要方面的原因來說，至少以下各項，是其中比較顯著的。

一、君主家族的興衰與朝代的興衰

　　不僅一個帝王家，一般凡庶閭里人家也是一樣有興衰的週期。俗語所謂「千年房地八百主」，就是對於人家盛衰無常的一個通常看法。尤其對於帝王家，他們的子弟都是封閉而隔絕的，過著非正常的生活，那就破敗更為容易。

之所以能夠維持，是靠著君臣的「名分」，等到腐爛已極，君臣名分不再能發生作用時，那就要改朝換代了。

這是比較容易解釋的，凡是君王專制的政府都是全國的官吏最後向君主一個人負責。君主的權力和責任是非常重大、無限制的。尤其東方型國家，並無和君主對抗的教會，那就君主的地位更為超過了一切。人究竟是人，一個智慧很高、精力很強的人，也不可能處處精神貫注。在全國的萬幾寄託在一個人身上的時候，也決不可能幾十年如一日，絲毫不發生變態，也不發生厭倦。所以創業帝王在開始創業制度的時候已經會時常照顧不周，而且更會照顧的方面越多，後來發生的弊病更大。這些創業時的定制經過時候越久，越會和後來的情勢不能適應。到了祖制成為進步的嚴重阻礙的時候，就是這個朝代壽命終結的時候。

其次，一個朝代的興衰完全和一個家族的興衰合而為一，這對於朝代方面來說是更為不利的。就普通一個家族說來，越是大家庭，越容易崩潰。因為大家庭中的子弟，差不多都是不學而依賴，不能抵擋住外界的風波。所以一個富貴之家傳了幾代之後，子弟們多半會一代不如一代，最後歸到總崩潰的路上去。至於帝王家中的情況，比普通富貴之家情況更為嚴重。皇子皇孫往往都是「生於深宮之中，長於婦人之手」，與民間社會毫無接觸，成為一點世故人情也不懂的人。不但如此，這種教養下的子弟不僅知識薄弱，甚至身體也一代不如一代，最後甚至缺乏子嗣。缺乏子嗣的情形，是從記載上看出的，如同西漢、東漢、唐、宋、明、清，都有這種事實。至於身體的衰弱，不僅從記載上可以看出，畫像也可看得非常明顯。現在歷代帝王的寫真畫像，是從宋代開始的。宋元明三代保存在故宮博物院，清代保存在北平的大高殿。這些畫像並且都有影印本，可以看得非常清楚：上幾代相貌比較正常，到了快亡國的時候，那就逐漸的瘦削下去，表顯著體質上的退步。試問對廣圓萬里的大國，把一切的生命寄託在一個身體衰弱不堪而又不通人情世故的人手裡，這個國家那有不亡的道理。朝代的政權代表著安定的力量，等到這一個安定力量瓦解時，一個大的混亂就會產生了。

二、政治組織中積弊的加深與朝代的覆亡

在一個君主專制政府之下，主要的是靠「人治」，一切政治制度都是表面

的。因為制度也是「法」，法可以限制官吏，限制平民，卻不能限制天子。倘若任何法律制度被天子感覺著不便，就會被天子改訂，而使法律制度變成破碎。況且天子高居於九重之上，具有一個孤立的形勢。做天子的人自己覺著孤危也是人之常情。所以天子最怕的事一是大臣擅權，一是小臣結黨，同時也盡量想打開近臣的蒙蔽。所以開國的君主以及前幾代的君主，會把法屢次改動或者加上許多附加的辦法，或者再在政府機構中加上些駢枝的機關，使法律制度失掉了原形。到了後幾代的君主就更會明白的違法，使法律制度失掉了效用，以至於國家不能維持。以下是政治制度中幾個最著名的例子：

宰相制度發生的問題與其演變對於一個國家的政治進行，最有效率的辦法，是選擇一個有能力的人，使他專負宰相的責任。這樣就和君主立憲國家的內閣比較接近。西漢武帝以前的丞相，就是這樣一種任務。漢武帝是一個英明而猜忌的人，他對於這種專責丞相制度不滿意。首先他不用他祖母的姪子竇嬰而用他母親的同母兄弟田蚡做宰相，後來又不滿意田蚡的專斷，而說：「君署吏竟未？吾亦欲署吏。」這種話。所以在他在位的時期，他是極力摧毀宰相的權力的。他的特殊創作是：

甲、用內朝來代替宰相。內朝是天子周圍一班顧問，以天子的私人秘書組成的一個小團體，天子有他們的幫助，就可以處置許多政務，命令宰相去執行，減輕了宰相在政治上的重要性，使宰相府從一個決策機關變成一個承轉的機關。

乙、用平民做宰相，打破了漢代以貴族來做宰相的傳統。並且大量的把有爵位的貴族降為平民。這樣就使得宰相的地位無形降低。

丙、嚴格控制宰相，並且嚴厲的懲罰宰相，使得宰相畏罪，不敢發表意見，而結果成為「伴食宰相」。

自從漢武帝嚴重的打擊宰相以後，君主削弱宰相的權，不僅成為漢代的傳統，也成為中國君主的傳統。這種進行的路徑是：(1)從獨相制度變為多相制。(2)各朝開始時照例用近臣來奪宰相的權柄，等到近臣變為實際上的宰相時，又再以另外的近臣來取代，成為循環不已的現象。而其中最極端的例子，是明太祖廢除宰相，而採用六部分司制，實際總其成的，是翰林院的大學士及內廷的司禮監。後來大學士成為實際的宰相而司禮監卻成為超級的宰相。因而明代宦官的禍患就一天比一天深，而終於無法救藥。

天子始終是猜忌宰相的，宰相的權伸張了一點就被壓制下去。因爲每一代的天子都要把朝廷中官吏變成互相監視互相牽制的局面，所受到影響的，自然是官與官之間都是敷衍，誰能敷衍的就名利亨通，誰不能敷衍的，往往得咎。這種局面一代一代的傳下去，自然任何一處的積弊日深，以至亡國而後已。

不僅中央官吏是互相牽制的局面，無法做事，地方政區也是一樣。郡縣制度本來系統非常簡單，可是各朝也是逐漸變成複雜。在各朝開始時期稍整頓一下，但各朝的演變也總是變得複雜而決不會再變簡單，因而地方政區的效率，以及政風，也是越來越不如以前。

三、士大夫家族的問題化與朝代的覆亡

士大夫家族在各朝的演進中，他們對於政治上的活動，還有激烈的競爭，不是像君主那樣世襲的，所以比較皇家，衰敗的要略爲緩慢一點。不過就全士大夫團體來說，各朝的晚期較之各朝初期，其中的問題也是漸次增加的。等到問題惡化之時，也會影響到整個社會的存在性。因此加深了一個朝代的崩潰。

競爭之激烈化，以及競爭失敗者的冒險——在一個一統帝國成立之後，如果君主成爲唯一的力量，沒有別的力量可以抗衡時，那君主將會打擊其他可能發生的社會力量以便於統治。中國歷代的賤商政策就是一個很好的例證。

商人是被法家認爲一種亂世之民的，爲的是所有的榮譽都得出於君主之授予，然後權力之運用才可以方便。倘若做商人可以得到鉅量的貲財，而鉅量的貲財可以購買到社會上的榮譽時，那就君主運用的最大工具「刑」「賞」中的「賞」，可以不必經君主的同意而自由取得。所以各個朝代有的是公開的賤商，有的是法律上暗中賤商。

歷代賤商大致說來是成功的。君主雖然未消滅商人（當然也不可能消滅商人），可是剝奪了商人的社會地位，使得天下士子覺得只有爲皇帝服務才是天下最光榮的道路。這就是只有做官才算榮譽，凡找榮譽的人只有想法去做官才可以。在一個朝代初建之時，政治尚未安定，百姓比較貧窮，爲著起碼生活而忙，想做官的人還少些。到了政治越安定，社會越富足，需要做官的也

就越來越多。國家的官有限而請求做官的人無窮，競爭自然越來越激烈，而成為造亂之因。至於商人被壓制的情形，可以分為下列三個時期來說。

（一）察舉時代：這是指兩漢時代而言。西漢初年一切簡樸，郎官是可以從貲財選拔出來的。這就暗示捐錢還是一條間接求光榮之路。所以社會還較為安定。到了西漢中葉以後，太學生的數目日漸增加，雖然表示文化進展，可是太學生的出路只為了做官，就不免有競爭淘汰的現象。這些競爭失敗者並不能「歸田」的，自然還得想法子活下去。王莽時頌功德的有十萬人，這十萬人當然都是職業的頌德者，這就形成了西漢改朝換代的原因之一。

東漢建立，教育更為發達。可是到了東漢晚年，太學竟成為游談之所，是非之場。黨錮之禍固然是士大夫的不幸，而三國初年的紛爭割據，實際上割據的軍閥也無一處不有士大夫作為謀士，東漢也就改朝換代了。在東漢晚年較為安定之時不難想像到許多的讀書人殘酷的受到職業上的限制，一點出路也沒有。這些人為榮譽起見不能做商人，受體力的限制不能做農人，甚至由於缺乏寺院的組織而不能做和尚！倘若說三國初年的動亂與士大夫職業無因果的關係，是不大可能的事。

（二）大姓壟斷時代：魏晉以後察舉的名義仍然存在，不過另外還有九品中正制度，對於朝廷已有地位的人士，更為方便，並且還有許多最有地位的子弟，不必經過一些考核就可以為「黃散」（黃門侍郎、散騎常侍）。這種大姓壟斷的情形，到了東晉和南朝，更為顯著。這是非常不公平的，不過就政治的安定方面來說，卻也有其功用：（1）寒微的家族對於高官已經無望，就不妨去做商人，反而有益社會的安定。（2）君主以外大姓具有政治上的相當力量，可以使君主變而政府的機構不變。但其壞處則為這一些大姓成為統治階級已久，其子弟生來就有富貴，以致多數人是不中用的，不能應付突然的事變。所以梁武帝晚期成為自然崩潰之局。陳朝雖然用了一點新人，卻仍不能抵抗隋師的南進。

（三）科舉時代：這是從隋代到清朝晚期一個長的時期，占了十三個世紀，對於中國近代社會及政治的影響至為深厚。科舉制度自有其優點，因為科舉取士從來未曾計及到世族寒門的區別，這就比較公平，不僅矯正了大姓壟斷時代的過失，並且比察舉制度也公平一些。察舉制度雖然號稱察舉賢才，但到東漢時期早已由世族把持了。科舉卻未曾被把持，尤其到宋代彌封卷制採

用以後，更是完全看卷不看人，給從前寒微之族一個比較公平的出路。

不過科舉制度就其對社會安定的貢獻而言，卻是功過相參，並非完全都在正的方面。科舉取士的標準，不論其爲辭賦，爲策論，爲經義，爲八股文，都是按文章的好壞來定去取；而文章好壞的絕對標準，卻是沒有的，只憑主試的好惡甚至憑主試臨時的好惡來決斷。「文章自古無憑據，惟見朱衣暗點頭。」已成爲應試的口頭語，所以應試的人多少要帶一點投機或賭博的心理。試問把全國的人引誘入賭博之途，這種政治如何可以走到正確的路線上去？

唐代進士很少，而應試的士子甚多，所以在唐代詩文之中，時常看到落第之事。宋代進士雖然名額增加，可是應試的人也增加。明代把舉人也算成資格，可是舉人在明清時代也不易取中，甚至於只要能在府學縣學做一學生（當時叫做秀才），也可以具有鄉紳的資格。這就使全國人的精神才智都集中到科舉上去。不論科舉考試的內容是什麼（宋代的人已感覺辭賦的無用，明代承經義而改的八股更壞），都是束縛人心，妨礙學問進展的絆腳石。妨礙學問的進展表面上雖然和政治的安定與否無關，但仔細分析一下，卻不這樣簡單。因爲科舉把天下聰明才智之士都限制在這一條路上，必需真能使多數得到滿足，才是安定政局的好辦法。但科舉制度並不能做到多數的滿足，只能使人存一個賭博式的希望。尤其不幸的是舉人、進士的名額都是非常有限的，開國時期一經規定以後，就難得再增。舉人、進士的名額已定，而人口的增加是愈後愈多而且愈快，則科舉的效用也會逐漸的減小。歷代民變中的主要分子，如黃巢、洪秀全以及李自成的宰相牛金星，都是科舉落第的人士。其他一定還有更多不滿意的人，這就表示科舉制度的籠絡人心，在功效上是有個限度的，尤其是到了一個朝代的末期，危險性更爲顯著。其中宋代是注意士大夫生活問題的，除去太宗時代曾經一度一榜盡及第以外，並且用種種辦法給予士大夫的恩蔭，讓他們得到了安置，可是這種無限制綏撫的辦法，也拖垮了國家的財政，使宋代在外族侵襲之下倒了下去。

四、人口問題與朝代興亡

人口問題和朝代的興亡也有密切的關係。雖然以前有些人認爲這是朝代興亡的唯一原因，這當然是錯誤的。不過當它是其中的一個重要原因，那就

無可非議了。中國人口在春秋初年還相當的少，可是經過了春秋時代，人口的增殖就使得戰爭的規模起了巨大的改變。春秋時代幾個著名戰爭還接近封建時期的比武形式，可是到了戰國時代，那些攻城略地的主力戰，顯然已和以前不一致。著名的大城如臨淄七萬戶之類，也是從前未曾有過。

戰國幾次大戰，兵員損失雖然相當巨大，可是並未曾影響到基本的人口數目。漢朝建國時期經過變亂以後，人口可能減少一些。例如漢高帝封陳平於曲逆縣，其中戶口不及以前就是顯著例子。據《漢書》的〈高惠高后文功臣表〉云：

> 逮文景四五世，流民既歸，戶口亦息，列侯大者已三四萬戶，小國自倍。富厚如之。

漢朝初年的侯國，最多不過萬戶，至文景以後，約當武帝初期，約計六十年，大的侯國（比較肥美的地方）人口已超過了三倍，小國（比較偏僻或者比較瘠薄的地方）人口的增殖已等於從前的二倍。這是一個可觀的數字。到了再過一百四十年到平帝元始時候，戶增殖到一千二百二十三萬，口五千九百五十九萬四千九百七十八，這是一個非常大的數目字，在當時的世界上，也是應當列居首位的。

在這以後，差不多沒有例外的，凡經過一次大的變動，人口數目就大量的削減。經過了長期安定時期，人口數目又重新增加，變成了一個循環性的增減。可是漢末的最大數目，卻一直也是歷朝最大的數目，一直到清朝中葉才打破這個紀錄。

東漢光武中元二年	戶	4,279,634	口	21,007,820
桓帝永壽二年	戶	16,070,906	口	50,066,856
晉武帝太康元年	戶	2,450,804	口	6,163,863
後周大象中	戶	3,590,000	口	9,009,604
陳戶口	戶	500,000	口	2,000,000
總計	戶	4,090,000	口	11,009,604
隋煬帝大業二年	戶	8,907,536	口	46,019,956
唐貞觀時	戶	3,000,000		
唐玄宗天寶十四載	戶	8,919,309	口	52,919,309

宋太祖開寶九年	戶	3,090,504		
宋真宗天禧五年	戶	8,677,677	口	19,930,320
宋徽宗崇寧元年	戶	20,019,050	口	43,820,769
元世祖至元二十七年	戶	13,296,206	口	58,834,771
明太祖洪武十四年	戶	10,654,362	口	59,873,305
明世宗嘉靖元年	戶	9,721,652	口	60,861,273
清康熙五十年			口	24,621,334
清乾隆四十五年			口	277,554,431
清道光二十八年			口	426,730,000

其中人口數目損失最甚為：(1)王莽末年之亂，(2)三國之亂(永嘉之亂以後無紀錄所以不知道)，(3)隋末之亂，(4)唐末五代之亂，(5)元末之亂，(6)明末之亂，這些時候都是經過了大的戰爭。而戰爭時兩方軍隊都是非常殘酷而不人道的，對於占領地區的屠殺和搶劫簡直成為習慣（民國時代軍閥間的戰爭，除去偶然有搶劫行動以外，絕無大量屠殺之事，甚至中日戰爭中亦不例外。這是打破了洪楊事變及回變以前的先例的），再加上大戰以後的災荒和瘟疫，更加強了損害的嚴重性。其中比較詳細一點的敘述，在各正史以及軍紀中都可以找出不少。因為其中的敘述實在太可怕了，現在不想引據在這裡。所可以說的就是最極端的情況，是「千里為墟」，不僅是人類看不見了，甚至於鳥類也沒有棲息的樹木。過去的城市和農田，完全成為廢址。這種情況當然不是全國皆然，不過在全國之中卻要占一個分量。

所以造成這種情形的，直接原因是戰爭。造成戰爭的原因，無疑的，是由人口過度的膨脹，造成人口過度的膨脹是中國社會的特殊觀念和特殊的社會組織。

任何一個民族，都有其原始社會的遺留，中國民族自亦不能例外。不過中國社會的原始遺留一直發生很鉅大的影響，這卻是中國人從來不大自覺到的。中國的社會一直保留著宗族（clan）的組織。這種組織在社會上、政治上、經濟上都是有力量的。它的力量甚至可以遠超過行會（guild）力量之上，而伸張到中國人生活中每一角落。

本來宗族在人類社會史上，是曾經占過重要地位的，不過人類自從城邦以至帝國，宗族的功用大都已經漸次失掉，只有中國卻保留宗族的團結。這

自然有其特殊原因。第一、儒家的基本道德觀念，「仁」、「義」、「禮」、「智」在原則上並沒有什麼和宗族社會有不可分的關係。不過儒家的禮，卻是事實上根據周代封建制度中的禮制，而周代的封建制度又保留著濃厚的宗族社會的成分。再把根據宗族組織而成的周代禮制推衍出來「親親」的原則。並且還把這個原則算做儒家學說的一部分，於是到了漢代以後，雖然和周代社會全不相同，而團結遙遠的宗親，仍然為社會道德的重要部分。第二、依照中國人的原始信仰，死人和活人是一樣要飲食的，而他們的飲食，卻需要活的人去祭祀。因此祭祀就很重要。但依照中國原始信仰，必需同族才能祭祀，因而「無後」才成為最大的不孝。為得到更好的保證，那就必需「多子多孫」。為著取得「多子多孫」的條件，地位高而養得起眾多人數的人，就當然盡量納妾以求「廣嗣」。這樣富貴之家自然更易形成為大宗族。第三、帝國統治者的獎勵。宗族的團結對於帝國的利害因宗族性質而有所差異。野性的宗族對於政府是危險的，可是馴養過的宗族對於政府卻是忠順而有用的。尤其在唐宋以後，科舉制度成為選士常法，使六朝時期世族控制選舉的局面能夠解除，從此天子對於世族的疑忌也大為減少。因而數世同居的「義門」遂時常獲得褒獎。安分而團結的宗族既在褒獎之列，因而更增加了宗族間的依賴性和安土重遷的特性。這就使得中國人口更為密集，人口問題的嚴重性也更為增加。

按著墾田的記錄是如下的數字：

漢元帝元始元年	8.275,536 頃
東漢和帝永興元年	7,320,170 頃
隋文帝開皇九年	19,404,267 頃
唐玄宗天寶中	14,303,862 頃
宋太宗開寶末	2,953,320 頃
宋真宗天禧五年	5,247,584 頃
明太祖洪武二十六年	8,507,623 頃
明神宗萬曆六年	7,103,976 頃
清聖祖康熙二十四年	6,098,430 頃
清高宗乾隆三十一年	7,414,095 頃
清德宗光緒中	9,181,038 頃

因為歷代尺度不同，所以漢代的一頃不等於宋代的一頃。所可以決定的，是

中國的平原實在不多，領土中大部分都是山地，除去幾個小型的平原而外，大部分耕地都集中在黃河下游、長江下游以及松遼平原地帶。在民國以前，松遼平原也未曾充分開發，只有黃河下游及長江下游兩處可供利用。因而從漢代以還就一直很少擴展。

中國領土的黃河及長江下游都是季風區域，因而雨量並不十分安定。中國和印度一樣，是時常會發生旱災的。在人口數目已成爲飽和狀態之時，遇見了旱災，饑民第一步是逃荒，第二步就可能叛變。這種情形在王莽末年、唐末、元末、明末以及清代捻亂，情形都甚爲顯明。近人所常稱述的「農民革命」，若就其實際的情況來說，不如說是「饑民叛變」更爲合理一些。這種「餓民叛變」的擴大，以致於推翻一個朝代，當然不能免掉政治上的因素，但是人口的增加和糧食的供應不能調協，無論如何，應是屬於最大的原因。

以上四點朝代改換因素，總是一個新朝代建立起來時候問題少，而建立了一個長的時期以後問題逐漸增多。到了每一種缺點都充分暴露而不能挽救時，就是改朝換代的時候。大致說來，每一個朝代在正常情形之下，應當可以維持三百年左右。其中有幾個例外，也可以解釋的。

(一)西漢和王莽總共二百年，王莽政權實是西漢政權的延伸。按理當可維持百年左右的，因爲王莽經濟政策錯誤，使天下擾亂，因而加速了亡國的條件。如王莽野心小一點，只求做皇帝而不求做聖人，那長安政府還可敷衍下去，至不能敷衍了爲止。東漢是因爲各皇帝都特別短壽，失去安定的中心，而東漢末期皇帝，又與士大夫決裂，也可以說是一種例外。

(二)西晉是可以做成長期的朝代的，從晉武帝太康元年（西元 280 年）到隋文帝開皇八年（西元 588 年），恰好是三百年的朝代。只因爲晉武帝處理不當，過度減削州郡兵，不能維持國內的秩序，並且繼嗣立了一個低能的惠帝（其實普通第二代不一定需要英雄，只要正常的人就可以了），以致天下紛亂。隋代也因爲煬帝消耗國力太過，以致天下紛亂，這都是一些例外。

(三)北宋和南宋實是一個朝代，北宋如對遼的外交得到正常狀況，能維持遼而不攻擊遼，做一個真正兄弟之邦，則汴京一定可以維持至忽必烈時代爲止。

(四)元代的君主多半對中國情形不熟悉，許多地方仍用游牧社會的方式，並且始終給中國士大夫一種差別的待遇。不爲中國中等階級所支持，所

以不能持久。

以上幾個稍短的朝代，都有特別的情形。若就正常的情形來說，各朝政治成績最劣的是明代，明代的許多制度可以說已達荒謬的程度。不過明代中央政府大體上可以說和士大夫還能相處（魏忠賢當政時已快亡國了），所以能勉強維持二百多年。

在各朝代之中，最能夠成功維持二百多年安定的是明清兩代，其實比較漢唐以及宋，明清可能是條件較差的兩代。明代是一個荒謬的朝代，君主多半昏庸，而政治則爲以宦官爲真宰相的離奇制度。清代則是一個外來的君主，雖然他們素質還好，但滿漢間的民族問題，始終未曾公平的處置順適[1]。在這兩朝的條件並不特優情勢之下，其年代似乎不應當超過兩漢中任何一代。可是居然發生了歷史中的奇蹟。這卻不能不看重士大夫尊君的心理因素。因爲從宋代以後，理學的力量一天一天的龐大，「忠臣不事二主」已成爲不可動搖的一個控制社會心理的巨大力量。因而「革命」就是「造反」，造反就是逆倫大案而爲社會所共棄。這樣就使得明代君主如武宗、熹宗之流無論如何昏暴，世宗、神宗無論如何荒唐，也都會有忠臣去支持。清朝的君主既是外來，他們也就不敢大意，而且名分已定，維持清室也成士大夫中的正常規道。這種心理上的影響，其力量超過一切，就把成問題的朝代維持下去。

當然，這種道德是「片面的道德」，是「奴隸的道德」，從清末甲午及庚子兩次戰役以後，隨著清政府的衰弱及革命勢力的興起，就已經不能作爲鼓舞人心之用。再加上民國初年五四運動的興起，更給予一個根本上的打擊。無論如何，這種片面上的道德，在邏輯上確有問題，甚至可稱爲騙局。但就社會功能方面來說，無論在理論上是如何荒謬，卻確實做到一種對政治上安定的作用。誠然，它在政治上及社會上的功用，是緩和危機而並非消滅危機。內在的危機只在表面上壓制一時，到不能壓制下去的時候，仍然會爆發變亂

---

1 外來民族成爲中國君主的，周代當然是一個最成功的例子。不過這是上古的事，殷周間的民族關係，究竟尚難詳說。此外，北魏孝文亦是極成功的例證。孝文以後北魏政治雖然因腐敗以至於亡，可是鮮卑人和漢人關係從此大爲好轉。一直到隋唐時期，鮮卑仍然爲當代的貴族。清代皇帝（尤其是乾隆）誤會了北魏漢化而亡，盡量的保存滿洲人的滿洲特質，後來特質並未能保存下去，可是滿漢的界限，卻造成清朝亡國一個主要的原因。

的。可是只要把變亂推後數十年至一百年，那就在數千年歷史之中變亂間的距離變爲更長，變亂的次數變爲更少，這就無形中救護了不少人的生命和財產。現在一切都已過去，爲著安定將來的政治和社會，更爲合理的方法是應當去用的。但過去「君臣名分」這一種約定在歷史上的意義，也未容忽視。

以上所說的是朝代週期，是屬於政治性的，也就是所謂「治亂週期」。這種治亂週期和文化可以有相互的影響，但是其本身的原因，要超過文化上的原因。所以治亂週期的產生，以政治原因（即以上所舉的四種原因）爲主要原因，而文化上的原因（如上面所舉忠君思想對於政治的影響）也有時可成爲輔助的原因。

過去李四光在《中央研究院史語所集刊》外編蔡元培先生六十五歲慶祝專號做過一篇關於中國歷史上治亂週期的分析。他根據每年戰爭的次數，做成圖表，來看出中國歷史上朝代以外，對於治亂方面更大的週期性。這種方法是採取地史的方法適用在歷史方面的。不過拿「戰爭」來做標準，雖然有其客觀性，可是戰爭的性質（如內戰或對外戰爭），戰爭的規模，以及戰爭發生的區域，都彼此不等，因而分析的結果，其可信的程度，還需要打一個很大的折扣。他的結論認爲中國歷史每一個長的治亂週期，可以分爲下列數節：(1)戰爭時期，(2)土木工程時期，(3)第一個安定時期，(4)第二個安定時期。然後再回到戰爭時期。

戰國、南北朝、南宋都屬於第一期，秦、隋和元都屬於第二時期（一個短期而建設的朝代），西漢、唐及明屬於第一安定時期，而東漢、北宋及清屬於第二安定時期。所以在理論上，民國可能屬於戰爭時期而以後則因爲現在文化及生活方式不同屬於不可知之列 。他這種分法的確可以解釋一部分狀況，但也甚有牽強附會之處。例如北宋和清已經不相似，而秦、隋和元更不相似，尤其五代一段和明末清初更完全不一樣。所以只能說在大致昇降的曲線上有一點相近之處，並不完全準確。他的重要啓示，是中國從戰國以後，確有幾個政治週期，和朝代有關，卻又不能完全受朝代的拘束。

用戰爭的多寡來判定一個時期的治亂，當然是可以的。不過戰爭只是政治混亂的結果而非它的原因。必須找到其原因以後，才能完成歷史的解釋，否則就代表不出什麼意義。現在照分析的結果，除去三代以前不算外，共有三個治亂週期，在這三個治亂週期比較之下，至少有下列的各項疑問：

(1)秦、隋、元這種特殊形式的朝代，是爲什麼形成的，他們彼此間相同

點在什麼地方，相異點在什麼地方？

(2)第一個朝代的短命性質是否是必然的？

(3)以後接著兩個安定的朝代，是否可能只有一個或者可能多於兩個？為什麼過去常為兩個？

(4)為什麼第二個安定朝代以後，會再有一個大戰爭時代？

這四個問題，是可以據歷史上的事實，給予答覆的。

(一)秦、隋和元的相同處，都是在結束分裂局面以後，統一而有力量的政府，這個政府不僅可以有效的控制全國，並且在國境方面也沒有抗衡的敵國，所以都可以放手實行新的辦法而不必有所顧忌。因為實行的辦法過於離開現實，就會引起了政治上的難題，而成為亡國的原因。其中以秦的政策脫離現實最遠，所以秦亡國最快。隋和元比較秦要現實一些，未曾追求神話式幻想，可是也都未做到「安靜」撫民。不過煩擾的程度，可能以秦為最甚。隋在煬帝時期，雖不及秦(不是有目的的暴政)，可是也達到了一個相當的程度。元雖然是外國人，可是對於老百姓的生活，比秦及隋似乎又要好一點。這種政策緩急的差別，可能就是其統治時期長短也有差別的原因。

這種特殊形式朝代的成因，統治者對於新環境的心理反應恐怕比其他的原因都重要。秦、隋及元，都是在紛亂後的統一者，這種統一的成功，的確使人特別興奮[2]。這種過於興奮的心理狀態，可能影響到一個新的朝代的正常制度。其中的秦始皇帝就因為得到了自古未有的成功，就自命為「德過三皇，功高五帝」，要對於法家之學做一個新的試驗，想利用一種新的方法，完成他的一世二世傳之無窮的希望。隋煬帝卻因隋代政治上空前的成功，因而充滿了誇耀的心理，對於政治，對於文學，對於一切的土木營造，以及對於外國的戰爭，都想贏得了空前的規劃。元代則由先占據中央亞細亞，並無意做以中國領土為限的皇帝，到中國以後並未曾虛心的接收中國的文化及政治上的遺產，因而其政治設施許多地方都格格不入。這些錯誤雖然方式不同，但由

---

2 除去秦、隋、元以外，西晉和北宋也有同樣的情形。西晉也是應付不當以致不久亡國；北宋因為大敵當前，不敢放肆，一切盡量向保守方面做去，所以能維持一個較長的時代。此外，王莽雖然不是新統一中國的人，但他過於自信，以為用《周禮》便可致太平，也遭到和秦隋類似的失敗。所以應付不當，並不限於新統一的朝代，而新統一的朝代，則容易成為應付不當。

於成功過於容易，不肯虛心的、謹慎的來運用舊有的傳統方式，卻都是事實。

（二）統一後的第一個朝代既然因為一般都是自負的，並且有時還要做一種大膽的實驗，所以往往得不到安定，因而引起了國家的擾亂以致亡國。所以第一個朝代往往是短命的朝代是由於人為的因素，而並無命定的跡象可以顯示出來。即就秦、隋、元三朝來說，元朝只有皇室不太會適應，有意的改革並沒有多少，就比較長些，長到將近一百年。因此，任何一個新統一的王朝，依照漢朝那樣與民休息，無所是事的作風，那就也會像西漢王朝一樣的結束，支持二百年的天下。

（三）兩個重複的安定時代，例如東漢對於西漢，宋對於唐，清對於明，都是在政治上的相同之點多過於相異之點。這就表示著，從社會組織及政治制度上來說，兩個重疊的朝代是一個段落。在第一朝代與第二朝代之間，改朝換代的因素只在王室的本身方面，與社會的組織以及政治制度無關。如王室本身的影響減到極小，那王朝的生命也一定可以延長（例如周王室後來無權，因而周代就成為最長的一代）。所以兩個重複朝代合併為一個長的朝代，並非不可能。只要有減削君權的辦法，如同西洋式的貴族議會就可以應付裕如。可惜在中國未曾想到這樣做。

至於這種類型的朝代，多於兩個，當然是可能的。譬如魏和晉，甚至於前秦，都有機會成為兩漢以後的第三安定朝代。他們結果都失敗了，還都是出於一些偶然的因素。不過從另外一方面來說，在兩個安定朝代以後，建立第三個安定朝代，也的確有其困難。因為經過兩代的長期太平以後，政治組織中的積習以及社會風氣，都一定有陳腐之處，倘若不能做到有效的改革，也就真會積弊叢生，而使第三個朝代無法安定下去。

（四）一個大戰爭時代，表示著前一段落專制局面的總崩潰，不僅在政治方面，還影響到社會方面。繼承這個局面的，往往為外國人，或和外國人有關的朝代，就表示整個的組織不能再維持下去，得靠一個全新的勢力來接收。雖然這個全新的勢力並不意識為一個好的勢力。如其為壞的勢力，那麼以後維持時間的長短，就隨著對於現實適應的程度而決定。

依據以上四項的答案，可以顯示中國歷史的趨勢是有一個大致的軌道。不過這種答案只有在專制的王朝才能適用，假如屬於民主的政治，就容許有例外出來。因此依照過去的歷史來分析，再來解釋過去歷史，大致都是可通。

不過倘若今後的中國出了一個西歐或北美式的政治，那以前的歷史例證就將全部不能適用了。

今後中國歷史的演進，顯然的是向工業與民主走去，不論這條路是如何曲折，終究阻止不了這個一定的趨向。其次，中國今後的歷史的演進是走向世界化或國際化的途徑，過去一切關閉自守以及許多民族自我本位的觀念，也一定被歷史的時間所打破。雖然因為中國是一個龐大的國家，一切反應會是非常緩慢，但其路程的方向將不會有多大的疑問。因而今後中國的歷史將不會和前一週期一樣，也就不能利用過去歷史的記錄，來完全預測今後發生的事件。

附　記

此篇本來是為亞洲歷史學會寫的宣讀稿子，因為去信太晚，無法排入宣讀節目，所以在《大陸雜誌》發表。也許還有供朋友們討論的機會。

秦漢時期的中國文化

一、漢代文化的背景

現在要說的中國文化，主要的是秦漢時代。秦漢雖然是兩個朝代，但就制度上說，是一貫的。中國過去的光榮時代，一般說來是漢和唐，尤其唐代最為著名。但是唐代的最為著名，是因為當時全世界更無一個強有力的國家和唐朝具有同等地位。因此唐代成為當時的唯一大帝國。漢代卻是東面是漢朝，西面是羅馬，東西輝映著。相形之下，漢代在世界上的地位就不及唐代的特殊。

就特殊的世界地位來看，是漢不及唐，但就民族本身的成就來看，卻又是唐不及漢。漢代不論在政治上、在軍事上、在文化上，都是純中國民族做成的，並未曾假借外力。所以不論在那一方面來比較，漢代的成就，自有其特殊的意義。

漢代文化特殊的意義還不只有這一點。中國文化從夏商以來，在春秋戰國時代薈萃集結，成為一個最發揚光大的時期。所以漢代以前華夏民族的努力，也就是使漢代的國力更將充實的大原因。

中國的文化是曾經長期發展的。就我們比較明白的來說要屬於青銅器時代。青銅器時代的文化，是漢代文化的重要背景。中國青銅器時代從那一個世紀開始，中國青銅器的發展，究竟是本地進化而成的，還是從外面傳播而成的，現在都是一些謎。不過到了殷墟文化時代中，銅器的製造技術已經到了相當的高度了。因為中國銅器時代的進展，似乎比埃及和兩河流域晚些，因此中國銅器的發展，有從西方傳來的可能，但是在沒有確實證據之前，應當避免作任何的揣測。

　　這種銅器在殷代或其後的周代，都是非常寶貴的，所以也稱為重器，除用作兵器之外，大都是屬於重器的範圍。精製的銅器，是當時藝術的一個重要的代表，它們大都屬於王家和貴族，很少有平民鑄造的重器。重器大都和禮節有關，現在尚存的重器，有許多部分還可以和周代禮經中的內容來相印證。從這一點來說，我們可以看出銅器的價值，也可以看出三禮和它們注疏的價值。

　　在殷商時代、西周時代、東周初期及春秋時代，以及戰國時代，一個時代有一個時代的特殊作風，我們可以從銅器的類別、形狀、圖案、文字各方面來歸納，定出相當可靠的標準來作為鑑別方法，斷定屬於某一個時期，並且從這種斷代的方法，更明瞭了銅器的用途、銅器器形的演變、銅器的真偽，而從來的幾個錯誤觀念也可以糾正了。

　　春秋戰國之際是中國文化史上的一個大變革時代，在政治方面，舊時的封建貴族已經漸次崩潰，變成了幾個新的君權國家，至於世官、井田等等社會上和經濟上的重要成分，也隨同改革。好幾個國家，因為他們的君主開疆闢土，和邊境的各民族更增加了和平與戰爭的新接觸，因此在文化上也受了新的影響。倘若將《漢書》中所表現的社會，和《春秋》、《左傳》所表現的社會來相比，那就很可看見春秋時代和漢代，其差異的程度也許比漢代和唐代的差異程度還要大些。所以戰國時代，真是中國歷史上的偉大時代。不過戰國的史官紀錄，可能和《左傳》和《史記》一樣詳細的，都被秦始皇燒掉了。因此我們對於戰國時代的歷史事實，除去看司馬遷根據《秦紀》所作的簡單表格，和根據傳聞和策士誇張的記錄，作成了拼湊式的世家和列傳之外，他已經發現非常困難，沒有多少可靠的材料，作為根據。但因為新史料的陸續發見，使得我們對這一個時代的重要性，逐漸明瞭起來。

　　中國北方不是一個產銅的地區，幾個重要的銅礦都在江南和巴蜀，在江南的如丹陽和豫章的銅山，在巴蜀的如嚴道和朱提的銅山。在殷周時代，雖然這些地方不是和中原沒有交通，但彼此的關係，到戰國時代更為重要。西周時代，賜金還是一個特殊的榮譽。春秋時代，楚王贈給鄭伯的銅，也和他加上一個「無以鑄兵」的盟約。因為銅的貴重，所以商代器物格外加工，除此以外也只有兵器，至於青銅的農器，到現在還未發現過。經過了西周，經過了春秋，到了戰國，銅產隨著南方的開發而增加起來，銅器的應用從國家

大事中的「祀」與「戎」之外，推到一般人的日用上去。原來的貴重性質變成了平凡，再加上技巧的進步，厚的銅變成為薄的銅，雖然花紋和器形受了可能的外來刺激變為複雜，但是精工的程度總會漸漸的差了。所以到了漢朝成為銅器美術上的衰頹時期。

斯克泰藝術的輸入，的確是戰國時代銅器藝術的一個新生命，斯克泰藝術的發源地，現在尚不能完全明瞭，不過就現有材料而論，大致東起西伯利亞，西至南俄的頓河（Don）和聶伯河（Dnepr）之間，至少在紀元前數世紀到紀元後約一世紀之間，有一種青銅器文化。在這一帶的民族雖然有流動和移轉，但在他們的文化上，仍保存著一種特點。這個以斯克泰人為中心的文化，和伊蘭文化、巴比侖文化、西部亞洲文化，以及希臘文化，都有相關。他們都是游牧民族，在游牧生活之中，有他們特殊的印象，這就是用動物和植物的形態來做裝飾，尤其鳥類和獸類鬥爭的形態，在表現方面顯示出來動作和力量。中國的圖案，在殷商時代也常用動物，但所表現的是安靜、和諧、平衡和充實，與這種的設計，顯然是不相同的。

在中國和外國，過去曾藏有許多斯克泰型的戰國銅器，例如 Siren: A History of Early Chinese Art 和梅原末治的《戰國青銅器研究》中都舉出了不少的器物。而民國以來大批出土的，如河南的新鄭縣，山西渾源縣的李峪，安徽的壽縣，河南洛陽金村古墓所發現的戰國銅器，河南濬縣發現的銅器，都有不少的斯克泰影響。當然，其中不是沒有中國式的成分，但是將中國的固有成分巧妙的與外來成分配合為一，這卻是戰國作風中的技巧。這種作風是戰國時代一個傳播相當廣的作風，從前有人稱為秦式或淮式，都不能夠正確的指示，日本梅原末治戰國式青銅器的研究，定了「戰國式銅器」的名稱，可以說比較是對的。

春秋戰國之際鐵器發展了，但所代替的不是銅器。有些地區是鐵器接上石器，鐵的應用處，主要還是在耕種方面。戰國時代雖然可能已有鐵劍，但主要的還是應用青銅，一直到漢代，還有前面鑲青銅的鐵箭頭，至於鐵刀鐵劍的廣泛應用，應當還是漢代以後的事。尋常日用的美術器，是拿漆器代替銅器的，在長沙發現的楚國漆器，在平壤發現的漢代漆器，都是美術上的精品，而代替了銅器成為殉葬物品的主體。

漢代銅器的藝術，被漆器的藝術所替代。但銅器藝術殘餘的，還在鏡鑑

方面。漢代的鏡鑑經過魏晉南北朝長期的發展，直到唐代，直到日本，還成
爲精美的藝術器，到宋以後又漸漸的衰微，到近世才爲玻璃鏡替代。宋代是
鏡鑑藝術的衰微時期，卻是瓷器的發展時期，此時除去瓷器有了一個發展的
新趨勢而外，漆器也翻新了許多式樣，並且在佛教的藝術上面，也開闢了新
的地盤，因此中國的特有藝術，便分配到瓷器、絲繡和漆器上面去。

二、從木簡來看漢代文化

　　我們現在拿一片漢代的木簡來看，表面上雖然簡單，從大樹變成木簡，
便牽涉了不少漢代的文化現象在內。先把大樹鋸下來，需要大鋸子，再將木
椿用大鋸子解成木版，然後再用小鋸子將木版子解開，再用削刀將版子削平
（鉋字始見於《正字通》，故古代應當沒有鉋子）。這種鋸子和削刀，就代表漢代的
工具。這些工具是鐵做成的，因此就牽連到鐵的問題：漢代鐵礦的分布，鐵
礦的開採方法，鍊鐵的方法，鍊鐵的燃料，礦山和礦廠的組織和管理，礦山
和礦廠工人的性質，礦山和礦廠工人的待遇。再就將生鐵做成工具，又牽涉
到城市中的鐵匠，包括鐵匠的行業，鐵匠的訓練，鍊鋼的技巧，鐵匠鋪的布
置，打鐵的工具和方法，鐵的成品的售賣（在本店與市場），售賣時所用的貨幣，
以及市場的範圍。此外還牽涉到燃料的運輸問題，生鐵的運輸問題，車的形
製，有牛車和馬車，道路的形式，道路的管理。但是以上的種種，有的是可
以知道的，有的卻因爲史料不完全，不能斷定了。

　　就以上所舉的來分析，我們就大致知道的來說，至少有以下的三部門：

　　第一，關於鐵的方面。漢代對於鐵是非常注意的。漢武帝時的公賣物資，
便是鹽、鐵和酒。在《漢書・地理志》中，記有鐵官的有四十一個，照〈食
貨志〉說：「郡不出鐵者，置小鐵官」，注稱「鑄舊鐵」，也就是說一百多郡國
之中除四十一個鐵官以外，還有六十個小鐵官。這些鐵官管理著來鑄農器給
農民，農器之中主要的是犁和鐮。

　　農耕的器具，最早爲耒耜，再進步爲鋤和犁，而犁比鋤還要進步些。在
古埃及圖畫之中發現了犁是由鋤進步而來。尤其顯著的，是犁和家畜的使用
多有密切的關係。牛耕一件事，是最早起於埃及，再次爲巴比侖、印度、中
國，再次爲歐洲，美洲的印第安人卻一直沒有牛耕的事實，連秘魯的印加帝

國也算在內。中國對於牛的使用，據說商朝的祖先相土開始，但到了春秋戰國之間，因為一些不知道的原因，使得牛耕、鐵器、犁的使用，都同時在中國被發明了（騎馬的騎術也是同時）。這些事實，促成了中國農業的進步，促成了糧食的增產，促成了人口的增加，促成了君權國家的形成，也促成了戰爭規模的擴大。這些條件的累積，又是秦漢大帝國能夠形成的主要原因。

第二，關於人力方面。中國的地理狀況和人口分布狀況，決定了人力使用的性質。就春秋以來的發展來說，開發地區大致都在黃河流域一帶，這裡緯度大致相同，物產也相類似。地區相當的大，而水路的交通卻不發達。這一個大的區域，形成了同一的農業文化。商業雖然有，但因為地域分工不過分顯著，所以不能占社會經濟的最重要地位，而商人階級對於社會和國家的貢獻，也並不為當時學者所重視。此外，經過了夏商周三代，將近兩千年的長期統治（差不多等於東漢到現在的時間），其中包括許多平衡而安定的時期，平民的人數增加，奴隸的來源缺乏。從〈豳風〉的時代開始，我們看見的農業，便是以平民身分勞動的農民，他們的自由，可能比佃農的限制多些，但似乎還不及歐洲中古農奴那樣多的限制。所以在這種情形之下，是以自由人的勞動為主，雖然不是沒有奴隸，但奴隸只應當占全部人數中的少數。只有到秦代，利用大量的俘虜和罪人，作為奴隸來使用。這是殷周以來歷史上的特例，到漢代減輕刑法，官家奴隸便只有不太驚人的數目了。

漢代初年工商的生產曾使用過奴隸，《漢書・食貨志》所舉出來的，便是顯明的證據。到漢武帝抑制商人，使商人在社會的領導地位減低，並且將私奴隸沒入官家，於是漢代的鐵官所屬，多為官奴隸，《漢書・成帝紀》且曾說到鐵官徒的叛變。不過漢代採鐵是一回事，鑄鐵是一回事，鍊鐵和作器又是一回事。從漢代已經使用木炭，並且從《鹽鐵論》「割草不痛」一語，知道漢代已用鋼，鍊鋼是一種技巧上的事，那就除去奴隸以外也用得著冶工了。

第三，交通和運輸的問題。關於這一類的問題，對漢代的關係，甚為重要。漢代是一個大陸國家，要維持一個有效的統治，非有一個有效的交通系統不可。美洲的印加及馬雅帝國，西班牙人一到，立即歸於毀滅，其結果都不如埃及和印度，和他們不能充分利用獸力的交通，他們甚至連輪子也沒有，關係很大。漢代便是利用有效的交通系統來克服他的困難的。

漢代的陸路交通，普遍涉及全國的各處。平原的運輸是從舊日的阡陌改

變而成的。這種道路至少在周代時的「周道」已經是寬直而平坦了。在路的兩旁也有蔭樹，不過這種道路只是利用原有的黃土築成的，並未曾修上碎石或石灰一類的材料，因此一遇大雨便有不便通行的苦惱。在山中的道路，是用人力來開山的，並且還利用木料作成棧道。因爲當時火藥還未發明，雖然開路相當困難，但是到了漢代，鐵器已經普遍使用，所以開山究竟比從前要容易些了。尤其到了東漢，更有許多開山修道的記載，我們知道當時不論長江流域和粵江流域都已經開了大道，不論東面到現在的浙江，西面到現在的四川，南面到現在的廣東都可以行車，因此漢人的文化，也就成了車的文化，漢人所到也就是車的所到。

古代的政策，最注意是民生的安定，而不是貿易的發達。所以關於交通的處理，是政治上的理由遠遠的超過了商業的理由。縱有若干情況是屬於經濟上的，但經濟上的理由，也是爲的是國家的財政和軍事，而不是爲了商人的便利。假如爲商業上的理由，那中國的西北區域遠不如東方區域的重要。但事實卻不然，全國道路的中心，是在長安和洛陽。而這兩個地方都是政治的意義重於經濟的意義。因此除去純屬於政治上如官吏的巡行和調動，軍隊的遣派和調防等等事項以外，軍事上後勤的輸運，以及各處稅收向中央的提解，和中央對於貧乏地區的資助，也是政治上的理由較爲重要。從這一點來看，也就可以看出漢代的社會，商人在中產階級中，並不是一個主要組織成分，而組織中的重要成分，是屬於和政治關係較爲密切的知識分子。

漢代的政治中心，被限制在黃河流域，而黃河流域的水運很難利用，這就限制了漢代商業的發展。中國沿海的交通，開展已經很久，我們看一看沿海的國家，例如吳越和齊，都有海上交通的事實，但臺灣海峽以北，海上貿易的範圍不大，只能說是地方的而不是全國的。臺灣海峽以南，因爲海流及颱風的關係，又使海上貿易受了很大的限制。但是海道的險惡也擋不住貿易的開展，在西漢晚期，番禺已經成爲重要的都會；到了東漢，到了南北朝，番禺的財富，還是靠著海上的貿易。到了唐宋仍然爲市舶使駐在的重要地方。

長江流域貿易的情況，就遠比黃河流域重要。黃河流域的城市，是由政治上的原因創建的，多爲正方形，而長江流域的城市，卻由自然發展而成，都市的形成，多半爲沿河的不規則形，並且往往有一道河街，爲最繁盛的區域，這一點從《水經注》所記載的已經是這樣了。然而中國都城究竟在北方，

而國防的重要和商業的利益也是衝突著，南方都市還是遲緩的發展下去。

三、秦漢兩代的思想和政治

秦漢兩代是代表著中國大一統的成功。但中國大一統的趨勢，卻不始於秦漢兩代。很古以前雖然不能完全知道，但至少在商代的後期，帝國的規模已經顯然的漸次衍進。到了周初，周公當政，又向各方繼續開展，成爲周代帝國的形式。西周晚年，《詩經・北山》所言的「普天之下，莫非王土；率土之濱，莫非王臣。」成了後來一個廣泛傳播的名句。（到戰國時如《孟子・萬章篇》，《戰國・周策》，《荀子・君子篇》，《韓非子・說林》，《呂覽・慎人篇》都引用過。）西周之亡對於大一統的趨勢是一個逆流，但卻擋不住自然形勢的開展。不論齊桓晉文，是一種變相統一的先導，而《春秋》中的「春王正月」更顯然具有深厚的大一統意義。此外，〈堯典〉和《周禮》不論是甚麼時候寫定的，但其中顯然含有從漢以前便已經亡失的材料，是漢朝人做夢也寫不出來的，其中便也顯著的是基於大一統的觀念來寫定。

春秋時代的晉國，挾天子以令諸侯，對於周天子的關係，可以說類似日本幕府時代大將軍與天皇的關係。晉國的成就是對外肅清了狄人雜居華夏的住地，對內確立了集中的君權。憑著晉國的適當的環境，樹立了法律的觀念（例如昭二十九年，趙鞅鑄的刑鼎）。等到三家分晉之後，魏侯承繼了舊晉國的本部，儼然爲晉國正統之所在，尤其是魏文侯時代爲當時的霸主，而李克、吳起都是舊時主要的主張農戰的人。這種主張，後來就成爲商君政策的背景。

秦國一般認爲全是西戎之俗，這是不確實的。不錯，秦國含有很濃厚的西戎氣息，而住於草原文化及華夏文化交匯之處，但卻不這樣簡單。秦的公族是和徐、趙一樣的東方分子，秦的中等分子又含著很顯著的西周遺民，再因爲和晉國世爲婚姻，又受到晉國文化重大的影響。譬如秦的文字，便和西周一脈相承（見王國維〈秦用籀文六國用古文說〉），而秦的文學又和晉國的文學非常相像（如秦的〈詛楚文〉便和《左傳》所載晉人呂相的〈絕秦文〉同類）。這個東西交錯的新國家，雖然它的文化因素我們還不能做一個精確而詳盡的分析，但它所代表的時代意義決不是偶然的。

秦國在魏國盛極一時的時期，雖然一時潛伏著。但是到了韓國滅鄭的第

二年，亦即西元前 374 年，秦獻公從雍（鳳翔）徙都櫟陽（高陵東），到了西元前 364 年，便大破三晉之師，這就表示著，秦國的勢力已經開展了。等到秦孝公任用商鞅，更使得日漸強大的秦國，得著更進一步的發展。所以秦的變法只是促進強大，而不是轉弱小為強大。換言之，秦的變法，是由於秦的發展在客觀條件之下來促成的。

秦國的發展，使得他的政治條件成熟了。商君把三晉的法家的觀念輸入到秦國來，恰合秦國當前的需要。他的政治原則，是強公室而杜私門；他的經濟原則，是不重分配而重生產；再將人民在國家領導之下組織起來，在農和戰兩個原則之下，向國家效忠，然後定出來客觀的法律來支持他的政策。這許多條件，使得秦國成為一個有組織、有效率的國家，使秦無敵於天下。

從魏惠王之敗到齊潛王之死，將近六十年之間，東方發生了許多變化，結果只落得實力消耗了而各不相下。這是一個關鍵的時代，只有秦惠王滅蜀，獲得了經濟上的重要資源地帶。此後秦更利用蜀地的上游形勢和長江運輸，奪獲了楚國的南郡（湖北省），再利用他的騎兵和荊益的經濟條件，一步一步的東進。到了始皇即位之前，秦國已經占有南郡、南陽、河內、上黨，以至於太原。也就是從太行山以西，向南大致沿現在平漢鐵路以西（除去洛陽附近以外），大致在西元前 260 年左右，都成了秦的領土了。

大一統的思想既然早已經完成，秦的統一天下趨勢已經決定。一統政治的實現，已經只是時間問題了。所成問題的，只是法家的思想，對於秦國的前途，應當如何處分和利用了。在國與國戰爭的時候，法家誠然是一個有效的思想；但治理一個統一的帝國，使他得到太平，是不是一個最適當的思想，究竟還有問題。因此在西元前 249 年，呂不韋作了秦的相國，就深切考慮到這個事實。他召集了天下的賢才，兼儒法，合名墨，而歸本於道家。在他取魏二十城置東郡的第四年，也就是大敗東方各國（除去齊以外）的聯軍第三年，當秦始皇即位第八年的時候（西元前 239 年），他和賓客們完成了他的巨著《呂氏春秋》。這部書的偉大貢獻是將老子的小國寡民主張，莊子的遁世絕俗主張，衍變成了使得一個大一統的具有文化的帝國，可以做到無為而治。但非常不幸的，他的不朽巨著完成了，他的政治生命也就終止了。到了秦始皇九年和十年之間，秦國發生了政變，呂不韋被廢，再被遷到蜀中自殺。

秦始皇的勝利，呂不韋的失敗，自然政治上非轉變不可，不論將來用那

一種主張，至少呂不韋的主張不會再用了。秦的傳統，是一個商君政治下的法家傳統，但秦始皇親政以後的設施，似乎並不全是這樣。秦國的七十博士，實際是仿孔子七十弟子。而秦始皇二十六年的琅琊臺刻石，也還是一個〈堯典〉、《大學》和《中庸》的結合品。所以從秦始皇二十六年統一天下到三十四年焚詩書百家語，這九年之中（加上呂不韋死後，秦國統一之前，還有十五年），走的是漢武帝式的儒法兼用的「雜霸」路線。直到三十四年焚書，三十五年坑儒並遣出太子扶蘇，才完全是一個日暮途窮，倒行逆施的現象。於是在一個絕對專制局面之下，完全採用韓非的遺說，國內「無書簡之文，以法為教；無先王之語，以吏為師」，君王成為神秘不可捉摸的怪物，而秦帝國再過六年也就崩潰了。

　　道家和法家的基本區別是道家把君主當作一個平凡的人，而法家把君主當成超人。道家憑著人生的經驗而法家憑著分析的頭腦，所以道家世故深而法家理論密。韓非是講法和術的，他對於法術的定義是：「術者因任而授官，循名而責實，操生殺之柄，課群臣之能者，此人主所執也。法者憲令著於官府，刑罰必於民心，賞存乎慎法，而罰加乎姦令者也，此人臣之所師也。」（〈定法〉）但《呂氏春秋》卻主張：「大聖無為而千官盡能。」（〈君守〉）「古之王者，其所為少，其所因多；因者君術也，為者臣道也。」（〈任數〉）「有道之君，因而不為，責而不詔；去想去意，靜虛以待。」（〈知度〉）「人主所惑者，以其智強，智以其能強，能以其為強，為此處人臣之職，而欲無壅塞，雖舜不能為。」（〈分職〉）秦的實驗失敗了，漢初又回到道家去。道家的主張下，君主的運用技術，較法家的技術還要困難，但漢朝初年，尤其是在漢文帝時，實行成功了。

　　漢初政治的成功，當然和漢文帝有關，他不僅能無為，而且能守法。他把握住無為而守法的中央，使得一切政治順利推行下去。但是秦國自商鞅以來，立下的強固的政治組織，有效的工作效率，當然也是他能夠實行「無為」的基礎。秦漢政治組織是中國政治史上一個偉大的藝術品。它的特點是制度簡，員額少，任務專，權限明，應付工作的機會多，應付人事的機會少，因此也就可以達到較高的工作效率。秦漢政治的中心雖然集中中央，但各郡的權責卻非常大。太守雖然限於外郡人，作為中央的代表，但他在一郡之中，可以全權處置不受任何阻礙。郡對於縣，也是分層負責，權職分明。就現有

的史料來看，漢代郡制之中造成了不少卓越的循吏，而中央政府也就樹立在這個鞏固的基礎上。

漢代對於域外的武功，也是樹立在內政的基礎上。漢代對於最大的敵人匈奴，在主力上並未曾假借外力或外國人的軍隊，而是用著自己的力量來和匈奴作一個生死的搏鬥。這個搏鬥的成功，可以說：第一，秦漢時代，是有計畫而沒有例外的徵兵制（唐代的府兵，只是特殊區域兵，不要誤會為徵兵）；第二，秦漢時代，是有一個嚴密的運輸系統（包括道路、車輛、倉庫、通信系統及管理系統），從這一個運輸系統出發，使得可以對敵人作有效的經濟戰。但尤其重要的，還是秦漢時代簡單而有效的中央及地方組織，是一個最適於全體動員的組織，遇見戰事，可以很容易將全部的國家力量用上去。

東漢雖然仍在實行徵兵制度，但廢除了大部分的外郡常備兵，武力要差了一些，不過政治效率仍然很強。只是東漢時代中央不如從前的安定。到了東漢晚期，外戚和宦官、丞相秉政，清明的士大夫階級終於一籌莫展，直到董卓入洛，中樞覆敗為止。這是無可如何的事，這也是中國傳統政治的絕症，因為中國傳統政治，不論好壞，都是一切官吏最後向君主負責。君主一定有智有愚，有賢有不肖，不走向民主之路，絕對無法得到長治久安的。

漢代自從武帝以後，儒家的思想格外抬頭。有人以為便於統治，這是不對的。周秦諸子，不論那一家，不論是道，是法，是墨，都是尊君抑臣，為君王設想，豈僅儒家一家？而況講堯舜，說湯武，也不是儒家以外各家所常道，這對於絕對君權並無好處。當時儒家所以被尊崇，實在是由於理論完整，內容豐富，迥非其他各家可比。因此為太子師傅的往往都是儒家，這就注定了儒家一定成為學術的正統。到了西漢晚年，許多新材料發現了，使儒家內容更為豐富，於是到了光武以後，古文學更成了儒家的正統。

漢代還可注意的一件事，便是自然科學已經開始在萌芽。尤其數學的發展，已經直追希臘而超過印度。此外如「淮南萬畢術」，雖然是一個方士的實驗，但西方化學也是從方士產生的。在應用科學上，如弩機的使用，合金的配製，造紙術的發明，都是很有價值的事。中國文化對於科學是接近的。至於為甚麼後來進展不快，可能還是實際問題和環境問題。中國的士大夫對於科學只認為是副業，而寺院之中又缺乏研究科學的傳統。

在這一點要附帶說明的，便是至少從上古兩漢的中國文化看來，中國文

化的本質並未排斥民主和科學，而民主和科學在中國進展不夠成熟的原因，是由於環境上、技術上，及其他本質以外的因素。

四、漢代的藝術及文學

漢代是一個藝術非常發展的時代，因為本身的進展，以及外來的影響，使得漢代的藝術更為成熟。就現存所能知道的來說，可分為陶器、漆器、壁畫、鏡鑑、織繡、石刻各類。在陶器方面來說，大部分屬於殉葬的明器或墓甎。明器方面的代表有人物俑和房屋。在房屋方面，就現在所知道的有住宅、樓閣、門闕、牛車、倉、竈、羊舍及豕圈、田地等；在墓甎上刻畫的有人物、房屋、車馬、龍、鳳、虎，以及桑樹、鹽井等。漆器是漢代藝術的代表，在樂浪、長沙，以及外蒙古都曾經發現過，主要的是奩匣、盤、耳杯及盌。以黑器朱花紋及朱器黑花紋為最多，但也夾著淡黃、棕色和淡綠的花紋。花紋有人物、飛鳥、雲龍及圖案花紋，畫的線條都非常生動。尤其是朝鮮王盱墓及彩篋塚發見的最為著名，這些漆器大都是從蜀郡造成的。壁畫有營城子和陽高縣墓中的壁畫，和漆器屬於同一的風格，並且漆器又和壽縣楚王墓中發現的棺片和所謂「淮式鏡」的風格，有相互的關係。

漢代的石刻，以山東、河南及四川為最多。山東有嘉祥縣的武氏祠、肥城縣的孝堂山、金鄉縣的朱鮪祠，及滕縣的曹王墓等。就中朱鮪祠當為後漢明帝時代，滕縣石刻為後漢章帝時代，武氏祠及孝堂山就屬於桓帝及靈帝時代了。河南的石刻有嵩嶽太室石闕及南陽畫像。山東和河南的畫像代表著漢代重要的藝術和史料，這些畫像風格是各不相同的，不過由於刻法的關係大，由於畫法的關係小。四川的石刻尤其以石闕為多，遍於四川各處。其中最著名的，如馮煥石闕、高頤石闕、王稚子石闕等，每一個石闕都代表建築和繪畫的雙重意義，而兩間孝堂山石室，更是現存的唯一漢代房屋建築。至於石刻的人和獸，最著名的是昆明池的石鯨，但現已不存；渭橋的牛郎織女，已經風化得僅餘痕跡。只餘霍去病墓前的石馬，魯王墓前的石人，南陽宗資墓前的天祿辟邪石獸，武氏祠前的石獅子以及四川高頤墓前的石獅子，尚可看出漢代立體的石刻。其中尤其以石獅子最有力量，而天祿和辟邪也是一種有翼的石獅子。據說一角的為天祿，二角的為辟邪，無角的為獅子，這也只是

個勉強的分類罷了（其實天祿和辟邪，也只是造作的人給予當時新作石獅子的命名，並無別的根據）。

漢代的銅器，大都以實用爲主，除去奩匣尚有精工雕錯的以外，有藝術意義的，大都屬鏡鑑一類。漢代的鏡，因爲需要作爲照鑑之用，所以銅質比較精細，鏡面也極爲平滑。可以作爲代表的，大牛爲花紋流利的准式鏡，和花紋整齊的 T, L, V 式鏡（大致是摹仿日晷的花紋，作爲辟邪之用的）。大部分爲圓形，有時還有銘文和年號。

絲織品是中國對外貿易的重要出品，尤其重要的是織錦和刺繡。斯坦因在樓蘭遺址上曾獲得精美的織錦，其上有雲龍、獅子、麒麟，以及吉祥文字。科茲洛夫在外蒙古庫倫以北的墓葬中，亦曾發現漢代的織錦及刺繡，其上有有翼的獸類及騎馬的仙人，上有「廣成新神，靈壽萬年」等字樣。各種繡風亦兼含有中國作風及希臘作風。這裡所要注意的，是中國除去絲業之外，還有複雜的提花業，及精美的染工。

現在所能夠根據的實物，比起當年漢代的藝術品，其比例可稱極少。但在各方面看來，已經有長足的進展。再從這些實物來比較一切的記載，更可以相信這些記載的真實性。

漢代的文學除去散文以外，韻文更值得我們注意。漢代的賦是不合樂而朗誦的，專以鋪陳事實爲主，也可說是一種史詩性質的朗誦詩。自然朗誦的對象是貴族而不是平民，所以內容和作法也以貴族爲主。不過漸次演變，到了唐代就成了顯著的極端兩支：一爲考試所用的律賦，一支就成爲民間文學的〈晏子賦〉、〈韓朋賦〉了。五七言詩也是漢代開始的，一個來源是外國音樂的輸入，另一個來源是民間歌謠的轉變。當武帝前後，民間歌謠還是類似《楚辭》的格調，和類似《詩經》轉變出來的格調，但五言詩卻漸漸的發生了。最早的五言詩，似乎是《漢書・五行志》記述的漢武帝時的童謠，此後五言詩便漸漸的多了。七言詩更應當比較後些。不過五言詩和七言詩的成熟，似乎還在東漢末年到三國之際。

中國詩的體裁，兩漢是開一個新的局面之時，後來的不論所謂近體或古體，五言或七言，都是在漢代發源。不過要注意的，便是漢代是一個新的音樂完成的時候，新的詩體的完成也是由於新的音樂的完成。後來的詞和曲，也是同一的軌道，所以今後新的詩體的發展和完成，似乎也應當和新的音樂

有多少直接間接的關係。

　　總之，秦漢時代是中國文化發展史上的一個非常重要的時代，今天作一個簡單敘述，許多地方都說不到。但是我推想到，中華民族是一個具有堅韌性的民族，古代的幾盛幾衰，仍然停止不了中華民族的繼續創造。中華民族也是一個富於吸收性的民族，無論那一個新的文化到來都不至於深拒固絕，經過一個相當時間，一定可以融會貫通而造出一個新面目的文化來。所以前途一定是光明的，但責任也是繁重的。

從儒家地位看漢代政治

今天我們討論的題目是「從儒家地位論漢代政治」。爲什麼討論這個題目呢？因爲我們要探討漢代政治是個怎麼樣的政治、漢代政治之影響有多大等問題，就必須先觀察漢代的儒家地位。近代政治制度大多始於秦漢，至今雖有若干受西方影響，但中國傳統還是存在的。甚至於新的法律，其中還保有固有的法律精神，這仍是從秦漢沿襲而來。我過去之所以研究漢代歷史，就是想研究中國歷代制度與漢的關係。但這個問題過於龐大，其中傳遞的細節，當然不是一兩部書的敘述所能完全表示出來，但這個相承的關係，是不容忽略的。

關於儒家的地位，在最近五、六十年來，一直是個爭執很多的問題。從漢、唐、宋至元、明，很少人以爲儒家地位有問題的。到了十九世紀晚期，因爲受西洋學術史影響，看到西洋史中各家平等看待的原則，學術正統這個觀念，並不被重視，而中國卻不只有一個儒家，這就使寫中國哲學史的人，要別換一個寫法。所以認定了中國的學術，尤其在戰國、秦、漢以前，是有許多派的，而儒家只是其中一支。今天我們所要討論的是，儒家地位在中國傳統上，究竟是正統，還是其中一支？如其是正統，應當是什麼樣的正統？如其是一支，這一支的重要性是怎樣？因爲討論漢代政治，不能不牽涉到儒家地位，二者實是息息相關的，但是爲了澄清概念，我們還是先討論儒家地位問題。

關於儒家地位，應當依據傳統的舊說，認爲是「主流」的，因爲中國文化是從儒家思想保存下來的。爲什麼呢？我們除去依據《論語》一書來看以外，還可以由孔子可能閱讀的其他書籍看出來。在孔子以前的書籍，例如《易

經》、《詩經》以及《尚書》的一部分，都可以認定曾由孔子看過，其中《尚書》的問題較複雜，今且不論。關於《易經》，有許多人懷疑成書於孔子之前或孔子之後，近來經過客觀討論，大多認為應成書於孔子之前，例如《論語》中引過《易經》的「不恆其德，或承之羞」，而《易經》中許多證據，更證明出於周初，此意屈萬里先生就曾申論過。至今雖然還不知道《易經》作者是誰，但它在周初完成，是不成問題的。此外《詩經》更是孔子所常誦讀的。孔子思想至少應當追溯到周公的，自周公起，仁愛觀念已加入政治之中，而《易經》之中雖有被道家援用的觀念，但更正確地說，《易經》之中儒家觀念似要重於道家觀念，可知在孔子之前，儒家思想已超過其他，中國儒家已重仁義。這個觀念在周初已經形成（參考傅孟真先生的〈性命古訓〉），至於孔子更是金聲玉振，集其大成，將傳統加以更廣泛、更正確的詮釋，因此孔子地位在春秋之後就已確定了。同時我們看老子、墨子、莊子等思想，雖然有些採自儒家，但他們所攻擊的也是專對儒家。為什麼呢？只因為儒家是主流，其他都算是別派，儒家的分量越重，受到攻擊的可能也就越多，因此，毫無疑問的，儒家是中國傳統中最重要的思想。如其要樹立一個新的思想也就只有攻擊儒家了。我們看，由秦漢以來，儒家的重要地位是不容忽略的。不只是立儒家博士的漢文帝、漢景帝，甚至秦始皇，乃至韓非，他們的思想也都不能脫離儒家。雖然在表面上漢代儒家地位，有時高，有時低，有時顯著，有時低落，但無論如何，漢時儒家的地位已被確定。這是在討論漢代儒家地位時，應該注意到的。

　　現在我們要講到漢朝政治制度。漢的制度實承襲秦時制度，在秦的制度中，法家思想是顯性的，而儒家思想則是隱性的。秦朝制度歷經商鞅、韓非逐漸形成。商鞅之學實際上也受到儒學的影響，脫離不了孔子的思想（因為三晉思想形成於魏文侯時代，當時子夏實為大師）。至於秦始皇，雖然是反孔、反儒家的，但他也無法完全根除孔子對當時的影響。在此我們不能不討論法家問題。法家思想追蹤至最後，仍然是希望能以仁道、倫常治國，這倫常的價值實則為儒家思想的內容。誠然法家在刑法上與儒家不同，較為嚴厲，但基本哲學上還是不能擺脫儒家的。秦朝雖不談儒家之學，但儒家的影響在當時實已存在。乃至到了漢朝，就實際上是以儒家思想立國、治國了。

　　漢初蕭何是開國大臣，而張良、陳平和韓信號稱開國的「三傑」，但就內

幕的影響來說，對漢最重要的卻是漢高祖之弟楚王交。他在當年受了不少儒家教育，曾從浮丘伯學詩，影響了劉邦的思想，不容忽視。在漢以前，各國的王，沒有一個祭祀孔子的，到了漢代，劉邦是歷史上第一個以太牢祀孔子的人。這對於中國政治方向的影響至為重大，除了楚王交以外，沒有人可以使劉邦這樣做的。漢文帝雖然表面上是道家，但建立儒家博士的制度，文帝是漢代第一人，而且詔博士作〈王制〉篇，影響到漢代制度的標準，也是頂重要的。其後經過景帝，再到武帝，更是明白地正式罷斥百家，表彰儒術。這不僅是樹立漢代的標準，而且也樹立許多朝代的標準，後來漢宣帝曾一度認為漢家自有制度，「本以王、霸雜之」，不能捨「漢法」用「周政」，但實際上儒家是講原則性的，而法制則是必須在客觀立場上管理政治，二者之中，一站在道德立場，一站在技術立場，兩者正互相為用。中國歷來政治，以儒為主，以法為輔，二者交互使用；不只是漢，中國各朝多半是這樣的。在這種狀況下，毫無疑問的，是以儒家為最高原則，再以法家為客觀的判斷，這就是漢代政治制度的主要基礎。這一種政治制度由漢延綿而下，直至明朝、清朝，都是這樣。其中基本問題，只是中國幾千年的專制獨裁政體，其中的陰影，如何擺脫，卻是當前的課題。

此外，在漢代又有另外一個問題，漢代有很多儒生與掌政的一些惡勢力奮鬥，例如：西漢的劉向、蕭望之對於宦官，對於外戚王氏；東漢從李固、杜喬，以至於陳蕃、李膺和黨錮中的名流，他們的奮鬥，都是代表著原則的問題。除去儒家以外，法家對於這種對惡勢力的奮鬥，也不是不加注意的。譬如西漢的郅都，東漢的董宣，都是法家，保護「法」的立場，也非常明顯。可見漢時的這種爭執，並不是真正儒家與法家的爭執，而是國家整體與個人利益如何平衡的問題。再換句話說，就是自由與保守之爭的問題，尤其一般人喜歡談的，東漢晚期清流與宦官外戚之爭，更與儒家有直接的關係。關於宦官和外戚這一個問題，顯然的儒生站在一方面，而惡勢力站在另一個方面。這在儒家方面，早已想到了「禪讓」，主張不能以一個家族主宰一國大政，因為如果由一家世襲承繼帝位，歷經四、五代後，一定會產生無能的君主。例如西漢歷經數朝已經漸呈衰象，至東漢末，帝王更是無能。關於這一點，孟子早就主張選賢與能，並且更提出了「故國喬木」這一個原則。換言之，就是孟子雖然主張「禪讓」，但「禪讓」難於實行，只好想到用「貴族政治」來

代替一姓的繼承。這是很有眼光的，因爲民主政治的前身，就是「貴族」和「皇室」爭權。有名的「大憲章」就是這樣形成的。只可惜孟子的理想未曾實行，也無法演進到國會的成立，是中國歷史上一個不幸。當然，國會制度也不是十全十美的，國會制度也有國會制度的缺點。這就在一個國家還得培養政治家去善於運用了。東漢後期政治轉到外戚宦官手中，並非儒家所能預想的。儒家的主張實際上可說是國會制度的前身，或至少以貴族政治的方式來過渡，但是對於把持政柄的宦官外戚，那就在儒家的原則下是不能姑息的。但是這種正義的主張，是失敗了，東漢末期，形成了黨錮之禍。到了曹魏，又變成一種法家式不計是非的政治。這就使得儒生失望而漸次走向清談這條路上去。永嘉之禍有人歸罪於王弼、何晏，這是不太公平的，王、何的責任，還抵不上賈充。是誰造成了賈充這種人生觀？毫無問題的，要推究到法家主張的魏武帝三令了。但我們應該知道，直至南北朝，還是有潔身自好，不走入空談而努力於肩負實行儒家思想的儒生。即就事功來說，當中原喪亂之時，「午夜聞雞」、「中流擊楫」，又那一個不是出於倫常大道的鼓勵？到了唐、宋，有許多儒生仍然從事這種努力。而這種傳統，可以說是淵源於漢，也就是說，儒家的傳統地位是確立於漢政治之中的。

※　　　　　　　　※　　　　　　　　※

問：請勞先生爲我們談談漢代的「黃老之治」。

答：「黃老之治」是屬於道家思想，「黃」指的黃帝，「老」則指老子。黃和老可能是兩種不同的思想，不過漢代的人談黃老著重在政治，那就「黃」的成分比「老」多了。「黃老之治」概略說來是道家思想，也就是「無爲而治」。但儒家並不是完全反對無爲，甚至法家也曾講無爲而治，所不同的只是程度問題。道家之無爲講的是完全不做；儒家則是「恭己以正天下」；法家則是藉著「法」和「術」，來控制天下，就可以省卻繁複的手續了。所以中國歷來的政治中，主張改革的一定是儒家和法家，道家因爲主張一切無爲，就認爲改革是多事了。

問：那麼孟子的思想又如何呢？

答：毫無問題的，孟子比孔子更主張民治。他的「民爲貴，社稷次之，君爲

輕」那種論調，是以前所未有的。民治以貴族政治為過渡一件事，他也曾想到，所以他說「所謂故國者，非謂有喬木之謂也，有世臣之謂也。」只是最困難的，是古代中國雖有會議這件事，卻無成系統的表決制度，這就阻礙中國民主政體的實現。

問：請問漢代和西域的關係怎樣？勞先生對於「義渠」這個國家有什麼新的看法？

答：由《史記》和《漢書》的記載可以得知：在漢代以前，中國與西域之間，後來的「河西」地帶，是大月氏居住著，在秦漢之際為匈奴趕走，到了中亞細亞，延續存在了很久，以後不只成為中西文化之關鍵處，佛教亦是由此傳入。但從《戰國策》中和《史記·秦本紀》看出，秦國以西並無月氏國名，只有一國名為義渠，這是互相矛盾的。但依照上古音的讀法，「義渠」和「月氏」可以通轉，而且到了漢代，北地郡的義渠縣又和安定郡的月氏道非常接近。可能這一個部族在設義渠縣時，官方稱為義渠，到設月氏道時，官方又稱為月氏了。月氏是有許多部落的，譬如漢代月氏建國以後，在今青海地方尚有「湟中月氏」。而「月氏道」又是一部分月氏，那麼義渠縣也是一部分月氏，就不足為奇了。所以我曾假定此二者是相近，甚或是相同的一個國家，但至今尚未成定論。

問：您是否也可以談談王莽的政治？

答：王莽的思想，基本上是屬於儒家的，雖然他有些政策近於法家，這是要改革，就需要集中權力的緣故。政治上改革往往是必要的，但改革也十分冒險，改革也往往會失敗，因為任何改革，一定要事先有充分調查，要有事實根據，確定可以改革再予以改革，材料若搜集不夠，改革就會出毛病。現代問題已經這樣不容易辦，古代資料不夠，而且政治及經濟上的看法更不成熟，失敗的可能當然更大了。王莽時代，政治、經濟和社會上問題，要改革的當然不少，不過他卻拿一部《周禮》作為「枕中鴻祕」，這就太危險了。《周禮》只是戰國初年的人所作一部「理想國」藍圖，不僅其中制度根本未曾實行過，而且所有的思想背景、社會背景及經濟背景，都是非漢代的，拿到漢代用，也是無法適合的。自然有關漢代的問題，除去極端於法家色彩的賈誼，曾經主張過許多改革的方案以外，在漢武帝的時候，董仲舒曾主張限田，這是一個社會政策的一個

重要嘗試，雖然有許多阻礙，不能實行，但在社會經濟的改革上，不能說不占重要的一頁。王莽的政治也有很多理想部分，關於價值評論上，是不能夠用一兩句話說定的，不過關於奴隸制度一件事來說，東漢的奴隸，有顯著的減少，這是漢光武定「賣人法」的緣故，卻也可以說是王莽舊法的延伸。人類社會太複雜了，用一種理想去做往往失敗。但也會遺留一部分制度下來，成為後代的根據。

問：今天聽了勞先生的高見，突然有種聯想：有些人不重視現代思想，但現代思想之中，如三民主義的思想實有其可取之處，您是否談談這方面的問題？

答：我想這個社會，忠恕之道是必須存在的。「忠」是盡己之心，「恕」是推己及人，也就是己所不欲，勿施於人。換句話說，是要誠懇負責，隨時想到別人。一個人做事一定要如此，才能免去不必要的爭執。忠恕這二個原則一定要維持，它們不只是儒家的原則，甚至在各種宗教中，都有這種思想的存在；忠恕二字足可以推之四海而皆準。但世上不可能每個人均為聖人，必須有禮法輔助這二個原則，「禮」是在社會樹立的標準，「法」是制裁的工具，使用於禮的標準之下，若有人不遵照這個標準，可以受到社會的制裁，但這是不夠的，還是要有「法」來強制執行。中國法律當今雖行使新的法典，但立法精神還有不少地方保存固有的傳統，這是必要的。至於三民主義是屬於現代思想，現代思想在目的上是要解決現代問題，卻也和傳統的問題和傳統事實不能完全隔離。中山先生曾推重《禮記》的〈禮運大同篇〉，雖然陳澔的《禮記集說》認為「大約出於老莊之見」，但從另一方面看，這正是儒家思想的擴大，而更適合於現代思想。這是一個世界性標準，應當算做一個正確的方向。

問：陶淵明的思想似乎受道家影響很深，那麼他是否也有儒家觀念存在呢？

答：關於陶潛，依照他的作品來看，可說有很深的道家思想，主要是因為他那個朝代久經戰亂，所以他主張讓人民休養生息，他的〈桃花源記〉確實是老子思想的代表，具有無政府色彩。但以他的社會背景而言，也不能脫離儒家之思想影響。

問：您是否談談蘇東坡與王安石的政治意見？據我所知，蘇東坡是既受了儒家，又受了佛家思想的人。

答：關於這一點，我們可以說，任何朝代政治的爭執，都可以分爲若干派；
有最偏左的、有最偏右的，還有中而偏左或中而偏右的。實際上，當時
王安石這派人最走極端，但亦有中而偏左、中而偏右之人，蘇東坡即屬
於中而偏左之人，他對於「免役法」的意見，就是同情於王安石的，若
就其一般看法說，不但與王安石不同，就是與司馬光也有所不同。做政
治的人要顧及現實的，王安石太固執了，不曾顧及到現實，蘇東坡是顧
及現實的，可惜他平日口頭上容易得罪人，所以他也不容易爬上去。

問：如果論及當今中美關係，勞先生的意見如何？

答：美國對於中國的研究可算是極爲誠心了，但外國人究竟是外國人，要研
究一國之文化，原來即爲困難之事，非但美國人不易了解我們，我們亦
不易了解美國。而讓他們了解，仍然要從我們了解他們做起。我們要下
手的，不僅是現代美國人情風俗，更重要的還是美國的思想背景和歷史
背景。不錯，美國一般人中，沒有什麼思想的最多。但美國思想的主流，
還是人權與自由，再加上西部邊疆發展的事實，這種模式的代表，應是
美國大學中的知識分子。其中人數的比例，在美國人中當然還是少數，
但影響到美國政治前途卻相當的大，我們如何去了解，需要作相當的努
力。如其在美國思想的基礎上找一個和我們可以調和的出路，那就更需
要相當的努力了。

問：儒家對宗教的看法怎樣？

答：孔子曾說：「禱之久矣」，可知孔子並非一個無神論者。不過在許多宗教
的經典之中，有的薈集一些民族傳說，有的強調一些神奇故事。拿孔子
的「知之爲知之，不知爲不知」，「未知生，焉知死」，「不語怪力亂神」
的原則來衡量，這些部分都是不能接受的。漢代緯書盛行，加上孔子許
多神奇的面貌，這和孔子的主張並不符合。孔子「不可知論」在哲學上
是合理的，但作爲一個宗教，就缺乏對一般民眾說服的力量了。所以儒
家在原則上，可以作爲一個宗教，卻始終不能成功爲一個宗教。即使有
經典，有教會，有教士，也不能成爲一個宗教。但是就社會功能方面來
說，確實仍然需要一些宗教。因此中國傳統上，只好借用別的宗教來和
儒家思想合作。有些宗教卻是關閉式的，而不是開放式的（所以把「入教
式」當成天經地義），但到了供儒家應用以後，就不能再像從前那樣封鎖關

閉了。既然儒家在道德律已經自己有了一套，只借別的宗教來補充自己的不足，這在別的宗教看來，也許不夠專一。但在各宗教之間，樹立了客觀、平等的看法，使得各宗教之間，有尊重別人的可能，這是中國傳統上的成就。試看一看黎巴嫩和愛爾蘭的不幸，我們更會了解儒家立場的必要了。

戰國七雄及其他小國*

一、戰國七雄

　　戰國時代是由於三家分晉這一件事形成的。從春秋中葉以來，晉國一直是掌握中原的霸主。晉國領土擴張的結果，不僅是中原最大的國家，並且也是中原最占戰略形勢的國家。如其晉國掌握這種形勢不變，那就將來統一中國的任務，應當是由晉國負擔而不是由秦國負擔。經過二三百年的演變，終於由秦國統一中國。這件事的關鍵當然是由於三家分晉。三家分晉的原因卻在晉國開始強大的時候，已埋伏下這個因素。

　　晉國的強大是從晉獻公開始的。晉獻公並不長於治國，卻長於用兵。在他滅耿、滅霍、滅魏那一次，賜趙夙耿，賜畢萬魏，以為大夫[1]。後來晉公子重耳出亡，趙夙之弟趙衰，畢萬之子魏犨都是從重耳周歷各國的。等到重耳返國，趙衰和魏犨的後人都變成世襲的晉卿，再加上韓氏、智氏（亦即荀氏）、范氏、中行氏，共為六卿。晉國的軍力掌握在六卿手裡，晉侯沒有直接指揮的力量。結果晉侯大權旁落，六卿成為實際的統治者。

　　周元王元年（475 B.C.）是《史記・六國表》開始的一年。依司馬遷的意思，從這一年算起，成為另一個時代，也就是戰國的開始。司馬光《資治通鑑》開始時代要晚些，是起於周威烈王二十三年（403 B.C.），王命韓虔、魏斯、趙籍為諸侯一事算起，比《史記・六國表》晚七十三年。這是因為《春秋》止於周敬王三十九年（481 B.C.），孔子卒在周敬王四十一年（479 B.C.），司馬

＊ 本文為《中國上古史》待定稿第三本之一章，審閱人：陳槃先生。

1 《左傳》閔公元年（藝文本），頁 188。

光故意推晚幾十年，表示不敢銜接《春秋》。其實為著分期方便起見，還是司馬遷〈六國表〉的提示，要比較清朗一些，照〈六國表〉，春秋以後就是戰國，不會有一段非春秋、非戰國的時期。

這一年的前後，也曾發生過許多大事。敬王四十二年（478 B.C.）楚滅陳。元王元年，越圍吳；到元王三年（473 B.C.），越滅吳。在此後九年（元王十二年，465 B.C.），晉國趙氏滅代。越和代都可以說是新起的國家，這兩個新起的國家都不是華夏。越國君主是否華夏當不敢說定，越國的人民確切不是華夏（這和吳國情形也許類似，吳國的君主確切是周的宗室，但吳國的人民確切不是華夏）[2]。代國從前不見於記載，以方位來說，當然就是白狄的狄更改的國名。這都顯示著當戰國開始的時候，數不盡的外族，已經接受了華夏的文明，並且形成了國家的組織，走上了西周以來楚國的舊路。

晉國諸卿之中，趙孟（趙氏）是列卿的首席，有相當的力量，只是當時智氏（荀氏）也強大起來。最先智伯荀瑤聯絡趙、韓、魏三氏滅了范氏及中行氏，范氏及中行氏的家族奔齊（489 B.C.）。六卿之中只剩了四卿，四卿之中又以趙、智兩支為較強，韓、魏兩氏只有團結起來，在趙、智二氏之中作一選擇，來維持自己的存在。首先韓、魏和智氏共攻趙，在周貞定王十四年（455 B.C.），把趙襄子圍在晉陽。

智、韓、魏三家決河來灌晉陽，到了周定王十六年，晉陽的失陷已經是旦夕的事了。荀瑤得意之下，透露了撲滅韓、魏兩氏的可能性，韓、魏又和趙氏聯絡，向智氏反撲，滅了智氏[3]。從此形成了三家分晉的局面。當韓、魏倒戈擊智氏的時候，趙氏已經垂危，而韓、魏卻掌握著成敗的契機。到了三家分智氏土地的時候，韓、魏所得的利益一定比趙氏為優厚。這樣就使得趙的優勢減損，而三家成為平衡的局面。

在那個時期，七國的形勢已經初步形成了。只是七雄是後來的事。當戰國時代的初期，對於區域的設想，是九分天下而不是七分天下。孟子曾經說，「海內之地，方千里者九，齊集有其一」，這種計算方式，和後來各種區畫方

---

2 越國據《史記·越王句踐世家》稱為夏禹之後，當然有此可能，不過積極證據不
　夠。吳國為吳太伯之後，在證據方面就充分的多了。《論語·述而篇》：「（昭公）娶
　於吳，為同姓，謂之吳孟子。」所以吳為諸姬，是不成問題的。
3 見《戰國策·趙一》（商務排印本），18/1-2。

式，不論是七雄，或者是九州（〈禹貢〉的九州），都不相同。這種方式最好拿
《周禮・職方氏》的九州來比較，因爲《周禮》的成書時代應當是戰國初期，
所以《周禮》上記載的時代也正和這個時代的情況符合。

(1)東南曰揚州，其山鎮曰會稽，其澤藪曰縣區，其川三江，其浸五湖。
　　（地區上應爲越國）

(2)江南曰荊州，其山鎮曰衡山，其澤藪曰雲夢，其川江漢，其浸穎湛。
　　（地區上應爲楚國）

(3)河南曰豫州，其山鎮曰華山，其澤藪曰圃田，其川滎雒，其浸波溠。
　　（地區上應爲韓國及二周）

(4)正東曰青州，其山鎮曰沂山，其澤藪曰望著，其川淮泗，其浸沂沐。
　　（地區上應爲齊國）

(5)河東曰兗州，其山鎮曰岱山，其澤藪曰大野，其川河泲，其浸盧維。
　　（地區上應爲魯、宋、衛諸國）

(6)正西曰雍州，其山鎮曰嶽山，其澤藪曰弦蒲，其川涇汭，其浸渭洛。
　　（地區上應爲秦國）

(7)東北曰幽州，其山鎮曰醫無閭，其澤藪曰貕養，其川河泲，其浸菑時。
　　（地區上應爲燕國）

(8)河內曰冀州，其山鎮曰霍山，其澤藪曰楊紆，其川漳，其浸汾潞。（地
　　區上應爲魏國）

(9)正北曰并州，其山鎮曰恆山，其澤藪曰昭餘祁，其川虖池、嘔夷，其
　　浸淶。（地區上應爲趙國）[4]

這裡最顯著的是，華山是豫州的山鎮，顯示著雍州的秦不能領有華山。
而巴蜀區域未曾列入（和〈禹貢〉不同），也顯示著那時地理知識不包括巴蜀區
域在內[5]。

句踐滅吳，在戰國初期是一件大事。越滅吳以後，雖然有句踐遷至瑯邪

4　見《周禮・夏官・職方氏》（藝文本），498-500。
5　周慎靚王五年（秦惠文君稱王第九年，316 B.C.），秦滅蜀。在此以前，蜀不算華夏，
　　《周禮》不提到蜀境，應在此以前寫成，〈禹貢〉把蜀境算中國，應當在此以後寫
　　成。

一說 [6]，但越的都城應當實際上在吳（即今江蘇的吳縣），一直到後來漢代的會稽郡，仍然以吳爲郡治，並不以山陰爲郡治，這個傳統是相承有自的。句踐滅吳以後，越兵橫行江淮之間，稱爲霸主。不過也只是宋魯幾個國家附越，越王句踐並且未能如吳王夫差那樣，舉行對於齊晉諸大國的盟會。到周定王四年（465 B.C.）也就是滅吳後第八年，句踐卒，越國也就隨著衰微，到周顯王三十五年（334 B.C.）越王無疆伐楚，爲楚擊破，楚滅越。越據有吳地約一百四十年。當越滅吳以後，顯然的，楚是越的大敵人。越所以能夠縱橫江淮間，也是許多小國假借越的力量來牽制楚。但是戰國初期一百四五十年中，正是楚的對外擴展時期，楚的政治清明而越的政治昏亂，越終於敵不過楚。等到越滅亡以後只有三十年，楚懷王在藍田之戰中大敗，從此楚亦不能再振，這件事以後再說。以下還是敘述戰國諸國興亡的關鍵部分，三晉間的起伏。

　　三晉之中在這一期的大事是魏國的興起。魏國興起的原因大致是：（一）魏國的領土是屬於晉國的故地，占有地理上的優勢。（二）魏國開始的時候，領導的人是魏文侯和魏武侯，都是能力甚高的人物。

　　魏文侯的元年，有兩種不同的說法 [7]，第一是《竹書紀年》以周貞定王二十四年（445 B.C.）爲魏文侯元年，第二是《史記》以周威烈王二年（424 B.C.，即秦靈公元年）爲魏文侯元年。《史記》根據《秦紀》，所以以秦靈公元年爲標準，應當不誤。但《竹書紀年》亦是《魏紀》。子夏曾爲魏文侯師，子夏少孔子四十四歲，孔子卒時，子夏二十九歲，周貞定王二十四年，子夏六十三歲，時代相及。若到威烈王二年，子夏已八十四，就顯得太老一點了。所以這兩個年代應前者爲繼位之年，後者爲借諸侯名號之年。到威烈王二十三年又正式得到周室的承認。

　　當三家分晉的時期，最重要的人物，要算魏文侯了。當他在位的五十年

6　《水經注·濰水注》：「琅邪，山名也，越王句踐之故國也，句踐併吳，欲霸中國，徙都琅邪。」（商務排印戴校本，五冊第十八頁）按此記載不見於《史記》，眞確性待考。不過據《史記·越王句踐世家》，越大致是徙都於吳的，所以後來會稽郡治在吳。

7　照《史記·六國年表》秦惠王就有兩個元年，秦惠王在十三年始稱王，到十四年更爲元年，再即位十四年而卒。所以魏文侯有兩個元年是可能的。（以後秦始皇從秦王尊爲皇帝，漢高帝從漢王尊爲皇帝卻不改元。）

中，迎接了新發展的政治思想，採取了儒、法並用的路線，成為中國歷史上
第一個正式用「雜霸」為施政標準的人。《史記・魏世家》說：

> 文侯卜相於李克，曰：「所置非成即璜，二子何如？」李克對曰：「君
> 不察故也。居視其所親，富視其所與，達視其所舉，窮視其所不為，
> 貧視其所不取，五者足以定之，何待克哉？」文侯曰：「先生就舍，寡
> 人之相定矣。」李克出，過翟璜之家，璜曰：「聞君召先生卜相，果誰
> 為之？」李克曰：「魏成子為相矣。」翟璜作色曰：「臣何負於魏成子？
> 西河之守，臣之所進也；君內以鄴為憂，臣進西門豹；君謀欲伐中山，
> 臣進樂羊；中山已拔無使守之，臣進先生；君之子無傅，臣進屈侯鮒。
> 臣何負於魏成子？」李克曰：「子之言克於君，豈將比周以求大官哉？
> 且子安與魏成子比？魏成子食祿千鍾，什九在外，東得卜子夏、田子
> 方、段干木，此三人君皆師之，子之所進五人者，君皆臣之，子惡得
> 與魏成子比？」翟璜逡巡再拜曰：「璜鄙人也。」[8]

這一段大致是戰國時的小說，因為時間關係上不對。用西河守吳起和伐中山，
都是魏文侯晚年時的事（伐中山在魏文侯三十九年，用兵三年，就四十一年了）。但
卜子夏到那時已經一百零二歲，魏成子決不會是那時薦卜子夏，而應當是文
侯初年。所以魏成子薦卜子夏、田子方、段干木，是魏文侯初年的事，而翟
璜薦李克、吳起、西門豹、樂羊、屈侯鮒是魏文侯晚年的事[9]。也就是魏成子
是魏文侯早年的相，翟璜是魏文侯晚年的相。在魏文侯早期用魏成子為相已
經有相當的成績，而魏文侯晚期闢土地、盡地力以圖富國強兵，更是以翟璜
為相，用吳起、李克、西門豹、樂羊各名臣以後的事，而法家哲學的規模就
在魏先行出現了。

　　在這些人當中，李克亦即李悝[10]，是中國法制史上一個非常重要的人。《晉

8　見《史記・魏世家》（瀧川《會注》），44/9-11。

9　瀧川《考證》云：「屈侯鮒，《說苑》作屈侯附，《外傳》作趙蒼。」又翟璜據《呂
　　氏春秋・下賢》，為魏文侯上卿，上卿即相之職位。

10　《漢書・藝文志・法家》：《李子》三十二篇，名悝，相魏文侯，富國強兵；《唐六
　　典・刑部注》：魏文侯師李悝，集諸國刑書造《法經》六篇，一盜法，二賊法，三
　　囚法，四捕法，五集法，六具法。又《漢書・藝文志・兵家》有《李子》十篇，

書·刑法志》說:「秦漢舊經其文起自魏文侯師李悝，撰次諸國法，著《法經》。以為王者之政，莫急於盜賊，盜賊須劾捕，故著〈網捕〉二篇。其較狡、越城、博戲、借假、不廉、淫侈、踰制為〈雜律〉一篇，又以縣律縣其加減，是故所著，六篇而已，然皆罪名之制也。商君受之以相秦，漢承秦制，蕭何定律，除參夷連坐之罪，增部主見知之條，益事律興、廄、戶三篇，合為九篇。」漢的九章法，是中國法家的基本系統，一直到《大明律》和《大清律》，都是從這個系統下來的，溯其源流，還是要推到魏文侯和李悝。

其次關於經濟方面的計畫和記述，李悝也是一個非常重要的人。現在李悝三十二篇已經亡失，但《漢書·食貨志》對於李悝書卻有一段徵引，說：

> 李悝為魏文侯作盡地力之教，以為：「地方百里，提封九萬頃，除山澤邑居，叁分去一，為田六百萬晦。治田勤謹則晦益三升，不謹則損亦如之。地方百里之增減輒為粟百八十萬石矣。」又曰：「糴甚貴則傷民，甚賤則傷農，其傷一也。善為國者使民毋傷而農益勤。今一夫挾五口治田百晦，歲收晦一石半，為粟百五十石。除十一之稅十五石，餘百三十五石，食人月一石半，五人終歲為粟九十石，餘百四十五石，石三十，為錢千三百五十，除社、閭、嘗新、春秋之祠，用錢三百，餘千五十。衣人率用錢三百，五人終歲用千五百，不足四百五十。不幸疾病死葬之費，及上賦斂，又未與此。此農夫所以常困，有不勤耕之心，而令糴至於甚貴者也。是故善平糴者，必謹觀歲有上中下孰，上孰其收自四餘四百石，中孰自三餘三百石，下孰自信餘百石，小饑則收百石，中饑七十石，大饑三十石。故大孰則上糴三而舍一，中孰則糴二，下孰則糴一，使民適足，賈平則止。小饑則發小孰之所斂，中饑則發中孰之所斂，大饑則發大孰之所斂而糴之。故雖遇饑饉、水旱，

當亦是李悝，因古代兵刑相通，至於《漢書·溝洫志》言魏襄王時史起治鄴（《水經注·濁漳水注》言襄王時史起為鄴令即據此），當亦為李悝事傳聞之誤。李悝不在襄王時。

《漢書·藝文志》列李悝為法家第一人，而《藝文志》則列《管子》於道家，其實《管子》的立場，法家意味遠過於道家。其書雖晚出，但齊人道管晏之言，也難說全然無徵的。

糴不貴而民不散,取有餘以補不足也。」行之魏國,國以富彊。[11]

李悝固然重農,但重農的一個目的是「使民不散」。而「使民不散」的意思是為的兵源充足。所以和商君「農戰」的目的,並無二致。這自然毫無疑問的,是法家的思想。《漢書‧藝文志》把李悝列在法家中的第一人,以後才是商君、申子、處子（劇子）、慎子、韓子（韓非子）等。從這裡也可以看到三晉法家的原始及其發展了。

為著盡地力,使民不散,因此灌溉也成為魏文侯治魏時期的重要工作。《史記‧河渠書》對於戰國時代灌溉事業先說到秦蜀郡守李冰,再說到魏國的西門豹「引漳水溉鄴,以當魏之河內」。然後再說韓國使水工鄭國修建秦的涇渠。使人覺到先有李冰的離堆,次有西門豹的漳渠,然後才有秦的涇渠。不過司馬遷在這裡是隨手敘述,未曾注意到時代的先後。秦取蜀在秦惠文王時期,比魏文侯最後一年要晚到六十多年（涇渠當然比李冰離堆更後）。所以離堆比漳渠至少要晚到六十多年。也就是據現在所知的史料來看,西門豹的漳渠,在灌溉事業上,要算比較早的一個重要建設,其餘的著名渠工,都在漳渠以後。

魏文侯在政治和經濟方面的趨向,是迎接新時代的來臨,而不是保存舊制的。所以魏文侯時代的建樹,就形成了春秋和戰國不同的分際。其中最重要的理論指導者當然是李悝。李悝的著作分兩部,一部分是《法經》,另一部分是《李子》。《法經》的系統保存在後代律書之中,現在還可看到其概略,《李子》除去《漢書》引的那一段以外,其他三十二篇都已亡失。若就這一段看《李子》的作風,似乎「談今」重於「說古」,而其精要部分,又可能為申韓諸家所襲取而更加精粹,以方《李子》,反而顯得《李子》凡俗。這也許是漢人對於《李子》不夠重視,以至後來亡失的原因。

魏國據有晉國主要的部分,並且侵蝕了衛國[12]的大部分土地。在戰國初期形成為最強的國家。但魏國立國最大的缺點,還是三晉諸國領土犬牙相錯,

---

11　《漢書》（藝文補注本）,頁 514。

12　《史記‧衛康叔世家》:「是從三晉彊,衛如小侯」（瀧川《會注》）,37/28。《正義》曰:「屬趙也」,按《正義》誤。〈衛世家〉下文云:「懷君三十一年,朝魏,魏囚殺懷君,魏更立嗣君弟是為元君,元君為魏婿,故魏立之。元君十四年,秦拔魏東地,秦初置東郡,更徙衛野王縣,而並濮陽為東郡。」（37-29）可見衛實際上為魏的小侯,魏才可以任意廢立,若屬趙,魏就無力干涉了。

各國都不成功爲一戰略的單位。魏國東面到了大梁，然後向西北經河內、上黨而到安邑，再踰河占有關中的東部，這就形成了一個狹長帶形國家，如有戰事，在調動及指揮上就吃了大虧，何況三晉的領土是晉國時的食邑變成，在因襲上有許多清理不完的「插花地」。在這個國家之中，又有別的國家許多領土上的島嶼。在收稅方面不感覺什麼，可是管理方面就有許多不便了。這種情形在現代中國是比較少見的，除去著名的河北境內的「山東飛地」以外，在地圖上差不多看不到。可是如其看一看歐洲中古的歷史地圖，也就可以知道在封建時代的傳統中，領土的交錯是如何的複雜。這就注定了韓、魏兩國後來攻守中的困難。但是調整領土也不是一個簡單的事[13]，後來韓、魏兩國想交換一部分領土也未曾成功。到了戰國晚期「韓上黨」和「魏上黨」顯然是並存的兩個區域，畫戰國地圖的，依近代領土的常識，卻無法解決這個困難。如其比較一下歐洲中世的情形，就不難了解當時的大致了。

魏國的國境，實在說來，要分爲三個主要部分：第一部分是河內，以鄴爲中心；第二部分是河東，以安邑爲中心；第三部分才是大梁。當魏文侯時，魏應當都鄴，所以漢代的魏郡以及後來的魏縣，都在鄴。到魏武侯才遷都安邑[14]，到魏惠王再遷大梁。

魏文侯爲什麼要選擇鄴這個區域呢？鄴的地區比河東肥沃，而形勢比河東開展。過去商代都城就在這附近，應當是基於類似的理由。當著魏文侯建國之時，爲著富國強兵，爲著開發土地，就得招集別國的人過來。河東附近不是人口密集之處，而鄴的附近，國家較多，招集人民也比較容易，自然會選擇到這個地方。

至於魏武侯都安邑，卻因爲(1)是舊晉封疆之內，(2)因爲有河山之固，有險要可恃。晉國是比較可以固守的。當城濮之戰以前，狐偃就勸晉文公說：「戰也！戰而捷，必得諸侯；若其不捷，表裡山河，必無患也。」[15]到魏武侯建都安邑的時候，也曾經以河山之險而自恃。《戰國策・魏策》一：

---

13 韓、魏易地事，見《戰國策・西周策》（商務排印本），2/14。

14 《史記・魏世家》魏武侯二年，「城安邑，王垣」（瀧川《會注》），11/12。此爲魏都安邑之始，至惠王時又遷都大梁。

15 《左傳》僖公二十八年（藝文本），頁272。

魏武侯與諸大夫浮於西河，稱曰：「河山之險，豈不亦信固哉？」王錯
侍坐曰：「此晉國之所以強也，若善修之，則霸王之業具矣。」吳起對
曰：「吾君之言，危國之道也，而子附之，是危也。」武侯忿然曰：「子
之言有說乎？」吳起對曰：「河山之險不足保也，霸王之業，不從此
也。……君從臣而勝降臣，城非不高也，人民非不眾也，然而可得并
者，政惡也。從是觀之，地形險阻，奚足以霸王矣。」[16]

當然西河當有兩說，一為山西西部的西河，另一說為山東及河南間的區域，
因為河水經過，也有時被人稱作西河。這裡明明說「河山」之險，西河不僅
有河，而且有山，只有山西西部才是這樣的，魯豫間的地帶就只有河，沒有
山。並且明明說「此晉國之所以強也」，那就除去山西南部以外，絕對不可能
指別的地方。

　　關於這一段來說，雖然好像只是些常談，但是表示國家政策和地區關係
的意義卻非常重大。魏武侯是重視「河山之險」的，吳起卻認為政略比「河
山之險」更為重要。這當然形成了魏國後來國策決定性的變革。就當時趨向
來說，除去齊、燕不曾遷都以外，秦後來遷都咸陽，韓遷移鄭，趙遷移邯鄲，
以及魏遷都大梁，都是一致的循著進攻利便的方向，都不曾對防守的安全上
有任何考慮。其中尤其是魏惠王的遷都大梁，是依照吳起的策略，而一反魏
武侯的設計，而這一個設計所冒的風險也遠較魏武侯的原案為大。照魏武侯
和王錯的志向，不過只求代晉而興，而魏惠王的志向卻是繼周而興。照魏武
侯的原案，如充分達到成功，因為山河阻礙，發展不易迅速；如其失敗，卻
可保守原有領土不失。若照魏惠王的新案，如其成功，固然新的王朝出現，
但魏國的國力究竟不是真能控制全局，反而使得「西喪地於秦七百里」[17]，
求恢復武侯時的規模而不可得。到後來「為張儀之言」的，就明白的說，
魏是「地四平，諸侯四通，條達輻湊，無名山大川之險」[18] 了。河東的形
勢，本來不下於關中，在春秋時代，晉國實際上是全國的指揮站。等到魏
國放棄河東以後，關中就逐漸加強它的重要性。等到秦併天下，關中的百

16　見《戰國策・魏策》（商務排印本），1/1-2。

17　見《孟子》（藝文影吳志忠《集注》本），1/7。

18　見《戰國策・魏策》（商務排印本），1/3。

二河山成爲建都上的最重要條件，而婁敬和張良的勸漢高帝建都關中，就顯然的恢復到魏武侯及王錯的立場，不再用吳起的只顧政略不顧地理的那種意見了。

二、戰國時的中原小國

在各小國之中，最先要談到的是「二周」，二周指「東周」和「西周」。東周是鞏，在今河南鞏縣；西周是河南，在今河南洛陽西的舊王城。從周考王以後，周室的殘餘王畿，分裂成爲東西二周，周王只是一個掛名的共主，不僅不能指揮諸侯，即就王畿而言，周王亦不能直接領有，沒有尺籍寸土了。

《周禮》的基礎是在封建制度上。自天子、諸侯、大夫、士以至於庶人，層層的地位和封土是互相重疊著。諸侯的土地並非直達庶人，而是中間隔著封人 [19]，再由封人納稅給諸侯。天子更不是直達庶人，而是取給於諸侯的貢賦。即就天子畿內來說，也都分封了天子的大夫，再由大夫上納貢賦。到了春秋、戰國，許多的諸侯在國內已經逐漸變質，取消了封位和封土互相聯繫的制度。但在周室殘餘王畿之內，是不容許改革的。因爲周王的統治是在名義上而不在實質上。這個名義就寄託在舊有的封建制度上，若除去封建制度，專顧實質，那麼所謂「周天子」就毫無意義了。因此就不容改革，而周畿內就成爲最保守的一區 [20]。

---

19 封人，據《周禮·地官》：「掌王之社壝，爲畿封而樹之。」這個封人是一種職務。但有封土的士，卻具有另外的命意，也叫做封人。《左傳》隱公元年：「潁考叔爲潁谷封人」，《注》言「封人典封疆志」，語意未明，《疏》言「傳言祭仲爲祭封人，宋高哀爲蕭封人，《論語》有儀封人，此言潁谷封人，皆以地名。」案《莊子·天地篇》，又有華封人。至於封人的地，只是一種「田」，如晉文公賜介之推之後「以緜上爲之田」，和晉獻公「賜趙夙耿，賜畢萬魏，次爲大夫」。其規模大小，各不相同，封人的田較小，而食邑較大，大夫是地位高於封人的。

20 周東遷以後，尚有三川之地，不小於宋衛，也可能不小於晉獻公時的晉，但卻一直不能振作。對於戎狄的戰爭，齊、晉都可以克捷，周人對於伊川之戎卻是屢戰屢敗。當然齊國經過了桓公和管仲的整頓，晉國自獻公以後無公室，其官職的升降以立功爲準則，而周室便做不到。

　　周初雖然以魯和燕爲周公和召公的封地，但周公未嘗就國於魯，召公也似乎未曾就國於燕。周公和召公的封號，終西周之世，都是在畿內輔佐周王，和魯侯及燕侯屬於另外繼承的系統。屬於周公一系的（可能爲周公的次子），是封於邥，爲周室的故地，所以《詩經》的〈豳風〉（即邥地之風），也是屬於周公這一系的。到了幽王時西都傾覆，邥地也隨著淪陷，所以在東周時代，周之畿內諸侯不再有邥。但周、召二公在春秋時期尚曾出現過，應當還是隨平王東遷來的[21]。只是周、召二公並無西周時的力量，也就沒有西周時的地位。

　　在周考王即位[22]時，封他的弟揭於舊王城以繼舊周公的地位，就是河南桓公，也就是西周之始；其孫惠公在考王晚年又封其少子班於鞏，後來就稱在鞏的周爲東周。從此以後，王畿就分裂爲東周和西周，一直到秦先滅西周，以後再滅東周爲止。

　　河南（西周）封國的形成，除去在西周王的排場上，對於舊周公的地位，有其需用以外，在當時國際政治的實質上，河南的封國，也許還有其必要。考王的即位，是從內爭得來的。考王的父貞定王崩，太子去疾即位，去疾弟叔弒王，去疾子嵬再殺叔即位，即位後即封其弟揭於河南，其中顯然是河南之封是對於揭的酬勞。而且揭的諡號是桓，也正是代表揭曾有武功，甚至於可能考王是由於揭所擁立的。因而王畿內的實權在揭的手裡，所以有非封不可之勢。後來揭的孫子惠公繼爲河南公還能封其少子於鞏，可見周王畿內是由河南公控制著的。到了此時周王不僅在全中國只剩虛名，在周王畿內也只有虛名了。

　　在《戰國策》中很少提到周王，和其他國家邦交的事，一般只提到東周君和西周君，這就表示著周王已不負實際的行政事項了。在二周之中，西周君似乎比較重要些，所以西周君有時便單稱周君。不過西周和東周的國號仍然都是周。爲表示分別起見，他們自己鑄的錢，也標出西周或東周。至於他

21　周召如《左傳》桓十八年，莊王與辛伯「殺周公黑肩」，僖十年「周公忌父王子黨，會齊隰朋立晉侯」，文五年「王使召伯來會葬」。這裡的周公及召伯，都是王的卿士，與魯國及燕國之君無關。

22　440 B.C.，見《史記》（瀧川《會注》），4/76。

們的封號，雖然在戰國時通稱做「君」，但「君」只是通稱，並非「貶號」²³。西周君依照受封時標準，應當是「周公」，東周君原為西周君所封，依照晉封曲沃，鄭封京的舊例，應當是「周叔」「周伯」或「鞏叔」「鞏伯」的。

在周赧王五十九年（秦昭襄王五十二年），秦使將軍樛攻西周，周赧王盡獻其邑三十六，口三萬。周天子及西周君同時亡國。再過六年秦相呂不韋並滅東周。舊史或以東周君為主來紀年，不過東周實力及身分都不能和西周君來比，除去作史的以外，當時的人不會把東周當作殘餘的正統的。

在三晉之東，齊、楚之間有戰國人所稱道的「泗上十二諸侯」²⁴。泗上的諸侯以地域論，當然是以魯和宋為主，加上了滕、薛各邦。但是以戰國時的記載來說，數來數去，也數不到十二（連魯季孫的費及稍遠的衛也包括進去）。所以泗上十二諸侯，在戰國人心目中，只代表一個區域，至於其中所包括的，究竟是現存的國家，或者只是舊存的故國，當時的人並未那樣精密去想。當然，「兩周」及「泗上十二諸侯」自有其實質上的意義，在戰國時代，除去這兩個區域以外，只有一個中小型的國家——中山，在趙、魏之間，其餘大國與大國之間，已經再無小國了。

宋——這是舊日中小型國家中一個最值得注意的國家。宋和魯、衛本來國力應當類似的，不過到了後來，魯、衛和二周一樣，一直由衰微以至於滅亡，宋卻到了後來，一度發展國力，然後滅亡。可能是由於宋人民族意識特別堅強。至於魯、衛二國，似乎就沒有特殊的民族意識了。

---

23 《史記·衛康叔世家》：「平侯八年卒，子嗣君立，嗣君五年，更貶號曰君，獨有濮陽。」（瀧川《會注》，37/29）按此處說，嗣君獨有濮陽，是正確的，至於說君為貶號，卻未必是事實。譬如戰國時，魯也或稱「魯君」，宋也或稱「宋君」。但魯君一直是魯侯，宋君是先稱公，後稱王，都不曾貶號。秦君是「秦伯」或「秦公」，到惠文王時稱王，但有時也稱「惠文君」。所以君不算貶號。不過在六國之中，封爵往往只限於「君」，而「應侯」、「穰侯」之類，又好像比「君」高些，這也只是戰國時的習慣制度了。

24 泗上十二諸侯，見於《戰國策·楚》一，張儀為秦破從，連橫說楚王曰：「大王悉起兵以攻宋，不至數月，而宋可舉。舉宋而東指，則泗上十二諸侯盡王之有矣。」（商務排印本，頁 5b）淮泗之間殘存之國不少，在戰國初期，應當存魯、衛、宋、滕、郳諸邦，但難以實指其國。〈齊策〉五（商務本，12/3）「魏王……又從十二諸侯，朝天子」，此亦當即泗上十二諸侯。

　　宋人立國的原則，是對外爭取和平，對內團結一致，準備守禦。在春秋時代已經看出宋人的拚死守城[25]，到春秋晚期又發動國際間的弭兵運動。戰國時的墨家很可能就代表宋人思想，而宋鈃也可能源出宋的家族。但是宋人原則上本來是和平的，如其宋人的團結意志，被有野心的統治者利用，也會成為侵略勢力。

　　宋是到宋王偃而亡的。宋王偃的事蹟只見於《戰國策》[26]，而《史記‧宋世家》也顯然是鈔自《戰國策》的。《戰國策》的記載在宋亡以後，其中不免有敵國的宣傳，也不見得完全符合於事實，《孟子》所記宋賢大夫薛居州在宋王前已顯著孤立，而不能補救時弊，那就宋王偃的政治應當確有若干失策，只是射天一類的行為，或者是把舊商時武乙的傳聞附會上去罷了。

　　宋王偃利用了宋人團結的力量，滅滕取薛，奪取楚人淮北之地，使宋變成了一時的霸主。宋王偃是在十一年時自立為王，至四十七年被齊閔王所滅，宋王偃出奔衛，計在王位三十六年，時間都要算很長的。這種在位時間長，而終於失國的情形，可比於商紂、梁武帝、唐玄宗一類（以及當代伊索比亞的塞拉西），都不是沒有能力的人。反之，還應當是有能力、有成就，因為成功而驕泰，終於遠賢臣親小人而亡國。宋國本是小國，在王偃的前十年，居然能闢土開疆以至稱王，和齊、楚、魏等國到同等地位，這是不簡單的。稱王以後，尚能支持三十六年方才被齊所併，也不是簡單的事。孟子批評宋王偃的時候，應當還在齊宣王時，不會更晚到閔王時代。當時孟子正去齊過薛，可見宋國尚未取薛。但宋國既然成為強國，則宋國必已取楚國淮北之地，而且宋徙都彭城也不是一件偶然的事。所以在王偃初年，一定也是大致遵循春秋以來宋國傳統的外交路線，聯齊拒楚。當齊伐燕之役，宋國至少的對齊是親善的中立，使齊無後顧之憂。直到宋滅滕取薛（薛是齊大夫田嬰父子的食邑，非任姓舊國），這才變更了親齊的國策。當然宋是羨慕薛的富有，但把宋的地位變成了十分孤立，卻不能不歸咎於不用賢臣的影響。

　　但宋王偃似乎還被後來宋國的遺民追憶著。宋王偃亦稱宋康王，顯然是

25 僖公二十七年冬（《經》及三《傳》均未記月），楚人圍宋，二十八年夏四月，晉人與楚戰於城濮，楚師敗績，宋圍始解。宣公十四年九月，楚子圍宋，十五年夏五月，楚師去宋。襄公二十七年，宋向戌為弭兵之會。

26 《戰國策‧宋策》（商務排印本），32/2。

出於宋人的追謚。而且宋建都彭城即徐國的故地，而徐偃王行仁政而亡其國的傳說，又多少有些影射故宋王偃的故事[27]。所以宋王偃在前後的行為上或者在某些不同人物觀察的角度上，是互相矛盾而大有出入的。現在雖然材料太少，不能明瞭其中的曲折，不過從宋和齊兩國關係上去推斷，也許是一個接近真相的看法。

魯——魯是周公舊國，猶重《周禮》[28]，因而魯國也是在國內行封建之制的。自從魯國行稅畝之制，魯國的徹底封建制度似乎已經有所變化。但從莊公時代起，三桓（孟孫、叔孫、季孫）的勢力就慢慢的開始。尤其因為季氏維持魯國安定的功最大，因而季氏後來也權力最大。從昭公到哀公，一直是公室和三桓衝突著。不過三桓的力量，究竟還不如晉的六卿，或者齊的田氏，並不能取公室而代，魯的公室還留下一些勢力。

在春秋晚年以後的魯國，只能根據《史記·魯世家》所記簡單的公號及年歲，無法明瞭以後三桓和公室的關係究竟怎樣。不過看一看魯穆公時對於子思的尊重，以及孟子在魯時，魯平公尚有用人之權。並且孟子還說：「今魯之方百里者五」[29]，就是說魯國尚有方二百里略強的領土，看來公室保留的權力尚不算小。只是季氏已獨立如小侯，孟孫、仲孫卻並無下落，也許已經獨立，也許被公室消滅了。不過當時魯國在諸大國之間，實力仍然不足稱道。最後還是在楚考烈王遷都於陳以後，把魯國滅掉。

衛——在戰國各國之中，衛是最後一個滅亡的國家。秦併天下，衛君角仍然保持著封號，一直到秦二世元年，才廢衛君角為庶人[30]。計秦併天下後，衛國還維持了十二年，這是商、周以來，最後亡國的一個封建諸侯。顯然的，秦的滅衛，用不著使用武力，只下一封詔書，就把這一個封建的殘餘廢棄了。

衛國本來是商的王畿，比較上算是大國，春秋時陳桓公尚有「宋、衛實難[31]，鄭何能為」這句話，可見春秋初年衛國實力尚不小。自從衛懿公亡國以後，齊桓公再封的衛，已不如前。到了戰國時代，衛實際上等於魏國的附

---

27 見錢穆《先秦諸子繫年》，頁 318；又〈宋都彭城考證〉，見《繫年》頁 322。

28 見《左傳》閔公元年(十三經注疏本)，11/3。

29 見《孟子·告子》下(吳志忠本)，12/10。

30 《史記會注考證》，37/30。

31 《左傳》隱公六年(《十三經注疏》本)，4/2。

庸，到衛元君十四年，秦拔魏濮陽、黎陽等地，置東郡。秦徙衛於野王縣，至此更附屬於秦，直到秦廢衛為止。

衛國本來封號為侯，到衛嗣君時，更貶號曰君。但《史記·衛世家·索隱》：「樂資據《紀年》以嗣君即孝襄侯。」[32] 那麼貶號之說，並不如何確實。大約戰國時大國均已稱王，小國不論後來封號是什麼，公、侯或伯，一般是只稱君的。衛當時大約對外稱君，而自己國內尤其在宗廟中仍保持公侯的稱號。

中山——中山原為白狄鮮虞[33]，所以在春秋時不預中原的盟會。但因為和中國相處既久，中山的華化已深。到了魏侯滅中山，更封魏公子為中山君。從此中山也成為華夏中一國部分。但是中山和魏中間缺乏直接的交通。到了後來中山也就成為獨立國，並且也自稱為中山王。

中山是燕、趙間的一個強國。但它的形勢比起來卻不如燕和趙便利，因為燕可以向遼東發展，而趙自占有代地之後，更可北進到陰山。中山因為缺乏這種便利，是受限制的。近年中山遺址的發掘，更證明了中山華化的徹底。最後趙武靈王採用了游牧人的戰術，也就進而滅取中山。

義渠——秦國所以後來能夠強大的原因，主要的是對於西方及南方的開闢。對於北方，即陰山河套一帶，從秦的上郡北上，反而不如趙國從北邊容易（這也是後來歸綏區由山西畫管而不由陝西畫管的原因）。所以秦的發展是南取巴蜀，西取隴西，都是因為地形便利的關係。

天水本來是秦人的主要根據地，從天水而西，度隴山即達隴西金城的盆地，從金城渡河而西，過烏鞘嶺即達武威。武威以西即是河西走廊，和天山南北路。除去有一些沙漠以外，並無大山的阻塞，這在古代交通上，不會有什麼大問題的。所以在張騫奉使西域以前，從中國到西域，間接的交通（不是中國與西域的直接的使節），當然是有的。在《史記》〈匈奴傳〉及〈大宛傳〉以及《漢書》中的〈西域傳〉，西域早已稱中國人為「秦人」，這個秦的名稱，決不是在秦始皇統一中國以後方才開始，而是在春秋、戰國以來，西域和中國的關係，就是只有和秦國打交道。在西域方面，只知道有秦，而不知道有

32　《史記會注考證》，37/39。

33　《春秋》昭十二年：「晉伐鮮虞」，范寧《穀梁集解》：「鮮虞，姬姓，白狄也。」《疏》：「鮮虞，姬姓，白狄者，《世本》文也。」見《穀梁傳》（《十三經注疏》本），17/12。

其他各國，在中國方面（直到漢武帝初年）知道西方有些國的名字（如同月支、
渠搜、康居之屬），也間接運到了西方的出品，卻不知西方國家詳細的位置。

　　據《史記‧匈奴傳》說：「岐梁山涇漆之北，有義渠、大荔、駃、朐衍之
戎。」[34] 其中以義渠爲最大。和秦的關係見於《史記‧六國表》「秦厲共公
六年，義渠來賂」。此後一直和秦保持和平與戰爭的接觸。其中比較重要的是：

> 厲共公三十三年，伐義渠，虜其王。
>
> 躁公十三年，義渠來伐，侵至渭南。
>
> 惠文王七年，義渠內亂，庶長操平定之。
>
> 惠文王十一年，伐義渠，取二十五城。

所以秦對於西方邊疆，只有義渠一個國家，關係最爲深切。這是義渠爲秦西
疆以外最大的國家，也就是最重要的國家。據《史記‧匈奴傳》，義渠在岐梁
山和涇漆之北，這已指明義渠在今平涼及寧夏一帶。依照《漢書‧地理志》，
漢的北地郡有義渠道[35]，約當今甘肅省寧縣的附近，也就是義渠縣當爲義渠
國的都城所在，正和《史記‧匈奴傳》所指的義渠地望相符。但是在秦的西
邊是整個的今甘肅省，而重要的國家卻只有一個義渠。所以義渠決不是只有
一個漢北地郡的境界，而是應當至少包括安定和隴西才夠分量。亦即今甘肅
的大部分，除去河西走廊（可能爲別的國家）以及漢時的天水郡（爲秦的根據地）
以外，其他部分應當大致屬於義渠的區域。

　　當戰國時到秦漢之際，甘肅省的西部應當有兩個重要民族，一個是月氏，
另一個是烏孫，大致說來，應當月氏在東，烏孫在西。烏孫的原住地區，依
照《漢書‧烏孫傳》[36]，是在敦煌、祁連間。漢在霍去病招降昆邪王以後，
原想把烏孫召還居住原地。烏孫不來，漢廷才設置酒泉諸郡。現在的問題是
烏孫的舊地究竟有多大？可能是河西走廊西部，也可能是河西走廊全部。按
《漢書‧西域傳》來看，烏孫是一個西域大國，應當在今俄國的哈薩克斯坦
大部分地區。若僅僅只有漢敦煌一郡地方，其勢不能容納這個戶口殷繁的烏
孫民族。若認爲據有河西走廊，又無處可以容納另外一個殷繁民族——月氏。

34　見《史記會注考證》，110/9-10。

35　見《漢書補注‧地理志》（藝文影印本），頁 811。

36　見《漢書補注‧西域傳》（藝文影印本），66 下，頁 1658。

所以這個問題，就成了歷史上無法解答的問題。歷來研究秦漢西域的人，都只好對此存而不論。

為解決這個困難問題，只有把月氏的故地，認為比河西走廊更東一點。如其這樣處置，那月氏故地和義渠故地，就不免有些重疊了。

月氏的故地依照《漢書·地理志》，安定郡有月氏道[37]。按照《漢書補注》及楊守敬的地圖，義渠道在北地郡之西，而月氏道在安定郡之東，兩地是彼此接壤的。從義渠道或秦義渠縣應當設在義渠的都城，而都城若和別的民族月氏接壤，那就相當不合理。所以在義渠國勢力興盛的時期，月氏應當就附屬於義渠。甚至於可以說，秦併義渠東部以後，義渠的遺民別為月氏。這才比較容易來解釋義渠及月氏境界重疊的原因。

依照古音來講，義渠和月氏大致可以相通的[38]。不過以讀音相通，來解釋相鄰地區甲即是乙，也有危險。譬如突厥和突騎施音讀可以相通，突厥並不是即等於突騎施。伊朗和伊拉克讀音可以相通，伊朗更絕不等於伊拉克。把義渠和月氏來找其中關係，音讀只是一個附屬的條件。主要的還是來解釋古代月氏和烏孫住地的分配問題。

不論義渠和月氏關係怎樣，月氏原來中心在安定郡，應當是值得注意的事。秦闢地西進，以臨洮為塞，安定轉在塞內，所以月氏勢必西遷求安身之地。等到月氏再受匈奴壓迫，就不惜旅行萬里，遷至媯水地區，這一套民族西移事實，恐怕其開端還要從秦對於義渠的進展算起。

巴蜀——在四川盆地之中，東部為巴，西部為蜀，蜀因為在成都平原，更為致富，所以蜀更為重要。甲骨文中已有蜀字，而〈牧誓〉中助武王伐紂各民族，亦有蜀人。但巴蜀和中國距離較遠，巴蜀兩地和中原雖有交通，在政治上是獨立的，在文化上也形成了和中原不同的文化。

---

37 見《漢書補注·地理志》（藝文影印本），頁 809。

38 義字的上古音，高本漢設計為 ngia→ngjie（董同龢的設計為 ngiai→ngie）。渠字，高氏設計為 g'io→g'iwo（董氏設計為 g'iag→g'iwo）。月字，高氏設計為 giwat→jiwat（董氏設計為 ngiwăt→ngiwat）。氏，高氏設計為 dieg→zie（但從氏之底、祇、軝則為 g'ieg→g'jie。又氏字，董氏設計為 kieg→kie；所以義渠和月氏在通轉上是有可能的。依董氏，義渠為 ngiai—g'iag，月氏為 ngiwăt—kieg，除去了月字有一個收聲 t 以外，兩者是相近的，但 t 連接了 k̂ 為 tk̂ 時，t 的音值也會變化的。

到秦惠王時派遣司馬錯和張儀滅蜀[39]，於是蜀成了秦的一部分。因爲蜀富於礦產，秦人到蜀去開發的，往往致富。尤其是秦把呂不韋的門客及滅六國以後的六國俘虜遷到巴蜀去，這樣蜀更進一步的開發，到了漢代以後就成了關中地區最重要的資源供給地帶了。

三、魏惠王時代

從周烈王六年（370B.C.）至周慎靚王二年（319B.C.），共計五十二年，是魏惠王在位的時代，也就是魏、齊、秦、楚各國勢力升降的關鍵時代[40]。大致說來，魏文侯的趨向，是充實自己的實力，魏武侯的趨向，是利用河山之險來鞏固自己的國家，可以說都是近於守勢的。到魏惠王因爲有兩代的積蓄，國富兵強，所以把守勢的國策改爲攻勢的國策。攻勢的國策還是有大規模和小規模的不同。

（一）最小的攻勢是和關東諸國和睦相處，繼續依著西進的方向專壓迫秦國，取豐鎬爲根據地，來配合安邑的形勢。這種政策之下，距離領袖中原，朝服齊、楚，莅中國而撫四夷的標準還很遙遠。但從此魏國可立於不敗的地位，並且可以使後代樹立霸業或王業的基礎。

（二）次小的攻勢是恢復晉國的統一。全力幫助韓國的南進，略取楚地，而藉此機會攻略趙地。結果是韓、魏平行的發展。這樣下去，距離王霸之業，也十分遙遠。但魏國就正式承受了舊晉的基業，而國家的前途在表裡山河之下，也就非常鞏固。

（三）最大的攻勢，亦即是魏惠王實行的路線，這是一個大的賭博。魏國並不希圖作春秋時代的晉，而是想憑著自己比較上優越的實力（其實魏國當時

---

39 見《戰國策·秦》一（商務排印本，頁5）「司馬錯與張儀爭論於秦惠王前，司馬錯欲伐蜀，張儀曰不如伐韓。」「卒起兵伐蜀，十月取之，遂定蜀。蜀主更號爲侯，而使陳莊相蜀。蜀既屬，秦益強，富厚輕諸侯。」

40 見《史記》卷44〈魏世家〉。《戰國策·魏》一：「魏武侯與諸大夫浮於西河，稱曰：『河山之險，豈不亦信固哉？』王錯侍坐（對）曰：『此晉國之所以強也。若善脩之，則霸王之業具矣。』……吳起對曰：『河山之險不足保也，霸王之業，不從此也。……』」此後雖委託吳起守西河，但魏武侯的基本觀念，仍然重視河山之險的。

比較諸國任何一國都強些，可是弱於任何兩大國的聯合力量，所以還是不可信恃的），搜取中原最富庶之區（即冀、兗、豫、徐四州的交界地帶）。此計畫如其成功，那魏國將代替商、周而起，不止於春秋的晉；如其失敗，那就魏武侯以後慘澹經營到的河山之險，也失去了。

當時魏如果取守勢，那就和文侯及武侯時代差不多，在惠王五十一年之中，許多爭城爭地之戰都是可以避免的，如其採（一）項的攻勢，將來統一中國的，雖然不一定是魏，卻也決不可能是秦。那麼後來焚書坑儒之禍，完全可以避免了。如其採取（二）項的攻勢，雖然韓國也會和魏國在中原形成競爭的局面，使魏國無所獨占。但秦國將長此被壓抑著不能東進，將來的情況也就不同。至少可使秦不能在秦始皇時代完成統一，那麼中國文化的方向就全不相同了。可是最不幸的，魏惠王憑著兩代的積蓄，變成席豐履厚的富家子弟心情，過於急功近利。他自己治國治軍的能力看來並不算不好，對於百姓也還好，並且對於賢士也相當的尊重。如其謹慎將事，不僅可以成爲一代賢君，還可以把治績延長到五十一年。無奈他的好戰性格，耽誤了魏國，也耽誤了天下。

當魏惠王時代，各國的君主也相當的整齊，所以魏國也失去了兼弱攻昧、取亂侮亡的機會。這時候秦是獻公（惠王十年秦孝公即位），韓是懿侯（惠王九年韓昭侯即位），趙是成侯（惠王二十二年趙肅侯即位，後元九年趙武靈王即位），齊是田桓公[41]（惠王十四年齊威王即位），楚是在魏惠王二年楚宣王即位，惠王三十二年楚威王即位，除去燕的君主賢肖不詳以外，其他各國都是適逢賢主。這種情形就使魏國勉強進取的政策終歸失敗，而使魏的地位低降，以致變成了戰國後期二等強國的魏。

---

41 田桓公，實際上在田齊系統中，仍被認爲「齊桓公」的，與春秋時的齊桓公同謚。據《史記》46〈田敬仲完世家〉：「田常卒……子襄子盤代立相齊；常謚爲成子，……襄子卒，子莊子白立，……莊子卒，子太公和立，田太公相齊宣公……（齊）宣公卒，子慶公貸立，……太公乃遷康公於海上。……齊太公和立二年，和卒，子桓公午立。」《索隱》：「《紀年》：齊康公五年，田侯午生，二十二年，田侯剡立，後十年，齊田午弑其君及孺子喜而爲公……與此系不同也。」按《史記‧齊世家》多謬誤，當以《紀年》爲正。不過《紀年》的「田侯午」和《史記》的「田太公」都不是他們的自稱，所以稱「田」，是用以別於舊齊的。

　　秦國在秦獻公以前，國家屢次發生政爭，國勢衰弱，所以原來屬秦的河西地，都爲魏國所奪。到魏惠王元年，秦獻公已立了第十五年了。到獻公二十一年（魏惠王七年）與魏戰於石門（在今陝西三原縣西北），秦勝魏，魏損兵六萬，不過這個紀錄是司馬遷依據《秦紀》[42]，其中或不免誇張之處。因爲當時秦、魏之界是沿著北洛水，而三原附近又在北洛水以西七十多公里，顯然的，是魏軍乘勝輕敵，被秦軍反攻所擊潰。到獻公二十三年（魏惠王九年），秦虜魏將公孫痤（《史記・商君列傳》少好刑名之學，事魏相公叔痤，亦即此人，爲秦遣歸者），不過秦勝魏的程度，卻記載不詳細[43]。此後魏還是爲爭形勝，而東遷大梁。顯然的，魏並不以秦爲意，也表示魏的損失並不嚴重。

　　戰國前期的戰爭觀念，和戰國後期不同，和秦統一天下以後更不相同。當時還多少承襲了春秋時代的看法。「兼弱攻昧」的原則，只限於對付小敵（如晉獻公的滅耿、滅霍、滅虞、滅虢），或者是在特殊情形之下，克服了大敵（如越滅吳、三家滅智氏）。經常的做法，是爭取中小國家成爲「與國」，然後率領與國加入戰鬥，或者發起中原的盟會，憑藉與國的協力，來在會場中抑制敵人。這是春秋時國與國在戰爭與和平中的原則。而其形式當溯於春秋初年濡葛之戰，周王率虢、衛、陳、蔡之師伐鄭軍，這個戰役中王師不幸失敗，以致於周王不再有號召力量來討伐諸侯，於是召陵伐楚之役是齊侯、宋公、陳侯、衛侯、鄭伯、許男、曹伯聯合侵蔡，蔡潰，遂伐楚；城濮伐楚之役是晉侯、

42　《史記・六國表・序》：「秦既得意，燒天下詩書，諸侯史記尤甚，爲其有所譏刺也。詩書所以復見者，多藏人家，而史記獨藏周室，以故滅。惜哉，惜哉！獨有《秦記》，又不載日月，其文略不具，然戰國之權變，亦有可頗采者。……余於是因《秦記》，踵《春秋》之後，起周元王，表六國時事。」所以《史記・六國表》的主要根據，是《秦記》這部書。《秦記》是秦人自己的史書，秦始皇焚燒六國史籍，《秦記》是未被焚的。

　　凡是史籍都是史官所記，也就是官書，《秦記》當然是秦政府的官書。秦的官書怎樣會流傳到漢代呢？這當然是在秦亡國以後，有人替漢朝保存下來，否則在項羽燒秦宮室時，就被燒掉了。這個保存的人是誰？除去蕭何收秦圖籍一件事以外，不可能有第二個機會。所以《秦記》也是蕭何收取的各項圖籍中的一部書，劉大櫆〈焚書辯〉因爲持論強悍，成爲一篇著名的文章，其文過分貶斥蕭何，也有不符事實之處。

43　見《左傳》宣公十二年，仿作《古文尚書・仲虺之誥》沿用之。

宋公、齊國歸父、崔夭、秦小子憖，率師次於城濮。當時楚國被認為不是華夏的，自晉文公以後以至春秋晚期，差不多都是晉、楚爭霸的歷史，也可以說是華夏攘夷的歷史。除去吳、晉爭霸一小段以外，在晉、楚兩方都是著重在爭取與國。其中宋、鄭兩國正在晉、楚勢力交會之處，因而宋、鄭就成為兩國極力爭取的對象，爭取宋、鄭就是奠定霸業的基礎。戰國初年魏惠王政策中的觀念，也還是沿襲春秋時的傳統而來。用這個觀念來衡量梁惠王的幾件大事，就知道戰國晚期的看法，如同范睢所說，「遠交而近攻，戰勝而攻取，得寸則王之寸，得尺則王之尺」[44] 是不適於戰國初期的情況的。也就因此不難明瞭魏惠王為什麼力戰四方而終於一無所獲，正證明時代正在逐漸的改變，而局內人並無法警覺，因而魏惠王就成為時代大改變中的犧牲者。

魏惠王共在位五十二年，前三十六年為稱君的時代，後十六年為稱王的時代。在這五十二年之中，後十六年的局面差不多已經決定，沒有多大的變化，比較重要的關鍵時期還是前三十六年那一個段落。

其中比較更重要的，是從安邑遷都大梁那件事。徙都大梁的原因，依照《史記‧魏世家》認為「秦用商君，東地至河，而齊、趙數破，安邑近秦，於是徙治大梁」，並且把時間排到惠王三十二年，這是不對的[45]。依照《水經‧渠水注》引《竹書紀年》時為惠王六年，在石門之戰前一年，並無秦國的威脅，其出於爭取形勢，自無疑問[46]。這件事是決定魏國命運的一件大事，因為魏國都城已經離開晉、唐的舊地而遷入宋、衛之郊。魏國的地理環境不再是舊晉的地理環境，而是宋、衛的地理環境。其結果是河西、涇、洛之區遠在都城拱衛範圍之外，影響到後來輕易入於秦國之手，而魏的西邊遂無寧日，秦強魏弱從此決定。其次則魏國成為兗豫平原的國家，容易捲入淮、泗間恩怨之叢，尤其對於齊國變成敵對的形勢，這對於魏國前途是很不利的。

魏惠王為什麼要遷都？因為史料不夠，這個答案是無法正確的。只是《史記》所說避秦之強一說那是絕對錯誤罷了。比較上可信的是，向三晉的東部

44　《戰國策‧秦》三范睢說秦王曰：「王不如遠交而近攻，得寸則王之寸，得尺則王之尺也。」（商務排印本，頁 30）

45　《史記》（瀧川《會注》本）44，〈魏世家〉，頁 20-21。

46　《水經注‧渠水注》（商務排印戴校本，4/47）：「《竹書紀年》，梁惠成王六年四月甲寅，徙都大梁是也。」

和南部大平原建立都成是當時的一種風氣，除去魏國以外，還有趙國的建都邯鄲和韓國的建都新鄭。所以魏國的建都大梁不是一件孤立的事。但是動機是什麼？仍然沒有答案。最容易得到的解釋是爭取「形勢」，換言之，就是爭取「戰略地位」，這是很容易被一般讀史的人所接受的。不過戰略地位的標準，隨著解釋的人而有所不同，非常難得把某一種作成客觀的答案。如其專以形勢來論，邯鄲固然是據有戰略上的形勢，晉陽又何嘗不是據有戰略上的形勢？大梁固然是據有戰略上的形勢，安邑又何嘗不是據有戰略上的形勢？所以除去形勢以外，還有別的因素，這很值得討論。

孟子說：「善戰者服上刑，連諸侯者次之，闢草萊，任土地者次之。」[47]這三件事，正是戰國初年強國的需要。同樣的，都城地理的選擇，也就是選擇一個地方，便於戰鬥，便於聯絡諸侯，並且也便於闢草萊、任土地。這裡面為了作戰，當然先有一個假想敵人，就魏來說，魏的假想敵人是在東而不在西，因為東方是富饒之區，而西方乃偏僻之地。既然要在東方作戰，並且魏國戶口眾多之區也在東而不在西，為了徵集軍隊的方便，為了徵取糧秣的方便，為了調動開拔的方便，都城是一個軍隊屯聚指揮的中心，也就要選在東部了。其次，當時其他國家的都邑也大都在黃河下游平原中（包括濟水流域），這一點大梁比安邑又要方便些。至於荒地的開墾，安邑在汾水下游一個河谷之中，即使北洛水流域的「馮翊」平原加入，面積仍然有限，遠不如黃淮平原一望無涯，那樣好的遠景。卻不料這片沃土是天下的強國都想得到的，爭取而得固然可以霸天下，爭取而不得就不足以守固有的規模了。

魏惠王就在東進原則下，發動了兩次主力戰，其中一次是桂陵之戰，另外一次是馬陵之戰。

桂陵之戰實際上是一個連續的戰役，其結果可以說還是魏國把形勢控制著的。當魏惠王十六年時（355B.C.），趙國伐衛取漆和富丘，因而衛被逼向趙國入朝。這時衛本來是向魏入朝的國，魏便在惠王十七年伐趙，包圍了趙國的邯鄲。到惠王十八年時，趙向齊求救。在這年的十月，魏雖然攻取了趙國的邯鄲，卻被齊將田忌在桂陵將魏師擊敗。到惠王十九年魏國聯絡韓國在襄陵擊破齊國和宋、衛的聯軍。因此齊國便邀請楚國的景舍出來調停。在惠王

---

[47] 《孟子·離婁》上（吳志忠本），7/11。

二十年（351B.C.）時，因為魏國在西面又受到秦國的威脅，才答應了趙國的和議，在漳水上和趙國成立盟會，歸還了趙國的邯鄲。

當著魏國東方軍事正在吃緊之際，秦孝公在魏惠王十七年時（354B.C.）開始發動對魏的攻擊，奪取了河西的少梁，到了魏惠王十九年逕渡河攻取了魏的舊都安邑。到了魏國和齊、趙講和以後，魏國移師反攻，收復了魏的失地。於是魏和秦在形講和，恢復了戰前的局面。

這時候就一般形勢來說，是魏國控制全局的局面，但魏國的力量還是敵一國有餘，敵天下不足，一定要靠平衡的狀態來維持下去的。魏在實力的比較上還不足以作春秋式的霸主，魏惠王卻有心去做盟會中的霸主，於是在魏惠王二十七年（344B.C.），發起了逢澤之會[48]。

逢澤之會可以說是魏惠王勢力發展的頂點，也可以說是戰國時代連橫局面的開始（這個連橫之局是以魏為中心的，可惜兩年後魏國戰敗，就不能再主持這種局面了）。在逢澤之會當中，除了齊、秦都參加以外，韓、趙、宋、衛、魯各國的國君也都參加，由魏來領導一同去朝周天子，這是黃池之會以後從來未曾有過的大型盟會。

魏惠王的霸業奠定了，論功行賞，魏相白圭因此受封。但是魏惠王似乎得志滿盈，不善於處此過分的順境，因此在逢澤之會後二年發動攻韓，形成了馬陵之戰。

---

48 瀧川《考證》：桂陵，「今山東曹州府鉅野縣」；馬陵，「今直隸大名府元城縣東南」；彤，「今陝西同州府莘州」。（並見瀧川《史記會注》，44/17-18。）至於逢澤之會，依照楊寬《戰國史》的考訂，其中盟主有異說，據《戰國策・秦》四有詳載，是魏為盟主，而據《史記》〈周本紀〉、〈秦本紀〉及〈六國表〉，則好像是秦為盟主。楊氏用《戰國策》，這是對的，因為《戰國策》為私史，而《史記》〈周本紀〉、〈秦本紀〉及〈六國表〉都是根據《秦記》（沒有別的可據），秦史是故意加以歪曲的。至於逢澤之會的年代，楊氏認《史記・周本紀》作周顯王二十五年（344B.C.），〈秦本紀〉作秦孝公二十年（342B.C.），楊氏因為《戰國策・秦策》五，和〈齊策〉五都認為逢澤之會在馬陵之役前，馬陵之役在魏惠王二十七年十二月開始，即342B.C.，則逢澤之會當以344B.C. 為是。（又《史記・六國表》周顯王二十五年「諸侯會」，又是年魏國「丹封名會，丹，魏大臣」。照瀧川解釋，丹為魏相白圭之名，所以白圭以此會受封。）至於《戰國策》所說的，朝天子是一回事，而魏惠王的「乘夏車，稱夏王」又應當別是一事，朝天子在前，事在逢澤之會之時，至於稱夏王，似乎是在逢澤之會以後的事。

　　魏惠王二十九年（342B.C.），魏軍攻韓，三戰三勝，直入韓國。韓向齊求救。齊以田忌、田嬰爲將，孫臏爲軍師，伐魏救韓，魏國也以太子申、龐涓爲大將應戰，兩軍相持一年之久。終於齊方的孫臏設計了一個誘敵之策，齊兵假裝退卻，沿途減竈，魏國的追兵就鬆懈了警戒。最後到了馬陵附近沿途狹窄的道旁，佈滿了強弩。當集中的魏兵經過時，萬弩齊發。主將龐涓戰死，魏太子被俘，但是因爲重傷的緣故，也不久死亡。魏兵本來是訓練過的精銳之師，自從經過這次大敗之後，精銳完全損失。接著韓、楚和齊、秦四面來進攻。魏國便除去尙能自守以外，再也不能振作起來了。

　　魏國和齊國戰爭之中，損失了精銳的兵員，因而對於西方秦人的進攻，不能有效的防守。最不幸的，是自從秦孝公即位以後（361B.C.，魏惠王十年）的數年中，衛鞅自魏逃到秦國，秦孝公任用了他，實行變法，使得秦從固有的封建組織解放出來，採用魏國實行過的李悝政法，並且執行得更爲徹底些。這就把秦國變成了一個能征善戰的國家[49]。到秦孝公十二年（350B.C.，魏惠王二十一年），並且爲著向東方用兵方便的緣故自雍遷到咸陽。雖然在逢澤之會時，秦也派了公子少官參加，但是到了魏國被齊國擊敗之後，衛鞅就率師伐魏，用詐術俘虜了魏公子卬。雖然在魏惠王三十三年（338B.C.，孝公二十四年）孝公死，衛鞅亦被殺。繼位的秦惠王（是時尙稱惠文君）承襲了富強的基業。秦惠王八年，魏割黃河以西地方入秦，到秦惠王十年，魏再割黃河以西的北

49　關於秦孝公變法以及攻取的事，見《史記·商君列傳》（瀧川《會注》本，68/1-23）。商君之法在中國的影響是非常大的。後來秦併天下，也以此法爲基礎。漢代以後的中國法律，雖有些地方改從輕典，還是以此法爲藍本。直到今日，商君之法的精神，仍然無法消除。其中最爲影響深遠的，例如「擔保制度」就一直伸延下去，不曾廢止過。《居延漢簡》「葆小張掖有義里」(29.67)就顯示著漢代官方是用人保人的辦法，是從秦法「連坐」而引申出來的。在舊籍中，如《尚書》、《國語》、《左傳》，以及金文中都看不到「連坐」的辦法，甚至於在《周禮》所表現的，「警察國家」的意味相當的重，也沒有「連坐」這個辦法。因爲只有未成年人，可以有監護人，嫌疑犯可以被政府監視。至於廣泛的「保任」辦法，等於授權使保人可以監視被保人，對於被保人的私權，受到了嚴重的侵害，這是不公平的。在另一方面，保人連帶負責的範圍太廣，形成了一種「陷阱」，對於保人也是不公平的。在西方法律中，就根本沒有「人保人」的制度。但從另一方面看，也可以看到商君之法，對於中國社會影響之大了。

部地方，上郡入秦。自此以後，秦、魏就以黃河爲界，重新恢復了春秋時期秦、晉的舊界。並且此時魏的實力漸衰，不能比春秋時的晉，所以秦更爲所欲爲了。

秦雖然開始露頭角，但究竟還是一個長時期積弱的國家，不爲其他強國特別重視。這時在一般人認爲舉足輕重的，還是舊日領袖群倫的魏和新起每戰必勝的齊。所以在魏惠王三十七年（334B.C.，齊威王二十四年），魏惠王和齊威王在徐州舉行了一次相會，互尊爲王。這時周王已無足輕重，有實力的，加上楚王，共有齊、楚、魏三個王國，而秦國還不算在內。齊、魏相王，也就表示魏國採用了惠施的建議，開始了新的連橫局勢。這也可以算連橫的真正開始[50]。此後也仍有幾次齊、魏的相會，如魏惠王後元十一年（324B.C.）與齊、韓會平河，和魏惠王後元十二年（323B.C.）和齊威王在鄄相會。但在此事的次年（322B.C.）魏相惠施去，走向楚國，而張儀代惠施相魏。就表示著魏國的政策有了一個大的變化，而秦國的分量也就從此加重了。

---

50 齊魏相王應當是魏先稱王，是時齊的勢力已經很大，魏不能不承認齊的地位，始有齊魏相王之舉。〈齊策〉五：「蘇秦說齊閔王曰：昔者魏王擁土千里，帶甲三十六萬，恃其強而拔邯鄲，西圍定陽，又從十二諸侯朝天子。以西謀秦，秦王恐之，寢不安席，食不甘味。盡壍中爲戰具，竟爲守備，爲死士置將，以待魏氏。衛鞅謀於秦王曰：……以一秦而敵大魏，恐不如，王何不使臣見魏王，則臣請必北魏矣。秦王許諾。衛鞅見魏王曰：……大王不若北取燕，東伐齊，則趙必從矣；西取秦，南伐楚，則韓必從矣。……大王不如先行王服，然後圖齊楚。魏王說於衛鞅之言也，故身廣公宮，制丹衣柱，建九斿，從七星之旒，此天子之位也，而魏王處之。於是齊楚怒，諸侯奔齊。齊人伐魏，殺其太子，虜其十萬之軍。」（商務排印本，卷 12）這一段的敘述，雖然有些誇張，也有一些事實，但魏惠王先樹立一個霸主的資格，拿這個做階梯，再稱王，是其預定的計畫，他決不會因衛鞅的遊說，而突然決定升格。（《周禮》一書甚至可能是魏惠王命人編的，〈冬官〉尚未成書，應是因馬陵之敗而停止。因爲這樣一部大書，具有那樣多的材料，非私人的力量所能辦到。而其時代也應當在魏惠王時，稍後，觀念就不同了。）又說衛鞅建議，是先伐齊、秦，這和事實也有出入。魏惠王是伐韓，韓求救於齊，才有馬陵之戰。所以魏的計畫還是預備盡先統一三晉，這和智伯的步驟，仍是一致的。不過此篇所記，其次序是先朝王，次稱王，然後再向鄰邦用兵。用兵失敗才與齊相互稱王，來做下台地步，則與事實相符。

四、東方諸國勢力相互抵銷與秦國勢力的增長

　　從《史記》和《戰國策》看來，戰國只是一個合縱連橫的局面。合縱是六國聯合排秦，連橫是六國共同事秦。不論合縱或連橫，都是以秦爲中心。這只是戰國晚期以及漢代的用法，在當時合縱或連橫開始的時候，應當魏國是縱橫的中心。而合縱或連橫也只是爲魏國爭求與國的打算。當時的國際形勢，秦國只是列強之一，並未發展成爲一個「超級強國」，不一定是一個必須「迎」或「拒」對象。魏國連秦固然是「連橫」，魏國連齊也是「連橫」。只有連楚才算「合縱」。再進一步，撇開了魏國，齊國連秦算是「連橫」，齊國連楚算是「合縱」，才漸漸的與後來看法相近，這只是時勢發展的結果。只看戰國作合縱連橫的創始者，公孫衍、張儀都是魏人[51]，並且都做過魏相，惠施是宋人，但也做過魏相。至於蘇秦那個人，實際上比張儀和公孫衍名望要低，他和張儀並論，是出於漢代初年關東諸侯以下的游士（至早亦不會早過平原、信陵時期）因爲有一個「合縱」的需要，才憑空創作出儀、秦並起的物語。這樣就使得戰國中期的真相，被這些小說性的敘述攪得混亂起來。

　　戰國初年魏國是占有諸侯領袖地位，爲當時最強的國家，要維持這個地位，不能純靠戰爭，而是要靠外交手段的，魏惠王輕易的採用戰爭方法，以致消耗了國力，一經戰敗，很難收拾。再加上魏惠王後來年已老邁，也無法振作起來，因此中國的重心就落在齊、秦兩國的頭上。尤其是齊國，威王、宣王、湣王三朝從 357 B.C. 至 284 B.C.，約計七十四年爲齊的最盛時期，

---

51 《孟子・滕文公》下：「景春曰：公孫衍、張儀，豈不誠大丈夫哉，一怒而諸侯懼，安居而天下息。」孟子與張儀爲同時人，當時只張儀與公孫衍並稱而不及蘇秦。詳見錢穆先生《先秦諸子繫年・蘇秦考》（頁 285-294）。至惠施爲相在白圭之後，見《諸子繫年・惠施仕魏考》（頁 281-282）。此外法國的馬伯樂（Henri Maspero）也曾以爲儀秦縱橫之說，爲小說性質，發表的時間更早。（見 Henri Maspero: *La China Antique*, pp. 337-338, Paris, 1927. 又見 Henri Maspero: *Le Roman de Sou Tsin*, ap, Études asiatiques publiées a locaasion dú 25° anniversaire de l'École Française d'Extreme-Orient. Publ. E. F. E. O. pp. 127-141.）

等到湣王死後，齊再復國，領土和國力都不能和從前比，就不再爲中國的重心了。

齊國在春秋時已是強有力的國家，不過齊國賢君不多，而國內封建的負擔也重，只有在齊桓公時期，經過了管仲一番整頓，外面也得到宋襄公的輔助，成爲一時的霸主，桓公死後霸業亦衰。齊景公用晏嬰，雖然名著諸侯間，諸侯的領袖還在晉國手中，此後政權漸次奪到陳氏手中。陳齊的桓公是在375B.C.篡位自立的，到威王嗣立已經是陳氏的第二代了。

威王是相當振作的，他任用鄒忌爲相。其相業幾乎可與以前的管、晏相比擬。而靖郭君田嬰在當時也是很得力的名臣。鄒忌的相業，因爲現存的史料不夠，沒有方法明瞭[52]。不過在威王時代應當還有其他的名臣，幫助威王，而不能僅以鄒忌爲限，是可以想見的事，至於田忌爲將，那又是見於記載的了。

魏惠王時代正是東方和西方諸大國都適逢各有賢君的時期。魏國當然是承襲兩代舊業，國富兵強。但是東西二鄰國，齊和秦，在不聲不響中整軍經武，勵精圖治，卻被魏惠王輕輕的忽略掉了。秦孝公比魏惠王即位晚九年，齊威王卻比魏惠王晚十四年。這兩個賢君的出現較魏惠王爲遲，都是對魏不利的。因爲魏國很容易疏忽掉他們，馬陵之戰，魏國輕率的進攻盟國韓國，還是由於疏忽齊、秦的結果。

就齊、秦兩國情況來說，在魏國眼中的分量，應當是秦不如齊的。在上古時代，土地大小固然相當重要，而人口多寡尤其重要，因爲人口的數目是兵源也是財源。人口過剩的問題，是中古以後，尤其是近世的事。在上古時代，只有人口缺乏的問題而無人口過剩的問題。這是因爲越到古代，衛生及治療的經驗越缺乏，這樣就可能使死亡率比出生率小得有限，甚至於大於出生率，一個國家的人口增加，就會非常遲緩。

當戰國時期生產工具及農業技術都有超時代的進展，因而人力的需要更爲顯著，戰國比春秋人口的數量應當已經大量增加，不過比較當時的人力需要，還是不夠。所以一方面主要的國家是在努力「盡地力」，另一方面卻又在

---

52 鄒忌爲相事，見《戰國策・齊策》一（商務排印本，8/2-30）。又見《史記・田齊世家》（《會注》本，46/20-24）。

努力招徠（或者甚至俘獲）人口。秦孝公元年，也就是魏惠王遷都那一年，大家都在爭著遷都，其中經濟上（尤其在人口增殖及土地開闢兩點上）的意義是不可以忽略的。換句話說，當時爭取的是「富源」，而並非爭取的是「形勢」，富源是經濟上的價值，形勢是軍事上的便利。魏遷都大梁，就軍事上的便利說，不僅遠遜於安邑，並且也遠遜於鄴，因為一點「河山之固」[53] 也沒有。但大梁和鄴來比，大梁卻比鄴在經濟交通上優越。

大梁即現今的開封，現今開封、蘭封一帶，受歷年黃河氾濫之災，成為瘠土。不過古代黃河是從今河南北部（下河內地方）向北流至今天津入海，所以開封一帶不受河災，而兗豫區域正是人口集中地區，魏惠王企圖以這個地區為中心來發展也不是沒有道理的。只是他當時忽視齊、秦兩國的潛勢力，遷都以後和齊國的衝突加深，而對秦國東進的威脅，又不在他注意防範之中，再加上他年紀已大，暮氣漸深，不能和新進的齊、秦齊頭並進，這就注定了魏國漸衰，而齊、秦兩國代起的命運。

齊國在威王時已代魏而形成東方的霸主，到宣王時其霸主地位更為鞏固。其中最重要的事，還算伐燕並且取燕這件事。

齊宣王伐燕[54] 及齊湣王伐宋兩次戰役，對齊國來說是牽涉到齊國國運的大賭博，並且也牽涉到以後全中國的問題。因為齊宣王伐燕一事，就齊國的立場來說，如其齊國能鞏固燕國土地的占有，對齊國當然是絕對有利的。但

---

53 《戰國策》張儀為秦連橫說魏王曰：「魏地方不過千里，卒不過三十萬人，地四平，諸侯四通，條達輻湊，無有名山大川之阻。」（商務本，22/3）這事就後來魏國失掉了許多地方，專就大梁附近來說，是這樣的。當張儀生存時期，卻不是這樣的。因為除去大梁而外，魏尚有河內、河東，都有山川之阻（若加上西河區域，那就更不一樣了）。單就大梁而論，大梁西北，尚有黃河，說沒有大川，是誇張的。不過大梁附近較少山川，難以據守，也是事實。大梁的優點是在黃河三角洲上一個交通重點，一方面是黃河，另一方面是汴渠，貿易便而據守難。古代的情況，和北宋時的情況也有幾種相似之處。直到元代把運河東移，這個情況才改變。

54 《史記》認伐燕為齊湣王，而《孟子》中明明記為齊宣王。孟子為當時的人。《戰國策》且謂孟子說「此文武之事，不可失也」，雖然孟子否認有「勸齊伐燕」之事，《戰國策》根據當時謠傳，不堪憑信，但時代不誤。錢穆的《諸子繫年》及楊寬的《戰國史》均認為是宣王時事，其說可從，參見〈齊伐燕乃宣王六年非湣王十年辨〉（《諸子繫年》頁 365-366）。

是在齊的政策方面卻犯了一個大錯誤。原來齊國伐燕，是差不多勢如破竹，
一舉而下燕，主要原因是由於燕國的政治不得民心，燕人歡迎齊軍的緣故。
在齊國方面就不能認定燕國是征服的領土，照傳統的辦法把燕民當成俘虜，
而是要盡量的用和平方式去安撫，以求獲得燕民的擁護[55]。按照客觀的形勢，
齊國是很容易辦到的。無奈齊師入燕，燕民「簞食壺漿」的歡迎，而齊國方
面卻擺出了征服者蠻橫的面孔來。終於燕民叛變，而燕昭王（前王噲之子）被
燕人擁立，燕國恢復了一部分的土地。後來燕國因為事實上的需要，仍然和
齊國講和（齊國也征服不了燕），變成了齊國的衛星國。可是到了客觀形勢對齊
國不利的時候，燕國便終於倒戈來摧毀齊國。

燕王噲是 320B.C.立為王的（當齊宣王即位的前一年），即位九年，把王位讓
給燕相子之。後來燕太子被人擁戴和子之相攻，燕王噲又暗中幫助太子平，
於是燕國大亂，子之殺太子平。齊國乘勢攻入燕國，王噲和子之被殺。王子
職被立為王，即燕昭王[56]。這件事情的經過，史籍不詳，其中疑問太多，很
值得討論一下。

這其中是有很多問題的。第一是燕王噲為什麼要禪讓，第二是子之究竟
是一個怎樣的人，第三是子之拿到王位以後，燕國的內亂究竟是怎樣一種情
況，太子怎樣的得到一些人擁護。這些問題都是燕國局勢的關鍵問題，可是
在文獻上卻找不到記述。

燕王噲禪讓一事，除去傳說性的堯舜禪讓以外，在中國歷史上是一個獨
一無二的事。如其是受逼迫而禪讓，那子之在燕應掌有大權（和同時趙國主父
下的李兌相類似）；如其燕王噲自願禪讓，那子之就應當是一個不平凡的人物。
但是燕王噲後來支持太子和子之相爭，那就顯示燕王噲的志願有些勉強[57]，
也有些矛盾。所以不論如何，子之在燕國當權，決不是一個短期間的事，而

---

55 齊兵入燕，紀律不好，因而失掉民心，不能有效的占領。見《孟子·梁惠王》下（吳
　志本），2/13。

56 燕昭王為王子職，非太子平。見注 77。

57 依照當時情況看，齊田氏及晉三家，篡奪之事已成習慣，淖齒對齊湣王也是存心
　篡奪。正如曹丕所說「舜禹之事，吾知之矣」。《孟子》說：「子噲不得與入燕，子
　之不得受燕於子噲。」其中曲折，決不是那樣簡單的。

子之相業的成就使他在燕國樹立了聲名和威望，也應當是一個不容否定的事。再加上說客的謀略和遊說，才會形成一個禪讓的局面。

依照歷史上的記述，春秋時代的霸主，全靠名相的輔助，幾乎沒有例外。到戰國初期，也是一樣，這當然可以有理由去解釋，因為一般君主出身富貴的家庭，生於深宮之中，及長最多亦不過能「馳馬試劍」，不會像一般士族子弟那樣潛心學問並留心觀察社會的變化、民生的疾苦，以及政治上的權詐。這就已經君不能和相相比，再加上君只是從嫡長中承襲，相卻是從許多官吏之中挑選，君的能力不能和相比，更是一個顯然的事。戰國初期正是相爭雄長，全國大勢未定之時，以後的變化正多，因而國相的重要性可以牽涉到廣大的局面。如其國相有所建樹，在當時人的心目中一定也較為顯著。子之的受禪，應當有其時代的背景存在。

就戰國諸子的引據，子之的名未被人說到，大約不是一個思想家而只是一個行政人才。不過在那時政治的趨向來說，從李悝、申不害，到商鞅，直到時代再後的韓非，這些對於行政技術上有貢獻的人，都是法家。（當然對於政治精神的了解，是儒家的孟子而不是法家的韓非，只有孟子才是中外無倫，古今鮮對的人。但因為孟子的造詣在政略而不是政術，就當時形勢來說，總不免曲高和寡，不切實際。所以戰國時行政技術，應以法家為主。）所以子之屬於法家型的行政技術家的可能比較大。

這是由於當時時代上的客觀需要是這樣的。當時是一個從封建社會變成官僚社會的過渡時代，舊有的封建組織都成為政治進步的障礙，所以從春秋以來，新起的強國都是要摧毀舊有貴族階級的。燕和秦一樣，都是舊有的封建國家，一切較為落後，燕王噲元年，正是秦惠王的後五年，秦國變法的成功，燕國當然是知道的。那麼若想在行政技術上有所成就，其採用較新的途徑，而多少追隨著秦的轍跡是不難想到的。

這種改革是會引起了封建貴族的反抗，因而會形成政治上的問題，以前楚國的吳起和秦國的商鞅都做了改革的犧牲品，甚至於稍後的趙武靈王也有屬於改革中犧牲的疑竇。燕王噲和子之可能是同心的改革者，因為時勢的不利，也可能被迫而讓位子之，以求壓服國內的政治困難。但是政治的危機並未因讓位而稍減，終於在政治的混亂中引起了鄰國齊師的入侵，而使燕國幾乎亡國。

　　齊宣王在位十九年（319-301B.C.），齊湣王在位十七年（300-284B.C.）[58]，這三十五年中爲齊、秦並立時期，也就是齊、秦各自發展的時期，只是齊的霸業因爲湣王的失敗而全部瓦解，反而秦的霸業因爲秦未曾失敗而鞏固下來，後來才成爲秦國的獨霸局面。

　　在齊宣王的十九年中，除對於燕的一部分領土加以控制以外，並且他的戰略是利用三晉來抵抗秦，對三晉做相當的協助，而自己卻是南下對於楚國地區做相當的進展。這是由於齊相靖郭君及孟嘗君兩代相續的政策是這樣的。靖郭君及孟嘗君不是內政的改革者，而是齊國秩序的維持者，可以說在內政方面是右傾而非左傾的，但在外交方面卻寧可聯楚而不聯秦，以後來的名辭來說傾向是合縱的。所以這個時期齊國國勢的確做到相當的成功。

　　可是到湣王即位，和宣王就有很大的不同，對於孟嘗君不再信任，因而孟嘗君出亡到國外去。這可能由於孟嘗君勢力太大，功高震主，被湣王疑忌而去。於是在對外政策上，也就多少有點變動。湣王七年時他驅逐周最而用秦五大夫呂禮爲相，這就變成了親秦的路線（在此以前曾經一度請孟嘗君回來，而周最還是繼續孟嘗君的路線），從此對三晉不再援助，秦人在韓、魏兩國卻都有巨大的發展，這就使中原的均勢難以維持了。

　　在齊宣王時代，秦對於三晉的進攻，並沒有什麼進展。除去秦武王十四年（齊宣王十三年），秦攻取了韓的宜陽並攻取武遂以外，並無甚驚人的事件發生，而宜陽和武遂也只是兩個較大的城邑罷了[59]。到湣王初期，其政策和

58　此據錢氏書，楊氏書與錢氏書同，皆以爲宣王在位十九年，湣王僅十七年，湣王時爲 300-284B.C.。但錢氏成書在前，故今從錢氏。綜合錢、楊兩氏著作，所用繫年方法實大同小異。即戰國初期繫年，以《竹書紀年》爲主（大致都是根據王國維的《輯校》本），其中魏國及齊國，《史記・六國表》錯誤最多，魏文侯誤後二十二年，魏武侯誤後十年，魏惠王後元元年，誤爲魏襄王元年。齊國脫悼子及田侯剡兩代（田侯剡爲田侯午所弒，齊史失記此或爲脫誤之原因），以致齊威王、宣王、湣王俱向前推，而湣王又向後多出二十三年，其他韓、燕各國亦有錯誤。以史事推校，實以《紀年》爲正。（楊書不言見及錢書，雖意見不盡同，仍是其可議之處。）

59　在秦惠王時代，第一件事是肅清關中的魏國勢力，第二件事是取蜀以增加財富和兵源。到秦武王時便蓄意東進。《戰國策・秦二》：「秦武王謂甘茂曰，寡人欲車通三川以闚周室，而寡人死不朽矣。」甘茂攻宜陽，五月而不能拔，樗里疾、公孫衍

宣王時尙無大變動，湣王五年，齊尙聯合韓、魏攻秦，秦歸還了韓的武遂和
魏的封陵。但是在齊湣王七年，齊的外交政策有一個極顯著的變化。此時趙
武靈王已死過五年，而楚懷王留秦不歸，楚頃襄王即位也是第五年。齊用秦
人呂禮爲相，就表示齊與秦在某些地方合作，而齊和秦各在國外取得某些
利益。他們的協商條件雖然不能知道，不過按照後來的發展來看，秦人用力
攻三晉，而齊也用力攻淮泗的國家。（這表示著齊人所以不能用全力取淮泗，是由
於齊人南進則三晉受威脅，秦人大攻三晉，三晉就無力援淮泗了。）這以後數年間的
發展是：

> 湣王　八　年　秦將白起大破韓、魏之師於伊闕，殺二十四萬，虜魏將公
> 　　　　　　　孫喜。
> 湣王　九　年　秦將白起攻韓取宛，攻魏取垣。
> 湣王　十　年　秦將司馬錯攻魏取軹，攻韓取鄧。
> 湣王十一年　秦取魏河東地四百里，取韓武遂地二百里。
> 湣王十二年　秦取魏大小六十一城。
> 湣王十三年　秦與齊互尊爲帝，秦稱西帝，齊稱東帝，但齊用蘇代計取
> 　　　　　　　銷帝號，秦亦隨取銷帝號。
> 湣王十四年　秦再取魏垣及曲陽。
> 湣王十五年　秦取魏安邑，齊滅宋。

其間秦對魏的蠶食因爲《史記》據的是《秦記》，所以比較詳細，預料齊在滅
宋之前，也一定蠶食宋國而對於淮泗各小國亦在蠶食之中，只是秦人記載不
詳，現在無法詳知罷了。

　　齊人滅宋的收穫是相當大的，因爲淮水以北的區域，差不多都屬於齊了。

爭之於王，王因早與甘茂盟，卒悉起兵，遂拔宜陽（商務排印本，4/3）。又《戰國
策・東周策》：「（趙累）曰甘茂，羈旅也，攻宜陽而有功，則周公旦也；無功，則
削跡於秦。秦王不聽群臣父兄之議，而攻宜陽，宜陽不拔，秦王恥之，臣故曰拔。」
（商務本，1/2）所以宜陽是韓的一個要塞，秦費了很大的氣力才攻下。秦武王所以
被諡爲武，應當也是從攻下宜陽的觀點來看的。只是秦武王攻下宜陽後不久即死，
甘茂也被秦的舊臣排擠，出亡於齊。此外楚也派了景翠救韓，可是秦故意許楚歸
還上庸，楚王意志動搖，景翠也在觀望形勢（並見《國策・東周策》及〈秦策二〉），
最後秦還是拔取宜陽，打通到三川的後路。

齊人當然是躊躇滿志，不過鞏固這一大片土地，需要費相當的氣力。並且齊人滅宋，因爲宋國已是列強之一，宋國向來善於防守，當齊人攻宋之時，在兵員和實力的損失上是非常巨大的。縱然得到了大片土地，消化這大片的土地，使其真正成爲齊國的領土，還需要一個長期和平的時間。這一個長期和平需要齊國努力去爭取，也就是對於鄰國要特別的聯絡。尤其重要的是和宋接境的魏國，首先就受到齊國新領土的威脅。齊國爲爭取魏國，即使分給魏國一些宋國的土地，亦應在所不惜，這就要看齊國當局的態度了。

但是齊湣王卻是一個固執而驕傲的人，他決不會及時對於較弱的魏國有所調協，甚至在秦攻魏非常緊急的時候，齊人也不曾救魏。結果在齊人滅宋以後，魏國也就轉入秦國的掌握，齊國變成了孤立的形勢。

齊滅宋在 286B.C.，次年（285B.C.）秦昭王和楚頃襄王在宛相會，和趙惠文王在中陽相會，於是秦兵來攻，取齊九城。到 284B.C.，秦昭王和魏昭王在宜陽相會，和韓釐王在新城相會，燕昭王也入趙去謁見趙王，諸國合縱攻齊之勢立成，但齊湣王以東方天子自居，不曾防範到諸國的傾齊計畫。

就在 284B.C.這一年之中，秦和趙、魏、韓、燕、楚共攻齊，將齊兵擊敗於濟水之西。似乎還是秦及三晉爲主力，楚國雖出師，卻態度不同，並未曾參加實際的攻擊行動[60]。等到齊國軍隊在濟西潰敗，秦和三晉之師均暫時停頓，只有燕師追奔逐北，直入臨淄，而齊國就瀕於亡國的境地。

這當然不是出於齊國一般人預料的事。所以變成這種情狀，當然是由於：(1)燕昭王是一個賢君，樂毅是一個天才的將帥，就當時情況來說，在各國中也很少有這種配合。(2)齊國的臨淄從來未曾被敵軍威脅過，因此齊人就從來

---

60 據《史記·田齊世家》（《會注》本，46/41-42）：「四十年，燕、秦、楚、三晉合謀，各出銳師敗我濟西，……燕將樂毅遂入臨淄，盡取齊之寶藏器，湣王出亡之衛，衛君辟宮舍之，稱臣而共具，湣王不遜，衛人侵之，湣王去走鄒魯，有驕色，鄒魯勿內，遂走莒。楚使淖齒將兵救齊，因相齊湣王。齒遂殺齊湣王，而與燕共分齊之侵地鹵器。」瀧川《考證》：「陳子龍曰，觀淖齒救齊，則不同五國也。愚按，淖齒，楚將護湣王者，史誤。」按陳子龍及瀧川略有指示，而出語不詳。一般楚師加入中原事件，多有首鼠兩端、坐觀成敗的意味。秦攻宜陽，楚遣景翠出師，也是態度不明，這一次又是這樣。湣王以淖齒爲相，也是爲拉攏楚師的政治作用，卻未料及淖齒的野心。淖齒既弒湣王，不久亦被刺。見《戰國策·齊策六》（商務排印本，3/1）。

沒有保衛都城的想法。再加上齊湣王滅宋以後把大軍放在南部，北部比較空虛，對於燕國是輕敵的。這樣在燕人一個有力的突擊之下，以楔形突入臨淄，齊王奔逃，各地根本未曾做防守的工作，也隨著潰散。這種情況在三晉就不會有的。長平之戰，邯鄲尚能堅守。濟西之戰，臨淄隨失，實際上燕師並非像秦師那樣精銳，只是樂毅用了一個攻心戰，遂如摧枯拉朽。等到後來莒和即墨真的防守一下，燕師也就竟如同強弩之末，一點也施展不上了。

以齊湣王在國際方面的應付來說，雖有錯誤，大致還過得去，並不算一個昏君。只因為湣王及齊國將相，對於國都防守，毫無經驗，敵軍一到，不能鎮定抵抗，大家都望風而逃，給燕國一個大好機會。從湣王逃走的路線看，是先逃衛，再入魯，然後才到莒，可見是從臨淄西行。那就樂毅大軍可能是沿海的突襲（甚至可能是從海上登陸，襲其無備），所以樂毅是孤軍深入，並未曾與三晉及秦師同時進展。由臨淄入衛國是要經過聊城的，而聊城後來曾為燕據守，可見齊兵也是可以據守的。所以湣王甚至於還想以聊城為根據地，收集齊師抵抗，可惜這一點也未曾做到。等到湣王到了莒，莒是替齊國防守的，後來也一直未曾失守。湣王以淖齒為相，也只是利用淖齒部下的楚軍以為聲援，楚國大軍並未能開拔到莒（可能淖齒只率領少數的士卒，在莒不算優勢），湣王並未曾有被楚國把莒占領的感覺，湣王的被殺只算是一種政變。等到湣王被殺，淖齒也被齊人所殺，在這一個過程中，莒應當有一個時期的混亂，但是莒仍然可以堅守。可見齊國七十餘城一時俱失，只是一種臨時失措的關係。因而後來騎劫挫敗，齊人又收復七十餘城，也就不難看出燕人在齊並沒有什麼穩固的基礎。

齊、燕之戰，對於齊、燕兩國都沒有利益，得到好處的，就短期來說是楚、魏，楚、魏兩國共同分取了淮北以東之地；就長期來說是秦。因為楚本來積弱不振，雖得到領土，好處還是有限；魏國早已在齊、秦兩國夾攻之中，不過稍緩一口氣，威脅尚在；秦國卻掃除東方的勁敵，於是戰勝攻取，都是秦國的天下了。

當淖齒被殺，齊公室田單曾根據莒城，擊潰了燕師，恢復了齊故地，但在齊襄王在位的十九年中，也只是一個守成之局，沒有什麼發展。到襄王子齊王建即位，他的舅父后勝相齊，完全採取孤立政策，不過問中原諸侯的事，因而秦國逐漸翦滅各國，齊國未曾有絲毫的援助。等到了最後，王建四十四

年之時（221B.C.），秦國王賁在毫無抵抗之下進入臨淄，把王建俘虜了去[61]。

齊國亡了，齊王建被俘了，秦國的政策，當然是不許齊王建再住在齊國以內的。據《戰國策》說齊王建被俘以後，是被秦人置之松柏之間，餓而死。齊人作了一首歌是：

> 松耶？柏耶？往建共者，客耶？

說王建被餓死，可能有些誇張。不過他是死在俘囚的生活中，那是不成問題的。以此類推，六國之君被秦俘虜的，也可以說都是死在俘囚生活裡的。至於齊國的王族，卻不曾全部被徙到關中，在陳勝起義之後，齊國王族舉事的，形成了一支大力量。一直到漢武帝時代，齊國王族的地主身分似乎還存在。所以徙入關中的豪富，齊諸田和楚昭、屈、景，都還是被徙的對象。至於王建的子孫，似乎只徙到齊國以外，也未曾全部徙到關中，王莽追溯他們王家的祖先到齊王建[62]，他們是從舊齊地後來移至魏郡元城的。這顯示著秦始皇吞併六國以後，所採取的政策，一方面是嚴刑峻法，統制思想，另一方面卻對於六國的貴族還多少採取一點懷柔安撫的辦法。所以王建本人雖然徙到關中囚禁著，他的家族卻還保留著，徙到齊境以外不太遙遠的地方（當然還要監視著），讓齊國的遺民知道他們的王家尚在，藉此可以減少些敵對的心理。依此同樣原則之下，也就不難了解為什麼楚國抗秦的大將，項燕的後人，還可以在楚國住下去。

在七國之中其主動力僅次於秦、齊，而始終維持著大國的資格的，要算

---

61 《史記》卷 46〈田齊世家〉作「秦兵入臨淄，民莫敢格者，王建遂降」。但《戰國策・齊》六，以為王建朝秦，為秦所留，秦遂滅齊。兩說不同。但兩說亦不衝突，因為《戰國策・齊》六，另一節說「后勝相齊，多受秦間金玉，……勸王朝秦，不修攻戰之」。結果王建朝秦被留，而臨淄無戰守之備，就變成「民無敢格者」。

62 見《漢書》68〈元后傳〉（藝文覆《補注》本，頁 1703）：「完字敬仲犇齊（按敬仲為諡，非字），齊桓公以為卿，姓田氏，十一世有齊國。……至王建為秦所滅。項羽起，封建孫安為濟北王，至漢興，安失國，齊人謂之王家，因以為氏。」據《史記》94，亦言田安為故齊王建孫，時齊王族田儋先稱王，田儋死，立齊王建之弟田假為齊王，而田榮亦立田儋子田市為齊王，其後項羽立田安為濟北王，實利用齊王建的王統，成立一個傀儡組織，後田安終被田榮所殺。所謂「漢興失國」，只是田安子孫因為事情太複雜了，來一個籠統的記載。

楚國了。楚國和其他六國有一個不同之點。其他六國不論怎樣的經過了篡奪
和分裂,其王室及百姓的來源,都是周天子治下的部分,楚國卻是曾經長期
獨立在周天子之外的。春秋盟會之中,中原霸主的齊桓、晉文,主要是爲
對付楚國的擴張,依照《左傳》所記「楚人謂乳穀,謂虎於菟」,並且將「穀
於菟」聯用成爲人名,其辭彙或文法,都顯然和周人所用的雅言有所不同。
也就表示楚人的本來語言不是華語,中原國家把楚人認爲夷狄,不是毫無根
據的。

　　楚國的王族或楚國的百姓,其言語和文化可能也不是完全一樣的。楚國
是個大國,其治下的百姓,還是非常複雜的民族所組成,成爲犬牙交錯,或
者叫做「插花」的形式 [63]。楚人過去本來是商的盟邦,受到深厚中原文化的
感染,決不是自周代開始。並且楚公族遷到長江流域以後,逐漸蠶食漢南諸
姬。這些漢南諸姬,都在殽函之東,應當爲周召分陝之時,周南的故地。後
來其國既入於楚,其國的文化當然爲楚所吸取。所以到了春秋的時候,不論
地方性的語言都是些什麼,在楚國宮廷裡和貴族間一定還是採用華語。當然
他們的華語和標準的華語比,是會有些不夠正確之處,但總是華語而不是夷
言。這就無怪《楚辭》用韻雖較《詩經》爲寬,卻顯然還是用中原言語來寫,
而不曾應用當地民族的土著語言來做基礎了。所以春秋時代,楚國的士大夫
和中原人之間,沒有言語上的阻隔,所用的當然是華語而不是楚國的地方語
言。當時華語的地位,可能和英語在菲律賓或印度一樣。

　　這個華化很深的王國,依舊爲中原封建的諸侯所排斥。除齊、晉二邦對
楚一直是敵對之外,商朝後裔的宋國對於楚國也未曾建立較好的邦交。楚國
東方的吳國,因爲受了晉國的扶持,才強大起來,也形成了楚國的敵國。只
有西方的秦國,當春秋末年,吳師入郢,幸虧秦人的救助,楚國才免於覆亡。
所以秦、楚之間應當有較好的邦交的。

---

63 在淮水以南,上古時代各種民族都是定居的民族而非遊牧民族,流動性不大,因
　而形成民族的分布,也會十分複雜。目前長江下游一帶因爲漢化太久,一點痕跡
　也沒有。漢化滲透稍遲一點的,如湖南省,也只在南部及西部稍稍有一點痕跡。
　但是最標準的雲南省,就可以看出民族分布交錯的狀況,同樣在法國人如 George
　Maspero 對於印度支那的調查,從書中所附的地圖看,也一樣的十分複雜。(見
　George Maspero: *Un Empire Colonial Française l'Indo-Chine*, Paris, 1929-30.)

楚懷王三十年（299B.C.），對楚來說，可以說是一個最大的轉變。在此以前，大致說來，還算得楚的興盛時期。到懷王三十年以後，懷王入秦和秦來講條件，結果被秦扣留。繼立的頃襄王又是一個不成器的國君，從此楚國就一步一步的衰下去，不能復振。這就使後來的楚人一直思念懷王時代，當秦亡國以後，楚人再立楚後，還要號稱爲懷王的一個原因。

自昭王復國以後，楚國似乎得到新的生命，其中昭王二十七年，惠王五十七年，簡王二十四年，聲王六年，悼王二十一年，肅王十年，宣王三十年，威王十一年，再加上懷王三十年。因爲楚國的國史被秦始皇燒掉，流傳的記載實在太少，可以知道的，就是當這個時期開始，越國滅吳，越國變成了中國東部的大國。但是當句踐死後，越國政治不良，而楚國的政治比較優良，使得越國的領土日益減削。到了楚宣王二十四年（346B.C.）楚人滅越，盡有舊時吳地，直到會稽。於是長江下游包括兩湖兩江之地都成了楚國的領土，楚國就全中國來說，是一個最富有的國家。在文化發展上是有利的，但也養成了奢靡之習。

楚懷王大致說來還是有能力的，原則上對於秦國，還是保持一個距離。秦國對三晉方面的進取過於積極，楚已感到秦的壓力（當然還不能預料秦會滅亡六國），在初年他並不親秦。可是兩次對秦的戰役都失敗了，第一次，是在懷王十一年五國相約攻秦，懷王並且是縱長，等到五國之兵到了函谷關，就不支而退卻（此次齊兵最後撤走，可見不是齊國搗亂，真正原因，還不能十分明白）[64]。第二次是秦、韓聯合攻楚，虜楚將屈丐，取楚漢中（楚漢中不是秦漢中，秦漢中爲南鄭即西成，在陝西境內，楚漢中即楚上庸，在湖北境內）。因此秦國以後即以漢中爲餌，來騙取楚國的合作。楚懷王以後十幾年之中，國家政策就崩潰在上庸問題（或漢中問題）的上面[65]。

上庸問題就楚國來說，是一個非常嚴重問題。因爲上庸地帶接近郢都，

---

64 五國之師伐秦，無功而還，其中似乎無甚勝敗。《戰國策·秦三》說「五國罷成皋」（商務排印本，5/2），就表示駐在成皋久攻而不下。又〈楚策三〉（16/2），表示魏損失大，欲先對秦講和，並非被擊敗。

65 漢中和上庸都在漢水流域，本來今陝西的南部和今湖北省的西北部是同一的河谷，其間並無明顯的界限。漢代的漢中郡郡治，曾經一度在西成（即陝西興安，見〈仙人唐公房碑〉），也是因爲對於東部交通的關係。

上庸一失，鄖即暴露在秦軍威脅之下。於是怎樣才可以收復上庸，在當時楚國的朝中，一定是一個非常困難的爭執問題。如其用武力收回，那一定要取得東方各國，齊、韓、魏等國的合作，可是依過去的經驗，東方各國可恃而不可盡恃。如其用和平手段，向秦國交涉退回，那就在國際外交上，受到了秦國的控制，變成俯仰由人。如其秦再用武力爭取上庸，則士氣外援，處處都不堪再用。這在國外就成合縱連橫的爭執，在國內就成為屈原和上官大夫等人的爭執。此時就客觀形勢來說，對秦是有利的。因為秦把上庸操在手中，如其願意憑外交方式歸返上庸，則楚國的算盤當然不會冒著戰爭的危險消耗財力和兵力來爭取不可必得的上庸，所以懷王晚期親秦的路線占了上風，並不是毫無理由的。

　　秦武王三年（楚懷王二十一年）秦王不聽群臣父兄之議而使甘茂攻韓國的宜陽，確實給楚國以武力收復上庸的機會。宜陽大縣，準備完固，秦兵頓兵於堅城之下，形勢並不太佳。楚國使景翠率兵救宜陽，給秦兵以極大威脅。不過當時懷王的政策，只想以虛聲索還上庸，並無心擊破秦軍，解除西方的恐怖，就演成了一個坐觀成敗的局面。實際上這次宜陽之役，秦國已經使用了全力。如其楚國以重兵襲秦，是會出現第二次「殽之役」的。只可惜楚懷王把和平收回上庸的原則已經決定，即使機會擺在面前也會輕易的放過。終於秦國派馮平到楚，答應歸還楚的上庸，楚也不再盡力援韓了。（此時張儀已死，關於上庸問題，張儀生前可能和楚懷王談過，不過正式騙楚懷王的，是馮平而不是張儀。《國策》和《史記》所載張儀以商於六百里誆楚一事，當由於馮平事申演而成，其事如小說性質，不可信。當然秦確有誆楚之事，只是馮平之名遠遜張儀，因而小說中的主人成了張儀了。）

　　秦國對於上庸問題既不痛快解決，但也對於楚羈縻不絕。終於在昭襄王二年以秦女為懷王婦，再於三年（楚懷王二十五年）與楚盟於黃棘，將上庸正式還楚。於是上庸問題暫時獲得解決，而楚的外交也受制於秦了。因為楚過分走秦的路線，於是在懷王二十六年齊、韓、魏伐楚，楚國以王子質於秦。秦楚上庸的交涉，一拖數年，秦才正式歸還上庸。其中曲折，非常可能由於秦在原則上可以歸還上庸，但不是無條件的，是要楚國解除對齊國的依存關係。《國策》說秦要楚和齊絕交，而楚國絕交後，秦還不信，乃使勇士往詈齊王。其事誠已小說化，但大致說來，秦是不肯無條件歸還上庸的，逼楚

絕齊，也多少有事實的根據。自楚、齊之交斷絕，楚國的地位就成爲絕對孤立的狀況。

　　秦孤立楚既已成功，於是秦便和齊、韓、魏聯合起來，來攻楚。楚在這種形勢之下，損失不堪。不用說，上庸又被秦再行奪取了。在楚懷王二十九年之時，楚不堪秦的壓迫，又轉向齊求和，將太子橫爲質於齊，以大軍攻秦，從武關攻入藍田。大戰的結果，仍然是楚師敗潰，殺楚將景缺（可能即當年援宜陽的景翠）。於是懷王又只好親自到秦去求和。秦國此時便把楚懷王扣留起來，懷王後來在秦病死，懷王子橫從齊返楚，立爲楚王，即頃襄王。頃襄王是不振作的，莊辛曾說頃襄王「君王左州侯，左夏侯，輦從鄢陵君與壽陵君，事淫逸侈靡，不恤國事」[66]。那就頃襄王和懷王又自不同。懷王是政策錯誤，頃襄王是生活糜爛。不幸頃襄王在位較長，共有三十六年，也就注定了楚國的滅亡。以後考烈王二十五年，幽王十年，哀王三月。到王負芻立爲楚王，楚已不能支持，五年而秦滅楚。但是這時楚國的抵抗能力還是有的，最先秦王派李信將二十萬人，曾被楚所擊敗，直到秦王令王翦舉傾國之師六十萬人，才能滅楚。就當時的情況來說，如其別的國家能悉心援助，也許情形不同。可惜在戰國時期，國與國間的小型同盟也都沒有忠實的做到，就使秦國有各個擊破的機會了。

　　在三晉之中，因魏據有晉國都城，魏就成了晉國的繼承者，所以以魏最爲重要，其次是趙，因爲趙據有代國的地方向邊疆發展，河套一帶就成爲趙國的延伸，而趙都邯鄲卻是一個充分發展之區。至於韓國，就被擠在中原的一個不算太大的區域，其發展的可能性，大受限制。使韓國在戰國七雄之中，是一個最弱的國家[67]。戰國時代的戰爭攻取，韓國除去在戰國的初期曾經滅

---

66 見《戰國策・楚策四》，莊辛諫楚頃襄王語（商務排印本，17/1）。

67 見《史記》卷 45〈韓世家〉。韓的地位重要，由於韓控制了三川地方，爲秦伐東方各國的孔道。韓的區域大致爲漢代的潁川郡、南陽郡及上黨郡的一部分。《戰國策・西周策》說韓魏易地，則韓利於上，魏利於下，因楚趙干涉而未曾成功（見商務排印本，2/3）。已經說「魏有南陽鄭地而過二周」（即魏換得了三川、潁川和南陽），「韓兼兩上黨以臨趙」（即說韓兼有魏上黨及韓上黨）。這種易地的方式，則魏的河東入於韓，魏保有大梁，而韓則要遷到河東去，彼此都形勢完整。對於軍事上來說，對於韓魏都是有利的，可惜未曾成功。而韓的上黨反成爲韓的一個防守負擔。

掉春秋殘餘的一個國家——鄭國，以及在桂陵之戰很有效的幫助魏國以外，很少是主動的。可以注意的，還是韓都陽翟在經濟發展中很有地位，直到漢代，陽翟還是在中原算得上一個十分重要的都市。此外關於韓國的領土，還有一個疑問，就是韓的國境可以說只限於今河南中部以及今河南西部，而今河南北部及今山西南部都是屬於魏國的，但是在今山西的東南部，卻還有一個「韓上黨」，和韓國的本國全不相連。這就給予畫韓國地圖的，一個相當的困難。不過這是可以解釋的。因爲上黨一區，可能是當時三家分晉時分割的領土，而不是韓國戰爭攻取的領土。這就形成了「插花地」（如同山東臨清的北面，有些山東地方，完全在河北省境內，情形一樣）。這種類似情況，在歐洲中古封建領主的領土，「插花地」就非常多，因此也就不必懷疑上黨地區的離奇性質了。

趙氏本來是晉國最有勢力的一個卿，自戰國初期趙襄子滅代（代可能爲春秋時代的白狄，據有今山西北部，其勢力可能及於內蒙古一帶）[68]，趙的勢力就向北

---

68 在春秋時期，今山西的北部是白狄的據地，今山西東南部是赤狄的據地。赤狄是「潞」，至於後來稱做「代」則可能爲白狄。但在今陝西一帶，也還有白狄。所以《左》成十三，晉呂相絕秦說：「白狄及君同州，君之仇讎而我之婚姻也。」既稱「同州」，那就有一部分白狄不在山西而在陝西了。狄人這種民族，有時也可以寫做「易」，也可以寫做「翟」。據《世本》白狄釐姓，赤狄隗姓，當然就其中著者而言，所包的姓氏不止此。隗即「鬼」亦即「九」，所以鬼方或九方應當和狄有關。至於獫狁，卻似乎不是狄，狁即允，亦即允姓之國，允姓之族本居於瓜州，當在今甘肅西部，但《左》襄十四年，范宣子告姜戎子駒支，姜戎之祖本居瓜州，是姜戎爲允姓，允姓爲姜姓別支。那就獫狁當爲姜戎（或當爲羌戎）而不屬於狄這一支了。（所以「薄伐獫狁，至於太原」，這個太原不在今太原，而在今陝西西部或甘肅東部。又此節「主要的是潞」「可能爲白狄」「當然就其中著者而言，所包的姓氏不止此」各句，照審閱建議改。）

狄人出現在中國歷史上非常早。商的上代王亥喪牛於易，當然是指狄人。依照狄人和鬼方屬一系的原則，狄人雖有白狄、赤狄（甚至於長狄等）之分，仍有相互關係。而其他山戎、北戎等尚不在內，至於獫狁那就不是狄而是羌了。所以王國維的〈鬼方昆吾獫狁考〉雖然頗有創獲，但西北一帶的戎狄，那就至少有三個系統，或者可以分得更多些。

至於古代的獯鬻或渾鬻，自亦宜爲狄之異名。鬻字與狄字古音本可通用。獯字或渾字可能在北族中爲「人」的意思，獯鬻的華話當爲「狄人」。甲骨文中有囙方，爲北方強族，曾有人釋爲苦方或二方，但不能與史相應。我在故宮的《慶祝蔣復

瑰先生七十歲論文集》認爲此字當釋爲「築」。築字與鬻字古音可通，亦即與狄字、翟字、易字古音可通，而地望亦相符。

此條陳槃先生提出意見云：

> 江永云：「白狄在西河之西，今陝西延安府地也。《傳》云：『余從狄君以田渭濱』，則其地南至渭水。又告秦人云：『白狄及君同州』，是與秦同在雍州也。」（《春秋地理考實》，25/12 a）案白狄地望，江氏所考近是（詳拙《春秋大事表・列國爵姓及存滅表譔異》，頁 540-541）。顧炎武云：「（〈趙世家〉）《正義》曰：《地道記》云，恆山在上曲陽西北一百四十里，北行四百五十里得恆山岋，號飛狐口，北則代郡也。《水經注》引梅福上事曰，代谷者，恆山在其南北，塞在其北。谷中之地，上谷在東，代郡在西，此則今之蔚州乃古代國。」（元注：今蔚州東二十里，相傳有代王城。《日知錄》卷 31，代）清蔚州，即今察哈爾蔚縣。代國地望顧說亦可從（詳拙著《不見於春秋大事表之方圖稿》，頁 124），白狄與代方位既不同，然則以爲一事者，似未可也。

按江永的結論，只能說白狄與秦同在雍州，卻未說白狄的居地只以雍州爲限，把雍州以外還有白狄的居地可能，都排除掉。如其江永的論據，在邏輯上不能排除雍州以外還有白狄這一個可能性（亦即是排除冀州、并州有白狄存在的可能），江永的論據就似乎無甚意義了。再就《左傳》原文「余從狄君以田渭濱」和「白狄及君同州」兩條來說，也只能證明白狄的疆域到了雍州，卻不能證明白狄的蹤跡一定限在雍州。其「余從狄君以田渭濱」，是不曾供給到任何狄人住地的消息，不僅不能排除狄人住在渭濱以外地方的可能，並且也不能證明渭濱一定爲狄人的領土。至於「白狄及君同州」一條這個「及」做「與」字用，雖見於杜注，而杜注卻也不一定完全就符合《左傳》原意。這篇是《左傳》中的〈呂相絕秦〉（成公十三年），而呂相絕秦又和秦人的〈詛楚文〉措辭造句十分類似。可能是《左傳》直接引用原有書簡，而不是《左傳》作者所敘。因而對於這篇文法的分析，只能以這篇爲限，而不使用《左傳》別處的文字來比較。這篇裡面共用了三個「及」字，計爲「昔逮我獻公及穆公相好」，「及君之嗣也」，以及「白狄及君同州」，都可以做「以至於」「伸張到」這一類的意義來解釋。「白狄及君同州」固可解爲「白狄與君同州」，但也未嘗不可認爲「白狄及於與君同州」，亦即有「白狄之境向西伸及與君同州」的命意，那就白狄的主要部分，並不一定非在雍州不可。（譬如《論語・衛靈公篇》「吾猶及史之闕文也」，這個「及」字就和「白狄及君同州」的「及」字可以有類似用法，若改爲「與」字，文字仍然可通，可是意義就全然不同了。）即令及字作與字解，也無法把白狄限在雍州。因爲(一)雍州的北狄不是不可以在雍州以外還可以據有領土，(二)白狄本不止一姓（《春秋表譔異》，頁 508-510），不能說所有的白狄都在雍州，而沒有到了雍州以外的可能。再就〈呂相絕秦〉這篇的性質說，〈呂相絕秦〉只是一篇對秦人的「檄文」，其中充滿了「外交辭令」，對於經過的事實都有很大的誇張和曲解，並非一個客觀的、嚴格的敘述，其中史

料價值是不可以過分高估的。也就是說，這一篇似乎並無太大的強度來糾訂其他客觀敍述性的史料。

其實在槃庵先生著作之中，也並未排除黃河以東，白狄存在的事實。在《春秋大事表譔異》（以下簡稱《譔異》）中，曾有以下的考證：

冊六，頁 535，廧咎如：「十三年《傳》：『晉侯使呂相絕秦曰，白狄及君同州，君之仇讎而我之昏姻也。』杜解：『季隗，廧咎如赤狄之女也，白狄伐而獲之，納諸文公。』竹添氏曰：『廧咎如即是白狄。若非白狄而獲赤狄之女而納之，豈足爲昏姻乎？三年伐廧咎如，討赤狄之餘焉，是赤狄餘民自歸於白狄耳。』案廧咎如爲白狄，竹添說是，杜說非也。」

冊六，頁 587，鮮虞：「（始封），白狄別種。《春秋》昭十二年，晉伐鮮虞，何氏《公羊解詁》：『（晉）不因以大綏諸侯，先之以博愛，而先伐同姓，從親親起，欲以立威行霸。』范氏《穀梁集解》：『鮮虞，姬姓，白狄也。』《疏》：『鮮虞，姬姓白狄也者，《世本》文也。』案楊疏謂鮮虞姬姓之說，出於《世本》。楊氏唐人，當有所據。」

就以上兩條來看，槃庵並未否認在黃河以東有白狄存在過，並未引用〈呂相絕秦〉「白狄及君同州」這一條，認爲雍州以外白狄不曾存在，來駁斥竹添及《世本》之說。也就是說，除去雍州境以外，白狄並非沒有存在著的可能。因而江永那一條考證，在邏輯方法上，就有了問題。

廧咎如既然爲白狄，那廧咎如的所在地，就值得研討。當然晉文公的出亡，是向東不是向西，所以狄在潞，或潞的附近，沒有問題。在潞附近的地方，晉的疆域在其西，所以廧咎如不應在潞之西。邢及衛在潞之東，所以廧咎如不應在潞之東。周人所屬的溫，原地方在潞之南，所以廧咎如不應在潞之南。只有潞的北部，當今遼縣、武鄉、榆社一帶，當時不是華夏的封國，所以廧咎如應在那一帶。

但是問題來了，這一帶正是《左傳》中的東山皋落氏所在，也就是宅皋狼所在的地方（宅皋狼亦作蔡皋狼），《戰國策‧趙策一》，第二段：「（知伯）又使人之趙，請蔡皋狼之地，趙襄子弗與」，也是一地，或作皋狼，那就是簡稱了），兩處互相衝突，所以還要做一番解決。

宅皋狼（蔡皋狼）和晉獻公所伐的「東山皋落氏」可能爲一個地區的。槃庵在《春秋大事表譔異》第 157 章引洪亮吉《曉讀書齋二錄》上：「〈地理志〉，西河有皋狼縣，今考《左傳》閔公二年，晉伐東山皋落氏，是皋狼係皋落之轉音，非二地也。」槃庵謂「此又一說」，認爲：「音轉爲皋狼之說，亦可通。」今按皋狼爲皋落的音轉，是可以的。不過還要再審核一下，即（一）在音理上是否確實可以音轉，（二）除去聲韻上可以溝通以外，是否還有別的證據。就第一點說，落和狼本雙聲，主要韻相近。而收聲方面，落是入聲字，具有牙音的收聲，而狼是陽聲字，也具有牙音的收聲，所以可以通轉。就第二點說，東山皋落氏不僅應在晉國之東，而且應當在晉以東山脈之中。關於皋落氏，計有三說：（甲）據《水經注‧清水注》及

《通典》，當在今垣曲縣界內，(乙)據《清一統志》，樂平縣有皋落山，當在今昔陽縣界內，(丙)據《史記‧晉世家》張守節《正義》引《上黨記》，在壺關縣城東南山中百五十里的平皋。(見《謏聞》頁 521-522)這三條都不合適。因爲據甲說，垣曲縣在中條山中，以晉國位置說，當名爲「南山」不應稱爲「東山」。據乙說，昔陽在平定縣附近，晉卻在翼，前往昔陽，要走五百多里的山路，其中且多爲戎人居地，與情勢不合。若據丙說，壺關在潞城附近，正爲狄人住地，晉若再向壺關東南，更非假道於狄人不可，也是不可能的。只因爲其地有「平皋」的地名，因而附會上去，當然也是不足爲據的。

這是因爲東山皋落氏只是歷史上記載的名稱，到戰國時已叫做皋狼，而不再叫做皋落，不曾有流傳有緒的地址傳下來，後人只能以意來指定，其不符事實，也不必驚異。至於皋狼的名稱，現在尚有兩文，可是這兩處都是合理的。據《謏聞》頁 521：「皋狼有二：其一，故城在今山西離石縣西北(據《漢書‧地理志》西河郡下《補注》云：『永寧州』——州字原誤作縣字，今據《清史稿‧地理志》改爲州字——今爲離石縣)。其一，相傳今山西武鄉縣西北五十里有皋狼城(原注：據《地名辭典》，未詳所出)。」現在《地名辭典》的出處，已經查到了。《中國地名大辭典》皋狼條下，所說的武鄉縣西北五十里的原文和清乾隆《大清一統志》是一致的，如下文：

> 皋狼城在武鄉縣西北五十里，相傳智伯求皋狼之地於趙襄子，即此，今爲故城鎮(卷 120，沁州)。

但現存較早的史料，卻是《圖書集成》所收的那一條：

> 蔡皋狼城在縣西五十里，即智伯求蔡皋狼之地於趙襄子者，今爲故城鎮(《圖書集成‧職方典》354，沁州部)。

這兩條都可能是循相傳舊緒，而非出於後人的懸疑的。因爲漢縣的創立多是沿秦舊制，而秦舊制又多循六國的規畫，所以皋狼的設治，多半是沿故趙國之遺。據漢代的縣名來溯皋狼，應當是最爲可靠的。只是離石在晉國的西北，不在其東。爲了填「東山皋落氏」這個空白，武鄉一說仍值得重視。又《圖書集成》的〈職方典〉以及《清一統志》都是根據舊的方志(這些方志有的現在已無傳本了)，而舊的方志又根據唐代以前的圖經，不可加以忽視的，所以除去離石一條沒有太多問題以外，武鄉這一處的可能性很大。至於有關皋落的四種假設，卻只有昔陽那一條出於方志，還是可以參考，只是不能作爲主要論據罷了。

現在就離石、武鄉、昔陽三處來比較，離石要算做一組，而武鄉和昔陽要算做另一組。因爲武鄉的「故城鎮」是山谷中一個城落可以住人，昔陽的皋落山，卻只是一個山峰，不是可以住人的。所以皋落山可能因皋落氏而得名，卻不能排除皋落氏另外有居住的中心，這個事實的存在。因此就只剩下離石和武鄉兩個皋狼或皋落之墟了。即令此兩處都屬於皋落氏，也不會是同時居住的，而是經過了一度遷徙(此意在《謏聞》也提到過)。若是經一度遷徙，應當是武鄉在前面而離石

在後，因爲他們如其遷徙過，那是由於晉人通過而退走的，就應當自南而北。如其是自南而北，那就離石是較後的根據地了。所以漢縣設在較後的根據地上，是有理由可溯的。至於在春秋的前半期，那就皋狼（或皋落）自是還以在武鄉（並且其東及於昔陽）爲合理，因爲武鄉對晉國而言，才是東山而不是南山。

如其皋落氏是在武鄉到昔陽一帶，在潞人（狄人）之北就沒有再放置廧咎如的餘地，如其說廧咎如還在更北，那麼狄人（潞人）還要假道於皋落氏來攻廧咎如，更不是一件太可能的事了。除非認爲廧咎如即是皋落氏才可以解決這個問題。

廧咎如和宅皋狼，中間的咎字和皋字，其可以通轉是不成問題的。因爲皋陶即咎繇，這是從來都知道的事。其廧字照高本漢擬定爲 dz'iang，而宅字照高本漢擬定爲 d'ak，因收聲的 ng 和 k 可以通轉，所以廧和宅可以通轉。至於《戰國策》把宅皋狼作蔡皋狼，蔡字應讀若 ts'âd 或 ts'ai，雖沒有牙音的收聲，但皋字的紐（輔音）卻是牙音，若和皋字連讀，仍和宅字的音可以相近，所以也沒有問題。至如字雖然高本漢擬定爲 n'io，是一個純陰聲字，但董同龢卻已修訂爲 ni̯ag→ni̯wo。其後有一個牙音收聲，所以和狼（lâng）可以通轉，至如輔音部分，n 與 l 同爲舌齒音，問題也沒什麼困難。因此廧咎如和蔡皋狼在音讀上是不會有什麼太大的差異的，只要同在一個地方，就不是不可以同爲一個部族了。

至於宅皋狼（或蔡皋狼）爲什麼有時會只用皋狼二字，當然至少可有下列原因：(一)中國對於譯名，往往加以省略，(二)也可能狄人原名的皋狼之前有一個宅字或蔡字作爲指示字（如同古代國名前的「有」字），也許更有其他的可能，因爲狄人的原名和文法關係現在全然不知道，沒有辦法可以揣度。只要認爲宅皋狼、蔡皋狼以及皋狼本是一處，這就夠了。

還有一個問題，就是《史記·秦本紀》的孟增，「是爲宅皋狼」。這裡說到了嬴姓與宅皋狼的關係，所以嬴姓的祖先原爲宅皋狼的部族。後來嬴姓這一家有寵於商王，又從這個部族出來，他們又形成爲隗姓的勢力。再到晉文公出亡赤狄，狄人擄獲了廧咎如兩女，晉文公自取季隗，而以叔隗妻趙衰。其中曲折可能不僅因爲趙衰是一個得力的左右，而趙氏和廧咎如本來就有深的淵源，也許是一個原因。

皋狼之族若自東而西徙，到了離石、汾陽一帶，其勢力的分布，也就順便到了黃河之西，漢代的西河郡跨有河東與河西，就區域地理的觀點來說，是合理的。並且西河郡的設立可能溯到戰國時的魏國，而作這個區分辦法，也不是憑空的構想，而是根據了地理形勢和當時人之關係來設置的。

就晉漢間的黃河情況來說，這裡的黃河並不像黃河下游那樣廣闊，至多不過像合川以上的嘉陵江那樣的一個河川，黃河要到朝邑縣以下的三河口，納入涇渭兩水，水量始大。所以上游的交通，黃河並不構成任何阻隔的因素。再檢查一下分層設級的地圖（如同申報館《中國分省地圖》，華岡《中華民國地圖集》等），就知道晉陝間黃河流域的情形和四川嘉陵江流域的情形非常類似。（嘉陵江是長江的一個重要支流，晉陝間黃河也十分類似，只是因爲遠在人類歷史以前，黃河本流因

爲地層上昇被隔斷成爲渭水，黃河東北流至河套，侵奪支流，再成爲黃河本流，看不出原來支流的痕跡罷了。）嘉陵江兩岸關係之深，是人人都知道的，但陝北和山西關係之深，卻一般爲人所忽視。就我自己的觀感來說，我幼小時曾在陝西的鄜縣住過七年，也在陝西吳堡縣的宋家川住過一年，並曾往來過太原與宋家川之間，經過離石、汾陽各處。其中離石、汾陽曾做過東漢及晉魏的西河郡治（參看《誤異》頁 541），而鄜州（即今鄜縣）在《通典》中也列入故白狄所居（參看《誤異》頁 540），所感到的是晉陝關係之深實遠出一般人所預想。其中宋家川就是從太原到延安的一條主要大道所經。而延安及綏德附近各縣的日用供給，就靠這條大道。至於鄜縣雖然較在延安靠南，可是一般日用品並非自西安販運，而是自晉南的新絳縣販運。甚至在市面上能買到的糕餅，都是從新絳運來的（所謂「絳州點心」），這個事實就說明了人文地理的基礎是自然地理，從唐代的道，宋代的路以至於今日的省，都是爲行政上的方便而設，若用道界以及省界來做人文地理的畫分，並以此來論古史，有時未必盡能適合的。

當然，以河爲界的不僅是省界，相傳〈禹貢〉九州之界，也是主要以河川爲界。在〈呂相絕秦〉中的同「州」，州的意義不明，不過在《左傳》之中，襄公四年已有「芒芒禹跡，畫爲九州」的話，牽涉到九州思想的出現。以現在不完備的資料來說，九州的觀念也許很早，州是水包圍著的陸地，九只代表一個虛擬的多數（見汪中〈釋三九〉）。九州自然可以指中原，但區畫九州的境界，更擬定九州的命名，不僅不會太早，而且九州的名稱或界線的擬定，也必然諸家互異。當然，試擬九州的區畫，以重要的河川爲主要界線，卻是一個各家共同的原則。四瀆：江、淮、河、濟，至少在春秋戰國之時，是應當被公認的。以此爲綱領，幾個主要的「州」，總可以分畫出來。

就四瀆而言，無疑的，黃河在華夏文明之中，是一個最重要的河川。那就黃河的東和黃河的北，自然形成了「冀州」，黃河和濟水之間，自然形成了兗州；黃河之南，自然形成了豫州；而黃河之西，自然形成了雍州。以這四個州爲基本，再加上長江中游的荊州和長江下游的揚州，已形成了六州之數，其他的三州，湊一湊也就湊出來了。所以就人文的形態來說，就民族的分布來說，就交通的道路來說，黃河不是可做界線的，但若依九州的思想，來假設古代的區畫，黃河卻是一個最重要的分界。當呂相絕秦之時，已快到春秋之末，不論九州是否有過擬定的區畫或命名，白狄雖然未必和晉「異州」，只要白狄的蹤跡過了黃河，晉人當然可以引據九州而說「及君同州」這一句話。

這裡並非說河流對於人類毫無分隔的作用。譬如武昌和漢口，重慶和江北，天津市和天津的河北，廣州和廣州的河南，以至於萬華和三重埔，還是多少具有分隔的作用。但從別一方面看，河流不僅有分隔的作用，也還有聯絡的作用，這就夠了。

顯然的，狄和晉的關係是還超過秦以上的。從《左傳》看來，狄和晉的敘述，

是直接的關係。而和秦的關係，卻只有從〈呂相絕秦〉這篇敘述找出來。但這篇仍然是出於晉人之口而非出於秦人之口，也就很清楚的意識到，狄人對於晉人的分量，還是超過狄人對秦人的分量的。《左傳》莊公二十八年：「狄之廣莫於晉爲都，晉之啓土，不亦宜乎？」這個狄字當然包括了赤狄和白狄，白狄和赤狄雖然別爲部落，卻還是一種族，我們無法勉強把山西全省認爲只有赤狄，而把白狄限於陝西。《春秋》宣公八年「白狄及晉平」，而《春秋》中秦與白狄的關係，未著一字。這個「白狄」自然是在今山西境內。而非江慎修所設想的，全部都在黃河以西的白狄。《左傳》僖公三十三年：「晉侯敗狄於箕城，郤缺獲白狄子。」箕城據《水經注・過水注》：「水自蔣溪西北流，西逕箕城北，……杜預《釋地》曰，城在陽邑南水北，即陽邑故城也。」陽邑據《清一統志》，今太谷縣東南十五里。其地正在晉陽、榆次附近，與赤狄集中之區域，正相連接，所以山西境內曾經有過白狄，是一個不需疑問的事。

在山西和河北之間，有鮮虞、肥和鼓三個國，這三個國都是白狄。《春秋》昭公十二年：「晉伐鮮虞」，范氏《穀梁集解》：「鮮虞，姬姓，白狄也。」《疏》：「鮮虞姬姓白狄者，《世本》文也。」《左傳》昭公十二年杜《注》：「肥，白狄也，……鉅鹿下曲陽縣西，有肥累城。」又《左傳》昭公十五年：「荀吳伐鮮虞，圍鼓」，杜《注》：「鼓，白狄之別，鉅鹿下曲陽縣有鼓聚」。鮮虞即戰國時的中山國，都城在今河北正定縣西北，靈壽縣附近，肥在今河北藁城縣西七里；鼓在今河北晉縣(並見《謖異》)，其地正當現在正太鐵路到山西的出口上。和汾陽、離石正在山谷的出口上，遙遙相對，其中只隔一個晉陽平原。而晉陽在春秋時代前期，又非晉人的城邑。這片原來是廣漠的狄疆，因於晉人的啓土，才成爲晉人的居留地。所以鮮虞及肥、鼓，與河西的白狄，本是一事。雖因晉陽屬晉，中斷爲二，而其爲白狄則一，談到白狄時自不宜把東部的白狄除外。

現在再談赤狄的領域和他們的活動。在春秋時代，赤狄活動的記載是從魯閔公時期開始，到魯成公晉人滅潞爲止。《左傳》閔公元年：「狄人伐邢，管敬仲言於齊侯。……齊人救邢。」《春秋》閔公二年：「狄入衛。」《左傳》：「十二月狄人伐衛。……及狄人戰於熒澤，衛師敗績。遂滅衛。……衛之遺民男女七百有三人，益以共滕之民爲五千人，立戴公以廬於曹。」《注》：「共及滕，衛別邑。」此滕非滕國之滕。自衛都逃出遺民七百餘人，加共滕二邑之民共爲五千人。僖公元年《經》：「齊師、宋師、曹伯次於聶北救邢，邢遷於夷儀，齊師、宋師、曹師城邢。」《左傳》僖公五年：「寺人披伐蒲，重耳遂出奔翟。」《左傳》僖公八年：「晉里克帥師……敗狄於采桑。夏，狄伐晉，報采桑之役也」。《春秋經》僖公十年：「狄滅溫，溫子奔衛。」《左傳》僖公十二年：「諸侯城衛楚丘之郭，懼狄難也。」《左傳》僖十五年：「狄侵晉，取狐、廚、受、鐸，涉汾及昆都，因晉敗也(惠公敗於秦)。」《春秋經》僖十八年：「狄人，邢人伐衛。」(孔《疏》「夷狄既無爵命，非有君臣之別，文多稱戎稱狄。」)案《論語》曾言「夷狄之有君」，〈曲禮〉也說

過：「雖大曰子」，所以夷狄之君，仍可稱子，此稱人，只是一個「外之」的書法。）
《左傳》僖二十三年：「晉公子重耳之及於難也……遂奔狄……過衛。衛文公不禮
焉(案衛與狄爲讎，重耳自狄來，故衛不加禮)。……及齊，齊桓公妻之。」《春
秋經》僖二十四年：「狄伐鄭。」《左傳》僖二十四年：「狄伐鄭，取櫟，王德狄
人，將立其女爲后(狄女隗氏，見下文)。……王替隗氏。……秋頽叔桃子奉大叔
以狄師伐周，大敗周師……王出適鄭，處於氾，大叔以隗氏居於溫。」《經》僖
三十年「狄侵齊」。《經》三十二年：「衛人及狄盟。」《經》僖三十六年：「秋，
狄侵我西鄙。」《經》文九年：「冬，狄侵宋。」《左傳》文公十一年：「敗狄於
鹹，獲長狄僑如……晉之滅潞也，獲僑如之弟焚如(事在宣公十五年)。」《春秋
經》宣三年：「赤狄侵齊(又四年，《經》同)。」《左傳》宣六年：「赤狄伐晉，圍
懷及邢丘。晉侯欲伐之。中行桓子曰：使疾其民，以盈其貫，將可殪也。」《左
傳》宣七年：「赤狄侵晉，取向陰之禾。」(《注》：「晉用桓子謀，故縱狄。」)《春
秋經》宣十一年：「晉侯會狄於欑函。」《左傳》：「晉郤成子求成於衆狄，疾赤狄
之役，遂服於晉。(《注》：「赤狄潞氏最強，服役衆狄。」)秋，會於欑函，衆狄
服。」《春秋經》宣公十五年：「六月癸卯，晉師滅赤狄、潞氏，以潞子嬰兒歸。」
《左傳》宣公十五年：「六月癸卯，晉荀林父敗赤狄於曲梁。辛亥滅潞。……秋七
月晉侯治兵於稷，以略狄土。」《經》宣十六年：「春王正月，晉人滅赤狄甲氏，
及留吁。」從以上各條來看，從春秋初期赤狄強大以迄於赤狄的滅亡，其間至少
有幾個重點：(一)赤狄的區域是以上黨地方爲主，其中包括若干部落，而以潞爲
中心。其中領導的國家是潞。(二)赤狄的軍力所及，第一線是邢、衛、溫，以及
晉，第二線是鄭和周以及齊，第三線再旁及於魯和宋。(三)晉滅潞時，潞的勢力
尚未衰退，只是晉用一種策略，使狄過分用他們的力量，使狄的人民及衛星屬部
感到疲倦時，然後用分化的辦法，使狄人的人民及屬部叛離，再行用兵。同時在
狄亡國時，潞子已失掉權力，當政的酆舒是一個跋扈的權臣，這當然也是個好的
機會(事見《左傳》宣十五年，文繁今不引)。《春秋》所記赤狄的活動較白狄爲多，
因爲赤狄更爲接近中原之故。至少從商代起，狄人(隗姓之戎或鬼方)就是商代的
大敵，鬼方的地望雖然至今尚有爭論，不過商都在春秋時的衛地，和上黨正相接
壤。商人雖征伐鬼方有所克摧，似乎並未能進入上黨的中心地帶，直到晉人滅潞，
才算對上黨的控制，告一段落。這一件事當然是漢語民族和非漢語民族間的一件
大事。

滅潞以後，所有上黨一帶的狄人就服屬於晉，所以在《左傳》上的記載，如同
宣十五年「晉侯賞桓子狄臣千室」，成公二年「齊侯免，求丑父，三入三出，每出，
齊師以率。退入於狄卒，狄卒皆抽戈楯冒之。以入于衛師，衛師免之。」注：「狄
卒，狄人從晉討齊者。」至昭公三年：「晉人執季蔡意如，以幕蒙之，使狄人守之。」
當以狄人從軍。這當然對於上黨的華化是有用處的。

當然在晉人滅潞之時，赤狄的遺民除去服屬於晉以外，還有逃到別的狄人部落

的。《左傳》成公三年:「晉郤克、衛孫良夫伐廧咎如,討赤狄之餘焉。咎如潰,上失民也。」照傳統的解釋,廧咎如和「赤狄之餘」是兩回事。杜《注》:「宣十五年,晉滅赤狄潞氏,其餘民散入廧咎如,故討之。」孔《疏》對於「赤狄之餘」雖然認爲有劉炫的異說,但加以思辨,仍以杜氏所說爲正(原文太繁,在此不引)。也就是說廧咎如只是納赤狄餘民,而廧咎如本族卻並非赤狄。《左傳》成十三年杜《注》:「季隗,廧咎如赤狄之女也,白狄伐而獲之,納諸文公。」這裡杜《注》有一個筆誤,當爲「季隗,廧咎如白狄之女也,赤狄伐而獲之,納諸文公」,才與婚姻事相符。竹添光鴻的《左氏會箋》有所糾正,實際上白狄和赤狄顛倒,當是鈔寫時誤字,決非杜氏原意。槃庵在《譔異》頁535,亦同意竹添氏說,這是對的。至於《譔異》頁555說:「潞氏爲赤狄別種,東山皋落氏,廧咎如,甲氏,留吁,鐸辰並然。」未加申說,前後語意不同,當是偶有不照。今依事推究,自以頁535爲正。若以廧咎如爲白狄,那就從河北的正定、山西的武鄉、離石,再到陝西的綏德、膚施正好聯成一線。這對於古代民族分布的了解,不是沒有用處的。

白狄和赤狄的分際說明以外,今再談及代國的問題。代字與易字,音義兩方俱近,所以代、易二字可以互通。《漢書‧食貨志》上:「一畮三甽,歲代處,故曰代田」,《注》師古曰:「代,易也」。揚雄《方言》十注:「凡以異語相易,謂之代也。」這都是易和代可以相通的例證。代字從人以弋得聲,所以本來是一個入聲字,《管子》四十二〈勢篇〉:「未得天極,則隱於德,已得天極,則致其力,既成其功,順守其從,人不能代。」直到揚雄《太玄》,當作入聲,如:「將軍入虛,莫之得也,出陰登丘,莫之代也。」把代字讀作去聲,是中古音的讀法。戰國時的代字應當讀如「德」或讀如「直」的,「直」字據董同龢的古音表應當是 d'iek,而易字是 diek,狄字是 d'iek,代字與易字和狄字在古音上可以通轉,是不成問題的。所以「代國」即是「易國」,而易國也就是狄國了。晉陽舊爲狄疆,漢初封代王桓於晉陽,以晉陽爲代,並非沒有根據的。

其實代之爲翟,在《史記‧趙世家》亦可找到。〈趙世家〉:「當道者曰,主君之子,將克二國於翟,皆子姓也(《正義》:謂代及智氏也)。簡子曰,吾見兒在帝側,帝屬我一翟犬,曰:及而子之長以賜之……當道者曰,兒,主君之子也,翟犬者,代之先也,主君之子且必有代。」這裡已經顯然指明了代是翟。到了趙襄子時,就滅代。代國的主要部分是漢時的代郡,代郡治桑乾,據《清一統志》,在今蔚縣東北(這也是距出土動物裝飾銅器的渾源縣不遠的地方),而代郡的疆域及於山西大同附近。此外代地應尚有雁門郡及上谷郡的大部分,因爲以區域地理的原則來說也應當爲故代國舊疆。不過無論如何,代國正在中山之北,相距不遠。在春秋之世,已經大致把狄分爲赤狄和白狄二組。這種分組方法當不見得精確,只是一個爲方便設想的分組。所以不論白狄或赤狄,都包括了不同的姓氏,而同一個姓氏的狄,又可分隸兩組(如隗氏就是顯然的例子),現在分析的結果,可以看出來,中國人以潞國及其役屬各部爲赤狄,其他多被認爲白狄。代國之狄似乎沒有屬於

擴張。所以戰國時代的趙，是具有兩種不同的性質的：在中原的趙，以邯鄲
爲中心，是華化很深的區域，不僅經濟方面有較高的發展，同時也是中原音
樂和舞蹈的中心；至於北部以舊代國爲中心的，卻是一個胡化的區域，產馬
匹、習戰陣，和邯鄲附近形成了完全不同的作風。在戰國晚期趙國所以能夠
勉強抗秦，也自然依靠這種地區所形成的軍事訓練。

　　趙國最著名的事，是武靈王胡服騎射。本來中國人服牛乘馬是很早的事。
單騎在中國古代有過沒有，尙有爭論[69]。不過從殷墟的考古來論斷，商代確
已有單騎這件事。因而《詩經》的「古公亶父，來朝走馬」，認爲是單騎，也
沒有什麼不合理了。趙武靈王胡服騎射一件事應當和後代人的想法略有不
同。這件事並非是「單騎」的創始，而是騎兵列陣的創始。中國古代縱有單
騎，但用在戰場陣勢上，卻只以車陣爲限。車陣的長處是堅強，而短處是笨
拙。與胡人相遇，就只能守而不能攻。這在《史記》、《戰國策》上，看不出
所以然。但從《漢書》的〈衛霍傳〉及〈匈奴傳〉來看，卻是比較清楚的。
漢代對於匈奴，攻戰時用騎而堅守時就偶然用到兵車[70]，趙武靈王希望在北
方開闢領土，所以就有利用騎兵的必要，胡服是和騎兵作戰配合的，也有其
必要性。

　　趙武靈王是在周顯王四十四年即位（325B.C.），在這個時期也就是齊伐燕
取燕的時期。趙國對於燕、齊間的問題，似乎並不大過問，而只專心去在北
疆開闢疆土，也正是趙襄子以來相傳的政策。胡服騎射的目的，似乎不僅爲
著北進，而是採取了胡人的長處，北滅中山，並且向西利用陝北高原的形勢

　　赤狄的可能，如其不加分別則已，如其以方位來區分，那就應當算作白狄的一部
　　分的。

　　　　對於槃庵提出的啓示，主要的應該有三點。第一，代國是否是狄人？第二，白
　　狄是否曾在今山西境內及其以東居住的事實？第三，代人是否可以算做白狄的一
　　部分？在這三點之中，第一點，代人當然是狄，不成問題。第二點，白狄在山西
　　境內及其以東確實居住過，江慎修的議論，失之草率。第三，代在原稿之上，應
　　當加上「可能」二字。

69 單騎的爭論，見顧炎武《日知錄》卷29（商務《國學基本叢書》本，第五冊上，頁
　　79），又商代單騎的討論見石璋如：〈殷代的弓與馬〉（《史語集刊》第 35 本）。
70 兵車在上古時代曾經有過戰鬥的效用，不過行動受限制很大，逐漸歸於廢棄。到漢
　　代以後就不再使用了。見勞榦：〈論魯西畫像三石〉（《史語集刊》第 8 本，頁 115）。

南下窺秦，比較從函谷西進要方便得多。只可惜武靈王滅中山以後，就因內變早死，以致未竟其業，否則戰國形勢就可能改變了。

趙武靈王是在十九年（307B.C.）採用胡服騎射，並開始略取中山的領土及胡地。到二十八年（298B.C.）傳位於少子何，而武靈王自稱爲「主父」，其實這一個決定很不公平。後來武靈王發現了自己的錯誤，又支持長子公子章，因而又激起了公子章的野心，首先叛變。李兌自外定亂，公子章逃入主父宮中，李兌殺公子章，主父也被困致死。從此以後李兌當政，受封爲奉陽君，視趙王如傀儡[71]，趙國也不能再振作了。

戰國四公子之一，趙國的平原君趙勝是趙惠文王（公子何）之弟，後來在趙國很有力量。不過他受封爲平原君，應當在惠文王的晚期。惠文王三十三年卒，次年爲孝成王元年，始以平原君爲相。惠文王已爲武靈王幼子，平原君更爲惠文王弟，在趙國公子章之變時，惠文王年歲已是相當的幼，那平原君年歲就更小了。再過二十九年，平原君開始當政，就年歲算來，是比較合理的。如其趙國內亂時平原君是十四歲，這時平原君大致是四十二歲了。

平原君和稍前的孟嘗君（齊的田文），以及和同時的魏信陵君（魏無忌），楚春申君（黃歇，也可能是楚的公族）[72]，並稱四公子，其所以得名，除去都是公族的公子以外，更重要的因素是「養士」。他們都召集了不同性質的食客，多至三千人。這些食客們就成爲四公子的宣傳者。稍後，秦國的呂不韋（文信侯）也以養士著稱，只是沒有被加入四公子之列。這種養士的風氣，直到漢朝初期尚沿襲下來，如同梁孝王及淮南王安也都以養士著稱，不過時代究竟不同，所收到的效用也不如戰國時代了。

---

71 《戰國策・趙二》，言：「奉陽君妒大王不得任事」，此雖假託蘇秦之言，但李兌既弒趙武靈王，當其當政時，決不能使趙王親理政事，則所言大王不得任事，亦是實情。此種情況，必待李兌（奉陽君）死後，方能改變。但趙惠文王爲武靈王寵妃吳氏所生。吳妃的入趙，生惠文王，據《史記・六國表》，在趙武靈王十六年，其生平原君至早應在武靈王十八年，那就政變時平原君小於十四歲。至〈六國表〉在惠文王元年記「以公子勝爲相，封平原君」，此時趙勝不過九歲，無爲相的可能。惠文王即位時的年齡大致爲十一歲，當然不能親政，執政的人大致是肥義，所以公子章作亂先殺肥義，到了平亂以後，政權就在李兌之手了。

72 孟嘗君、信陵君、平原君皆王族。至於春申君，也應當認爲王族爲是。參見錢穆《先秦諸子繫年・春申君乃頃襄王弟，不以游士致顯辨》。

在《史記》的〈平原君列傳〉中，司馬遷的評論說：「平原君翩翩濁世之佳公子也。然未睹大體。鄙語曰『利令智昏』，平原君貪馮亭邪說，使趙陷長平兵四十餘萬眾，邯鄲幾亡。」這個評論是不夠深刻的。平原君的問題，是當時趙國應當澄清內政，整飭軍備，而不是豢養游士，以取虛譽。上黨地方形勢險要，為著趙自己的國防設想，如有機會收取，自不宜輕易讓給秦，使秦兵從太行東下，直搗邯鄲。說是「利令智昏」，是不太公平的。其次平原君的錯誤不是接受馮亭，而是錯誤在棄廉頗而用趙括。這種判斷當然也是不容易的，但也不能放棄「春秋責備賢者」的原則。

平原君在趙孝成王十五年死（251B.C.），死後十三年而趙王遷繼趙悼襄王嗣位（趙王遷娼妓之子，悼襄王廢嫡子趙嘉而以遷為太子）。遷信讒，殺名將李牧，於是秦在趙王七年大破趙軍，虜趙王遷而去。故太子趙嘉在北方自立為代王，但趙國已經殘破，無力抗拒秦軍，代王嘉立六年，代國也被秦所滅。

七雄之中最偏僻的是燕。在春秋時代的盟會，燕是未曾加入的，這並不表示燕在春秋時代是一個微弱不足道的國家，而是春秋時代是一個從齊、楚對立變為一個晉、楚對立的時代，燕國的敵國外患是從西北方過來的戎狄，因此可能對參加中原盟會去對付楚不太熱心，雖偶有記載可是相當的少。

《詩經‧大雅‧韓奕篇》說：

> 溥彼韓城，燕師所完，以先祖受命，因時百蠻。王錫韓侯，其追其貊，
> 奄受北國，因以其伯。實墉實壑，實畝實藉，獻其貔皮，赤豹黃羆。

燕師的燕，鄭玄認為燕是太平時候，燕師是平時所發的師旅，甚為牽強。遠不如《詩經正義》引王肅說，把燕認為「北燕」比較通順。到了朱熹作《詩集傳》，也採用王肅而不採取鄭玄，這是對的[73]。如其燕師為北燕之師，那就對於「奄受北國」的「北」字，也毫無障礙。因為韓國所防的為北方蠻夷，而為方伯，則與北燕正在同一方位上。尤其把貊解作朝鮮半島的濊貊也在疆界上沒有甚麼困難。這首詩是在宣王時代的，也就證明了燕國在宣王時已是大國。本來周、召同功，燕國也就不能比較周公後人的魯國相差太遠。

---

73 鄭玄因惑於韓在關中之說，不敢釋「燕」為北燕。但解釋「燕師」為平時，本屬曲解。而且貊明明在東，並無在周邊居之事。況「奄受北國，因以其伯」，更非在東北不可。韓如在周畿內，北國無使韓「奄受」的可能。至於韓為「畿內」之方「伯」，更不可想像。近大韓民國學者即指三韓之韓，亦即「韓奕」之韓，其言可據。

　　當〈韓奕〉詩做的時候，燕國是惠侯（召公十世孫）當政[74]，到了齊桓公同時，燕國的君是莊公，遭山戎侵犯，齊桓公救燕，始得與中國再聯絡[75]。這以後也偶見於《春秋》。只是地處偏北，和中原關係不多，所以記載較少。不過燕國確爲召公之裔，周之宗親，這是不會有什麼疑點的。在金文中燕國亦稱爲郾[76]。所以燕國的舊封不僅在河南延津附近的舊南燕縣有其可能，而且河南郾城附近的故秦郾縣也非沒有這個可能。

　　到了易王元年（332B.C.），至易王十年，燕君自稱爲王。這裡可以看出燕國在遼東所據的土地相當廣闊，因而有自稱爲王的資格了。到了易王子燕王噲嗣位（320B.C.），次年當爲齊宣王元年。王噲三年時以國讓其相子之，燕國大亂，太子平及將軍市被攻子之，因構難數月不決。齊宣王使匡章將兵伐燕，燕士卒不戰，齊兵入燕，燕王噲、燕相之子、燕太子平並死，齊遂取燕。

　　此時趙武靈王聞燕亂，召公子職於韓，立以爲燕王（《史記·趙世家》），這就是後來的燕昭王[77]。當這個時候，齊國似乎尙未能對燕國的全境做一個全

---

[74] 見《史記·燕召公世家》。

[75] 《春秋穀梁傳》莊公十三年：「燕，周之分子也，貢職不至，山戎爲之伐矣。」范寧《注》：「言中山戎爲害，伐擊燕，使之隔絕於周室。」以後燕和齊，仍有來往。《春秋經》昭三年：「北燕伯款奔齊」，六年：「齊伐北燕」，以納其君入燕。

[76] 《說文古籀補》及《金文編》在郾字下均收有郾王戈，但仍無法證明郾王即是燕王。此項郾王戈，據說是河北易縣燕下都發現的，尙無確證。民國六十三年在遼寧北票發現了郾王職戈，據楊寬說燕昭王當名職不當名平，在此證實，見《考古》七三年四月份〈燕王職戈考釋〉。

[77] 關於燕昭王名平抑是名職一事，司馬貞《史記索隱》曾有討論，司馬貞說：「按上文太子平攻子之，而〈年表〉又云：『君噲，及太子，相子之皆死。』《紀年》又云：『子之殺公子平』，今此云立太子平，是爲燕昭王，則〈年表〉《紀年》皆謬也。而〈趙系家〉云（按司馬貞唐人，避太宗諱稱世家爲系家）：『武靈王聞燕亂，召公子職於韓，立以爲燕王，使樂池送之。』裴駰以此系家無趙送公子職之事，當是遙立職而送之，事竟不就，則昭王名平，非職明矣。進退參詳，是〈年表〉既誤，《紀年》因之而妄說耳。」按裴駰《集解》在〈趙世家〉中說：「當是趙聞燕亂，遙立職爲王，縱使樂池送之，竟不能就。」是裴駰及司馬貞都是以公子職雖然爲趙所立，至竟不能入燕國，以後燕國之昭王仍爲公子平。但假如公子職不能入燕國，而以寓公在趙終其身，則公子職之兵器決不可能在燕下都發現，更遠在遼寧發現。而且現在發現燕國兵器皆是「燕王職」所作，是燕王職時曾大量鑄兵，非有相當權力而且相當長時期不可，可知子之殺太子平是事實，而後來立爲王的，是燕王噲其他的公子，曾在韓爲質子的公子職。

盤有效的控制，而燕就乘這個未定局面之中，藉著趙國的支援，做復國的工作[78]。到了昭王二十八年（285B.C.，齊湣王十六年）以樂毅爲上將軍，與秦、楚、三晉合謀伐齊，齊兵大敗，湣王走死。燕兵入臨淄，盡取齊國的七十餘城。只有聊城、莒、即墨三城未下。

　　昭王三十三年卒，子惠王立，不用樂毅，齊田單自莒反攻，又盡復齊地。惠王立七年卒，燕王喜立。至燕王喜二十七年（228B.C.）秦滅趙，趙公子嘉自立爲代王。二十八年，太子使荊軻獻督亢地圖於秦，因圖襲刺秦王，不克。秦使將軍王翦擊燕。二十九年，秦拔燕的都城薊（今北平），燕王逃往遼東。三十三年，秦取遼東，虜燕王喜。

附　戰　國　年　表

　　本表因周威烈王 23 年以後較爲複雜，故從此年開始，未從周元王元年開始。

西元前	周　紀　年	列　　國　　紀　　年
403	周威烈王 23 年	秦簡公 12　魏文侯 44　韓景侯 6　趙烈侯 6　楚聲王 5　齊田和 3　燕簡公 12
401	周安王元年	楚悼王元
399	周安王 3 年	韓烈侯元
396	周安王 6 年	魏武侯元　秦惠公元
386	周安王 16 年	趙敬侯元
384	周安王 18 年	齊田剡元　秦獻公元
380	周安王 22 年	楚肅王元
376	周安王 26 年	韓哀侯元
375	周烈王元年	齊田午（桓公）元
374	周烈王 2 年	趙成侯元　韓懿侯元
370	周烈王 6 年	魏惠王元
369	周烈王 7 年	楚宣王元　燕桓公元
368	周顯王元年	

---

78 朱熹《詩經集傳》：「燕，召公之國也。」

362	周顯王 7 年	韓昭侯元
361	周顯王 8 年	秦孝公元　燕文公元
357	周顯王 12 年	齊威王元
339	周顯王 30 年	楚威王元
337	周顯王 32 年	秦惠王元　宋王偃元
334	周顯王 35 年	魏惠王後元
332	周顯王 37 年	韓宣惠王元　燕易王元
328	周顯王 41 年	楚懷王元
325	周顯王 44 年	趙武靈王元
318	周慎靚王元年	魏襄王元　燕王噲元
317	周慎靚王 2 年	齊宣王元
314	周赧王元年	
311	周赧王 5 年	韓襄王元　燕昭王元
310	周赧王 6 年	秦武王元
306	周赧王 9 年	秦昭襄王元
300	周赧王 15 年	齊湣王元
298	周赧王 17 年	趙惠文王元　楚頃襄王元
295	周赧王 20 年	魏昭王元　韓釐王元
286	周赧王 29 年	齊滅宋
283	周赧王 32 年	齊襄王元
278	周赧王 37 年	燕惠王元
276	周赧王 39 年	魏安釐王元
272	周赧王 43 年	韓桓惠王元
271	周赧王 44 年	燕武孝王元
265	周赧王 50 年	趙孝成王元
264	周赧王 51 年	齊王建元
262	周赧王 53 年	楚考烈王元
257	周赧王 58 年	燕孝王元
256	周亡	
254	秦昭襄王 53 年	燕王喜元

250	秦孝文王元年	
249	秦莊襄王元	
246	秦始皇帝元年	
242	秦始皇帝 5 年	魏景湣王元
238	秦始皇帝 9 年	韓王安元
237	秦始皇帝 10 年	楚幽王元
235	秦始皇帝 12 年	趙王遷元
228	秦始皇帝 19 年	韓亡
227	秦始皇帝 20 年	趙亡　魏王假元　代王嘉元　楚王負芻元
225	秦始皇帝 22 年	魏亡
223	秦始皇帝 24 年	楚亡
222	秦始皇帝 25 年	燕亡　代亡
221	秦始皇帝 26 年	齊亡

引用書目

1. 《左傳》（藝文《十三經注疏》本）。

2. 《史記》。

3. 《戰國策》（商務排印本）。

4. 《周禮》（藝文本）。

5. 《史記》（瀧川《會注考證》本）。

6. 《漢書》（藝文《補注》本）。

7. 《孟子》（藝文影吳志忠《集注》本）。

8. 錢穆，《先秦諸子繫年》（香港：香港大學出版社，1956）。

9. 楊寬，《戰國史》。

10.《春秋穀梁傳》（《十三經注疏》本）。

11. Henri Maspero: *La Chine Antique*（Paris, 1927）; *Le Roman de Sou Tsin*.

12.《水經注》（商務排印戴校本）。

13. George Maspero: *Un Empire Colonial Française l'Indo-Chine*（Paris, 1929-30）.

14. 江永，《春秋地理考實》。

15. 陳槃,《春秋大事表列國爵姓及存滅表譔異》（史語所專刊之 52，1969）。

16. 董同龢,《上古音韻表稿》（史語所單刊之 21，1967 再版）。

17.《圖書集成・職方典》。

18. 顧炎武,《日知錄》（商務《國學基本叢書》本）。

19. 石璋如,〈殷代的弓與馬〉（《史語所集刊》第三十五本）。

20. 勞榦,〈論魯西畫像三石〉（《史語所集刊》第八本）。

21. 孫詒讓,《說文古籀補》。

22. 容庚,《金文編》。

23. 司馬貞,《史記索隱》。

24. 朱熹,《詩經集傳》。

25.《考古》（1973）。

秦的統一與其覆亡*

一、從封建到統一的趨勢

　　至少從殷商晚期開始，中國已經建立了一個帝國的雛形。這個帝國是一個早期的帝國，其中一切都含著比較原始的遺留，尤其在社會的長成方面，深深的保留了氏族社會的形態。至於土地的開發，也並非雞犬相聞，野無曠土。而是在中國的主要部分，分散著許多城邦。到了周朝初年，摧毀了殷商的中心政權，也只是在表面上取得了諸侯共主的地位，實際上對於諸侯並不能做有效的控制。只有在武王時期，短短的幾年中，維持了安定的局勢。等到武王逝世，周室的內部起了紛爭，所有舊有的城邦也就乘機起了變化，然後才有周公東征的動作。

　　所以武王克商，只能算周朝「帝國」的序幕，要等周公東征以後，才算正式奠定了周朝「帝國」的規模。

　　先就華夏民族勢力的膨脹這點來說。關於華夏民族，表面上看來，華夏民族好像是一個單純的民族，實際上卻不盡然。不錯，華夏民族的社會組織上，偏重血緣一點，尤其是男性系統下的傳統，這似乎還是歷史時期一步一步發展的結果，並且歷史時代的所謂「華夏」也不見得真是原始的華夏從血緣上推進而成的。

　　原始的華夏文化大致是在黃河中下游地方有這麼一個中心[1]，在這一個中

---

* 本文為《中國上古史》第四本之一章，審閱人：沈剛伯先生。

[1] 「西安半坡」的發現，將詳細的石器文化推到五千年以前。不過「西安半坡」的文化是否即是原始的華夏的一種，還需要進一步的證明，此時尚不能作任何決定性的討論的。至於華夏文化的中心，究竟在黃河流域那一處為合適？除去關中平原以外，例如汾水平原，以及河內河南區域，也都大有可能。也就是說「三輔」、「三河」及梁陳附近，都是古代文化的可能產生地帶。

心附近和這一個中心仍然會彼此學到了相互的影響。並且在這四周，還有不少流動的民族，一直接到塞外。這些流動的民族，當文化中心的政權有實力的時候，他們便附著於文化中心的政權，成爲附庸的性質。如其文化中心政權的力量瓦解，他們也可能侵入文化中心，接受了傳統的文化，而自己也冒充舊有的民族。所以中心文化一直發揚擴充，繼續不斷。至於領導的集團是否古來一系相承，就無從追究了。不過如其新的民族來到文化中心，他們也當然吸收前朝的貴族作爲新朝貴族的一部分[2]，前朝的平民作爲新朝平民的一部分。所以結果還是混合的民族，相依下去。

這種混合的情形，越往後越加強，也就使得華夏文化的中心，越來越擴大。商代的勢力範圍，比夏代可能要大，周的勢力範圍就比商大。到了春秋戰國，周天子雖然一點力量也沒有，但是春秋的霸主，戰國的各王，也都向邊境伸展勢力，使得華夏文化在不同的地區發展起來，等到機會成熟了，同樣的文化，自然會對於統一的情勢形成絕大的幫助。

再就政治組織的演變來說。西周到春秋時期，我們可以說他們是「封建城邦政治」。因爲當時的列國，實際上是由於兩種不同的來源，第一種源於氏族，部落社會發展下來的城邦；而第二種卻是周天子將其親戚插花式的分封天下，建立成封建的諸侯。但是如其將第二種的來源追溯一下，那還是周公征管、蔡三年戰爭結束以後，將打平了的叛亂城邦，給姬、姜二族分封統治，只是換了一些統治的公侯，而諸侯間的政治基礎還是建築在固有的城邦上。

在商周的政治組織下，高層統治階級的構成，還是以氏族爲中心的社會組織。這個氏族組織，以周代爲標準，是天子爲天下的大宗，天下的姬周族，都統在天子氏族組織之下。以下是諸侯，是一國的大宗，凡是一國之內，都統在諸侯氏族組織之下。再下是大夫，是一家的大宗。成爲大夫以後，就被「命氏」，這一個「氏」的人都統在大夫氏族之下。這種統治，不僅是政治的、

---

2 這是牽涉到古代傳說性的歷史的。依照《左傳》的傳說，黃帝二十五子，其得姓的十二人，這十二個姓氏的宗派，把夏商周三代都包括在內，但是姜姓的齊不在內，嬴姓的秦不在內，羋姓的楚當然更不在內。本來姜姓自稱爲炎帝神農氏之後，和黃帝不是一支，周的姬姓，甚至商的子姓也不是沒有問題的。《左傳》「大戎狐姬生重耳，小戎子生夷吾」，到春秋時姬姓和子姓尚都有戎人，則商周是否原屬戎人，自可懷疑。

血緣的，而且是經濟的。依照周代封建的原則，大夫以下不應該再有私產。如其有勉強可稱爲私產的話，邪只是王子直屬土地，或者大夫的土地，給予一個「租佃」的權利。只是一個長期使用權，而不能說是私產。換句話說，不僅平民不應該有私產，士也不會有私產，最小的私產單位，是大夫的家。當然這種情形，至少在春秋時期已經改變了。

在春秋魯國的開始「稅畝」就是一個顯著的例子[3]。《春秋》記魯國最詳，所以記上魯國初稅畝，其實這種辦法，絕不是從魯開始的。因爲魯國是一個最保守的國家，齊、晉等國比魯國改變得還迅速些。這種舊的「井田」制度的破壞，是逐漸而成的。只是春秋時的「稅畝」只是在國內的一部分實行，到秦孝公用商鞅，就在全部國內，無保留的改變了。

至於改變的原因，國與國間的軍事行動，應當是最大的原因。周代開始，周公是一個偉大改革者，以後就一直循周公所定的制度，成爲極端保守的政治。西周的中央政府的責任就是以維持周公的成法爲主。在這個原則之下，周王的統治，其中的第一件事，要維持諸侯間的和平共存。除去外敵以外，諸侯間是不容許戰爭的。等到西京傾覆，各諸侯城邦之間，失去了維持和平的機構。凡是有野心的諸侯，都可以隨心所欲，擴充領土。凡是能夠把國家軍事化的，就容易得到勝利；反之，維持舊有的封建形式的，也就歸於失敗。經過了這種自然淘汰的結果，剩下來的國家一定是強大的國家，而強大的國家也就是改革過的國家。經過春秋二百四十年的過渡時期，終於形成戰國時代，淘汰下來的七個戰國（戰國指有力作戰的國家），其中秦國是改變最徹底的國家，最後是秦國吞併其他六國。

這裡所指出的，戰爭只能認爲是周初到秦，社會和政治變化（甚至可以說是革命）的一個主要因素。其實周代創建的宗法、封爵和井田三位一體的制度，

---

3 稅畝，就是表示井田制度的破壞，還遠在商鞅以前。周代的制度，是宗法、封爵、井田三位一體，井田制度破壞，其餘的也破壞了。井田當然不是孟子設想的那樣整齊。不過是分公田私田，公田由佃户耕種，公田收入歸公，應當不誤。這就是「助」的辦法。「助法」不行，就不分公私一律抽稅，就是「稅畝」，也就是「貢」。在「貢法」之下，諸侯是一級地主（大地主），大夫是二級地主（二地主），如有士，還可能是三級地主。如其諸侯直接抽稅，不再轉手，只給大夫和士薪水，那就是「徹」了。參見註4。

其本身也是隨時在緩慢變動之中，而不是依靠「周禮」所能維繫的。這其中當然要牽涉到人口的增殖，土地的開發，溝渠灌溉的增進，道路交通的改善，穀類新種的培植，遠方國外文化的輾轉輸入，自由人的增加，工業技術及貨幣的衍進，因而引起商人社會地位的新估計。當然冶鐵技術的發展以及牛耕的應用，也都是不可忽視的因素。這些因素加起來，自然會形成政治與社會的基本改變。

在春秋時代中管仲無疑的是一個重要人物，齊桓公是春秋時代的第一個霸主，實際上是管仲造成的霸業。傳世的《管子》誠然是一部戰國人編纂的書[4]，但傳述舊聞，也不是毫無根據。晉文公繼起，使晉國成為長期霸主，其積極的因素，自然是晉文公居齊甚久，從齊國學來若干知識，但背景方面也是晉國在獻公時已不再有血緣性的公室當政，於是整軍經武，成了一個軍事性國家，侵占了許多新地盤，使晉文公有所憑藉。這種晉國政治的形式，就開創了戰國時代從封建政治變為官僚政治的雛形，使帝國的形式走上第一武

---

4 管子在先秦諸子之中，是屬於法家的。其實在管子時代，還不曾有法家這個學派。但管仲的政治趨向，那就毫無疑問，應當歸入法家的。孔子是把全部精神寄託在周公時代的。周公時代是西周的極盛時期，不過周公一切的設施，自然由於周公時代的特殊背景。孔子一心想恢復周代的盛世，但時代已經變了，孔子時代的問題不再是周公時代的問題，所以孔子所想到的辦法，也就自然而然的走向「強公室，杜私門」的路上去，而當前魯國的三家，就成為孔子心目中的敵人了。《論語》中孔子回答哀公「年饑用不足，如之何」，是「盍徹乎」？這句便是「廢井田」「開阡陌」的先聲。孟子言「周人百畝而徹」，又說「雖周亦助也」，這就開啟後世的大疑。其實田賦只有兩種可能辦法，即服勞役或納粟米。徹可以增加公室收入，顯然不是勞役或粟米的區分，而只是取銷中飽，直接抽收，那麼助、貢、徹的區分就在管理的方法上。所以助是公室及封人各有田地，各人有各人的佃戶（或農奴）來助勞役；貢則公室的田地已分給封人，從封人之手再貢獻粟來給公室；徹是封人不再有田地或佃戶，一律由公室徵收（勞役或粟米），封人的生活費由公室發給。這當然是強公室、杜私門一個最好的辦法。雖然實行起來並不簡單，但主張「徹」和廢井田、開阡陌，還是一貫的。這一種以「農戰」為主的國家政策，當然深深影響到秦的法律。就湖北雲夢縣臥虎地新發現的《秦律》來看，其中有「田律」、「金布律」、「關市律」、「司空律」、「徭律」。「廄苑律」、「傅律」、「置吏律」、「軍爵律」、「捕盜律」、「捕亡律」、「內史雜律」，顯為李悝《法經》中「盜法」、「捕法」、「雜法」等發展而來。而其中含有「農戰」的意味很深。

的路上。

從春秋到戰國一般的政治趨勢，就是廢封建而爲郡縣，用後代的話來講，就是「改土歸流」，把世襲的「土官」改爲由中央委派的「流官」。如其到處都是流官，那就自然而然的走到大一統的路上去。秦始皇的大一統，廢封建而爲郡縣，不過是對於全中國做一畫一的行動罷了。

二、秦始皇的翦滅六國

在西周時代，秦國本屬王畿內一個微不足道的諸侯。他們的祖先據說是和夏禹同時的伯益的後人。禹治水，伯益治禽獸。到了商紂時期，伯益後人飛廉做了紂的重要幫手，商亡以後被周公所殺。他的後人因爲善於馭馬，當周穆王時代，造父爲穆王御車，平定了徐偃王之亂，受封於趙城，他的族人就以趙爲氏[5]。趙氏族人非子在周孝王時，爲周孝王養馬，甚有成績，受封於秦，算做一個附庸[6]。

在西周被犬戎攻擊的時候，秦襄公曾派兵援周，到了西京傾覆，秦襄公又派兵援助遷到洛陽的周平王。爲著周天子再無力量顧及到關中的舊疆，秦國就乘此時機，收容周的遺民，然後解決涇渭平原的遊牧部族，周也承認了秦的勢力，列爲諸侯[7]。到秦穆公時代，秦就成爲西方的霸主，穆公死於前621年，這時秦的地位已經非常重要了。

春秋時代秦、晉兩國世爲婚姻，秦國的文化方面受到晉國的影響很大。到了戰國初年，三家分晉，魏文侯稱霸中原，魏文侯所用的李悝，便是中國第一個做成成文法的人，也可以算是中國法家系統的創建人，不僅影響到三晉的制度，而且也影響到秦國政治的方向。秦孝公時代，魏臣衛鞅本想給魏國變法，使魏國更適於法家的理想，成爲絕對的君權國家。無奈魏國究竟是

---

[5] 這個趙氏族人一直是以御車出名的。造父的後人趙夙爲晉獻公的御，滅了耿、霍和魏。趙夙受封於耿爲大夫，就是晉大夫趙孟一支的先世。秦的先世因爲也是「諸趙」的一支，所以《史記》稱秦始皇姓趙氏。

[6] 附庸是小規模的諸侯，地方太小不列於正式等次的。當時約爲公元前900年左右，秦在今甘肅的天水。

[7] 秦的爵是伯，春秋時鄭伯和秦伯，過去都是畿內的封國。

一個中原國家，牽涉太多，不是實行法家思想的最好地方，於是衛鞅逃到秦國，大受秦孝公的重用。

秦孝公即位在前 362 年，這時秦的軍力已經增強。在孝公即位前二年，秦獻公已大破三晉的聯軍。到孝公即位，更採用衛鞅的主張，提高君權，打擊貴族，貫徹土地私有政策，把農奴一律變為平民，而由政府用「什伍」的方法組織起來，秦就一變而成為真正「農戰」的國家。

秦國的基本區域，關中平原，本來也算一個肥沃的地區，不過比起黃河三角洲，那就規模小得多了。當中國的長江流域和遼河平原未開發以前，黃河三角洲在中國財富之區要數到第一位。戰國時代，所有國家的視線都集中在這一區，鄰近的幾個大國，都因爭這一區把實力耗盡。秦國距此一區較遠，反而可以置身事外，整軍經武，選擇一個最有利的時機，提兵東進。等到東方國家發現秦國是一個可怕的敵人時，再來防禦秦的略地已經太遲了。

東方國家犬牙相錯，各人有各人自己的利益，若想不管占便宜吃虧而來專對付秦，是一個困難的事。在這種狀況之下，變成三晉損失士卒，而齊國坐觀成敗。至於楚國雖然和秦交界，卻不是當著秦向東發展的衝途，秦的侵楚較秦的侵三晉比較緩和些。因此當三晉危急之時，楚的援助不過虛張聲勢，沒有直接的效果。到楚境受侵時，三晉感到一時鬆了一口氣，當然也不會積極攻秦來移禍到自己，有時甚至還想借著機會在楚境擴張領土。在這樣不合作情形之下，秦國對東方的蠶食自然是非常有效。到了秦始皇即位的時期，秦的領土除去現在的陝西、甘肅、四川，並且還擴張到現在的山西、河南的西部以及湖北的西部。差不多在東經 114 度以西的中原地帶都是屬於秦國的領土了。

秦始皇是前 259 年出生的，在前 247 年繼他的父親莊襄王嗣位為秦王。在他繼任以前，卻有一段傳奇性的故事。

莊襄王是秦昭王太子孝文王的兒子，孝文王的兒子有二十餘人，他不是長子，本來在兄弟中是無足輕重的。他被派到趙國做交換的「質子」。質子是一個苦差事。雖然戰國的習慣，質子沒有什麼危險；可是一方面和本國的政治隔離，另一方面是秦、趙時常失和，當兩方用兵之際，質子就失掉經濟的來源，會時常鬧窮。此時有一個韓國的大商人呂不韋在趙國都城邯鄲經商，看到這種情形，就認為是一個設投機事業的最好機會。

　　秦昭王這時已經老邁，孝文王繼承王位是旦夕的事。孝文王寵愛的「華陽夫人」是最有做王后的希望的，不過華陽夫人無子，將來的太子是誰，還不能決定。呂不韋看透了這一點，於是一方面供給莊襄王（名異人）的生活費，另一方面用金錢的力量設法找關係游說華陽夫人，使華陽夫人了解莊襄王的容貌和能力都夠上繼承人的資格，將來立爲王嗣後，可以成爲華陽夫人的黨羽。結果呂不韋的計畫成功，華陽夫人接受了莊襄王成爲她的兒子。後來孝文王嗣立，華陽夫人成爲王后，而莊襄王成爲太子。

　　孝文王嗣立時已五十多歲了，立了一年就死去，莊襄王就正式繼位。當莊襄王在趙國做質子的時期，因爲得到呂不韋的資助，和趙國豪家之女結婚[8]，生了一個兒子，名字叫政，後來就是秦始皇。

　　當莊襄王在位時，呂不韋擁立有功，本已重用他做相國，等到莊襄王嗣位七年死去，呂不韋就取得了輔政的地位，加上了「仲父」的尊稱，受封了洛陽周的舊疆作爲他的食邑。他仿效齊孟嘗君、魏國信陵君等貴族招集「食客」的舊例，也從東方各國招集了諸子百家的謀士三千人，照他的計畫編成了一部《呂氏春秋》。

　　《呂氏春秋》在《漢書・藝文志》中被稱爲「雜家」的，因爲是一部「兼儒法，合名墨」的書，不過追溯這一部書編纂的宗旨，並非像宋代初年編纂《太平御覽》、《冊府元龜》等四部大書，爲修書而修書，除去集成彙集而外，其中並無建立一個哲學系統的目的。至於《呂氏春秋》那就完全不同了[9]，它是以道家思想爲主，把其他思想及學術，歸納於道家原則之下，預備著秦國統一天下以後，作爲治天下的方案。但是呂不韋的權勢太大，太后方面也樹

8　關於秦始皇的母親，《史記》上有矛盾的記載，一處說是豪家女，另一處卻說呂不韋的姬妾。豪家女不可能做人姬妾的。但秦亡國迅速，而呂不韋餘黨甚多，所以其中一定有造謠出來對秦始皇不利的讕言，自以豪家女一點較爲可信。

9　先秦諸子思想之中，只有儒家是綜會廣博，其他各家除去表達自己一部分思想之外，並無集成文化的宏圖。先秦道家纂述，《老子》不過是一些格言，《莊子》不過是一些論辯，關於禮樂書數，在道家書中一點也看不出來。道家只說「無爲而治」，「無爲而治」只是一個空洞的理論，從來未曾實行過。呂不韋是真想用道家理論治國的人，《呂氏春秋》是一部道家治國的創始藍圖。等到漢代，《呂氏春秋》所輯的〈十二紀〉，除去道家的《淮南子》以外，儒家的《禮記》也把它收進去，略加改定，成爲〈月令〉篇了。

立另外的勢力來抵抗呂不韋。這是歷史的常例,當權臣把持朝政之時,宮廷
方面一定會利用宦官來牽制。這時太后也就利用宦官嫪毐,招集了門客一千
多,並且把衛尉、內史、佐弋,都位置了嫪毐的黨羽,和呂氏相抗拒[10]。

莊襄王是前 247 年去世的,當時秦始皇尚幼,到了前 239 年,秦始皇已
經二十二歲,要行冠禮(成人禮)可以親政了。自然他是不願追隨呂不韋的政
策的,他要走他自己的路了。

秦國都城是咸陽,秦王的冠禮卻是在雍(陝西鳳翔)舉行的。當秦始皇到
雍行禮的時候,嫪毐就舉行叛變,向雍進攻。秦始皇也命令昌平君和昌文君
等領兵抵抗。交戰的結果,嫪毐的兵敗了。他就把嫪毐及其同黨重要的人處
死,牽涉的黨羽被免除爵位而流放到房陵(今湖北的房縣)的有四千多家。

秦始皇既平了嫪毐之亂,勢力大增,就對呂不韋動手起來。他認為呂不
韋縱容了嫪毐,在前 237 年把呂不韋免去相國的職務,離開咸陽,住在洛陽
的封地去。但是呂不韋的社會地位太重要了,他無法拒絕東方各國士人的拜
訪來往,六國的使者也不斷的訪問。呂不韋畏罪自殺,他的門客仍然給他辦
喪事。於是秦始皇命令,凡是呂不韋的門客如其是故晉人(東方人)一律驅逐
出境,如其是秦人而年俸祿在六百石以上(即有朝籍的中等官員以上),一律免
職也遷到別處。繼此以後嫪毐及呂不韋的勢力被剷除淨盡,秦始皇便很容易
的布置他的主張了。

戰國時代儒、墨雖然同為顯學,但作為一個君主,對這種「自苦為極」
的墨家是不會考慮的,只有儒家及其他各家了。儒家在秦始皇的時代,荀子
是當時的大師。和荀子對立的孟子強調人民的重要,以及對於君主的「草芥
寇讎」的論調,也自然為君主所不喜。在這種狀況之下,儒術方面當然是以

---

10 嫪氏在別處作嫪,嫪氏為趙人,《史記》、《漢書》的〈南越傳〉的嫪氏也是趙人,
二者當為一家。因為姓氏在秦漢時期寫法往往不同,如晁氏可寫作鼂,袁氏可寫
作轅,喬氏可寫作橋,楊氏可寫作揚等等。《史記》記載嫪毐係根據傳說,未必可
信,不過《戰國策》言呂氏、嫪氏對立情形,大抵可認為真象。嫪氏趙人,與太
后同鄉,應當本是太后的私人。況宦官接近女主,容易得到信任,例如東漢宦官
之權,就是從鄧太后時開始的。衛尉是掌宮殿守衛,內史是管理京畿地方,佐弋
是掌弋獵之官。(至於嫪音廖,嫪音鳩,兩字似乎不同音,那是因為上古音從翏,
輔音是複輔音「kl」,可以讀為「k」,可以讀為「l」的原故。)

荀學爲主的（在齊、魯的儒生也會暗中用孟子原理，但公開來說，孟學一定被壓抑的）。荀卿的禮治論本近於法家，而性惡論更是替法家找根據。當時秦始皇對於他的政敵呂不韋的道家精神既然不至再採用，而儒家又是顯學占優勢的時期，再加上秦的傳統受三晉的影響向來較深，則秦始皇的傾向法家，就是一個順理成章的事了。當然百分之百法家，不參雜一點別家思想也是不可能的，在秦始皇政治之中，我們可以看出來的，也不可否認的，當多少有些儒家荀學的成分存在著。這一點對於秦來說雖然不太顯著，可是對於代秦而興的漢來說，還是十分有用的。

當秦始皇親政的時期，東方的局面大致已看出了，東方諸國只是勉強支持，秦的吞併天下，只是時間問題了。但是東方諸國彼此還是不合作的。前236年，趙攻燕，燕兵敗。秦便以救燕爲名攻取趙的上黨郡[11]，一直威逼到趙的河間。這時趙只有調回防禦匈奴的李牧，用邊防軍來抵抗秦。把今綏遠一帶的趙地放棄了。李牧抗秦甚爲得手，曾屢次擊敗秦軍。但是李牧名望抬高，又受了秦的反間，趙王在疑忌心情之下，在前229年殺了李牧。從此趙國無可用的將了。

在六國之中，韓爲最弱，在前233年，韓王安被秦脅，對秦獻公稱臣，並獻南陽地。到了前230年，秦將內史騰領兵入韓都，虜韓王，以韓國爲潁川郡。在前228年，秦遣王翦攻趙，趙不能抵禦，於是秦兵攻入趙都邯鄲，趙王被俘。趙公子嘉率宗族逃到代郡，自立爲代王。但六年以後，前222年，仍被秦軍所滅。

當秦滅趙以後，在前227年時，秦大破了燕、代的聯軍，攻入燕都薊，燕遷到遼東。秦暫時停兵一下，在前225年遣王賁攻魏。魏人堅守大梁。秦人引黃河的水來灌大梁。守了三個月，大梁城壞，魏王假投降。秦滅魏。在前224年，秦已滅韓，滅趙，滅魏，並且打垮了燕、代，於是就計畫攻楚。秦國首先低估了楚國的實力，只用李信領兵二十萬人進攻，楚國由大將項燕應戰，被項燕擊潰。秦只有起用王翦領兵六十萬人攻楚，俘虜楚王，項燕再立昌平君負芻爲楚王，和秦兵再戰，項燕戰死，並俘虜楚王負芻。在前222

---

11 上黨郡本屬韓，在前260年時，秦攻韓，上黨路斷降趙。秦攻趙，雖然秦將白起坑趙卒四十萬，可是秦兵還是被信陵君魏無忌所擊破。秦兵退回，所以上黨仍爲趙有。

年再平定楚的江南地帶。

　　就在滅楚的這一年，秦派王賁攻進了燕的遼東，俘虜了燕王喜，再回師滅代，俘虜了代王嘉。這樣全東方只剩下齊一個國家了。齊國因爲齊相被秦收買，認爲秦兵不至於攻齊，一直沒有做任何攻守的戰備。齊國本來富庶，四十多年不曾受兵，完全忘掉了戰爭。等到王賁的大軍從燕南下，齊國完全沒有抵抗，就進入了齊都臨淄，把齊王及齊相都俘虜了，齊也就滅亡了。秦始皇就從前 233 年到前 221 年，十三年之間完成了統一全中國的任務。

三、秦的施政及秦的滅亡

　　就郡縣制度在中國歷史上來說，確實開了一個新局面。雖然六國之中也各個施行郡縣的方式，但是將中國這一個大區域，用郡縣制度統治在一個中央政府之下，那就是一個新的嘗試。就秦的政治來說，《呂氏春秋》確是一個統一政策的藍圖。不過《呂氏春秋》究竟是個「閉門造車」的設想，並非從統一的經驗得來，其中不完備之處實在太多。何況秦始皇有他的驕傲感，有他的自信心，決不願再抄襲他的政敵呂不韋的舊作。他當然爲著表示權威要另外設計。

　　但是有一點，秦始皇仍然多少受到呂不韋的影響。呂不韋希圖兼容並包，秦始皇初期的政策似乎也多少有些兼容並包的企圖。秦始皇是生在趙國的邯鄲，到十三歲才回到秦國。過繼的祖母華陽夫人是楚國人。莊襄王見華陽夫人楚服去見，華陽夫人把他的名字改爲楚。那就到秦以後，在生活上一定不少地方接受了趙國和楚國的方式，這些地方若說對於秦始皇不生影響是不可能的。所以秦始皇的思想方式、私生活方式，一定會兼取秦國和東方的因素。秦始皇併吞六國以後，把六國宮殿仿造在咸陽北阪上，這一點也證明了秦始皇對於六國文化的嚮往。從此看來，秦的畫一制度，其中一定有六國的因素存在著。但秦始皇的法家傾向，尤其是他的晚年，更顯著極端專斷的態度，這樣就把兼取的事實遮掩住了。

　　在秦始皇二十六年時（前 221 年），六國盡滅，新的帝國成立了。始皇就命令丞相及御史大夫議帝號。當時丞相王綰，御史大夫馮劫，廷尉李斯及博

士[12]等同議說：

> 古有天皇，有地皇，有泰皇，泰皇最貴。臣等昧死上尊號。王爲秦皇，命爲制，令爲詔，天子自稱曰朕。[13]

秦始皇同意了他們的建議，只是不用秦皇，而合併皇字與帝字稱爲「皇帝」。並且認爲諡法是「子議父，臣議君」，不再用諡法，自稱爲始皇帝，以後以二世、三世相稱。

當這個時期戰國陰陽家的「五德」說已經非常流行了。五德是金木水火土，用相克或相生的方式，遞傳朝代。其五行的數字，是依照《尚書‧洪範篇》，水爲一和六，火爲二和七，木爲三和八，金爲四和九，土爲五和十。秦代周而興，應當屬爲水德，色彩是黑色，數目是一或者是六，因爲一太少，所以用六來紀。符節用六寸，以六尺爲步，天子的車用六馬來駕[14]。九卿的數目雖然是九，但加上三公，共爲十二，仍爲六的倍數。外郡在始皇二十六年時，共爲三十六。不過後來的郡數卻有增設，大約不限於六的倍數。

秦的郡數，最先置郡的，是秦及六國境域。其中關中地方，屬於內史，不在郡數之列[15]。計爲隴西、上郡、北地、漢中、蜀郡、巴郡、河東、河內、

---

12 六國時之博士，備君王顧問。秦設七十博士，仿照孔子七十弟子的數目。這種博士是以儒家爲主的；因爲儒家對於前代的禮治最爲熟悉的原故。秦的博士如伏生、叔孫通等，到漢時尚生存。

13 關於三皇的傳說，爲天皇、地皇、人皇，而無泰皇。泰皇乃是東皇泰一之簡稱，亦即上帝，此爲神號，而非人號。對於稱天子，有些不合適。(帝即禘，是一種祭祀，用於上帝或祖先的。不過到戰國以來，帝字用在設想上統一天下的君王，已經習慣了，所以沒有什麼問題。)秦始皇用綜合的公式，合併用皇帝二字，確爲較好。制是回答群臣奏書的詔書，是一種指令式的，詔是從天子發出的「訓令」式詔書。

14 古代的馬車是駕一馬或二馬，駕一馬的雙轅，叫做轅；駕二馬的單轅，叫做輈。更華貴的兩馬以外再前方左右各一馬，共爲四馬，周天子亦只用四馬；周穆王的八駿，指兩個車的馬而言。秦代才開始在四馬以外又加二馬。魏晉人作《尚書‧五子之歌》，「予臨兆民，懍乎若朽索之馭六馬」，就不是古制了。

15 郡本來是指邊區的，戰國各國的郡，都不指王都所在的地方。秦的卅六郡也不算都城所在的內史。內史列入卿之內，不列入郡守數目之內，到了西漢，三輔(京兆、左馮翊、右扶風)仍然不採用郡的名稱。

三川、穎川、太原、上黨、東郡、石易郡、邯鄲、雁門、鉅鹿、代郡、漁陽、
上谷、雲中、右北平、遼東、遼西、南陽、南郡、黔中、齊郡、琅邪、長沙、
九江、泗水、楚郡、薛郡、東海、會稽，共爲三十六郡。其後降東越，置閩
中郡；取陸梁地，置南海、桂林及象郡；收復舊趙國的河南地，置九原郡；
大約爲四十一郡，或者到了四十三郡[16]。

秦修長城是在歷史上非常著名的。只是秦的長城並非秦始皇開始才修，
而是在六國時各國已經各有長城，其在北邊的有燕和趙的長城，秦代把燕、
趙和秦的舊長城聯貫起來，加強工事就做成了。秦的長城是東起浿水，西至
臨洮，就是從今韓國的大同江岸開始，包括遼河區域，再經過今內蒙古的北
部，利用陰山爲塞，再向西南到洮水附近[17]。至於河西走廊的北部，卻不包
括在內，這一段是漢武帝時開發河西四郡以後才開始修築的。

秦代是用三公九卿制度的。三公是丞相、太尉和御史大夫。丞相總管全
國的行政，太尉總管全國的軍事行政，御史大夫是御史的首領，也就等於皇
帝的秘書主任，凡所有詔書是皇帝交御史大夫來辦，然後下給丞相的[18]。在
丞相以下，九卿和郡守是平行的，原則上九卿處理畿內事務。但演變結果，
九卿有時也管到外郡地方有關九卿職守內的事務了。

至於九卿的名稱，和漢代略有不同，但從漢代的材料還可以追溯出來的，
即[19]：

---

16 考證卅六郡的郡名，主要的據《漢書・地理志》，不過《漢書・地理志》也有疏略
的地方，不能完全整理出來。過去如全祖望、王國維、錢穆等都悉心考訂卅六郡
的郡名，只是他們都忽略了河內這一個區域。河內是商的故都所在；魏文侯所重
視的鄴也是此處，到魏惠王時仍是一個重要區域。漢代對於三河(河內、河南、河
東)的重視，僅次於三輔。這樣一個地方，秦決不能不置郡。只是《漢書・地理志》
把河內標出楚漢之際的殷國，把秦代設郡漏掉了，是應當補入的。

17 在臨洮地方，今甘肅和青海交界處附近。

18 史官的職務本來是卜筮兼記錄，後來就專指文書一類的事。御史指皇帝的秘書，
等到秦時兼任彈劾的事，再到漢代，御史大夫成爲副丞相(御史出外任彈劾之職，
由御史中丞成爲首領)。漢代御史大夫之任既尊，自爲一府，於是皇帝秘書一任，
就調少府屬官尚書來擔任，尚書令成爲秘書主任。長期演變的結果，後代尚書令
變成了宰相，尚書也成爲閣員了。

19 因爲郡守或漢時的郡太守，只管京畿以外的地方行政，所以和九卿職等不同。有
關外郡的事，是由丞相直接下書，不關九卿，這和後代的六部情形不同的。不過

(1) 廷尉　掌刑法。

(2) 奉常　掌祭祀。

(3) 衛尉　掌宮殿禁衛，郎中令掌執戟，原屬衛尉，漢代列爲九卿。

(4) 太僕　掌車馬。

(5) 典客　掌賓客及朝會，漢代改大行令再改名大鴻臚。

(6) 宗正　掌宗室。

(7) 少府　掌宮廷庶務。

(8) 中尉　掌京城守衛，漢武帝時改爲執金吾。

(9) 內史　掌京畿地方行政，秦代財政已別爲治粟內史，漢代改爲大司農。

　　在地方行政上，是以郡守爲領袖，守下爲「丞」，是守的副手；有「尉」，管地方上的軍事。另外若干郡派一個御史監督，稱爲「監」（漢初不再由御史監郡，由丞相派丞相史監郡。武帝時再由天子派任，稱爲「刺史」）。郡下設縣，縣長在大縣稱令，小縣稱長。縣長以下也有縣丞和縣尉。縣以下再分爲四五「鄉」，一鄉分爲若干「里」。鄉的事務由鄉嗇夫管，里的事務有里魁管。原則上是二十五家至百家爲「里」（大致爲一平方里面積爲準）。此外在主要的道路上，十里的距離設一「亭」（按距離不按面積），亭有亭長，主修整道路，逐捕盜賊。從丞相府至縣廷，其辦事人員分爲各「曹」（近代稱爲「科」），其主持人稱爲掾，輔助人稱爲屬或史，一律由各機關首長任用，不隸於「朝籍」的。

　　秦始皇統一全國以後，便畫一了全國的一切制度。因爲新的制度是有計畫的，中國各處便很快的適應了新的制度。在六國時期各處有各處不同的寫法。秦始皇採用簡化過的周代傳統篆書，號爲小篆（舊的繁體稱爲大篆），作爲書寫的標準[20]。統一了天下的度量衡，並且在度量衡器上，刻上詔書。在戰

有些九卿牽涉到地方上的，也令九卿和地方直接處理。例如太僕管皇帝車馬，但有時也管軍馬，其牧場就可能分佈到外郡了。內史掌京畿的地方行政，卻也掌管收支，湖北雲夢所發現《秦律》的〈倉律〉說：「入禾稼，芻藁，輒爲廢籍上內史。」所以秦代的內史是掌財務的。漢代分內史爲三輔，仍然列爲九卿。再加從衛尉分出的郎中令（後改光祿勳），亦即九卿加光祿勳、大司農、左馮翊、右扶風四卿，所以漢代號稱九卿，實際是十三卿。

20　但是小篆寫法還是比較持重的，後來程邈採用了楚人的筆法來寫小篆，更爲方便，用在辦公上比較迅速，稱爲「隸書」。到了漢代隸書更爲通行，所有的文籍都用隸書來寫了。《六經》在戰國時本用各處古文來寫，漢代也用通行的隸書來寫，就被叫做「今文」的經典。

國時各國所用的錢制極不一樣。當然圓錢最爲方便，秦就一律採用圓錢，以半兩重爲標準，錢文是「半兩」二字[21]。

秦始皇統一天下以後，便在各國舊地屯戍重兵，以防反叛。並將收到的六國兵器，鑄成了十二個巨大銅人，排列在宮廷前部。這十二個銅人都是胡人的容貌和服裝（可能是斯克泰人的容貌和服裝。大致鑄造的方式，受斯克泰文化的影響）。他又在咸陽的北阪上，仿造了六國的宮殿。但最大的宮殿，卻建造在渭水之南。這個宮殿到秦亡尚未修好，所以不曾命名。因爲前殿是四方流水的屋頂，即四阿式，所以被叫做「阿房」（參看頁 116、117 第一、二、三、四圖，這些圖是採用報告原圖）。後來漢代的長樂宮是阿房附近別殿被毀的殘餘，而未央宮卻又是依傍長樂宮的地位新建的宮殿[22]。

秦始皇受到〈堯典〉的天子巡狩四方的影響，並且又受到了燕、齊方士的影響，派遣方士去求神仙[23]，他自己也到處巡行，一方面爲鎮壓六國的遺民，另一方面也想遇見仙人，給他仙藥。他西至隴西，北到北地、碣石，東至泰山、芝罘、成山、鄒嶧、琅邪，南至會稽、洞庭、衡山。他在泰山、鄒嶧、芝罘、琅邪、會稽、碣石，均立石頌功德[24]。當然他自信統一了中國，

---

21 當時齊國用的是刀形錢，三晉用的是鏟形錢，周及秦用的是圓形錢。秦統一天下後一律用圓錢，並用「天圓地方」的觀念，錢是圓的，孔是方的，這種形式一直流行到後代。秦錢重半兩，所以鑄上半兩二字。可是秦亡以後，私鑄錢很多，輕重不等，也鑄上半兩二字。

22 秦始皇墓被項羽發掘，取其金玉寶器，不過墓內的建築以及殉葬的陶瓦明器，顯然是項羽看不上的。晚近秦始皇墓的陶俑和眞人一樣大小，並備有眞的兵器，就已大量出土，不過這只是其中的一部分。

23 始皇屢次遣方士入海求仙藥。徐福當然是其中最重要的一個人。徐福曾入海過兩次，第一次失敗了回來，然後說「未能至，望見之焉」。第二次再去，遂不返。相傳徐福到了日本，自有可能。日本亦有徐福墓，其事眞僞亦無確證。不過中、日、韓的相互交通，春秋、戰國時已經成熟。徐福即使到了日本，其重要性不必誇張。因爲到了日、韓的人，不是只有一個徐福。秦、漢之際，天下大亂，這些時候從中國逃亡到日本、到韓國的大量「亡人」，其對於文化上的重要性要更值得重視。

24 秦始皇刻石，現在只琅邪刻石尚存，但已多漫漶。泰山刻石僅存數字，但現存二十九字的拓本尚不少。鄒嶧山刻石只有宋代翻刻本，多失神態，長安本稍好一些，但和原本泰山及琅邪相去尚遠。泰山刻石一般人認爲李斯所寫，並無確據。李斯是整理小篆的人，是否眞擅長書寫就不能決定了。

消除了戰國時代對於人類的威脅，這種貢獻是不小的。他當然也不會預料到
他的統治下潛伏了無數的問題[25]。

秦始皇的刻石，表明了秦代的政治方向，〈琅邪刻石〉說：

> 惟二十六年，皇帝作始，端平法度，萬物之紀。以明人事，合同父子，
> 聖智仁義，顯白道理。東撫東土，以省卒士，事已大畢，乃臨於海。
> 皇帝之功，勤勞本事，上農除末，黔首是富。普天之下，搏心壹志，
> 器械一量，書同文字。日月所照，舟輿所載，皆終其命，莫不得意。
> 應時勤事，是惟皇帝，匡飭異俗，臨水經地。憂恤黔首，朝夕不懈，
> 除疑定法，咸知所辟。方伯分職，諸治經易，舉錯必發，莫不如畫。
> 皇帝之明，臨察四方，尊卑貴賤，不踰次行。姦邪不容，皆務貞良，
> 細大盡力，莫敢怠荒。遠邇辟隱，事務肅莊，端直敦忠，事業有常。
> 皇帝之德，存定四極，誅亂除害，興利致福。節事以時，諸產繁殖，
> 黔首安寧，不用兵革。六親相保，永無寇賊，驩欣奉教，盡知法式。
> 六合之內，皇帝之土，西涉流沙，南盡北戶。東有東海，北有大夏，
> 人跡所至，莫不臣者。功蓋五帝，澤及牛馬，莫不受德，各安其宇。

在這裡可以看出來，在秦始皇二十六年統一天下以後，所定的政策，是法、
儒兼用的。譬如「合同父子，聖智仁義」「日月所照，舟輿所載，皆終其命，
莫不得意」皆是儒家的原則。所以秦始皇的政策，還是漢朝時期的所謂「王
霸雜之」，和漢代政治的方向並非完全不同。所以秦的法律到漢代一直採用，
修改的部分不多。這部法律也就成為中國各朝的法律藍本，一直到清代。其
失敗的原因還在執行的態度方面。

人類的社會，是息息相關的，也是休戚相關的。人君，最高的執行人，
也是社會的一部分，他在社會裡面而不可能超出社會之外。他不可能把人類
社會變成一個無機的機械，而他安然在機械外面操縱。法家任術，是想把人
類社會做成一個類似的無機體；法家任術，是想把人君做成無機體以外的操
縱人。縱然理想相當合於邏輯，可是執行起來一定困難重重，譬如依照法家

---

25 許多事實上問題往往不屬於理論以及學派的。譬如賈誼作〈過秦論〉，但賈誼之學
   出於吳公，而吳公之學又出於李斯，李斯又是一個秦代政治設計人。

的原則，君主應當具有不測之威，任何人不能猜度的，所以宮禁中事成爲極端秘密。始皇嘗到梁山宮，望見丞相車騎眾多，始皇不悅。或以告丞相，丞相減損了車騎。始皇大怒，認爲左右漏泄了他的話，於是盡殺了隨從的人。以這件事情爲例，洩漏秘密的人當然被處罰，可是更多無辜的人，也無故被處罰。演變的結果，一定使群臣失掉良心上的責任感，而只是被迫的相互欺詐，對於國家的前途仍然是危險的。

秦始皇的絕對法家傾向，在政治效率上是強的，但是總不免充滿了冤抑和虛僞，總會使人感覺到是風暴前夕的寧靜。不是沒有人想設法去補救，而是當時一切的設施不能容忍任何改革。秦始皇三十四年（統一中國後的第九年）始皇置酒咸陽宮，博士七十人來進酒。博士僕射周青臣上功德說廢封建立郡縣，人人安樂，無戰爭之患。博士齊人淳于越指責周青臣當面諂諛，主張實行封建。始皇將這個意見交給群臣來議，丞相李斯說：「現在天下在皇帝統制之下，是非只有一個標準。私人的學術對於國家的政策，往往有人心中認爲不是，出外又群相批評，以爲和主上不同是高尚的，以致成爲謗議。照這樣不禁，那就君主的勢力要減削，而臣下的黨羽也會形成。不如以禁爲是。臣請史官的記載除去《秦紀》以外都要燒掉。除去博士官所管的，天下敢有藏《詩經》和《書經》的處死刑，倘若以古代批評現今的，並罪及家庭。其醫藥、卜筮、種植等類的書不燒。不得私相傳授學術，若有人願學的，一律從官吏去學習。」這個極端性的建議，秦始皇批准了，古今第一次禁書的事件就形成了。

這裡談到的是天下的書都燒掉，只有兩種少數的例外：㈠博士官所職的，㈡醫藥、卜筮、種樹等一類的技術性書籍。實際上在當時是明白的，在後世無法明白。例如「博士官所職」，這些書是博士官有一個圖書館？還是博士官准許私自帶一分自己學術分內的書？這就區別很大。秦代博士情形，雖然不十分清楚。但漢承秦制，漢代博士職務內的書籍，都是出於「師承」，顯然是博士自己的書，不屬於公共圖書館。不過倘若博士去職，博士私人的書違反了「挾書之律」，就得銷毀了。其次漢代皇帝的書，是屬於「中秘」的。秦代皇帝自己不可能沒有書，這些書依秦代情形應屬於「御史」不屬於「博士」。李斯建議中當然不能指斥到皇帝的財產，那麼御史的藏書，當然屬於例外（可是歷來講歷史的，都未曾注意到這件事），這就無怪後來蕭何入秦，先收御

史的圖籍。御史的圖籍，也就等於漢代中秘的圖書。最可惜的是六國的史書在始皇三十四年這一次全部焚毀，甚至御史也不藏此類的史書。蕭何只能收到一部《秦紀》，後來司馬遷做《史記》，根據《秦紀》做成了〈秦世家〉和〈六國表〉。只可惜《秦紀》太簡略，只有年分而無日月，這就無可如何了[26]。

焚書是根據韓非子的理論而來的，下一步就是坑儒了。坑儒的理論應當是從《荀子・宥坐篇》「孔子殺少正卯」一事而來的。先秦諸子及各書無孔子殺少正卯事，在《荀子・宥坐篇》才初次出現。〈宥坐篇〉是否荀子所作，當然有問題，不過總是荀子系統下的篇章，和韓非子等法家比較接近的。坑儒一事是這樣的：原來徐福一去不返，到了始皇三十五年，方士侯生和盧生又逃跑了。始皇大怒，說「諸生可能造妖言來煽惑黔首（老百姓）」。使御史按問，諸生轉相告引，於是挑選出來諸生之中有嫌疑的四百六十餘人，都在咸陽活埋掉。此後諸生再不敢隨便發言了。

秦始皇的晚年，尤其是三十四五年後，性情好像是更暴躁些。非常可能是服食藥劑的結果[27]，但是仙藥還是不斷的求訪，驪山的大墓還是繼續的修造，秦始皇自己還是不斷的巡遊各處。到了三十七年七月，始皇行到平原津（今山東平原縣境），發起病來，病越來越嚴重。當時長子扶蘇因為進諫坑儒的事，被始皇派到北邊，監督蒙恬的邊防軍。也可能他認為他的長子有鴿派的傾向，到北邊去接近軍事，變得鷹派一些，才接近他的理想。因此只有少子胡亥隨從他。但是他的病越來越重，行到沙邱鄉（今河北平鄉縣東北）就死了。遺詔給扶蘇會喪而葬，也就等於指定扶蘇為繼承人。

---

26 清劉大櫆〈焚書辯〉，責蕭何入秦，不收取《六經》舊籍，以致博士所藏在項羽燒秦宮時完全燒毀，此說不確。項羽燒秦宮室，損失甚大，不可諱言。不過司馬遷的主要根據的一部書《秦紀》，除屬於蕭何所取以外，別無可能。所以御史所掌的圖籍，不僅輿圖和檔案，顯然尚有書籍在內。漢代中祕的書，一定也有一部分是秦御史所掌的書，除《秦紀》外尚有別的書籍，只是其中《詩》、《書》及六國史記都已被毀罷了。

27 後代許多皇帝如魏道武帝、魏太武帝、唐憲宗、唐武宗，均因服方士金丹性轉躁急，喜怒無常。唐武宗常問李德裕以外事，對曰：「陛下威斷不測，外人頗驚懼，願陛下以寬理之，使得罪者無怨，為善者不驚，則天下幸甚。」與秦始皇晚年的情形頗有點像，只可惜李斯不如李德裕，不能以寬濟猛，只以猛濟猛，於是天下不可挽救了。

當這個時候秦始皇的近侍是中車府令宦官趙高[28]，他曾經教過胡亥法律，所以陰謀立胡亥爲繼承人。和李斯商量，李斯原先不贊成，但是趙高說扶蘇若立，必以蒙恬爲相，李斯是不能安然退位返家的（因爲焚書坑儒都是李斯同意的，而扶蘇卻不同意）。於是趙高和李斯毀滅了真詔書，做假的詔書賜扶蘇及蒙恬死，而立胡亥爲二世皇帝。

趙高和李斯這種行爲是無法得到人同情的，於是就變成了「日暮窮途，倒行逆施」了。這時胡亥受到了趙高的挾制，深居宮中，公卿大臣都見不到面。趙高再把李斯殺掉，自爲「中丞相」，專斷一切朝政。政治混亂，東方的叛變一天一天的擴大，秦國的前途就無法挽救了。

二世元年七月，正是秦始皇死去一整年的時候。泗水郡蘄縣的大澤鄉（今安徽宿縣以南），停著九百多被徵發去戍守漁陽（河北北部）的兵卒，天大雨不止，這支開拔的邊防軍已經不能如期到達指定的地方。秦法嚴，將吏失期的要處死。隊中兩個屯長（大隊長），陳勝和吳廣，就逼著只好激勵這些怨恨的兵士一同造反。

他們冒著扶蘇及項燕的名字[29]攻城據邑，繼續前進。到了楚國故都陳縣的時候已有步兵數萬人，騎兵千餘人，車六七百輛了。陳勝便自立爲楚王，而以吳廣爲假王[30]。他們的兵力一天一天增加，各處響應的地方也一天一天的擴大。雖然後來秦將章邯的軍隊擊潰了陳勝、吳廣，陳勝和吳廣都被部下所殺，但項羽及劉邦的軍隊終於擊潰秦軍。當劉邦的軍隊入了武關，胡亥責問趙高，趙高弑殺胡亥，立胡亥的兄子名子嬰的爲秦王。子嬰刺殺了趙高，

---

28 《史記》上說趙高是「諸趙之疏族」，所謂「諸趙」和齊「諸田」及漢初「諸呂」是同樣的稱呼。當然趙高不是趙國的人，因爲不可能把六國遺民放在左右。秦、漢的近衛郎官，只用「六郡良家」，就因接近皇帝，不用函谷以東人的緣故。如是秦國的人，那就秦國一定有一個可稱「諸趙」的大族。再和《史記》說秦始皇「姓趙氏」這一句比較，也就會明白趙高是皇族中的遠支，所以有機會掌權了。趙族分東西兩支，參看《史語集刊》31 本，勞榦：〈關東與關西的李姓與趙姓〉。

29 陳勝、吳廣初起時假借扶蘇（秦）、項燕（楚）爲名，可見當時東方叛變的目的，政治性比六國舊國的民族性爲大，這就表示著戰國時代交通頻繁，中國各處的文化已經融合，所以漢代仍然成功的統一著。但從另外一點看，項燕卻是楚人崇拜的英雄，這也是項梁和項羽能夠起來的原因。

30 假是「假借」的假，也就是代理的意思。後來「假節」的假，也和這裡同一用法。

但時間實在太遲了，關內無兵可調，子嬰降了劉邦。劉邦雖然對於子嬰還想保全，可是項羽繼至，他的兵力較劉邦爲大，劉邦只好聽項羽處分。於是項羽殺子嬰，屠咸陽，焚秦宮室，大掠而東。從此關中殘破，秦代的經營歸於毀滅。關中重新締建，是漢代以後的事了。

附 記

此篇係由沈剛伯先生審查，審查後四個月，沈先生即逝世，成爲他最後一次審查上古史計畫稿件。特此敬記悼忱。

本篇寫成時，秦簡和秦始皇陵的俑，尚未發現，所以這些材料都未加入。

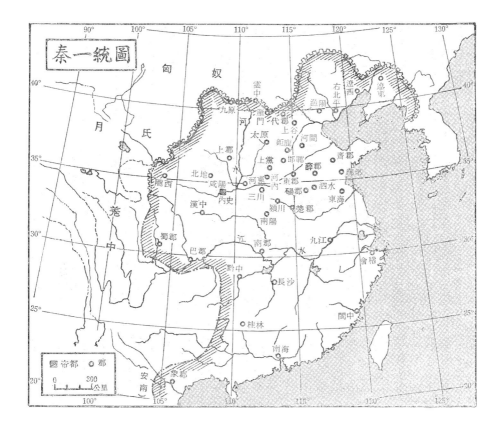

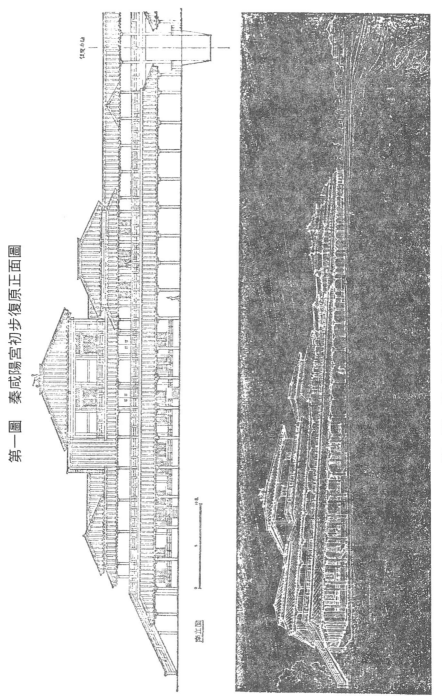

第一圖　秦咸陽宮初步復原正面圖

第二圖　秦咸陽宮初步復原透視圖

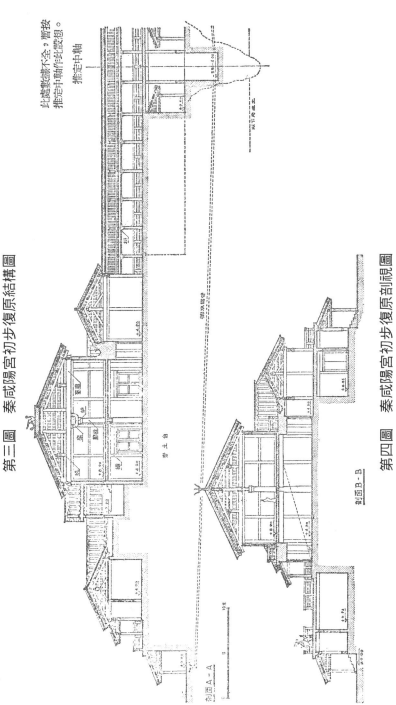

第三圖　秦咸陽宮初步復原結構圖

第四圖　秦咸陽宮初步復原剖視圖

漢代尚書的職任及其與內朝的關係

一、尚書與中書的關係

　　尚書這一個職務，在西漢時代，逐漸演變，到東漢時代，尚書臺就變成事實上的宰相府。在各種官制書當中，只表示尚書一職每次演變的結果，卻把演變的原動力分析得不夠。不錯，尚書令及尚書都不是高官，只因為被天子重用才逐漸的把重要性升格上去。但在滿朝臣列之中，和尚書令同等的「令」還有很多，為什麼尚書一職，獨得機緣？當然還可以作進一步的解釋。尚書是近臣，但這種「近臣」原來近到甚麼程度？和天子的關係究竟是怎樣的？這又是一個值得討論的問題。還有更重要的，尚書和中書的關係及其分合究竟是怎樣的，以及尚書究竟屬於內朝還是屬於外朝？這都形成了爭論，而應當加以澄清的。

　　尚書問題在兩漢時代不僅是一個重要問題，而且是一個複雜問題。因為是一個重要問題，所以牽涉到對於兩漢的政治事件，而必需做到正確的了解。因為是一個複雜的問題，所以必需把這些糾結之點，加以疏解。最先，要討論的還是一個相沿不斷的疑問，尚書和中書的同異以及分合的問題。

　　對於這一個問題，歷來討論的確實不少。現在以陳樹鏞的《漢官答問》作代表，把他的意見引證如下：

> 〈成帝紀〉云：「建始四年，罷中書宦官，初置尚書員五人」（按以前尚
> 書只有四人），〈百官公卿表〉云「建始四年，更名中書謁者令為中謁者
> 令，初置尚書員五人」，《通典》因之，遂（以）為「漢承秦置尚書，武
> 帝遊宴後庭，始用宦者，為中書之職。成帝罷中書宦官，置尚書五人」，

又云「成帝去中書，更以士人爲尚書」。一似武帝時有中書，無尚書；成帝時去中書，乃置尚書。又似成帝以前尚書即中書，用閹人爲之，成帝乃用士人。考《史記‧三王世家》有「守尚書令丞」之文，〈司馬相如傳〉有「尚書給筆札」之語，則武帝時已有尚書，不得云成帝時初置矣。〈霍光傳〉云上書者益黠，盡奏封事。輒使中書令出取之，不關尚書。是尚書中書本二官，不得合爲一矣。霍光於昭宣之世領尚書，張安世宣帝時領尚書，張敞、于定國宣帝時平尚書，蕭望之、史高元帝時領尚書，則武昭宣元四朝未嘗無尚書矣，然猶可曰武帝時更以閹人爲之。考張安世武帝時爲尚書令，〈貢禹傳〉：五鹿充宗爲尚書令，貢禹之亦欲爲之，則元帝時尚書令非閹人，不得云「成帝時乃用士人」，明矣。

〈成帝紀〉注引《漢舊儀》云：「尚書四人爲四曹，成帝置五人，有三公曹。」此甚分明，蓋成帝罷中書而加一尚書，非罷中書始置尚書也。（陳氏自注：〈劉向傳〉云，「石顯幹尚書，尚書五人皆其黨」，此元帝時不當有五人，蓋四人之誤。）然則漢初有尚書，武帝有尚書又有中書，中書是宦者，尚書是士人，昭宣元因之，成帝乃罷中書獨有尚書。尚書在省中，較丞相爲近天子，故領尚書者奪丞相權。中書是宦者，得出入臥內，較尚書又近，故宣帝使中書出取尚書章，以奪霍氏權。元帝時石顯以中書令而制尚書之蕭望之也。然〈佞倖傳〉云：「望之以尚書爲百官本，宜以通明公正處之，武帝遊宴後庭，故用宦，非古制。宜罷中書宦官。」〈蕭望之傳〉以爲「中書政本宜以賢明之選。自武乃用宦者，非國舊制，白欲更置士人」。一言尚書，一言中書，又似尚書即中書。考此二文本同一事，不當有異。班氏兩錄其文，而又言爲誤，遂使讀者不能明矣。蓋尚書政事之本，以士人爲之。武帝以士人不可出入後庭，乃以宦者爲中書，出取尚書章奏。元帝之世至以中書令而幹尚書。望之之意以爲尚書政事之本，不可使宦者干預，宜罷中書。〈佞倖傳〉所載是也，〈望之傳〉所云則誤矣。

中書前所未有，武帝始置即以宦者爲之，何得云「武帝乃用宦者，非舊制」乎？武帝之置中書，以其可以出入臥內耳，何得謂之爲「政本」乎？〈佞倖傳〉言，欲去中書可也，去中書則專用尚書也。此言「白

欲更置士人」。夫中書本以宦者可出入後庭，更用士人爲中書何爲乎？
觀此文知〈成帝紀〉及〈表〉所謂成帝初置尚書者，班氏蓋以爲武帝
以宦者爲中書，成帝廢中書初置尚書，而蕭望之當元帝時欲去中書宦
者改用士人也。誤矣。幸有〈佞倖傳〉足以證〈望之傳〉之誤，不然，
以爲出於望之之口，無從辨之矣。[1]

又王國維的《太史公行年考》說：

> 案《漢書》本傳「遷既被刑之後，爲中書令，尊寵任職事」，當在此數
> 年中（太始元年前後）。《鹽鐵論・周秦篇》：「今無行之人，一旦下蠶室，
> 創未愈，宿衛人主，出入宮殿，得由受奉祿食太官享賜，身以尊榮，
> 妻子獲其饒」云云。是當時下蠶室者，刑竟即任以事。史公父子素以
> 文學登用，奉使扈從，光寵有加。一旦以言獲罪，帝未嘗不惜其才。
> 中書令一官設於武帝，或竟自公始任此官，未可知也。
> 又案《漢書・百官公卿表》，少府屬有中書謁者、黃門、鈎盾、尚方、
> 御史、永巷、內者、宦者、八官令丞。中書令即中書謁者令之略也。《漢
> 舊儀》（《大唐六典》卷九引）中書令領贊尚書出入奏事，秩千石。《漢書・
> 佞倖傳》：「蕭望之建白，以爲尚書百官之本，國家樞機，宜以通明公
> 正處之，武帝遊宴後庭，始用宦者，非古制也，宜罷中書宦官。元帝
> 不聽。」〈成帝紀〉：「建始四年春，罷中書宦官，置尚書員五人。」
> 《續漢書・百官志》：「尚書令一人，承秦所置，武帝用宦者，更爲中
> 書謁者令，成帝用士人，復故。」據此，似武帝改尚書爲中書，復改
> 士人用宦者。成帝復故。
> 然《漢書・張安世傳》：「安世武帝末爲尚書令。」〈霍光傳〉：「尚書
> 令讀奏。」〈諸葛豐傳〉有尚書令堯。〈京房傳〉：「中書令石顯顓權，
> 顯友人五鹿充宗爲尚書令。」事皆在武帝之後，成帝建始之前。是武
> 帝雖置中書，不廢尚書，特於尚書外增一中書令，使之出受尚書事入
> 奏於帝耳。故〈蓋寬饒傳〉與〈佞倖傳〉亦謂之中尚書，蓋謂中官之
> 幹尚書事者，以別於尚書令以下士人也。《漢舊儀》（《北堂書鈔》卷五十

1 《漢官答問》卷 1，頁 11 上、下，振綺堂叢書本。

七引)：「尚書令並掌詔奏」，既置中書，詔諸答表，皆機密之事。蓋武
帝親攬大權，丞相自公孫弘以後，爲李蔡、莊青翟、趙周、石慶、公
孫賀等，皆以中材備員，而政事一歸尚書。霍光以後，凡秉政者無不
領尚書事。尚書爲國政樞機，中書令又爲尚書之樞機，本傳所謂尊寵
任職者，由是故也。[2]

以上兩節對於中書與尚書的分析都是很精粹的，其中許多重要問題還是成爲
懸案，一直到目前還需做進一步明確的勘定。在陳樹鏞及王國維兩節意見，
的確給我們許多啓示（這也就是本篇中不將這兩節加以刪節的原因）。但若
干關鍵問題，尚留給我們，不曾加以解決。其中的問題，如：(1)中書令是否即是宦官
做了尚書令，就改稱爲中書令？(2)中書令、中尚書令、中書謁者令是否爲一
個職務的異稱，如其是一個職務的異稱，那就中那一個應當算正式的名稱？
(3)中書令和尚書令職司上究竟有無相異之處，如其職司相同，那中書令和尚
書令的關係究竟是一個什麼關係？(4)中書令以下是否別有部屬，如同「中書」
之類，如其別無部屬，那就尚書是否也算中書令的部屬。這些問題才是和漢
代中樞政治有關，而需要加以澄清的。

　　關於第一項，自秦代即是這樣的。在太僕以下有車府令，但趙高任車府
令，即稱爲中車府令，甚至代李斯爲丞相也稱爲中丞相。所以士人的官職，
不屬於後宮系統的，如其改任宦官去做，就要在上面加一個中字作爲識別。
尚書令本來是士人的職務，但漢武帝任司馬遷去做，當然也要加上一個中字。
也就牽涉到第二項的問題，宦官去做尚書令，正式的名稱應當是「中尚書令」，
中書令只是中尚書令的簡稱。至於中書謁者令那又是中書令再兼上中謁者令
的職稱，兩職合併就稱爲中書謁者令。實際上應當是中尚書令兼中謁者令。
當然這個職名就嫌太繁了。中書謁者令一稱，見於《漢書‧百官公卿表》，少
府屬官有「中書謁者令丞」。又《北堂書鈔‧設官部》引《漢舊儀》：

尚書令主贊奏，下書；僕射主閉封；丞二人主報上書者，兼領財用、
火燭、食廚。漢置中書官，領尚書事，中書謁者令一人。成帝建始四

2　藝文影印密均樓《觀堂集林》，頁 130。

年罷中書官，以中書爲中謁者令。[3]

這裡中書謁者令的名稱，起源不會太早。據《漢書》六十二〈司馬遷傳〉，司馬遷的職務只是中書令，並非中書謁者令[4]。〈元帝紀〉初元二年：「中書令弘恭、石顯譖（蕭）望之等，令自殺。」又《漢書》七十八〈蕭望之傳〉：「初宣帝不甚從儒術，任用法律，而中書宦官用事。中書令弘恭、石顯久典樞機，明習文法，亦與車騎將軍高爲表裡，論議常獨持故事，不從望之等。」又「（鄭）

3　四部備要，漢官六種本，《漢舊儀》，頁 2 下

4　中書謁者令的名稱見於《續漢書·百官志》：「尚書令一人，千石，本註曰承秦所置，武帝用宦者，更爲中書謁者令，成帝用士人，復故。掌凡選署及奏下尚書曹文書眾事。」《漢舊儀》說：「漢置中書令領尚書事，中書謁者令一人，成帝建始四年罷中書官，以中書爲中謁者令。」照《續漢書》說，中書謁者令是武帝時置，但拿《漢舊儀》來校，顯然此說出於《漢舊儀》（衛宏作《漢舊儀》，是東漢時人；司馬彪作《續漢書》，是西晉時人）。在武帝和元帝時都只有中書令，可見中書謁者令是成帝初年所改，再第二步改爲中謁者令。這一點司馬彪可能有所誤會。

當然除去了以上的解釋以外，還有別的解釋，這種解釋卻是不對的。這種解釋以爲中書謁者令在武帝時已是這樣，不過中書令爲本職，謁者令是一個不太重要的兼職，所以一般只說中書令，其中「謁者」兩個字就被省略了。他們以爲原來尚書要奏事上去，由左右曹及諸吏兩種加官的重臣接受的，到武帝時重用中書，中書爲宦官，不必再要左右曹及諸吏奏尚書奏議，所以就由他加一個謁者令的職務來接收尚書的奏議，這就是中書令兼謁者令，總稱爲中書謁者令的由來。這個假設看起來好像沒有問題，其實仍然是不可信據的。

要把這一個假設的缺失說明白，第一步是把(1)左右曹及諸吏(2)謁者，兩種職務加以澄清，知道這兩個職務絕對不相干，不能互相替代。那就知道縱使把中書加上謁者的名義，也不是爲代替左右曹及諸吏的職務而加上的。

謁者在《漢書·百官公卿表》說：「謁者常賓讚受事，員七十人，秩比六百石，爲僕射。」《續漢書·百官志》說：後漢「常侍謁者五人，比六百石。本註曰：主殿上時節威儀。謁者三十人，其給事謁者四百石，其灌謁者郎中，比三百石。本註曰：常賓讚受事及上章報問。將、大夫以下之喪，掌使弔。本員七十人，中興但三十人，初爲灌謁者，滿歲爲給事謁者。」又「謁者僕射一人，比千石。本註曰：爲謁者臺率，主謁者，天子出，奉引。」可見謁者的職任，只以未央前殿朝會及宮外事務爲限。尚書、侍中一類近臣與天子之間，用不著謁者來參加服務，更不能代替比較地位高的如左右曹及諸吏的地位。因而有些人猜想爲增加宦官的作用，把中書令給予一個謁者令的地位，是根據不夠的。

朋出場揚言曰,我見,言前將軍小過五,大罪一。中書令在旁知我言狀。」
又《漢書》卷九十三〈佞倖傳〉:「宣帝時任中書官,(弘)恭明習法令故事,
善爲請奏,能稱其職。恭爲令,(石)顯爲僕射。元帝即位數年,恭死,顯代
爲中書令。」這裡說的都是中書令,並無中書謁者令。那就顯出來中書謁者
令是成帝初年所改,將中書和謁者合併,正表示著準備罷中書,使中書令兼
理謁者事務作爲過渡,然後再把中書謁者令的中書方面的職務去掉,就專爲
中謁令了。所以中尙書令與中書令是同一的官職,而中書謁者令又是後期的
發展。

　　第三項和第四項也是具有相互的關係。據《漢書》七十八〈蕭望之傳〉
稱爲「中書政本,此宜以賢明之選,⋯⋯白欲更置士人」,而九十三〈佞倖・
石顯傳〉則爲:「以爲尙書百官之本,國家樞機,宜以通明公正處之」,並且
還說「語見〈望之傳〉」,可見班氏作兩篇列傳的時候,曾互相關照過,不宜
有誤。那就在東漢時期,據班固所了解的,就是中書的含義和尙書是相通的,
陳樹鏞以爲〈蕭望之傳〉有誤,這種意見實在證據不足。但是如其承認班固
的了解是對的,中書令所負的責任也在尙書方面,那就在武帝以後成帝以前,
至少有一些時期還有尙書令,如王國維所舉出的,〈張安世傳〉安世武帝末爲
尙書令,〈霍光傳〉在廢昌邑王時尙書令讀奏,〈諸葛豐傳〉在元帝即位後,
曾由尙書令下司隸校尉諸葛豐書,〈京房傳〉元帝時石顯專權,五鹿充宗爲尙
書令,都顯示著昭宣之際及元帝時確有尙書令一官。就這一點來說,又必需
把置尙書令一事,在可能範圍內的不同情形加以分析。

　　這是毫無疑問的,既已設置中書令就具有尙書令的實質。如其沒有尙書
令,那中書令就是尙書令;如其保存了尙書令所處理的是屬於政策上的,而
尙書令不過是一個傳達的工具。所以在武帝晚期以後,到成帝初年以前,只
有兩種可能,第一,中書令就是尙書令,所以並無一定要設尙書令的必要,
只有在某種特殊狀況之下,才會中書令和尙書令並設;第二是尙書令只算中
書令屬下一個管經常事務的官,所以在設中書令的時候,尙書令一職還保留
著,這仍然不妨害尙書和中書屬於同一種樞機職務的原則。現在史料不夠,
無法決定那一種可能性是對的,但是無論如何,就尙書的行政功能來說,只
要有中書令,中書令就是尙書機構的正式主官,不管有沒有尙書令,都是一
樣的。

在這一個分析之下，第三項和第四項的問題也就很容易來答覆。即中書與尚書的任務並沒有什麼不同，只是只要有中書，中書便是尚書方面的主管。至於中書令的部屬，也很容易指出，中書令的部屬就是尚書臺中所有的官吏。如其在中書令以下還設有中書僕射（〈石顯傳〉，弘恭為中書令時，石顯為中書僕射，弘恭死，石顯遷為中書令），那麼中書僕射應當是一個尚書僕射的缺，撥歸中書僕射，其地位在尚書令之下，事實上是中書令的副貳。如其此時有尚書令，中書僕射的實權，應當在尚書令之上的。至於西漢時代全尚書臺都在中書令（以及中書僕射）指揮之下，除去他們是宦官得入天子臥內以外，其他諸人都是在尚書機構中辦公的。這一點就和曹魏的中書，雖然名稱相同，實際上並沒有任何相承的系統。

再看一看中書令的設置，就現存的史料來看，似乎只是武帝晚年有過，宣帝親政以後及元帝時期有置，到成帝初年廢止。其中昭帝時代以及宣帝初年，似乎就沒有中書令的痕跡。非常可能在昭帝時代及宣帝初年霍光攝政時期，根本就沒有中書令。因為中書令是由天子重用宦官而產生的。在昭帝時代及宣帝初年都是由霍光當政，也就不需要重用宦官，到宣帝親政時為著和霍氏的勢力對立，又要利用宦官來保持秘密，就把武帝晚期的中書令制恢復了。這就表示從武帝到成帝，中書令一職並非一直繼承下去，而是其中還有一些存廢的經過在內的。

二、尚書與內朝的關係

尚書的職務和西漢時代所謂「內朝」，或所謂「中朝」，是無法分開的。本來「內朝」並非一個合法的組織。天子的「朝」向來就只有一個，從商代以來，就是這樣。依照金文中的記錄，天子朝會群臣，也一直就是這樣，其中並無「中」「外」之分。這種情形，再到漢代的高、惠、文、景，除去了例行扈從天子的郎及大夫等以外，並無其他的特殊人物從朝臣中指定出來，作為天子的賓客，再間接干涉丞相御史的政務。直到武帝時代這種情形才逐漸變更，形成了外戚干政以及權臣干政的現成憑藉。這就是所謂「內朝」，和由宰相率領的九卿各署的「外朝」形成了對立的形勢。這是逐漸變成的，在正式的職官系統上，卻沒有合法的地位存在著。但因為權之所在，不能不承

認這個事實。

　　內朝究竟是那一些官？《漢書・劉輔傳》師古《注》引孟康舊《注》說[5]：
「中朝，內朝也。大司馬、左右前後將軍、侍中、常侍、散騎、諸吏爲中朝，
丞相以下至六百石爲外朝也。」這裡對於內朝的分別，解釋得比較清楚，一
般講內朝的都根據此則。只是對於內朝官職，舉出的很不完全，當然就要引
起一些爭論。他敘述的本意，只是用舉例的方法，來說明內朝、外朝的不同，
對於什麼是內朝和什麼是外朝，並不曾給予一個定義。這種解釋的方法是可能
引起後人的誤解的。但是非常可惜，除去這一段孟康的解釋以外，再找不到其
他的舊注。也就使內朝的意義，仍然含晦不清，以致有進一步澄清的必要。

　　再就孟康《注》所舉的內朝官來說，他原意只是舉例來說明內朝，並非
意在把內朝所有的職官全舉出來。因而漏掉一些是不足爲異的，其中至少把
同樣性質的給事中和左右曹都漏掉了。據《漢書・百官公卿表》說：

> 侍中、左右曹、諸吏、散騎、中常侍皆加官。所加或列侯、將軍、卿
> 大夫、將、都尉、尚書、太醫、太官令，至郎中、亡員。多至數十人。
> 侍中、中常侍得入禁中，諸曹受尚書事，諸吏得舉法，散騎騎並乘輿
> 車。給事中亦加官，所加或大夫、博士、議郎，掌顧問應對，位次中
> 常侍。中黃門有給事黃門，位從將大夫。皆秦制。[6]

此處的加官都是表示天子的親近之臣，屬於宮中的官職。其中的左右曹和給
事中都是孟康所不曾說過的。在這裡也可以看出來，在漢代的「禁中」、「宮
中」（或省中）與一般朝會所在是有些不同的。一般朝會在未央宮的前殿，百
官在六百石以上的，以丞相爲首，可以在此朝會。但前殿以內和前殿兩旁都
不能進去的，「殿中侍御史」可以到達的範圍，也以此爲限。《漢書・百官公
卿表》指出來的，內朝官職也有不同的限制，侍中、中常侍得入禁中，別的
加官卻不能[7]。這是說即使可以入宮門（不以前殿爲限），在宮門以內，還有一

---

5 藝文本《漢書》，頁 1430，孟康所舉的官名不夠，錢大昕已指出（並見《補註》）。
6 藝文本《漢書》，頁 309。
7 但是一般內朝各臣，進入時仍要通報，只有宦官不要通報。此外一般內朝臣不能
　入天子臥內（臥室），只有宦官可以。除非在一種特殊狀況下，例如漢武帝病篤，
　大臣接遺詔時，在天子臥內。

個禁中,而禁中就更為嚴密些。若用後代的例子來說,清代大臣例行入朝,以及引見一般官吏都是在乾清宮,但上書房以及軍機處卻在宮中前部,另有其地。入直軍機的人能夠到的,還是以此為限。軍機處在宮中,天子可以時常臨幸,但入直軍機的人,宮中許多地方仍不能去。這些人只是得見天子的時候多些,比平常官吏多到一處宮廷,並不代表可以在宮中行動自由。這種情況的申述,也許可以更幫助對於漢代內朝的了解。

但是無論如何,內朝的官吏與外朝的官吏還是有一個極大的區別,內朝官吏的辦公地點就在宮中,天子可以隨時到來,隨時指示,和外朝官吏的辦公地點在宮外,只有在前殿正式朝會之時,才可以看到天子,完全不同。從另一方面來看,內朝的官吏是隨時可以召見,他們的意見如被接納,再由天子下詔給丞相九卿,和外朝官吏如有意見,只能用書面上奏天子,再由天子下詔來答覆,完全不同。換句話說,內朝的作用是制詔的擬定,外朝的作用是制詔的執行,其中關鍵就在制詔擬定的人,若沒有制詔擬定這一回事,內朝就無存在的必要。

所以若要追索內朝的權力所在,第一步就需要追索章奏在天子宮中由什麼人收受保管,第二步還要追索天子的制詔由什麼人來擬寫,如其這些人是什麼人追索不到,那就談內朝的政治就只是一些空話;如其這些人追索到了而不在左右曹、諸吏、給事中任務之內,那當然要把尚書的地位注意到的。不論尚書為內朝的主體或者是內朝的附屬,尚書與外朝的關係當然遠遜於內朝的關係,尚書對於天子的關係,也當然超過了丞相的關係。尚書之附於少府之下,不過僅僅只是一個「以文屬焉」的關係。不論在東漢時期尚書令少府管不著,即是在西漢時期尚書令也是少府管不著的。決不允許用這一個邏輯,認為尚書令是屬於少府,少府屬於外朝,所以尚書令也屬於外朝。就政治的功能來說,尚書令早已超過了少府所管的範圍。在事實上,尚書令不僅不是少府的屬員,而且當尚書令具有宰相的權力時,尚書令還是少府的主管了。

三、從辦公地點來說明內朝外朝的關係和區別

漢代職官之中,至少應當有兩種不同的區別,一種是列於朝籍的,另一種是不列於朝籍的。漢代定制只有在六百石以上的官才能列於朝籍,其六百

石以下的官都是不列入朝籍的。當然這些列於朝籍的官也還是以在京師的官吏，能經常入朝的為限，其京師以外的官吏即使是地方首長，太守及王國相，除去被召入京，有資格入朝以外，在平常時期，事實上因為不在京城也無法參與朝會。依照漢初定制，朝就只有一個朝，本無內外之分；把丞相以下分為外朝，當然在一個事實上的內朝（並非法律上的內朝）創立了以後的事。

　　既然被稱為「朝」，那就一定有一個朝的地點。外朝，毫無疑問的，就是未央前殿。天子的正式朝會在那裡，而丞相也根據那裡的決定，開始發揮權責。如其內朝既然也具有了朝的功用，那就內朝也是要和外朝具有類似的組織，而不是一盤散沙。這一個機構的樞紐在那一處？才是真正的基本問題所在。

　　武帝的作風，和高惠文景都不相同。高帝時雖曾一度對於蕭何有點懷疑，但這是由於誤會蕭何有貪汙的疑案，而非想把宰相之權，完全收歸君主之手。到了武帝在元光時代和田蚡的衝突，由於權勢之爭，就非常明顯。首先他對田蚡說：「君署吏竟未？吾亦欲署吏。」以後到了田蚡死後，還對田蚡有深刻的批評，這是文景時代所未曾有的。

　　文景時代的宰相權責，是春秋戰國以來習慣上的成規，並且也經過了道法兩家設計之下，形成一種行政的軌道，不必由君主多為費力。到了武帝時代開始，他不滿過去的官僚政治，一定要創出一個新局面來，這種新局面執行的方向，並無過去的經驗來指示，更無成規可循，因此武帝就採用一個盡量裁抑丞相的辦法。《漢書》六十六〈公孫劉田王楊蔡陳鄭傳〉說[8]：

> 公孫賀……遂代石慶為丞相，封葛繹侯。時朝廷多事，督責大臣。自公孫弘後，丞相李蔡、嚴青翟、趙周三人比坐事死。石慶雖以謹得終，然數被譴。初賀引拜為丞相，不受印綬。頓首涕泣曰：「臣本邊鄙，以鞍馬騎射為官，材誠不任宰相。」上與左右見賀悲哀，感動下泣曰：「扶起丞相。」賀不肯起，上乃起去，賀不得已拜。出，左右問其故，賀曰：「主上賢明，臣不足以稱，恐負重責，從是殆矣。」

其後公孫賀果坐罪死。又《漢書》四十六〈萬石衛直周張傳〉說[9]：

8　藝文本，頁 1306。
9　藝文本，頁 1054。

（石）慶爲丞相，封牧丘侯。是時漢方南誅兩越，東擊朝鮮，北逐匈奴，西伐大宛，中國多事。天子巡狩海內，修古神祠，封禪，興禮樂，公家用少。桑弘羊致利，王溫舒之屬峻法，兒寬等推文學，九卿更進用事，事不關決於慶，慶醇謹而已。在位九歲，無能有所匡言。嘗欲請治上近臣所忠，九卿咸宣，不能服，反受其過，贖罪。元封四年，關東流民二百萬口，無名數者四十萬。公卿議欲徙流民於邊以適之。上以爲慶老謹，不能與其議，乃賜丞相告歸，而案御史大夫以下議爲請者。慶慙不任職，上書曰：「臣幸得待罪丞相，疲駑無以輔治，城郭倉廩空虛，民多流亡。罪當伏斧質，上不忍致法，願歸丞相侯印，乞骸骨歸，避賢者路。」上報曰：「間者河水滔陸，氾濫十餘郡，隄防勤之。是勞，弗能隄塞，朕甚憂故巡方州，禮嵩嶽，通八神以合宣房，濟淮江、歷山濱海，問百年民所疾苦。惟吏多私，徵求無已，去者便，居者擾，故爲流民法以禁重賦。乃者封泰山，皇天嘉況，神物並見。朕方荅氛應，未能承意，是以切比閭里，知吏姦邪。委任有司，然則官曠民愁，盜賊公行，往年觀明堂，赦殊死，無禁錮，咸自新，與更始。今流民愈多，計文不改，君不繩責長吏，而請以興徙四十萬口，搖蕩百姓。孤兒幼年未滿十年，無罪而坐率，朕失望焉。今君上書言倉庫城郭不充實，民多貧，盜賊眾，請入粟爲庶人。夫懷知民貧而請益賊，動危之而辭位，欲安歸難乎？君其返室。」[10] 慶素質，見詔報反室，自以爲得許，欲上印綬。掾史以爲見責甚深，而終以反室者，醜惡之辭也。或勸慶宜引決，慶甚懼，不知所出，遂復起視事。慶爲丞相，文深審謹，無他大略。後三歲餘薨，諡曰恬侯。

從上兩則看來，漢武帝對於丞相的控制，可以說已經發展到極端的程度。他的目的，是收歸全國政務的決定入於天子之手，而把丞相變成爲一個純事務性質的官吏。他所用的人，李蔡和公孫賀都是武人，而石慶是一個樸實的人，

---

10 漢武詔書中多漢令習慣用法，不易解釋。其中如「氛應」指雲氛和瑞應，「然則」此處言雖然「知吏姦邪」而信託委任謁者級吏員，「但」仍然「官曠民愁」，不臻理想。「計文」指每年上計文書中所列的數字（與實際不符）。「君其返室」指「你應當回去想一想」，即不許之意。所以石慶再視事，武帝也就聽任他了。

還出身於樸實謹厚傳家的石氏，都不是由幹練明達的文吏出身的。至於在此以前的公孫弘，雖然稍稍不同，但公孫弘也是一個自甘做傀儡的人。何焯《義門讀書記》說：「淮南輕弘，至有發蒙振落之語，當日治其獄，無有不聞於上者，皇恐避位，蓋亦非得已也。」這確也是實情。據〈公孫弘傳〉稱「上乃使朱買臣等難弘，發十策，弘不得一」。《史記集解》引韋昭曰「弘才非不能得一，不敢逆上耳」。這也確得其情實。因為公孫弘能夠在要緊關頭顯示拙，所以後來漢武帝居然使他代薛澤為丞相，並且打破了漢代以列侯為丞相的慣例，以無爵的人封為平津侯。這也是漢武帝一方面裁抑列侯，另一方面又裁抑丞相，一個「一箭雙雕」的辦法。

公孫弘是一個天資相當高的人，他深知漢武帝的企圖是怎樣的，因而他應付得宜，以高年終於相位。後來的李蔡趙周輩都不合標準，直等到武帝選上了石慶。武帝對於石慶的辦法以及對於石慶的態度完全和對於公孫弘不同。武帝知道公孫弘是怎樣一回事，公孫弘也知道武帝是怎樣一回事，彼此間相照不宣。一個安心要控制，一個甘心受利用，這就成為最好的搭檔。武帝自然不願公孫弘去職，但大致還是客氣的。到了石慶，武帝明瞭石慶，可是石慶並不太了解武帝。武帝以奴隸畜石慶，其辦法是一方面給吃飽，一方卻用鞭撻。石慶累得嚴譴，並不代表武帝要放棄他，而是覺得石慶雖然聽話，但也要加以相當的鉗制，然後這個奴隸才能服服帖帖、戰戰兢兢的做下去。後來石慶辭位的奏，正表示石慶不夠精明，沒有猜準武帝的意思。武帝在重大事件中不找石慶，並不代表武帝廢棄石慶，而是武帝正要用這一個伴食宰相。石慶如能安之若素，那當然可以平安無咎。無奈石慶卻藉此上辭呈。武帝當然會大怒的。等到詔書下來，受到深責。在無辦法中找到再起視事，一個無辦法中的冒險辦法。後來石慶居然可以做下去，就不難看出武帝的意思了。當然這種特別貶抑丞相，控制丞相，即使仿效武帝作風的宣帝，也不再採用下去，因為控制丞相的軌道已經成熟，有一個成形的內朝可以充分利用了。

當石慶為相時，「九卿更進用事」，這是非常值得注意的。這些「更進用事」的九卿們，決不止是在未央前殿天子朝見群臣們才有機會見面，而是除去正式朝會以外，天子可以特召入宮會見的。據《漢書》四十八〈賈誼傳〉：「後歲餘，文帝思誼，徵之。至入見，上方受釐，坐宣室，上因感鬼神之事，

而問鬼神之本。誼具道以所以然之故。至夜半，文帝前席，既罷，曰吾久不見賈生，自以為過之，今不及也。」這是漢代徵郡國二千石入京的故事。這種情形尚有特召長談之事，那就天子用事的九卿，更不必說一定有長談的事了。宣室的座落，據《漢書・注》蘇林曰：「宣室，未央前正室也。」應劭曰：「釐，祭餘肉也。漢儀注祭天地五畤，皇帝不自行，祠還致福。」《史記索隱》引《三輔故事》云「宣室在未央殿北」。蘇林和司馬貞二說表面上雖然不同，其實二說並不衝突。古時前堂後室，未央前殿南向，所以前殿在南。而前殿所附的室在正殿的北部，這個部分，正應當是天子齋戒所居，所以受釐也在此處。皇帝接見應召的官員，似乎是依照天子的方便而臨時決定，並無一個固定的處所。所能知道的，就是未央前殿只是一個供大規模朝會的大禮堂，平時接見應召的臣工，並不像正式朝會那樣拘於形式，而是皇帝及接見的官員，都可以暢所欲言，不受時間的限制。賈誼在漢文帝時代，只是一個偶見的召見，並且是天子和郡國二千石直接談話，其中並無丞相參與其間。至於武帝時代，「九卿更進用事」，這些用事的九卿，其由天子隨時特召，和天子直接商酌國家大計，應當和這個特殊召見的情形，相差不會太遠，即(1)接見的地方，一定在宮內，不會在宮外，在宮內的某一便殿，不會在未央前殿正式的會所。(2)接見的時間不會固定的，也不會有任何的限制。——所不同的，可能從郡國召來的高級官吏，其入宮的名籍[11]是臨時性的，而「更進用事」的九卿，因為經常要入宮和天子商酌國本，那就有一種較為長期性的特別名籍了。

又《漢書》五十〈張馮汲鄭傳〉：

> （汲黯）……召為主爵都尉，列於九卿。……上方招文學儒者，上曰吾欲云云，黯對曰：「陛下內多欲，而外施仁義，奈何欲效唐虞之治乎？」上怒變色而罷朝，公卿皆為黯懼。上退，謂人曰：「甚矣，汲黯之戇

11　《漢書》52〈竇嬰傳〉：「孝景即位為詹事。帝弟梁孝王朝，因燕昆弟飲。是時上未立太子，酒酣，上從容曰，千秋萬歲後傳王。太后驩。嬰引卮酒進上，曰，天下者高祖天下，父子相傳，漢之約也，上何以得傳梁王。太后由此憎嬰，嬰亦薄其官。因病免。太后除嬰門籍，不得朝請。」《資治通鑑》胡注：「門籍，出入宮殿之籍也。」案竇嬰病免，因係外戚，當有門籍。

也。」……大將軍青侍中，上踞廁視之。丞相弘宴見，上或時不冠。
至如見黯，不冠不見也。上嘗坐武帳，黯前奏事，上不冠，望見黯，
避帷中，使人可其奏。其見敬禮如此。[12]

就以上所引的來看，〈汲黯傳〉指出來的，顯然是兩種情況，一種是正式的朝
會，一種是朝會以外的召見。

　　其中最值得注意的，是「大將軍青侍中」[13] 這一句。據衛青本傳，衛青
未曾加上這「侍中」的名義。這裡稱爲侍中的，當然有兩種可能，第一、是
衛青只以大將軍名義入宮，只有侍中的任務，並未加侍中的名義。第二、
是衛青以大將軍加侍中，只是本傳中漏掉未提。在這個兩個可能中，第一可
能應當是正確的，第二個可能卻不太合理。雖然第二個可能說明了衛青曾爲
建章監加侍中，後來爲大將軍，只要未出征時，侍中的名義仍然存在。但是
證據並不夠充實。如其採用第一個可能，即衛青是天子的親信，等他以大將
軍立功邊境以後，在他不出征的時候，他雖然不必再加「侍中」的名義，仍
然可以以大將軍的身分，奉陪武帝，而在事實上等於具有侍中的職務。這樣
在漢代就成爲「故事」，凡是大將軍都可以獲得入宮的許可。等到武帝崩逝時
前，以霍光爲大司馬大將軍[14]，金日磾爲車騎大將軍，上官桀爲左將軍，又

---

12 藝文本《漢書》，頁 1099。

13 曾任侍中者，往往受他職時，如其當需在天子左右，侍中之加官不予解去。《漢書》
　68〈霍傳〉：「任光爲郎，稍遷諸曹，侍中……爲奉車都尉，光祿大夫。……上
　以光爲大司馬大將軍，日磾爲車騎將軍，及太僕上官桀爲左將軍，搜粟都尉桑弘
　羊爲御史大夫，皆拜臥內床下，受遺詔，輔少主。」也可能霍光爲光祿大夫時仍
　加侍中，不過還需要證明。爲簡接起見，所以在此不支持此一可能。

14 關於武帝遺詔中的輔政大臣，《漢書》中本紀及列傳中是互有出入的。〈昭帝紀〉
　作「大將軍光秉政，領尚書事，車騎將軍金日磾、左將軍上官桀副焉」。〈田千秋
　傳〉作「後歲餘，武帝疾，立皇子鉤弋夫人男爲太子，拜大將軍霍光、車騎將軍
　金日磾、御史大夫桑弘羊及丞相千秋，並受遺詔輔道少主」。〈霍光傳〉：「後元二
　年春，上游五柞宮，病篤，……上以光爲大司馬大將軍，日磾爲車騎將軍，及太
　僕上官桀爲左將軍，搜粟都尉桑弘羊爲御史大夫，皆拜臥內牀下，受遺詔，輔少
　主。明日，武帝崩，太子襲尊號，是爲孝昭皇帝。」（藝文本，頁 1323）這三段對
　於受遺詔的人數，互有詳略。〈昭帝紀〉中漏掉田千秋、桑弘羊，〈田千秋傳〉漏
　掉上官桀，〈霍光傳〉中漏掉田千秋，只有霍光、金日磾，在各紀傳中未曾漏掉。

是從這一件「故事」引申而來。過去霍光本來有宮門門籍，而按照過去衛青的成例，大將軍也當然有資格進入宮內。其輔少主行使職權也當然應在宮門之內。又據〈霍光傳〉「光時休沐出，桀輒入代光決事」。此段證明了光是在宮中決事，光的「出」，是指「出宮」，而上官桀的「入」是指「入宮」。這和丞相府在宮外，丞相在宮外決事，是不相同的。

據《漢書》六十六〈公孫劉田王蔡陳鄭傳〉：田千秋代劉屈氂爲丞相，「武帝疾，立皇子鉤弋夫人男爲太子，拜大將軍霍光、車騎將軍金日磾、御史大夫桑弘羊及丞相千秋，並受遺詔輔道少主。武帝崩，昭帝初即位，未任聽政。政事壹決大將軍光。千秋居丞相位，謹厚有重德，每公卿朝會，光謂千秋曰，始與君侯俱受先帝遺詔，今光治內，君侯治外，宜有以教督，使光毋負天下。千秋曰，唯將軍留意，即天下幸甚。終不肯有言，光以此重之。」[15] 此處霍

總計受遺詔的，應當是霍光、金日磾、上官桀、田千秋和桑弘羊五人。後來田千秋因爲自己是丞相，對樞機事不願過問，其政局更迭，多與田千秋無關，所以一般不再提田千秋，只有在田千秋本傳中卻非提到他不可。但本傳既然說到他，當然他是受過遺詔的一個人，這是史書中的詳略問題，決不可以全憑臆斷，說田千秋本傳不可信據的。至於〈田千秋傳〉中所說的次序，田千秋當在御史大夫桑弘羊之後，那是因爲田千秋是傳主，而他的重要性又的確不及其他的人，爲敘述方便，當然放在最後。再就漢代傳統，詔書是先下御史大夫後下丞相，詔書丞相在後也不是一個特殊的事。此外《漢書》62〈司馬遷傳〉，〈報任安書〉云：「僕亦掌廁下大夫之列，陪外廷末議，不以此時引維綱，盡思慮，今已虧形，爲掃除之隸，在闒茸之中，乃欲卬首信眉，論列是非，不亦輕朝廷，羞當世之士？」（藝文本，頁 1254）此處的「參外廷末議」，語意明白，是指未受刑以前，作太史令時，太史令六百石，故能參與朝議。此處正可以證明太史令是外朝官，中書令雖然「尊寵任職」卻不能「參外廷末議」，若只拈出「陪外廷末議」幾個字認爲司馬遷爲中書令時的事，這就錯了。（不過中書令不專外廷事，是因爲中書令是宦官的原因。若就尚書令及尚書而言，尚書令千石，尚書六百石，雖然其工作仍在內廷，若爲士人而非宦官，但就其千石及六百石的身分來說，應當是可以參加外廷朝會，不因爲工作在宮中而受影響。）不僅如此，「陪外廷末議」一語，決不是對於「尚書爲中朝官」一事的不利證據，而且還是一個有利的證據。因爲按全文來說，司馬遷參加外廷，是做太史令時事，到了任中書令即不能再參加外廷。中書令的工作既然限於內廷，而中書又是和尚書共同工作的，那就顯然的，無疑的尚書的工作，也是內廷的工作了。

15 藝文本，頁 1308。

光對千秋對說，「光治內，君侯治外」，這是毫無問題的，「光休沐出，桀輒入代決事」，所出入的內，是一回事，也就是後來所謂的內朝和外朝。這裡既然說「決事」，那就一定有一個辦公廳，其中有辦公的僚屬，而不是霍光或上官桀唱獨腳戲。同時既然稱「決事」，也必有文書，才能發生效用，而這些文書又是些什麼文書？如這些問題不能解決，那麼「決事」、「治內」等等的名稱，就毫無意義。

據《漢舊儀》（《六典》本）說：「丞相典天下誅討賜奪，吏勞職煩，故吏眾。」[16] 我們看到《漢書·百官表》及《漢舊儀》，就知道丞相府確實是有組織的。但在〈田千秋傳〉卻說「光治內，君侯治外」。如其內和外在同等權量之下辦公行文，但「外」有組織，而「內」無組織，是不可能的。在丞相府中，其僚屬組織，在記載中是很清楚的，反之，在宮中辦公行文的組織，也是很清楚的。宮中辦公行文的組織，不是別的，只有「尚書臺」才合格，只有「尚書」才是真正的辦公行文的僚屬。若天子需要治事，需要行文，這都是尚書的事，不屬於別人的任務。當霍光輔政時，昭帝尚幼，不能親自批答奏章，霍光治內決事，有時上官桀代為決事，所決的一定是奏章上的，發出的也一定是由昭帝具名，由尚書擬定，再經霍光以及上官桀核定後的制詔。如其不在尚書辦公地點來決事，那就實際上是無處可辦。這是事實上的問題，非這樣不可。

如其把尚書算做外朝官，那就《漢書》已說明了田千秋治外，尚書當然要算田千秋的屬下，如其尚書管接收奏章和發出制詔，那就是漢代的奏章不是上天子，而是上丞相；制詔也是由丞相發出，不是由天子發出；不是由宮內發出，而是由丞相府發出。這個結論，就成了一個驚人的結論。在此不必多為舉證，就看漢代的制詔，都寫明了是奏未央宮，然後詔書下御史大夫，御史大夫下丞相，丞相下中二千石、二千石。表明了丞相無權發制詔，制詔還是先經御史大夫，再下丞相[17]。當西漢時代，宮中和府中，職責分明。丞相府和尚書所發的文書，絕對不是同一的類型。這是一個不容混淆的事。

內是宮中，外是宮外，在宮中辦事的，就是內朝的官，在宮外辦事的，

16　四部備要，漢官六種，《漢舊儀》上，頁 6。

17　見《史記》60〈三王世家〉（藝文複印本，頁 818、819）及《敦煌漢簡》及《居延漢簡》。

就屬於外朝的官，據《漢舊儀》[18]：

> 尚書四人，爲四曹，常侍曹尚書，主丞相御史事（按尚書主丞相御史事，
> 所以丞相管轄不了尚書的工作），二千石曹尚書主刺史二千石事，民曹尚書
> 主庶民上書事，主客曹尚書主外國四夷事。
> 尚書令主贊奏封，下書；僕射主閉封；丞二人主報上書者，兼領財用、
> 火燭、食廚。漢置中書官，領尚書事，中書謁者令一人。成帝建始四
> 年，罷中書官，以中書爲中謁者令。
> 中臣在省中皆白請，其宦者不白請。尚書，郎宿留臺中，官給青縑白
> 綾被，或錦被，帷帳，氈褥，通中枕。太官供食，湯官供餅餌，果實，
> 下天子一等。給尚書，郎、伯二人，女侍史二人，皆選端正者。從直，
> 伯送至止車門還，女侍史執香爐燒薰從入臺護衣。
> 五官屬光祿勳，不得上朝謁，兼左右曹諸吏得上朝謁。

《漢舊儀補遺》：

> 中書令領贊尚書出入奏事，秩千石。
> 中書掌詔誥答表，皆機密之事。

《漢官儀》：

> 初秦代少府遺史四，一在殿中，主發書，故號尚書，尚猶主也。漢因
> 秦置之，故尚書爲中臺，謁者爲外臺，御史爲憲臺，謂之三臺。左右
> 曹受尚書事，前世文士以中書在右，因謂中書爲右曹，又稱西掖。尚
> 書郎主作文書起草，夜更值五日，于建禮門內。
> 尚書郎給青縑白綾被，以錦被（以字前缺一「或」字），帷帳、氈褥，通
> 中枕。太官供餅餌。五熟果實，下天子一等。給尚書史二人，女侍史
> 二人（《漢書》作尚書郎，抄寫致誤，當以此爲正），皆選端正，從直女侍執
> 香爐燒從入臺護衣，奏事明光殿省，皆胡粉塗畫古賢人、烈女。

---

18 四部備要，漢官六種，《漢舊儀》上，頁2：《漢舊儀補遺》上，頁3下：《漢官儀》
上，頁14下。

《漢舊儀》及《漢官儀》一類職官的書因為累經反覆抄寫，未曾好好的來校
對，因而其中脫落和錯誤很多，《漢舊儀》和《漢官儀》的裡面也有不少相同
的地方，現在看到其中異文，也可以大致找出來一點抄寫的錯誤。不過無論
如何，尚書以及替尚書辦事的尚書郎，其辦公地點，毫無問題的是在宮中而
不是宮外。從天子到丞相，是先經過尚書再到丞相，決不是由天子先下丞相
再從丞相到尚書。那麼依照霍光所說，霍光治內而丞相田千秋治外，尚書當
然在屬於「內」的機構以內，決不可能尚書是由丞相領導之下辦事，一個屬
於「外」的機構。

據《漢書》八十一〈孔光傳〉：

> 是時博士選三科，高第爲尚書，次爲刺史，其不通政事，以久次補諸
> 侯太傅。光以高第爲尚書，觀故事、品式，數歲明習漢制及法令，上
> 甚信任之。轉爲僕射、尚書令。有詔，光周密謹慎，未嘗有過，加諸
> 吏官。（按《漢舊儀》「左曹日上朝謁，秩二千石，右曹上朝謁，秩二千石」，又
> 「五官屬，光祿勳，不得上朝，兼左右曹，右曹諸吏，得上朝謁」，是諸吏與左右
> 曹相類似，尚書令本千石，加諸吏當可秩至二千石。）以子男放爲侍郎給事黃
> 門。數年，遷諸吏光祿大夫，秩中二千石，給事中，賜黃金百斤，領
> 尚書事，後爲光祿勳，復領尚書事，諸吏給事中如故。凡典樞機十餘
> 年，守法度，修故事，上有所問，據經法，以心所安而對，不希指苟
> 合。如或不從，不敢強諫爭，以是外而安。時有所言，輒削草藳。……
> 沐日歸休，兄弟妻子燕語，終不及朝省事。或問光溫室省中樹皆何木
> 也？光嘿不應，更答以他語，其不泄如是。[19]

這一處非常明顯，指出孔光從博士調任尚書以後，就一直在尚書臺服務，從
尚書做到尚書僕射、尚書令，再用「諸吏」銜加秩，然後再轉爲光祿大夫、
給事中，加秩到二千石，用領尚書之名義來往尚書臺服務，再轉爲光祿勳，
正式列於九卿，但保留「諸吏」的名義得入內朝，就便做「領尚書事」的工
作。所謂「典樞機十餘年」就是在尚書臺服務十餘年。尚書臺是在宮中而不
在宮外，因而他爲了對於國家的機要，保持絕對的祕密，他就不僅對於國家

---

19 藝文本《漢書》，頁 1462。

的大政，絕對不談，甚至於有人問到溫室省中的樹是些什麼樹，他都不加答覆。從〈孔光傳〉來看，尚書的辦公處所是在宮中，這是一點疑問也沒有的。如其尚書辦公是在宮中，所做的事是國家的機密，並且是政務的機樞，是向天子直接負責、就近負責，而為內朝機構的中心，若將尚書認為「外朝」的官，那就當然與漢代的情況不合了。

　　現在的疑問是《漢書》七十七〈劉輔傳‧注〉引孟康曰「中朝，內朝也，大司馬、左右前後將軍、侍中、常侍、散騎，諸吏為中朝，丞相以下至六百石為外朝」，其中並未提到尚書。但是這點並不足為尚書不在內朝的證據，因為其中確實屬於內朝的官職，如同車騎將軍、左右曹、給事中，在孟康所說的都未曾提到，就不能據這一段話來否認掉。孟康的目的，只是為了解釋內朝的性質，隨手就便舉了幾個例子，原來意思並非做內朝官職的通盤敘述，只能根據他所舉的說是內朝官，卻不可以認為他所未舉到的就不是內朝官。

　　自然，〈孔光傳〉所記雖然非常明白，也許有人還可以說孔光屬於西漢晚期，不能完全證明武帝昭帝的事，但《漢官儀》已經說明了，尚書在秦代已在殿中發書，從秦代到西漢晚期，不僅尚書沒有在宮中以外任事的證據，而且也沒有在宮中以外任事的可能。那就〈孔光傳〉所說的情實原是西漢的傳統，只是〈孔光傳〉更格外強調一下，這是不應該有什麼疑問。《漢官儀》說「漢明帝詔曰，尚書蓋古之納言，出納朕命，機事不密則害成，可不慎歟？」[20]正顯明的表示著，到了東漢明帝時期，尚書還是一個最高的機密處所，如其要說是屬於外朝，對於天子而言，較為疏遠，恐怕是不合事實的。

20　四部備要本，《漢官儀》卷上，頁 14。

關於「關東」及「關西」的討論

　　《食貨月刊》第十三卷第十二期談及中國的「關東」與「關西」的問題，
這個問題牽涉到中國歷代許多廣泛歷史因素。而其來原甚久，範圍也不那樣
的一定，其中矛盾更是舉不勝舉。我的看法，是在漢代的四百年中，一般人
的印象，是以殽函爲關東與關西之界的。在朝廷定制上，函谷關都尉是掌管
京師門戶的職務。只是這個分界，在文獻上的解釋不十分明朗。而且漢代人
對這一點，並無邏輯上的申述，不免啓後人的疑竇。其實，殽函爲關東和關
西的分界線，是不容否定的。但如其加以詳核，那就殽函以北以甚麼爲東西
之界，殽函以南又以什麼爲東西之界？關東和關西，其北界和南界又到了什
麼地方？北方邊郡和荊揚二州及其南方是不是也算在內？因此關東和關西只
能算一般人的一個粗疏概想，不能把這個觀念在地理上加上明確的指定。但
是在正式的鄭重的歷史論著之中，爲方便起見，關東和關西這些名辭還是要
用得著，只是怎樣去解釋，在同一編論著之中，必須要有清楚的界說，然後
向下與推論才有根據。

　　中國華北地帶沿岸和內地的差異，從彩陶及黑陶的分布，就已現出文化
方面的分別出來。傅孟真先生的「夷夏東西說」，更明顯的說出東西的差異。
只是傅先生所指的東西分界，大致是以現今的平漢線爲主，這和彩陶及黑陶
的分布有點類似，卻與戰國秦漢時代的關東及關西的分界有所不同。

　　戰國秦漢時代所謂「關東」和「關西」，在政治方面的意義，實在超過了
文化上的意義及民族上的意義。這個名辭的開始，應當開始於秦和山東各國
的對立。但是更向前推溯，周朝初年的周召分陝，應當是更早的政治性的東
西分畫。而這種政治分畫，其基礎應當是陝（即崤函地區）以東是周室新開闢
的勢力範圍，而陝以西是周室舊有的勢力範圍。在管蔡叛變的「三年之戰」

的時期，召公負責任維持周室舊疆的安定，而周公東征。等到戰爭停止後，仍舊是和戰時的區畫一樣，周公負責東部，召公負責西部，分陝之治是這樣來的。也就是關西是以周的本土爲主，關東是以商的本土爲主。但周的本土和商的本土都是環繞著許多夷狄，這兩處除去崤函以外，其他地區多不銜接。因而關東和關西的界限也就沒有什麼大問題。現在注意到的是，現今的山西省，是屬於東方的。在今山西省的霍山，也就是岳山，這是殷商時代河山祭祀的代表。在甲骨文中河與岳的祀典是相當重要的。這個在山西南部的岳，以後才轉爲陝西西部的吳嶽，再轉爲河南西部的崇高山（《詩經》「崇高維嶽」，其中還有兩種解釋：(1)指嶽山〔山西的岳山〕是崇高而峻極的，(2)指河南西部的崇高山可以有岳的資格，然後再轉爲嵩高山，再變爲嵩山），再引申爲東西南北中五嶽，這都是後起之義。但是在殷商時代，霍山必在商的境內，而成爲一個重要據點，當無疑義。後來三監中的霍叔，以霍國爲根據地，正表示霍山在商代是有其重要性。——所以關東和關西的界限，如其追溯到開始分陝的時候，那就仍應當把今山西地區畫歸東方而以呂梁峽谷中的黃河爲東西界線。雖然，在周初時呂梁東西附近，也許爲夷狄所占據。

春秋時代，秦晉兩方都排除戎狄，正式以河爲界。如晉文公「渡河，入於曲沃，朝於武公，使殺懷公於高梁」，如「秦伯（穆公）伐晉，濟河焚舟，取王官及郊，晉人不出，遂自茅津濟，封殽尸而還，遂霸西戎」。這都表示黃河是秦晉之界。至於殽函，當時依照傳統，似乎不屬於秦晉二國，而屬於周的疆土，所以不在秦晉控制之中。又因周室勢力微弱，也不能控制，因而成爲一個無人有效管理的地帶。

當春秋晚期以至於戰國初期，三晉雖然分立，但力量仍在。秦被迫退到華山之西。最近發現的從陝西韓城向西南到華陰縣西的一段長城，正是魏國所築的長城，來阻塞秦的東進。這個長城南止於華陰縣之西，華山是包括在長城之內的。《周禮》一書成書較早，應當成書時就在這個時代。所以把華山當作豫州的山，而雍州的山即不是華山而是嶽山。在討論中，傅樂成先生以爲華山是關東及關西的界限，所用的根據也是以那一個時期爲背景的材料。這又可以證明，關東及關西的判別，是以政治背景爲依據的，其他人文的關係只是依附於政治性分畫的上面。

我過去做〈兩漢戶籍與地理之關係〉那篇論文時，當時的構想是依據自

然地理的畫分，再把人文的活動加上去。不過真正要去做，還得需要更充分的準備條件。依此比例，西漢的材料還很不夠，除去在文獻上還得找更多的資料以外，而考古的發現，當時還太少了（譬如在當時對於漢代舟船的構造，就是一些空白）。不過無論怎樣，比較近於正確的架子，還是要搭的。所以我就以當時出版的地形圖為根據，按照海拔的高度作為一個重要的參考。但是依照此項標準來做一個地區的畫分時，對於今山西省地方的歸屬，顯然就發生很大的問題。山西省區域是一個高原地帶，與陝西及甘肅東部，屬於同一的地理區域，而與河北省不屬於同一的地理區域。在處理上有相當的困難。本來參考傳統政治的分畫，「關東」和「關西」的分畫，我的意思是從山西省西北起，沿著黃河一直下來，經過崤函，再大致依陝西和河南，陝西和湖北，四川和湖北，貴州和湖南，雲南和廣西，這就構成了廣義的東西分界。因為依照《漢書》的記述，雲貴屬於西南夷的部分，而兩廣屬於南粵的部分，是各有不同的。到了三國時代，雲貴為蜀的範圍，兩廣為吳的範圍，仍然有東西的不同。這一條東西分畫的北方部分，在東西魏及北齊和北周時代，也是有效的。只是依照漢郡的分畫，西河一郡，跨有黃河西岸，構成了關東和關西正確認定的問題。所以在我的那篇論文中，用太行來做東西之界（崤函在其南部為東西之界，此文中亦未否定）。雖然以太行為界，並非無據，但究竟不是兩漢人思想的主流。

　　這種分法完全是我自我作古，為了方便，依照地形而設的，與舊說無關。總之，這篇論文把全國分為幾個區域，如：(1)關東區域，(2)西北邊郡，(3)關中（此處用關中不用關西，也是為避免和漢代的關東與關西的一般觀念混淆），(4)東北地方，(5)江漢以南，也都是為了這一篇組織的需要而分畫的。其中「江漢以南」實際上也不太妥，嚴格論定應當以秦嶺及淮河為界，再分東西，更為合理些。只是為材料所限，才如此分畫，只是為了敘述方便一個理由。若依漢人的設想，荊揚地區應為廣義的山東，這是不成問題的。因為京都在長安，入境要過函谷關。而函谷關的出入境依照秦時舊章（漢代函谷關出入時，皆有符傳，見《漢書》終軍、寧成各傳，其符傳之制亦可詳見漢簡）。戰國時的山東包括楚國在內，荊揚正屬楚境，依傳統觀念引申，荊揚自屬關東或山東了。

霍光當政時的政治問題

一、緒論

霍光當政的局面在中國歷史上是一個創局。漢武帝的內朝政源，是天子的祕書室。但因爲將軍也可以加入內朝，所以霍光是以大司馬大將軍的名義，來做內朝領袖的。自從建立了這一個制度上的慣例，到東漢時許多外戚，就以大司馬大將軍或者大司馬車騎將軍秉政。魏晉南北朝以後，大司馬大將軍就變成了篡奪的階梯。但影響最大，而成爲一種固定制度的，那就要算日本的幕府制度。幕府制度的優劣，固然難有定評，不過霍光當政這一段在世界政治制度上樹立了一個新局面、新形式，是不容否定的。

霍光也只是時勢所造成的英雄。當然他本人處事的能力是可以說相當優秀。但他在這個特殊情況，前所未有的局面中，也是隨事應付，並無遠見。這也就是《漢書》中批評他「不學無術」這個評語所由來。在他所處理各項事件之中，如立昭帝，在昭帝時所執行的國策；昭帝之死，立昌邑王、廢昌邑王；擁立宣帝的各項機會之中，有得有失。總算運氣不錯，不僅都平安度過，而且還成績很好。只可惜他的夫人毒死許后，以他們的女兒來繼立爲后，這才是一個最大的失著。但他既不能防範於事前，又不能當機立斷，補救於事後，這才種下了失敗的因素。霍光當政確是無意於篡奪的，但他並不能想到一個妥善的安排[1]，或者急流勇退，或者找妥繼承人，甚至於建立日本式的

---

[1] 諸葛亮生時以丞相錄尚書事，中外事無所不掌。但他並不曾安排他的家族作爲繼承人。他死後，蔣琬繼爲大將軍，費禕爲尚書令，過了十一年，蔣琬死，姜維繼爲大將與費禕並錄尚書事。這種不以家族子弟繼承權力的辦法，當然是諸葛亮生前預定的，可惜霍光並未想到。

傳統。他只是任其自然推演下去，這是他沒有遠見的地方。這也就是他究竟還是一個常人，而非超越了常人。

其次，關於霍光平生最重要的事蹟，還有廢君立君這一項，其中仍以廢君一事，最爲聳人視聽。在傳統標準上說，廢君是不可以的，不過像昌邑王這種愚昧而荒謬的君主，不堪繼承大統。在傳統的史家觀念，也不能不承認這件事是一個從權的處置。在君主時代，如其當情況有變化時，要新立國君，基於「立親」條件之下，對於繼承人的品格有時可能完全忽略掉。昌邑王這一個例子，一直到明代的朱由崧（福王），清代的溥儁（大阿哥）的被指定，還是一樣的「覆車重軌」。

關於「立君」這一件事，霍光當政是經過三次立君的，第一個被立的君是昭帝。昭帝的被立，不能說完全出於武帝的預定計畫。雖然據說昭帝未生以前，武帝曾在鉤弋夫人的門上署有「堯母門」三字，表示要預立昭帝，這也不太正確。因爲還未能決定鉤弋夫人生男生女，怎能就指明爲皇嗣？況且漢代名叫堯、舜、禹、湯的多得很，難道每一個叫堯、舜、禹、湯的，都有想立爲皇嗣的野心？當然，堯的命意，代表聰明特達的才智，也就不能排除武帝對於所有諸皇子都不滿意，而想生出一個更優秀皇子的期望，卻不能證明昭帝就是武帝早已指定的繼承人，亦即昭帝的被立是由於許多偶然因素造成的，這卻不容否定。

昌邑王的被立，可以說霍光在昭帝早死的時候，本來未作萬一的準備，臨時應付，不免慌張而造成錯誤。當時如考慮周全，開始便立宣帝，就省去許多不必要的後果了。其實昌邑王爲李夫人的孫子，出身的基礎上和霍光本來是敵對的，只因那時李氏已經消滅，不成威脅，而廣陵王胥尚在，燕王旦一支爲新的敵人，爲了對付有燕和廣陵兩支，只有把昌邑這一支容易控制的找出來。等到發現昌邑王決不可用時，也只有再使用非常手段了。

宣帝的被立，也不是偶然的。就人際關係來說，宣帝的基礎上，對於霍光實在較昌邑爲親。但霍光卻未敢一下就立宣帝。這是在法的方面，宣帝的出身還是有罪。雖曾公開赦免，但和燕王旦的兒子，並無基本上的區別，就不免增加困難，等到昌邑王一廢，才顧不及了。等到宣帝被立以後，在政治上一點未發生波瀾，這是霍光始料所不及的。宣帝遭到大赦，是昭帝始元元年七月的大赦，其回復原籍，也是在昭帝即位後，霍光當政時期，可是一直

沒有被封位號，這就比昌邑王要遜一籌。除非霍光早日能斷然處置，不顧一切，擁立宣帝才可以。但霍光的進身，是由於小心謹慎，不論他的能力怎樣，他的魄力被長期壓抑，自然不能一下就開展起來，這也是無可如何的了。

再次，霍光當政的時期，對於漢代制度，是有很大的影響的。原來從漢武帝開始創立了「內朝」的制度，把皇帝的「文學傳統之臣」，或者可以說是皇帝的「賓客」，作成了一個議事的團體。其中本來除尚書一直在宮中以外，其侍中、常侍、給事中、諸吏、散騎、左右曹等都是從別的官加上去的，變成了天子的「智囊團」。將軍與此無關，應當不在內朝團體之內，後來衛青和霍去病被天子親近，因此將軍也加入內朝的團體中。昭帝即位以霍光為大司馬大將軍領尚書事，霍光卒後，宣帝以張安世為大司馬車騎將軍領尚書事。從此以後，外戚權臣當政的，就以大將軍或車騎將軍領尚書事成為一種制度，直到南北朝時，還是如此。

就政績來說，武帝時代，用兵四方，財源匱乏。再加上巫蠱之變，天下騷然。後來昭宣之治，當然要溯源於武帝「輪臺之悔」。但那時只定立一個方向問題。保養生息，為時已晚，確實的施行與民休息政策，自然是要算霍光當政那段時期。而在這個時期，轉換政策的契機是始元六年召集賢良文學對於鹽鐵問題的討論。這一次討論會，名義上是對於鹽鐵問題，而實際上是對於武帝時法家政策的一個全部檢討。這一件事，據《漢書》六十〈杜延年傳〉，是杜延年的建議，丞相田千秋未曾表示過意見。《鹽鐵論》所說的，他是「括囊不言，容身而去，彼哉彼哉」。看這次鹽鐵討論，不論御史大夫桑弘羊多麼能言善辯，但從宣傳方面來說，御史大夫總是落在下風。國家政策也就此轉移下去。田千秋身為丞相，總是一個召集人，只要他處於中立地位，就是賢良文學的勝利了。

二、巫蠱事件與霍光的任用

霍光被任為顧命大臣的首席大臣，是從巫蠱事件發展以後，經過了許多曲折，然後因情勢所趨，終於形成這項重託的。本來漢武帝是歷代在位最長的其中的一個。凡是一個國君的在位時期較長，也就是變化較多。尤其是太子問題，經歷了一段冗長的期間，很不容易安定下來。因為太子就是君位繼

承人，覬覦君位的人已不少，尤其是想擁立一個新的太子，藉此圖謀占一席「定策功」的人更多。所以太子的位置就成爲眾矢之的。再加上君主常有新寵，而原來的正后，不免年老色衰，這就更影響了太子的安定性。漢武帝在位很長，以元朔二年生衛太子（前 127 年），元狩元年（前 122 年）立爲皇太子，到征和二年（前 91 年），巫蠱事件影響到太子的死，太子一直立了三十一年。在這三十一年之中，風浪是很多的。尤其齊王閎的出生，就給衛太子一個重大的威脅（齊王閎是元狩六年受封的，較立太子晚六年，齊王閎不知是那一年出生，算來大概較衛太子不過小六七歲）。這種「奪嫡」的風浪，還能拖到十幾年，自然最大的原因，還是武帝不願輕易的更換太子。

依照《資治通鑑》卷二十二，天漢二年所記，漢武帝和衛太子的思想是有距離的，對於事的看法，武帝嚴而太子寬。但武帝在一般情形之下，還是信任太子。這並不表示武帝和太子之間有一致的看法，而是拿其他諸子和太子比較，其可靠性還不如太子。爲了國家的前途，對於人選是不容含混的。武帝知人善任，在《漢書・倪寬傳・贊》說得非常明白。但武帝究竟是一個多內寵的人，衛皇后的出身，也不是出於世家大族，而是出於一般的歌伎，與後來武帝的寵姬，情況並無二致，這就無法壓制別人傲倖之心。不僅如此，朝中內外的局面到李夫人得寵後，又進一步的惡化。李夫人生有皇子，李氏家屬，李延年以宦官在武帝左右，李廣利被任爲大將。內外相結，自然不難在朝中樹立黨羽。李夫人雖然早死，但勢力已暗中布置成功。李氏的黨羽深知武帝對於太子廢立問題，非常持重，不能輕易動搖。他們就只有等待機會，來陷害太子。

武帝晚年，體力漸衰；再加上服食丹藥，性情變爲暴躁，從武帝晚年用刑過重，就可以表現出來。尤其武帝是十分迷信，既迷信丹藥可以長生，也迷信巫詛可以致疾。到武帝晚年，巫蠱事件的發生，逐漸增加，也繼續擴大。這當然表示武帝的身體逐漸變壞，疑神疑鬼；更有機會使李氏黨羽，分布內外，作有計畫的用巫蠱問題來傾害太子。其中江充表現最爲突出，不過丞相劉屈氂，御史大夫閻丘成，以及後來謀反的馬何羅、馬通等，顯然都是李氏的黨羽。尤其是巫蠱事件起時，太子欲向武帝自陳，被阻不能相見，這當然也是李氏黨羽安排的。巫蠱事件的結果，使武帝後顧空虛，就無法使武帝不十分痛心的。後來雖然立昭帝，但昭帝幼弱，顧命大臣無論怎樣也不如衛太

子更為可靠。這就變成了一個不得已的局面。等到武帝把事情看明白以後，發現了李氏一系的陰謀，來一個徹底的報復，肅清了李氏的一切勢力。

當巫蠱事件時，漢武帝雖誅衛氏，但株連不算太廣。衛伉雖然被殺，衛青的孫子並未連帶到。《漢書‧外戚恩澤侯表》說：「（宣帝）元康四年，詔賜（衛）青環錢五十萬，復家。」「（成帝）永始元年，青曾孫玄，以長安公乘為侍郎。」「（平帝）元始四年，賜青玄孫賞為關內侯。」證明衛青的後裔仍然存在。這裡可以看出漢武帝對於衛氏的處置，尚有分寸，不像他對於李氏那樣的鏟除淨盡。霍光是霍去病的異母弟，他經過巫蠱之禍，還能任武帝侍中，未被株連。這是後來昭宣之治能夠建立的契機。

昭帝及霍光當時被漢武帝指定的，可以說都是最適當的人選。尤其是當著漢武帝用武多年，府庫空虛，人民不得休息，霍光小心謹慎，處事條理分明，加上宰相田千秋沈著持重，有智處事，正好配合做成一個守成之局，使宇內豐盈，人民安樂。（這也就是倘若巫蠱之禍不發生，真能由衛太子繼承以後，最可能的局面。）武帝所能預料到的，也就僅止於此。至於此後的變化，如上官桀與燕王的勾結，昭帝的不幸逝世，昌邑王的不堪君位，宣帝的嗣立以及霍顯弒許后的事件，那就非任何人所能預料的了。

鉤弋夫人賜死那一件事，照《漢書》所載，乃是「從幸甘泉，有過見譴，以憂」，並非賜死。照《漢書‧武帝紀》，武帝是後元元年春正月行幸甘泉，二月巡幸北邊再薦於甘泉泰畤，赦天下。是二月薦泰畤後，即返長安，而鉤弋夫人以受譴未隨行，旋以病死於甘泉，因葬甘泉。至後元二年二月，武帝寢疾，才臨時立昭帝為太子，並不在原有計畫之內。其武帝預謀昭帝，乃賜鉤弋夫人死一說，係出於褚少孫《補史記》文。褚少孫言多鄙陋，所補多未可信。當鉤弋夫人見譴之時，正在李氏黨羽陰謀奪嫡事件以後，武帝當時年老，並因服食問題，影響心理上很大，情況很不正常。「宮省事祕」，謠傳甚多。褚少孫根據道聽塗說，輕易將前朝舊聞，以無根之談，形諸筆墨，以致成為一種印象，認為武帝曾對人表達過，而不知其純出揣測。所不幸的，是北魏期時期荒謬的模仿，毫無人情味，最後引起了胡后的反擊，引起大亂，那真是不足為訓了。至於昭帝出生，被題為「堯母門」，這一個問題，並經司馬光指責。其實堯、舜、禹、湯，在漢代常作命名，並不見得有儲嗣的問題，也不足深究了。

三、昭帝時代的政治問題

漢武帝的遺命，立昭帝而使霍光輔政，並任命其他的大臣來協助霍光，對武帝來說，是一個萬分不得已的處置。即使除掉鉤弋夫人，免掉了母后干政的可能性，但這種幼君在大臣輔政之下，還是一個很不安定的局面。就中武帝顧命最成功的，是選擇霍光為主要輔政大臣，而張安世為霍光的輔助。霍光忠誠並且公正，張安世老成持重，能和霍光同心共事，這才是把局面維持下去的主要力量。金日磾為人正直，不幸早死，否則也一定是霍光的有力幫手。至於上官桀和桑弘羊，那就是武帝對人的認識有了錯誤了。桑弘羊後來和霍光發生裂痕，可能還是政策上的關係。桑弘羊是純法家思想，和霍光重視現實，認為在客觀條件之下，要把武帝時代的作風扭轉過來不同。因此政策上的路線，越走越遠，而終於爆發不可收拾。至於上官桀和霍光的裂痕，完全出於個人恩怨上面。再加上上官桀與霍光爭權，又加上官桀的左右和蓋邑公主的慾恩，也就一發而不可收拾。這也是歷史上寡頭政治常見的情形，這也是漢武帝原來設計，由好幾個人輔政中，必然的內在的發展。所幸的是漢朝的「運氣」還算不錯，雖然有許多變化，後來還是向好處發展，不是向壞處發展。結果還是形成了「昭宣之治」。

霍光首先遇到的問題，就是和上官桀的衝突。依照《漢書》九十七〈外戚傳〉上，上官桀本來是武人出身，以材力為武帝所器重。後來又捕馬何羅反叛有功，在武帝顧命時，以霍光為大將軍，上官桀為右將軍，都接受遺詔輔政。原來上官桀的兒子上官安娶霍光的女兒，兩家相處得不錯，霍光遇到休假的時候，就由上官桀代為處理事件。上官桀的孫女，亦即霍光的外孫女，想納入宮配昭帝，當時只有六歲，霍光以為太小，不可以。但是上官桀竟然設法讓她進入宮中，成為皇后。衛后廢後，尚餘小女蓋邑公主尚存，此時在宮中照顧昭帝。長公主行不端正，寵她的客人丁外人。上官桀想為丁外人求職，又想活動為丁外人封侯，霍光持正，屢次不聽，因此上官桀和長公主勾結燕王，告霍光罪過。所幸昭帝精明，知道他們互相勾結的情況，昭帝更親近霍光，疏遠上官桀父子。最後上官桀父子謀叛，上官桀和上官安被誅，燕王及蓋邑長公主亦自殺。又據《漢書》六十六〈胡建傳〉：胡建在昭帝初年為渭城縣令，丁外人驕恣不法，使人射死京兆尹樊福。刺客藏公主家，胡建使

吏卒圍捕，公主與上官桀率人驅走縣中吏卒，再上書告胡建傷公主家奴。霍
光置其奏不問。後霍光病，上官桀代決事，竟使人捕胡建，胡建自殺。這也
是霍光和上官氏衝突的一個例證。也可以看出昭宣之治是不容易做出來的，
而霍光的持正、顧大局，不能不認為是一個主要因素。

在這個時期，匈奴因為漢武帝屢次進攻，實力消耗，已沒有力量大舉內犯。
在中國方面也是需要休養生息。所以客觀的情況，是彼此都需要臨時息兵。
從漢簡昭宣兩期的資料來看，這個時期烽火清明，邊疆平靜，也是促成昭宣
之治的一個大好機會。這時「與民休息」的政策，是在巫蠱事件之後，承「輪
臺之詔」的原則而來。這完全出於客觀的需要，並非有一個理論在後面指導
著。這種完全根據事實，不尚理論的人，可以從早期反對鹽鐵受制的卜式算
起（《漢書》五十八），直到田千秋、霍光都是屬於這種類型。這些人都不是受
過哲學思想訓練過的人，而只是憑著一般常識和社會經驗，作為判斷的基礎。
當然，《漢書·西域傳》所記桑弘羊輪臺的建議，並非全無道理。他的看法是
把輪臺作為基礎，把河西四郡的郡縣方式，再向西推進一步。既在西域樹立了
郡縣化的基礎，那就大漠以北的游牧行國，處於兩面受迫的情勢，並且資源匱
乏，不能再有所作為。（因為三音諾顏汗及札薩克圖汗等地方為中心的行國，北面為
西伯利亞，比較寒冷，東面為戈壁沙漠，如其在西南兩方同時受逼，就難以作任何進展。）
可是這種有魄力的計畫，後世也不曾做到。這種曠世無人敢做的事，居然桑弘
羊還能想到，可見他的作為，只是在那個時候，已經不是一個適時的要務了。

這種情況，漢武帝後來是了解的。漢武帝輪臺之詔，也只是認清楚了當
時的客觀情勢，為了國家一定要做一番休息，決不允許再做新的進取。但在
武帝的志願裡面，並未完全放棄進取。這就是武帝指定顧命大臣之中，桑弘
羊還要占一席地的原因。這也就是後來漢宣帝所說「漢家自有制度，本以王
霸道雜之」的立場。但是這種潛伏的進取思想，帶著有濃厚法家背景。而循
著法家的路線走入極端，難免嚴酷，就是漢武帝時代，一般酷吏所留下的恐
怖陰影。巫蠱之禍對當時人的傷痛猶新，毫無問題的，都不願這種不愉快的
事件重新出現。霍光自己是一個重視現實的人，自然也傾向了對於法家路線
的再起願意加以防止。

儒家思想在漢武帝時代也受到某一程度的重視。儒家和法家分途的發
展，法家的成功在政策上，儒家的成功在教育上。這就使得知識青年大多具

有儒家的傾向，再加上當前的事實，需要用儒家的理論來挽救，也當然使儒家思想成爲輿論的指導方針。

　　昭帝始元六年（81 B.C.），詔問郡國所舉的賢良文學，民間的疾苦。這是出於太僕杜延年的建議，見於《漢書》六十〈杜延年傳〉。杜延年是著名酷吏杜周的兒子，幼得家教，深明法律。但他卻很能體會法的客觀存在意義，於法能夠持平。據他的本傳說：「（霍）光持刑罰嚴，延年輔之以寬。」因爲在當時杜延年是法律的專家，對於法律的解釋上，他給予一個新方向的指導。使漢代此後，在理論方面，得到新的認識。在始元六年，由賢良文學討論國家的稅制，形成了「鹽鐵」的論議。這個論議，先從鹽鐵爲出發點，再擴張成爲國家整個政策的檢討。這次大型的討論，由桓寬把會議的紀錄保存下來，就是著名的《鹽鐵論》這部書。

　　在這個討論之中，賢良文學諸人，都是屬於儒家的立場，御史大夫桑弘羊是法家的立場，丞相田千秋是中立的，霍光及杜延年並未參加討論。據桓寬所紀錄的，當時發言的儒生們都是一些絕對的反戰主義者，和桑弘羊的基本式法術主義者，適成對比。中國過去沒有表決這一個辦法，不知道這些極端的反戰主義者，占的比例怎麼樣。不過在儒生中占絕對多數，應當是可信的。這些儒生爲什麼要這樣的主張，也可以看得出來，即在漢武帝在位時期，一切以對外作戰爲第一，不惜用種種的辦法來籌款，影響到的，自然是人民的生活非常痛苦。再加上爲了鎮壓，不惜採用恐怖手段，更使人民吃不消。物極必反，輿論的方向，自然毫無保留的變成極端反戰了。就當時的客觀情況來說，當著數十年繼續用兵，民窮財盡，再加上酷吏的統治，民怨沸騰，決不能再走法家的路線。這一次對於鹽鐵問題的討論，其基本意義上，並不僅僅於鹽鐵問題，而是國家將來政治路線的總檢討。尤其是在歷史意義上，這是在五千年專制政體中，前無古人，後無來者，唯一的天下民意的大規模表現。雖然，這是一次不成熟的民意表演，組織及程序都不完備。但是有這樣一次，總比一次都沒有好得多。可惜後來的當政者，沒有一個人敢這樣做。尤其是宋代元祐初年，確是一個徵求民意的大好機會 [2]。倘若能把當時的民意

---

2 宋代已無薦舉制度，只有各方應科學的「舉人」（宋代舉人不被銓選，到明代才正式銓選），但「舉人」也被稱作「孝廉」。清代康有爲以舉人上書，被稱爲「公車上書」，清代並無「公車」，這只是沿用漢朝用語。

能夠充分表達，民意也是一個龐大的政治力量。若以民意爲基礎，來決定政治的趨向，也就可以免除以後政治的波動。可惜當時就是沒有人想到這樣做。這就不能不重視杜延年的見解高明，以及霍光的勇於從善了。

鹽鐵討論的結果，據《漢書》七〈昭帝紀〉，始元六年，秋七月，「罷榷酤官」。但《鹽鐵論》卻說：「公卿奏……請且罷郡國榷酤、關內鐵官，奏可。」就是雖未能完全依照賢良文學的建議，總算是一個讓步，或者可以說是一種妥協。這證明了賢良文學的主張，已經得到了初步的成功。順著這個路線下去，元成以後，已是儒生占優勢的局面，而東漢更成爲以儒家哲學來領導的中國。（後來外戚宦官迫害儒生，那是專制政體的弊害，與儒法之爭無關。）

這次「公卿」上奏的公卿，當然是由田千秋領銜，也可知杜延年還列名在內。最後的認可，那是出於內朝的批答，也即是由霍光代天子來決定的。這次論議既然是儒家一個初步成功，那就決不是要在場發言的人方能引起重視。據桓寬在《鹽鐵論》中的〈雜論〉（即後序）說：「車丞相（即田千秋）即周魯之列，當軸處中，括囊不言，容身而去，彼哉彼哉！」這是對於田千秋一個非常不滿的表示。其實田千秋的政治傾向，可以看得出來，還是主張與民休息的。只是他究竟只是一個事務人才，他不是儒生，對於基本政策問題，他不便參加意見。尤其是取消鹽鐵榷酤的管制，牽涉到國家預算問題，更不是一個負責行政的首長，可以隨便說話。即使他非說不可，他以行政首長的身分，也應該是相當保留的。所以桓寬責備之辭，若以儒家代言人及宣傳者身分看，是應當的；若以客觀的歷史分析者態度看，那就大有問題了。

四、霍光對於廢立問題與宣帝時代的政治

霍光在昭帝逝世以後，顯著手足無措。這件事對於他事前並未曾有所準備，到事情不幸發生，他的應付辦法，就不免應付失常。當然在昭帝未死以前，昭帝身體也有時「不安」，但昭帝年紀很輕，這不見得是不治之症。他死在夏四月，這時正在初夏，是傳染病流行的季節。在傳染病未明瞭其原因的時代，青壯年人死於傳染病的，比例相當的高[3]。看到霍光應付的匆促，那就

---

3 漢武帝六子，其中三個：昭帝、齊王閎及昌王髆都早逝，早逝的比例占二分之一，不可謂不大。只是昌邑王髆有子，而昭帝無所出，所以《漢書·外戚傳》責備霍光，說霍光只希望皇后生子，防範太過了。

昭帝死於傳染病的可能甚大。就霍光立昌邑王賀，而事前對於昌邑王賀的品行一無所知，這一件事來看，也可以看出霍光誠然有應付的能力，而處事並不周密，也無可諱言。

　　昌邑王賀是昌邑王髆的兒子，他的祖母就是引起禍端的李夫人。李氏一系本為巫蠱事件的禍首，那時李氏黨羽雖已盡除，但昌邑王賀一旦到親政的時候，情形就難以預料。《漢書》九十七上〈外戚傳〉所記，在昭帝立後，霍光即以李夫人配食武帝，追上尊號為孝武皇后，此說卻大有問題。按昭帝生母為鉤弋夫人，鉤弋夫人名位為倢伃，李夫人名位不過夫人，斷無不尊鉤弋夫人而追尊李夫人之理。昭帝即位，尊鉤弋夫人為皇太后，不配食武帝，反而以李夫人配武帝，這是對昭帝不敬的。只有昌邑王即位時，曾追尊李夫人而誤傳，恐不足為典據。《漢書・外戚傳・李夫人傳》頗有乖誤，譬如齊人少翁設帷帳招魂，武帝望著似李夫人，而作「是耶，非耶？」之歌，據《史記》乃王夫人的事，《漢書》就以為李夫人事，顯然有誤。可見屬辭此事，未盡精純。因而此事也不足取信了 [4]。但在這裡也可以看出來，武帝晚期，局勢混亂，傳聞多誤。

　　霍光的立昌邑王，實可以說是霍光一生中的最大敗筆。他並非李氏黨羽，立昌邑王對他的前途，還是相當不利的。只是廣陵王胥跋扈驕恣，已經出了名，他不敢再去顧問。燕王旦諸子，在燕王旦反叛以後，和他是不能合作的。他只好權衡利害，兩害相權取其輕，勉強立昌邑王賀。實際他此時如其更有魄力些逕立宣帝，即可免除了廢君立君之煩。這個錯誤，也可用班固的〈孝元帝贊〉所說「牽制文義，優柔不斷」來批評。其實昌邑王賀這種人君，以太后旨廢去是應該的，這是非常事態下從權的必要。無奈後來權臣廢立，都

4　《漢書》多採雜書小說，其中卷65〈東方朔傳〉，多取資於今尚傳世的《東方朔別傳》（見《太平御覽》457），本傳中所有遊戲不經之書，也都出於《東方朔別傳》。《漢書・藝文志・雜家言》載有東方朔二十篇，而《東方朔別傳》不在其列。此等別傳可能出於元成以後迄於東漢初年，未入中祕，故不為向、歆所採。《漢書・外戚》言李夫人與《史記》違異，亦由未採《史記》，而係直接採自其他別傳而成。李夫人可能在昌邑王時即被尊為孝武皇后，但未必能入宗廟配享。到宣帝既立，又恢復了衛后的地位。至於謂在昭帝初立時，即捨鉤弋而尊李夫人，不合情理，今不取。

循了這個典型。霍光確實應無簒奪的想法，仍然不免對於後來政治上創下了
一個新例了。再就是廢君立君，對於霍光自己，在宣帝時也不免造成疑忌，
形成不利的因素。原來昭帝是信任霍光的，並未曾有多少裂痕。可是宣帝對
霍光就不一樣了。據《漢書》六十八〈霍光傳〉：「宣帝始立，謁見高廟，大
將軍光從，驂乘。上內嚴憚之，若有芒刺在背。後車騎將軍張安世代光驂乘，
天子從容肆體，甚安近焉。及光身死，而宗族竟誅，故俗傳之曰：威震主者
不畜，霍氏之禍，萌於驂乘。」宣帝所以感到「芒刺在背」，當然是霍光曾廢
君立君，感到威脅太大的原故。今再回溯到霍光擁立昌邑王時，已有廣陵王
胥最爲年長，霍光深恐有廢長立少之嫌，所以不敢進一步再立宣帝。其實「廢
長立少」的議論，這是錯的。禮「爲人後者爲之子」（《公羊》成十五），昭帝已
入宗廟，當然只能爲昭帝立後。《禮記・檀弓》，公儀仲子舍其孫而立其子，
孔子認爲公儀仲子不對，應該「立孫」。所以廣陵王胥已是不能再行考慮了。
燕王旦一支以罪廢，只有昌邑王及宣帝可供考慮。在衛氏及李氏之間，衛氏
已經昭雪，而李氏未經昭雪，那就宣帝與昌邑王之間，亦不難加以抉擇。只
是當時霍光及諸大臣中，明瞭現實情態的人中，通經術的還是很少，這是很
可惜的。（至於宣帝許后被霍光夫人毒死一案，霍光最初並未與聞，到了知道以後，非
常驚訝，卻又不能揭發，直至霍光死後，被宣帝知道，才嚴加處置。這件事說明霍光雖然
極有才能，但到了自己家庭問題，仍然會優柔不決，至於事體不可收拾，這也是非常可惜
的。）所以霍光這樣一個有才具，而對國家忠實的人，做了這些不可挽救的錯
誤，《漢書》說他可惜「不學無術」，那也是不太錯的。

對於〈巫蠱之禍的政治意義〉的看法

　　蒲慕州先生寫的〈巫蠱之禍的政治意義〉，我看過了以後，很欣賞這篇論文。這篇論文在方法上，是正確的。他先搜集和巫蠱事件有關人物的資料，然後分析他們的政治關係和社會關係。這就可以進一步探討所謂巫蠱事件究竟是一個什麼性質的事件。從這個事件牽涉面的廣闊，我們可以毫無疑問的肯定這個事件是西漢一代中的一個極重大的事件。但究竟因為材料還是不夠，也就無法確實說明其中更深入的問題。只有就其中幾種可能，來推測究竟是那一種可能最為合理，這也就限制了結論的絕對正確性。

　　就政治和社會兩方面來說，巫蠱事件在西漢的政治上，形成了一種「整肅」的效果，這是非常明顯的。「整肅」的行動，在中國歷史上也發生過，而且向來認為是歷史中的不幸事件。譬如唐武后的重用酷吏，獎誘告發；明成祖對於建文舊臣的盡量壓制，以及明太祖屢興文字獄，其後還被清代加以仿效，這都是「整肅」的行動。而現代「三反五反」以及「文化大革命」的整肅，更達到了整肅運動的頂點。不過這些整肅運動都有一個動機。歷史上所有的整肅運動，歸根到底都是為的「鞏固政權」。也就是某一個政權尚不能做到十分穩固的時候，就要實行恐怖政策，清除異己。至於漢武帝晚期的巫蠱事件，卻是漢朝的天下在數代之後，已經相當穩固了。而漢武帝的整肅，又在漢武帝的晚年。誠然，在此以前，東方稍有叛亂，但經過了「繡衣使者」們持節平定，應當不會動搖漢代劉家的基本統治權。所以巫蠱事件誠然是一件整肅事件，但究竟和一般所謂「整肅」運動還是多少有些不同，還需要在複雜情況之中，加以追索。

　　蒲先生的這篇論文中，給漢武帝晚年出現的驚人的政治陰謀一個重要的線索。在論文中指示出來，巫蠱事件中，衛氏和李氏兩家都是其中的主要犧

牲者。這是過去研究武帝一代的政治問題中所未曾揭發過的。現在既顯示出來，就可以作進一步的討論，而引申出更可注意的問題出來。

衛氏和李氏兩族的政治立場，顯然是敵對的。在這一次「巫蠱事件」演變之下，先整肅了衛氏，再整肅了李氏。結果在兩敗俱傷的大空檔之下，最後的政權仍移入到衛氏系統下的霍光手中。這其中的意義代表什麼？最大的可能，是漢武帝對於這個事件的處理並沒有預定的計畫，和一貫的方針。原先整肅衛氏，是由許多不曾預料到的錯誤造成；後來整肅李氏，卻真是基於武帝的報復心理，有意的真正整肅。這也就是說，《漢書》中的許多觀點，並不能完全排除，但其幕後的情況，也還有更加追求和分析的必要。無論怎樣，這是一個非常複雜的事實經過，不能不就各方面的背景及發展來論述。

首先，對於漢武帝的問題加以討論。他在位期間有五十四年，在古代帝王中在位年數是很長的。其中有關衛氏及李氏勢力的消長，用年代的先後排列如下：

建元二年（139 B.C.）　　衛子夫開始得幸。

元光元年（134 B.C.）　　始招方士求神仙。

元朔元年（128 B.C.）　　衛太子生，立衛子夫爲皇后，封衛青爲長平侯。

元朔六年（123 B.C.）　　封霍去病爲冠軍侯，此時王夫人得幸，封王夫人子閎爲齊王，旦爲燕王，胥爲廣陵王（旦、胥，非王夫人子）。

元狩二年（121 B.C.）　　霍去病取河西地。

元狩六年（117 B.C.）　　霍去病薨。

元鼎五年（112 B.C.）　　方士欒大伏誅。

元封元年（110 B.C.）　　齊王閎薨。

元封五年（106 B.C.）　　衛青薨。

太初元年（104 B.C.）　　李廣利伐大宛。

太初二年（103 B.C.）　　丞相石慶薨，公孫賀爲丞相。

太初三年（102 B.C.）　　大宛降。

天漢四年（97 B.C.）　　立李夫人子髆爲昌邑王（後元二年87 B.C.薨）。

太始三年（94 B.C.）　　以江充爲水衡都尉。

太始四年（93 B.C.）　　祠神人於交門宮，作〈交門之歌〉。昭帝弗陵生。

征和元年（92 B.C.）	冬十一月，發三輔騎士大搜上林，閉長安城門索，十一日方罷，巫蠱起。
征和二年（91 B.C.）	正月，公孫賀下獄死，諸邑公主、陽石公主皆坐巫蠱死。七月，按道侯韓說，使者江充等掘蠱太子宮，太子殺江充，發兵與丞相劉屈氂大戰長安中，死者萬數人。皇后自殺，八月，太子在湖邑自殺。
征和三年（90 B.C.）	殺丞相劉屈氂，族誅李廣利家，李廣利降匈奴（其後爲匈奴所殺）。公孫敖坐妻爲巫蠱被殺。
征和四年（89 B.C.）	田千秋訟太子冤，任爲丞相。
後元元年（88 B.C.）	昌邑王髆薨。侍中僕射馬何羅與重合侯馬通謀反，侍中金日磾、奉軍都尉霍光、車騎都尉上官桀討平叛亂。鉤弋夫人被譴以憂死。
後元二年（87 B.C.）	二月，立子弗陵爲皇太子，帝崩。遺詔以霍光、金日磾及上官桀輔政。

漢武帝在治理國家方面，對內推行儒術兼採法家思想的原則，對外採取擴張政策。論起來是比較英明的君主。但在私生活方面，卻是十分迷信，一方面迷信神仙丹藥，另一方面也迷信巫術。在女寵方面也和一般的君主一樣，不是對皇后專心，而是還有隨時受寵的妃妾。因爲相信神仙，這才會重視方士，服食方士的丹藥；因爲相信巫術，這才會等到服食丹藥發生疾患時，就要懷疑有人做巫蠱厭勝之術來陷害。尤其是越到晚年，疾患增多，而懷疑也就更爲加重。再加上武帝隨時有受寵的妃妾，如其正在受寵的妃妾，生有皇子，那就「奪嫡」的陰謀，事實上必然發生。因而群臣中自然也各樹黨派，而最後就變成複雜的政治問題，可能在漢武帝不能完全預料的情況之下發生。

漢武帝究竟還是一個非常精明的皇帝，若想欺騙他，並不太容易。但對於一個絕對集權的君主，總有辦法加以欺騙的。只是演變得更爲複雜，而事件前途的變化，一定出於各方當事人的意料以外。巫蠱事件就是一個很明顯的例證，犧牲了數萬人，結局還是由霍光和漢宣帝來收拾。如其沒有巫蠱事變，漢宣帝以後幸而安然的繼承皇位，這兩種不同的漢宣帝差異有多大，就難以想像了。

漢武帝求神仙，服食丹藥，而這種丹藥的材料，無論那一種方劑，都離不開鉛和汞，有時且雜有砷和銅（雄黃就是砷的化合物，曾青爲銅的化合物）。這些原料任何一種都是有劇毒的。雖然某些化合物可能毒性小一點，但長期服用仍然可以慢性中毒。漢武帝對於方士雖然還是有些懷疑，他並不是一直信任某一個方士。但他還是相信真可以有神仙之術那一件事。直到他將死以前，才略有所悔悟，但已經太遲，無補於巫蠱事件的損害了 [1]。

服食丹藥可以嚴重的影響君主的性情，變得非常急躁，因而影響到政治，這是毫無問題的。現在在下面舉出魏道武帝、唐憲宗和唐武宗三個例證，來看出丹藥對於政治的影響。

《魏書》卷二〈道武帝紀〉：天賜六年，「初，帝服寒食散，自太醫令陰羌死後，藥數動發，至是逾甚。而災變屢見，憂懣不安，或數日不食，或不寢達旦。歸咎群下，喜怒乖張。謂百寮左右人不可信，……終日竟夜獨語不止，若傍有鬼物對揚者。朝臣至前追其舊惡，皆見殺害。其餘或以顏色變動，或以喘息不調，或以行步乖節，或以言辭失措，帝皆以爲懷惡在心，變見於外，乃手自毆擊，死者皆陳天安殿前，於是朝野人情各懷畏懼。……冬十月，戊辰，帝崩於天安殿，時年三十九。」

《舊唐書》十五〈憲宗紀〉：元和十四年，「上服方士柳泌金丹藥，起居舍人裴潾上表切諫，以金石含酷烈之性，加燒鍊則火毒難制。若金丹已成，且令方士自服一年，觀其效用，則進御可也。上怒，己亥，貶潾爲江陵令。」「十五年，正月甲戌朔，上以餌金丹，小不豫，罷元會。……上自服藥不佳，數不視朝，人情洶洶。庚子……是夕上崩於大明宮之中和殿，享年四十三。時以暴崩，皆言內官陳弘志弒逆，

《資治通鑑》卷 22：「征和四年，……還幸泰山，修封，見群臣，上乃言曰：『朕即位以來，所在狂悖，使天下愁苦，不可追悔，自今事有傷害百姓，糜費天下者悉罷之。』田千秋曰：『方士言神仙者甚眾，而無顯功，臣請皆罷斥遣之。』上曰：『大鴻臚言是也。』於是悉罷方士候神人者。是後上每對群臣自歎嚮時愚惑爲方士所欺：『天下豈有仙人，盡妖妄耳。節食服藥差可少病已。』」其實「差可少病」還是門面話，服食丹藥只有引起疾病的。又此更可參看《史語所集刊》7/4，勞榦：〈中國丹沙之應用及其推演〉。

史氏諱而不書。」

《資治通鑑》二四一〈唐憲宗紀〉：元和十五年，「上服金丹多燥怒，左右宦官往往獲罪，有死者，人人自危。庚子暴崩於中和殿。時人皆謂內常侍陳弘志弒逆，其黨類諱之，不敢討賊，但言藥發，外人莫能明也。」

《舊唐書》十八〈武宗紀〉：會昌六年，「帝重方士，頗服食修攝，親受法籙。至是藥躁，喜怒失常。疾既篤，旬日不能言。宰相李德裕等請見，不許，中外莫知安否，人情危懼。是月二十三日宣遺詔，以皇太叔光王柩前即位，是日崩，時年三十三。」

所以服食丹藥後，第一是性情變成煩躁，喜怒失常。第二是性情變成多疑，猜忌得過分，以至親人都不相信。這兩點與漢武帝當巫蠱事件發生時的性情相合。凡是一個事件的發生，構成的因素都不是簡單的。其中服食丹藥這個因素，是應當加以注意的。

巫蠱事件，其中的一個重要因素，是出於漢武帝的迷信，尤其對於巫祝中的蠱詛迷信。沈欽韓《漢書疏證》二十七：

祟在巫蠱：巫為祝詛。蠱則使鬼也。《唐律疏議》，造畜蠱若貓鬼之屬。獨孤傳，其貓鬼每殺人者，取死家財物，潛移于畜貓鬼家。《隋書·地理志》論揚州云，其畜蠱法，以五月四日聚百種蠱，大者至蛇，小者至蝨，合置器中相啖食。一種存者留之，蛇曰蛇蠱，蝨曰蝨蠱。行以殺人，因食入人腹內，食其五臟，死則其產入蠱主之家，三年不殺他人，則畜主自鍾其弊。赤稚有蛇蠱，蜥蜴蠱，蜣螂蠱，視食者久暫卜死者遲速。蠱成先置食中，增百倍。歸或數日，或經年，心腹絞痛而死。家中之物皆潛移去。魂至其家為之力役，猶虎之有倀也。

得桐木人：《唐律疏議》，厭事多方，罕能詳，或圖畫形像，或刻作人身，刺心釘眼，繫手縛足。《嶺表錄異》，嶺南多楓樹，老則有病癭，忽一夜遇暴雷驟雨，其樹贅則暗長三數尺，南中謂之楓人，越巫云取之雕刻神鬼，則易致靈驗。按武帝中歲喜用越巫，巫蠱之禍所由起也。

這裡把養毒蟲作蠱的舉動，可以向上推至商代。《說文解字》：「蠱，腹中

蠱也,《春秋》傳曰,皿蟲爲蠱,晦淫所生也。」(此據段氏依宋本改)《左傳》昭公元年:「醫和視晉侯疾,曰,是爲近女室,疾如蠱,非鬼非食,惑以喪志……女陽物而晦時,淫則生內熱,惑蠱之疾,今君不節不時,能無及此乎?」《周易》:「女惑男,風落山,謂之蠱,皆同物也。」甲骨文亦有蠱字 ,從虫虫從皿[2]。顯然的這一字是會意字。表示器皿中的昆蟲,而其意爲蠱惑。在《說文》及《左傳》中提到了蠱,又和女色相關。倘若求在昆蟲、器皿、蠱惑、女色中的聯繫,只有認蠱字在早期原義之中,曾經有人把昆蟲放在器皿之中,做成媚藥來作爲,而使用這種方法的人,又應當出於巫師或女巫(古代醫和巫是有相關的,例如「人而無恆,不可以作巫醫」等等,都可以表示巫醫相關)。那就蠱術屬於巫術的一種。凡屬於巫術厭勝之類,即使不是採用昆蟲毒性,也被稱爲蠱。《太上感應篇》出於宋世。其中就有「埋蠱壓人,用藥殺樹」,是一些罪過。《太上感應篇》是道教的經典,和漢代巫蠱事件,時代也不相及。但這裡所禁止的「埋蠱壓人」和巫蠱事件所發生的,正是一回事。所以中國民間厭勝的巫術,到宋代仍然通行著。

而且這個「蠱」的名稱來稱「厭勝」也還在保持著。巫蠱事件並不是一個孤立的事件。相信巫蠱厭勝可以真的有效的,在當時社會裡是非常普遍的。相信的不止一個漢武帝,這才會把這個事件攪得那麼嚴重。除征和初期巫蠱事件以外,還有不少。例如:

> 《漢書》卷六〈武帝紀〉:元光三年……皇后陳氏廢。捕爲巫蠱者,皆梟首。
>
> 《漢書》四十四〈衡山王傳〉:后乘舒死,立徐來爲后。厥姬得幸。兩人相妒,厥姬乃惡徐來於太子曰徐來使婢蠱殺太子母……坐巫蠱,前后乘舒,棄市。
>
> 《漢書》四十四〈濟北王傳〉:寬坐與父式王后,光姬孝兄姦,誖人倫,又祠祭祀祝詛上。有司請誅……王自剄死,國除。
>
> 《漢書》四十五〈息夫躬傳〉:……躬邑人,河內掾賁惠往過躬,教以祝盜方,以桑東南指枝爲匕,畫北斗七星其上,躬夜自披髮立中庭,

2 甲骨文蠱字多爲從蚰從皿(蚰即昆蟲的昆),也有從虫(即虺字)從皿的。大致原來虫、蚰和蟲,本來可以通用,如同原來中和艸也可通用一樣。這種分別是後起的。

向北斗持七招指祝盜。人有上書言躬懷怨恨，非笑朝廷，所進候星宿，視天子吉凶，與巫同祝詛。……躬母勝，坐祠祝詛上，棄市。

《漢書》五十三〈江都王傳〉：建恐誅，心內不安，與其后成光共使越婢下神詛咒上。與郎中令等語怨望。……有詔宗正廷尉即問建，建自殺死。

《漢書》六十三〈廣陵王胥傳〉：始昭帝時，胥見上年少無子，有覬欲心，而楚地巫鬼。胥迎女巫李女須使下神祝詛。女須泣曰，孝武帝下我，左右皆伏。言吾必令胥為天子。胥多賜女須錢，使禱巫山。會昭帝崩，胥曰女須良巫也。殺牛塞禱。及昌邑王徵，胥復使巫祝詛之。後王廢，胥寖信女須，數賜予財物。宣帝即位，胥曰太子孫何以反得立。後令女須祝詛如前……居數月，祝詛事發覺，有司按驗，胥惶恐，藥殺巫及宮人二十餘人以絕口，公卿請誅胥。胥……以綬自絞死。天子加恩赦王諸子皆為庶人。

《漢書》七十二〈王吉傳〉：子崇，為御史大夫，數月，是時成帝舅安成恭侯夫人放寡居共養長信宮，坐祝詛下獄，崇奏封事為放言。……左遷為大司農。

《漢書》八十〈東平王傳〉：是時哀帝被疾，多所惡事，下有司，逮王后謁下獄，驗治，言使巫傅恭，婢合歡等祠祭祝詛上，為雲求為天子，雲又與知災異者高尚等指星宿者，言上疾必不愈，雲當得天下。

《漢書》九十四〈匈奴傳〉：會母閼氏病，律（衛律）飭胡巫言先單于怒曰：「胡故時祠兵，常言得貳師以社，今何故不用。」於是收貳師，貳師怒曰：「我死必滅匈奴。」遂屠貳師。會連雨雪數月，畜產死，人民疫病，穀稼不孰。單于恐，為貳師立祠室。（這是表示匈奴亦有巫祠的風俗，可見當時不論漢胡都是迷信，又武帝信越巫，可見越人也是這樣。）

《漢書》九十六〈西域傳〉：候者言聞漢軍當來，匈奴使巫埋羊牛所出諸道及水上以詛軍，單于遺天子馬裘常使巫祝之。

《漢書》九十七〈外戚傳・陳后〉：后又挾婦人媚道，頗覺。元光五年，上遂窮治之，女子楚服等坐為皇后巫蠱祭祝，大逆無道，相連及誅者三百餘人。（按陳皇后廢處長門宮，經過多年，廢后病死。）

《漢書》九十八〈元后傳〉：皇太子（元帝時為皇太子）所愛幸司馬良娣

> 病且死，謂太子曰，妾死非天命，迺諸娣妾良人更祝詛殺我。太子憐
> 之，且以爲然。

　　從以上的材料看來，巫蠱祝詛事件在漢代皇室中實在非常普遍。而且在
漢武帝時期，陳皇后的被廢，也是一種巫蠱事件。但是規模遠較衛皇后的巫
蠱事件小得多。所以兩者相比，並非漢武帝居心要窮治其事，而是衛太子持
節發兵與丞相激戰長安中所致。按照太子少傅石德的建議，只是收捕江充等，
發兵是其後的發展。倘若在收捕江充，即殺掉江充，以除後患，然後再向武
帝請罪。按照其他巫蠱的例子，可能武帝只廢皇后和太子，如同陳皇后失掉
地位還保全性命的故事。至不濟，太子和廣陵王胥那樣被逼自殺，但諸子除
去失掉地位以外，還都得以保全，不像衛太子的結局那樣不幸。所以衛太子
終於矯節發兵的原因[3]，就可能是當時客觀環境，逼著太子叛亂才能自保。這
就表示當時是反衛氏及衛太子的勢力，已經形成氣候，連丞相劉屈氂也是反
衛氏的集團的重要人物。這一點除去漢武帝當時被蒙蔽以外，在當時的統治
階層中，已成了公開的秘密。

　　漢武帝是一個在位時期較長的君主，凡是在位時期較長的君主，其太子
的地位，往往會有些變化的。其中重要的原因，是早期寵幸的后妃經過時間
太久而色衰，新進的寵幸如其有皇子，便可能有奪嫡的企圖。再加上皇子們
互相爭競，更增加太子位置的不安定性。衛皇后本來出身微賤，陳皇后以巫
蠱原因去位，更容易引起後來寵姬的覬覦。在漢武帝寵幸王夫人時，這種情
形就已開始發生。《史記》卷六十〈三王世家〉，附褚少孫《補史記》說：

> 王夫人者趙人也，與衛夫人並幸武帝。而生子閎，閎且立爲王，時其
> 母病，武帝自臨。問之曰，子當爲王，欲安置之。……王夫人曰願置

3　據《漢書》63〈戾太子傳〉：「及冠，就宮，上爲立博望苑，使進賓客，從其所好，
　故多以異端進者。」又「出武庫兵，發長樂衛，告令百官，曰江充反，乃斬充以
　徇。炙胡巫上林中。遂部賓客爲將率，與丞相劉屈氂等戰。」所以和太子議事的
　人，還有一般賓客。這種緊急狀況中，在太子部下，就不免形成一種群眾心理。
　一般群眾心理是偏向於激動的，凡是冷靜而深思熟慮的主張，在群眾運動中是很
　難於接受的。這個事件誠然是江充陰謀發動，而劉屈氂有意把事件擴大，把事件
　嚴重化。但太子的部下也有其責任。

之雒陽。武帝曰，雒陽有武庫敖倉，天下衝阨，國之大都也。先帝以
來，無子王雒陽者，餘盡可。王夫人不應，武帝曰，關東之國，無大
於齊者，齊東負海，而城郭大。古時獨臨淄中十萬戶，天下膏腴地，
莫盛於齊者矣。……王夫人死而帝痛之，……子閎王齊，年少年有子，
立不幸早死。

這已表示在武帝寵王夫人時已有強宗奪嫡的趨勢。皇子閎的作齊王，還
是相當勉強的。只是王夫人早死，齊王閎又早死，沒有鬧出大事來。

但是漢武帝時的太子地位，還是一直不十分穩定的。《資治通鑑》卷二十
二，征和元年，記載衛太子的事，說：

初，上年二十九，乃生戾太子，甚愛之。及長，仁恕恭謹。上嫌其材
能少，不類己。而所幸王夫人生子閎，李姬子旦、胥，李夫人生子髆。
皇后太子寵浸衰，常有不自安之意。上覺之，謂大將軍青曰：「漢家庶
事草創。加四夷侵陵中國，朕不變更制度，後世無法……太子敦重好
靜，必能安天下不使朕憂。欲求守文之主安有賢於太子者乎。聞皇后
與太子有不安之意，豈有之耶？可以意曉之。」大將軍頓首謝。皇后
聞之，脫簪請罪。

按衛青是元封五年（106 B.C.）卒，這當然是元封五年以前的事。到太初
二年（103 B.C.）李廣利伐大宛。到此以後，李夫人的族人逐漸大用起來。但
李夫人也在此期間死去，成爲政治波動最強烈時期。依照《漢書》九十七〈外
戚傳〉上，說：

皇后立七年而男爲太子，後色衰。趙之王夫人、中山李夫人有寵，皆
早卒。後有尹婕妤、鈎弋夫人（即趙婕妤）更幸。[4]

在這個時期之中，李夫人死後，漢武帝寵幸的姬妾，尹夫人及邢夫人皆

---

4 褚少孫《補史記》稱：「尹夫人與邢夫人同時並幸。」這是在李夫人死後的事。據
　〈外戚傳〉稱尹夫人爲尹婕妤，婕妤僅次於皇后，這是李夫人生時所未得到的封
　號。至於鈎弋夫人在〈外戚傳〉稱爲：「孝武鈎弋趙婕妤，昭帝母也，家在河間。」
　這是趙夫人也得到了婕妤的封號。

未生子，只有鉤弋趙夫人在太始三年（94 B.C.）生昭帝。使得情況更爲複雜。據《漢書》九十七〈外戚傳〉，說：

> 後衛太子敗，而燕王旦、廣陵王胥多過失；寵姬王夫人男齊懷王，李夫人男昌邑哀王皆早薨；鉤弋子年五歲，壯大多智，上嘗言類我。

按齊王閎是元封元年（110 B.C.）卒。在巫蠱事件發生前，已早卒。昌邑王髆係後元二年（88 B.C.）卒，此時未卒。只是昭帝「壯大多智」而昌邑王無聞就表示他並不「多智」，不爲武帝所欣賞。昭帝的多智，可以從〈昭帝紀〉處理燕王事件看出。昌邑哀王的性格雖然完全不知道，但從〈昌邑王賀傳〉，張敞在宣帝元康四年的報告，說他「精狂不惠」，不惠就是不慧。從遺傳方面推測，那就昌邑王的智力並不如何的高，其可能性還是非常的大。

在這個時期，李夫人的黨派，勢力卻早已形成。而武帝繼嗣問題，卻對於李氏一黨，展望起來，並不十分順利。因爲李夫人本人已死，只靠朝中的勢力來維持，而武帝的新寵，卻是已生有皇子的鉤弋夫人趙氏。這樣情勢延伸下去，如其走保守的路，那衛后太子，已有名分在前，一切不變，將來的天下是衛氏一系的。如其要變，就晚變不如早變，因爲拖延下去，又可能形成一個趙氏的新勢力，而李氏夾在中縫裡可能一無所有。這就在迫切形勢之下，李氏一系的勢力，非要發動攻勢不可。

對於李氏黨羽陰謀襲取政權的記載，因爲還沒有發展起來，就徹底失敗了。在正史上的敘述是不夠的。這是蒲先生這篇文中提出的線索。從這一個線索看出來，在李夫人未死時，李夫人和李延年就開始有代替衛氏的設想。起先是出於宮廷中，再伸張到外面，由將相兩方面下手。這是李夫人生時，還未及成功。等到李夫人死後，因爲已經布置好，工作還在繼續下去。

在將的方面用的是李廣利，在太初元年（104 B.C.），開始被遣伐大宛，前後四年。這一次遣大軍，行萬里，規模極爲龐大，樹立了在西域方面的勢力基礎。但糜費也實在太多，倘若不是一個寵妃之兄，任何人也不會得到這樣大的支持的。自李廣利立功封爲海西侯，他在社會的地位，可以和衛青相提並論。（但是他並沒有抵上衛青的親近，因爲當太初四年〔101 B.C.〕李廣利回來，李夫人早已死去。）再過兩年，天漢二年（99 B.C.），李廣利再出師擊匈奴。此後每出師皆以李廣利爲帥，也可見李氏的勢力還是相當的大。

　　太初二年（103 B.C.）公孫賀繼石慶爲丞相，這是李氏攻擊衛氏的白熱戰開始。公孫賀是屬於衛氏系統的人，如其做了丞相，必定變爲李氏系統攻擊的目標。石慶本不屬於任何系統，只由於謹慎處事，才勉強支持下去。公孫賀接手，他自己已經預料難以處理，所以不肯拜丞相命。但他究竟是一個武人出身，不懂急流勇退之道。爲了逐捕京師大俠朱安世（逐捕京師亡命，本來是京兆尹的職責），以丞相之尊而做京兆尹分內的事，來替驕奢的兒子贖罪，對於丞相的體統已經有所損害，而給天子看不起。朱安世既屬京師大俠，按《漢書》九十二〈游俠傳〉，當時京師游俠爲萬章、樓護、陳遵、原涉之流，幾乎沒有一個不以權貴爲靠山。朱安世的靠山，顯然不是衛氏，那就非常可能以李氏爲靠山的，因此李氏所需要搜集衛氏的罪狀，藉此便可以用到，而把衛氏系統的丞相轉到李氏系統的手中[5]。

　　接替公孫賀的是劉屈氂。《漢書》六十六〈劉屈氂傳〉稱：

> 劉屈氂，武帝庶兄中山靖王子也，不知其所以進。征和二年，制詔御史……其以涿郡太守劉屈氂爲左丞相，分丞相長史爲兩府，以待天下遠方之選。[6]

> 其明年（征和二年）貳師將軍李廣利將兵出擊匈奴，丞相爲祖道，送至渭橋。與廣利訣。廣利曰：「願君侯早請立昌邑王爲太子，如立爲帝，君侯長何憂乎？」屈氂許諾。昌邑王者，貳師將軍女弟李夫人子也。貳師女爲屈氂子妻，故共欲立焉。

　　劉屈氂的立場和李氏非常接近。他應當就屬於李氏的系統。李夫人是中山人，劉屈氂是中山靖王勝的兒子，和李氏出身於中山，完全相同。所以他

5　朱安世事件，其中還有些問題，第一，朱安世本以任俠犯禁被逐捕，後來爲什麼又釋放了？這是因爲漢武帝重視巫蠱問題，已經超過了案問游俠，朱安世是以告發之功來抵游俠之罪的。第二，漢武帝後期，凡屬牽涉到巫蠱問題的人，不論原告或被告，後來無一人可以倖免。爲什麼朱安世獨無交代？這是因爲朱安世究竟還是一個小人物，巫蠱事件牽涉到的大人物太多，對這種小人物實在沒有這麼多的筆墨再提了。（譬如南宋鄭虎臣殺賈似道，見到的到處都是，而鄭虎臣之死，卻很少人說到。）

6　分丞相爲左右，而缺右丞相，顯然是因爲任劉屈氂太突然，藉此以安眾。右丞相始終未補進新人。後劉屈氂敗，田千秋爲相時，只是仍爲丞相，並無左右之分。

們的淵源，同出於中山地方，是沒有疑義的。劉屈氂從涿郡太守一步而登相位，不知其所以進，就表示他在公卿中的資歷是秘密的。如其了解他和李氏的特殊關係，這一點就不難解釋了。

這一點朝臣不能完全懂得，漢武帝自己卻是了解的，所以後來清除李氏勢力的時候，劉屈氂也就在清除之列。此外還有大鴻臚商丘成，曾經在巫蠱事件中加以重任，並且升任御史大夫，到後元元年御史大夫商丘成有罪自殺，〈公卿表〉云「坐祝詛」，這是武帝時期坐祝詛或巫蠱而死的最後一個人[7]。在這種狀況之下，在巫蠱事件中僅有剩餘下的馬通和馬何羅，也終於謀反被誅[8]。於是李氏的勢力徹底清除，而遺詔輔政的人，入於平亂的霍光、金日磾之手。

在巫蠱事件中有一個關鍵人物是門者令郭穰，《漢書》六十六〈劉屈氂傳〉說：

> 是時治巫蠱獄急，內者令郭穰告丞相夫人，以丞相數有譴，使巫祠社祝詛上，有惡言。及與貳師共禱祠，欲令昌邑王爲帝。有司奏請案驗，罪至大逆不道。

這是清除李氏勢力的一個關鍵（但也是漢代宦官用事的一個開始）。又《漢書》八〈宣帝紀〉說：

> 邴吉爲建尉監，治巫蠱於郡邸獄。……至後元二年，武帝疾，往來於長楊五柞宮。望氣者言長安獄中有天子氣，上遣使者分條中都官獄，繫者輕重皆殺之。內謁者令郭穰夜至郡邸獄。吉拒閉，使者不得入。曾孫賴吉得全。

據《漢書》十九〈百官公卿表〉：「又中書謁者，黃門，鉤盾，尚方，御府，永巷，內者，宦者，八官令丞」（此皆屬少府爲宦官的職務）。內者和謁者是

---

7 〈功臣表〉作「坐於廟中醉而歌」，與此似有衝突。不過在廟中如其歌辭有譏刺語，也就可被認爲「祝詛」。商丘成本來與巫蠱事有牽連，其終被武帝整肅是不可避免的事。

8 《漢書·武帝紀》後元元年注引孟康云：「征和三年言重合侯馬通今此言茶。明德皇后（馬援女，明帝馬后）惡其兄人爲反者，易姓茶。」實以作馬者爲是。

兩個不同的令，不過有時可以重兩令的，如中書令可以兼謁者令，就成爲「中書謁者令」，如其內者令兼謁者令，就成爲「內者謁者令」。其「內謁者令」就是「內者謁者令」的簡稱。這裡郭穰的態度是清楚的，他是反李氏勢力的，他到郡邸獄，只是奉命行事，邴吉閉郡邸獄不得入，他知道皇曾孫在那裡也就算了。當然他會向武帝解釋的，武帝知道他的曾孫在那裡，也就不願深究了。當然這件事還可能根本就是一個陰謀，要根本除掉衛氏的殘餘勢力。只因爲邴吉的堅決防禦及郭穰的不徹底執行，使這個陰謀不曾得逞，而漢宣帝最後還是在風暴之中站立起來。

在巫蠱事件中，完全表示沉默的，是司馬遷的態度，司馬遷此時應當還是中書令。不過他的立場和衛氏及李氏都是格格不入的。他是李陵的好友，因李陵而得罪。李陵之父李敢爲霍去病射死，而司馬遷得罪是被認爲欲沮貳師將軍。這一點武帝也是清楚的，所以他不至於牽涉到某一方面。他在這個期間中，變成了十分謹慎，完全只執行例行事務，不表示任何意見。所以記載中就看不到他。他的《史記》中，實在說來，缺〈景紀〉〈武紀〉，也就是缺了武帝有關的史實。他的〈封禪書〉有些譏諷，但譏諷不大，而且這些譏諷之辭也還是後人加上的嫌疑。其中最被人認爲「謗書」，最嚴重的，還是那篇收在《漢書》六十二〈司馬遷傳〉中的〈報任安書〉，雖然未收入《史記》，但對於司馬遷的影響還是很大。不過這封信卻也實在有問題，是否司馬遷的親筆，還值得懷疑。

這封信敘述司馬遷的生平、志向及他寫《史記》的動機及原則，確是一篇非常好的文字。不過對於當時的朝廷說的話是相當的重。假若在司馬遷生時公開出來，是毫無問題的一篇誹謗書，不論是那一個皇帝都可能治以重罪的。漢武帝看到就更不用說了。在這篇中明白指出「今少卿抱不測之罪」，明明指的是任安牽涉到巫蠱事件而被捕的那一件事。則是任安還在獄中，司馬遷怎敢將這封信送到獄中去？現在居然是送給任安，未出任何事故，這才是一個不可想像的事。倘若認爲這是一封寫而未發的信，那也是不可能的。因爲武帝晚年征和後元時期，正是一個恐怖時代[9]。不論是否當事人，都是一樣

---

9 這是據蒲先生論文中的意見，在武帝晚期，已成爲恐怖時代。這個時期的文字，
　一定不可能放言無忌的。若輕率的認爲司馬遷膽敢這樣寫，便失掉了時代的意義。

的戰戰兢兢的生活著[10]，誰也不敢放肆。這封信太放縱了，不像那種氣氛下的人受到精神壓迫下所敢寫的，而且任何人不能保證不受搜查，誰也不會肯寫這封「誖逆」的文章，來準備作爲自己的罪證。《史記》中缺〈景紀〉和〈武紀〉，這就是一個非常明顯的證據。因爲本紀是大事表，凡寫正史，一定要先寫好本紀，一切才好下手。決無事後來寫本紀之理。所以缺景、武兩紀，正是司馬遷十分小心，惟恐觸犯時忌，把寫成的本紀毀掉了。本紀尙且不敢留存，更何況敢有形跡分明的誹謗文字？所以〈報任安書〉決非司馬遷親筆，甚至於〈封禪書〉都可能有人動過手腳。

〈報任安書〉鋒利恣肆，和司馬遷一般文筆，好爲一詠三歎的，筆法並不一樣。說起來反而很像他的外孫楊惲〈報孫會宗書〉那種筆調。從他的性格來說，他可能爲司馬遷打抱不平，也爲他本人打抱不平而借題發揮。《史記》本來是藏在司馬遷家，後來由楊惲拿出來行世的，《史記》的行世楊惲誠然有功，但按照楊惲的想法，對《史記》有所修改，那就完全把司馬遷的性格改變了。（當然即使其中有出於楊惲之手的，但所敘事實仍然可據。）如其楊惲做了手腳，任何人都不知道。現在已經知道武帝晚年真的是一個恐怖時代，那司馬遷〈報任安書〉就一定有問題，而《史記》中譏諷漢武之言，是否真是司馬遷的原文，也就更值得做一番檢討了。

附　記

本篇係討論漢武帝晚期事，而公孫敖事在此以前，經蒲慕州先生看出，予以刪除，特此誌謝。

---

10 當巫蠱事件時期，一切都是因在恐怖之中而失常了。《漢書》30〈藝文志〉：「孔安國者孔子後也，悉得其書(指孔壁中《古文尚書》)以考二十九篇，多十六篇。安國獻之，遭巫蠱事未列於學官。」這是說《古文尚書》因巫蠱事被耽擱下去了。這也是巫蠱事件引起一切都不正常的旁證。(至於昭宣帝時代未能列入學官的原因，是因爲孔安國早卒，此時博士中已無人能作章句，遂遭擱置了。)

論齊國的始封和遷徙及其相關問題

　　這篇是對於文化大學研究所博士班學生陳茂進君論文提出討論意見的一部分。陳君的論文研討齊國從西周到戰國文化的進展，是一篇內容充實的論文。有些部分在台灣已經討論過，這篇只是對於齊國初期提出的見解。對於濟水與齊國，九河與齊國，齊國命名的由來，齊國國都的遷徙與向東開發，和營邱與蒲州的地望，都在討論的範圍中。本篇的結論是齊的建國時間是在周公踐奄以後。此時鎮守東方特別重要，把魯衛齊地方建立三個大國，互為聲援。地形的選擇是基於周室的需要，臨淄地形僻在東陲，山環海抱，受敵一面，便於據守。但為了鎮懾殷遺，夷輔周室，並不是很理想的地方。若是依照地理的位置，交通的要道，以及古文化的基礎，營邱所在應當是在漢代濟南郡治的東平陵附近，亦即今山東章邱縣附近。

　　其次，依照《史記‧封禪書》說：「齊之為齊以天齊也」，天齊指天齊淵，但濟水亦從齊，也應當和天齊淵有關。舊說天齊淵在臨淄，此為齊都臨淄以後，祀天齊於臨淄，絕非原始意義，因為臨淄係淄河所經，非濟水所經，並且臨淄所傍的淄河，其源頭亦不在臨淄。所以溯濟水源頭，或者亦是尋覓天齊淵所在的一法。濟字亦或作泲，與渡河的濟，別是一義。但後起附會的義，認為濟水發源於晉，伏流渡河並為濟水。這是一個錯誤的認定，在翁文灝的《錐指集》中，早已經指出來。濟水既然不可能渡河東下，那就濟水源頭和天齊淵可能恰好相逢，而齊國創建反而在後，齊國得名也當然在後。齊國的始封本來是和魯衛同型的國家，齊國的發展，與其說是由於領土的擴張，不如說是經濟的升級，從經濟的升級再導出領土的擴張。

　　本來周人出自西北，不論姬氏部屬或姜氏部屬都是標準的大陸民族，對於海上的發展，是不可能設想到的。《史記》中記載太公的設施，實際上都只

是太公的神話，由於後來人設想的解釋，絕非出於真實的文獻。當武王伐紂時，太公是一位高年的勇將，《詩經》的「維師尚父，時維鷹揚」這是一個實錄（太公是邑姜的父親，伐紂時武王約五十餘歲，則太公歲就應已過七十）。世傳《太公兵法》、《太公陰符》，已多出於附會，若謂太公居齊，居然走在時代尖端，釐定了新的經濟政策，對於出身西北的戰場老將來說，這簡直是一個不可想像的事。後來齊國特殊的經濟政策，應該從齊國的特殊地理環境產生出來，這是客觀形勢的演變，不是任何一個人所能憑空創造的。太公（或者太公之子丁公伋）封齊，以及齊的特殊發展都是偶然的。當然周公主持封建的時候，如其周公使伯禽居營邱，而使太公居奄，那以後伯禽的子孫，如有行政的方向，仍然會是齊國式的，而太公子孫，如有行政的方向也會是魯國式的。形勢比人強，這是應當承認的事實。

後來齊強魯弱，此非周公所能預料，也非太公所能預料。周公把伯禽封於魯，當然是殷商的舊部以奄為最強，魯也根據在奄的舊地，魯的初封，當然有領袖群倫之概。當時周公分封同姓不少，只有齊是異姓，為一個大國來伴魯，細想起來，頗有令人驚奇的感覺。太公在武王伐紂時已立大功，在二叔流言時，太公也顯然是支持周公的，不過這還不夠，似乎當有另外更重要的原因。因為周公受流言的損害，認為將「不利於孺子」。分封諸國，最好有一個重要的國家，可以證明絕對不是周公的同黨，在同姓中找不到，只有在異姓之中，太公望最為合格。太公望是武王方面的外戚，而成王正是太公望的外孫。周公把太公國安置到齊，正表示周公安排一個純武王方面的力量在魯國旁邊，來證明他自己絕無貳心。（當然純武王方面尚有唐叔虞，不過他年齡太小了，還有樹立弱小來做傀儡的嫌疑。不過周公對叔虞仍然十分優厚，晉國正當河東的中心肥沃之地，較一般鄰國為豐裕，所以後來有力量來統一河東。）在這種情形之下，太公望應當是經常留在京師，不會長期在齊的，和周公經常在京師，不長期在魯一樣。

以下再討論齊的疆域與濟水及九河的問題。

黃河與濟水的關係，在中國歷史上，本來是一個糾纏不清的問題。之所以把這個問題變得越來越複雜，大致不外兩項：（一）九河的問題從來就聚訟紛紜，始終未曾解決過，（二）濟水據說是發源在今河南的濟源縣，或在山西垣曲縣的王屋山，不論濟水是否即故大清河，一定要穿過黃河才能入海，而

河流穿過河流，畢竟是一個不合理的事。再加上清代銅瓦廂河決，奪大清河入海，又來了一個新的問題。

九河之說始見於〈禹貢〉。不過〈禹貢〉本文並未實指九河的名。按照汪中〈釋三九〉的原則，九河可能是多數支流的稱謂，不見得每一條支流都可以實指。在大河的三角洲，分支入海，幾乎成爲通例。現今埃及的尼羅河，印度的恆河，北美的密西西比河，南美的亞馬遜河，無不是這樣的。荷蘭人造陸，正因爲荷蘭就是一個萊因河的三角洲，才可以增添出來新生地。《爾雅·釋水》所稱的九河，是徒駭、太史、馬頰、覆釜、胡蘇、簡、絜、鉤盤、鬲津共爲九河。這是就古代有名字的河漢湊出來，其沒有名字的還不在內。這些河流紛紜交互，決不是一般人所想到的，從某個地方起一條一條的平行入海，共爲九河的那樣整齊。再加上這些河漢還會時常變遷，商不同於周，周也不同於漢。即就漢人所說，也和前代當然殊異。古來言九河的甚多，無一書可以說得清楚。

依照《漢書·溝洫志》，徒駭最北，鬲津最南，其他已經不能實指，其中鬲津一支，就和濟水有些相混。其實從歷山的山麓直達天津，中間都是沖積平原，並無一線高地作爲濟水與黃河的界線。歷城的歷本與鬲同音，在《說文》中有一「歷」字，即爲「鬲」的另外寫法。所以歷城也就是鬲城，而九河中最南的鬲津，也就是鬲地一帶的河漢。這樣實在與濟水也就並無明顯的界限了。鬲津最南鄰於濟水平行，甚至於一部分可流入濟水。這就成爲河濟不分，而河以南的濟水，其源可以被認爲在河之北，而河內的濟水可以穿河而南，流入濟南的濟水了。

按地理上的性質來說，河內的濟水與濟南的濟水，完全是不相干的兩條河流。濟南的濟水，古代入海，當然爲四瀆之一，而河內的濟水，流入黃河，卻不是四瀆之一。至於銅瓦廂決口以前的大清河誠然是濟水，但九河時代的濟水卻不是這樣。九河時代的濟水因爲歷城以西的各水都被九河所截取，濟水的正源，實爲濼水。濼水並非像現今的小清河直流羊角溝入海，而是據《水經·濟水注》所說，濼水自歷城北流在濼口入濟，然後納南方流入諸河，一直到海。《戰國·秦策》說：「濟清河濁足以爲限」，是九河及濟水，同爲齊國的險阻，濟水接近九河，可能鬲津有小部分流入濟水。在九河之中，徒駭河實爲黃河主流，所以即使鬲津有小部分入濟，仍無礙於濟水之清的。

　　除此以外，九河時代所以不引起河患的，還是九河雖濁，但含泥量似乎是漢代以後才逐漸增加的，九河時代不如此重濁。《漢書・溝洫志》，王莽時大司馬史長安張戎言：

> 水性就下，行疾則自刮除成空而稍深，河水重濁，號爲一石水而六斗泥，今西方諸郡，以至京師東行，民皆引河渭山川水溉田，春夏乾燥，少水時也，故使河流遲貯而稍淺，雨多水暴至，則溢決，而國家數隄塞之，稍益高於平地猶築垣而居水也。可各順從其性，毋復灌漑，則百川流行，水道自行，無溢決之害矣。

此議因議論不決，卒未施行。其中自有困難，不過這個原則是對的，不失爲名論。水道宜沖刷而不宜停積，全靠築堤防，結果河道愈墊愈高，以致橫決，此種情況，自漢已然。不過張戎之論精釆之處，還在認出開墾有害於治河一件事，只是他說得還不夠透澈。其次河患出於渭水（以及汾水），並非黃河本身的淤積，在張戎此論中，也表示出來，這也是他的特見。

　　黃河的河患既然導始於渭水和汾水的淤泥，而淤泥的產生由於水土保持不良，當然與渭水和汾水兩流域的農耕開發有因果的關係。汾水流域的大量開發由於晉國和後來的三晉把過去游牧民族的牧地改成農田，渭水流域的大量開發由於秦國也把過去游牧民族的牧地改成農田。在開墾農田的時候，往往過分使用土地，這種情形在春秋中葉即已開始，到了戰國時期，在「盡地力」原則之下，就更爲顯著。《孟子・離婁篇》上：「故善戰者服上刑，連諸侯者次之，辟草萊，任土地者次之。」所說的「辟草萊，任土地」，就是指當時極爲流行的「盡地力」主義。水土保持最簡單的原則，是維護原有的地形，保持原有的生態。但盡地力的辦法，正和水土保持的原則相反。這就無怪到了漢代初年，渭水上游的開發才完成，而黃河水患就從此開始了。開發的是隴西貧瘠土地，河患受災的是關東富庶之區，這個開發是非常不值得的。可惜歷史上從來無人主張保持隴西的一半草萊，而救關東富庶之區的提議。因爲九河時代渭水上游尚未開發，也就成爲縱使九河一小部分流進濟水，也不妨礙濟水的清的一個大原因。

　　論文中曾提到齊和濟二字的關係，這是很有意思的。此字在《說文》中作泲，而濟水在《說文》中認爲「出常山房子縣贊皇山入於泜水」，是另外一

個濟水。不過沛水的沛，在經典中均作濟。則《說文》中的沛字可能是一個別構，仍以作濟水爲是。齊之與濟，雖尚不敢說有直接關係，但齊的得名由於天齊淵而得名，濟水的得名亦當是發源於天齊淵而得名，其中天齊淵應當是一個關鍵。

就齊國、濟水和天齊淵的關係，我曾經想用齊字的造字來找它們相互的關係，結果並不如理想。不過既然對此問題這樣的探討過，也就值得申述出來。

《說文·齊》：「禾麥吐穗上平也，象形。」這個字上面並不平，這一點徐鍇的《說文繫傳》有一個解釋說：「生而齊者，莫若禾麥也；二，地也；兩旁在低處也。」這是說禾和麥上面都是齊的，齊字上面不齊是表示地面不齊。這真是一個不得其解而勉強造成的曲解。齊字假若是象禾麥齊頭，何必再用地面不平來自相擾亂？所以象形所象的是別的形狀。王筠《說文釋例》曾認爲臍的本字爲齊，但齊字也不象臍形。人只有一個臍，不可以有三個臍。在甲骨文中，齊字都是用三個圓形帶尖的來表示，所以不可能指臍。我也曾想到齊字可能是薺字的本字，不過如其象薺，當指薺菜的實（種子）。薺菜的實確不只一個，而是許多個高下排列著，但薺菜的實是很小的心形，前端凹入，後面凸出，和金文及甲骨的齊字都不相合，所以不能勉強保證。

在各種不同的試探中，惟一的可能，原爲齊字的本義的，只有一個齋字。《說文》：「齋，稷也，從禾齊聲。」此字既從齊得聲，所以齊字就可能爲齋字的本字。齋字亦可寫作粢（亦可寫作次禾）。《禮記·曲禮》下：「稷曰明粢。」此字在《說文》中收在食部下作餈，與饎字皆爲同字的異體。饎字從齊，所以齊原爲稷的別稱，應當不錯。在穀類之中，最容易混淆的爲禾黍。其中就大類來分，大致禾爲一類，黍爲一類。其中又各有黏與不黏的。禾的穗都是密結而倒垂的，黍的穗都是稀疏而挺直的。稷爲黍類，穗是稀疏挺直而米粒不黏的那一種。今來比較甲骨和金文，甲骨的齊字有兩種寫法ᵛ和ᵛ，即帶尾的和不帶尾的，金文的齊字也有兩種寫法ᵛ和ᵛ，即尾部分開和連結的，這四種寫法，拿來用稷的穀粒和穗來解釋，都可以解釋得通。不過齊雖象稷形，但古音與稷不能通轉，仍以認爲齊和稷爲兩個不同的字爲是。齊和粢，以及齊和穄卻都可以通轉，但清代治《說文》學者，有時用今音來解釋，還是要避免的。

齊字既然本義當爲稷，臍字是先用齊字爲假借字，然後再加肉旁，作爲

形聲字。天齊淵的齊是從臍字的假借字得來，與齊字本義指稷的無關。只是
齊國的國名卻從天齊淵得來。假若把齊字證明原來指稷，溯齊國的命名，也
只有天齊的齊可說。前面已經分析過，在九河時期，歷山山麓以外，都是九
河支流所在，在歷山西面不可能有別的濟水源頭，只有灤水才是濟水正源。
濟水也是以齊得聲，所以天齊淵為濟水之源，於理正合。天齊淵舊說在臨淄
以南，既屬濟水中下流，不應以此來祠祀濟水，再加上水源充沛，也比不
上灤水的源頭。《漢書・郊祀志》：「齊所以為齊，以天齊也；其祀絕，莫知起
時。」可見在漢代雖知道齊國有天齊的祀典，對於這個祀典的始末，已經不
大明瞭。又〈郊祀志〉說：「天主祀天齊，天齊淵，水居臨淄南郊山下者。」
是天齊淵在臨淄，只是為著齊都臨淄祭祀的方便。猶之〈郊祀志〉所說祭江
水在蜀，到了後來卻改在江都。祭祀所在不一定一成不變，如其齊都不在臨
淄，天齊之祀，會遷就齊都。尤其是齊始封時臨淄不在齊境，那更沒有越境
祠神的可能。

　　陳君論文中指出齊國的強大，是和萊國長期爭鬥最後據有萊國的結果；
又齊都確實有過三個地方，前人有些人主張齊都一直在臨淄是錯的。這兩點
都是十分正確的意見。現在先討論第一點，齊國領土的擴張。齊國是周初封
建的國家，其時代當在周公東征，踐奄之後。太公望的封地，在武王克殷以
後，應當是呂而不是齊。所以後來齊侯伋還稱為齊侯呂伋。當周公定亂之後，
太公望年事已高，是否就國到齊，史無確證，不過呂伋確已開始經營齊國，
和伯禽經營魯國是一樣的。在武王及周公封建諸侯時，也確有一個分寸，雖
然不是像孟子所擬，只是方圓百里，但當時設計中的大國，也不過漢郡那樣
小大，至少不會超過兩郡。當時的齊、魯、宋、衛都是預定中的大國，其面
積差數，不會相差太遠。所以魯國大致是限於泰山郡和魯國，宋國大致限於
陳留郡和梁國，衛國大致限於河內郡，齊國的始封也不過只有濟南郡和平原
郡。《史記・齊世家》所說：「萊侯來伐，與之爭營丘，營丘邊萊，萊人夷也。」
這一處齊與萊爭營丘，亦即萊人想占有齊的國都，《史記》應當還是有相當根
據的。雖然當時未必太公就在齊國，但情況應當是相當嚴重的。齊國後來闢
地千里，當然是東進的結果，而不是始封就是如此。但假如始封就在臨淄，
那臨淄應當至少是一個小區域的中心而不可能在邊界上。也就是齊國始封時
齊國的疆域大致包括清代的青州府（益都距離臨淄甚近，實際上是代替臨淄而起的

城市,與臨淄仍在同一重點上)。膠東半島的肥沃地區及交通線均為齊所控制,在此情形之下,萊夷只能退處山區,已不能為大患了。當周初時的情形,決不是如此,所以齊和萊的爭鬥,齊的根據地是齊國區域,而萊的根據地是膠東區域,而青州一片肥沃平坦的土地,才是爭執的對象。等到獻公遷都臨淄,表示膠河一帶,齊國已完全有效的控制,這當然是長期東進的成果。

第二點,齊國從營丘遷薄姑,從薄姑遷臨淄,表示著齊國東進的成就,是不可以否定的。這裡先要談到的是齊國的來源是周室的分封,因此和周室的聯絡,交通道是一個最重要的事。齊國的主要部分,在濟水之南,所以從濟水源頭一直東去必需控制在齊國軍力之下,才能得到和周室聯絡不受困擾,在東進時候後路安全。在這裡歷城和章邱是兩個重點。歷城向來屬於齊,沒有人反對過。章邱地方正當歷城向東大道的通路,就多少可能有些疑問。因為這裡有一個相傳所謂譚城的問題,譚城被指稱在重要的大道上,龍山鎮附近。即使譚只是一個方圓五十里的小國,也會阻塞齊國主道的通路。簡直不可想像,齊國這樣一個富有侵略性的國家,居然臥榻之側,可以從容讓他人酣睡。

對於這一個問題的解釋,我是認為譚決不在龍山鎮,龍山鎮的所謂譚城,並非春秋的譚國的遺址,把譚城放在龍山鎮的,是出於《左傳》莊公十年杜預《集解》稱譚在濟南平陵縣西南(《水經注》從杜預說,在濟水下也有敘述)。不過杜預此說是很有問題的。此說在《左傳》莊公十年,但經文及傳文都說到「齊師滅譚,譚方奔莒」,但在地形上龍山鎮距莒甚遠,也無路可以奔莒。古地同名的甚多,這裡杜預根據的是否在漢代圖經中有一個譚,卻不敢說,不過即使此處有一個地名叫譚鄉或譚亭的,也不是齊桓公所滅的譚,齊桓公所滅的譚當別有其處。

在莒國附近的並無譚國,卻有一個郯國。郯譚二字本屬相通,譚國即郯國是不成問題(《史記·齊世家》作郯,不作譚,是)。問題在郯國在春秋時還存在很久,直到昭公時尚見於經傳。但這也不難解答。因為齊桓公卒後,齊國大亂,當然對於少數民族不能完全控制。郯國是少昊之後,是有深厚文化的國家,並不太容易消失。齊桓公滅譚(即郯),因為譚不恭順。後來的郯國對魯還相當恭順,對齊更不用說,這樣就在春秋時代存在下去也是合於情理的。最後還是楚滅郯,齊國不曾滅郯。至於《春秋經》或作譚或作郯,那是因為

史料來源不同，不足爲怪。

龍山地區雖然不是譚城，但在文化卻有其深厚的累積，漢代濟南郡治並不在歷城，而是在這個區域中的東平陵。當然是東平陵有其重要性和累積的繁榮。這個重要性也是要溯及到春秋和戰國中的齊國的。在東平陵附近有一個陽丘縣；也就是今章邱縣的附近。陽丘和章邱在音讀上是可以相通的（雖然《水經注》認爲陽丘與章丘是兩處，可見北魏時陽和章讀音已不接近了）。但現在問題是假設的營丘也可能在這裡，不過音讀的通轉上，尚多少有一點需要斟酌的。陽字和營字的輔音照說是不能相通的，但陽和營都是陽平三等，陽平表示輔音的元音化，輔音較爲模糊，三等表示有一個輔音化的介母，使得主要輔音的特徵更爲弱化，因而二字的讀音可以類似。所以營丘和陽丘在適當條件下不是不可以互相通用的。

當周公東征成功以後，封建諸侯，是依照重點下幾個重要的棋子，其中更重要的棋子是魯、衛、齊、燕，魯在在曲埠，衛在汲縣，燕在雄縣，都是東部中國大平原上的交通重點，只有臨淄情形不同。臨淄和咸陽情形有些類似，即臨淄和咸陽都在地方性的中心，進可以戰，退可以守，但就古代全國性的經濟及交通來說，沒有太多的意義。齊的分封目的，是爲拱衛周室的。如就拱衛周室的意義來說，東平陵附近比臨淄附近重要得多。如其營丘在東平陵附近（即山東章邱縣附近），齊的始封意義，就大得很多。何況濟水源頭也在不遠，濟有諸泉，尤其是趵突泉，是山東最大的泉源，更可能是舊的天齊淵。「齊之爲齊」也正在此處。所以營丘正可能是章邱附近某一個古城，包括城子崖在內。

所以齊的始封的營丘，是在津浦鐵路線稍東，以後逐漸東移。胡公遷薄姑，獻公遷臨淄，實際上還是在同一的地理區域內。只是薄姑（今博興）太偏北一點，經營東方不如臨淄的方便。臨淄現在因爲膠濟鐵路不曾經過，看來似乎偏僻一點，不過膠濟線爲開採博山的煤礦，修得偏南一點，從益都到濟南的大道，是應當走臨淄、長山、鄒平、章邱而到濟南市的。膠濟路從青州開始，就不經過一個縣城，這是當時德國人特殊的設計，如由國人自修，可能就不一樣了。這樣看來，薄姑是一個舊址，臨淄卻是一個新城，臨淄的設計，也是一個新的設計。但其中還有變遷和後來的發展，也是齊國建都以後的事。

臨淄所以稱爲臨淄，即因東據淄水爲險。如有需要擴張的時候，只能向西不能向東。臨淄遺址中，民間建築物集中東北角，就表示這個城曾經擴大過，而東北角是舊城所在地。許多城市都擴大過的。一種是保存舊城，加建新城，例如北平的外城，濟南的外城，天水有五個城，只有中間一個是舊城，向東加了一個，向西加了三個。另一種是撤掉舊城一部分，以舊城爲基本來建新城，例如北平長安街以南，是明代撤舊城擴大的，南京城的西南兩方是舊城，而東方及北方，擴大了許多；西安城的南北西三方是舊城，東方擴大了，再建新城。後面的三個例子，如其不依文獻的記載，僅靠現狀是不能推斷其擴大過的。臨淄城的大城，在春秋時的齊國還不至於這樣大，應當是戰國時擴大的。至於小城，更應當後起，是王宮擴大以後又修建一個宮城。這種擴大城圈，擴大宮殿，都是七雄僭稱王號以後的事。魯國在春秋戰國始終不算雄國，其都城宮殿決不太大，現在曲阜的故城遺址不小，應當是漢代封魯王國以後仿齊趙等國制度而作的。魯恭王就是其中一個主要擴建的人。至於較貧的諸侯王，如長沙號稱爲卑溼貧國，就未曾擴大城圈，同於臨淄、曲阜、邯鄲等地，長沙王的宮，大致也不過長沙城內省政府那一片地方而已。

現在再對於薄姑的問題討論一下。薄姑，《史記·齊本紀》云是齊胡公徙此。亦作蒲姑，〈書序〉：「成王晚踐奄，將遷其君於蒲姑，周公告召公，作將蒲姑。」但〈書序〉亦或作亳姑。「周公薨，成王葬於畢，告周公，作亳姑。」薄姑、蒲姑或亳姑雖寫法不同，但仍是一字，決無問題。《史記正義》引《括地志》說：「薄姑城在青州博縣東北六十里」，《續山東考古錄·青州府博興縣》：「薄姑國在東南十五里，今柳橋」，實是一地。亳姑爲亳的長讀，緩讀下去就成亳姑，急讀下去，就成爲亳。凡殷商的人到的地方，都可稱亳，殷商的人亦可稱亳。《左傳》昭公二十年傳：「晏子對齊景公曰，昔爽鳩氏始此地，季荝因之，有逢伯陵，蒲姑氏因之，而後太公因之。」蒲姑氏是指居住亳的人，應指殷商的人（商的本名可能就是亳，居商稱商，居殷稱殷，所以亳即商）。如其把亳讀作蒲姑，應是當時山東半島對於亳字的當地特別讀法。所以蒲姑氏也可以專指居住齊地的殷人。若以蒲姑爲商代封國，即是一個誤會的看法。因爲如其不把蒲姑氏（即亳人）當作殷人，那後來的亳社、亳王一類的名稱都無法解釋了。

上文雖然證明蒲姑及亳姑爲亳的別稱，但文獻中還有一些矛盾之處，仍

然還得解釋。現在認定的是太公的營邱，過去的住民，就是蒲姑，蒲姑是殷民在那裡的自稱或者是周圍住民拿來稱殷民的方言。晏子對齊景公說的「蒲姑氏因之」，這是說的殷民，至於〈書序〉所稱遷奄民於蒲姑，這個蒲姑當指齊地，即營邱一帶（蒲姑的轉變，也是這一類人），包括齊地的邊疆在內，等到把殷民和奄民遷到齊地以後，因為東方的威脅較重，所以在東方邊疆地帶築城戍守，這個城也叫做蒲姑，等到這裡草萊開闢，開發成熟，胡公便從營邱遷到這裡作為國都。等到獻公即位，對於這個地方的位置不滿，更有計畫的築一個新城遷去，這就是臨淄的開始了。

附　記

寫本篇時，早已想到齊國命名的天齊淵，也就是現在的趵突泉。齊字的三個方孔，也就應當指的是趵突泉的三個泉眼。距離不遠的城子崖，這是龍山文化的中心，按理來說，其重要性非屬於營丘不可。當時因這個想法較為唐突，未敢直說出來。現在想來，只要合理，就不妨說出。

二、制度

與嚴歸田教授論秦漢郡吏制度書

　　承寄賀年片已早收到。大著亦已由本所寄到。體大思精，至快先睹。惟大著洋洋五十萬言，一時難以詳悉。今謹就第十五章第六節及第八節略論之，幸爲教正也。第六節所言者爲魏晉南北朝之祿制中之魏代部分。今按京官收入不如外官本早是如此。尤其晉宋以來，京官患貧而求外任者亦常見於史（見大著三八七頁，其餘未暇詳檢，但如張天錫以降王而求爲郡守，葛洪、陶潛以名士而求爲縣令，即其顯例也）。北魏初百官無祿，顯然取給於民，而取給之方當然由於賦斂。地方賦斂之事，方式甚多。只需中央不明令禁止，則地方官自可任意爲之也。其中最著者如清代所稱之「雜稅」，實亦從唐宋之傳統沿襲而來。雜稅中之屠稅、牙稅等，至民國已歸省庫，但仍係稅收之大宗。此項雜稅若就收入總數言，雖較錢糧之「平餘」略遜一籌，但其數目仍甚可觀。此項收入在漢代以來應在諸「幹」之列。〈王莽傳〉：「義和魯匡言，名山大澤，鹽鐵、錢布，五均賒貸，幹在縣官。」師古曰：「幹謂主領也。」宋祁校文曰：「幹南本作幹。」〈百官公卿表〉治粟內史：「幹官鐵市兩長丞。」《注》如淳曰：「幹音筭，或作幹，幹主也，主均輸之事，所謂幹鹽鐵而榷酒酤也。」故幹字實幹字之別字，幹者筭理（管理）雜稅之事也。小吏之管雜稅者謂之幹，而雜稅亦謂之幹，後漢劉盆子傳食洛陽均輸，實亦收取洛陽之幹也，然則北朝之所謂「幹」，若釋作州郡之雜稅，似亦可通，未審以爲何如。至於第八節言及「推擇爲吏」一事，將推與擇分言，確屬至當不移。《漢書・曹參傳》：「擇郡吏長大訥於文辭謹厚長者即除爲丞相史。」是掾史之除授由長官「擇」取也。《後漢書・鍾皓傳》：「皓爲郡功曹，會辟司徒府，臨辭，太守問誰可代卿者，皓曰明府欲必得其人，西門亭長陳寔可。」〈任延傳〉：「吳有龍丘萇者，隱居太末……掾史白請召之，延曰：龍丘先生躬德履義……召之不可，乃遣

功曹奉謁。」此皆掾史推舉之例。案漢世郡縣吏之辟署，當出於下列各途：
(1)從小吏依次升進者，(2)因父兄爲吏給事爲史以升遷者（如張湯之屬），(3)
試吏（如〈高帝紀〉及壯試吏之類，漢代亦循秦法），學僮如尉律所言諷誦九千字者，
得自請詣府試吏（此層請參閱弟之論文〈論《史記・項羽本紀》之學書與學劍〉），(4)
年事已長但有家貲及篤行得以推薦爲吏（如崔瑗四十始爲郡吏之類）。故作吏不
止一途。韓信蓋出身中落之豪家，非本爲小吏者，故必需家富有行始得有推
擇爲吏之機緣也。槃庵兄所考甚精審，惟大致著重先秦，故更略就秦漢之世
推測言之，未知有當與否。尙祈多爲教益也。

再論漢代的亭制

一、亭隧與塢相關的問題

許多年前我曾寫過一篇〈漢代的亭制〉，這篇論文發表時間太早了，只能算做一篇「開路」的工作（所謂 pioneer work），其中雖然略有創見，但顯然的不夠成熟，有很多地方說得不夠清楚，甚至於還有自相矛盾的地方。現在事隔多年，確實有再行整理一次的必要。

漢代的亭是一種建築，也是一種治安上的區畫。現在中原人口密集的地方，因爲變動太大，舊日亭的建築物早已不存，但是在漢代的長城遺址附近，因爲受到的擾亂較少，許多舊日的烽臺尚存遺址。烽臺也就是隧，而「隧」在《說文》上說明是「塞上亭」。所以亭也是隧，從隧的形式就可以推論亭的形式。

據《敦煌漢簡》：

(1)一人草塗候内屋上，廣丈三尺五寸，長三丈，積四百五尺。

(2)一人馬矢塗亭前地二百七十尺。

(3)高四丈二尺，丈廣六尺，積六百七十二尺，率人二百廿三尺。

(4)二人削除亭東面，廣丈四尺，高五丈二尺。

(5)亭隧滯遠，晝不見煙，夜不見火，士吏、候長、候史耿相告候，燔薪以……

又據《居延漢簡》：

(1)樂昌隧次鄉亭卒跡。不在，送上塢。

(2)其十三枚受府，十五枚亭所作，七枚。(一九、五) (三〇三、一一)。

(3)凡亭隧皮旬廿八，凡亭隧二十五所。(三〇三、一一)

(4)遣吏輸府謹擇可用者隨亭隧。(二三二、二六)

(5)道上亭驛。(一四九、二七)

(6)樂昌隧長己戊申日，西中時，使並山隧塢上表再通，日入時，苣火三通，己酉日，再（通）。(三三二、五)

(7)守望亭北，平第九十三田。廣三步，長七步。積二十一步。(三〇三、一七)

(8)建平五年八月□□□□□廣明鄉嗇夫容假佐玄，敢言之，善居里男子丘張自言與家買客田，居作都亭部，欲取（過所）案張等更賦皆給，當得取檢，謁移居延，如律令，敢言之。(五〇五、三七)

(9)□縣河津門亭。(三七、三三)

(10)□道鳴池里陸廣地，爲家私市張掖酒泉眾行食，已住今□門，亭，障，河津，金關，毋苛止，錄後使。敢言之，如律令／掾不害，令史應。四月甲戌入。(三六、三)

(11)虜守亭障，不得燔積薪。晝舉亭上烽，一煙；夜舉離合苣火。次亭燔積薪，如品約。(一四、一一)

(12)爲亭隧竈所。(五一二、五)

(13)南書一輩一封，潘和尉印？詣都尉府。六月廿三日庚申，日食坐五分。沙頭亭長發驛北卒。日東中六分，沙頭卒宣付驛馬卒同。(五〇六、六)

(14)南書一輩一封，張掖肩候詣肩水都尉府。六月廿四日辛酉，日蚤食時沙頭亭長使驛北卒音，日食時二分，沙頭卒宣付驛馬卒同。(一五四、二)

(15)火一通，人定時發，塢上苣一。(五三六、三) (三四九、二九)

(16)元延二年十月乙酉，居延令尚，丞忠移過所，縣，道，河，津，關，遣亭長王豐以詔書買騎馬，酗泉，敦煌，張掖郡中，當言傳舍從者，如律令。／守令史朗，佐褒，十月丁亥出。(一七〇、三)

(17)□□府以郵行。(六二、二)

(18)肩水□□隧次行。(二八八、三二)

(19) 匈奴入塞在及金關以北，塞外亭烽見匈奴人舉烽煙和，五百人以上能舉二烽。（二八八、七）

(20) 居延亭徼寧當軺車一乘。（五一、六）

(21) 長十丈七尺，塢高丈四尺五寸，按高六尺，御□高二尺五寸高二丈三尺。（面）

陽城塢寬高袤厚，上下舉，負候長，候史治名葆塞蜒袤道里，塢高士吏畫多三月奉，付出之，□□隧史□多三月奉（付出）之。（背）（一七五、一九）

(22) 甲渠部候以亭行。（三三、二八）

(23) 不敵日，亭辛不候。（六八、一一四）

(24) 第廿九車父白馬亭里宿武都。（六七、二）

(25) 第十八隧長鄭彊從補郭西門亭長、移居延。一事一封。六月戊辰尉史憙。（二八五、一五）

(26) 三月餘□粟一千九百六十八石三鈞十斤，其三千五百卅三埵三千百卅六石積三埵，千石積高沙亭部。（一七八、七）

(27) 五鳳二年八月，辛巳朔，乙酉，甲渠萬歲隧長成敢言之，迺七月戊寅夜，隨塢陛傷要，有瘳，即日視事，敢言之。（六、八）

(28) 居延都尉府以亭行。（八二、三〇）

(29) 入糜小石十四石五斗。始元二年十一月戊戌朔，第二亭長舒，受代田倉驗見，都丞延壽臨。（二七三、二四）

(30) 出糜小石十二石爲大石七百二斗，征和五年正月庚申朔，庚申，通澤第二十亭長舒，受部農第四朱。（二七三、九）

(31) 臨道亭長光以倉吏四人。（三〇八、一七）

(32) □□年九月丁巳朔，庚申，陽翟長猛，獄守丞就兼行丞事，移函里男子李立弟臨自言取傅之居延過所。縣邑侯國勿苛留如律令，候自發。（一四〇）

(33) 出糜卅三石二斗，征和三年八月戊戌朔己未，第二亭長舒付屬國百長千長。（一四八、一）（一四八、四二）

(34) 入糜小石十五石始元三年六月□□朔甲子第三塢長舒受代田倉驗見都丞臨。（二七三、一四）

(35)小石十五石始元三年四月乙丑朔丙寅第二亭長舒受胡倉驗建都丞臨。(二七三、八)

(36)元延二年十月壬子甲渠候隆謂第十候長忠等記到各遣將粟。(二一四、三〇)

(37)出十二月吏奉錢五千四百候長一人候史一人隧長一人五鳳五年五月丙子尉史壽王付第廿八隧商奉世辛功孫辟非。(三一一、三四)

(38)入糜小石十二石始元五年二月甲申朔丙戌第二亭長舒受代田倉臨□。(二七五、二三)

(39)河平二年正月己酉朔丙寅,甲渠部候誼敢言之,府移舉書曰:第十三隧長解宮病背一傷右角立。(三五、二二)

(40)九月乙亥䴰得令延年,丞置敢言之。肩水都尉府移肩水候官告尉,謂東西南北都□義等補肩水尉史,隧長,亭長,關使者,如牒,遣自致。頡良,王步光,成敢,石胥成皆□書牒署從事,如律令。敢言之。(九七、一〇)(二一三、一)

(41)積薪東頃,十四隧長房井塢上北面新傷不補。(一〇四、四二)

(42)五户關椎皆故。有新未?非子曰,故隧長有新關椎,在三堆隧,未作,毋累舉。(四六、二九)

(43)三堆隧戌辛居延陽里莞宣。(七三、一五)

(44)(甲)渠鄣候喜謂第四候長宣第十候長……事如律令。(一三六、四一)

(45)(敢)言之,其母井者各積冰亭十石。(五三四、九)

(46)隧長更生壘亭簿,五月庚辰刻壘亭盡甲辰廿五二百九十／五月乙巳作。(面)
肩水戌亭二所,下廣二丈八尺六月簿餘穀百六十石(背)。(五四、二三)

再據《睡虎地秦簡》:

(1)如官嗇夫其他冗吏,令史,掾,計者,及都倉,庫,田,亭,嗇夫,坐其離官,屬於鄉者,如令丞。

(2)市有街亭求盜在某里曰,甲傳詣男子丙,及馬一匹,雜牝,右剽,緹複衣帛里,莽緣領袖,及履,告曰,丙盜此馬衣,今見在亭旁,

而補來詣。

(3)爰書,某亭長甲,求盜某里曰乙……縛繫男子丁。

(4)爰書,某亭求盜甲告曰,署中某所有賊死結髮,不知何男子來告……男子屍到某亭百步,到某里士伍丙田舍二百步,……訊甲亭人及丙,知男子何日死。

專就以上所列的秦簡及漢簡,可以推證下列的各種關係。

(1)亭和「隧」、「塢」、「堠」的關係究竟是些什麼關係?其中異同究竟在那幾點?

(2)亭和縣,鄉,里,驛的關係究竟是怎樣的。其中有關的問題,如同配置問題,如同林政屬問題,如同工作問題,究竟是怎樣的?

這兩點都是有關亭的重要事項,必須加以澄清,然後什麼是亭,才可以立一個界說。

依照《說文解字》的解釋「隧,塞上亭也」來看,亭和隧是同類的組織、功用和建築。只是在內郡叫做亭,在塞上叫做隧。從《敦煌漢簡》及《居延漢簡》來看,漢代長城地帶的防禦及情報單位是隧,也就是把內地的亭移到塞上,就叫做隧。所在的地位不同,因而名稱有異。隧既然賦與一個特別名稱,當然不能簡單的把內地的亭搬到塞上來,其中當有隧專有的特質。漢代內地的亭內容怎樣,從現有的史料來看確實不太清楚。隧的內容,因為從文獻上(漢簡)及遺址的遺留來看,可知的已經不少。現在可以大致用隧的內容及形式來推斷亭的內容及形式。只有一點,亭簡單而隧複雜,凡是隧多出來的設施,亭可能並不具備。若用概括的敘述,這樣也許可以說明亭和隧的分別。

現在把亭和隧大致比較一下來說明亭和隧其同異所在。內地的亭,其中服務的人,計有亭長一人,管理亭的事務;求盜一人,佐亭長維持治安;亭父一人,對於亭的整理、清潔各項工作去服務。不需要更多的人。至於隧上工作較多,就比較有伸縮性,例如:

□城□(隧)卒一人候望,□起晝天 ,人力不足。(《敦煌簡》)

□戍卒三人以候望爲職。戍卒濟陰郡定陶羊于里魏賢之死,夜直候誰?夜午時紀不辦,□宜步卒除……(《居延簡》一八三·七)

鉼庭隧還宿第卅隧,即日旦發第卅,食時到治所第廿一隧,病不幸死。宣

六月癸亥取寧，吏卒盡具，塢上不乏人，敢言之。（《居延簡》三三‧二二）

現在從《敦煌簡》和《居延簡》的記載來看，各隧有多少戍卒，不能完全確定，不過除隧長以外，有三個或四個戍卒，輪值守望。就和內地的亭組織不同。內地的亭有亭長、求盜和亭父三人已可以應付，而隧卻有一個隧長及三四個戍卒，要有四五個人才夠用。就這一點來說，亭和隧顯然有別。

在邊塞的區域中，例如居延，就有亭也有隧，前引第(25)條，第十八隧長鄭彊從補郭西門亭長。在同一簡中亭與隧的名稱顯然各有所指。第十八隧是塞上的隧，而郭西門亭是指居延城外郭的亭，範圍不同，亭與隧並非互稱。又如前引的(40)條，稱肩水尉史、隧長、亭長、關使者，等等。亭長和隧長並稱，也顯示著在一些地區有亭長也有隧長，應當賦予不同的職務，表示亭長替人民服務，而隧長防邊。但在漢簡裡面，卻是同樣一處隧長，有時或稱亭長，或稱塢長，或稱隧長。凡是亭長、塢長或隧長，都是一種法律上的定稱。在公文及法定的記錄上，是不應當用幾種官名，互相代替的。只是在以前引到的漢簡，如(29)、(30)、(33)、(34)、(35)、(37)、(38)、(39)等條就表示著隧長曾有三種不同的稱法。但是再進一步來看，那就在漢武帝時至昭帝元始三年四月，隧長的職名是「亭長」。到了昭帝元始三年六月，隧長的職名改為「塢長」。到了宣帝時代，一直到東漢時期，隧長的職名都是「隧長」，不再用亭長或塢長的稱呼。

在《漢書》中，武帝時候，是不用隧這個名稱的。《漢書‧匈奴傳》上：

武帝即位，明和親。漢使馬邑人聶翁壹……陽為賣馬邑城，以誘單于。……單于既入漢塞，未至馬邑百餘里。見畜布野而無人牧者，怪之。乃攻亭。時雁門尉史行徼，見寇，保此亭。單于得欲利之。尉史知漢謀，乃下，具告單于。單于大驚曰：「吾固疑之。」乃引兵還。出曰：「吾得尉史，天也。」以尉為天王。

這是武帝初年時的事，塞上的亭就是後來的隧。此處稱做亭而不稱做隧，表明當時還是把後來的隧叫做亭的原故。

從亭隧的兩次改名稱一件事看來，是有其理由的。從亭改作塢，可以看出塞上的亭是有塢的，而內地的亭是沒有塢的。這一點就顯示塞上的亭的特

質。內地的亭雖然不具有塢，但在內地除亭以外，尚有建塢的（譬如郿塢，就是一個儲存用的塢），塢的名稱並非是塞上專用。為了避免紛擾，後來又採用了專為塞上使用的名稱，隧這一個字。從這一系列名稱的變動，使我們更可以了解亭隧的特質。

亭隧的起源應當追溯於一般的亭。《說文》「亭，民所安定也。亭有樓從高省，丁聲」，按照此處來說，亭的本意應當是高處建的瞭望樓，來保衛人們的治安的。這個字如其窮原溯流，和京字、郭字、高字等都有相關的意義，考證起來較為繁複。今只依據漢代著作的《說文》，就此討論漢代的事物，更為簡單些。

本來新石器以來的遺址，大都在沿河的臺地上。商代的亳，周代的鎬京，都表示是一些高地建築。亭的原義，不一定是全為偵察，而居住的意義是更為重要的。但是人口增加和都邑擴大的結果，這種高地建築，並不能概括一個都市，因而亭的名稱縮小到都市的中心部分，也就是漢代所謂「都亭」。這是一個城的核心地區。

《漢書・地理志》記載著許多郡縣的名稱，王莽時加以改動，而郡治地方還有許多以「亭」來稱的，這當然是保存古義。就中如東郡濮陽，莽曰「治亭」（汝南平輿，《注》應劭曰「故沈子國，今沈亭是也」，此非莽所改）。濟陰郡定陶，莽曰陶丘亭。沛郡相，莽曰吾符亭。平原郡鬲，莽曰河平亭。千乘郡濕汝，莽曰庭亭。蒼梧郡廣信，莽曰廣信亭。信都國信都，莽曰新博亭。這些用亭作城名的，又多屬郡治。所以此處的亭，顯然不是偵察的意思，而是(1)亭為在高處上的建築，和「京」具有同樣的意義，因而用於治所。(2)郡治多在人口眾多之處，亭是住人的，與《說文》之「人所安居」相符。——這種情況可以有一種解答。即在遠古時期，為著防水並且防野獸的侵襲，人就選擇高處來建房舍，這種高處的房舍就叫做京或亭。這些不同地位的亭，往往是可以互相看望的。結果主要的亭就變成貴族宮室的臺殿，而附屬的亭就成為瞭望偵察的瞭望臺。在近年一切考古的工作中，發現了許多戰國時的都城，如燕下都及邯鄲等，其宮殿的遺址，都在人造的高臺上。（所以宮殿存則稱為臺或殿，宮殿廢圮就稱為丘墟，凡稱某氏之墟，仍是高地的意思。）這種貴族的宮室在高丘之上，平民繞貴族宮室而居（後來再修城市的圍牆），和日本及歐洲封建時代的城堡，在發展程序上是類似的。

　　為著亭制在一個長期進展之下，有相當複雜的演變，到了漢代道路上十里一亭的亭，以及烽燧用的亭，在亭的發展中只是其中的一支，和其他居住的亭，早已名同實異。但在做亭的初步探討之時，仍會構成混亂和誤會的。舊作〈漢代的亭制〉一篇中，就因為有種種的考慮而發生了互相矛盾的看法。因此為了對於亭的演變作更進一步的分析，就需要把各種不同的亭再作一個演變的分析。以下是一個簡單的演變表：

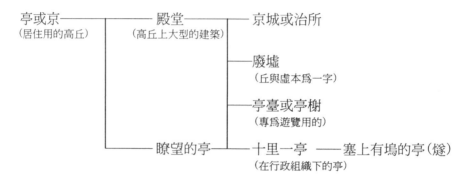

所以漢代十里一亭的亭，原是專供警備之用，其地區可以有居民，也可以沒有居民。但亭也可形成一個區域。再從另一方面來說，這些居民雖附著於亭，其管理居民的責任以及收取賦稅的責任是屬於鄉的[1]，其自治性的活動（如同里社）是屬於里的。東漢以後封侯的區域，有縣侯，有鄉侯，有亭侯，而里不用來做侯國。這是里的面積太小，不能做成一個侯國的單位，亭可以容下十個以上的里，可以構成較大的單位。再嚴格說來，亭的功用以治安為主，只能算是一個警察區。用現今制度來比喻，鄉和亭的關係，可以說和鄉鎮公所與警察派出所的關係，有些類似之點。

　　亭所包括的範圍既然如此複雜，所以塞上的亭，為了在命意上能夠簡潔，在昭宣時代改一個新的名稱是應當的。第一次的新名稱卻是塢而不是燧。今就內地的亭和塞上的亭來比較一下，內地的亭，可以供傳烽之用，但卻只有一個烽臺，烽臺以外並不需圍牆來作防禦之用。內地的烽臺如《漢書·匈奴

1　秦法的戶籍是用什伍組成，而互相伺察。這些事應當是集中於里的。所以漢代的戶籍，還是以里為單位。因此戶籍的名冊，除去收賦稅的鄉，需要一份以外，在里方面亦必有關於戶籍的檔案。這樣看來，里的伺察任務要和亭接觸，而戶口任務要和鄉接觸。

傳》上所稱「烽火通甘泉」，正表示甘泉宮旁就有烽臺。至於西安至榆林大道，烽臺到民國初年尚存。蘭州至武威張掖大道，烽臺到民國三十年尚存。至於漢代十里一亭，在不屬於國道部分，只是縣與縣交通道路上，是否尚有烽臺？因為不曾發現過遺址，現在假定那種地方不應當有烽臺，只應當有「道班房」式的房子，即所謂「郵」，來做偵察人員居住之用，也就夠了。

　　邊塞上的亭，應為除去偵察及通訊的需要以外，還要兼顧到防禦的需要，除去亭的本身有相當高度以外，還需要圍繞著圍牆，這就是「塢」。原來塞上守禦用的牆壁，除去長城以外，在比較小一點的範圍上，還有三種不同的形式。第一種是「城」，譬如被叫做黑城的居延城、敦煌城的漢代郡城，都是和內地的縣城相仿，是一種規模較大的城圍。第二種是障，漢代的障，可以說有一定的標準形式，城圈不大，只有一個城門，城牆卻相當堅厚，譬如玉門關城及地灣的障城等都是。第三種是塢，塢的厚度較城牆為薄，高度也比亭為低，據前引敦煌簡(3)，亭高四丈二尺[2]，又據前引敦煌簡(21)，塢高丈四尺五寸，塢的高度不過亭的高度三分之一。以市尺計算，塢約計也可以高達市尺一丈，所以也可以構成防禦的作用。

　　亭和塢的關係，如下圖所表示：

（黑色方形為亭，直線狀為塢）

所以在亭上的建築，除了亭（烽火臺）就是塢（圍牆）。若以建築物來命名，如其不叫亭，第一個選擇就利用到塢這一個字了。

　　塢字在漢簡中不常用，其中前引(26)及(42)的「三塢」是一個燧的專名。原來塢字係從候字變來。但候官及候長都已用候字，自用不著再時常用到塢字來增加紛亂。

　　烽字漢簡中作　　，這是一種綜合的訊號，在亭的上面，懸掛烽表，再用煙來表示。燧指烽火臺上的積薪和炬火，《史記‧司馬相如列傳》說：「聞烽舉燧燔」，《史記集解》引《漢書音義》說：「烽如覆米　，懸著桔槔頭，有寇

2　《墨子‧雜守篇》：「築郵亭者圍之，高三丈以上。」此處用的周代尺度，和漢制
　　不同，顯然比漢制要低些。

則舉之。燧積薪，有寇則燔然之。」《漢書‧賈誼傳》:「候望烽燧不得臥」，《注》引文穎說:「邊方備胡寇，作高士櫓，櫓上作桔槔頭，懸兜零，以薪草積其中，常低之，有寇則火然，舉之以相告曰烽，又多積薪，寇至，然之以望其煙曰燧。」以上兩種注文都確有根據，不過也都有問題。烽表確用桔槔（漢簡「烽不可上下」，即用桔槔來上下布烽），但桔槔只是用來舉布製烽表的，供白天之用。其在白天，除去烽表以外，還用煙，在漢代烽臺的頂端，有些現在尚存煙竈。只是烽臺頂只能舉一煙，所以在烽臺之下，應當有別的煙竈以便再多舉煙，只是烽臺以下容易破壞，現在還未曾找到，但應當確實有的。所以烽的制度，白天只用表和煙兩種，就已經夠了。

如其在晚上，也只用苣火和積薪兩種，積薪是在塢以外焚燒的。在塢的內部，包括塢上或亭上（即烽臺上）都用苣火。當然苣火是可以用桔槔舉起來，不過在西北沙漠到處是一望無涯的，加之空氣清朗，甚少煙霧，晚上比起白天，一根香頭的火光，就可以在五六里外望見。如其採用苣火，十里至十五里，可以望見，毫無問題。苣火放在竿頭，或者用人手持，遠處看來，都是一樣。所以把苣火用桔槔舉起來，並無實際的價值。居延和敦煌簡所記晚上是不用桔槔的。《漢書音義》及《漢書注》所說兜零形的烽，在漢簡上找不到印證。只有一點，積薪和苣火在大風時都有困難，尤其苣火更難在大風時不致熄滅。如其在竹籃中盛以陶罐，用薪炭燒起來，再用桔槔舉起來，雖然光度稍差，卻也勉強可以做苣火的代用品，這也是合理的。不過漢簡上並無此物，除非是東漢以後新創的事物，以代苣火的，西漢時尚不見用到。

從以上看來，雖然烽和燧兩樣並稱，但烽確指一種事物，即烽表，司馬相如所稱的烽舉燧燔，烽舉是指舉上烽表，但燧燔卻可以指亭上?所舉的煙，也可以說苣火或積薪。在塞上似乎並無一種特定的烽火記號可以叫做燧的。燧既然是一個比較廣泛的名稱，也許在漢代長期中，把塞上的傳烽站，不稱為亭，不稱為塢而稱為隧的原因。但是這個名稱後代並不沿用，唐人就把烽火臺不稱燧而稱為烽了。（至於「站」這個名稱，那是蒙古話，當然更後。）

二、說亭與隧並論亭與里

以上所談的是漢代亭制的大致情形。其中亭制牽涉的較為廣泛，因而就

不免發生了許多不能解決的問題而形成了不少糾紛。在我所作的〈論漢代亭制〉，主要的是從顧炎武《日知錄》一段引申出來，後來再讀本文，覺得不滿，又作了附記一則。因爲附記是後作的，思路和作本文時，完全從顧炎武的意見，出發點不同，就不免形成了互相矛盾的現象。現在再檢討一下，本文和附記，其中得失，還可以再作檢討。

漢代縣制之中，顯然的，在令長以下，丞尉二百石至四百石，是朝廷命官，爲第一級；鄉嗇夫秩百石以及比於百石的有秩，爲第二級；游徼和亭長，都是縣吏，但都是斗食，不及百石，爲第三級。以上的都是官或吏，爲有給職。至於鄉三老，是名譽職，除去可以復除交稅以外，是無給的。里魁在文獻上，並沒有證據證明是吏，依照一般的傳統，如三長法或保甲法，這些後世所謂「鄉官」實際上是自治的「會首」。其所有支出，應當是由里社公積或由里社分攤，不在朝廷預算之內。如其把縣中的公事都認爲是治民，那就嗇夫、游徼和亭長，都是治民的。反之，在邊境上的候官（相當於縣令長）、塞尉（相當於縣尉）、候長（相當於鄉嗇夫）、隧長（相當於亭長），卻都不是治民的。這種官名的分別，就表示候官、塞尉、候長、隧長是純武職；而屬於縣的縣尉、游徼、亭長，只是一種警務上的官職，並非一些純武職。顧炎武說亭有人民，其中並非那樣的簡單，卻也並非完全荒謬。

當然，顧炎武那篇是一個創始的工作，其中自亦難免不精密之處。例如，他說：

> 「又必有城池，如今之村堡」，自注：「今福建廣東，凡巡司皆有城」。《韓非子》：「吳起爲西河守，秦有小亭臨境，起攻亭，朝而拔之。」《漢書・息夫躬傳》：「客居丘亭，姦人以爲侯家富，常夜守之。」〈匈奴傳〉：「見畜布野，而無人牧之，乃攻亭。」《後漢書・公孫瓚傳》：「卒逢鮮卑，乃退入空亭。」是也。自注云：「減宣怒其吏成信，信亡入上林中，宣使郿令將吏卒闌入上林中蠶室門，攻亭，格殺信。」（見《漢書・酷吏傳》）是上林中亦有亭也。

這一段所引的說到亭的地方，並不是那樣一致的，必需加以區分類別才能得到真相。他說亭有城池，是錯的，他說：「今福建廣東，凡巡司皆有城」，也是比擬不倫。明清縣的分巡，如縣丞、主簿之屬，都是朝廷的命官，其築有

城池，自不足異，亭長只是吏不是官，所以不會有城池的。亭卻可以據守，因爲有下列的兩點，第一，亭是在高地築臺，所以可以據守，不一定就有城堡；第二，亭可以有塢，塢是圍牆不是堅厚的城，更不具有城壕或池。所以在這一處原則不錯，還是有些誤會。至於《韓非子》所說秦邊境的亭，以及〈匈奴傳〉所說的亭，以及《後漢書‧公孫瓚傳》所說的亭，大都是亭隧的亭，原有的防禦工事較爲堅固，所以可以據守一下。第二，〈息夫躬傳〉所說的「丘亭」（即廢置的亭），這和〈淮南王長傳〉有司奏徙長到邛的舊事，是相同的。這種亭兼有驛的作用，其中有房屋供傳舍之用。《漢書‧武帝紀》：「徵吏民有明當世之務，習先聖之術者，縣次續食，令與計偕。」所有被徵的人居住的傳舍，也就是這種亭，不是以據守爲任務的。第三，上林中的亭，和邊境據守的亭，和內地路上做傳舍的亭，都不相同，這種亭實際上是上林中的瞭望臺，因爲上林遼闊，其中要設警衛的觀望站，其建築形式和亭相同，卻與外邊的亭作用是不一致的。

綜以上所述，亭只有兩種不同的類別。在內地或邊郡有人民的縣道中，是叫做亭的，亭有亭長，負治安警備的責任，但也兼管道路郵驛。如其亭在城內，叫做都亭，民間經常一切治安以外的問題，用不著都亭的亭長去過問。但是在縣治以外的亭，都叫做下亭，其中民間經常問題，不在法定之內的，也可以要亭長負調解的責任。有些村落距離縣治和鄉治都很遠，亭長要負治安的責任，遇到了地方上的糾紛，亭長仍然是當地的官方代表。只有賦稅方面，這是嗇夫的專責，其他吏員如同游徼及亭長，也都無權過問。漢代戶口和賦稅是在同一範疇之內的，嗇夫管賦稅，當然也就管戶口，這就不是亭長職分之內了。此外還有傳烽示警的責任，雖然是從邊塞的烽堠傳過來，但傳到內地，當然由緣大道的亭一直傳過去。這就不分內地的亭或邊塞的隧了。

至於邊塞的隧，原則上其下沒有居民，當然是純軍事的組織而沒有吏治的成分在內。從隧長向上一層是候長，再向上一層是候官，都是一樣的不涉及民政的。但從候官上溯那就是太守及都尉，這就與內地相類似了。不過邊郡和內地還是有些不同。譬如郡當邊塞，丞稱爲長吏，官名既異，職分當然有殊。邊郡和內郡既然職責不同，到了東漢，內郡取消都尉，無都試之事，而邊郡卻和西漢一樣的把都尉之職沿襲下來，這就證明了內郡和邊郡的殊異。

漢代的吏是分爲文史和武吏的。文史學書武吏學劍，在試吏時，書劍的

技術是必需純熟的（見舊作〈史記項羽本紀學書及學劍的解釋〉）。亭長是屬於武吏的範圍的，但亭長的升遷，還是走文職的路（見《漢書》八十三〈朱博傳〉），這就表示無論文史或武吏，都是吏。《居延漢簡》中的隧長並非以武吏為限，也以文吏充任。所以漢代吏員雖分文武，如其可以勝任，並不限於各就各類。就行政組織說，漢代里是直屬於鄉的，亭不在直接鄉里系統之中，但從烽燧中可以發現社祀的記載，社祀是里的事，也就是說即令在邊區，隧長是不治民的，若其中住有人民，隧中的人也可以參與人民的社，內地的亭當然也仍同此例。

里的疑義的構成，可能還是由於歷史上的演變，起了分歧。如其分畫井田（不論井田賦稅如何交法），那就一井就是一里。但在人口密集之地，就又有了一個二十五家為里的雙重標準。漢代以十里為亭，是不按戶口的多寡的，而鄉里的里，又依照戶口數目。在漢代各亭，是有各亭的「亭部」的。這個亭部，是依據道里的遠近，以亭為中心，前後各十里來畫分。這種亭當然是下亭而非都亭。亭所在的村鎮，也當然大小不同。在人口密集之處，一個亭部可能有三五百戶，在人口稀少之處，可能只有一兩戶，甚至可能並無居民。一個亭長對於一個亭部所負的責任是維持治安而非收取賦稅，卻也不能認為亭長只負軍事的責任，對於居民一點關係也沒有。

就一個縣廷的組織來說，令長的輔助是丞和尉，但實際上辦事的人，在內是功曹，在外是督郵。功曹的職守是管縣廷中人事的，各種考績的工作。督郵的職守是循行鄉亭，監督嗇夫、游徼及亭長的。但督郵的職名意為督察郵驛，可見對於郵亭的事是認為一個重點。漢代令長之職所管到的，相當廣泛，例如賦稅、戶口、力役、詞訟、盜賊、郵驛、徵調、教化、祠祀等等，從鄉亭到里，各有所司，很難做一個簡單的概括。只能大致來說，詞訟和賦稅應該屬於嗇夫，盜賊和郵驛應當屬於游徼和亭長，教化應當屬於三老，祠祀及人民的聚會應該屬於里。其他則隨事的大小，就所在的區域由令長指定所在的吏員來處置。這一類問題過去王毓銓和日比野丈夫就爭論過，其實這個問題太複雜，資料不全，很容易發生疑問。我的基本看法，還是根據《日知錄》那一條，但其中確還有不少矛盾和誤解的地方，方始再去修改一次，至今還不敢說一定是對的，只是希望能夠更進一步，隨時參酌時賢的新見解來改正。

在《居延漢簡·圖版之部·再版序》中（第十三葉），對於《漢書·百官公卿表》所說：「大率十里一亭，亭有長，十亭一鄉，鄉有三老、有秩、嗇夫、游徼。」認爲敘述失真，現在看來，還要重新考慮，這裡原文確是鄉、亭、里三級。這三級表示一個鄉平均下來可以容下十個亭，一個亭平均下來可以容下十個里。其中只講面積，並不講部屬。換言之，里的占地雖是亭的一部分，但里的行政仍直接由鄉指導，亭長只是旁系。這種錯綜複雜的關係，自然會生出許多不同的看法的。

三、說亭與郵

亭的功用在內地是備盜賊、清理道路，在塞上的隧是備胡虜、傳烽候。都是以道路線上或長城線上爲主。郵的組織是爲著傳遞公文書信，和亭隧以道路爲分配的情形，正相符合。因此郵的配置也和亭的配置互相補助，《漢舊儀》說：

> 亭長教射，游徼激循；封，游徼，亭長皆習設備五兵。五兵、弓、弩、盾、刀、劍、甲、鎧。
>
> 設十里一亭，亭長亭候。五里一郵，郵間相去二里半。（亭長）司姦盜，亭長持三尺版以劾賦，索繩以收執盜。

上引的「郵間相去二里半」或作「郵亭間相去二里半」，這是一個不易解答的問題，如其是郵間相去二里半，那郵與亭的布置，應如下式：

> 亭◁──五里◁──郵◁──五里──▷亭
> （兼有郵）　　　　　　　　　　　（兼有郵）

如其是「郵亭間相去二里半」，則郵與亭的布置，應如下式：

> 亭◁──二里半──▷郵──▷五里──▷郵──▷二里半──▷亭
> （不兼郵）　　　　　　　　　　　　　　　　　（不兼郵）

這裡郵字是什麼意思，原文太簡，不能確定。但就一般解釋，郵爲傳送郵書，這個「郵間相去二里半」的分畫，代表著什麼功用，也就十分費解。依照漢簡的記載，如《居延簡》記「南書」幾封，或者《敦煌簡》「西薄書」幾封，

下面都有隧卒某人交與隧卒某人，都是從這一個隧直接送與下一個隧，其中並無所謂「郵」的記錄（見前引(13)，(14)等簡）。又如前引(17)、(18)、(22)、(28)或稱「以郵行」或稱「隧次行」，或稱「以亭行」，實際上都是一樣的含意，不可能在亭隧上還有兩種以至於三種的傳遞公文書信制度。所以「五里一郵」從亭隧上的文獻上看並不相合。依照《漢書》八十二〈薛宣傳〉：「郵亭不修」，郵爲郵舍，亭爲望臺，卻應仍在一處。

再就情理來推論。亭卒的人數有限，守望的工作更繁於送信的工作。就現在發現的漢簡來看，亭隧上要做的事很多。除去守望烽火以外，還要整理亭隧，補修亭障，修理兵器，畫塞上天田，以至於開墾田地。不可能把送信當成專業。如其設有專送信而不作別的事的「郵卒」，那就所有的戍卒都住在隧，不會有距亭隧五里或者是二里半的「郵舍」。再就工作便利以及工作效率說，一隧送傳一隧是較爲便捷。從此隧送到半途，再由彼隧派人來接，不僅周折費時費事，而且無此必要。所以由事實來推論，也沒有在兩隧之間，又加添一個或兩個「郵站」的可能。塞上既是如此，同樣的，在內地也看不出兩亭之間，有加添「郵站」的必要。所以五里一郵這句話，其中尚有複雜的情況，不是簡單的承認或否認的問題。

先談這一個郵字，這個字正是一在形義和聲韻兩方面都有問題的字。《說文解字》：「郵，境上行書舍，從邑垂，垂邊也。」這從土的境字，《說文》所無，境當作竟，此字有被後人增添的嫌疑，清苗夔《說文聲訂》說：「夔案：垂邊也三字，當作垂亦聲，以後人讀郵與垂聲遠，故改垂亦聲，作垂邊也，與境上字複而不覺也。」這是對的，《說文》邑部，全屬形聲，無一字屬於會意，因爲邑部中所有各字，邑字都屬後加。其字原屬假借，到了加了邑旁，就變爲形聲。其實形聲和假借是同源的，其中並無一個是會意字。同類的例子，是《說文》的巷字：「巷里中道，從雙邑從共，皆在邑中所共也。」巷字從雙邑或從單邑得形，從共得聲，古今向無異說。與此同類，又如郭字，原釋國名，但城郭之郭，亦用此字，從邑，由古郭字𩫖得聲。所以郵字從垂得聲，在邑部之中，本非例外。清王玉樹《說文拈字》亦云：「按郵以垂得聲，古音讀若垂也。」案依照古音讀法，非不可能，但還有相當的困擾。

本來造字的原則中，形聲的應用，遠比會意普遍。在九千字中，百分之九十以上，皆是形聲。但古讀浸亡，後來世俗無從了解古音的嬗變，許多師

心自用的人，便牽強附會，積非成是。顏之推《顏氏家訓‧雜藝篇》：「北朝喪亂之餘，書跡鄙陋。加以專輒造字，猥拙甚於江南，乃以百念為憂，言反為變，不用為罷，追來為歸，更生為蘇，先人為老，如此非一，偏滿經傳。」這些造字的方法，顯然的都是用會意法代替形聲。唐代武后新字，也是大量利用會意。甚至於王安石作《字說》，如波為水皮之類，仍然是廣泛的利用世俗觀念，以會意來代形聲的原則。《說文解字》本是經過李陽冰等人竄改過的，郵字的形聲原意曾被去掉，也不足為異。

　　郵字既然是一個形聲字，那就這個字的構造不必過分追求，只要把郵字的解釋，從古籍引用中的命意去檢討，也就夠了。照《說文解字》上解釋，郵字指「境上行書舍。從邑垂，垂邊也。」除去「行書舍」三個字，是許君原文無誤以外，其從邑垂三字，自亦可為許君原文，不過非常可能為「從邑垂聲」四字，被人改「聲」字為「垂邊也」三字。因為照應「垂邊也」三字，在最前反加上了「境上」二字。不僅此「境」字非說文土部所收之字，而且行書舍，既為行書（或傳書），就會從國都延伸，不能專以境上（或邊區）為限[3]。若傳書只從邊區對邊區，而不是國都對邊區，那是於事理不通的。郵字若是形聲，就不至於有此荒謬的解釋，只有把許君形聲的原意改掉了，才會有此扞格難通的怪論。現在需要和《漢舊儀》印證，《漢舊儀》所記的郵，是不以邊區為限的，則許君原文應當只敘明「行書舍」為止，未曾指明以邊區為限。《漢書》顏師古《注》，有好幾處涉及郵字的解釋的，例如：

> 《漢書》四十四〈淮南王長傳〉：「制曰，其赦長死罪，廢勿王，有司奏請處蜀，道，邛，郵。」《注》師古曰：「郵行書之舍。」
>
> 《漢書》七十五〈京房傳〉：「上令陽平侯鳳承制詔房止無乘傳奏事，房意愈恐，去至新豐，因郵上封事。」《注》師古曰：「郵行書者（舍）也，若今傳遞文書矣。」
>
> 《漢書》八十二〈薛宣傳〉：「宣子惠，亦至二千石。始惠為彭城令，宣從臨淮遷至陳留，過其縣，橋樑郵亭不修。」《注》師古曰：「郵行書之舍，亦如今之驛及行道館舍也。」

---

3 《孟子‧公孫丑》上「孔子曰德之流行，速於置郵而傳命」。所說的德，是指天子到諸侯，從中心傳播的，這個郵的命義，自不是以邊境為限。

《漢書》八十九〈黃霸傳〉：「霸爲選擇良吏分部宣布詔令，令民成知上意，使郵亭鄉官皆畜雞豚。」《注》師古曰：「郵行書舍，謂傳送文書所止處，亦如今之驛館矣。鄉官者鄉所治處也。」

《漢書》八十九〈黃霸傳〉：「嘗欲爲有司察擇年長廉吏，……吏不敢舍郵亭。」《注》師古曰：「舍止也。」

以上各條顏師古《注》是非常重要的證據。顏《注》對於「郵」字的解釋，是完全根據許慎《說文》的解釋的。但是這幾條之中，除去淮南王長一條，可以勉強把郵作爲在邊境的解釋以外，其餘各條的郵，都是在內地而不是在邊境，而顏氏仍引用《說文》。可見在顏氏看到的《說文》原本，只是「郵，行書舍也」而非「郵，境上行書舍」。既然原文並無「境上」二字，也就不論是境上行書舍，如〈淮南王長傳〉所稱，或者非境上行書舍，如〈京房傳〉、〈薛宣傳〉以及〈黃霸傳〉所指，顏氏都同樣的用「郵行書舍也」來解釋，不加分別。這就確切證明了古本《說文》是怎樣一回事，而郵字只是一個形聲字，並非一個會意字。

再根據「郵行書舍也」一句來引申，此中最重要的是「舍」字，這種房舍是「行書」或「傳書」用的。那就《漢舊儀》中的「十里一亭，五里一郵，郵間相去二里半」解釋起來，也就不至於無徵不信。郵既然是房舍，亭也以房舍爲主。爲了工作方便，有亭之處也附著於亭。決不可能離亭別構，在有亭之處不置郵，更在距亭二里半之處再建行書之舍，以致浪費而無用。因爲郵和亭相併，所以《漢書‧薛宣傳》及〈黃霸傳〉皆稱作「郵亭」。至於五里一郵，那是凡有亭之處即有郵，但爲了有些地方郵的事務更繁，又在兩亭之間再設一郵。因此就成爲每個郵的距離，成爲五里而不是十里。若郵與亭完全分離，郵亭二字並稱，就無甚意義了。

十里一亭，五里一郵，其中問題不大。比較解釋上有困難的，還是郵相去二里半這一句。原來五里一郵，郵與郵相距本是五里，此處何以又說是二里半？倘若說二里半指兩郵之界，這個界代表什麼意義？郵舍本來是爲了郵卒停留居住，以蔽風雨的，郵卒送信到下一站，照理也是送達下一站的郵舍，再換人接著再送，而不是送到中途，即由下一站郵卒在中途等候著，接到後再送下站。因爲就工作效率說，就郵卒所行的遠近說，郵卒在郵舍等候，或者向前去接，其中並無分別。而中途等候，對於時間無法預期，反而多費人

力。所以二里半這個界限，對於傳送書信是無甚麼意義的，唯一的意義，是在漢代的道路，要時常修理的，而郵舍便是現今所謂「道班房」，每一個郵站負責整理的，是前後道路各二里半，二里半以外，便是別的郵負責整理的地方了。

既然有整理的界限，「里程碑」是必需的。這種里程碑，也就和古代所說的「郵表畷」有關。《禮記‧郊特牲》（《注疏》本二十六）：「饗農，及郵表畷，禽、獸，仁之至，義之盡也。」鄭《注》：「郵表畷，謂田畯所以督約百姓於井間之處也。」孔《疏》：「郵若郵亭屋宇處，所表田畔，畷者謂井畔相連畷於此。」所以畷是田間分界的道路。而鄭《注》所謂，井畔相連畷於此，也就是說，兩塊井田中分界的道路，若就漢代來說，漢承秦制，與井田之制不同，照《司馬法》是「六尺爲步，步百爲畝」，《穀梁傳》宣十五年傳：「古者三百步爲里，名曰井田，井田者九百畝。」此制亦爲《漢書‧食貨志》所引用。至於秦漢之制，則以五尺爲步，二百四十步爲畝。也就是古代一畝爲六百尺，漢代一畝爲一千二百尺。但若照漢代五尺爲步計算，一里爲一千五百尺，和古代以一千八百尺爲里的不同。因而里和畝在漢代已不能洽洽互換。再加上漢代尺度又和周代尺度不同，所以縱然古代的阡陌，到漢代還偶有存在下的遺跡（見《漢書‧匡衡傳》），卻在田制及道路制度上沒有積極的意義。所以「郵表畷」即使在〈郊特牲〉作者所指的爲古代記里道路的標誌，依照井田區畫而記的。但到了漢代就與畝制田制無關，只用爲記里的標誌，不代表田制的區畫。《漢舊儀》中的郵間相去二里半，這個二里半，與井田制，甚至於秦漢畝制，都不能相通。但卻是一個郵傳距離單位，也就要據已經成爲陳跡的「郵表畷」來追溯從前的消息。

過去講郵表畷的以阮元爲最詳，阮氏《揅經堂集》卷一：

> 將欲於平坦之地，分其間界行列遠近，使人可以準視，望止行步無尺寸之差而不可逾焉。則必立一木於地，且垂綴於木上，以顯明其標志矣。此郵表畷之權輿也。則試言郵，《說文》「郵境上行書舍也」（《漢書》各紀傳亭注皆同）。……《禮記‧郊特牲》曰「饗農及郵表畷禽獸」，鄭康成《注》「郵表畷謂田畯所以督約百姓於井間之處也」，引齊魯韓三家詩作「爲下國畷郵」。三家詩乃本字古字也。故因陌間相連之處，木爲分其界限，則可各曰表，以表繫皮則可名曰綴，因之兩陌間之道

路，亦即別制加田於叕之字名之曰畷，此亦字隨音生，實一義也。……
然則〈郊特牲〉所謂郵表畷者，乃井田道里上可以傳書之舍也。表乃
井田間分界之木也，畷乃田兩陌之間道也，凡此皆古人饗祭之處也。
而郵表畷之古義，皆以立木綴毛裘之物垂之，分間界行列遠近，使人
可準視望止行步而命名者也。

其中對於郵表畷之名義頗有新解，但亦有不小的誤會。阮氏引《說文》中郵
字的解釋「郵境上行書舍也」，說《漢書‧顏注》數處引《說文》與此「相同」，
但他卻忽略了顏氏沿用《說文》並無「境上」二字。這「境上」二字就是把
《說文》形聲字變成會意字的關鍵。阮氏所有解釋，都從會意字的原則引申
出來，所得的結論也就靠不住了。其次，阮氏以為畷字是因為兩陌間之道路，
有表繫綴皮製標識，因而得名，這就不免太迂曲了。畷字是一個形聲字，原
不必追溯字源的義。誠然形聲字不少是兼義的，但不一定每個形聲字都兼義，
勉強追溯，反而變成附會。即令畷字是有聯綴之義，也只能說用田道聯綴兩
陌，不必涉及不一定存在的表，也不涉及對於畷並無必要性的表，更對於表
非必要性的垂皮。所以這一個解釋不能承認為有效的。（此項材料為楊向奎：〈郵
表畷與街彈〉論文指出，雖然和我意見還不一樣，但其論文卻具有相當的啟發性，是應當
注意的。）

除非郵表畷三字指三件事，那就要另外做解釋；如其郵表畷三字指一件
事，依照中國語的文法，這三個字以畷字為主，而郵表二字形容畷字。在郵
表二字之中，又是郵字用來限制表字。所以〈郊特牲〉所指的祀典是祭畷，
不是祭郵也不是祭表。但是畷上有郵和表兩個限制的字，又表示這種畷不是
一般尋常的畷，而是具有郵表的畷。這種畷的條件是不論它的寬度多寬（因
為有些國道也在兩陌之間符合了畷的條件），以及是否兼為郡道或國道。而
是必需在兩陌之間，並且，其旁有為郵舍而設置的表（里程碑），所以郵表畷所在的
地址是有限制的，也就是在漢代情形之下，被限制在十里一亭之亭，五里一
郵之郵，以及距郵二里半的兩郵之間處。

為著證明「表」只是一個簡單的標識，並不限制於特定的某一種標識，
現在再補敘一下。《說文》「表上衣毛，從毛，古者衣裘以毛為裘」，這是會
意字，沒有問題的。其問題是甲骨、金文中的表字究竟是怎樣構成的。金文
中的表字據吳大澂的《說文古籀補》，作，吳氏以為「古表字，井田間分界

之木，《國語》列樹以表道，韋《注》，表識也。散氏盤，一表以陟，二表至於邊柳。」此字雖可能是表字，但與衣服表裡之表可能爲別一字，後來借用表裡之表爲表識之表，因而兩個不同意義的表字，遂合而爲一。這個表識之表在甲骨文中尚未找到，不過在甲骨文中，孫海波《甲骨文編》346-347，和金祥恆《續甲骨文編》卷八十三頁，都有幾個字可能是表裡之表，卻和表識之表不一定有關係。

　　表識之表是以木爲標，除《國語・韋注》以外，《呂覽・慎小》「置表於南門之外」，高誘《注》：「表柱也。」〈晉語〉「車無送表」，韋昭《注》：「表旌旗也。」《續漢書・律歷志》：「以比日表」，劉昭《注》：「表即晷景。」《管子・君臣篇》：「猶揭表而止之也」，尹知章《注》：「謂以木爲標有所告示也。」此中的表主要是木製的標識，引申爲旌旗以及日晷。《墨子・號令篇》：「望見寇，舉一垂；入竟，舉二垂；狎郭，舉三垂；入郭，舉四垂；狎城，舉五垂。」此垂字亦是表字之誤。因爲古文表字作　，經戰國改寫，和古垂字經戰國改寫，是易於相混的。當然這個表，已經有些在特種機會上，加上繪帛的旗章之類，但主要的表是純木製的表。

漢代的軍用車騎和非軍用車騎

　　今天題目是「漢代的軍用車騎和非軍用車騎」，首先要說明的是「車騎」這兩個字，現在「車」就讀「ㄔㄜ」，「騎」就讀「ㄑㄧ」。實際上，另外還有一個讀法，就是「車騎」讀「ㄐㄩ　ㄐㄧ」，這讀出來並好處，而且可能有人聽不懂，還不如就用一般讀法比較好。所以關於許多字的問題，有許多在古書上讀的字，有人就主張用一個特別讀法，例如「冒頓」，不要讀「ㄇㄠ　ㄉㄨㄣ」，要讀「ㄇㄛ　ㄉㄨˊ」；「單于」，不要讀「ㄉㄢ　ㄩ」，要讀「ㄔㄢ　ㄩ」，這類的字使人家不懂，我們現在最好用一種通行的讀法，因為這種讀法一般人較易懂，而且用一種舊讀法也並無特別的好處。除非在讀舊詩時，例如唐詩皇甫冉〈春思〉中的「為問元戎竇車騎，何時返旆勒燕然」，騎字必須讀作去聲，即第四聲外，其他地方全用不著了。所以我把今天的題目採取一般通行的讀法。

一

　　關於車和騎，這是兩種不同的用法，車是駕馬，騎就是騎馬，不駕車。這點，我們要說：車騎在中國文化中是具有極重要的地位，因為中國文化在亞洲是一個很偏僻的文化（或許與其他的文化最早有關係，但那是另外一回事），他是獨立發展；中國文化雖然可隨時受到外邊影響，但是他獨立發展這件事情確是具有非常意義。中國的車和騎，這兩種用的工具在中國文化中，對於中國統一是一個重要的淵源。當然，車和騎，就是有輪子的這種運輸工具再加上馬，不單在中國，而且是中東、埃及均是一樣，同是中東和埃及文化中的一個重要因素，不僅僅是文化方面，而且是在軍事及政治方面。假若中國的國家沒有車，或是中東的國家沒有車，那麼其歷史發展就非常侷限於一個小

部分。就因為中國及中果有車，才可以發展成一個中國與中東的特殊文化，也就使中國及中東、東歐、北非能形成許多大帝國。我們不要看輕這點，在東半球，中國文化與近東文化大都是這樣，而且在歷史上均有詳載。但從另一方面說，美洲就不一樣了。美洲有美洲的文化，例如埃茲泰克、瑪雅都有其程度甚高的文化，但他們的文化都是短命的文化，不能延長下去，而帝國終於瓦解（瓦解之後自然不成為帝國）。為什麼？這主要的分別，一個當然是中國有成系統的文字（近東、中東各國也有它的文字），另外一個重要的因素就是車；在南美洲瑪雅文化也是有它的文字，這種文字也許構造不完備，但這是另外一回事。可是從另一方面說，中國和近東、中東是有車，而美洲印地安人沒有車，因為沒有車，所以其帝國統一機構就無法建立，終導致帝國瓦解。就這一點言之，我們中國從夏、商、周以來，照文獻上的記載，都是有車。而車的交通對一個強有力帝國的支持，就形成了一個重要因素，但這是另外一個問題。至於，中國的車和中東的車，這兩種車有沒有相互關係？這點，我們不敢說。不過卻可以看出車的文化是北方的文化，是中國黃河流域以北的文化，而不是黃河流域以南的文化。車這個文化也從黃河流域以北一直到沙漠、到草原，都有車的痕跡，所以現在若是將古史連繫起來，這個車大概是從中國一直到中東、近東接續連結而成，而非斷絕的。因此，這個車就是歐亞大陸的一個重要貢獻，這個貢獻就使得歐亞大陸的文化形成了許多高度文化。不過，假如討論到這點，再比較中國和西方的車，則可知其形制也相當類似，因此如其要說車是那一處發明的，這點實在很難說。

二

車既然是中國重要的文化，它對於秦漢帝國的構成及統一是非常需要的。在秦統一中國以前，六國道路異軌，寬窄不一，所以秦統一以後需要的是文字，也是車軌的軌距，長短的一致性。原來這個問題是屬地方性的差異的（在當時六國大概都已有車），秦一統後，就把車（道）統一起來，形成了秦統一的重要因素。在這裡，我們可以談到《漢書·賈山傳》所說秦的馳道問題。秦所修的是不是馳道？這馳道是不是為皇帝所走？可以這樣說，秦的馳道是作為皇帝專行之用，不過在〈賈山傳〉提及的馳道，它實際上也就是秦的國

有道路。在皇帝沒有走之前，這種道路的管理、經營方法以及道路的通達地點是早已形成，而其所以形成，無疑的秦居功最大。不過，秦的道路並非是在統一後，就迅速完成，而是從六國道路給它改善，及統一後，方才形成。至於秦道是不是從六國道路形成？這點，我們只能自《秦紀》上推斷，不過，當時六國已經都有道路，而且從秦的邊塞——長城言之，秦長城就是把六國長城給它接連、補修，而形成一個通達全國的道路網。但是秦的一統不僅以占領了六國地方為限，同時也開闢了新土地，所以嶺南及漠北地帶，這個秦的力量所能及之處，也就是車所到之處。中國人所作這種大規模的道路建設，當然以前有，不過，我們當要追溯到秦漢時期；但自另一個角度說，秦漢時期也是中國道路網最發展的時期，到魏晉南北朝以後，因為中國的統一被破壞，導致分裂，車的使用在北方仍舊如昔。但南方的車、南方的道路就漸次破壞。這種破壞，我們可以說一直到後來均未曾恢復。只有到現代中國漸次開發公路，方才把中國全國的車道恢復起來。這種恢復雖是一個很艱苦之事，但是也值得記載。

三

關於車的使用，在中國國境，我們在秦嶺、淮河以南，只有少數地方如廣西、台灣，我們在鄉村中間，可以看到牛車痕跡。就全國來說，許多地方因為車沒有了，以致在南方，許多處就需靠船來運輸。當然船是一個重要的工具，不過，沒有車也就使得許多地方的運輸不太方便，而使國家的政治力量減損很多。漢代和六朝、和唐以後的不同，可明白的反應在山路的交通上。漢唐二代均建都長安，而建都長安的時候，帝國有兩處重要的補給所：在東方的一個是關東和江南，在西方的一個是四川（即巴蜀盆地）。因此，漢代巴蜀的棧道是一個重要運輸線。漢初，高帝劉邦從漢中北進時，當時張良主張燒毀棧道，這棧道是車道，把這車道燒毀了，並不是說沒有別的步道，人行步道是絕對有的。車道既已燒毀，就給予東方一個宣傳，向項羽表示：道路既沒有，我不會北進；不過，劉邦此計實際上是「明燒棧道，暗渡陳倉」。這說明棧道是個車道，而陳倉道是個步道，車道燒毀後，步道仍可運兵（只是速度慢點而已）；因此，劉邦就趁項羽不防時，先一統三秦，所以就此點言之，若

是有人認為棧道是唯一的道路，那「明修棧道，暗渡陳倉」的「暗渡陳倉」，就是一個邏輯的錯誤，而其所以不發生邏輯的問題，就是二者是不同的道理。另方面而言，漢代棧道（指褒斜道）是非常有用的，在漢代統一後，它仍是一個主要的道路；而陳倉道、子午道只是一個輔助的道路。在《後漢書》卷三十一〈張堪傳〉云：

> 張堪，字君游，南陽宛人也，為郡族姓。……（光武帝時，張堪拜蜀郡太守）在郡二年，微拜騎都尉，後領驃騎將軍杜茂營，擊破匈奴高柳營，拜漁陽太守。……視事八年，匈奴不敢犯塞。帝嘗召見諸郡計吏，問其風土及前後守令能否。蜀郡計掾樊顯進曰：「漁陽太守張堪昔在蜀，其仁以惠下，威能討姦。前公孫述破時，珍寶山積，捲握之物，足富十世，而堪去職之日，乘折轅車，布被囊而已。」帝聞，良久嘆息……。

這就是說張堪拜蜀郡太守，正值吳漢率領軍隊破滅公孫述的時候，張堪接收，一介不取，等到去職離去，只乘一個破車，從蜀郡回到洛陽，再回到宛（今南陽）。張堪是乘車回去，所以在東漢時，蜀郡與洛陽的交通是利用棧道來行車；和在西漢時，蜀郡與長安的交通也是利用棧道來行車一樣。

上述情形，到唐代就完全不同，而在唐代之前的魏晉南北朝時，可以說南北交通隔絕，不僅從四川到關中的步道沒有修，棧（車）道當然也破壞了。此狀況到了唐代統一中國，四川是一個非常重要的資源所在，但是車道卻還不曾修好。例如唐玄宗時有「一騎紅塵妃子笑，無人知是荔枝來」（杜牧〈華清宮〉詩）之語，這是說荔枝從四川運到長安是用馬，而不是用車。荔枝產於四川南部，雖然馬比車可以快些，但載重有限，所以只有妃子才能享受，一般人是吃不到的。我們現在故宮所見的「明皇幸蜀圖」名畫，過去曾被認為是宋畫（乾隆御題認為宋初畫），但依現在考證的結果，這畫是唐畫的明皇幸蜀圖。雖然還不能肯定是比唐玄宗時期晚多少時候，但拿敦煌壁畫的作風來比較，可確定這畫是唐畫沒有疑問。此外，過去我在故宮看畫的時候，當時黃君璧先生也有同樣考慮，因在畫中是有唐玄宗像，而他坐騎的馬鬃是特別做成三道（所謂三鬃馬），這就表示在這幅畫上，主要的人是皇帝，而在這畫中間，不僅皇帝是騎馬，妃嬪及護從也是騎馬，沒有一個是坐車。嚴格來說，如果是有一個棧道，皇帝從長安到成都，為什麼不坐車？這就表明，在這個道路

中已沒有車，車既不能走，只能用馬，這點也就表示漢代與唐代不同；漢代是花費很大的勁要在山上修棧道，而唐代覺得不需要，而只是用馬、用人力來維持這段蜀郡和長安的交通。從這點來看，唐代在四川已沒有車，一直等到抗戰時期開闢川陝公路以後，方才能夠行車。上項情況是一件很不尋常的事，也就是說明中國在南方沒有行車習慣，使南方的交通有若干的困擾。

　　關於漢代車路能通行全國，而唐床以後，卻漸漸限制在秦嶺、淮河以北，這是很特殊的事實，此處表明不僅僅是屬於一個政治問題，而且也牽涉到當時的經濟問題。地方上車道是由政府開闢；車道的創建也是政府力量；而車道的保存則需要和民間合作，並且還要由政府支出一大筆維修費。在北方來說，雖然不及南方富裕，但北方和南方有一個重要的不同，北方的豆子和麥子都比較粗放，而南方的稻田就需要精耕。在漢代以前，因當時南方還在初期開發狀況，所以南方的開發及創修車路，阻力很小，民間對於車路應用一直和北方不一樣；由此可見民間對於車道的興趣並不是如何濃厚，這就使得車的功用在南方就沒有生根。等到後來南方愈開發，人口愈眾多，對於車路的應用，不僅不能增加，反而因車路和水田爭地，更使得對於車路不利。唐以後的中央政府似乎不再把南方推行車道當作一個政府的要政，這點就使南方的車道更為縮小、淹沒了。歸根究柢，車道對於政府只是便利運輸，愈在運輸上發展，費用就愈增加，南方對於任何運輸，一方面是有車道和稻田爭地，導致的維持不易；另方面是南方交通有一個代替品──就是船道；更使得南方車道日漸淹沒，這即是中國南方車道在現代公路開發之前，經過了唐、宋，一直到明、清，都沒有開發；這種情形雖是一個非常特殊的事實，卻也是一個非常顯著的事實。此外，還有一點，就是南方在養馬上是一個極大的不方便，因為就氣候來說，北方適於養馬，南方不適於養馬，既然南方民間不能養馬，就只有用牛車，可是牛車走得慢，不適於長途運輸，所以牛車只能於小範圍中使用，而大範圍中就使用人力及船來運輸，這就是在南方很多地區並沒有車的發現之因。沒有了車，也就沒有車道，在南方許多大的城市，例如武漢、蘇州、成都、廣州及昆明等，在民國以前，城內的道路都不是行車的。這種情形實際上是非常特殊，不過，此事實與中國的氣候、經濟及地理形勢有關係。

四

車的創造是和當地的地理環境有密切關係，適於車的環境應屬草原地帶，而非森林地帶。在中國古代的地理環境，只有西北是草原地帶，而沿海地區都是森林地帶，另就黃河流域而言，其下游也都屬於森林地帶，這都不應當爲車的發源地。由於早期車的使用，受到地理限制，而華夏民族的文化是一個用車、用馬的民族文化，所以或多或少，華夏文化應當與草原有關係。至於這關係如何？這是目前尙難完全解決的問題。不過，就草原民族而言，例如匈奴、突厥及高車等，他們確實是有車，正如《鹽鐵論・論功》第五十二所云：「匈奴車器，無銀黃絲漆之飾，素成而務堅。」這證明匈奴自己有車，並非是借自漢人。在漢代以前，南方的吳國人就不知道用車來打仗，直到楚國巫臣逃亡晉國後，晉國方令巫臣來教導吳人行車戰。可見三吳地區原來是不適合行車及養馬，所以吳在戰爭中不採車戰。所以車是西北文化，不是東南的文化，這一點是必須加以肯定的。

現在從考古方面的成績看，商代確實有車，至於夏代，則從文獻上如《史記・夏本紀》的記載，也是有車。商代的車已見及有實物，另方面，商代是不是有騎馬之事？從殷墟的發現中，有些學者例如石璋如先生就主張商代已有騎馬，關於此事，我們雖然還不敢百分之百的確認，但大致上應該是有的才合理。因爲車是要駕馬，而人究竟如何去養馬？究竟是先有馬後有車？先造好車，然後才有馬？類此問題，它並不是雞生蛋，蛋生雞的問題，我們可以說應當是先有馬而後有車，不可能是先有車而後有馬。既然如此，這馬用什麼方法來控制？當然絕非徒步來控制馬，因爲在許多民族中，他們對馬的控制方法，一定是騎在馬上來控制（至於鞍及騎兵是屬另一回事）。關於以上一點，我們從美國西部的牧牛牧馬的人以及蒙古的養馬人來看，他們控制馬的方法及用來套馬的繩具，雖然均不相同；但是他們都要騎在馬上才能控制馬。我們只有騎馬，才能控制馬，沒有人可徒步控制馬，也沒有人可從騎牛來控制馬。所以在這種情況下，我敢說是先有馬，後有車，這應當是一個合理的說法。而且在養馬時，早已經有騎馬了。不過，這種騎馬是不是具有鞍子，是不是用來作戰，作騎兵，這是另外一回事，騎馬和騎兵總不能認爲是同一件事情。

五

關於馬的問題，《詩經・大雅・緜》上就曾談到，周的先人古公亶父在膴膴周原養馬之事，所謂「古公亶父，來朝走馬，率西水滸，至于岐下」。這個「朝」是一個動詞，有的人認爲「朝」是周；走馬也有人如于省吾就認爲此詞義爲養馬，我並不贊同他的解釋，因爲走馬一詞可以講通，既然講通了，我們就不需要改，所以于省吾的改字甚不對。（但其說法可以注意的一點就是「朝」是不是周、走馬是不是養馬，這是另外一回事。）無論如何，古公亶父在周原一帶是有養馬，養馬的辦法與是否有車，這當分論，但是古公亶父養馬只要有馬群，就需要單騎。所以單騎這件事情，雖不必舉周初養馬事來證明，但從養馬的情理上言之，他必須單騎。所以石璋如先生認爲商代已有單騎，我們可以說是有相當充分理由的。不過，單騎是單騎，車戰是車戰，商代用的是兵車，可證明有的是車戰，而非騎兵隊；騎兵隊的發展是趙武靈王之後。但這是另外一個問題，我們只能說在趙武靈王時代已有騎兵隊，而在他之前也有騎馬就是了。再以鞍子這件事情來說，要騎馬就需要有鞍（即馬座）。在春秋中期，《左傳》成公二年，齊與晉曾戰於「鞌」，這「鞌」就是馬鞍，總之，在《左傳》寫成的時候，這鞍除了馬鞍以外，再沒有別的意思。至於鞌在何地？雖然尚無定說，不過，我想有一個地方可能是「鞌」，即濟南城外商埠後面的一個山，一般稱做「馬鞍山」的（因爲山形狀似一個馬鞍）。這馬鞍山的名稱是不是舊名？雖然很難說，不過，從春秋以來到現在不過二千多年，山形是不會改變的。《左傳》也提到華不注山（在今山東歷城縣之東北十五里），鞌在在華不注山的西方不太遠之處，從馬鞍山下去臨淄，正經過華不注山，從地望來說，可以認爲是不成問題的。

六

現在談到騎兵的問題，從趙武靈王以來，趙國已採用騎兵；照《戰國策》所言：蘇秦說，秦有車千乘，騎萬匹。可知秦國也採用了騎兵；而「車千乘，騎萬匹」二詞是代表兩種不同的戰術。關於車戰，它是比較早期的，到後來

變成騎兵,而騎兵是趙武靈王時才有的。但另據蘇秦所說,則至戰國中期,騎兵的發展除了趙國外,秦、燕等亦有發展。當然這中間還有許多可辯的問題;不過,可以這樣說,因為養馬的關係,騎兵非在北方不可,所以只有北方區域的國家,騎兵才多。在《漢書》卷三十五〈吳王濞傳〉云:

> 吳少將桓將軍說王曰:「吳多步兵,步兵利險;漢多車騎,車騎利平
> 地。……」

此說明在漢景帝前元三年的七國之亂時,漢與七國各有各的長處,漢的長處是在有馬,而七國則是多步兵。這點對於後來漢兵的勝利,還是有若干關係,因為騎兵來往比較迅速,而步兵來往遲緩,結果七國兵鬥不過漢兵。從這點來看,可知當時的漢都長安(指關中)是草原邊緣地帶,而吳地是長江三角洲。三角洲是不利於養馬,而草原地帶是利於養馬,所以漢終獲勝,漢的利用騎兵可說是一大理由。既然漢是利用騎兵,向前追溯,秦當也是利用騎兵,從戰國到漢這段歷史來說,騎兵是非常重要,車在當時已經變成副屬了。此處所說車騎雖仍稱車騎,主要還是騎兵,我們還可以從《漢書》中衛青霍去病等傳,看出來每一次征伐匈奴是用騎兵為主,以車為副,而這個車是運輸車。

七

不過,關於車騎來說,我們可以說尚有幾件值得注意之事:

(1)兵車是什麼,究竟用在什麼地方?

(2)騎兵是怎樣產生的?

(3)為了騎兵,就要養馬,漢代的養馬究竟怎麼樣?

第一種是關於作戰的兵車,在商、周都曾經出現過,現在依照以前及現在學者的研究成果,可證實這種兵車和西方的通過了草原地帶到中東、近東的車,是完全一樣;而其之所以相同,也可說歐亞大陸是當時遊牧民族往來的一段大道,而車既為彼所使用於這一段大道,因此他們彼此倣效、學習後,就形成了差不多的形式。這是歐亞大陸各民族的共同發明,我們不必專擅,也不必推重別人。這種兵車是什麼樣的形式?我們可以從古代西方的兵車樣子完全看出,也可從商、周遺留的兵車看出。兵車是一種曲的單轅,利用弓

形的轅，這為什麼？因為在這種狀況之下，車可以比較快，而且容易轉彎。
這種單轅的車最先是駕四匹馬，人是站立著的，從後邊上；這四匹馬之中，
在前面轅底下的二匹馬是駕車的，叫服馬，而在旁邊的另外二匹馬，叫驂馬，
《詩・鄭風・叔于田》中所謂「兩服上襄，兩驂雁行」。等到這種形式漸次變
動，就從兵車變成儀仗用的馬車。在秦漢時代，皇帝及重要大臣外出的車，都
是從這種兵車的形式變來的。為了舒適起見，這種車就從立著變成坐乘。所謂
車茵，就是專為坐乘的人用的，如其立乘就用不著「車茵」或「車墊子」了。

　　並且原來的單轅，也改為雙轅，這種辦法可自近年大陸發現的東漢軺車
看出來；在另一方面，兵車上面沒有傘，而這種儀仗車有傘，就成為平時用
的一種儀仗車。其形式，除了實物外，我們從漢畫像及武梁祠、孝堂山的很
多畫像中間，都可看到。這種儀仗用車的壞處是其容量太小，並且車雖然是
坐，但坐得並不舒適，而且無法臥乘，就漸次的被淘汰，而淘汰的結果，一
般作旅行用的，就變成為雙直轅的「安車」了。不過，從明、清，直到清代
末年，凡是有高官外出，他所坐的轎子，前頭要打個傘，這個傘和轎子毫不
相干（因為轎頂有蓋），僅表示這是一種儀仗。此源自何處？它是從漢代儀仗車
上的傘拿下來的，這代表一種高官權威，放在轎子前面。從這個遺留來看，
車的重要性及權威性，仍一直保留到清代。

　　第二種車是運輸車，它是從牛車演變的，和兵車完全是兩個系統。兵車
是馬駕的，是有二匹馬（由四匹馬變成兩匹馬）。牛車卻只用一頭牛，所以兵車
是單轅，牛車卻是用雙轅。官府所用的車，都是從兵車形式演變的「軺車」，
民間所用的卻不是這種軺車，而是用牛車。漢代初年，高帝不許商人乘馬；
不許商人乘馬，難道商人一定走路？不是的，商人不能乘馬就是不能坐軺車，
只能坐牛車。牛車是雙轅（轅是直的），上面有個篷，人不是從後面上，而是
從前面上，這種牛車在南方很少，在中國北方卻很多。從這種牛車進一步的
發展是不駕牛，而是駕馬。駕馬以後，上面的席篷子也逐漸變為布篷子（其
架子也從很簡單而粗的變成很精緻）。現在北方的騾車，事實如此，它實際上是從
牛車變來的。漢代牛車駕馬，稱為輂車，不過它所發展的結果是愈來愈講究。
同時，還有一點，牛車是運輸用的，它裝載比較大，軺車（即馬車）小，難以
裝很多東西；所以漢代的所謂輜車，就是用載貨物或軍糧的車，比普通牛車
大，但仍從牛車變來。輜車做得更講究一點是可以坐可以臥，結果，女人坐

的輈軐，老人坐的安車，都是這一種類型，只是並不非常簡陋，而是非常精
細了。我們在敦煌發現婦女所坐的，除了牛車以外，也坐這種車。顯而易見，
它是從運輸車系統，而不是從兵車系統來發展出來的。這種車輛沿襲下來，
到了唐、宋、明、清，也都是這種形式；而戰車系統的車輛在中國就慢慢淘
汰了。不過，這個戰車系統在西方又慢慢的發展下去。

西方的馬車是單轅，駕馬，而它的轅是曲的；同時，上車時，不是從前
面；而是從旁邊、從後面上，這種車顯然是從戰（兵）車來發展而成的，它在
西方用成爲儀式車，如歐洲王室出來所乘的車都是這種車。對民間說來，這
種系統的車，在西方可說是非常普遍，這種車在汽車未流行時再傳到中國，
被稱爲馬車（在南京還沒有計程車的時候，在大街上等待雇用的就是這種西方形式的馬
車）。其後，它繼續發展，就成了美國所謂的旅行車，在美國開發西部時，發
生了很大的功用。它是用許多馬來駕，中間可以容納很多的人。同時，這種
馬車的形式並不是中國騾車的形式，而是馬車的形式。再用機器來代替這匹
馬，就變成現在汽車的形式。因此現在汽車的形式若追本溯源，還是從歐洲
的兵車系統下來，而不是從牛車的運輸系統下來。至於現在運輸的大卡車，
它依舊是源自兵車系統，先是坐車，再擴大成爲運輸車，跟中國牛車還是沒
有關係，但是其形制確很類似牛車。從這兩個系統下來，也就看到世界普通
的車，它在中國及外國，均可找到源流，並且在中國圖畫及遺物間，也可找
出其源流來比較一下。

八

現在再討論兵車問題。中國人因爲古代使用過兵車，中國人對於兵車還
懷念著。但是兵車在漢代時，已經不實用了。在《漢書・衛青傳》的「以武
剛車爲營」，這車不是作戰用，而是運輸車，以武剛車包圍成一個小堡壘，射
出箭，來防衛匈奴進攻。此正如我們看西部片子，見及印地安人包圍那拓荒
者用篷車圍成的圓陣；二者的作用是一樣的。又漢代雖有車騎將軍，但車騎
將軍的車從來未見於作戰方面，只有騎兵才在漢代及漢代以後用得上。因爲
古代的兵車被淘汰了，於是有人總希望有一種車，它一方面是本身防禦性很
好，一方面是能夠走得快；但始終沒有人做成一種車——即其本身具有堅強

的防禦能力且可以發動；此事始終沒有成功。其中關鍵問題，是動力來源和
內燃方法，這兩個問題不能解決，理想的兵車就做不成。直到第一次歐戰末
期，英國的坦克出現才算成功。它的構想還是和唐、宋、元人的構想相通的。
在中國有些人一直想試驗一下，如唐代中期（肅宗時），房琯在陳濤斜（地在今
陝西咸陽縣東）之役，曾利用牛車作爲戰車來攻擊安守忠率領的叛軍，在牛車
旁邊又有步兵作爲掩護，結果仍然被對方用火來攻，牛車一亂，自相殘殺，
死了幾萬人，構成嚴重的損失。房琯是個很好的讀書人，杜甫就因爲救房琯
被貶而賦〈悲陳濤斜〉的詩，以及〈別房太尉墓〉的詩來表示他的懷念。不
管房琯其人見識如何，他確是值得懷念的。他的辦法的錯誤，因他誤會古代
的戰車就是用牛車可以做的，沒想到戰車不僅是要作防衛用，還要走得快。
此後一直到宋代，在《宋史·兵志》上討論過這件事；當時曾經把兵車應用
舊事重提，曾有不少的人提出反對的意見。其中最重要的一個人是沈括，他
當時可算是科學家，而他卻明白指出車戰不能再行利用的充分理由。但是這
種爭執到宋代並沒有完全結束；直到明代，在《明史·兵志》上還有人提及
這事，是不是應該利用車戰；降及清代，才沒有人再提。這是因爲清代北方
的威脅不是「胡馬」，清代控制了大漠南北，有足夠的馬匹和有利的地形，不
需要再到陳篇中找資料了。

　　現在談到的車的問題，我們可以說現代文明，一個是汽車，另外一個是
坦克，這兩種現代的工具，他的構想，實際上都和古代的戰車相關。不過，
最重要的一個還是動力，因此我們必須承認動力的重要。也就明瞭現代的文
化也是一個動力的文化，能不能使用動力，就形成了現代和古代的一個很大
的分野。

漢代畫像石中習見的〈車騎行列圖〉（山東滕縣出土）

釋漢簡中的「烽」

　　「烽」是什麼？在一般人的印象中，烽是指烽煙，也就是古代烽火臺上所發出作爲訊號的「狼煙」，其實這個想法失之於過分簡單，並不十分恰當的。在古書注中也屢有關於「烽」的解說，只是很不清晰，不免使人有越解釋越糊塗的感覺。自從漢簡被發現，王國維在《流沙墜簡》中的新解釋，開始有了比較正確答案的曙光，只是他看到的漢簡不算太多，因而問題存在著的還不少。等到居延漢簡初次發現，我曾經根據新材料，做成了一些新的解釋。但是最近幾年，大陸上又有新的發現，也就有更多的新解釋來處理這個問題。現在先將吳礽驤《漢代烽火制探索》所附的幾個表列下，以供把這個問題作爲進一步探討之用：

表　　　一

敵　　情	時間	信		號	備　註
		舉　蓬	舉　苣　火	燔　積　薪	
夜即聞虜及馬聲，若日旦入時，見虜在塞外	晝	一(?)蓬			
	夜		一苣火	毋燔薪	
望見虜在塞外，十人以上者	晝	二蓬		一積薪	須揚*
	夜		二苣火		
望見虜入塞，一人以上者	晝	二蓬		一積薪	*
	夜		二苣火	一積薪	
望見虜入塞，一千人以上者	晝	三(?)蓬		二積薪	*
	夜		三(?)苣火	二積薪	
虜攻亭障，五百人以上，不滿一千人者	晝	三蓬		二(?)積薪	*
	夜		三苣火	二(?)積薪	
虜攻亭障，一千人以上者	晝	三(?)蓬		三積薪	*
	夜		三(?)苣火	三積薪	
虜守亭障，不得下燔積薪者	晝	亭上蓬			*
	夜		離合苣火		

表　　二

敵人到達部位	時間	信　　　　　　號			
		舉蓬	補充信號	舉苣火	燔積薪
入珍北塞	晝	二蓬	□□蓬一		一積薪
	夜			塢上離合苣火	一積薪
入甲渠河北塞	晝	二蓬			一積薪
	夜			塢上二苣火	一積薪
入甲渠河南道上塞	晝	二蓬	塢上大表一		一積薪
	夜			塢上二(?)苣火	一積薪
入三十井降虜燧以東	晝	一蓬			一積薪
	夜			塢上一苣火	一積薪
入三十井候遠燧以東	晝	一蓬	塢上熛一		一積薪
	夜			塢上一苣火	一積薪
渡三十井縣索關門外道上燧，天田失亡	晝	一蓬	塢上大表一		一積薪
	夜			?	?
渡三十井縣索關門外道上燧，天田不失亡	晝	一蓬	塢上大表一		毋燔薪
	夜			?	?
入三十井誠北燧塞縣索關門內	晝	一(?)蓬	塢上大表一(?)		一積薪?
	夜			?	?
入三十井塞外誠北燧塞以內	晝	一(?)蓬	塢上大表一(?)		毋燔薪
	夜			?	?
先入珍北塞	晝	三蓬			
	夜			?	
後復入甲渠部	晝		累舉□□蓬		
	夜			?	
後復入三十井部	晝		累舉塢上□□蓬(?)		
	夜			?	

表　　三

	蓬　　　表			煙	苣　火	積　薪
	總　　稱	蓬	表			
王說	蓬表爲一物	燃舉	不燃舉			燔煙
		用於夜	用於晝			用於晝
勞說	表，或作蓬		以繪布爲之	以灶放	燔舉	燔煙
			用於晝	用於晝	用於夜	日夜兼用
陳說	蓬、表、煙總稱爲蓬	不燃的蓬(?)	不然的表	以灶放 以蓬放(?)	苣火與積薪總稱爲火或燧	
		用於晝	用於晝	用於晝	用於夜	日夜兼用

表　　四

注　　家	烽			燧		
	結　　構	信號	時間	結　　構	信號	時間
裴駰《集解》	如覆米籔，縣著桔橰頭，有寇舉之			積薪，有寇燔然之		
司馬貞《索隱》	束草置之長木端，如挈皋，見敵燒舉之		晝	積薪，有難焚之		夜
張守節《正義》	燃烽	煙	晝	舉苣火	火	夜
文穎	桔皋頭兜零，中置薪草，有寇燃舉之	火		積薪，寇至即燃之	煙	
張宴	舉烽		晝	燔燧		夜
顏師古	舉烽		夜	燔燧		晝
李賢	同文穎注	火	夜	燔積薪	煙	晝

表　　五

時間	晝				夜		
信號	蓬	塢上表	積薪	亭上蓬	苣火	積薪	離合苣火
標誌	表幟		煙		火		
器具	以蓬竿、鹿盧、蓬索等構成蓬架，升舉赤繪製作的表幟	蘆葦、芨芨草、紅柳、胡楊等的堆積	蘆葦、芨芨草等捆扎的炬，燃著後豎置於椓上	蘆葦、芨芨草等捆扎的炬，燃著後豎置於椓上	蘆葦、芨芨草、紅柳、胡楊等的堆積	蘆葦、芨芨草等捆扎的炬，以兩炬燃著後時離時合	
部位	地上	塢牆上	障塢牆外	望樓上	塢牆上	障塢牆外	塢上

以上五個表，第一表是一般烽品，主要的是根據《敦煌簡》(馬伯樂42-T22，及漢晉西陲木簡)，及《居延簡》的簡號 14.11，並參考破城子新發現的《塞上烽火品約》，其根據《敦煌簡》的，現在再在「備注」欄加星形為記。第二表全係根據《塞上烽火品約》，原著認爲是「補充信號」。照我的意見，第一表是各處通用的「烽品」，第二表應當是「烽約」，是屬於區域性的特殊辦法。

在《居延簡》內簡號 14.11 中有「次亭燔薪，如品約」，這是指的是兩種規率，品是一般性的，約是特殊性的，《敦煌簡》及《居延簡》發現的有好幾條都是烽品，而破城子發現的卻是「烽約」。

第三表是列舉近代各家的異說，其中王國維說時間最早，而陳夢家說時間最晚，我是看到了王國維說的，而陳夢家是看到了王國維說法並且也看到了我的說法的。王國維提出了「不燃之烽」是一個新的創獲，只是對於別的訊號當有未盡之處。陳夢家分烽和表爲兩件事，情形不是這樣的簡單，還有討論的餘地。

第四表是排列文獻上對於烽燧的解釋，用表來列出，看起來比較方便。第五表是吳礽驤綜合各家的意見，再列成一表，也是爲了看起來方便的，只是烽（或燧）和表仍依陳夢家的意見放上去的，爲了討論烽和表的異同，這個表還是用得著的。

這裡表示著關於烽火制度的問題，雖然新的漢簡相繼發現，但還是大家的意見，未能一致。許多問題還是懸而未決。其中關鍵問題之一，就是烽和表究竟是一還是二。如其是一回事，那就烽和表的用法，究竟在什麼條件之下，有了必須分爲兩個名稱的必要。如其是兩回事，那就這兩個名稱的定義，究竟完全不同的在什麼地方。過去我的解釋是烽和表是一回事，只是隨時隨事用法不同，這個看法有無修正的必要。

在漢代以來的文獻中，有許多是涉及烽燧的制度的，但是其中矛盾衝突處不少，所以容易引起爭論，其中主要的，有：

《史記·周本紀》：「幽王爲烽燧大鼓，有寇至則舉燧火。」張守節《正義》：「晝日然烽，以望火煙；夜舉燧以望火光也，烽土魯也，燧炬火也，皆山上安之，有寇舉之。」

《史記·司馬相如傳》：「夫邊郡之士，聞烽舉燧燔，皆攝引而馳，荷兵而走。」裴駰《集解》：「《漢書音義》云，烽如覆米薁，縣著桔槔頭，有寇則舉之；燧積薪，有寇則燔然之。」司馬貞《索隱》：「烽見敵則舉，燧有難則焚，烽主晝，燧主夜。」

《漢書》（57下）：「夫邊郡之士聞烽舉燧燔」，注：「孟康曰，烽如覆米薁，懸著契皋頭，有寇則舉之；燧積薪，有寇則然之也。」（頁 1200）

《漢書・賈誼傳》(48)「斥候望烽燧不得臥」，注：「文穎曰，邊方備
胡寇，作高土櫓，櫓上作桔皋，桔皋頭懸兜零，以薪草置其中，常低
之，有寇即火然，舉之以相告曰烽；又多積薪，寇至則然之，以望其
煙曰燧。張晏曰，晝舉烽夜燔燧也。師古曰，張說誤也，晝則燔燧，
夜則舉烽。」──王先謙《補注》：「〈周紀〉幽王爲烽燧，《正義》：晝
日然烽以望火煙，夜舉燧以望火光也……〈司馬相如傳・索隱〉：烽主
晝，燧主夜。諸家並與張說合，師古自誤耳。」(頁 1072)

《甘氏天文占》曰，權舉烽表，遠近沈浮。權四星在軒轅尾，而邊地
警備，烽候相望。寇至則舉烽火十丈，如今之井桔槔，若警急然火放
之，權重本低則末仰，人見烽火。(《太平御覽》335〈兵部・烽燧〉)

當然，在漢代以來文獻上提到烽燧的，還有好幾處。所以專舉以上幾條做
例子的，是現在所需要的，並非以提到這兩個字爲限，而是需要顯示出烽
燧上通訊的方法，以及通訊的種類，都是些甚麼。從敦煌和居延漢簡發現
以後，漢簡中所記載的，與文獻上所表現的，中間還有一些異同。比較之
下，漢簡所記較詳，但相當的零碎，還要做精密的整理；文獻所記，那就
相當的概括，以致過分的簡略，意義不明，弄得混淆和誤解。結果是引起
爭論，而到目前尚無正確的結論。

　　最顯著的一點是依據漢簡，塞上通訊方式是有很多種的。但以上所列
的文獻，都只談到兩種，一種是白天用的，另一種是晚上用的。這就顯然
只能算是舉例，而並非事實。而且用「晝」和「夜」的分別來解釋「烽」
和「燧」的命意，這也是並不切合的。所以文獻上所記，只能作爲補充性
質的參考。若要尋求較爲正確的解釋，還得另找來源。

　　上面舉出來文獻方面的解釋，時代都不算很早。除去甘氏星占應當是
漢代的文獻以外，其他各項注文要以顏師古所引的孟康注爲最早，但孟康
也只是三國時的魏人，對於漢代的邊塞的詳細制度，已經不是那樣的熟悉
了。其次烽燧名稱和烽燧制度，也會隨時變化。烽燧二字的語源是一回事，
烽燧二字在社會中通用的習慣，又是一回事，再加上邊方的詳細辦法，也
不容易完全被內地居民所明瞭。應用名稱時就不免概括，甚至於有所誤
用。所以對於各項文獻中的矛盾，也仍然需要根據漢簡加以疏通證明。

對於烽燧的解釋，應當以許慎《說文解字》爲最早，並且也算最爲正確，在以上所引的史書注釋，都認爲烽和燧是平行的兩種通訊方式，一種是在白天用，另一種是晚上用。只有《說文解字》卻和史書各家注釋不同，認爲烽和燧是兩種不同的事物。烽是通信用具，燧是烽臺建築。這和漢簡中記載的完全符合。因此要解釋漢簡的烽燧制度，說文和漢簡應當算是最重要的材料。

《說文解字》對於烽燧兩字的解釋是：

> 烽，燧候表也。邊有警則舉火，從火逢聲。（《詁林》4511-4512）

此處的句讀，應當是「烽，燧候表也。」烽字下有一逗，然後「燧候」二字連續。清代所有注家都是「烽燧」二字連讀爲句，這是錯的。比照漢簡的文字，只有「燧候」兩字連續，才能得到正確的解釋。也就是說，烽就是在「燧候」上的表，而不是「烽燧」是表。自有清代學者的誤讀，就引起了一般做漢簡工作者的疏忽，而輕輕的把這條放逐，失掉了一個最有價值的資料。其次是：

> 䃂，塞上亭，守烽火者。从火遂聲，䃂篆文省。（《詁林》6525-6526）

這是說燧字本當作䃂，小篆省作隊。現在一般寫作燧的，更從小篆的隊字省簡而來。只有在漢簡中還保存小篆中應有的寫法。既然㷭（簡寫作烽）即是表，所以烽和表可以互稱；隊（簡寫作隊或寫作燧）即是亭，所以隊和亭可以互稱。爲了有了互稱的關係，漢簡中的制度也可能由於互稱而引起解釋上的混亂，如其能疏通證明澄清這個混亂之源，就可以省去若干曲折了。

從《說文》上得到的指示，是「㷭」（烽）和「隊」（燧）完全是在兩種全不相同的事物上，「烽」所代表的是塞上（即所謂「隊候」，也就是漢簡常見到的「亭隊」）所用的一種訊號（也就是所謂「表」），而隊是塞上的「亭」，也就是烽火臺這種建築。在漢簡上時常看到「亭隊」連稱，至於「烽隊」連稱，那只限於泛稱，卻不用在實際的事物。

我們看到的，如同：

> 亭隊（滯）遠，晝不見煙，夜不見火。士吏、候長、候史耿相告候，燔薪以……（《敦煌簡》552）
>
> 可用者隨亭隊，不可用者……（《居延簡》232.6）

匈奴入塞及金關以北，塞外亭烽見匈奴人舉烽燔積薪，五百人以上能舉二烽。(《居延簡》228.7)

候蜀令督烽隧士吏遠。(《居延簡》516.26)

這是說亭即是隧，亭隧連稱是同義字連用來指一種事物的。譬如：

縣承塞亭各謹候北塞隧，即舉表皆和盡南端亭，亭長以札表到日時。
(《敦煌簡》273)

二人削除亭東面，廣丈四尺，高五丈二尺。(《敦煌簡》111)

這都可以證明亭即隧，而《說文》所述隧的定義爲「塞上亭」正切合漢代的制度。後代史書注家以及做《說文》訓考的人，因爲無法得到漢代的第一手材料，就不免有時望文生義，引起錯誤了。

隧既然是塞上亭的建築物，烽卻與建築物無關。依照漢簡所記，烽只是一種作爲通訊用的工具。例如：

右夆 (《居延簡》345.5)

下索長四丈三尺 (《居延簡》354.4)

□百　八月甲子買赤白繒烽一完 (《居延簡》384.34)

烽承索八 (《居延簡》49.3)

具木烽一完 (《居延簡》563.4)

烽不可上下　色不鮮明 (《居延簡》127.24)

梟索五丈 (《居延簡》63.16)

八月餘赤烽一 (《居延簡》517.11)

破烽一 (《居延簡》506.1)

烽布索皆小胡籠一破烽皆白 (《居延簡》311.31)

地烽千頃 (傾) (《居延簡》44.82)

布烽六 (《居延簡》227.18)

放婁不鮮明　轉爐毋柅 (《居延簡》227.17)

大威關烽 (《敦煌簡》278)

□午日下餔時使居延烽一通，夜食時埃上苣火一，通居延苣火。(《居延簡》333.13)

樂昌烽長己，戊中日西中時使並山隧塢上表再，通，人定時苣火三，
通、己酉。（《居延簡》332.5）

臨莫隧長留入戊中日西中時，使跡膚隧塢上表再，通，塢上苣火三通。
（《居延簡》126.40）

檄塢上旁烽一通。（《居延簡》349.27）

到北界舉塢上旁烽一通，夜塢上（苣火）。（《居延簡》13.2）

旁烽一通夜食時（《居延簡》429.14）

塢上旁烽一，通，同時付並山，丙辰日入時。（《居延簡》349.11）

二十日晦日舉塢上（烽）一，苣火一，通；西中三十井隧。（《居延簡》
428.6）

居延地烽一，會。（《居延簡》116.41）

膚守亭障，不得燔積薪。晝舉亭上烽，一煙，夜舉離合苣火，次亭燔
積薪如品約。（《居延簡》14.11）

布烽三　一不具　布表一（《居延簡》506.1）

單烽一　布表一　布烽三（《新居延簡》EJT37：1537-1538）

十月乙丑日出二干時，表一通，其夜食時苣火從東方來杜充見。（《敦
煌簡》85）

從以上舉出的例證中，顯示烽只是亭隧上主要的通訊工具，卻不是行政上的
一個階層，也不是邊塞上的一種建築。雖然在習慣上偶然也「烽隧」連用，
但「烽隧」卻不能認爲是一種事物。因此在《說文》中的「㷿」（即烽），是「隧
候表也」，只能依照《說文》的向例，認爲烽是「候」（即烽臺）上的「標幟」，
而不是一種「候表」。只有這樣斷句，才能和漢簡中把烽臺有時寫作「堠」的
相應，而不至於把「烽」和「隧」兩字意思，互相矛盾。

其次，就是對於「烽」和「表」二字在漢代邊塞上的用法，如何解釋，
以及「烽」和「表」是一是二的一個問題。依照《說文》的解釋，顯然烽即
是表。但在漢簡中又發現了在一個簡中，並列烽表二種物件。這的確引起了
疑團，也就是說塞上的通訊方式或工具，除去烽、煙、積薪、苣火以外，再
加上一個「表」，將四種改爲五種，這就要費相當的考慮。

在居延及敦煌許多有關烽品及傳烽以及器物上的文字，都只提到烽，而

不曾提到「表」，可見：(1)在一般的規格上，表未曾列入等次之中，(2)在亭隧中實際應用的時候，烽比表更爲常用，結果烽常見於記錄，而表則出現次數較爲稀少。所以表應當是一種非「主要的」或者是一種「補助的」訊號。

除去上引《居延簡》(506.1)和《新居延簡》(EJT37：1537-38)，有烽表並列的情形以外，還有見於《新居延簡》的，如：

> 匈奴人晝入甲渠河南道上塞，舉二烽，塢上大表一。(EPF16.3)
> 匈奴人渡三十井懸索關門外道上烽，天田失亡，舉一烽，塢上大表一。
> (EPF16.6)

在各條中提到舉烽的十二次，只有這兩次提到表，可見表的重要性，比烽的重要性差得多。所以烽表不是並列的，而是表的用處只是烽的補助。看來表只是一種小型的烽，其作用是「半烽」。所以被稱爲「表」的，應當是原來烽也是一種表，但烽已有正式的一個「烽」的名稱。這種小型的「烽」未有特殊的名稱，爲方便起見，只好用一個通用名稱，也叫做表。實際上對後代的人來說，是引起混亂的，爲了正名起見，作了下列圖解：

照以上的解釋，前列「表三」中的「勞說」把烽表認爲是一件事，應當只能這樣認定，不必再把烽表分而爲二。

至於表的色彩，前引《居延簡》(384.34)的赤白繪烽中的「白」字，原照片上是非常清楚的，不可能認爲別的字。所以有些烽是赤白並列，應無問題。至於有些簡記上「烽皆白」是說不應當全部變白，而非說烽中不用白色，因爲兼用赤白，效力可能更好些，照居延簡所記，有：

> 縹一匹直八百　白練一匹直一千四百　緣一匹直八百　帛二丈五尺直
> 五百　代索丈六尺直二百六十八　□君玄□(《居延簡》384·36)

在邊塞上衣著用不著這麼多的絲帛，而且這許多絲帛又和繩索兼用，分明是做烽表用的。其中的「縹」指青白色的帛，不過據劉熙《釋名》有「碧縹」，那就縹可以有碧色的。碧色指青綠，如同臺灣玉那種色彩，那就烽可以有碧白二色相間的設計，不僅赤白，或純赤色。這可能因為許多亭隧的周圍土質不同，如其附近為赤色的土石，就可能需要青綠及白色相間的烽了。

論「家人言」與「司空城旦書」

《漢書》八十八〈儒林傳·轅固生傳〉：

> 竇太后好老子書，召固，固曰：「此家人言耳。」太后怒曰：「安得司空城旦書乎？」

這一段一直是費解的，而且也沒有十分滿意的解釋，對於「家人言」在《漢書注》中的解釋是：

> 《注》，師古曰：「家人，言僮隸之屬。」《補注》：「(《史記》)《索隱》，服虔云：『如家人言也。』案老子《道德篇》，雖微妙難通。然近而觀之，理國理身而已，故云此家人言也。」

對於「司空城旦書」，在《漢書注》中的解釋，是：

> 服虔曰：「道家以儒法爲急比之於律令也。」《補注》：「沈欽韓曰，《說文》：『獄司空也。』《御覽》六百十三引《風俗通》曰：『《詩》曰宜犴宜獄，犴司空也。』漢以司空主罪人，故賈誼亦云『輸之司空』。」

這些解釋有一部分是正確的，但是說得都不夠清楚，結果和未曾解釋差不多，因此還有重新來討論的必要。

「家人」這個問題，牽涉得更多，不過解釋還比較容易。「家人」就是指的是「一般平民」。至於「司空城旦書」那就歷史的解釋都錯了。爲了盡先把全部的問題弄清楚，所以先討論「司空城旦書」。

司空是處理罪人之處，是不錯的，不過司空是罪人工作的場所，並非一般的刑獄，這裡面還要有若干的辨別，《漢書》四十八〈賈誼傳〉：

　　若夫束縛之，係縲之，輸之司空，編之徒官。司空小吏，詈罵而榜笞
　　之，殆非所以令眾廣見也。

此處「司空」二字今本《漢書》作司寇，王念孫《讀書雜志》據《漢書・百
官公卿表》的注引如淳說，不可改司寇爲司空。今按《漢書》十九〈百官公
卿表〉宗正屬官「有都司空令丞」，《注》引如淳曰：「律，司空主水及罪人，
賈誼曰『輸之司空，編之徒官』。」《補注》：「先謙曰，都司空見《伍被、灌
夫傳》；都司空令見〈儒林傳〉，〈續志〉（《續漢書・百官志》）後漢省都司空令丞。」
——在這裡，《如淳注》是在本文「都司空」注下，所以如淳看到的《漢書
・賈誼傳》是必然作司空，而不可能作司寇。所以現在從宋代以來傳本的《漢
書・賈誼傳》中的司空被人改爲司寇的可能性卻非常大。在二者必有一誤的
判斷下，依邏輯上的可能性來做標準，只能認爲作「司空」是對的，而作「司
寇」是錯的。

　　關於這一點，在王先謙《漢書補注》中也有一番討論。在《補注》中說：

　　王念孫曰：此及下兩司寇皆當作司空。司空掌役使罪人之事，故曰輸
　　之司空，編之徒官。徒謂役徒也。《周官・大司寇》曰桎梏而坐嘉石，
　　役諸司空。《史記・儒林傳》曰安得司空城旦書乎？徐廣曰：司空主刑
　　徒之官也，皆其證。司空小吏，詈罵而榜笞之者，謂力作不中程，則
　　小吏從而笞辱之。陳咸爲南陽太守，豪猾吏及大姓犯法，論輸府，以
　　律程作司空。爲地白木杵舂，不中程，加罪笞，事與此相類也。後人
　　不解輸之司空之語，故改兩司空爲司寇，不知役使罪人，非司寇所掌。
　　且司寇定罪而後輸之司空，不得更言輸之司寇也。師古曰司寇主刑罰
　　之官，則所見本已誤作司寇。賈子〈階級篇〉作司寇亦後人以誤本《漢
　　書》改之。〈百官表〉宗正屬官有都司空令丞，如淳曰：律，司空主水
　　及罪人，引此文「輸之司空，編之徒官」，其明證矣。

其中證據十分堅強，可以說是沒有問題的，只是周壽昌的《漢書注補正》，還
有證據不夠處，應當認爲不能採信的。這一條《漢書補注》也引到了，其原
文是：

　　秦官、周國制不稱司寇，名大李（見《呂覽》，一作理）。一名廷尉，漢承

秦制有廷尉，無司寇，哀帝元壽二年，雖造司寇職，而帝旋崩，未完
其事，故終漢世無此官。〈百官表〉亦未載，此司寇是罪名，非官名。
《顏注》，主刑罰之官，是官所也。〈刑法志〉隸臣畜滿二歲爲司寇。〈王
子侯表〉，楊邱共侯安耐爲司寇，蓋復作徒刑也。在孝景前四年，與誼
時相近，此云輸之司寇，明是繫之刑所，而編列於徒官，下云司寇小
吏，《新書》亦云，司寇牢正，徒長小吏。明非廷尉尊官，此司寇字似
非誤也。

這裡面的問題很多，王先謙說：「王（念孫）說較長。」這是對的，不過他並
未說明王念孫說長在那些地方，這仍然是不夠的。周氏所說：(1)漢代無司寇
官一職，這是對的。不過只能證明「作司空是」而作司寇時有問題。(2)司寇
是一種刑罰名稱而非官號名稱，這也是對的，不過既然是一種刑罰名稱，那
就在管刑的官署內，除去管受「司寇」刑的以外，也管別種的刑，所以不能
說：「輸之司寇」。「輸之司寇」四字是不通的。尤其是如淳的引證在「都司空」
官以下，更爲一個鐵的證據，在此王先謙應當將贊成王念孫的理由，明白的
說出來。所以比較下來，「輸之司寇」的「寇」字，是後人誤改上去的，沒有
什麼疑問。

以下再討論「城旦」的問題。《漢書·惠帝紀》：

太子即皇帝位，……上造以上，及內外公孫耳孫，有罪當刑，及當爲
城旦舂者，皆耐爲鬼薪白粲。

《注》應劭曰：

城旦者，旦起行治城。舂者婦人不豫外徭，但舂作米，皆四歲刑也。
今皆就鬼薪白粲，取薪給宗廟，謂之鬼薪，望擇米使正白爲白粲，皆
三歲刑也。

《補注》又引沈欽韓《漢書疏證》曰：

城旦舂本當髡鉗，今皆完，男鬼薪，女白粲也。《漢舊儀》，民有男髡
鉗爲城旦，女爲舂皆作五歲，完四歲（此謂不髡鉗者作四歲）。鬼薪二歲
（按此二歲當爲三歲），男鬼薪女白粲皆作三歲。罪爲司寇，司寇男備守，

女爲作如司寇，皆作二歲。男爲戍罰作，女爲復作，皆一歲。

在這許多種不同刑罰之中，以城旦刑爲最重，所以就用城旦來代表各種不同的刑罰。程樹德《九朝律考・漢律刑名考》的考證說：

又按當時定制，減死一等即入髡鉗。（《後漢書》）〈仲長統傳〉：「肉刑之廢，輕重無品，下死則得髡鉗，下髡鉗則得鞭笞。」《注》：「下猶減也。」（《漢書》）〈王吉傳〉：「惟吉以忠直轉諫，得減死髡爲城旦。」〈鮑宣傳〉：「遂抵宣罪減死一等髡鉗。」〈何並傳〉：「爲弟請一等之罪，願早就髡鉗。」《注》，如淳曰：「減死罪一等。」（《後漢書》）〈蔡邕傳〉：「有詔減死一等，與家屬髡鉗徙朔方。」馬端臨《文獻通考》論之曰：「當時死刑至多，而生刑反少，髡鉗本以代墨，乃刑之至輕者，然減死一等，即止於髡鉗，加一等即入於死，而笞箠取以代荆劓者，不關施用矣。」

按程氏所引證據，髡鉗「下死刑一等」，是對的，不過髡鉗即髡鉗爲城旦，乃五歲刑（其不髡鉗的稱爲完，則爲四歲刑）。在此以次，尚有「鬼薪」、「白粲」、「司寇作」，以及「罰作」、「復作」諸刑，從三歲以至一歲。《文獻通考》認爲死刑「至多」而生刑「反少」，仍然是有些誤會的。

從以上的例證來看，竇太后論點所指的，家人和司空城旦，都是就「身分」方面來說的。「家人」指的是一般編戶齊民也就是一般平民的身分；而「司空城旦」指的是一般受刑人的身分，所謂「家人言」就是這不是爲天子諸侯治國平天下而寫的書，這書僅僅只是爲普通老百姓而寫的家常話。竇太后反問的話應當是：「既然《老子》只是一部爲平民用的書，難道還有一部受刑人的手冊嗎？」照這些的解釋，才能免除了《漢書》註中所說的，那樣叫人似懂非懂的困難。

說到這個地方，平民和受刑人的分別已經非常顯明了，只是另外還有需要解釋的，就是「弛刑」和「官奴婢」比起一般有一定刑期的受刑人，究竟其中有無異同。因此現在先討論「弛刑」這一種制度再及其他。《漢書》六十九〈趙充國傳〉：

時上已發三輔太常徒弛刑。三河、潁川、沛郡、淮陽、汝南材官，金

> 城、隴西、天水、安定、北地、上郡騎士、羌騎，與武盛、張掖、酒
> 泉太守，各屯其郡者，合六萬人矣。

《注》，師古曰：「弛刑，謂不加鉗釱者也，弛之言解也，音式爾反。」所以刑徒中自城旦髡鉗以次的，免除其髡鉗，弛刑的服裝應當和一般兵士相同。只是在身分上，還是刑徒的身分，如其要免爲庶人，應當待到刑期終了以後。

在《居延漢簡》上當有不少和弛刑有關的記錄，例如：

> ……未以須徒復作爲職。居延大女徒，城旦大男廝廄署作府中寺舍。
> （726）
> 元康四年二月，己未朔，乙亥，使鄯善以西校尉吉，副衛司馬富昌，
> 丞慶都尉府寫臣都，通元康二年五月癸未，以使都護橄書，遣尉丞敕
> 將弛刑士五千人送致將軍所發……（1970）
> 望謨苑髡鉗釱左右止，年廿七八歲，中、壯髮五六寸，青黑色毋須，
> 衣皁袍，白布袴，履白草舄，持劍亡大奴馮宣。（4989）
> 髡鉗城旦孫劫之賊傷人，初元五年庚寅諭，初元五年八月戊申，以詔
> 書弛刑。故騎士居延廣利里完城旦繫。蔣壽王蘭渡塞，初元四年十一
> 月丙申諭，初元五年八月戊申以詔書弛刑。故戍卒居延廣（利里）……
> （5271）
> 甲渠士吏孫根自言去歲官調根爲率，責甲渠弛刑宋復負駒望除樂錢，
> 後至率。（5766）
> 二月尉溥食弛刑士四人，爲數小石……（8277）

從以上引譯所表示出來的，至少可以看出：(1)免去髡鉗的「弛刑徒」是和士卒一樣的從事軍役，可以編成軍隊作戰，也可分配在烽燧來防禦及警備，並且弛刑徒亦稱爲弛刑士，即算做士卒的一種。(2)屬於城旦刑未徵爲士卒的，男徒和女徒都一樣服公共事務方面的工作，譬如官府房屋的營建修理等同類工作，這種城旦刑也可能按其輕重，髡鉗或者不髡鉗，其不髡鉗的也就是所謂「耐」或「完成城旦」。(3)重罪沒入以「官奴隸」，那是在城旦以外的判決，這種「官奴」是髡鉗的。以上判決情形相當複雜，因爲既存判例都已亡失（臥虎地秦簡中就雜有判例）。所以只能看一個大致，卻無法分析其中判決的標準。

奴隸制度輯略〉一文中曾大致就官奴婢制度有所解說。其中所引的材料，如武英殿叢書本《漢舊儀》：

> 庶子舍人五日一移，主率更長，不會輒斥，官奴婢擇給書計，從侍中以下，倉頭青幘與管從事從入殿中。省中侍使令皆官婢，擇年八歲以上衣祿者曰宦人，不得出省門。置都監，老者曰婢，婢教宮人給使。尚書侍中皆使官婢，不得使官人，奴婢欲自贖，錢萬，免爲庶人。（原萬字下衍一「千」字，今刪此千字。）

這是在「內朝」中使用官奴婢的例子，又《漢舊儀》：

> 丞相官奴婢傳漏起居。不擊鼓屬吏不朝。旦，白錄而已。諸史初除，謁；視事，問君侯。應，問奴名。白事以方尺板叩閣，大呼奴名。

這是在丞相府用官奴婢的狀況。

《漢書》二十四〈食貨志〉下：

> （武帝時）費數十百鉅萬府庫並虛。乃募民能入奴婢，得以終身復，爲郎。

又《漢書》二十四〈食貨志〉下：

> 水衡少府、太僕、太農，各置農官，往往即郡縣沒入田之。其沒入奴婢，分諸苑掌狗馬禽獸，乃與諸官。

又《漢書》五〈景帝紀〉六年：

> 匈奴……入上郡，取苑馬。《注》如淳曰：漢儀注，太僕牧師諸苑三十六所，分布北邊西邊，以郎爲苑監，官奴婢三萬人，養馬三十萬匹。

以上各節表示官奴婢數目眾多，所以《漢書》七十二〈貢禹傳〉，貢禹的奏文上說：

> 諸官奴婢十萬人，游戲無事。稅良民以實之，歲費五六巨萬。宜免爲庶人，廩食，令代關東戍卒，北乘邊亭塞，候望。（按當爲乘北邊亭塞，候望。）

這裡所說的十萬人，也就是舉成數而言。其太僕所屬的官奴婢，因爲有養馬的任務，不是游戲無事，當然也不算在內。

《鹽鐵論・散不足篇》說：

> 今縣官多畜奴婢，坐稟衣食。私分產業，爲姦利，力作不盡，縣官失實。百姓或無斗筲之儲，官奴累百金，黎民晨昏不釋束，奴婢垂拱遨游也。

這裡是說因爲官奴婢人數太多，許多官奴婢有閑著不做事的。亦據這一段上所說，「官奴累百金」，是官奴婢在習慣法上有私有財產權，因爲有私有財產權所以才可以贖身，納相當數目就可免爲庶民。但是既然有非常富有的官奴婢，爲什麼不自贖免爲庶民？這可以有一種解釋。就是官奴婢在官府，可以有些方便的地方，如其免爲庶民，就要脫離官府，失掉那些方便了。

《漢書》七十四〈丙吉傳〉：

> 是時掖庭宮婢則令民夫上書，自陳嘗有阿保之功，章下掖庭令考問則，辭引使者丙吉知狀，掖庭令將則詣御史府以視吉。吉識，謂則曰：「汝嘗坐養皇孫不謹，笞笞汝，汝安得有功。惟渭城胡組，淮陽郭徵卿有恩耳。」分別奏組等共養勞苦狀。詔吉求，組、徵卿已死，有子孫皆受厚賞。詔免則爲庶人，賜錢十萬。

在這一段中有幾個問題：(一)所謂「民夫」的問題。因爲宮婢則這個人是宮婢身分，是否可以婚嫁，甚有疑點。《注》：「師古曰，謂未爲宮婢時有舊夫，見在俗間者。」雖然還可以解釋，卻還不足以解答全面問題。《漢書》三十一〈陳勝傳〉：「秦令少府章邯，免驪山徒，人奴產子，悉發以擊楚軍，大敗之。」《注》：「服虔曰：『家人之產奴也』，師古曰：『奴產子，猶今人云家生奴也』。」所以其中奴婢的婚姻問題，可能就所處的環境而有不同的情況，未可以一概來說。(二)胡組和郭徵卿兩人和宮婢則負同樣的任務，也就是同爲官婢。但也各有子孫。其中可能的是未爲宮婢前，有民夫在俗間，也可能雖其身分爲宮婢，只是一般官奴婢中的一種。其在掖庭供役使，並不是終身的，還可能服務一個段落，放出來作爲其他官署的官奴婢，甚至可以放回本籍，作爲本籍的官奴婢。這就可以臨時和家人相聚。就宮婢則的情形來說，雖然尙有官

婢身分，但可以和「民夫」相見，並由「民夫」上書。這表示和「民夫」有聯絡，並不違法。若仍在掖庭供役，應當是不可以的。可見宮婢則不論已否放到外邊，已經是有和外面聯絡的合法允諾了。

在此還有附帶一點要談到的，就是上引該簡中有「大奴馮宣」一語，這裡大奴的「大」字，是表示成年的意思，並不是奴婢身分中再分大小。用漢簡其他各簡來比較，除去大奴以外，尚有「大男」、「大女」、「使男」、「未使男」、「使女」、「未使女」、「小男」、「小女」等名稱，完全是代表年齡的。舊作〈漢代奴隸制度輯略〉中有一段引《漢書》卷七十〈王尊傳〉：「匡衡……又使官大奴入殿中，問行起居。還有漏下十四刻，行臨到，衛安究不變色。」《漢書》六十三〈昌邑王賀傳〉：「過弘農使大奴善以車載女子。」（文中大奴誤排大農，因涉弘農而誤。）又《漢書》五十三〈廣川王去傳〉：「使其大婢爲僕射，主永巷。」在文中引周壽昌的《漢書注補正》舊說，認爲「大奴群奴之長」，同理大婢亦爲群婢之長，這是錯的，大奴和大婢是對小奴和小婢而言，完全只是年齡的關係，並與「長」或「非長」無關。在〈昌邑王賀傳〉的顏師古《注》認爲「言大奴者，謂奴之尤長大者也」，又在〈廣川王去傳〉的顏師古《注》認爲「大婢，婢之長年也」。在這裡顏師古認爲大奴和大婢都是高年的而不是成年的，稍有違失，但較周氏認爲是奴婢的「頭目」，還是正確一些。又「大」的意思，是指「成年」的男女，這在睡虎地《秦簡》以及居延《漢簡》，都可以得到證據。

以下再討論「家人」這個問題。

「家人」這一個名稱，在《史記》和《漢書》中都提到過。家人就是指「庶人」或者「齊民」，也就是等於「平民階級」，這是沒有問題的。《史記》三十三〈魯世家〉：

> （頃公）二十四年，楚考烈王伐滅魯，頃公亡，遷於下邑爲家人，魯絕祀，頃公卒於柯。（瀧川資言《考證》：「周白駒曰，家人齊民也，韋昭云，庶人之家也，謂居家之人，無官職也。」）

《史記》三十九〈晉世家〉：

> 靜公三年，魏武侯、韓哀侯、趙敬侯滅晉而三分其地，靜公遷爲家人，晉絕不祀。

《漢書》二十五〈郊祀志〉下：

> 「家人尚不欲絕種祀」，《注》：「謂庶人之家也，種祠，繼嗣所傳祠也」。

《漢書》三十七〈欒布傳〉：

> 「彭越爲家人時」，注：「言編戶之人也」。

所以在《史記》、《漢書》中所說的「家人」都是指平民。其和「家人」同意的名稱，尚有「庶人」和「齊民」。例如《史記・平準書》：

> 所忠言世家子弟，富人，或鬥雞，走狗馬，弋獵博戲，亂齊民。」(瀧川資言《考證》：「齊平也，若言平民。」)

又《史記》三十七〈衛世家〉：

> 君角九年，秦並天下，立爲始皇帝。二十一年，二世廢君角爲庶人，衛絕祀。

廢爲庶人，也就是和廢爲家人同樣的意思。

轅固生在一個非常嚴重的場合，稱老子爲「家人言」，當然不是隨便信口開河，而是確切有他的根據，才敢於這樣的說。轅固生以代表儒家的立場，來批評道家，道家是否願意接受，那完全是另外一件事。但以儒家的身分來說道家爲「家人言」，還是相當正確的。至少有以下的理由。

道家本來的宗旨，就是隱居民間，不參加政府的工作。在《論語》中所記的「晨門」、「荷蕢」、「楚狂接輿」、「荷篠丈人」都是有思想的隱士，不贊成孔子席不暇煖那種「知其不可而爲之」的人生哲學。但孔子卻又說：

> 鳥獸不可與同群，吾非斯人之徒而誰與？天下有道，丘不與異也。

這又是對於這樣人有幾分讚賞的。這是一種非常複雜的關係，必須在可能的範圍中加以探討。

至少，這種關係已可追溯到周代初期。至少，在殷周之際，中國的哲學思想已經有多少的進展。《易經》的上下經部分是出於殷周之際，應當沒有多少問題。孔子和《易經》的關係，《論語》「假我數年，五十以學《易》，亦

可以無大過矣」這幾句是對於《易經》顯明的敘述。漢碑中「寬柔博約，五十以學」雖然沒有易字，但為了協韻，減少字數，並不能排除《論語》原文是沒有易字的。至於《論語》中「不恆其德，或承之羞，子曰不占而已矣」，更是引用《易經‧恆卦》的鐵證（此處馮友蘭曾經指出）。

《易經》的卦象排比是一回事，而哲理的解釋又是一回事。嚴格說來，其中當然很多「任意」的成分，並非純客觀的邏輯化。關鍵所在，是《周易》作者先有了自成系統的人生哲學，然後借用《易經》卦爻的排列，來發揮他自己的思想系統，並非純從卦象的陰陽離合，歸納出一些原則來。其實如其沒有一套對人生的理想及對人生的認識，如其平白從無文字的卦象來求和人際關係找出來共同點來，本來也是一個不可能的事。所以《易經》這種做法，也是合理的及必要的。

《易經》上下經的真正作者，現在不知道是誰。相傳出於文王之手。究竟真的和文王有關與否也無從證實。即使和文王有關，那就以晚近出土的周原甲骨，初步斷定，公認為文王時代之物，則文王一定和史官時常見面。在殷墟甲骨中，也看出商王和史官共同龜卜的事實。假如真是文王著作《易經》，那也是文王和史官的共同著作，不可能離開史官。如其文王著《易》只是被後人追認，那就只有一個可能，是某一個時期史官的著述。

就《易經》的思想來說，主要的原則是不要輕易發動，並且適可而止。譬如：

> 乾九三，君子終日乾乾，夕惕若，屬无咎。
>
> 乾上九，亢龍有悔。
>
> 坤卦，安貞吉。
>
> 坤初六，履霜，堅冰至。
>
> 坤六五，黃裳元吉。
>
> 屯卦，屯元亨利貞，勿用有攸往。

諸如此類，都是主張不要輕動。尤其著名的是謙卦全部皆吉，訟卦全部皆凶，師卦只是期於無咎，革封就不免悔亡，其中許多意見是和《老子》相通的。這就無怪最著名的《易經》注是出於作《老子》注的王弼之手了。

較早期史官的著述，只有《史佚》，《史佚》的書到漢代已亡，《漢書‧藝

文志》中並無《史佚》。〈藝文志〉有《尹佚》二篇，但列入墨家，是否依託，
難以斷定。在《國語》《左傳》等書略有徵引，大都看不出思想的立場，只
有《左傳》僖公十五年引《史佚》的話是「無始禍，無枯亂，無重怒」，比較
近於道家。尤其說「無始禍」也就和《老子》的「不敢爲天下先」的看法是
一致的。這就認爲《易經》的立場和一般史官甚至於後來道家思想接近，也
不算估計太錯了。（參見王應麟《漢書‧藝文志考證》及王先謙《補注》。《漢書‧藝文
志》中《補注》引葉德輝所輯《史佚》有《逸周書‧克殷篇》引《史佚》冊，《左傳》僖
十五、文十五、成四、襄十四、昭六，及〈晉語〉引《史佚》等。）

　　班固在《漢書‧藝文志》提出諸子出於王官的意見。這種意見有時有一
部分的根據，但他把所有的現象來擴張附會，就不免有些妄說了。其中討論
道家的是：

> 道家者流，蓋出於史官，歷記成敗存亡，禍福，古今之道，然後知秉
> 安，執本清虛以自守，卑弱以自持，此君人南面之術也，合於堯之克
> 攘（攘同讓），《易》之嗛嗛，一謙而四益，此其所長也，及放者爲之，
> 則欲絕去禮學，兼棄仁義，曰：「獨任清虛，可以爲活。」

以上所說，道家和史官有關，並且和《易經》的思想有關，應該是對的，但
其中也有不少的錯誤：(1)史官歷記成敗存亡，用做後來歷史上的鑑戒，並非
史的原始意義。古代歷史誠然是史官保存下來的，但史官的主要任務，不是
歷史而是占卜。保存歷史只是史官附帶的任務。(2)道家中所謂「君人南面之
術」是後起的，也可以說自縱橫家興起，借著道家的名稱，借來道家的原則，
用到政治上，於是許多「黃帝」書也跟著產生，成爲「黃老」。這不是道家的
本來面目。（後來法家也利用起老子來，就更爲複雜了。）

　　史官的任務，既然是占卜重於歷史，在《易經》中，眼前的禍福就遠比
歷史的事實更爲重要。《易經》中如「喪牛於易」、「喪羊於易」，「帝乙歸妹」
「箕子之明夷」等等偶然舉出一些，究竟還是少數。占卜所期的，是將來發
生事件的預料。這就牽涉到一些安排和設計的問題，每次事件的發生，總有
不同的應付方法，而每次事件的前因後果，往往留在史官「占驗」之中。累
積這些占驗，就成爲應付事件的原則。從成敗的次數來說，謙和遜讓，總比
爭奪冒險的安全性大得多。這些累積的經驗就成爲若干格言型的短句。《史佚》

是這樣，《老子》也是這樣。這一類的短句，就如同唐代流行的《太公家教》，清代流傳的《增廣賢文》一樣，在民間非常容易推廣的。《老子》就是一部從戰國初期流傳下來的一個總集，也和《增廣賢文》一樣，曾經無數次的「增廣」過，並且可能有若干不同的傳本（譬如兒歌「鵝媽媽」的本子，就一直變化下去）。但深深的影響民間思想，成為民間通行最廣的書，應當是不錯的 。這就當然是「家人言」。

但是這裡當然還可以有所爭論。道家的路線在戰國時已經分裂，成為「老莊」和「黃老」兩條相反的路線。正統的道家只是「老莊」而不是「黃老」，「黃老」是縱橫家利用「老莊」一部分材料掛上道家的招牌而求達到富貴利祿的目的，但是道家的先天性就不是要加入政治漩渦，其中政治的基礎，還是薄弱的。原來政治的骨架是「制度」，是「禮樂刑政」，而「老莊」哲學就是反「禮樂刑政」的，也就是不要文化的。「黃老」派雖有些著述（如同馬王堆發現的），但如果接觸到實際問題，仍不免窮於應付。只有呂不韋、劉安等把道家加上禮樂刑政，那就又面目全非，即使一個道家的信徒，也不敢承認他們是道家，只好加上雜家這個稱號了。

《老子》這部書在莊周時代應當已經存在，卻未曾凝固，但《莊子》一書卻是標準的道家哲學，在各家中，各有標準的領導英雄，儒家是堯舜，墨家是禹，道家卻是許由。在《莊子》書中，看出道家盡量逃避現世的紛擾。這是生活和哲理不相矛盾的。但在《老子》書中，就有些便不免出現「逃避政治」又「參與政治」的矛盾，就應該有後起思想攙入的可能。在《戰國策》一書的立場，顯示為縱橫家，但其記述蘇秦則說「得太公陰符之謀，伏而誦之，簡鍊以為揣摩」，太公在〈藝文志〉中的道家，在此顯然已成為縱橫家的經典。又〈齊策〉記載顏斶，對於顏斶不仕齊王，最後稱讚說「斶知足矣，歸真返璞，則終身不辱」，又顯然用《老子》中的話。我們看到這種矛盾情形，就會看出，黃老與縱橫，不免互相抄襲。縱橫本來是一種策略，談不上人生哲學的基礎。只求順利成功，並不講立場是否矛盾，雜駁一些本無害處。至於道家那就進退之間如有矛盾，就不免進退失據了。魏晉清談，問題就在「名教」與「自然」之間是否可以調協，以及如何調協。（魏晉清談，其中一個主要項目便是如何解決「名教」與「自然」的矛盾。所謂「三語掾」的被欣賞，就由於這個立場。這是陳寅恪先生的意見。）二者之間就不免用詭辯來掩飾。（只有陶潛這位〈桃

花源記〉的作者，能夠返歸鄉里，以身作則，這是沒有矛盾的，這也是特例。）也就是老莊的承述者，不能立身安命於退處「家人」，還想以士大夫身分來說隱者的話，究不如儒者存著用世之心，說用世的話，來爭用世的身分，比較可以坦然無忌了。儒家在「用世」方面，沒有矛盾，而道家在「用世」方面卻一直有矛盾，所以轅固生用了「家人言」來批評老子，也不是一件不可解釋的事。

三、思想史

《鹽鐵論》所表現的儒家及法家思想之一斑

　　漢代是一個雜霸的時代，也就是說，漢代朝廷的政策是一個儒法並容的時代。這種儒法並容的政策，當然在朝廷方面有其存在上必要的原因。假如回溯到漢朝創立帝國的初期，這是一個承繼暴秦，而思有以改革的時代。當其時姬周及六國之制，盡隨秦火以俱亡，在事實上不得不採用秦制。如何取從純法家立場的制度，取消法家的弊害，其中要包含高度之技巧。這種技巧是現實而非理論的。儒家以理論爲先，勢難於完全辦此，於是黃老之主張盛極一時。誠然，自高后文帝以還，用黃老之術而使天下承平。但黃老之術，亦只是「術」而已，其中之「術」並無禮樂刑政之內容。於是仍不得不求之於儒，亦不得不求之於法。尤其是儒家比法家的內容更爲豐富。觀漢文之世，用黃老之理想已達高峰，而實際上賈生之儒，張釋之之法，亦不得不用。

　　這種儒法並用之制，是由於中國的政治傳統，就是一個儒法並用的。在中國傳統政治之下，施政的人要折衷於二者之間以取得平衡。這種平衡儒法兩家的技術，就叫雜霸。漢宣帝時，漢元帝爲太子，元帝建議採用儒術，宣帝稱：「漢家自有制度，本以王霸道雜之；奈何純任德教，用周政乎？」其實王霸相參，是漢制，也是周政。只是周爲封建之世，漢爲郡縣之世，周爲貴族政治，漢爲官僚政治，所採取的方向略爲不同罷了。《漢書・雋不疑傳》曰：「武帝末，郡國盜賊群起，暴勝之爲直指使者，衣繡衣，持斧，逐捕盜賊，督課郡國，東至海，以軍興誅不從命者。……勝之開閣延請，……登堂坐定，不疑據地曰……『凡爲吏太剛則折，太柔則廢，威行施之以恩，然後樹功揚名，永終天祿。』」這幾句話，還是一種雜霸之術。這種雜霸之術的使用，當

然不止於漢代，但對於漢代，卻是表現得更爲明顯。

但是儒家和法家，雖各有其基本之主張。基本主張以外的政策，仍然是隨時而異。尤其顯明的法家對於商業的政策，商君及韓非都是主張壓制的，管子卻是主張扶持。漢代的法家是武帝時主張壓制，到了昭帝時對於商人卻比儒家還要重視，這一點在《鹽鐵論》中就表現得很清楚。

《鹽鐵論》是漢宣帝時廬江郡丞桓寬所寫成的，記錄昭帝時有關鹽鐵問題的會議狀況及言論。桓寬爲人，正史所記簡明，不知其一生行跡如何。但看他的記錄，他並不是一個參加會議的人，只是因爲「當時相詰難，頗有其議文」，桓寬「推衍鹽鐵之議，增廣條目，極其論難，著數萬言」。照桓寬《鹽鐵論》的〈雜論〉（即後序）說：

> 余觀鹽鐵之義，觀乎公卿、文學、賢良之論，意指殊路，各有所出，或上仁義，或務權利，異哉吾所同。……始汝南朱子伯爲予言，當此之時，豪俊並進，四方輻湊，賢良茂陵唐生，文學魯萬生之倫，六十餘人，咸聚闕庭。舒六藝之諷，論太平之原，智者贊其慮，仁者明其施，勇者見其斷，辯者陳其詞；闇闇焉，侃侃焉，雖未能詳備，斯可略觀矣。然蔽於雲霧，終廢而不行，悲夫！……中山劉子雍言王道，矯當世，復諸正，務在返本，直而不繳，切而不燥，斌斌然斯可謂宏博君子矣。九江祝生奮由路之意，推史魚之節，發憤懣，刺譏公卿，介然直而不撓，可謂不畏強禦矣。桑大夫據當世，合時變，推道術，尚權利，辟略小辯，雖非正法，然巨儒宿學，惡然大能自解，可謂博物通士矣。然攝卿相之位，不引準繩以道化下，放於利末，不師始古，《易》曰：「焚如，棄如」，處非其位，行非其道，果隕其性，以及厥宗。車丞相即周魯之列，當軸處中，括囊不言，容身而去，彼哉彼哉。

所以此書是搜集當時與會諸人的記憶，貫串成文，其中諸人的立場及其言論，當然是有根據的。不過此書並非當時會議席上的實際記錄，而是「推衍鹽鐵之議，增廣條目」，因而其中不免多少有些戲劇成分。現在所可貴的，不是保存真相有多少，而是桓寬是生於西漢昭宣之世，他搜集的正反兩方面的言論，當然代表著昭宣時代的儒家和法家的意見。

《鹽鐵論》因爲桓寬力求發揮儒家的理論，所以除去討論鹽鐵問題辯論

之外，其中頗多支蔓之言。就鹽鐵問題的本身言，大部分是不必需的；而就儒家的立場言，卻都是必要的。現在《鹽鐵論》的傳本，已由桓寬潤飾過，看不出何者為原有，何者為後增。今只就幾個中心問題，就本書中加以采擇。

一、對外問題

以下就《鹽鐵論》對外問題的爭論，加以比較：

> 文學曰：孔子曰，有國有家者，不患寡而患不均，不患貧而患不安；故天子不言多少，諸侯不言利害，不言得喪，畜仁義以風之，廣德行懷之，是以近者親附而遠者悅服。故善克者不戰，善戰者不師，善師者不陳。修之於廟堂而折衝還師，王者行仁政，無敵於天下，惡用費哉？（〈本議〉第一）

> 文武受命，伐不義以安諸侯，大夫未聞弊諸夏以役夷狄也。昔秦當舉天下之力以事胡越，竭天下之財以奉其用，然眾不能畢，而以百萬之師好一夫之任，此天下所共聞也。且數戰則民勞，久師則兵弊，此百姓所苦，而拘儒之所憂也。（〈復古〉第六）

> 夫治國之道，由中及外，自近者始。近者親附，然後來遠。百姓內足，然後卹外。故群臣論或欲田輪臺，明主不許，以為先救近務，及時本業也。故下詔曰：「當今之務，在於禁苛暴，止擅賦，力本農，公卿宜承意，請減除不任以佐百姓之急。」今中國弊落不憂，務在邊境。意者地廣而不耕，多種而不耨，費力而無功。《詩》云：「無田甫田，維莠驕驕」，其斯之謂歟？（〈地廣〉第十六）

> 王者崇禮施德，上仁義而賤怪力。故聖人識而不言。孔子曰：「言忠信，行篤敬，雖蠻貊之邦，不可棄也。」今萬方絕國之君，奉贄獻者，懷天子之盛德，而欲觀中國之禮儀，故設明堂辟雍以示之。揚干戚昭雅頌以風之。今乃玩好不用之器，奇蟲不畜之獸，角抵諸戲炫耀之物陳參之，殆與周公之待遠方殊。（〈崇禮〉第三十七）

> 匈奴之地廣大而戎馬之足輕利，其勢易騷動也。利則虎曳，病則鳥折，辟鋒銳而牧罷極，少發則不足以更適，多發則民不堪其役。役煩則力罷，用多則財乏，二者不息，則民遺怨，此秦之所以失民心而隕社稷也。

古者天子封畿千里，縣役五百里，勝聲相聞，疾病相恤，無過時之師，無踰時之役。內節於心而事適其力，是以行者勤務，而止者安業。今山東之戎馬甲士戍邊郡者絕殊遼遠，身在胡越心懷老母，老母垂絃，室婦悲恨，推其飢渴，念其寒苦。《詩》云：「昔我往矣，楊柳依依，今我來思，雨雪霏霏，行路遲遲，載渴載飢，我心傷悲，莫知我哀。」故聖人憐其如此，自其久去父母妻子，暴露中野，居寒苦之地，故春使使者勞賜，舉失職者，所以哀遠民而慰老母也。(〈備胡〉第三十八)

往者匈奴結和親，諸夷納貢，即君臣內外相信，無胡越之患，當此之時，上求寡而易贍，居安樂而無事。耕田而食，桑麻而衣，家有數年之稿，縣官饒餘財，閭里耆老，或及其澤，自是之後，退文任武，苦師勞眾，以略無用之地，立郡沙石之間，民不能自守，發屯乘城，輦輦而贍之，愚見其亡，不者見其成。……故以大御小者王，以強凌弱者亡；聖人不困其眾以兼國，良御不困其馬以兼道，故造父之御不失和，聖人之治不倍德，秦攝利衡以御宇內，執脩箠以笞八極，……皆內倍外附而莫為用，此高皇帝所以仗劍而取天下也。夫兩主好合，內外交通，天下安寧，世世無患，士民何事，三王何怒焉。(〈結和〉第四十三)

綜上面儒生的主張來看，是完全否定戰爭者。這一點是武帝時代以後的反動，與漢代初年的儒生，如賈誼，如終軍，是完全不同的。和後來有獨特思想的儒生如劉向，以及當政的儒生如王莽，也不完全相同。至於在王莽以後，鑒於王莽的失敗，而趨向另一方面的儒生，如光武帝，倒有幾分類似。這種非戰的主張，在西漢晚期已經成為有力的輿論。最可以代表的是《漢書‧賈捐之傳》的言論。賈捐之為賈誼曾孫，但其主張卻正和賈誼相反。其主張棄珠崖之言曰：

臣聞堯舜，聖之盛也。禹入聖域而不優。故孔子稱堯曰大哉，詔曰盡善，禹曰無間。以三聖之德，地方不過數千里，被流沙，東漸于海，朔南暨聲教，迄於四海。……武丁成王，殷周之大仁也，然地東不過江黃，西不過氐羌，南不過蠻荊，北不過朔方，是以頌聲並作，視聽之類，咸樂其生，越棠氏重九譯而獻，此非兵革之所致。及其衰也，南征不返，齊桓救其難，孔子定其文。以至乎秦，興兵遠攻，貪外虛

內，務欲廣地，不慮其害，然地南不過閩越，北不過太原，而天下潰
畔，卒在於二世之末，長城之歌，至今未絕。賴聖漢初興，爲百姓請
命，平定天下，至孝文皇帝，閔中國未安，偃武行文。……故謚爲孝
文，廟稱太宗。……至孝武皇帝……錄冒頓以來數爲邊害，籍兵屬馬，
因富民以攘服之……民賦數百，造鹽鐵酒榷之利以佐用度，猶不能
足……今天下獨有關東，關東大者獨有齊楚，民眾久困，連年流離。……
此社稷之憂也。（《漢書》64下）

此後甘延壽和陳湯誅郅支單于，立功甚大，當時丞相匡衡、御史大夫繁
延壽都不贊成賞賜，直到劉向說了公道話，才把甘延壽封侯，陳湯封關內侯。
同理，西漢可以棄珠崖，東漢也當然可以棄涼州。這一種輕視立功的主張，
雖然未成爲國策，但卻形成了堅強的輿論。東漢時主張因羌禍而放棄涼州的
人，也和他們是一樣的。到了唐代，白居易的〈新豐折臂翁〉尚稱：「君不見
開元上相宋開府，不賞邊功防黷武」，而明代嘉靖年間的棄河套，顯然也是在
這種理論的根據上。

從另外一方面看，當時御史大夫桑弘羊，也自有其理論的根據。當然《鹽
鐵論》作者桓寬是不贊成大夫方面的，但爲辯論資料起見，也將大夫的論據
盡量的放在書中，其中如：

匈奴背叛不臣，數爲寇盜於邊鄙，備之則勞中國之士，不備則侵盜不
止。先帝哀邊人久患苦爲虜所係獲也，故備障塞，飭烽燧，屯戍，以
備之。（〈本議〉第一）
先帝計外國之利，料胡越之兵，兵敵弱而易制，用力少而功大，故因
勢變以主四夷，地濱山海以屬長城，北略河外開路匈奴之鄉。功未率
善，文王受命伐崇，作邑於豐，武王繼之，載尸以行。破商擒紂，遂
成王業。曹沫棄三北之恥而後侵地，管仲負當世之累而卒霸功。故志
大者遺小，用權者遺俗，有司思師望之計，遂先帝之業，志在絕胡貉，
禽單于，故未遑拓局之義，而錄拘儒之論。（〈復古〉第六）
王者包含並覆，普愛無私，不爲近重施，不爲遠遺恩。今俱是民也，
俱是臣也，安危勞佚不齊，不當調耶。不念彼而獨計此，斯亦好議矣。
緣邊之民，處寒苦之地，距強胡之難，烽燧一動，有沒身之慮，故邊

民百戰而中國爲臥者，以邊郡爲蔽扞也。《詩》云：「莫非王事，而我
獨勞」，判不均也。是以聖王懷四方，獨苦興師，推卻胡越遠寇，國安
災散。中國肥饒之餘，以調邊境。邊境強則中國安，國安則晏然無事，
何求而不默也。（〈地廣〉第十六）

湯武之伐，非好用兵也。周宣王辟地千里，非貪侵也。所以除寇賊而
安百姓也。故無功之師，君子不行，無用之地，聖王不貪。先帝舉湯
武之師，定三垂之難，一面而制敵。匈奴遁逃，因河山以爲防，故去
沙石鹹鹵不食之地，故割斗辟之縣，棄造陽之地以與胡，省曲塞，據
河險，守要害，以寬徭役，保士民，由是言之，聖主用心，非務廣地
以勢眾而已矣。（〈地廣〉第十六）

大夫曰作世明主，憂勞萬人，思念北邊之未安，故使使者舉賢良文學高
第，詳延有道之士，將欲觀殊議異策。虛心傾耳以聽，庶幾云得，諸
生無能出奇計，遠圖匈奴，安邊境之策，明枯竹，守空言，不知趨舍
之宜，時世之變，議論無所依，如膝癢而搔背，辯訟公門之下，言訟
訟不可勝聽，如品即口以成事，此豈明主所願聞哉？（〈利議〉第二十七）

鄙語曰：「賢者客不辱」，以世俗言之，鄉曲有桀，人當辟之。今明天
子在上，匈奴公爲寇，侵擾邊境，是仁義犯而藜藿不採，昔狄人侵太
王，匡人畏孔子，故不仁者仁之賊也。是以縣官屬武以討不義，設機
械以備不仁。（〈備胡〉第三十八）

匈奴無城廓之守，溝池之固，脩戟強弩之用，倉廩府庫之積。上無義
法，下無文理，君臣嫚易，上下無禮，織柳爲室，旃席爲蓋。素弧骨
鏃，馬不粟食。內則備不足畏，外則禮不足稱。夫中國天下腹心，賢
士之所總，禮義之所集，財用之所殖也。夫以智謀愚，以義伐不義，
若因秋霜而振落葉。春秋曰，桓公之與戎狄，驅之爾，況以天下之力
乎？（〈論功〉第五十二）

在此所引大夫方面的論據。是(1)爲中國的光榮必須征討胡人。(2)爲邊
郡的安全必須征討胡人，有邊郡的安全，才有內郡的安全。(3)中國討匈奴，
有制勝的把握。(4)在國策上征討匈奴並非出於貪慾的野心，而是自衛上的必
要。(5)諸生對於匈奴的擾亂，並不能提出有效的方法。

　　就辯論的方式上來說，大夫及賢良文學，並非集中幾個中心問題去討論，而是彼此之間，都是說一說就說到支蔓的問題上面去，似乎不像一個對於一件事情論爭的正當方式。原來大夫這幾條理由還可說得更充分，但在《鹽鐵論》中卻未曾發揮盡致。這也似乎桓寬雖引用大夫的論據，又因為他內心中不喜歡這種言論，自然也在有意識與無意識之間，把它省略下去了。關於對匈奴的問題，針鋒相對而爭論的，也見於《漢書・韓安國傳》，韓安國和王恢爭論伐匈奴事，雖然也是這一類的意見，但比較《鹽鐵論》的討論，集中多了。這就證明了《漢書》只是敘事實，而《鹽鐵論》卻夾雜了主見。班固在《漢書》中為顧及輿論的力量，表現是反戰的。但他也是作〈燕然山銘〉的人，所以他反戰的主張，也不是強硬到底、不能改變的。

　　本來，和平與戰爭的抉擇，在中國傳統精神下，與儒家政策下，是一個不好解決的事。因為按照「萬物並育而不相害，道並行而不相悖」，以及「各正性命」的原則之下，是不應當鼓勵戰爭的。但這只是一個最高的理想，而這個理想的達到，必須全世界的人都能夠達到一種文明的標準。這種標準顯然對於匈奴並不適用。因此對於匈奴究竟採取和平，還是採取戰爭；究竟應當攻擊，還是應當防禦？其中還牽涉到對於漢朝自己受到經濟方面及社會方面的影響，而成為一個複雜問題。在這複雜影響之下，對於一般人目前的利益是相反的，因而就形成了反戰的輿論。

二、對內問題

　　再就經濟思想方面來說，我們知道除去管子以外，自商鞅以下，凡是法家，都是反商業的。但從《鹽鐵論》的官方看來卻不是反商業的。這一點在大夫方面，很清楚的表現他的立場，他說：

> 余結髮束脩，年十三，幸得宿衛給事輦轂之下，以至卿大夫之位，獲祿受賜，六十餘年矣。車馬衣服之用，妻子僕養之費，量入為出，儉節以居之。奉祿賞賜，一二籌策之積，浸以致富成業。故分土若一，賢者能守之；分財若一，智者能籌之。夫白圭之廢著，子貢之三致千金，豈必賴民哉？運之六寸，轉之息耗，取之貴賤之間耳。

　　這一點正是大夫對於他自己經濟地位的自白,他是富人,憑自己的經驗,
看出了資本的重要性。所以一方面管制鹽鐵,為的是富國,另一面獎勵籌策,
為的是富民。所以在大夫方面,他主張如下:

(一) 以工商富民

　　古之立國家者,開本末之途,通有無之用,市朝以一。其求致士民,聚
萬貨。農商工師,各得所欲,交易而退。《易》曰:「通其變使民不倦」,
故工不出則農用乖,商不出則寶貨絕,農用乏則穀不殖,寶貨絕則財用
匱,故鹽鐵均輸,所以通委財而調緩急,罷之不便也。(〈本議〉第一)
自京師東西南北,歷山川,經郡國,諸殷富大都,無非街衢五通,商
賈之所臻,萬物之所殖者。故聖人因天時,智者因地財,上士取諸人,
中士勞其形。長沮桀溺無百金之積,跖蹻之徒無猗頓之富。宛周齊魯,
商徧天下。故乃萬(商)賈之富,或累萬金,追利乘羨之所致也。富國
何必本農,足民何必力田也。(〈力耕〉第二)
燕之涿薊,趙之邯鄲,魏之溫軹,韓之滎陽,齊之臨淄,楚之宛丘,
鄭之陽翟,三川之二周,非有助之耕其野而田其地者也。居五諸侯之
通衢,跨街衝之路者也。故物豐者民衍,市近宅者家富,富在術數,
不在勞身,利在勢居,不在力耕也。(〈通有〉第三)
工商梓匠,邦國之用,器械之備也。自古有之,非獨於此。弦高飯牛
於周,五羖賃車於秦,公輸子以規矩,歐冶之鎔鑄。語曰:「百工居肆
以成其事。」農商交易以利本末。山居澤處,蓬蒿墝垎,財物流通,有
以均之。是以多者不獨衍,少者不獨饉。若各居其處,食其食,則是
橘柚不鬻,胊鹵之不出,旃罽不市,而吳唐之材不用也。(〈通有〉第三)

(二) 以工商富國

　　賢聖治家非一室,富國非一道,使治家養生必於農,則舜不甄陶而伊
尹不為庖。故善為國者,天下之下我高,天下之輕我重。以末易其本,
以虛易其實。今山澤之財,均輸之藏,所以御輕重而役諸侯也。汝漢
之金,纖微之貢,所以誘外國而釣羌胡之寶也。中國一端之縵,得匈
奴累金之物而損敵國之用。是以贏驢橐駝,銜尾入塞,驒騱騵馬,盡

爲我畜，罷貂狐貉，采旃文罽，充於內府，而璧玉，珊瑚，琉璃，咸爲國之寶。是則外國之物內流，而利不外泄也。異物內流則國用饒，利不外泄則民用給矣。《詩》曰：「百室盈止，婦子寧止。」(〈力耕〉第二)

昔太公封於營丘，辟草萊而居焉。地薄人少，於是通利末之道，極女工之巧。是以鄰國交於齊，財畜貨殖，世爲強國。管仲相桓公，襲先君之業，行輕重之變，南服強楚而霸諸侯。今大夫各修太公桓管之術，總一鹽鐵，通山川之利而萬物殖，是以縣官用饒足，民不困乏，此籌計之所致，非獨耕桑農業也。(〈輕重〉第十四)

內郡人眾，水泉薦草，不能相贍。地勢溫濕，不宜牛馬。民躡未而耕，負擔而行。勞罷而寡功，是以百姓貧苦，而衣食不足，老弱負輅於路。而列卿大夫，或乘牛車。孝武皇帝平百越以爲園圃，卻羌胡以爲宛囿。是以珍怪異物，充於後宮；駃騠駃騠，實於外廄。匹夫莫不乘堅良，而民間壓橘柚。由是言之，邊郡之利亦饒矣。(〈未通〉第十五)

(三) 主張統制經濟

交幣通施，民事不及，物有所併也。計本量委，民有餓者，穀有所藏也。智者有百人之功，愚者不更本之事，人君不調，民有相妨之富也。此其所以或儲百年之餘，或不厭糟糠也。民太富則不可以祿使也，太強則不可以威罰也。非散聚均利者不齊。故人主積其食，守其用，制其有餘，調其不足，禁溢羨，厄利塗，然後百姓可家給人足也。(〈錯幣〉第四)

今夫越之具區，楚之雲夢，宋之鉅野，齊之孟諸，有國之富而霸王之資也。人君統而守之則強，不禁則亡。齊以其腸胃予人，家強而不制，枝大而折幹。以專巨海之富，而擅漁鹽之利也。勢足以使眾，恩足以卹下，是以齊國內倍而外附。權移於臣，政墮於家。公室卑而田宗強。轉穀游海者蓋三千乘，失之於本而末不可故。今山川海澤之原，非獨雲夢孟諸也。鼓金煮鹽，其勢必深居幽谷，而人民所罕至，姦猾交通山海之際，恐生大姦。乘利驕溢，敦樸滋佔，則人之貴本者寡，大農鹽鐵丞咸陽孔僅等，上請願募民自給費，因縣官器煮鹽予用，以杜浮僞之路。由此觀之，令意所禁微，有司之意亦遠矣。(〈刺權〉第九)

水有猵獺而池魚勞，國有強禦而齊民消。故茂林之下無豐草，大塊之間無美苗。夫理國之道，除穢鋤豪，然後百姓均平，各安其宇。(〈輕重〉第十四)

從以上諸則看來，在當時的法家，已經明白了工商之可貴，並不輕視商業。但因爲怕資本蓄積太大了，可能成爲和國家抗衡的力量，因此就主張開發工商業，卻由國家加以統制。顯然的，漢代的法家是一種國家資本主義的立場。另外一方面，漢代的儒家卻是重農主義的立場。

三、鹽鐵論所表達的儒家及法家思想的一斑

儒生的身世，當然是和桑弘羊不同的。《漢書・霍光傳》云：

諸儒多竇人子，遠客飢寒，喜妄說狂言，不避忌諱。大將軍常讞之。

因爲諸儒多出於貧苦之家，也就是多原爲農戶，因而他們的主張也就成爲重農主義者。他們說：

古者當力務本而種樹繁，躬耕趣時而衣食足。故衣者民之本，稼穡者，民之務也。二者修，則國富而民安。(〈力耕〉第二)

他們是主張以節儉爲基本原則的。當然，商業資本的蓄積，也從節儉而來。

《孟子》曰：「不違農時，穀不可勝食。蠶麻以時，布帛不可勝衣也。斧斤以時入，材木不可勝用。田漁以時，魚肉不可勝食。」若則飾宮室，增臺榭，梓匠斲巨爲小，以圓爲方，上成雲氣，下成山林，則木不足用也。男子去本爲末，雕文刻鏤以象禽獸，窮物究變，則穀不足食也。婦女飾微治細以成文章，極技盡巧，則絲布不足衣也。庖宰烹殺胎卵煎炙齊和，窮極五味，則魚肉不足食也。當今世非患禽獸不損，材木不勝，患奢侈之無窮也；非患無旃罽橘柚，患無狹廬糟糠也。(〈通有〉第三)

古者采椽不斲，茅屋不翦，衣布褐，飯土硎，鑄金爲鋤，埏埴爲器，工不造奇巧，世不寶不可食之物，各安其居，樂其俗，甘其食，使其

器。是以遠方之物不交，而昆山之玉不至。今世俗壞而競於淫靡，女
極織微，工極技巧。雕素樸而尚珍怪，鑽山石而求金銀；沒深淵，求
珠璣；設機陷，求犀象；張網羅，求翡翠；求蠻貉之物以眩中國，徙
邛筰之貨致之東海，交萬里之財。曠日費功，無益於用。是以褐夫匹
婦，勞疲力屈，而衣食不足也。(〈通有〉第三)

他們批評「不加賦而國用足」，以爲這是不可靠的，他們說：

利不從天來，不從地出，一取之民間，謂之百倍，此計之失者也。無
異於愚人反裘而負薪，愛其毛，不知其皮盡也。夫李梅實多者，來年
爲之衰，新穀爲之虧。自天地不能兩盈，而況於人事乎？故利於彼者
必耗於此，猶陰陽之不並曜，晝夜有長短也。(〈非鞅〉第七)

基於「藏富於民」的原則，他們反對以國家力量去經營商業以增加財政
收入的方法，他們認爲於農人是有害的。他們說：

山海者，財用之寶也。鐵器者，農夫之死生也。死生用則仇讎滅，仇
讎滅則田野闢，田野闢而五穀熟。寶路開則百姓贍而民用給，民用給
則國富。……夫秦楚燕齊，土力不同，剛柔異勢，巨小之用，居局之
宜，黨俗殊宜，各有所便。縣官籠而一之，則鐵器失其宜，而農夫失
其便。器用不便，則農夫罷於野而草萊不闢。草萊不闢，則民困乏。
故鹽冶之處，大傲皆依山川，近鐵炭，其勢咸遠而作劇。郡中卒踐更
者，多不勘責取庸代，縣邑或以戶口賦鐵，而賤平其準，良家以道次
發儌運，鹽鐵煩費，邑或以戶，百姓疾苦之。(〈禁耕〉第五)
農，天下之大業也。鐵器，民之大用也。器用便利則用力少而得作多，
農夫樂事勸功。器用不具則田疇荒。穀不殖，用力鮮，功自半。器便
與不便，其功相什而倍也。縣官鼓鑄鐵器，大抵多爲大器，務應員程，
不給民用。民用鈍弊，割草不痛。是以農夫作劇，得獲者少，百姓苦
之矣。(〈水旱〉第三十六)

「務應員（員額）程（工程進度），不給民用」，在一般社會主義下，官營
事業成爲普遍的事實。這種事實屬於一個非常複雜的問題。並且後來王莽及

王安石的失敗，也和這個問題有很大的關係。儒家的議論，有許多點是非常迂腐的，也有許多點是精闢的。在二千年以前的漢代，經濟學知識非常有限，對於這種艱深問題，當然是不夠來決定的。

　　至於對於均輸平準的看法，他們說：

> 古之賦稅於民也，因其所工，不求所拙。農人納其獲，女工效其攻。今釋其所有，責其所無，百姓賤賣貨物以便上求，間者郡國或令民作布絮，吏留難與之為市。吏之所入，非獨齊陶之縑，蜀漢之布也，亦民間之所好耳。農夫重苦，女工再稅，未見輸之均也。縣官猥發，閩門擅市，則萬物並收。萬物並收則物騰躍，物騰躍則商賈侔利。自市則吏容姦豪，而富商積貨物以待其急，輕賣姦利收賤以取貴，未見準之平也。（〈本議〉第一）

　　「釋其所有，責其所無，百姓賤賣貨物以便上求，間者郡國或令民作布絮，吏留難與之為市」，很像今日統制經濟的必然現象。這種相類的事實，也發生在王安石新法之時。王安石之時，有些人說是「幹部」未曾準備好。但一般統制經濟的「幹部」卻是準備多年了，仍然所有的措施，都是不合理的。所以「官」與「民」的利益，如何調節，確是值得注意的大問題。

　　我們在《鹽鐵論》的爭論中，看到當時儒生及御史大夫的見解，雖然偶有精闢之處，但以現代經濟學方法來評判，可以看出他們都有不少的錯誤。但是所提供的事實，卻為二千年前非常重要的史料。

釋《莊子・天下篇》惠施及辯者之言

　　《莊子・天下篇》所記惠施和辯者之言，是戰國名家言遺失以後幸能僅存的一部分，所稱惠施的五車書，雖然不能判明所用的方法是怎樣的，但就這一點遺說來看，確是需要相當名理及數學的基礎的，晚近以來解釋的已不只一二家，但因爲原來詞意不免有雙關之處，很容易把現代思想的意義加進去，就不一定和原意接近了。所有古代的注解，應以晉司馬彪的爲最好，現在即以司馬彪《注》爲注，加以申釋，司馬《注》闕，即用成玄英《疏》文，使得更明瞭一點，非不得已，不破司馬《注》及成《疏》，也許免得加進去近代的思想。

一、惠施學說

　　至大无外，謂之大一；至小无內，謂之小一。

　　司馬曰：「無外不可一，無內不可分，故謂之一也。天下所謂大小，皆非形，所謂一二，非至名也。至形無形，至名無名。」

　　一者單位的意思，與數目的一二不同，依照推理的結果，最大的單位可以到沒有外界，這當然就是宇宙的本身。最小的單位，是分到不可分爲止。這個不可分的單位是什麼，當時無法知道，不過依照推理，應當在宇宙中存在著這種單位。

　　无厚不可積也，其大千里。

　　司馬曰：「物言形爲有，形之外爲無。無形與有，相爲表裡。故形物之

厚，盡於無厚，無厚與有，同一體也，其爲厚大者，其無厚亦大，高
因廣立，有因無積。則其可積因其不可積者，苟其可積，何但千里乎？」

這也是依照推理的結果，凡物皆有寬長及厚，寬長之積爲面，加厚爲體。
假如厚度盡量減少，減至於無，但寬長未減，則寬和長仍舊存在，如寬和長
尚在，寬長之積仍然可以大至千里的。

天與地卑，山與澤平。

成《疏》曰：「夫物情見者，則天高而地卑，山崇而澤下。今以道觀之，
山澤均平，天地一致矣。〈齊物〉云，莫大於秋毫，而泰山爲小，即其
義也。」

此依齊物之義爲訓，齊物雖爲莊義，但依後文惠施「氾愛萬物，天地一
體也」之義，以齊物釋「天與地卑，山與澤平」自然也不算錯。按「高岸爲
谷，深谷爲陵」的話，曾見於《詩經》，是對於天地間一切變化，古人未始不
知道，就長時期來論，宇宙有形之物都是無常，那就一切高下，也就是相對的。

日方中方睨，物方生方死。

成《疏》曰：「睨側視也，居西者呼爲中，處東者呼爲側，則無中側也，
日旣中側不殊，物亦生死無異也。」

依照成《疏》，此地之睨即彼地之中，故日可以不沒。物之生死，則就萬
物新陳代謝而言，因而都非絕對的。再就「中」和「生」的含義來說，「中」
內已包含「睨」，「生」內已包含了「死」。如求不「睨」，只有不現出「中」
來；如求不「死」，只有不現出「生」來。所以「中睨不殊，生死無異」。

大同而與小同異，此之謂小同異；萬物畢同畢異，此之謂大同異。

成《疏》曰：「物情分別，見有同異，此小同異也。死生交謝，寒暑遞
遷，形性不同，體理無異，此大同異也。」

依照成《疏》的意見，凡物的同異，都是小有區別，這都是小同異。其

中比較顯著的，如寒暑的不同，死生的變化，仍然未有根本上的不同。根本不同才是大同異。成《疏》說「形性不同，體理無異」，那就不是畢異了，不免有詞不達意的地方。依照惠施原意，誠如成《疏》前段所指，萬物無有全同，亦無有全異，任何兩者之前都是「小同異」，所謂「畢同，畢異」，推理之極，可如此說，而事實上卻不存在。因而更可證明「天地一體」了。

南方无窮而有窮。

司馬曰：「四方無窮也。」

此言「四方無窮」，是說向任何一方用直線的伸張，都是無窮遠，南方只是作爲代表。有窮，就人所能達到的來說是有限的。

今日適越而昔來。

成《疏》曰：「夫以今望者，所以有今，以昔望今，所以有昔，而今自非今，何能有昔，昔自非昔，豈有今哉？既其無昔無今，故曰今日適越而昔來，可也。」

這是說「今」和「昔」是相對的，是不定的。「昔」的「今」，也就是「今」的「昔」，「適越」指出發的時候，「來」指到越的時候。適越固然在前，來固然在後，但都可以叫做昔，也都可以叫做今，所以今日適越而昔來也就可以這樣的說。

連環可解也。

司馬曰：「夫物盡於形，形盡之外則非物也，連環所貫，貫於無環，非貫於環也。若兩環不相貫，則雖連環，故可解也。」

依照司馬彪的意思，是說環與環間都有空隙，既有空隙，當然可以解開。這在推理上是可通的。此外，連環所以成爲連環，就是因爲「連」的關係，連和解是相應，既然能連，也就能解。至於如何去解，那是技術的問題，非原理的問題，不在推理上可能性範圍之內。

我知天下之中央，燕之北越之南是也。

司馬曰：「燕之去越有數，而南北之遠無窮。由無窮觀有數，則燕越之間，未始有分也。天下無方，故所在爲中，循環無端，故所在爲始也。」

按司馬彪的意見共有幾點：(一)宇宙是無際的，燕越的距離在無際中比例甚小，故燕越可作一點算，因而燕之北越之南都可算爲天下的中點。(二)宇宙是無際的，一個無限大直線之上，隨處可以爲中，所以燕之北可以爲中；越之南也可以爲中。(三)宇宙可能是循迴的圓周，在圓周上任何一點都可以作爲起點或中點。若認爲宇宙是無限的，那就「無限」並不是一個數目，其中不可能有中點，也可以說任何一處都可以作中點。

氾愛萬物，天地一體也。

成《疏》曰：「萬物與我爲一，故氾愛之二儀與我並生，故同體也。」

這是根據以上各點所得的結論。因爲(一)宇宙是一致的，(二)宇宙是無邊際的，(三)宇宙中一切事物沒有全同全異，(四)宇宙的一切都是互相對應的。所以萬物都是一體的，而人應當氾愛萬物。

二、辯者的問題

辯者或惠施之間是有些分別的，惠施是道家的別派，其中辯論問題，有一個最後主張，雖然莊子之徒批評他舛駁（雜亂不純），有些後來雜家呂不韋、劉安等人的味道，但他究竟有他的人生哲學及政治學的主張，辯者就是爲辯而辯，其主張是看不大出來的，但卻對於名理還有可觀的啓發。其曾被〈天下篇〉作爲舉例的有：

卵有毛

司馬云：「胎卵之生必有毛羽，雞伏鵠卵，卵不爲雞，則生類於鵠也，毛氣成毛，羽氣成羽，雖胎卵未生，而毛羽之性已著矣，故鳶肩蜂目，寄感之分也，龍顏虎喙，威靈之氣也，神以引明，氣以成質，質之所剋如戶牖明暗之懸以晝夜，性相近，習相遠，則性之明遠有習於生。」

這是說鳥的質在卵中已備具，初生之鳥不增於卵，鳥有毛，則卵亦有毛。

雞三足

司馬曰：「雞兩足所以行而非動也，故行由足發，動由神御，今雞雖兩足，須神而行，故曰三足也。」

司馬彪解釋兩足以外有神爲別一足，雖然在「理」大略可通，而在「名」仍然未洽。因爲神自神，足自足，神雖可以命名爲足，則足便應改稱，究不得與神同名，也就不能相加爲三足。爲解除這種困難，只有認爲雞之爲雞，乃經人耳目之助，到人心臆，而後始命名爲雞。則心中之雞與心外之雞實有二雞。雞本有二足，加入人心中命名之足，即爲三足。此可與下文「黃馬驪牛三」可以互證。也就是說，「雞有二足，加足之名爲三」，所加的是「名」，卻不是「神」。（從來釋《莊》此條多用司馬說，當改正。）

郢有天下

成《疏》曰：「郢楚都也，在江陵北七十里，夫物之所居者皆有四方，是以燕北越南可謂天中，故楚都於郢，地方千里，何妨即天下者耶？」

按郢本爲天下之一部，郢既然有天下之一部，自然可以說有天下，因爲天下之全體固然可稱爲天下，天下之一部也可以稱爲天下。

犬可以爲羊

司馬云：「名以名物而非物也，犬羊之名非犬羊也，非羊可以名羊，則犬可以名羊，鄭人謂玉未理者曰璞，周人謂鼠臘亦曰璞，故形在物，名在於人。」

這是說凡物的命名都是隨意的（arbitrary），呼犬爲羊、呼羊爲犬都是一樣可以的。

馬有卵

成《疏》曰：「夫胎卵溼化，人情分別，以道觀者，鳥卵既有毛，獸胎何妨名卵也。」

這也是另一隨意命名的例子，鳥可呼爲馬，那就是馬有卵了，胎可呼爲卵，那也是馬有卵了。

丁子有尾

成《疏》曰：「楚人呼蝦蟆爲丁子也，夫蝦蟆無尾，天下共知，此蓋物情，非關至理，以道觀之者，無體非無，非無當得稱無，何妨非有可名尾也。」

按辯者之辯，名重於理，在此似不必以有無之玄理爲釋，大抵丁字在殷墟甲骨爲無尾，而在周代多已有尾，蝦蟆既以丁爲名，丁字有尾，那就蝦蟆有尾了。

火不熱

司馬曰：「木生於水，火生於木，木以水潤，火以木光，金寒於水而熱於火，而寒熱相兼無窮。水火之性當盡，謂火熱水寒是偏舉也，偏舉則水熱火寒可也。」

按司馬此注，最爲固陋，不可信從，成《疏》謂：「南方有食火之獸，聖人則入水不濡，以此而言，固非冷熱也。」亦甚不切當。其實火之於熱，猶石之於堅，公孫龍子曰：「物白焉，不定其所白，物堅焉，不定其所堅。」是堅於石不定必相依附。火與熱本二物，亦不定必相依附，故言「火不熱」。

山出口

司馬曰：「形聲氣色合而成物，律呂以聲兼形，茲黃以色兼質，呼於一山，一山皆應。一山之聲入於耳，形與聲並行，是山有口也。」

按司馬以回聲爲說，說自可通。但口指人口而言，山中有人，亦即山中有口，人自山出，亦即山出口，就名的本身，已可說明，不必再假借回聲立說。

輪不輾地

成《疏》曰：「夫車之運動，輪轉不停，前迹已過，後塗未至，徐卻前後，更無輾時，是以輪雖運行，竟不輾於地也，猶《肇論》云：『旋風

偃嶽而常靜，江河競注而不流，野馬飄鼓而不動，日月歷天而不周。』
復何怪哉，復何怪哉。」

按輪，指全輪而言，輪若輾地，常為全輪輾地，但全輪同時輾地為不可
能之事，故言輪不輾地。成《疏》略有此意，但不從輪的全體及一部的不同
設想，僅就動言，既不免墮入理障。後引《肇論》，更與中國思想相異，於解
釋上並無補益。

目不見

司馬曰：「水中視魚，必先見水，光中視物，必先見光，魚之濡鱗以非
曝鱗，異於曝鱗則視濡也，光之曜形異於不曜，則視見於曜形，非見
形也，目不夜見非暗，晝見非明，有假也，所以見者，明也，目不假
光而後明，無以見光，故目之於物，未嘗有見。」

此說就光而言，稍有支蔓，宜就「目」與「見」之關係闡明，則較為直
接，否則就外界而言，終無是處。「見」指對於物象從視覺上所得之感知而言。
「目」只能傳達外界的物象，至於感知的結果，並非由目。所以說「目不見」。
其中關鍵，在「目」與「見」的定義問題，這正是名家的工作。

指不至，至不絕。

司馬云：「夫指之取物不能自至，要假物故至也。然假物由指不絕也。
一云，指之取火以鉗，刺鼠以錐，故假於物是指不至也。」

按司馬以指為手指之指，非《公孫龍‧物指篇》：「物莫非指，天下非指。
物無可以謂物非指者。天下無物，可謂指乎。」此所謂「指」與「指不至」
之「指」同。所以「指」是說人類對於萬物的敘述。「指不至」謂無法敘述得
明白。「至不絕」是說即令敘述明白，也不可能沒有遺漏。

龜長於蛇

司馬曰：「蛇形雖長，而命不久，龜形雖小，而命甚長。」

按此說雖然俞曲園先生不贊同，以為即莫大於秋毫之末，而泰山為小之

意，不過這是名家言，不必亦莊周言爲比附。「長」「短」本來可以以形言，也可以以壽言，這對名理是無妨的，所以還應當以司馬說爲是。

　　矩不方，規不可以爲圓。

　　司馬曰：「矩雖爲方而非方，規雖爲圓而非圓。譬繩爲直而非直也。」

　　司馬言凡規矩所爲圓方皆有差誤，並非絕對的圓和方，這也是一種名實之辯，和名家原則相合。

　　飛鳥之景，未嘗動也。

　　司馬曰：「鳥之蔽光，猶魚之蔽水，魚動蔽水而水不動，鳥動影生光亡，亡非往，生非來。墨子曰：『影不徙也』。」

　　依司馬彪的意見，鳥飛光不飛，所以在鳥飛的時候，所成的影是前影接後影。有無限個影，而非同一影，所以說影未嘗動。至於成玄英《疏》曰：「過去已滅，未來未至。過未之外，更無飛時。唯鳥與影，凝然不動。是知世間即體皆寂，故論云然。」這是佛教思想，非名家思想，不如司馬所釋爲好。因爲這個命題的中心問題是「影」的問題，而不是世界的存在問題。司馬就影論影，正適合於「影」的名實，成《疏》討論到過去未來，就不免氾濫了。

　　鏃矢之疾而有不行不止之時（郭慶藩以爲鏃爲鏃之誤字，是。）

　　司馬曰：「形分止，勢分行，形分明者行遲，勢分明者行疾。目明無形，分無所止，則其疾無閒。矢疾而有閒者，中有止也；質薄而可離者，中有無及者也。」

　　這是對於「時」的討論，假如把時分到最小，那就矢會看不見動，而其實在動，故曰：「不行不止。」

　　狗非犬

　　司馬曰：「狗犬同，實異名。名實合，則彼所謂狗，此所謂犬也。名實離，則彼所謂狗，異於犬也。」

《爾雅》:「犬未成豪曰狗。」所以狗是小犬（有句聲的具有小意，小馬曰駒，與此同例），犬為總名，狗為犬的一部分，所以狗非犬（此據胡適之先生《中國古代哲學史》）。

黃馬驪牛三

司馬曰:「牛馬以二為三，曰牛，曰馬，曰牛馬，形之三也。曰黃，曰驪，曰黃驪，色之三也。曰黃馬，曰驪牛，形與色為三也。故曰一與言為二，二與一為三也。」

司馬之說「牛」與「馬」為實質的牛與馬，而「牛馬」則為形象的「牛馬」，「黃」與「驪」為客觀存在的黃色和驪色，而「黃驪」則為人心中認知的色彩。黃馬及驪牛客觀上是存在的，但必須人心中構成意象。因而黃馬、驪牛，加上人認知的意象就成為三事了。

白狗黑

司馬曰:「狗之目眇，謂之眇狗。狗之目大，不曰大狗。此乃一是一非。然則白狗黑目，亦可為黑狗。」

按「白」之為「白」猶是泛稱，白中仍有黑白無數等次。白狗較之黑狗，則白；較之白雪則黑。故白狗非至白，即白狗黑。

孤駒未嘗有母（成《疏》及司馬《注》闕）

按孤駒本無母之稱，有母便非孤駒，孤駒雖曾有母，其時不得稱孤駒也。

一尺之捶，日取其半，萬世不竭。

司馬曰:「捶，杖也，若其可折，則常有兩。若其不可折，其一常存，故曰萬世不竭。」

按此為一無窮級數，故曰萬世不竭。

就以上所說，惠施是道家的別派，用辯論的方法以期表達他的理想，所以注意到宇宙的全部。而其他辯者並非要表達一個理想，只是為辯論而辯論，

所以注意到的只是名實的相互問題。雖然許多命題好像是常識以外的詭辯，但就名實問題的闡發上，卻有一些貢獻。只可惜古人著書過於尚簡，並經秦火之災，只有一個結論或舉例，並未曾把方法詳細說出來，這就使歷來注家困惑了。以上所解釋的，也和古今注家區別不大，只是解釋辯者方面，偏重在命題上的名實問題，盡量的避免照一般的解釋那樣，只當作一些詭辯問題。也許對於戰國辯者或名家的了解上有點用處。

記張君勱先生並述科學與人生觀論戰的影響

　　關於科學與人生觀學論戰一件事，當時是中華民國十二年，我還是一個中學生，不僅我自己沒有資格參加這個論戰，即使在同學之中，也很少討論過。只是我對於兩方論戰的文字，卻是一篇一篇的閱讀過。當時我內心對於張君勱先生以及梁任公確有一些同情。自然科學不能完全解決人類的社會問題自是事實，但科學方法也是正確的方法，而且張君勱先生以生機主義來反對自然科學也並不能打動人的心弦。就當時中國的客觀需要而言，當國家受列強重重壓制之下，科學確實是一個翻身的工具，討論科學的弊害已落在第二義。科玄之爭的勝負，已超過了理智的問題而落在一般青年人情感問題之上。

　　但我對於張君勱先生的景仰，一直未曾稍衰，直到抗戰時期，在重慶傅孟真先生處，才看到了君勱先生。當時君勱先生是國家社會黨的黨魁，和孟真先生談到的是他關於民主自由的政見。我對於君勱先生的印象是堅毅、沉著，言辭犀利，只是非常可惜的，沒有機會再見第二次，也沒有機會談我想問的人生觀論戰的問題。一直到我來到美國，在趙元任先生處看到了君勱先生，卻未曾談到這個敏感問題，這是一個非常遺憾的事。

　　現在去論戰時已五十多年，情勢大變，當時眾人以爲是的，未必是；眾人以爲非的，未必非。並且撫今追昔，對於世道人心的副作用，也深深的值得惋惜。但是如其檢討一下當時論戰的範圍，科學與人生觀以及科學與形而上學（當時把形而上學叫做「玄學」）都不是對立的，如其把科學與人生觀對立起來，一定會讓人們對「人生觀」引起誤解，而把科學當成唯物主義的典型。

這就對於正在萌芽的中國思想界有損失的。

君勱先生的立場，是非常令人同情的。但他的基本思想，卻是第一次大戰後流行的，倭伊鏗和杜里舒的思想。這在當時爲顯學，而在西洋哲學中卻是旁支。就思想深度言，不僅不是「玄學」，而且還不免有些「每下愈況」的感覺。及今觀看，終覺有些「先生之志則大矣，先生之號則不可」。哲學不是投取時尚的工作，即使真理找不到，也多少會有一個「雖不能至，心嚮往之」的境界。哲學不是反科學，而是要超科學。科學猶如渡舟，上岸以後總不能背上渡舟到處去跑。但沒有渡舟，這一個津渡還是過不去。流行哲學，不論時流把它捧得怎麼樣，但是哲學不是「時勢粧」，本於學術良心，自不能輕易屈從時尚。

本來「天地之大德曰生」，人生於宇宙之中，自然沒有不重視「生」的理由。只是「生」並非宇宙存在的關鍵問題，而科學本來是討論宇宙的法則而創立的。人生本來和宇宙是一回事，自無排科學於人生以外之理。宇宙中的萬事萬物本來息息相關，若把人生和宇宙分成兩橛，必將使人生不是人生，科學不是科學，頗有「戕賊杞柳，以爲仁義」的感覺。對於人生的了解不見得有多大好處。

宇宙的現象，應當是「一元的」而非「二元的」，「一元」亦即孟子所支持的「一本」，但非常不幸的，一元主義卻被一個極端唯物論者赫克爾（Earnest Haechel）所提出，許多非唯物論者，也只好有意無意的承認二元論，把精神和物質劃開，這樣，精神世界就成了偏安的小朝廷，至多只能自保，卻無反攻的實力。

人類的知識無疑的要完全憑藉科學的，我們一定要信賴科學，而科學是多少支持唯物主義的優勢的，不過，這種支持究屬可恃而不可恃。水能載舟，亦能覆舟；趙孟之所貴，趙孟能賤之。科學的發展和唯物主義在二十世紀中已顯出了分離的跡象。如其不贊成唯物主義，卻不必把科學推而遠之。自高能物理發展以後，質能互變的事實，早已成爲家喻戶曉的常識。即就這一點來說，唯物的「物」究屬什麼，已不似十九世紀時代一般人的想像，甚至不似赫克爾生存到二十世紀初期時所想像。

質能互變一事已經給唯物主義一些損失，而其中更大的疑點還是出在「時間」的性質這一個問題上。今假定時間是獨立的（即「古往今來」與「上下四方」

是兩個系統，不相干涉），並且時間是絕對直線式無限的伸展的，也就是數學中
的無限大。但數學中的無限大，是從比較中得來的一個不定的數值，因而不
能在其中包含任何真的數值。也就是「無限大分」的任何數，都是等於零的。
如其時間的全部數值等於無限大，則時間中任何一部分都應當是零。這就與
實際情形不合了。所以時間必需是有限的，而不應當是無限的。如其時間是
有限的，那時間之流也和一般天體有點類似，環行著一個圓形的軌道。這個
觀念當然具有相當重的離奇性，而不易爲科學家及哲學家所接受。因「時間
無限」這一個觀念，雖然不合理，但在目前人類的經驗科學中，尚未遇見什
麼困難，所以寧可支持這個不合理的假設。但是過去在自然科學中，許多重
要的進展，都是先從設法解決不合理現象或矛盾現象而引出的。這樣一個重
大的不合理問題，自然不應當放到這裡不去過問。

　　最近六十年來，空間有限的理論已經被公認爲正確。時間爲空間的一部
分，空間是有限的，那時間也是有限的。只是時間是否有限，對於目前的科
學方面影響較少，在目前問題中，可能接觸不到，但對於哲學問題上來說，
卻是非接觸到不可的，因此站在哲學的立場，就不得不加以討論。

　　先從直線說起。直線因爲空間有限，其極限延伸下去，仍然成爲有限的
圓周。直線是在弧面進行的，直線看來仍永爲直線，其彎曲的部分是在第二
度空間。在第一度空間說來，仍然不可能測到有限的。再就面來說，面布滿
了一個球面，是有限而無邊界的，但其成爲有限，要從球體才能測到。也就
是說面是二度空間的，而其成爲有限，就涉及了三度空間的了解。再進一層，
宇宙所以是有限而無邊界，是因爲宇宙在三度空間中，測不出其有限，要等
到涉及第四度空間，才能得到一個「有限」的了解。更進一層，時間是屬於
四度空間的，但無法擺脫第五度空間，所以時間也非是「有限」不可。至於
五度空間是什麼，那是因爲它是「超經驗的」，人類的知識可能永遠無法觸到
這「超經驗」事物的邊緣，也就永遠無法了解這「五度空間」。

　　再拿「反物質」的問題來說，當宇宙突然形成之時（所謂 big bang），反物
質應當和物質數量相當。但現今自然界中，卻尚未發現存在中的反物質。天
象中的黑洞，有人以反物質來解釋，理由也不充分。只有一種解釋，即反物
質的一切方向都是負的。物質循時間正流，反物質則循時間倒流。等到反物
質和物質相會之時，也就是宇宙的終結。這樣，在時間中所含有的萬景萬物，

都可能成爲預定的（或必然的），這就更增加宇宙本身的神祕性，而非人類的知識所能了解。

近年來生物化學的進展，確使生物和無生物的界線更爲沖淡，而使倭伊鏗和杜里舒的哲學立場也黯澹無光。但從另一方面看，科學所代表的唯物觀點卻也相對的減弱，甚至於在基本上動搖了唯物主義的信念。所以對於張君勱先生的立場來說，卻又是收穫方面大於損失方面。本來中國傳統思想的主流是非唯物的，而西洋十九世紀的思想，唯物主義是屬於顯性的，這自然和中國人的性格無法相容。王國維曾經一度致力於哲學，而結果厭倦了哲學，就是因爲近於唯心主義的是「可信而不可愛」，而非唯物主義的是「可愛而不可信」。這個矛盾也就成爲王國維一生思想中不可挽救的矛盾，這種矛盾也正是中國思想界的矛盾，除非等待科學從唯物思想解放出來，那就是一個無可如何的事。

牛頓曾自比於海濱拾貝殼的小孩，這實在值得深思的，自十九世紀工業技術的發展，使得狂妄的人認爲「人類可以征服自然」，而人類技藝的進展不會有一個止境。這當然不是的。三十年以前經濟學家熊比得就對於科技的進展認爲終究有一個止境的。到了最近幾年，月球的登陸，以及從火星及金星從火箭回來的消息，已聲明了太陽系除去地球以外，任何星球都不會有生物。也就對於科技的希望帶來了悲觀。而且能源的危機及環境問題，更打破了過去一些人士對於科技無窮發展的幻想。現在科技萬能的觀念雖然已不會存在，但人類知識的發展，還會有一定的限制，卻還未曾普遍的注意到。

人類知識的歷程仍是一天一天的進展的，總有一天確實普遍的明瞭，超經驗的世界實在太廣太大了，而人類憑感官所及的世界，實在太渺小得可憐。總有一天通過了科學的大道而走到非心非物的一天。君勱先生已從倭伊鏗而回到康德了，這條似解決而非解決的路途，當然也是科學與人生觀論戰中大家應當深思的道路。

論儒道兩家對於科學發展的關係

　　中國各家思想，儒家最為平實，除去切會人情之外，很難找到驚人的地方。法家和墨家比較走極端一些。但是要想去作更深一步的追求，也會發現他們都是氣味索然，在形而上學方面反而尚不如儒家的深度。只有道家思想卻是離奇閃爍，耐人尋味。對於國外學者來說，道家思想是最容易被欣賞的一種。譬如英國近代哲學家羅素，就對道家思想有所偏愛，而對儒家思想就加以批評。李約瑟對於中國科學史的創作成就甚大，他對中國和中國人是相當友善的。若就他對於中國思想的看法，卻和羅素差不多，比較上對於道家偏好，和作為一個中國人對儒家特別尊重的不同。就這一點來說，不能不指出來對於中國的文化和歷史方面，還需要再加檢討。科學本來也是文化整體的一部分，文化的進展一定也靠禮樂刑政來支持的。本來這是一個歷史上的謎，為什麼中國科學技術的發展確達到一個相當高的標準，為什麼就不能產生工業革命，為什麼要很困難的才能變成一個現代的國家？這個問題只能從歷史的背景來解答。而歷史背景卻又是十分錯綜複雜的，所以不必完全替儒家把責任推得一乾二淨，但儒家也不能全部擔負這個耽誤中國科學進步的那樣重大責任。

　　李氏認為道家對於科學是有貢獻的，而儒家就很少貢獻，由於儒家是入世的哲學，入世的哲學當然會把重點放在人事方面，這樣下去，儒家就變成了俗學的俗思。反之道家著眼在自然方向，他們不看重社會中的組織和習慣，而專致力到自然界，自然容易走入科學之路。

　　他認為孔子誠然有「無固無必」的客觀態度，也有「知之為知之，不知為不知」的求真觀念，可是孔子不重實務，例如樊遲請學稼，孔子說：「吾不如老農。」樊遲出，孔子竟對弟子說：「小人哉樊須也。」這種不重實務的態

度，相當阻礙科學的發展。

孔子和道家都談到「道」，但孔子所說的道，例如：「君子所貴乎道者三：動容貌，斯遠暴慢矣；正顏色，斯近信矣；出辭氣，斯遠鄙倍矣。籩豆之事則有司存。」這都是對於社會上的事，與自然界無關。又說：「君子之道有三，仁者不憂，智者不惑，勇者不懼。」也只是講修養方面。甚至於籩豆之事都不必去管，何況自然界的事。

他認爲道家方面就完全不同。例如《莊子‧知北遊》一段：「東郭子問於莊子曰：『所謂道惡乎在？』莊子曰：『無所不在。』東郭子曰：『期而後可。』莊子曰：『在螻蟻。』曰：『何其下邪？』曰：『在稊稗。』曰：『何其愈下邪？』曰：『在瓦甓。』曰：『何其愈甚邪？』曰：『在屎溺。』東郭子不應。」以爲還是郭象的「明道不逃物」，解釋最好。即是說抽象離開實物，就不存在，所以道在任何一種的實物上面。道既然不會離開實物，所以任何一種物都含有道，都可以做研究的對象，也都是知識。從這裡可以得到純科學的結論，不論如何眇小事物，都無不在研究範圍之內。所以可以導出現代形式的科學，儒家及其隨從的人都是認爲不值得去理會的。

從這個出發點不同來引伸，儒家就會造成一種治人而勞心的士大夫階級，道家卻無欲，講小國寡民無階級的國家。儒家只講先王之道，仁者的政治（王充的學說也被忽視），朝著修德方向走，而忽略自然界的知識。再說儒家不談怪力亂神，似乎很科學，道家引出了方士，燒丹鍊藥，似乎很不科學，不過科學史中，照例科學是從鍊金術、巫師發展出來的，這一點道家又近於科學了。

他又以爲儒家和道家從戰國以來就處在對立的地位，尤其在東漢到魏晉那個段落最爲明顯。當時把持權力的統治者，即令是貪權的篡奪者，凶暴奢侈，可是無不自以爲是支持先聖之道的人，甚至於大大的提倡孝道。當時嵇康因爲「非湯武而薄周孔」便被處死。當時又大講門弟，設立「九品中正」，把社會上的人分成等級，這不能不說是從儒家等級政治而來。

只有魏晉時代相信老莊的知識分子，能夠反抗禮教，因而求仙鍊丹的方法也大爲盛行。他們並不做官，只依從老莊的學說，隱逸山林。而且他們也做儒家看輕的事，例如嵇康的鍛鐵。並且五石散一類的仙丹，也出於他們生活之中，這卻不是儒家所做的事，而爲科學的研究作一階梯。

以上這些責備孔子及儒家的話，許多是近代學者說過的，李氏不過援用他們的意見。當然他們的意見有時是頗為新奇可喜，不落一般陳腐的窠臼，在行文方面是有用處的。但是若就客觀的事實來分析，卻顯而易見，都不真實。歷史是求真的，如其讓假的歷史，假的見解，流傳下去，就成為歷史的不幸。所以就不得不做一番訂正的工夫。

孔子對瑣屑的事不是不知道的，不過孔子自己說：「吾少也賤，故多能鄙事，君子多乎哉？不多也。」只為在孔子那個時代，孔子是一個職業的教師，而教學的內容，是為著當時社會上的需要，教給一些行政的知識和禮樂的節文。這是那時求職上的一種客觀的要求，沒有什麼對不對。既然為的訓練一些公務員（當時稱做士大夫的），即令「因材施教」，也不能超出公務員需要的範圍。樊遲當然也是一個學做公務員的人，他本來不曾預備做農夫，其學稼只是當做招徠百姓的一個手段。孔子認為拿學稼學圃當手段不對，只有從事禮義才是正途，不必轉彎抹角去弄別的謀略。

在儒家傳統之中，絕對沒有輕視農人的意思。照孟子的意思，所以不能「並耕」的原因只為了「分工」的方便。士的祿只為了「代耕」，所以士的地位和農夫地位是相等的，並無階級上的分別。《孝經》（也許是戰國晚期作品）說到庶人是「敬天之道，分地之利，謹身節用，以養父母。」在政治地位上和士大夫不同，在社會地位上，並無分別。換言之，在舊的傳統，原則上除去罪人有奴隸身分外，其餘完全都是公民。（只是當日未曾演變出投票權一項，但如其用投票權，那就全國的人，原則上並無分別的。）即使對於被沒入的奴隸，依照孟子「罪人不孥」的理想，任何犯罪都不及家屬，都是及身而止。雖然在許多朝代的法律未曾實行，這是不合於儒家的理想的。從以上來說，儒家的原則實未曾經視農人，再依照歷朝服官及考試的法律來看，沒有任何一個朝代，曾經對農人子弟歧視過。只有些朝代，對商人子弟有些歧視，但這絕對不是儒家的觀念（是出於法家的觀念），孔子弟子子貢就是一個商人，孔子只說「賜不受命，而貨殖焉，億則屢中。」對於他毫無貶辭。換句話說，孔子是縱容他去做商人。因為他做商人可以解決了他的生活問題，也就並不責備他，勉強他，一定要去做公務員才算高貴。

誠然，儒者只對於技術看到「利用厚生」為止，並未曾對於純科學特別重視，這是儒。（當然儒家也從未輕視科學。揚雄所說的「雕蟲小技，壯夫不為」，是

辭章，不是科學，至於偽《古文尚書》中作「奇技淫巧以悅婦人」，下面有「以悅婦人」四字，更與科學技術毫無關係，有些人斷章取義，更是非常荒謬的。）

再看道家的理論，「絕聖棄智」就是棄絕一切智慧和文化，不可以認為專對儒家的道德及制度來說。試看《老子》中小國寡民那一段，明明說到：「使民復結繩而用之」，結繩而用之明明說一切書籍、一切文化都是無用的，豈是專對儒家而發。這是一個不可能的事，一群人志在發展科學技術，卻會發表一個廢棄已有的文字，建議「使民復結繩而用之」這種毀棄文化的建議，儒家是不會有的。

至於《莊子・知北遊》的道在矢溺那段的解釋，是不確定的，因為可以同時做幾種不同的涵義。這只有找別處道家的理論比較來看。郭象「道不逃物」的注解，僅看這段，當然沒有問題，但是看一看《老子》「有物混成，先天地生」的命義，就知道郭象解釋得不對。《老子》這兩句明說道在天地之先，亦即天地毀滅，道仍然可抽離天地而存在，這是表示道可逃物，而非道不逃物。

〈知北遊〉這段的命意，可以〈天下篇〉中所說：「古之道術果烏乎在？曰『無乎不在』。『神何由降，明何由出？』『聖有所生，王有所成，皆原於一。』」那一段來解釋。第一，《莊子》的命意，還是內聖外王，出發點和儒家一樣，是政治的。第二，道是「無乎不在」的，可以隨物，也可以逃物。道不限於物，而物必合有道。第二，《莊子・知北遊》中每下愈況的舉例，是表示任何物都是同等的，這就是齊物，這就是壹死生、齊彭殤。他的主要命意是把物質做研究對象或者不把物質做研究對象也會認為是一樣的，這是莊子「不譴是非」的立場，和科學家研究物質完全不是一回事。

道家理論在哲學上有卓越的成就，是不必懷疑的，宋元後的儒家在理論方面要借用道家的思想才能完具，更是一個顯明的事實。不過道的貢獻究竟在哲學方面而不在科學方面這也不必諱言。（今後科學理論是否還會借由道家的理論來啟發，那又是另一回事。因為現在的論點是討論過去，不時討論將來。）

對於科學技術，道家的理論最明顯的莫過於《莊子・天地篇》，他認為抱甕而汲的原始辦法才是人生的真義，而後起的桔槔卻是一種「機心」，是不值推薦的。這一點正和老子「使民復結繩而用之」的主張是一致的。桔槔是一種簡單的槓桿，莊子都認為是「有機械者必有機事，有機事者必有機心」而

應當去除的，用這種基本主張來發展技術來研究科學，那真是走的是相反的道路。

在先秦諸子之中，道家可以說是反科學和技術的。儒家對科學和技術，未曾有特別的鼓勵，也未曾有特別的反對。墨家是崇儉和非樂的，在事實上對於發展科學和技術極為不利，不過墨家是極端重實用的，為針對當時的戰爭，所以在《墨子》中（實際上是墨家的叢書）保存了〈備城門〉以下各篇戰國時的兵書（軍事技術）。至於《墨經》三篇，又是針對名家而作，可惜名家的書最大部分都亡失，只靠從《墨經》看出一點。其實墨子學派決不是發起名理之論的人們。所以真正對於物的研究的，可以說還是名家。惠施的著作很多，在《莊子・天下篇》中，只舉出一點少數的例子，其餘都亡失了。但是就道家立場來批評名家，是說「逐萬物而不反，悲夫」。逐萬物而不反，正是科學的精神，可惜道家就是看不起這樣做。

封建式的階級制度，在周秦諸子中沒有人明白反對過的。道家的別派如同陳仲子之類是有些無政府主義的傾向，但他所反對是反統治，不是反階級。不過參看一下春秋到戰國思想的發展，確實是「君」的看法及階級的看法，是越到後來越減輕。老子是顯然主張有君的，莊子就覺著君對於個人並不重要。孔子是很講名分的，到孟子就發揮了湯武革命的思想，而公開的說民為貴，社稷次之，君為輕的理論（但儒家另一派荀卿卻又不這樣的主張）。大致說來，儒家的主張大率是相當現實的。在一個封建的階級社會之中，因為舊的秩序是維持社會和平和治安的工具，所以不主張讓它急速的崩潰。在那時人經驗之中，是無法預料其後果的。但是到了封建的階級制度，真的已經崩潰，儒家的原則上，也沒有幫助其再現的理由。最顯著的是《公羊傳》的「譏世卿」，世卿是封建社會的一個重要原則，到公羊高時代，世卿已無用，他也就不再支持了。不錯，中國從東漢到魏晉，形成了世族把持的政治，但這是豪門勢力自然發展的結果，並非儒家的哲學在後面指導才形成的。到了隋唐建立，也是採用儒家思想，居然創立了科舉制度來打擊南北朝的世族。正表示儒家思想並非要像印度教一樣有意的要把人分成階級，讓他們世代如此，不能改變。相反的，儒家卻是要消滅社會中固定的階級的。不然，「白屋公卿」一辭在中國社會中也不成為美談了。

神仙黃白術出於戰國時燕齊的方士，和道家並無特殊的關係。反之，儒

家的別派鄒衍，對於燕齊方士倒有若干淵源。方士和道家拉上關係，應當是
從漢代的淮南王安才開始。依照《漢書・淮南王安傳》：「招致賓客方術之士
數千人，作爲內書二十一篇，外書甚眾，又有中篇八卷，言神仙黃白之術，
亦二十餘萬言。」又〈劉向傳〉：「上復興神仙方術之事，而淮南有枕中鴻寶
苑祕書，書言神仙使鬼物爲金之術及鄒衍重道延命方，世人莫見，而更生父
德武帝時治淮南獲得其書。」淮南王書道家氣息極濃，又他也喜愛方士之術。
等到淮南王安失敗，徒眾除去被殺的以外，都分散到民間。從此以後就成由
道家和方士糅合的情勢，一直等到道教的創立，還是這個傳統。照陳寅恪先
生的主張，天師道和濱海地區有關，這個濱海地區，正是淮南王餘黨所能分
布之處。所以談到中國的鍊金方士，和信道家的淮南王有關確實不錯，從淮
南王時代以後鍊金方士混入道家也是不錯的，只是向戰國以前推溯，方士的
親屬是鄒衍，卻不是莊周，更與老子無任何關係。

　　至於東漢時代的儒者，並非掌權力的人，東漢一代的權力是掌握在外戚
和宦官的手裡。儒者不惜身家性命，和惡勢力奮鬥，做出來不少可歌可泣的
事。雖然儒者的奮鬥不曾成功，卻代表一種正氣。反之，在東漢時代就未曾
有相信黃老之學的人做過和惡勢力奮鬥的事。只有變節的儒者馬融，本來是
願意主持正義的，到了他發現他無力反抗時，就向一個作惡的外戚梁冀投降，
還用道家「生重於天下」的理論來爲自己辯護。到了東漢將亡，曹操爲著怕
儒者奮鬥，故意破壞儒家的原則來改換東漢的風氣，以圖對他自己有利，於
是下令徵求：「負汙辱之名，見笑之行，不忠不孝，而有治國經世之略者。」
這個命令果然成功，使得曹操的後人建立了一個不太長的篡奪朝代。

　　晉朝政權雖然是司馬氏建立的，但在意識形態上，卻是曹氏的繼承者。
就魏晉清談的情形來說，談老莊也只是因爲老莊的解釋富於彈性，談起來方
便，並非說他們都是忠實的老莊信仰者。那時的政治是世族把持的政治，能
有資格參加清談的人，也正是把持政局的世族。如其把魏晉清談之士統計一
下，立刻可以看出，極少隱逸之士，他們都是在朝的官吏。從這裡不能說只
讓孔子之說負這個責任的，尤其不可以就是這一班人，凡是好的事都歸於老
莊，而壞的事就諉過於孔子。再就當時清談家中的佼佼者嵇康和阮籍來說，
嵇康之死並非由於出言不慎，菲薄湯武，而是由於他是一個曹氏政權的支持
者，阮籍走的同一路線，因此阮籍就不能不佯狂。但他們兩個都不是百分之

百的道家，稽康的兒子是後來晉朝殉國的忠臣，而阮籍卻告誡他的兒子說「叔瞻已預吾此流，汝輩不得復爾」。可見當時人對老莊的清談，只是當作餘興玩一玩罷了，其立身處世還是儒家本位。東晉的陶淵明那是一個真的隱逸之士，他的思想中道家成分占極大的比例。但他的詩卻明白說「先師有遺訓，憂道不憂貧」，先師明明白白指孔子。這是一個標準清高的隱逸，決非那班鬥豪富或者終日「持籌握算」的清談家可比，但他對於孔子還是非常尊崇的，可知孔子對於中國社會的重要了。

原書在老莊以外，還引了不少例子，來證明《列子》中有更多的有關科學的思想。這是很要商討的。因為現存《列子》書中，除去極少數可能出於戰國時佚文以外，絕大多數是魏晉時期編造的。最顯著的，例如《列子》中的「終北之國」故事，就取自佛經中的「北俱盧洲」，毫無疑義。《列子》既然可以截取佛經，也當然可以襲取後起的科學思想了。也就是說《列子》一書，不能引為證據。

這是毫無疑問的，儒家思想從漢代以來占著絕對的優勢。所有有思想的人，除去特別標明參雜有某種別的思想以外（例如竹林七賢及陶淵明的道家思想，王維、柳宗元、白居易的佛教思想等等），其未曾標明有特殊思想的學者，可以說都是儒家思想。在這種優勢儒家思想籠罩之下，中國，這個在世界半隔絕的區域，還是在人類科學史的發展上，有很大的貢獻。即就對於科學有貢獻的人來說，例如張衡、蔡邕、馬鈞、祖沖之以至於後來的朱載堉、李時珍、吳其濬等等，再加上清代的《疇人傳》所記諸人，可以說沒有例外，都是屬於儒家思想的人。（甚至於王充，除去〈問孔〉〈非孟〉兩篇屬於懷疑思想以外，其餘的還是儒家的思想方式。）這些人的貢獻，都未曾受過任何儒家思想的阻塞。拿中國科學的發展去比古代西方甚至比文藝復興以後的西方都顯然的落後，原因固然十分複雜，可是中國的地理環境所影響到中國的恐怕比什麼原因都大。就全世界人類文化的發展來說，除去馬雅和阿孜泰克以外，中國恐怕要算一個最偏僻的地區了。所以西方文化是綜合的文化，中國文化在比較上是可以算單線的文化。若加上諷刺的語句，中國地域是「坐井觀天」的地域，有這個不利的條件當然不能和近世西洋的交通狀況相比。

中國的語言文字，就美的觀點來說，在世界上要名列前茅，可是就實用的觀點說，卻不是一個最適合於科學上表達的語言文字。直到現在，對於科

學上的敘述，總是不如用印歐語系的語言表達的那樣清楚，再加上古人著書的體例不好，譬如諸史的〈律歷志〉以及古算書，如其不先學過現在的歷法及數學，根本就無法看懂，這就對於科學進展的阻礙，遠在儒家思想之上，甚至於還遠在道家思想之上。

但是更大的阻礙，恐怕要算隋唐以後新發展的禪學了。中國禪宗佛學的創建，在哲學上確實放一異彩。只是專對科學發展上的關係說，禪學無論為何是非科學的，甚至於是反科學的。禪宗的精神是不立文字，不立經像，直指心性，所以禪學的寺院即令有《大藏經》也等於一個裝飾品，無人去看。高僧進修的方法是打坐，是面壁，是閉關好幾年，不看一個字，不說一句話。這種進修的辦法不僅深深影響到佛教，也影響到道教。道教中主要求仙的辦法是「燒鉛鍊汞」，可是禪學盛行以後，道教中靜坐導引的辦法也形成了主流。《周易參同契》這部書本來是純然鍊金術的書，但唐宋以後，也變質了，朱熹的《參同契注》，就明白的把外丹（鉛汞）解釋為內丹（導引），這種變遷的意義是不尋常的，因為自唐宋以後，道教的寺院因為燒鍊鉛汞，結果是相繼中毒，就逐漸的減少燒鍊的設備了。

這裡並非完全否定「主靜無過」的功用。尤其道教的靜坐給人一種幻覺，使人期望成仙。如其不「走火入魔」到了修練成「真」，就可控制自己的夢境，使得平安而愉快。黃粱初熟，日上三竿，萬物都是澄清的，這不是在格林尼治街頭，跟任何 DRUG 的人所能比擬。倘若使用到退休的人，也可以消除不少寂寞與煩悶，這都是對於社會問題上，可能有不少的貢獻。但從發展科學的立場來看，這究竟是非科學的，這些行動把希望鍊製黃金或鍊製哲人石的人拉到別的方向去，使得「鍊師不鍊」，不能不算科學進展上一個損失。

科學的發展，是出於無意的安排，不論中國或西方，都是一樣。只是中國的特殊環境，特殊歷史因素，使得中國科學的進展期中，在政府任職的人，有他們的責任（除非有意放棄責任，故作清高，如魏晉清談人物），不能有機會做科學研究（只有極小部分有特殊職守的，如欽天監，這種職務很少）。準備到政府任職的人，隋唐及宋初誦文選、背辭章，等到考試經義以後，又整天看墨卷，模仿墨卷，也不會有工夫。只有和尚道士可以無心世事，向自然界去努力，又被閉關面壁、服氣導引，把時間精力完全消耗了。除了極少數的人去做，還做到不少的貢獻。這只能歸咎於環境，而不可以歸咎於儒家哲學的。當然，

中國五千年的專制政體，是中國進步的大阻礙。要負責任的各家都一樣，包括 「黃老」 在內。

中國人的宗教信仰不夠，人與人的相互關係只靠儒家的觀念來維持。這一點在魏晉清談之士當中，仍然承認儒家的「名教」的地位。中國的科學發展的確非常重要，不過中國的名教，誠然有小部分過時，但其中絕大部分並未喪失其意義。所可惜的近百年來中國在國際局面上的不幸事件，中國人自己為著要改革，先諉過於孔子，接著國際間也就跟著說。李氏雖同情中國，但對於儒教的某些關係上，仍採取流行的論點，討論中國科學問題，李氏書在國際上已具權威性，仍有偏差，影響甚大。為著持論公平，不得不把真相好好的討論一下，來澄清世人對於諸子百家的誤解。

評余英時《論戴震與章學誠》

　　清代中期學術的發展，有兩個人算得高峰的，一個是戴震，代表著考證學方向的新轉變；一個是章學誠，代表著史學方法論的新興起。而這兩個人的學術，還有一個連貫的性質，但是一般學術論著，未曾特別注意到他們關係中的意義，這是對於此書應當格外注意的。其次，尤其是章學誠，在清朝一代總是晦而不彰，甚至《清史稿》中給他立傳時，把姓名都弄錯了，直到民國初年，才漸次被學術界看重起來。但是他的學術地位，還是被認為劉知幾和鄭樵以下系統中的繼承人，並未曾把他的地位特別提高。在這部書中把他的見解和二十世紀史學方法論權威的柯靈烏（Robin George Collingwood, 1889-1943）來比擬，這才算真正了解章學誠的地位。

　　本書分為內外二篇：內篇先談章實齋的史學觀點與清代學風，再談戴東原對於義理、考證兩項的徬徨歧路，然後再歸宿到義理。外篇談戴東原經學路逕的轉變，再比較戴東原與伊藤仁齋、章實齋與柯靈烏，然後再對於章實齋與童二樹一條重要史料加以辨證。最後係附錄：有戴震《孟子私淑錄》，錢穆的〈記鈔本孟子私淑錄〉，戴震與段玉裁〈論理欲書〉附胡適跋，章學誠〈章氏遺書逸篇〉計十四種，這都是不常見的文獻，對於本書的了解都是非常重要的。

　　戴東原和章實齋雖然只是兩個人的關係，實際上卻是千頭萬緒。因為中國學問的發展，自漢代以來都是多少帶著宗教性的，即是一切傳道受業的方向，除去了釋道兩家以外，差不多都是為著儒家的聖賢之道，成為一個直線下去的。所以不僅《六經》為著明道，就是史學和文學也一樣為著載道。在本書中明白的指出來，清代考證之學，也就是所謂漢學，實際上還是宋學的延伸。例如：

> 清代的考證學應該遠溯至明代晚期的程、朱和陸、王兩派的義理之爭。
> 由義理之爭折入文獻考證，即逐漸引導出清代全面整理儒家經典的運
> 動。（頁 15）

在書中指出來，朱學的根據是《大學》中的「格物致知」，而王學的根據是所
謂《古文尚書》中的「人心惟危，道心惟微，惟精惟一，允執厥中」，也就是
所謂「十六字心傳」。這兩條嚴格說來，都有問題的。王學者攻擊《大學》，
起於晚明劉宗周的《大學古文參疑》，而其弟子陳確的《大學辨》更為完備，
證明了《大學》為秦漢時代的作品（也就是起於後儒，並非曾子的手述），這就是
使說《大學》為孔門「一貫之道」的，黯然失色。

但是《大學》一篇雖然被證明為秦或西漢儒生所作，究竟還不算十分嚴
重，因為反正總是儒生的作品。這些儒生作品，即使是東漢時所完成的《白
虎通義》，也不是沒有一顧的價值。如其一個重要根據被證明為非儒家的，情
形就十分嚴重了。然而「十六字心傳」就居然有這種情形。閻若璩著《古文
尚書疏證》，是清初學術史震撼一時，並且也是中國學術史上一個劃時代的著
作，在經學史上的地位，是非常重要的。可是，他著此書的背景，卻不是為
考證而考證，而是出於程、朱派的立場，要打擊王學十六字的心傳證明出於
《道經》的。至於做《尚書古文冤詞》的毛奇齡，雖然反駁閻若璩失敗了，
但他的立場卻又是站在王學的立場來反對朱熹。這個考證公案，實際上還是
出於宋學中朱、王兩派爭執的動機上。

漢學的宗師，要溯源到清初的顧炎武，而顧炎武的立場，又是程、朱之
學。但是漢學進展下的考證之學，到了清代的乾、嘉時代，所表現的程、朱
立場，也就減弱了。清初是朱學和王學的對立，而乾、嘉時代就變為考證和
義理的對立。其中最為明顯的，是主持《四庫全書》修纂的紀昀。但是考證
和程、朱學派的關聯，仍然還有一點殘存的遺跡。其中江永就是服膺程、朱
的。戴原東在早期似乎也受到了江永等人的影響，除考證以外，也追隨程、
朱義理的途徑。

除去了紀昀以外，當時經學大師惠棟，也是反宋學的。在他的《松崖筆
記》曾說過「宋儒之禍，甚於秦火」。戴東原在到北京的次年（1755），即就館
在紀昀家，而他在 1757 年遊揚州，又看到了惠棟，談論甚為相得。在此以前，

戴東原還是追隨宋儒義理的,到此以後,才轉變起來,可見和紀昀及惠棟的主張應當有關的。但是戴東原對於「義理」卻不曾完全放棄。他知道不論程、朱,不論陸、王,都攙雜了道、釋的成分。他要做一個沒有道、釋成分的「義理」。這就是他的《原善》、《諸言》、《孟子私淑錄》以及《孟子字義疏證》等書寫作的來源。

戴東原這種「義理」上的見解,是有十分自信的。但就客觀環境上來說,卻是孤立無援的。這種見解在考證派來說,是不值得去做,就義理派來說,這是異端。也就造成了由程、朱派來看,比陸、王派更爲異端,由陸、王派來看,比程、朱派更爲異端。他在北京時期一直不敢明白的宣布,所有的措辭都保持一個分寸。他也很想早點在本籍找一個書院,藉此傳播他的義理心得,但是還未來得及回籍,他就逝世了。他把他的看法交給他的得意學生段玉裁。段玉裁原封不動的刻出他的《孟子字義疏證》,但段玉裁一生中,除了繼續做考證工作之外,對於他的義理方面不再繼續去管。直到民國初年,方始有胡適之先生及梁任公等人加以表揚。

章實齋看到戴東原,正在戴東原看到紀曉嵐的十年以後,這一年是乾隆三十一年(丙戌,1766),在同一年中戴東原完成了他的《原善》三篇的擴大本。章實齋入京以後,受到了朱筠的影響很深,朱筠是主張不可以不加徵實而空談義理的。這時候錢大昕和戴震是考證方面領導人物,章實齋當然要看一看他們,一談究竟。等到章實齋看到了戴東原,戴東原把有關《孟子》性命的問題說給他,他受到了影響是非常巨大的,最先他還一直想走戴氏的路,以後他幫畢沅作《史籍考》,他又把這種義理的方法,採用到史學方法上去,這就形成章氏的《文史通義》的路。

在戴東原卒後,章實齋有〈答邵二雲(邵晉涵)書〉(見余書頁6引),書中言:

> 來書於戴東原自稱《原善》之書欲希兩廡牲牢等語,往復力辯,決其必無是言。足下不忘死友,意甚可感!然謂僕爲浮言所惑,則不然也。戴君雖與足下相得甚深,而知戴之深,足下似不如僕之早。丙戌春夏之前,僕因鄭誠齋太史之言,往見戴氏休寧館舍,詢其所學,戴爲粗言崖略,僕即疑鄭太史言不足以盡戴君。時在朱先生之門,得見一時

通人，雖大擴生平聞見，而求能深識古人大體，進窺天地之純，惟戴可以幾此。而當時中朝荐紳負重望者，大興朱氏，嘉定錢氏實爲一時巨擘。其推重戴氏亦但云訓詁名物，六書九數，用功深細而已。及見《原善》諸篇，則群惜其有用精神耗於無用之地。僕當時力爭朱先生前，以謂此說似買櫝而還珠。而人微言輕，不足以動諸公之聽。周旋嘉定、大興之間，亦未聞有所抉擇，折二公言，許爲乾隆學者第一人也。惟僕知戴最深，故勘戴隱情亦微中，其學問心術，實有瑕瑜不容掩者。

這一段實在是對於章實齋與戴東原的關係以及章實齋對於戴東原的看法，一個非常重要的史料。這一部書根據這一段重要史料，做一個很透徹的分析，反映出清朝一代學術的變化與消長。真可以做一個新史學方法的示範。作者自己未嘗聲明用的是柯靈烏的方法，實際上是很成功的用了柯靈烏的方法。

本書討論章實齋的史學觀點及史學思想，也是本書的非常精采部分。其中如內篇第四章〈章實齋的史學觀點之建立〉以及外篇第三章〈章實齋與柯靈烏的歷史思想〉，都是專討論章實齋的。在中國過去討論史學方法一層，已有長遠的歷史。但專門討論史學的，實從劉知幾《史通》開始，再經過鄭樵的〈通志序〉，然後再到章學誠。其中參加這種著作的，實在寥寥可數。章實齋從考證之中解放出來，確實受到了戴東原的啓發。但他從考證轉爲史學，卻仍不爲戴東原所欣賞。他們雖然應有討論，可是不會有結果的。所以他在〈記與戴東原論修志〉(引見本書31頁)說：「戴君經術淹貫，名久著於公卿間，而不解史學。與余言史事，輒盛氣凌之。」他說戴東原「不解史學」是相當重的話，這是章實齋已有他的特識才敢這樣說。憑他堅強的個性，卓絕的心得，給予史學以獨立的地位。所提出來的「六經皆史」說，誠然和一般人看法不同。專就史學家立場來說，雖然是章實齋故作驚人之語，但就歷史在學術地位的廣大領域來說，認爲「六經皆史」在邏輯上是沒有甚麼不可以的。史學既然具有學術上獨特的地位，所以史學可以「成一家言」。章實齋曾爲梁任公所推重的，但其「六經皆史」論，梁任公也不盡理會，他認爲改爲「六經皆史料」更好些。其實章氏的原意絕不是把《六經》看做史料，而是由於《六經》代表中國的人文傳統。而這個人文傳統，歷史卻可以充分表達。他

在《文史通義》中的〈詩教〉、〈書教〉等篇正是發揮這個意思。

就劉子玄、鄭漁仲和章實齋三人的造詣來說，劉子玄的《史通》的體裁很像清末葉昌熾的《語石》，可以算一部分類的史學史，而不是一部史學方法論。至於鄭漁仲，他本人是一個絕頂聰明的人，但卻也相當油滑，時常有「英雄欺人」的行爲。若就他的〈通志序〉來說，不論他說的他自己是否真能做到，可是他卻能夠抉出史的真原，發前人所未發，這就使章實齋不得不在某種程度之下推崇他，認爲他是一個千秋知己。但實際上章實齋的造詣，卻非劉子玄及鄭漁仲所能企及。他真的樹立一個新史學的系統。這個史學思想的系統，是從「六經皆史」這個文化整體觀出發，而集中於《尚書》中「疏通知遠」的意義。引申起來，也就不能承認「記言」和「記事」有任何的分別，和柯靈烏意見是一致的。柯靈烏認爲內在的思想乃是核心，外在的事實反爲次要，歷史家探討事物，必須深入當年人們思想之中，而探索到歷史的過程，所以歷史也就是思想的歷史。從秉筆的歷史家來說，就成爲筆削，也就是在柯靈烏所說的「史料取捨」、「歷史建設」和「歷史批評」三步驟上面。

以上的敘述，只是一個概略，其中的重要考證，不能一一指出。無論如何，此書確是一部很值得推薦的書。從另外一方面說，我也有一點補充的意見。第一，章實齋本人雖然不是一個宋學家，但他的生活態度，卻受到理學的影響很重。他自己是一個謹飭而誠篤的人，對於袁子才的「文士作風」就很看不上。章實齋對於戴東原一直是欽佩的，他心目中的戴東原是一個學行都可以做人師表的人，但結果他以《春秋》責備賢者的原則來看戴東原，就不免失望了。本來在一個社會之中，完人很少，以品格來論，其中優劣比例，是一個常態曲線。真是拿定主意，「造次必如是，顛沛必如是」的人，究竟不多。宋儒中如程伊川那樣壁立千仞，理欲分明，也只有伊川自己能做到，而不可以期望全社會都是聖賢。章實齋以聖賢來期望戴東原，那是錯了主意。章實齋本人確是一個信仰堅定的人。他在鄉試雖久困場屋，可是在會試中就連捷成進士。一般進士如其不入翰林，最常見的出路是即用知縣。在分發行省以後，很快就可以補缺，而且在進士班中補到的都是繁缺，這在生活上補助很大。後來以進士資歷監修方志，也可以勞績保舉州府。但他一直沒有去做，他一直專心做他自己想做的事。他是這種態度，也希望戴東原也是這種態度，等到他發現了戴東原的人格不是他所想像那樣完整時，就不免情見乎

辭，以爲「心術」上有問題了（這一點和「狐狸」「刺蝟」不同的理論仍是一致的）。

第二，戴東原雖然學殖深厚，究竟基本上還是一個利祿中人。他希冀的「兩廡牲牢」也可以說是具有身世之感以後，一種心理上的發洩。戴東原本來才智過人，但除去到京以後，享有高名以外，在事業上並不得意。他本來久困場屋，等到鄉試捷後，會試的門坎一直無法超過，等到從《四庫》館的勞績，經過紀曉嵐的力薦，得到欽賜翰林一個殊榮以後，身體已經壞了下來，即使想在事業上有所樹立，已經來不及了。戴東原是南方人（這一點和紀曉嵐是北方人習慣不同，即使戴氏住在紀家，也不習慣），在飲食上吃白米的，北京煮飯的習慣是先煮一次，棄掉米湯再蒸，只剩下殘餘澱粉，這可能是他足疾不能痊癒的最大原因。假若不能接受北方的飲食習慣，即使吃肉，吃「珍饈」，也無濟於事。尤其可以注意的，是戴氏得病在五十三歲以後，亦即入翰林以後，生活較優裕，而身體反而壞了起來。這就表示吃米更爲精細了。至於章實齋也是南方人，卻未患戴氏的病。或由在京的日子少於戴氏，也可能兩人生活習慣不同，現在雖不能詳悉，但戴氏的健康影響到他的思想，應是一個事實。

第三，就戴震的性論來說，就考證的立場來說，可以說是無懈可擊；若就義理的立場來說，還是處處是漏洞。戴震所以能夠想到這個地方，是因他還是考證出身，章實齋所以能夠欣賞戴震的性論，是因爲他還是在周圍的考證的環境中，用考證的方法去想。不錯，假如不看孟子以後的書專就孟子的思想來發揮，是叫以形成《孟子字義疏證》這一個系統的。但孟子以後，諸家所以不同於孟子的原因，實緣在孟子學說之中，遇到了不可排除的困難，才有以後各家的新說。這些新說對孟子原始性的學說，不僅是一些修正，而且是一些進步。戴氏依照考證的方法，追求原來的孟子思想，完全不顧董仲舒「性」與「情」的分別，爲甚麼要提出；李翱的復性論爲甚麼要做；宋儒爲甚麼要加強天理和人欲的區分；那是很不實際的。就哲學史來說，這是一個逆流。

誠然，董仲舒的思想，是多少有一點受荀子的影響（當然他的基本思想還是孟子的，只是受了荀子的影響，才有這基本的修正），而宋明理學不論是程、朱，不論是陸、王，也都受到了佛老的影響。這都是不容諱言的。不過還是要更完整的哲學系統呢？還是只需停留在孟子的階段就算滿足呢？這在清代尙古學風之下，是不能明白承認的。但在談到這個問題時，在良知上卻不能遷就的。

（孟子確是最先言性的人，孔子實在未講過。「性相近，習相遠」一句，意義不明，不能算。因爲孟子最先講，還未曾發現困難問題。所以孟子雖有大貢獻，卻不能以孟子所言自限。）所以理論上是一件事，實用上又另是一件事。戴氏是一個反宋明理學的人，以引入異端攻宋明理學，確使宋明理學者無辭可對。但破壞易而建設難。戴氏對自己系統一直未曾建立到成熟地步。他所講的一直是講善而不曾講到惡。只說「偏」、「私」、「蔽」等泛泛的字，對於罪惡的了解太不夠。尤其把「欲」包入「性」內，就更爲困擾。如其對罪惡來源不能得到妥善的解決，那就除去最後還是承認「性無善惡」以外，更無他法。但如承認「性無善惡」，那就又不是孟子的思想了。

第四，本書中揭明了當時極端揚漢抑宋的人，一個是紀昀，一個是惠棟，這兩個人確實是當時學術界的領袖。所以需要再向深推究一下。紀曉嵐和惠定宇的立場，本不是想像中那麼簡單，和范縝那樣，屬於物質主義者。紀曉嵐的《閱微草堂筆記》中，誠然有譏諷宋學的地方，但講「因果報應」的，更觸處都是。在〈灤陽消夏記〉中，就有這樣一句話：「案輪回之說，儒者所闢，而實則往往有之，前因後果，理自不誣。」這不是擺著面孔來說話，可以代表出他的心聲。至於惠定宇的《太上感應篇注》，處處表現他尊重《太上感應篇》，篤信《太上感應篇》，顯然他是很誠篤的，出於他的宗教信仰。此外尚有錢大昕，他對於趙翼的《二十二史劄記》的稱讚，出於真誠，但趙翼的《劄記》中談因果報應的，不可勝數，這一點錢大昕就顯著沒有甚麼不可以承認的。至於程、朱學派的彭紹升，更不用說，是一個虔誠的佛教徒。這是一個十分值得注意的事。從明代中葉以來，中國社會已成爲一個以中國固有的道德傳統和道教及佛教並容的社會，也可以說這就是一種「中國教」。（現在的「印度教」就是一種雜糅的宗教，爲甚麼中國並容的宗教，就不許稱爲「中國教」？）這個「中國教」，正是維持中國社會的安定的一個極大因素。曾國藩〈討洪秀全檄〉：

> 自古生有功德，沒則爲神。王道治明，神道治幽。雖亂臣賊子，窮凶極惡，亦往往敬畏神祇。李自成至曲阜，不犯聖廟；張獻忠至梓橦，亦祭文昌。……佛寺、道院、城隍、社壇，無廟不焚，無像不滅；斯又神鬼所共憤怒，欲一雪此憾於冥冥之中者也。

曾氏這一段是真心話，決不是表面上的宣傳。自從近六十年來，先後許多當政者以及學術人士的積極反宗教行動，使得在中國社會上固有宗教的虔誠，僅餘殘影。但無論如何，宗教在社會的功能方面，仍居十分重要的地位。中國人究竟是中國人，對於中國人的前途來說，中國民族文化的傳統是無可替代的。過去在清代漢學運動之中，漢學的研究，只是一種職業，其安身立命之處，還可有別的因素在。這也可以看到清代學者在相異之中，還有其一個共同點。

第五，章實齋的史學思想，不僅是在中國思想史上的一個創新的境界，而且和近世的柯靈烏思想竟相暗合，可見凡是有價值的思想，其脈絡是可以達到一致性。在此，柯靈烏和章實齋殊途同歸，這一個很有趣的事實，是可以敘說一下的。柯靈烏受到哲學家，尤其是克羅齊（Benedetto Croce, 1866-1952）的影響，是顯然的，在柯靈烏的著作中也常常引到克羅齊。克羅齊對於史學的見解，認為歷史遠於科學而近於藝術，這和柯靈烏頗有出入。但克羅齊認為歷史的方法也就是哲學的方法，這卻為柯靈烏所採取。克羅齊的書是一般都認為很難看懂的，因為其方法都是哲學的思辨方法。柯靈烏的方法，是以思辨為主，也就是西洋傳統的哲學方法，一步一步的推進，這和中國思想單刀直入，直指微玄的，全然異致。章實齋的學術造詣誠然獨到，但不拿柯靈烏的史學方法來比較，來解釋，也就無法了解。因此章實齋的見解縱然獨到，但章氏同時代的人把章氏思想認為是「陳腐取憎」。為著得到讀者的了解，為著學說本身進一步的發展，我們過去傳統的辦法，如同章氏所用的表現方法，確實尚有要加以注意再求改進的必要。

這些意見，可以說完全由於這部書所啓發。如其看不到這部書，以上的意見即使和本書不一定全部有關，也是無法想到的。

論佛教對於將來世界的適應問題

　　宗教到了現階段的世界，面臨著最嚴肅的考驗。當十九世紀時期，法國的奧格斯特・孔德（August Comte, 1798-1857），曾經指出人類文化的三個段落：宗教時期、哲學時期和（實證）科學時期，這是長時期以來被學者所引用和接受的。他的話當然值得警惕；不過他的話包括的範圍和應用的範圍，究竟到什麼程度？還值得詳細的分析和考慮。是否到了科學時期，宗教就漸次歸於消失？還是到了科學時期，科學成了一個重要的尺度？而其他不屬於科學範圍的，如哲學、宗教等等，將會受到科學的影響，而逐漸調整其幅度和方向，結合成為社會結構的新因素？這就成為文化史上的重要課題。

　　近代大社會學家德國的馬克斯・韋伯（Max Weber, 1864-1920），對於社會學貢獻極大。他拿社會的效果來觀察宗教，他分析近代基督新教與資本主義發展的因果關係，而指出了加爾文派的入世態度，促進了德國近世產業的發展。這種用社會學的觀點來處理宗教功能的方法，確實開一個對於宗教問題處理的新路線。他是六十五年前逝世的，在近六十五年社會上發生的新問題，他未曾接觸到。不過，宗教的功能對於社會結構的重要性，是不容忽略的。所要更加注意的，是近六十五年來，科學的新發展給予宗教的搖撼性，更會移動對於宗教前途的展望。

　　文藝復興的意義是人們發現，是對人類的重新認識。文藝復興所代表的，是表明了人類的存在並非上帝的工具，現世的意義，並非天國的附庸，而是人格的自覺。這種尊重人格自覺的設想，和儒家天地人三才並重的理想相符合，也和佛理不相違背。

　　在歐洲，從中世紀以來，科學一直是和宗教衝突的。在人類知識發展當中，哥白尼首先樹立了以太陽為中心的理論，達爾文開闢了生物的生成是由

於演化的結果，以至於近代邏輯實證論的推演，更樹立了堅固不拔的基礎，使過去許多哲學派別黯然失色。科學是一個整體，其中任何部分對於鄰近的科學部門，彼此皆有呼應。在科學的領域裡，不論其為大的問題或者是一個極小的問題，都是經過了嚴密的搜集、比較、實驗、審核、批判的種種程序，已經到了無懈可擊的程度，然後才可以算做臨時的定論。所以科學的成為科學，一點神秘性也沒有，而是成千成萬的人把成千成萬的問題，用客觀的證據，一點一滴的累積起來，才構成科學的新領域。這當然不是根據舊有的傳統和信念所能推翻的。

上文說科學實驗的成果，一般是算做臨時的定論，其中的意思是這樣的：因為人類的知識是會一天一天增進的，後出的理論是以往時已有的理論為基礎而推得更遠的。因為推進不已，所以一種理論是不會停留在現存的階段的。其中哥白尼的太陽中心說是一個最明顯的例子。當哥白尼用科學的方法測得「地動」的原則，首先是給世人以驚奇，最後成為真理。但後來的發展，在近世以來，首先發現太陽不過是銀河系數以億計恆星中的一個恆星而已。然後再發現太陽在銀河系中，不過旋轉性銀河中一臂的邊緣（銀河系的中心可能就是目前成問題的「黑洞」）。再進一步，除去我們這個銀河系外，在宇宙中還有以億計的銀河系。至於各銀河間的關係究竟怎樣？有沒有相關的組織？我們一點也不知道。只是從我們的銀河為基點來觀察，發現遙遠的各銀河系，都以同等的高速度離這個銀河而遠去，這就是我們所在的宇宙！所在的大千世界！

在這個超天文數字的大千世界之中，一切生物的發生，以及一切生物的演變，也只有憑著科學方法，尋求合理的答案。其中達爾文無疑的是生物學中的巨人、先知。達爾文（Charles Darwin, 1809-82）雖然他所處的時代較早，是在十九世紀，但二十世紀以來，不論天文學、生物學以及地質學上的新發現，沒有一件不是支持達爾文理論的，而卻沒有一件和達爾文的演化論原則衝突的。尤其現代遺傳「基因」理論的發展，推進了人與其他動物的關聯性，更證明達爾文學說的正確性。所以，從宇宙的起源和開展，以及生物中的關聯和演變，凡是任何虛心而沒有成見的人，一定只有憑著科學方法，認為是由種種的「機緣」（或因緣）湊合而成的。而絕不可能相信有一個體形和人類相似並且具有人格性的上帝，創造這個大千世界和地球上一切的生物。

　　這種世界創造說的由來，只能溯源於古代的神話。在古代時期，人類對於許多無法解釋的事物，都會設法去作某種解釋，其中當然不只是創造宇宙以及創造人類這一部分。只是創造宇宙說爲某些民族的宗教所接受，就保留在某些民族的經典裡。古代宗教中的先知們卻無從預料後來科學的發展，證明了完全不是那一回事，因而形成了宗教與科學所不能解決的矛盾。因爲西方科學和西方宗教有了這種無法解決的矛盾，所以孔德才會預料：到了科學時代，宗教會歸於消失。

　　但是這種「創造說」的內容和強度，隨著各民族的民族性和歷史因素而有極大的差異。以色列民族是極端的、堅決的、明顯的提出了唯一的神。這個神是在未有宇宙以前先已有神，由神來創造宇宙、創造人類。並且以這個唯一的、完全「人格化」的神的信仰，作爲基礎，來演繹出所有的教條、經典及生活方式。這種執一馭萬的辦法，就宗教上的應用來說，效率是非常高的。可惜沒有迴旋的餘地，如其和科學衝突時，就只好排斥科學來處理，這和佛教的教理有基本上的歧異。

　　至於中國的民族傳統，根本就沒有這個以具有人格神爲主來創造宇宙的這種假設。雖然有「天生萬物」的成語，但這個「天」就等於「自然」，對於「宇宙」未生成以前，只有一個「理在物先」這種觀念。這個「理」是抽象的原則，如同幾何學上所謂「公理」一樣，其背後絕對沒有一個神在裡頭。《周易·繫辭傳》有「天地絪縕，萬物化醇」，《疏》：「絪縕相附著之義，言天地無心，自然得一，唯二氣絪縕，共相和合，萬物感之，變化而精醇也。」這裡面最可注意的是「天地無心」一語的明確含義，既然「天地無心」，天地就不會具有人格性，也就是並沒有一個神祇有意的創造宇宙。在中國神話之中如同第一個人「盤古」就是自然生成的，而不是另外有一神創造的；至於搏土爲人的女媧，她是造人的，卻沒有一個神造女媧。在中國傳說中最高的神雖然有帝、上帝、天帝、天皇泰一等等不同的名稱，實際上只是管理宇宙的神而不是創造宇宙的神，這和道教中的玉皇大帝，及佛教中的帝釋，並沒有什麼分別。翻遍中國經籍，實在找不出「神造宇宙」、「神造萬物」這種想法的痕跡。

　　因爲「創世」這種設想並非每一個民族的傳統一定具有的，所以科學和宗教衝突的一個最重要因素，也不是每一個民族、每一個宗教，都具有這種

衝突的死結。只因以色列系統下的宗教在世界許多地方流行，才會引起這種問題。其宗教和科學的衝突到了表面化的，當以美國南方有幾處禁止教進化論，甚至在教科書中涉及進化論的部分都在刪除之列。這件事最為顯著，但是這種封閉辦法，不見得長期有效，只能算是衝突中的一個小插曲。

耶穌基督是一個偉大的宗教改革家，他具有「守死善道」的堅強人格，的確可以使貪廉懦立。猶太傳統中的上帝還有些地方是相當不講理的，但耶穌傳達下的上帝，就講理得多了。譬如《舊約‧撒母耳記》上，撒母耳傳達耶和華的命令給以色列王所羅，要把亞瑪力不的人民和牲畜完全毀滅，不憐惜他們。所羅留了一部分，沒有照耶和華的意思，因此就觸怒了耶和華。這種雞犬不留的辦法，實在和越戰時著名的米來故事一樣。這就和《新約》中耶穌要寬宥敵人不相同了。他更指示「愛人如己」的真義，和我們先聖意旨相符，更是一個了不得的貢獻。只是本來出於猶太教，自然而然的需要保存猶太民族的神話，這些神話又都是和教理相結合，根本無法剔除。對於學習科學、相信科學的西方人，就根本是一個精神上的負擔。在這種雙重信仰的標準之下，就免不了會引起人們的人格分裂。對於我們具有五千年文化負擔的中國人，我們在道義上有尊重祖先、尊重自己民族文化的傳統，遇見了充分富有「排他性」的猶太傳統，再遇見了不容不信的科學事實，就變成了精神上的三重壓迫，如其是一個「有心人」，那是絕對無法忍受的。「君子創業垂統，為可繼也」。為了要對未來的世界負責任，就不能不認為是一個嚴重的問題。

不管怎樣說，宗教對於人生的旅途上，還是十分需要的。只是要怎樣才能保持民族文化的連續性，而不受外力的傷害；又如何才能保持科學人格的完整性，不讓它趨於分裂，在這種夾攻之中，我只能想到諾貝爾物理獎金得主湯川茂樹的名言，他認為他能夠在物理學上的成功，是由於佛教教理的啟發。在這裡我們對於湯川在佛學上的看法，可見佛教可以和科學調和以至互為補助，是一個不容否定的事實。

佛教和其他宗教有一些最大不同之點，其他任何宗教都是靠「他力」，而佛教則是靠「自力」；不少其他宗教採用「原罪」說，佛教卻採用「宿業」說。「永生」說是希求最後能到「天堂」去享福，佛教卻認為「長生」及「永生」還都是暫時性的。佛教並不否認「天堂」，但仍強調「天堂」的無常性，除非

求真正的解脫才算到達最後的究竟。這些佛教的論點都是更深一層的論點。即使一個凡夫,只要他能夠好學深思,也一定會領會這些論點的。(至於對此進一步的解釋,不是本篇所能盡,只好就說到此為止。)

惟有佛教的教理能夠深入,所以只有佛教才能做到圓融;惟其佛教的教理能夠達到圓融,所以對於科學才不至於互相衝突。至於佛教和中國思想以及中國禮俗根本是沒有什麼衝突的,尤其在禪宗把佛教用中國形式簡化以後,更和中國思想及禮俗融為一體。儒家誠然有排斥佛教的人(但也有不排佛的人),其立場並非在理論和佛理絕不相容,而是出於狹隘的民族主義,凡是外來的成分,不論好壞,一律排斥。在宋明理學之中,大家都採取禪理,只有多少的不同,並無基本的歧異。偶爾也有人闢佛,只是面子上的事。這和對於「原罪說」在基本上不是一回事,就完全不一樣了。已故的方東美先生談儒而不諱言佛,這個態度是真誠而坦白的。

在現代西方,基督教在社會中供給了維持道德的功效,這是事實。但不幸基督教在西方,走向退潮的路,也是事實。三十年以前在美國各城市中,在星期日不論買任何東西都買不到,即使想吃一頓中飯也不容易,現在那就不一樣,各超級市場、各藥店、各飯館沒有一個不開門的,只有美國南部教會勢力太大,不許各超級市場售賣食品以外的雜貨。但仍是非常勉強的,能維持多久就很難說。這還是社會上的走向,至於在美國領導重學術的幾個著名大學,其中的教授和學生,絕大多數是自由主義者。在這些自由主義者之中,除去少數歸依佛教以外,仍然是無神論者占大多數,新舊基督教徒也只能做到抱殘守缺罷了。這個趨勢以人類進化史的經驗來衡量,是很難加以改變的,為了補充這個思想的大空檔,佛教的信徒有此責任,即使在萬分困難中,也應當加以填補的,這是毫無疑問的,這個填補工作持續到一千年以後,一萬年以後,也預期可以達到全部成功的路。

「海闊從魚躍,天空任鳥飛」,這是自由,這也是儒家和佛教徒的胸襟;「萬物並育而不相害,道並行而不相悖」,這是協調,這也是儒家和佛教徒的度量。佛菩薩慈悲為本,憐憫為懷,悲憫六道,凡對於蒼生之屬,無不等量齊觀,既無仇恨,亦無怨尤。在佛教的教理中,外道修行也可以達到「天人」的境界,其中理智高超、修行純正的最高的成就,還可以達到諸天中的「無色界」。只是「天人」道還是由「因緣」得來,到了「因緣」盡時,仍回到六

道輪迴之內。當然再入塵寰，還有相當地位，不過生生死死、死死生生，是否沈淪，仍然會有多番冒險，只有悟成正覺，方可免墮輪迴，但佛菩薩只能指示迷津，升沈離合，其決定還在宿緣。這和外道認為順我者生，逆我者死；順我者超昇、逆我者入罪，其中「容忍性」的差距是相當大的。古往今來，由於時代不同，古代可容許一教專橫，現代應當容許信仰自由。對於中世紀宗教的權威主義，至今想來仍然覺得十分可怕。雖然，十字軍之役和三十年戰爭都已成為過去，但目前的黎巴嫩戰事，愛爾蘭衝突，錫克教的擾亂，以至於柯梅尼的野心，仍然是世界上紛亂的淵源。為了將來世界的長期和平，只有向今日全世界的人，顯示還有一個和平與自由的佛教。

在許多宗教的經典中，是具有濃厚的排他性的，這是因為過分的強調一元論，把善惡看得過於分明。對人類將來的處理，只有天堂和地獄兩個極端的路，其間並無中道。推演下去，就可能只有自己是對的，別人都是錯的；自己是真的，別人都是假的了。實際上社會上的行為，個體的智慧，以及各個人的人格都是屬於常態曲線。在常態曲線表達之下，人的智慧只有極少數人是天才，也只有極少數人是白癡，最大多數都是常人；同理，人的品德只有極少數勉強算得上聖賢，也只有極少數勉強算得上窮兇極惡，絕大多數都是不好不壞的常人。舊的文藝作品，其中的人物往往只有好人與壞人兩種，這只能在童話中這樣做，對於真的社會情形，是不切實際的。自從巴爾札克以後就已經改變，看出了人類行為的矛盾性。在人類社會之中，不可能找出一個純潔無疵的好人，也不可能找出十惡不赦的壞人。在這種情形之下，倘若認為只有天堂地獄兩種區分，是非常不公平的。除非依照佛教的看法，處理這種問題才可以，這是只有極少數自然的生天，只有極少數歸入地獄和餓鬼，其餘的最大多數仍然依其宿業浮沈上下於人獸之間。這些繼續浮沈的眾生，為了一切隨宿業轉移，就長期而言，都是毫無保障的。即在生存時間較長的「天人」說來，也不例外。就佛教來說，凡是三界的一切「有情」都可以修成「正覺」，但每一個的個體，都有複雜的「因緣」，事實上是一言難盡的。淨土宗雖有念佛的方便法門，但對於一個有了解的人來說，正確的認識，應當認為淨土是超越迷津的渡筏，而不是追求享樂的天堂。世界上一切印象原都是虛偽的，只有經長途跋涉，向「正覺」的方向走去，才是正當的途徑。大千世界本來就是荊棘叢生，眾苦不止，除非能以「自覺而覺人」，並沒有一

個廉價的「永生」在前面等待著。這裡再談到「永生」這個問題,依佛教理論的原則,凡大千世界中一切的「存在」都要依照「成、住、壞、空」四個階段來衍進其生命歷程,連「大千世界」的本身也不屬於例外。現在宇宙中「存在」的事物,其留置時間長的,即使可以達到天文數字,但總有個終結,不是無限期的。所以「永生」這個觀念,在許多外道都是祈求和希冀的,但以佛教的觀點來看,卻都屬於不能實現的空想。所以樹立這一個「淨土」的觀念,不應當認為是追求「永生」,而只是尋找迷津的出路。這才是向「覺悟」之途去走。

宗教存在的意義,雖是由於個人修養上的需要,更重要的還是對於社會安定上的需要。宗教的基礎,是樹立在對於個人及社會的功能上,而不應當著重在迷信上。當然,凡是一種宗教,總得保留一些超物質的看法,如其將這些看法放棄,也就不成為宗教。但是不論怎樣,宗教和科學的衝突,還是越少越好。只有佛教對於信徒最高的成就,卻是「覺悟」而不是僅僅靠「順服」,這是和其他外道的不同點,也是和科學一個最容易接近之點。因此佛教也就成為最富彈性的宗教,比較更容易隨時代而迎接新的環境,以適應當前人類的需要。

我們所盼望的宗教,第一,是人間的宗教,而非遁世的宗教;第二,是合理的宗教,而非迷信固執,反科學的宗教;第三,是能容許修訂,而非極端和偏頗的宗教;第四,是趨向和平而非鼓勵戰爭的宗教;第五,是容忍的而非猜忌的,專來排斥異己的宗教。這是寄望於佛教的,以合理而寬大的襟懷,來推進全人類以及一切眾生的福祉。

四、社會史

漢代的豪彊及其政治上的關係

一、秦漢的徙民關中與豪族

　　漢代的豪彊是政治上及社會上的一個問題，豪彊在《漢書》上有許多不同的名稱，例如「豪桀」、「豪族」、「豪猾」、「豪彊」，有時也單稱做「豪」，現在本文所用的豪族或豪彊出於以下各條：

> 《漢書》七十四〈魏相傳〉：「後遷河內太守，禁止姦邪，豪彊畏服。」
>
> 《漢書》七十六〈韓延壽傳〉：「爲諫大夫，遷淮陽太守，治甚有名，徙潁川，潁川多豪彊難治，國家常爲選良二千石。」
>
> 《漢書》七十六〈王尊傳〉：「（爲京兆尹）坐免，吏民多稱惜之。三老公乘興等上書訟尊，『拊循貧弱，鉏耘豪彊，長安宿豪大猾東市賈萬、城西萬章、翦張禁、酒趙放、杜陵楊章等，皆通邪結黨，挾養姦軌，上干王法，下亂吏治，並兼役使，侵漁小民，爲百姓豺狼，更數二千石，二十年莫能禽討。尊以正法誅案，皆伏其辜，姦邪銷釋，吏民悅服。』
>
> 《漢書》八十三〈翟方進傳〉：「徙方進爲京兆尹，搏擊豪彊，京師畏之。」
>
> 《漢書》九十〈酷吏·田延年傳〉：「出爲河東太守，選拔尹翁歸等以爲爪牙，誅鉏豪彊，姦邪不敢發。」

在以上各條也可以看出來《漢書》中所用的「豪彊」或「豪」這個名稱，是含有一種違法的意義在內，政府的官吏是有義務和這些豪族作對的。

　　在秦漢時期對付這般豪族的國策是徙民。班固〈西都賦〉：

> 若乃觀其四郊，浮游近縣，則南望杜霸、北眺五陵，名都對郭，邑居相
> 承，英俊之城，紱冕所興，冠蓋如雲，七相五公，與乎州郡之豪傑，五
> 都之貨殖，三選七遷，充奉陵邑，蓋以強幹弱枝，隆上都而觀萬國也。

當然天下的豪族是無法全部都被徙到京都，總會在各處遺留一些下去，而且
徙到京都以後，只是便於監視，仍然不能使他們一點也不發生作用。因而對
於豪彊最爲注意的漢武帝時代，設立刺史制度，還是爲的對付豪彊，刺史的
設立是依六條的原則來監察各郡，其六條的原文，據《續漢書・百官志》劉
紹《注》引蔡質《典儀》說：

> 詔書舊典，刺史班宣周行郡國，省察政治，黜陟能否，斷理冤獄，以
> 六條問事，非條所問即不省。一條、強宗豪右田宅踰制，以強凌弱，
> 以眾暴寡。二條、二千石不奉詔書，遵承典制，倍公向私。三條、二
> 千石不恤疑獄，風屬殺人，怒則任刑，喜則任賞，煩擾苛暴，剝戮黎
> 元，爲百姓所疾，山崩石裂，訞祥訛言。四條、二千石選署不平，苟
> 阿所愛，蔽賢寵頑。五條、二千石子弟怙恃榮勢，請託所監。六條、
> 二千石違公下比，阿附豪彊，割損政令。

其中第一及第六兩條明寫著「強宗豪右」及「豪彊」，所以刺史制度除去爲著
監察二千石（太守）以外，顯然是爲來對付豪彊大族的，也可見豪彊在漢代政
治及社會上，所占的分量了。

　　從秦代統一中國以後，對於豪族就已開始注意，把他們遷至關中了[1]。到

---

[1] 《史記・秦始皇本紀》：「二十六年……天下大定……徙天下豪富於咸陽十二萬戶。」
這十二萬戶豪富，就是代表東方豪彊和富有的家族，正和漢高帝和漢武時的徙民
是同樣的理由。只是就現存史料來看，只徙豪富，而六國王家，並不在咸陽，這
卻與漢代徙六國王家於關中的，稍有不同。漢代徙六國王家，可能出於婁敬的建
議，《漢書・婁敬傳》，敬說高祖曰：「夫諸侯初起，非齊諸田，楚昭、屈、景莫與，
今陛下雖都關中，實少人，北近胡寇，東有六國強族，一日有變，陛下亦未可安
枕而臥也。臣願陛下徙齊諸田，楚昭、屈、景，燕、韓、趙、魏後，及豪傑名家，
且實關中。無事可以備胡，諸侯有變，亦足率以東伐，此強本弱枝之術也。」後
來漢高帝徙民，是大致依此方針，不過似乎還是以財力爲主，其六國之後例如齊
王建之後就未徙，而其他各國的嫡系也未看見徙入關中。

了漢代，漢高帝和漢武帝仍然繼承了秦代對於豪彊加以限制的政策，而豪彊的分子見於《漢書》的，顯然是六國時代的貴族。

> 《漢書》一〈高帝紀〉：「九年冬十月，徙齊楚大族昭氏、景氏，屈氏、懷氏、田氏關中，與利田宅。」
> 《漢書》六〈武帝紀〉：「元朔三年夏，徙郡國豪傑及貲三百萬以上于茂陵。」
> 又：「太始元年春，徙郡國吏民豪傑於茂陵雲陽。」
> 《漢書》二十八〈地理志〉：「漢興，立都長安，徙齊諸田，楚昭屈景，及諸功臣家於長陵，後世世徙二千石，高貲富人，及豪傑並兼之家於諸陵，蓋亦以強幹弱枝，非獨爲奉山園也。」

其中豪彊的成分，高帝時是齊諸田，楚昭、屈、景，到武帝時雖然稱爲豪彊，可是另外換了一批人，這就是意識著，經過六七十年的演變，社會的本質雖然變化不大，可是社會中的各個成分已經換了另外一些家族了。他們改變的成因，可以大致看得出來，就是構成爲豪彊的因素，是依靠兩種基礎的，第一是經濟的力量，第二是政治的背景，兩種基礎配合的適當，才是構成豪彊的主要條件。

在漢代初年齊諸田，楚昭、屈、景所以成功爲豪彊的條件的，還是基於六國時代的殘餘勢力。秦滅六國是歷史上著名的事蹟，可是秦滅六國以後，怎樣來對付諸國貴族，我們卻很少知道。雖然我們據《史記》上諸國世家中的記載，知道諸國王家在亡國以後降爲編戶，這仍然不是一個滿意的答覆。因爲降爲編戶，只是剝奪了封建時期的名號，以及封建時期的封邑，至於私有的財產以及社會上的殘餘地位和在社會上可以發生影響的力量，那就不是僅僅使他們把貴族的身分變爲平民的身分所能完全收效。所以當秦政府失掉統馭的力量時，諸國的貴族便紛紛的叛變，由於一方面他們還有號召的力量，另一方面也表示他們還有足夠的財產來做叛變的補給，這就形成高帝時再行大量徙民到關中的大原因。

高帝時徙民的對象是齊諸田，楚昭、屈、景，可是到武帝以後，不再是齊諸田，楚昭、屈、景了。這些豪族徙到關中以後，漢政府也並未加以壓

迫[2]，再根據〈陳湯傳〉：

> 萬年（陳萬年）與湯議，以爲令作初陵……子公（陳湯字）妻家在長安，
> 兒子生長安，不樂東方，宜求徙，可得賜田宅供善。湯心利之，即上
> 封本，言初陵之地最爲肥美，可立縣。

陳湯是初陵的建議人，得賜田宅，自然是選擇好的[3]。這是特殊例子，不能
證明被徙的人在經濟上會得到幫助，但從別處證據來看，被徙到園陵的人們
並非被壓迫的，還是事實。這些徙到園陵的人們，也就是豪彊，似乎並無不
高興的表示，並且被徙以後，利害相權，各有優劣，他們對於關中還是願意
住下去的。現在所知道的，豪彊被徙以後所失去的，應當是：

(一)失掉了本地「地頭蛇」的地位。

(二)原來的財產不能全部轉到關中，管理上可能不方便。

(三)園陵豪俊很多，再變爲優越的豪俊[4]並不容易。

但是從另外方面來看，卻是：

(一)從鄉下遷到長安附近，使得和政治中心及經濟中心接觸，因而找幸
運的機會也就增加。

(二)遷到陵園是一種榮譽。

(三)遷到繁盛地方，對於享受方面也就增進，是一種引誘。

所以遷到關中，除去了比較貧乏而在社會上有力的人（如郭解之流）以外，大
都是比較情願的。這就使得各地方上的豪彊，新陳代謝更爲迅速，對於政府
來說，新的勢力基礎未固，控制上總較爲容易，也就是對於推行政令，造成
了一個有利的機會。

---

2 例如《漢書》90 田延年，《後漢書》41 第五倫，都是齊諸田的後人，並無被壓迫
的事實。

3 按〈高帝紀〉稱被徙的人，與利田宅，這雖是一種優待，可是看情形只是給予一
種方便，而非政府對這些富人再給予經濟上的補助，據《漢書》92〈郭解傳〉，解
貧不中徙，可見較貧的人，是無法在園陵住下去的，此雖漢武時的事，並非高帝
時的事，可是同是一類的事，應當辦法差不多的。

4 《漢書》72〈鮑宣傳〉：「宣既被刑，乃徙之上黨，以其地宜田牧，又少豪俊，易
長雄，遂家於長子。」所以在豪彊多的地方，要做豪彊中的豪彊是比較困難的，
許多人選擇從偏僻遷到三輔，只是爲的其他的機會，而犧牲了原來土豪的地位。

二、豪彊與經濟上的關係

　　成為豪彊的條件，是在社會上的力量，而力量的來源，一定要依賴金錢和勢力。勢力是從政治上的地位造成的，金錢則依賴財產上的收入，當然有錢的人不一定就是豪彊，但豪彊的背景，財產卻是一個極端重要的因素。從戰國以後，產業已經漸漸發達，《史記》一二九〈貨殖傳〉稱：

> 秦漢之制，列侯封君食租稅，歲率戶二百，千戶之君，則二十萬，朝覲聘享出其中，庶民農工商賈率亦歲萬息二千，百萬之家即二十萬，而更繇租賦出其中，衣食好美矣。

依照《史記》十一〈文帝紀〉稱：「百金中民十家之產」。所以《史記・貨殖傳》富人的標準，正是相當普通的人家十倍的財產，至於「千金之家」，那就相當普通人家一百倍了，憑藉這種過人的資產，也自然的可以役使別人。

　　《漢書》九十一〈貨殖傳〉稱：

> 關中富商大賈大抵盡諸田，田牆、田蘭、韋家、栗氏，安陵杜氏亦鉅萬，前富者既襄，自元成訖王莽，京師富人杜陵樊嘉，茂陵摯綱，平陵如氏、苴氏，長安丹王君房，豉樊少翁，王孫大卿為天下高訾，樊嘉五千萬，其餘皆鉅萬矣。王孫卿以財養士，與雄桀交，王莽以為京司市師，漢司東市令也。此其章章尤著者也，其餘郡國富民業兼顓利，以貨賂自行取重於鄉里者，不可勝數。

在這種富力使用之下，自然使許多貧乏的人歸其調遣，例如：

> 《漢書》九十〈酷吏・寧成傳〉：「武帝即位徙為內史，外戚多毀成之短，抵罪　鉗。是時九卿死即死，少被刑，而成刑極，自以為不復收。迺解脫，詐刻傳，出關歸家（按本傳成南陽穰人），稱曰：『仕不至二千石，賈不至千萬，安可比人乎？』迺貰貸陂田千餘頃，假貧民役使數千家。數年會赦，致產數千萬，為任俠，持吏短長，出從數十騎，其使民威重於郡守。」[5]

───────────

5　貰貸言將田租貸與人，見《漢書》24〈食貨志〉「分田劫假」下的顏師古《注》。

《漢書》一百〈敘傳〉：「始皇之末，班壹避居樓煩，致馬牛羊數千群，值漢初定，與民無禁，當孝惠高后時，以財雄邊，出入弋獵，旌旗鼓吹，年百餘歲以壽終。」

《後漢書》二十四〈馬援傳〉：「後爲郡督郵，送囚至司命府，因有重罪，援哀而縱之，遂亡命北地，遇赦，因留牧畜，賓客多歸附者，遂役屬數百家，轉游隴漢間。嘗謂賓客曰：『丈夫爲志，窮當益堅，老當益壯。』因處田牧，至有牛馬羊數千頭。」

這裡面所說的役屬數百家或數千家，應當指爲他們在農田或牧地服務的人，這些服務的人就是所謂「客」，這種客屬於佃戶及雇傭等類[6]。地主對於佃戶抽的田租，大致是總收穫量的二分之一，這就是董仲舒所說的「或耕豪民之田，見稅什伍」，以及王莽所說的「厥名三十，實什稅伍也」[7]。

這種貰貸給貧民（就是把田租給佃戶），在原則上是被認爲合法的，問題只是在理論上把持田地數量太多，是不應該的罷了。就中尤其是皇帝也賜給大臣田地，這種田地當然不會大臣自己經營而是租與別人的，例如：

《漢書》五十四〈蘇武傳〉：「賜田二頃，宅一區。」

《漢書》五十八〈卜式傳〉：「賜式爵關內侯，黃金百斤，田十頃，布告天下。」

《漢書》八十六〈王嘉傳〉：「詔書罷菀（苑）而以賜（董）賢二千餘頃，均田之制，從此墮壞。」

以上雖是很少的例子，不過賜田從二頃到二千餘頃，顯示著是一個常見的事，只是史籍中未曾一一記上罷了，皇帝既然可以賜田與人，所以臣民也自然的可以買地。例如：

《漢書》三十九〈蕭何傳〉：「今君胡不多買田地，賤貰貸以自汙。」

又《漢書》三十九〈蕭何傳〉：「買田宅必居窮僻處，爲家不治垣屋，曰子孫賢，師吾儉，不賢毋爲勢家所奪。」

---

6 見《中央研究院歷史語言研究所集刊》23 本〈漢代的雇傭制度〉。

7 並見《漢書》24〈食貨志〉，又：「王莽下令曰漢氏減輕田租，三十而稅一，當有更賦，罷癃出，而豪民侵陵分田劫假，厥名三十，實什稅五也。」

《漢書》七十一〈疏廣傳〉：「所得賜金不爲置田宅。」

《漢書》八十一〈張禹傳〉：「禹爲人謹厚，内殖貨財，家以田爲業，及富貴多買田至四百頃，皆涇渭溉灌，極膏腴上賈，宅財物稱足。」

《漢書》五十二〈田蚡傳〉：「治宅甲諸第，田園極膏腴，市買郡縣器物相屬於道。」

又據《漢書・王章傳》，王章得罪而死，家屬徙合浦。後來家屬從合浦回來，其故郡泰山郡的太守是蕭育，幫他的家裡的忙，使他們贖回田宅，這也正表示田宅有它固定價格，和後代的情況相類似的。

再據《後漢書》所記，如：

《後漢書》十〈郭后紀〉：「爲郡著姓，父昌，讓田宅財產數百萬與異母弟，國人義之。」

《後漢書》十八〈吳漢傳〉：「漢嘗出征，妻子在後買田業，漢還讓之曰：軍師在外，吏士不足，何多買田宅乎？遂盡分與昆弟外家。」

《後漢書》十三〈竇融傳〉：竇憲「以賤直請奪沁水公主園田。」

《後漢書》十四〈馬援傳〉：「防兄弟貴盛，奴婢各千人以上，資產巨億，皆買京師膏腴美田，又大起第觀，建閣臨道，彌互街路，多聚聲樂曲度，比諸郊廟。賓客奔湊，四方畢至，京兆杜篤之徒數百人，常爲食客居門下，刺史守令多出其家，歲時賑濟鄉閭故人莫不周給。防又多牧馬畜賦斂羌胡，帝不喜之，數加譴飭，所以禁過甚備，由是權勢稍損，賓客亦衰。」

《後漢書》七十八〈侯覽傳〉：「前後請奪人宅三百八十所，田百一十八頃，起立第宅十有六區。」

此外東漢人的著作，如：

《通典》一引崔實《政論》曰：「昔聖人分口耕耦地，各相副適，使人饑飽不變，勞逸齊均，富者不足僭差，貧者無所企慕。始暴秦墮壞法度，制人之財，既無紀綱，而乃尊獎併兼之人：烏氏倮以牧致財，寵比諸侯；寡婦清以攻丹殖業，禮以國賓。於是巧猾之萌，遂肆其意，上家累鉅億之貲，斥地侔封君之土。行苴苴以亂執政，養劍客以威黔

首，專殺不辜，號無市死之子，生死之奉，多擬人主。故下戶踦跂，
無所跱足，乃父低首，奴事富人，躬率妻孥，爲之服役。故富者席餘
而日熾，貧者躡短而歲跐，歷代爲虜，猶不贍於衣食，生有終身之勤，
死有暴骨之憂。歲小不登，流離溝壑，嫁妻賣子，其所以傷心腐藏失
生人之樂者，蓋不可勝陳。」

荀悅《漢紀》論曰：「昔者什一而稅，以爲天下之中正也，今漢民或百
一而稅，可謂鮮矣。然豪彊富人，占田逾侈，其賦大半。官收百一之
稅，民收大半之賦，官家之惠，優於三代，豪彊之暴，酷於亡秦。是
上惠不通，威福分於豪彊也。今不正其本而務除租稅，適足以資富彊。
夫土地者，天下之本，《春秋》之義，諸侯不得專封，大夫不得專地，
今豪民占田俄至數千百頃，富過王侯，是自專封也，買賣由己，是自
專地也。」

所以豪族或大族的經濟來源，主要是從土地上的收入而來，土地上的收入就
是把土地租給佃戶，按季將農田的收穫抽取一半或甚至一半以上，因此豪彊
和地主是分不開的，所有的豪彊必須依靠土地上的權益。自然，其中豪彊的
收入也有靠牧畜或商業的，不過土地上的收入是各處豪彊中一致的主要收入。

三、豪彊與宗族上的團結及其領導性人物的影響

漢代的豪族原先是繼承戰國時代的社會狀況的，因爲秦統一中國不過十
四年，就成爲漢代，所以凡是函谷關以東的人，都是六國遺民。六國舊地（即
漢朝所稱的關東）是中國富裕的地方，因之六國舊地所保存六國時代的風土人
情實際上是漢代社會狀態中的主要成分。

秦代雖然承受了商君之法，以法治天下，變成了一種僵化的教條政府以
致失敗。不過就對待東方人的政策來說，秦代並非一個西方的地域性政府，
而是對於東方人參加秦代的政府，並沒有什麼限制。例如秦始皇晚期左丞相
李斯是上蔡人，也就是上書諫逐客的人。右丞相馮去疾和將軍馮劫是一家的
人（也可能就是弟兄，見《漢書‧馮奉世傳》），他這一家著名是由於馮亭做韓上黨
守，據上黨降趙抗秦，後來戰死於長平，而輔助代王嘉抗秦的代相，又是馮

家的人。這種抗秦世家，秦始皇居然用他做將相（雖然後來在二世時期被趙高逼
著自殺，這是秦自己內政問題，與地域無關）。就可能秦始皇用人根本沒有地域的
觀念，因爲他已自命爲全中國的皇帝而不是關西區域的秦王了。在這種情形
之下，他雖然把關東的大族移徙到關中，也一定和後來漢代相同，只是限制
他們政治上的影響力量，卻仍然保護他們的財產[8]。所以漢代的齊諸田，楚昭
屈景仍爲豪族。很清楚的，這些豪族財產的來源，仍然出於六國時代的封建
關係，都不是秦漢時代新興的大族。

齊諸田一直是強宗，據《漢書》三十三〈田儋傳〉說：「儋從弟榮，榮弟
橫皆豪桀，宗彊能得人。」而《漢書》六十一〈貨殖傳〉又說：「關中富商大
賈，大抵盡諸田，田蘭、韋家、栗氏、安陵杜氏亦鉅萬。」[9] 這就是表現著
關東的豪傑到了關中以後仍然是富人。

因此豪族的條件，是指在本地有支配的勢力，而其所以能維持這種勢力
的來源，還是依靠財富。

漢代豪彊往往不只是一兩個人，而是一個宗族的，大致也是出於過去封
建時期大夫合族的習慣。如：

> 《漢書》六十七〈趙廣漢傳〉：「遷潁川太守，郡大姓原褚宗族橫
> 恣，賓客犯爲盜賊，前二千石莫能禽制，廣漢既至，誅原褚首惡，郡
> 中震栗。」
> 《漢書》九十〈郅都傳〉：「濟南瞷氏宗人三百餘家豪猾，二千石莫能
> 制，於是景帝拜都爲濟南守，誅瞷氏首惡，餘皆股栗。」
> 《漢書》九十〈義縱傳〉：「遷爲河內都尉，至則族滅其豪穰氏之屬。」

8　秦代對於他滅過的王室大都是保存的，沈欽韓《漢書疏證・魏豹傳》：「《列女節義
　　傳》云秦破魏，誅諸公子，今此魏豹魏咎皆公子封君，是秦滅國未嘗誅夷，故齊
　　王建亦有子孫，世言秦暴，猶不若後世必盡其種也。陳涉兵起，齊韓趙魏楚皆故
　　國子孫，惟燕王喜走遼東無後。漢得天下鑒是，故徙諸豪傑於關中。」按齊王建
　　子孫，見《漢書・元后傳》。（齊王建據《史記・田敬仲世家》說是遷於共，在今
　　河南濬縣。此外趙王遷被遷到房陵，見《淮南子》。）

9　《史記》122〈張湯傳〉：「湯客田甲，雖賈人有賢操，始湯爲小吏時，與錢通，及
　　湯爲大吏，所以責湯行義過失，亦有烈士風。」此賈人田甲，當亦是諸田之屬，
　　因爲離開豪右的環境，因而做商人了。

《漢書》九十〈王溫舒傳〉：「捕郡中豪猾，相連坐千餘家。」

《漢書》九十〈嚴延年傳〉：「遷為涿郡太守，時郡比得不能太守，涿人畢野白等由是廢亂，大姓西高氏、東高氏自郡吏以下皆畏之，莫敢與牾，咸曰：『寧負二千石，毋負豪大家。』賓客放為盜賊，發輒入高氏，吏不敢追，浸浸日多，道路多張弓拔刃，然後敢行，其亂如此。延年至，……更遣吏分考兩高，窮竟其姦，誅殺各數十人，郡中震恐，道不拾遺。」

西漢時代雖然政策上對豪族的限制有增無減，但事實上並未曾把豪族的聲勢削減下去，在《後漢書‧仲長統傳》有兩段關於豪族的事。

〈理亂篇〉曰：「漢興以來相與同為編戶齊民，而以財力相君長者無數焉。清潔之士徒自苦於茨棘之間，無所損益於風俗也。豪人之室，連棟數百，膏田滿野，奴婢千群，徒附萬計，船車賈販，周於四方，廢法積貯，滿於都城，琦賂寶貨，巨室不能容，馬牛羊豕，山谷不能受，妖童美妾，填乎綺室，倡謳伎樂，列乎深堂。賓客待見而不敢去，車騎交錯而不敢進；三牲之肉，臭而不可食，清醇之酎，敗而不可飲；睎盼則人從其目之所視，喜怒則人隨其心之所慮，此皆公侯之廣樂，君長之厚實也。苟運智詐，則得之焉，能得之者，人不以為罪焉。」

〈損益篇〉曰：「井田之變，豪人貨殖館舍布於州郡，田畝連於方國，無半通青綸之命而窮三辰龍章之服，不為編戶一伍之長而有千室名邑之役，榮樂過於封君，勢力侔於守令，財賂自營，犯法不坐，死士為之投命，至使弱力少智之士，被穿帷敗，寄死不斂，冤枉窮困，不敢自理，雖亦由網禁疏闊，蓋分田無限使之然也。」

這是說豪族就是富族，而富的來源是由於土地，然後再用資金去經商，以至「船車賈販，周於四方」，這些土地上的收入以及經商的盈餘，就成為權勢或力量，使貧戶歸其指使，甚至可以犯法不坐。他所說的「漢興以來」，當然是指西漢而言，東漢時代還是一樣的，他也說到由於「井田之變」，那就可以推溯至戰國初期。不過他也受到了時代的影響，他認為許多利用金錢以致違法的事，是平民不應當做。誠然，平民固然不應當違法，不過在井田封建之世，

貴族卻也可以做更嚴重的違法，這就有點不能自圓其說了。

依照《後漢書》所記，東漢時期，確實有許多顯著而違法的豪族，這些豪族有許多是在東漢初起之時，他們大致都是反王莽的，對於光武的勢力有的扶助，有的敵對，這表示光武和其他並起的群雄，在個人利害上是不一致的，在社會的利益卻是一致的。這些新起的力量顯然都是站在同一的立場來反對王莽，這就表示著王莽的政策，固然引起了全社會的不安，而對於豪族的打擊，尤其鉅大，所以引起了全國豪族的反抗。再從另一方面來說，王莽時的豪族並非從王莽時期才成為豪族的，他們都是西漢時期的豪族。這些西漢時期的豪族，其產生情形一定也非常複雜，其成為豪族的時間長短也一定各不相同。不過既成為豪族，自然也就代表著豪族的利益。東漢初起時的豪族，例如：

> 《後漢書》十二〈王昌傳〉：「時趙繆王子林好奇數，任俠於趙魏間，多通豪猾，而郎與之親善。……郎緣是詐稱真子輿云……林等愈動疑惑，乃與趙國大豪李育、張參等通謀規共立郎。」
> 《後漢書》十二〈劉永傳〉：「遂招諸郡豪傑沛人周建等並署為將帥。」
> 《後漢書》十二〈彭寵傳〉：「又南結張步及富平獲索諸豪桀，皆與交質連衡，遂攻拔薊城，自立為燕王。」
> 《後漢書》十三〈隗囂傳〉：「季父崔素豪俠能得眾，聞更始立而莽兵連敗，於是乃與兄義及上邽人楊廣、冀人周宗謀起兵應漢。」
> 又《後漢書》十三〈隗囂傳〉：「九年春，囂……恚憤而死。王元、周宗立囂少子純為王，明年來歙、耿弇、蓋延等攻破落門，周宗、行巡、苟宇、趙恢等將純降。宗恢及諸隗分徙京師以東。」《通鑑》胡《注》：「隗純降而徙其族，以其西州強宗，恐其後復為患也。」
> 又《後漢書》十三〈隗囂傳〉：「帝因令來歙以書招王遵，遵乃與家屬詣京師，拜為大中大夫，封向義侯。遵字子春，霸陵人也，父為上郡太守，遵少豪俠有才辯，雖與囂舉兵，而常有歸漢意。」
> 《後漢書》十三〈公孫述傳〉：「及更始立，豪傑各起其縣以應漢。南陽人宗成自稱虎牙將軍入略漢中，又商人王岑亦起兵於雒縣，自稱定漢將軍，殺王莽庸部牧以應成，眾合數萬人。述聞之，遣使迎成等，

成等至成都虜掠暴橫,述意惡之,召縣中豪傑謂曰……吾欲保郡自守,以待真主。」

《後漢書》十四〈齊武王縯傳〉:「王莽篡漢,常憤憤懷復社稷之慮,不事家人居業,傾身破產,交結天下雄俊。莽末盜賊群起,南方尤甚,伯升召諸豪傑計議……眾皆然之。」

《後漢書》十五〈李通傳〉:「南陽宛人也,世以貨殖著姓。」

《後漢書》十六〈寇恂傳〉:「上谷昌平人也,世為著姓。恂初為郡功曹,太守耿況甚重之。」

《後漢書》十七〈馮異傳〉:「令二百里內,太守都尉以下及宗族會焉……時赤眉延岑暴亂,三輔大姓各擁兵眾,大司徒鄧禹不能定,乃遣異代禹討之。車駕送至河南,賜以乘輿七尺具劍,敕異曰:『三輔遭王莽更始之亂,重以赤眉延岑之酷,元元塗炭,無所依訴,今之征伐非必略地屠城,要在平定安集之耳。諸將非不健鬥,然好虜掠。卿本能御吏士,念自修敕,無為郡縣所苦。』異頓首受命引而西,所至皆布威信,弘農群盜稱將軍者十餘輩皆率眾降異。」

又《後漢書》十七〈馮異傳〉:「時赤眉雖降,眾寇猶盛,延岑據藍田,王歆據下邽,芳丹據新豐,蔣震據霸陵,張邯據長安,公孫守據長陵,楊周據谷口,呂鮪據陳倉,角閎據汧,任良據鄠,汝章據槐里,各稱將軍,擁兵多者萬餘,少者數千人,轉相攻擊。」

《後漢書》十七〈岑彭傳〉:「與麾下數百人從河內太守邑人韓歆。會光武徇河內,歆議欲城守,彭止不聽。既而光武至懷,歆迫急迎降。光武知其謀,大怒,收歆置鼓下將斬之。召見彭,彭因進說……光武深接納之。彭因言韓歆南陽大人(師古《注》:大人謂大家豪右),可以為用,乃貰歆,以為鄧禹軍師。」

《後漢書》二十〈銚期傳〉:「時檀鄉五樓賊入繁陽內黃,又魏郡大姓數反覆,而更始將卓京謀欲相率反鄴城,帝以期為魏郡太守,行大將軍事,期發郡兵擊卓京,破之。……郡界清平。」

《後漢書》二十〈祭遵傳〉:「潁川潁陽人也,少好結客,家富給,而遵恭儉,惡衣食。喪母,負土起墳,嘗為郡吏所侵,結客殺之。初縣中以其柔也,既而皆憚焉。」

《後漢書》三十一〈郭伋傳〉：「王莽時爲上谷大尹，遷并州牧，更始
新立，三輔連被兵寇，百姓震駭，強宗右姓（顏《注》：右姓猶高姓也）
各擁眾保營莫肯先附。更始素聞伋名，徵拜左馮翊，使鎮撫百姓。世
祖即位，拜雍州牧。」

總括以上的豪族，或稱豪傑，或稱豪俠，或稱大姓，或稱強宗右姓，或稱著
姓，或稱豪猾，或稱豪姓，或稱大人，都是在社會上有領導能力卻並不太安
分守己的人，所以每遇見動亂的時候他們就成爲領袖。尤其可以作爲代表的
是三輔地區，因爲三輔地區就是把其他各處的強宗右姓移去的，到了王莽的
晚期還是強宗右姓集中的地區。

　　這些擁兵據地的豪家大姓，也並非都是強梁之徒或者一些具有野心的分
子，而是在一個動亂的時候，爲著鄉里的自保，時常不能不有一種自衛的組
織，而在這種自衛組織之中，也會形成新的領袖。這種情況是出於客觀的需
要，其形式卻也與豪家大姓據地自雄的無多大的分別。這種情況如果延長下
去，而沒有一個強有力的中央政府來統一全國，邪就會形成中古歐洲及日本
式的封建政治，例如：

《後漢書》三十三〈馮魴傳〉：「南陽湖陽人也……爲郡族姓。王莽末，
四方潰畔，魴乃聚賓客，招豪桀，作營塹以待所歸。是時湖陽大姓虞
都尉反城稱兵，先與同縣申屠季有仇而殺其兄，謀滅季族，季亡歸魴。
魴將季欲還其營，道逢都尉從弟長卿來，欲執季，魴叱長卿曰：『我與
季雖無素故，士窮相歸；要當以死任之，卿爲何言？』季謝曰：『蒙恩
得全，死無以爲報恩，有牛馬財物，願悉獻之。』魴作色曰：『吾老親
弱弟皆在賊城中，今日相與尚無所願，何云財物乎？』季慚不敢復言，
魴由是爲縣邑所敬信，故能據營自固。時天下未定而四方之士擁兵矯
稱者甚眾，唯魴自守，兼有方略，光武聞而嘉之，建武三年徵詣行在
所，見於雲臺，拜虞令。」

這種聚眾自守的方式，顯然和平時一般壓抑鄉民的豪強不同，也和動亂時期
自加封號的不同，但究竟和一般豪強及僭號的流於同樣形式，所不同的只是
領導的人的態度不同。類似的情況也可以在東晉時期發現。東晉時期塢堡的

主人就彼此態度完全不同，最顯著的是東晉北伐的指揮人祖逖和祖約，在兩個性格完全不同的人領導之下，就發生完全不同的結果。

到了東漢平定天下以後，據地的豪強被消滅了，中央政治的力量推行到各處，但是地方性豪彊的勢力也並未消滅，尤其是京師的貴戚以及南陽的功臣都成爲豪彊，所不同於西漢的，只是西漢的豐沛和三輔，在東漢時不再具有重要性了。這只是地域性的變易而非實質上的變易。

> 是時天下墾田多不以實，又戶口年紀互有增減。十五年詔下州郡，檢覈其事，而刺史太守多不平均，或優饒豪右，侵刻羸弱，百姓嗟怨，遮道號呼。時諸郡各遣使奏事，帝見陳留吏牘，上有書，視之，云：「潁川弘農可問，河南南陽不可問。」帝詰吏由趣，吏不肯服，祇言於長壽街上得之。帝怒。顯宗時爲東海公，年十二，在幄後言曰：「吏受郡束力，當欲以墾田相方耳。」帝曰：「即如此，何故言河南南陽不可問。」對曰：「河南帝城多近臣，南陽帝鄉多近親，田宅踰制，不可爲準。」

所以東漢時代豪右情形與西漢又略有異同了，今舉後漢豪右之例，如下：

> 《後漢書》二十六〈趙熹傳〉：「後拜懷令，大姓李子春先爲琅邪相，豪猾並兼，爲人所患。熹下車問其二孫殺人事，未發覺即窮詰其姦，收考子春，二孫自殺。京師爲請者數十，終不聽。時趙王良疾病將終，車駕親臨，問王所願。王曰：『素與李子春厚。今犯罪，懷令趙熹欲殺之，願乞其命。』帝曰：『吏奉法律，不可枉也。』更道它所願，王無復言。既薨，帝追感趙王，乃貰出李子春。」（按趙王爲光武叔，素與光武有恩，故光武追崇其遺志。）
>
> 《後漢書》三十五〈周榮傳〉：「景初視事，與太尉楊秉舉奏諸姦猾，自將令牧守以下，免五十餘人，遂連及中常侍防東侯侯覽，東武陽侯具瑗皆坐黜，朝廷莫不稱之。」
>
> 《後漢書》五十一〈陳龜傳〉：「拜京兆尹，三輔強豪之族，多侵枉小民，龜到屬威嚴，悉平其怨，郡內大悅。」
>
> 《漢書》二十九〈郅惲傳附子壽傳〉：「擢爲京兆尹，郡多強豪，姦暴不禁，素聞壽在冀州皆懷震竦，各相檢敕，莫敢干犯。」（按東漢雖然建

都洛陽,可是京兆尚爲舊都所在,西漢的豪族仍然存在,所以還是有豪彊侵陵的問題。)

《後漢書》五十六〈王暢傳〉:「爲南陽太守,前後二千石逼懼帝鄉貴戚,多不稱職,暢深疾之。下車奮屬威猛,其豪黨有釁穢者,莫不糾發。會赦事得散,暢追恨之,更爲設法。諸受臧二千萬以上,不自首實者,盡入財物,若其隱伏,使吏發屋伐樹,埋井夷竈,豪右大震。」

《後漢書》五十九〈張衡傳〉:「永初中出爲河間相。時因王驕奢不遵典憲,又多豪右,共爲不軌,衡下車,治威嚴,整法度,陰知姦黨名姓,一時收禽,上下肅然。」

《後漢書》六十一〈左雄傳〉:「稍遷冀州刺史。州郡多豪族好請託,雄常閉門不與交通,奏案貪猾二千石,無所避忌。」

《後漢書》六十六〈陳蕃傳〉:「時小黃門趙津、南陽大猾張汜等奉事中官,乘勢犯法,二郡太守劉瓆成瑨考案其罪,雖經赦令,而並竟考殺之。」

《後漢書》六十七〈李膺傳〉:「時宛陵大姓羊元群罷北海郡,臧罪狼藉,郡舍溷軒有奇巧,乃載之歸。膺表欲按其罪。元群行賂宦官,膺反坐,輸作左校。」

《後漢書》六十七〈夏馥傳〉:「陳留圉人也,……同縣高氏蔡氏並皆貨殖,郡人畏而事之,惟馥不與交通,由是爲豪姓所仇。」

《後漢書》六十七〈范康傳〉:「遷太山太守,郡內豪姓多不法,康至奮威惠施嚴令莫有干犯者,先請奪人田宅,皆遂還之。」

《後漢書》七十六〈任延傳〉:「既之武威,時將兵長史田紺郡之大姓,其子弟賓客爲人暴害,延收紺繫之,父子賓客伏法者五六人,紺少子尚乃聚會輕薄者數百人自稱將軍,夜攻郡。延即發兵破之,自是威行境內,吏民累息。」

《後漢書》七十六〈王渙傳〉:「爲太守陳寵功曹,當職割斷,不避豪右,寵風聲大行。……渙由此顯名,舉茂才,除溫令。縣多姦猾,積爲人患,渙以方略討擊,悉誅之。境內清夷,商人露宿於道,其有放牛者,輒云以屬稚子,終無侵犯。」

《後漢書》七十七〈樊曄傳〉:「遷河東都尉……及至郡,誅討大姓馬

適匡等，盜賊清，吏人畏之。」

《後漢書》七十七〈李章傳〉：「光武即位，拜陽平令。時趙魏豪右往
往屯聚，清河大姓趙綱遂於縣界起塢壁，繕甲兵，爲害所在。章到乃
設饗會而延謁綱，綱帶文釾被羽衣，從士百餘人來到，章與對讌，有
項手劍斬綱，伏兵亦悉殺其從者。因馳詣塢壁，掩擊破之，吏人遂安。」

所以東漢時代豪族的問題也相當嚴重[10]。所不同於西漢的，是西漢豪族以六
國封建勢力爲基礎，再加上西漢初年的功臣。東漢豪族則以西漢晚期興起的
豪族爲基礎，再加上東漢初年的功臣。尤其西漢晚期的鄉舉里選制度，使地
方官吏往往給豪族以優先，使原來本爲豪族的，更從選舉上鞏固他們的政治
地位。更加上政府的政策是根據封建時代的遺法，鼓勵兄弟同居，更使豪族
勢力不易分散，所以東漢晚期的袁、楊、崔、盧等姓成爲地方上豪族的中心，
而且還影響到六朝的政局。

四、豪彊與游俠

在〈論漢代的游俠〉[11]一文中，游俠和民間生活的關係，曾經被指明，
並且游俠也被指明爲：

1. 城郭中流動而頑強閭里細民。
2. 一些不從事生產的人。

這些出身民間而從事民間活動的人們，根據了他們特殊利益和立場，和政府
的見解以及法律的條文很有不相融洽的地方。就無可避免的，成爲與官方衝
突的原因。游俠既和官方衝突，受到了制裁，另一方面，官方也無法把所有

10 《清華學報》十一卷四期，楊聯陞〈東漢的豪族〉；又新亞學報第一卷第二期，余
英時〈東漢政權之建立與士族大姓之關係〉；陶希聖《中國社會史》；及薩孟武《中
國政治社會史》均有不少可供參考之處。

11 《臺灣大學文史哲學報》第一期。又許倬雲〈兩漢政權與社會勢力的交互作用〉，
《集刊》35；及 "The Changing Relationship between Local Society and the Central
Political Power in Former Han"(*Comparative Studies in Society and History*, VII, 4,
1965)對於此項問題亦非常有用。又此文付排後始見到金發根《永嘉亂後北方的豪
族》排印本，其中敍述東漢三國時期豪族的發展部分亦甚有新意，可供參考。

的游俠除掉。最後就成爲游俠的變質。這就可以看出《史記》的游俠和《漢書》的游俠中間有不同之處。

《漢書‧季布傳》：

> 布弟季心以氣蓋關中，遇人恭謹，爲人任俠，方數千里士爭爲死。嘗殺人，亡吳，從袁絲匿，長事袁絲，弟畜灌夫、籍福之屬。嘗爲中司馬，中尉郅都不敢加，少年多時時竊借其名以行。當時季心以勇，布以諾聞於關中。

何焯《義門讀書記》云：

> 漢初游俠之盛，季布、袁盎扇之也，自田竇敗，公卿不敢致賓客，遂多閭里之魁矣。

這個批評是有部分的理由，也有部分成問題的。游俠本爲戰國時代遺留的風俗，《史記‧游俠列傳序》所稱：「古布衣之俠靡得而聞已，近世延陵、孟嘗、春申、平原、信陵之徒，皆因王者親屬，藉於有土卿相之富厚，招天下賢者，顯名諸侯，不可謂不賢矣。此如順風而呼聲非加疾，其勢激也。至如閭巷之俠，修行砥名，聲施於天下，莫不稱賢，是爲難耳。」這是說游俠之風從春秋之末已經開始，至戰國而大盛，是由於貴族們支持而成的。到了後來「閭巷之俠」能夠成名，要靠自己的努力，就比較難了。可見司馬遷認爲漢代的游俠還是些閭巷之魁，不是戰國時公卿支持的舊俗，與何義門《讀書記》之看法還是有出入的。

在〈論漢代的游俠〉，游俠被指明爲和黃老有一部分淵源，爲的是游俠是漢代民間的行爲而黃老是民間的信仰，不過還有一件更重要的事，就是標準的游俠，應該是些不事生產的人，如同：

> 魯朱家「家無餘財，衣不完采，食不重味，樂不過斛牛」。
> 郭解「貧不中訾」。
> 劇孟死，「家無餘十金之財」。

依照社會上的一切關係來看，任何發生作用的力量都離不開經濟上的支持。這一點在〈論漢代的游俠〉一篇中已經說到，即：

在〈游俠傳〉中所記，游俠中的「長者」與豪暴之徒也看不出太大的差異。只有一點不同的，即正宗游俠是「修行砥名」、「廉潔退讓」，而豪暴之徒則為「比周設財，役貧豪暴」。亦即正宗的俠的出發點不是為著自己的錢財與享受，而是為的「重取予，尊然諾，救人之急，不避禍難」[12]。……凡是游俠的領袖，他們並不屬於士農工商中的某種職業，他們卻屬於職業的游俠者。他們除去簡單而節儉的生活以外，需要大量的收入才可應付大量的支出。這些大量的支出，和鄭當時行千里不裹糧一樣，都是朋友送來的。

游俠之徒是以游俠為職業的，至少也是以游俠當做一種事業來看，因此他們的收入也是由同情他們的人來餽贈，例如：《漢書‧郭解傳》：「解家遂徙，諸公送者出千餘萬。」〈萬章傳〉：「石顯貲巨萬，留床席器物數百萬直，欲以與章。」〈樓護傳〉：「護坐免為庶人，其居位爵祿畧遺，亦隨手盡。」都可以看出其中的消息。游俠之徒不事家人生產作業，其個人生活所需究竟是一小部分，在游俠者全部支出之中不算占很大的地位，所以也就不為記載的人所注意。至於餽贈的人應當也就是平時養客的人，除去貴戚、達官、豪右之外，還有養客的商人，例如蜀的卓氏。到了這幾種都沒有時，就可能如〈郭解傳〉所說：「藏命作姦，劇攻不休，鑄錢掘冢」了。這些事情在郭解一類的游俠，晚年是不做的，因為他們已經成名，不需要此，但是假若這一類的人真是要餽贈他，他是不是拒受呢？在此，便不能以公認的道德來量度了。

在《史記‧游俠傳》中，游俠之著者如朱家、田仲魯人，劇孟周人，郭解河內人，其餘如長安樊仲子，槐里趙王孫，長陵高公子俱關中人，魯周及河內和當地的經濟發展有關。關中是首善之區，為貴戚王侯所在，至於漢中葉徙民關中，於是「州郡之豪傑，五都之貨殖，三選七遷，充奉陵邑」[13]，於是五陵[14]更成了游俠聚會之地。

至於北方邊區，也曾經有游俠出現。例如西河郭公仲、太原鹵公孺之流，其發生的背景正如《史記‧貨殖列傳》所稱：「地邊胡，數被寇，……

---

12 也就是只有這樣才能成為社會上的領袖，而受到尊敬。

13 見班固〈西都賦〉。

14 長陵、陽陵、安陵、茂陵和平陵五陵游俠見《漢書‧原涉傳‧注》。

好氣任俠爲姦，不事農商，然迫近北夷，師旅亟往，中國委輸，時有
奇羨。」則是任俠之徒也自有其經濟來源，可以供應其必要開支了。

這裡對於游俠經濟來源的觀點，是新提出來的，不過對於豪強和游俠的關係，
卻未曾強調，究實說來豪強（代表富商和大地主）他們都有可靠的經濟來源的，
他們也正很容易的和游俠相結合。

游俠顯著之點爲不守法律，《漢書‧賈誼傳》：

今其甚者，殺父兄矣，盜者剟寢戶之簾，搴兩廟之器，白晝大都之中，
剽吏而奪之金，矯僞者出幾十萬粟，賦六百餘萬錢，乘傳而行郡國，
此其亡行義之至者也。

王先謙《補注》四：

案以上數事皆實有之，故誼臚舉以爲民亡行誼之證，顏說近之[15]。漢
世姦俠橫行，觀〈貨殖〉、〈游俠〉兩傳可以概見，不必執今疑古，〈酷
吏傳〉胡倩作稱光祿大夫，言督盜賊，止陳留傳：公孫勇衣繡衣，乘
駟馬車，亦其比也。

這是說漢初游俠犯禁的事是相當普遍的。游俠，就正面而言是游俠，就反面
而言也就可以說成「姦僞」。自文景以後都是禁止的，但是並未能有效的禁止，
就由於和有勢力的達官以及豪強相結合。其中最顯著的例子，有如漢武帝時
灌夫的事。《漢書》五十二〈灌夫傳〉：

夫不爲文字，喜任俠，已然諾，諸所交通，無非豪桀大猾，家累數千
萬，食客日數十百人，陂池田園宗族賓客爲權利，橫潁川。潁川兒歌
之曰：「潁水清，灌氏寧，潁水濁，灌氏族。」
上問朝臣兩人（田蚡、竇嬰）孰是，御史大夫韓安國曰：「魏其言灌夫父
死，身荷戟馳不測之吳軍，身被數十創，名冠三軍，此天下壯士，非
有大惡，爭杯酒不足以過誅也，魏其言是。丞相亦言灌夫通姦猾，侵
細民，家累巨萬，橫恣潁川，蔆轢宗室，侵犯骨肉，此所謂支大於幹，

15 顏說見顏師古《注》。

> 脛大於股，不折必披，丞相言亦是。唯明主裁之。」

灌夫案爲武帝時一件重要爭執，這的確是一個很好的選樣，灌夫在當時已到
九卿，並是一個有名的勇士，這是很不錯的。不過就武帝時國策而言，卻是
要抑制豪彊，消滅游俠。灌夫爲人就是一個豪彊和游俠的結合體，所以不爲
當時政府所原諒。當然灌夫只是一個標準的選樣，而此種類型的人，決不僅
止於一個灌夫。

《漢書》七十六〈王尊傳〉湖三老公乘興等，上書訟尊曰：

> 行京兆尹事……拊循貧弱，誅鉏豪彊，長安宿豪大猾東市賈萬、城西
> 萬章、翦張禁、酒趙放、杜陵楊章等，皆通邪結黨，扶養姦軌，上干
> 王法，下亂吏治，並兼役使，侵漁小民，爲百姓豺狼，更數二千石，
> 二十年莫能禽討。尊以正法案誅，皆伏其罪，奸邪消釋，吏民悅服。

這是說萬章是長安的豪彊，但萬章的名字又見於《漢書》九十一〈游俠傳〉，
原文說：

> 萬章字子夏，長安人也。長安熾盛，街閭各有豪俠，章在城西柳市，
> 號爲城西萬子夏，……河平中王尊爲京兆尹，捕擊豪俠，殺章及箭張
> 回，酒市趙君都、賈子光，皆長安名豪，報仇怨，養刺客者也。

所以游俠和豪彊在某些程度之中是完全一致的。萬章在〈王尊傳〉被稱爲豪
猾，而在〈游俠〉中就被稱爲游俠，因爲觀點不同，所以名稱也就不同了。

自然，同屬游俠，因爲態度的不同，因而名譽各有優劣的，例如《史記》
一百二十四〈游俠傳〉說：

> 自是（郭解）之後，爲俠者益眾，敖而無足數者，然關中長安樊仲子，
> 槐里趙王孫，長陵高公子，西河郭公仲，太原鹵公孺，臨淮兒長卿，
> 東陽田君孺，雖爲俠而俊逸有退讓君子之風，至若北道姚氏，西道諸
> 杜，南道仇景，東道趙他、羽公子、南陽趙調之徒，此盜跖居民間耳，
> 何足道哉。

《漢書》九十二〈游俠傳〉也說：

> 自哀平間，郡國處處有豪傑，然莫足數，其名聞州郡者：霸陵杜君敖、
> 池陽韓幼儒、馬領繡君賓、西河漕中叔，皆有謙退之風。王莽居攝，
> 誅鉏豪俠，名捕漕中叔不能得。素善強弩將軍孫建，莽疑建藏匿之，
> 泛以問建。建曰：「臣名善之，誅臣足以塞責。」莽性果賊，無所容忍，
> 然重建不竟問，遂不得也。叔子少游後以俠聞於世云。

這裡用「豪傑」二字作游俠代用的名辭，因此在以上所引各條「豪桀」的稱
述，也一定和游俠有相關的意義。

在兩漢之間，許多豪俠大族，大致都是交通游俠的，劉秀出身一個地主
家庭，大致是不成問題的[16]，據〈光武紀〉光武號稱謹厚，但據《後漢書》
六十七〈酷吏・董宣傳〉，湖陽公主說：

> 文叔爲白衣時，藏亡匿死，吏不敢至門，今爲天子，威不能行於一令乎？

可見交任俠「雖厚者亦自爲之」[17]。至於光武帝兄劉伯升那就「不事家人居
業，傾身破產，交結天下雄俊」[18]，在南陽饑荒之際，伯升賓客劫人[19]，那就
比較更爲豪俠了。至於《後漢書》三十二〈陰興傳〉所稱「雖好施接賓，然
門無俠客」，這應當反而是一種例外。

至於一般富豪通輕俠的，如：

> 《後漢書》十二〈王昌傳〉：「趙繆王子林……任俠趙魏間，多通豪猾。」
> 《後漢書》二十四〈馬援傳〉：「初援兄子壻王磐字子石，王莽從兄
> 平阿侯仁之子。莽敗，磐擁富貲，居故國，爲人尚名節，而愛士好施，
> 有名江淮間。游俠京師，與衛尉陰興、大司空朱浮、齊王章共相友善。
> 援謂姊子曹訓曰：『王氏廢姓也，當屏居自守，而反游京師長者[20]，用
> 氣自行，其敗必也。』」

---

16 《後漢書・光武帝紀》言光武賣穀於宛，而光武舅家樊氏亦是富豪，見《後漢書》
　　32。
17 語見〈光武帝紀〉。
18 見《後漢書》14〈齊武王縯傳〉。
19 見〈光武紀〉注引《續漢書》。
20 章懷《注》：「長者謂豪傑也。」語出《漢書・陳平傳》。

《後漢書》二十三〈竇融傳〉：「以軍功封建武男，女弟爲大司空王邑小妻，家長安中，出入貴戚，連結閭里豪傑，以任俠爲名。」

《後漢書》五十〈千乘哀王建傳〉：「中常侍鄭颯，中黃門董騰並任俠通劅輕。」

《後漢書》六十八〈許劭傳〉：「同郡袁紹公族豪俠，去濮陽令歸，車徒甚盛，將入郡界，乃謝遣賓客曰：『吾輿服豈可使許子將見？』遂以單車歸家。」

《後漢書》六十九〈何進傳〉：「紹善養士，能得豪傑用，其從弟虎賁中郎中術，亦尚氣俠。」

《後漢書》七十四〈袁紹傳〉：「紹壯健好交結，大將軍梁冀以下莫不善之。……既累世台司，賓客所歸，加傾心折節，莫不爭赴其庭，……中常侍趙忠言於省内曰袁木初坐作聲價，好養死士，不知此兒終欲何作？叔父太傅隗聞而呼紹，以忠言責之，紹終不改。」《後漢書》七十五〈袁術傳〉：「司空逢之子也，少以豪氣聞，數與諸公子飛鷹走狗，後頗折節，舉孝廉。」

這些都顯示著在西漢晚期以至東漢時期，富豪及貴戚憑藉他們的地位和財富，成爲游俠的支持者（當然游俠的行動比起西漢初年已有些變質了）。尤其後來成爲割據軍閥的袁紹、袁術兩兄弟，也都是當時著名的游俠支持者。再向前溯，如同竇融之孫竇憲豢養刺客[21]，以及梁冀的臂鷹走狗，騁馬鬥雞[22]，也都是一種類似的情況。這也就是馬援〈戒兄子嚴、敦書〉所戒的事[23]。游俠既時常被貴戚支持，朝廷縱令常有禁令也不會有成效了。

---

21 《後漢書》23〈竇憲傳〉。

22 和〈袁術傳〉可參證，見《後漢書》34〈梁冀傳〉。

23 見《後漢書》24〈馬援傳〉。

戰國秦漢的土地問題及其對策

　　殷周兩族的來源，似乎不是一開始就是經營農業的。最早的生活大致都在獵場和牧場上，然後再漸漸來發展農業。因此早期的生活和政治與社會組織，和遼金元卻有幾分類似。田獵的田字就不是種植的田地，而是狩獵的獵場。

　　田與陳同音，陳即戰陣。《公羊》桓四年何休注：「田者蒐狩之總名也。古者肉食皮服，捕禽獸，故謂之田。」甲骨文中的「王田」或「王其田」和「王狩」是互相用到的，下面總是記逐獸的占驗，並無種植之事。正和《易經》的「田有禽」，「田獲三狐」，《詩經》的「叔于田」同一的用法。（參見徐中舒先生〈井田制度考原〉）

　　田字既不是以耕種的田為原始的意義，所以田字的外圍，並非指田中的阡陌，而是指打圍時的木柵，司馬相如〈上林賦〉顏師古注：

> 校獵者，以木柵貫穿，總為闌校，遮止禽獸而獵取之，說者或以為周官校人掌田獵之馬，因云校獵，亦失為義。養馬稱校人者，謂以闌校以養馬耳，故呼為闌也。

假如指田獵的田，田字內面的十字，那就可能是道路而不是阡陌，此外也許指木校，也許指獸阱，因為沒有明確的證據，不能完全決斷，但是和後代農田之田不同，是沒有疑問的。

　　當這些時期，已經有了粗放的農業了。在農業沒有達到精耕標準之前，決不能維持大量的人口。而田地也是用著輪耕的制度。例如清余慶遠《維西見聞記》云：

> （栗栗）喜居懸崖，山石絕頂，墾山而種，地瘠則去，遷徙不常。

而現在台灣的高山族，也有的是將耕種的地區，到一個相當時期就要更換。因此也就必需有足夠的土地才能維持到這個制度。此外在早期的耕作狀況之下，是有公家田地的，例如李拂一之〈車里〉云：

> 宣慰使土司，又有專田，而由民眾於大眾農業完畢後，隨帶耕種，有若我國古時之井田制焉。

在歐洲中古的莊園中，也有近似公田之制。又聞凌純聲先生自西康調查回來時，也說到西康的百姓是各家都分到一定限量的土地，這一定的限量是不容分析的。而在這些單位之中，又畫分出一定的部分，作為公田，這也是一種的公田。所以照著《詩經》「雨我公田，遂及我私」，公田是在周初存在著，應當是不成問題的。但是公田和私田之區別與分畫卻可以演變出種種的形式，決不是單純的。即令在周代，恐怕也要因時因地而有所不同。我們決不便說孟子所說整齊畫一的井田是沒有存在的可能，但我們也不便說，當時全中國有一度都是這個形式。

農業發展到精耕的階段，人力對於收穫量的影響漸漸的大起來。此公田制度和「盡地力」的原則是背道而馳的。縱然「盡地力」的具體主張尚未被提出來，而公田在事實上也有漸漸被淘汰的可能。我們知道春秋晚期到戰國初期是一個農業技術大轉變的時代，亦即牛耕和鐵器被使用的時代。那麼從這一點影響到商業的發展，都市的集中，以及一個國家人口數目的增加，都非常顯著。這樣下去，井田或類似的井田都不廢而自廢了。（自然，大規模的阡陌在漢時尚有存在的，見《漢書·匡衡傳》，卻已不是井田的界限了。）

《東華錄》乾隆四十六年，載清高宗說：

> 如三代井田之法，豈非王政之善？當時所謂八家同養公田，公事畢然後敢治私事，此亦宜於古而不宜於今。近世人情日薄，誰肯先公而後私？

這是清代鑑於試行井田失敗的教訓而發的言論（當時在北平西北旗地曾試行井田），然而「宜於古而不宜於今」，卻不是由於「近世人情日薄」，而是由於社會組織和生產技術的不同。所以古代井田制度之壞，是一個一定的結果。在戰國以後，因為貧富的不均，富人大量使用著勞力。當時如呂不韋家僮萬人，嫪毐家僮數千人，張良家僮三百人。而《韓非子·外儲說左》也說：

夫賣庸而播耕者，主人費家而美食，調布而求易錢者，非愛庸客也，曰如此耕且深，耨者熟耘也。庸客致力而疾耘者，非愛主人也，曰如是羹且美，錢布且易得也。

又據《史記・王翦列傳》：

於是王翦將兵六十萬人。始皇自送至灞上。王翦行，請美田宅園池甚眾。始皇曰：「將軍行矣，何憂貧乎？」王翦曰：「為大王將有功終不得封侯，故及大王之嚮臣，臣亦及時以請園池為子孫業耳。」始皇大笑。王翦既至關，使使還請善田者五輩。或曰將軍之乞貸亦已甚矣，王翦曰：「不然，夫秦王怚而不信人，今空秦國甲士而專委於我，我不多請田宅為子孫業以自堅，顧令秦王坐而疑我耶？」

到了漢代，如蕭何為避免皇帝的疑慮，「強買民田宅數千萬」。又據說：「蕭何買田必居窮僻處，曰：令後世賢師吾儉，不賢，毋為勢家所奪。」後來，景武時代，淮南王安的子女「擅國權，奪民田宅」，衡山王賜「數侵奪人田，壞人塚以為田」。灌夫陂池田園遍潁川，潁川兒歌之曰：「潁水清，灌氏寧，潁水濁，灌氏族。」武帝舅田蚡，竟兼併及於舊勢家竇嬰的田地，「嬰大望曰：老僕雖棄，將軍雖貴，寧可以勢相奪乎？」而公孫賀亦「倚舊故（漢武帝為太子時，賀為舍人），乘高勢而為邪，興美田以利子孫賓客」。寧成以為「仕不過二千石，賈不至千萬，安可比人乎？」「乃貰貸陂田千餘頃假貧民，役使數千家……致產數千萬。」《漢書・食貨志》說：「在武帝之初……罔疏而民富，役財驕溢，或至并兼。豪黨之徒以武斷於鄉曲。」其實并兼的現象，還是從達官貴人領導出來的。政府對於有勢位的沒有辦法，那就對於一般富人也不會有辦法。

武帝的初年，董仲舒已看出這個問題的嚴重性了。《漢書・食貨志》董仲舒說上曰：

至秦則不然，用商鞅之法，改帝王之制。廢除井田，民得買賣。富者田連阡陌，貧者無立錐之地。又顓川澤之利，管山林之饒，荒淫越制踰侈以相高。邑有人君之尊，里有公侯之富，小民安得不困。……或耕豪民之田，見稅什五。故貧民常衣牛馬之衣，食犬彘之食。……漢

> 興循而未改，古井田法雖難卒行，宜少近古，限民名田以贍不足，塞
> 并兼之路，鹽鐵皆歸於民，去奴婢專殺之威，薄賦歛，省徭役以寬民
> 力，然後可善治也。

這在當時可謂空谷足音。然而當時並未發生什麼影響。一直到哀帝嗣位，師
丹建言：「今累世承平，豪富吏民訾數鉅萬，而貧弱愈困，……亦未可詳，宜
略為限。」天子下其議，丞相孔光、大司空何武，奏請：「諸侯王列侯皆得名
田國中，列侯在長安，公主名田縣道及關內侯吏民名田皆毋過三十頃。諸侯
王奴婢二百人，列侯公主百人，關內侯吏民三十人。期盡三年，犯者沒入官。」
「時田宅奴婢，賈為減賤，丁傅隆貴，董賢用事，皆不便也，詔書且須後，
遂寢不行。」這裡可以看出當時達官和貴戚對於當時土地政策是如何的妨害。

　　到了王莽篡位，在始建國元年下詔說：

> 古者，設廬井八家，一夫一婦，四百畝，什一而稅，則國給民富而頌
> 聲作。此唐虞之道，三代所遵行也。秦為無道，厚賦稅以自供奉，罷
> 民力以極欲。壞聖制，廢井田，是以兼併起，貪鄙生，強者規田以千
> 數，弱者曾無立錐之居。又置奴婢之市，與牛馬同欄，制於民臣，顓
> 斷其命。姦虐之人，因緣為利。……漢氏減輕田租，三十而稅一，常
> 有更賦，罷癃咸出，而豪民侵陵，分田劫假，厥名三十稅一，實什稅
> 五也。今更名天下田曰王田，奴婢曰私屬，皆不得買賣，其男口不盈
> 八，而田過一井者，分餘田予九族鄰里鄉黨，故無田今當受田如制度，
> 敢有非井田之制，無法惑眾者，投之四裔，以禦魑魅。

　　顯然的是董仲舒只言應當限田，不言如何限田，師丹、孔光及何武是有
一個具體的辦法，但是貴族的田地可以多到三十頃，奴隸可以多到二百人，
仍然相當的寬。到王莽的限田，便成了男口不盈八，田不得過一井。但最後
因為「坐買賣田宅、奴婢、鑄錢，自諸侯卿大夫至於庶民抵罪者不可勝數」，
經中郎區博的諫言，王莽採納了他的意見，下詔稱：「諸名食王田皆得賣之，
勿拘以法，犯私買賣庶人者，且一切勿治。」除了王田買賣之禁，於是井田
就成為具文。到地皇三年，再除井田、奴婢、山澤、六筦之禁，王莽的政權
也就瓦解了。

　　王莽的失敗，問題並不簡單，施行管制經濟總會失敗的；土地改革的失敗，也屬於他失敗的一種。但還可以說一個比較概括的話，便是他對問題的嚴重性雖然注意到，對於問題的本質卻沒有弄清楚，而推行了一個內容不切實的方案，自然會遇到意外的阻力。

　　光武帝即位，頗致力於民庶的妥輯。但光武微時自己就本有田地。在貴戚之中，樊宏有田三百餘頃，郭氏有田宅財產四百萬，陰氏有田七百餘頃。在功臣之中，富有的如耿任、李通、祭遵、劉植、寇恂等也都是富室。建武十五年曾經有一次度田，但當時坐度田不實，郡守下獄死的有十餘人。據《後漢書・劉隆傳》言：

> 是時天下墾田多不以實，又戶口年紀互有增減。十五年詔下州郡，檢覆其事，而刺史太守多不平均，或優饒豪右，侵刻羸弱，百姓嗟怨，遮道號呼，時諸郡各遣使奏事。帝見陳留吏牘，上有書，視之，云：「潁川弘農可問，河南南陽不可問。」帝詰吏由趣，吏不肯服。祇言於長壽街上得之。帝怒。顯宗（明帝）時爲東陽公，年十二，在幄後言曰：「吏受郡敕，當欲墾田相方耳。」帝曰：「即如此，何故言河南南陽不可問。」對曰：「河南帝城多近臣，南陽帝鄉多近親，田宅踰制，不可爲準。」帝令虎賁將詰問吏，吏乃實首服，如顯宗對。於是遣謁者考實，具知姦狀。明年隆坐故下獄，其疇輩十餘人皆死，帝以隆功臣，特免爲庶人。

可以說雷厲風行了，但是這僅僅是爲的度田來核實賦稅，還沒有注意到土地問題，並且東漢一代也始終沒有注意到土地問題（雖然光武對於解放奴隸卻非常努力的）。

　　據《漢書・霍光傳》說：「（霍）山曰：『……諸儒多竇人子，遠客饑寒，喜妄說狂言，不避忌諱，大將軍常雠之。今陛下好與諸儒生語，人人自使書封事，多言我家者。』」這表示著西漢的儒生多出身貧戶，也就表示著西漢功臣子弟大都不學。但到東漢卻不同了，東漢功臣本多近儒（見趙翼《廿二史劄記》），而儒生的後人如楊、袁各家也世爲宰相。至於九卿州牧郡太守以下，那就累世做到的更是數不清。在後漢一代，各地的顯宦和孝廉的選舉，更是互爲因果的由幾家包辦。這樣一天一天的下去，就變成了學術之家，就是官

吏之家，也就是地主之家。在東漢時代尙有貧窮出身的人如黃叔度之流，再
到了曹魏之後，因爲天下流移，用九品中正的選舉法，加深一層世族的把持。
到了西晉末年之亂，天下流移更深一層，流民託庇於大族，變成了農奴，而
在政治上世族的勢力也就更深了一層。倘若不是世族，決不會有政治和社會
地位，土地政策更談不上了。北朝因爲地廣人稀，還不很顯著。在南朝卻就
不得了。我們看一看《晉書·刁協傳》，《宋書》〈謝弘微傳〉、〈沈度之傳〉、
〈謝靈運傳〉，都可以看出當時莊園的規模是如何的大。

　　這樣狀況之下，只有在世族把持比較還輕的北朝才有人敢說到。在魏孝
文時，一個有名的奏疏，才引起後來均田的制度。《魏書·李安世傳》云：

> 時民因饑流散，豪右多有占奪，安世乃上書曰：「……竊見姑郡之民，
> 或因年伶流移，棄賣田宅，漂居異鄉，事涉數世。三長旣立（三長是北
> 魏的保甲制度），始返舊墟。……強宗豪族，肆其侵凌。……愚謂今桑井
> 難復，宜更均量。審其經術，令分藝有準，力業相稱。細民獲資生之
> 利，豪右靡餘地之盈。……及所爭之田宜限年斷，事久難明，悉屬今
> 主。然後虛妄之民絕望於覬覦，守分之民永免凌奪矣。」高祖深納之，
> 後均田之制起於此矣。

後來的均田（魏太和九年，東魏末年及北齊河清三年，北周文帝輔政時）便是注意到
產權不清的田，給以比較公平的解決，但對產權清晰的，並不在均田制度之
列。所以均田一事，並不是北朝全部耕地都能包括的，並且除了丁男受田丁
女受田的一半，有奴隸的也可以受田，甚至有耕牛的也可以受田。這樣所謂
均田便不能成爲一種公平社會政策。這樣下去，到了唐代均田就名存實亡，
五代至宋就不再有均田了。

　　中國古代始終是一個以帝王爲中心的君主專制國家，無論一個怎樣的賢
君聖主，決不會置皇親國戚的利益於不顧。井田制度雖然不是一個適合於理
想的制度。但儒家所設想的井田制度，卻是要組成一個真正的小農社會。董
仲舒和師丹提出的限田，及王莽的王田，都從儒家的理想出發。後來李安世
的發動均田，仍然是儒家的理想。只是這些辦法沒有一個同時能切合於理想
和事實的。因爲限田本未實行，就是實行了，也只能算作土地改革的一個最
初步驟，去理想還遠。王莽的井田和王田制度，王田實在是井田的初步，王

田（禁買賣田地，一律算為國有）已經不能推行，那井田也不過是些少數的實驗場，或者徒託空名罷了。均田制度是一個推行過的制度，但是這個制度的理想是只管有問題的土地而不管無問題的土地，那就理想程度，不惟不及王莽，並且不及師丹，就算推行很好，等到有問題的土地全沒有問題，那就無論如何不平均也不過問了。

不論井田制度原來是一個什麼形態，到了儒生理想之中，他們自然要希望有一套定太平之法。所以儒生井田制度的精神應當是：

(1)在一個國家之中，全部耕地的分配，應當是有一定面積的小單位農場。

(2)每一個單位農場的耕作者應當做到耕者有其田。

(3)每一個單位農場應以容納以一夫一婦的小家庭為限。

(4)農民應以勞力代地稅。

除去第四點在精耕制度之下，是一個不可能的幻想之外，前三點都有其實行的可能性。然而問題卻也並不簡單。除去專制政體貴冑當權是一個根本阻礙之外，縱然實行以後，也還有若干問題，例如：

(1)耕地的增加決不能和人口的增加相適應，所以設想以農業解決全部國民的職業問題是一個錯誤。

(2)農場不容許分割，是維持小農場生存的基礎，然而儒生言論中並未強調這一點。

(3)農場的領有當然可以做到耕者有其田，但假如農場主人發生特殊事故而不能工作時，為情勢所迫，當然會租給別人。這是法令禁止不容易生效的。法令一定要禁止，也會發生黑市的租佃。假如發展下去，自會發生地主和佃田戶的關係。所以只要承認私有財產，便不能取消租賃的事實，只是租金的數目應當使他合理罷了。「或耕豪民之田，見稅什五」，當然不對。再減去四分之一，亦嫌減得微薄。惟一合理的辦法是年租金至多不得超過年收穫量十分之一。但這種情況，以及實行的步驟，卻仍然不被注意。

解決了這三點之外，再加上一個常被人注意的兼併問題，才能維持自耕小農場的存在，然與從戰國、漢以來的理想卻還是虛懸著，一定經過了二千多年。

簡牘中所見的布帛

漢簡中屢見關於布帛的記載，例如：

> 任城國亢父縑一匹，幅廣二尺二寸，長四丈，重廿五兩，直線六百一
> 十八（背文爲□□元——見敦煌漢簡）

這幾個字即寫在縑上。王國維在《流沙墜簡》一書中考釋云：

> 案：任城國章帝元和元年建，亢父其屬縣也。縑者，《説文》云並絲繒
> 也。幅廣二尺二寸爲幅，長四丈爲匹。鄭注〈鄉射記〉（《儀禮》）云：「今
> 官布幅二尺二寸。」《説文》：「匹，四丈也。」《淮南・天文訓》：「四
> 丈而爲匹。」則漢時布帛修廣，亦用此制也。直錢六百一十八者，亦
> 漢時縑價。《風俗通》所謂：「縑直數百錢，何足紛紛者也。」又《後
> 漢書・光武十王傳》：「順帝時羌虜數反，任城王崇輒上錢帛佐邊。」
> 故任城之縑，得遠至塞上歟？

今案該書〈食貨志〉引《古記》云：「太公爲周立九府圜法，布帛廣二尺二寸
爲幅，長四丈爲匹。」此周制亦與漢制相同。只是漢代尺度每尺只有二十三
公分合市尺六寸九分，周尺應當更小罷了。

在居延漢簡之中，亦有許多涉及布帛的記載，例如：

> 出廣漢八稷布十九匹，八寸大半寸，直四千三百廿，給吏秩百一人。
> 元鳳三年正月盡六月，積六月。
> 始元三年三月丙申朔丁巳。□□嗇夫定世敢言之……□□二百卅七匹
> 八尺，直廿九萬八千一百。

> 出河內廿兩帛八匹一丈三尺四寸大半寸,直二千九百七十八,給使史
> 一人。元鳳三年正月盡六月,積八月少半日奉。
> 帛千九十匹三尺五寸大半寸,直錢卅五萬四千二百。
> 今母餘河內廿兩帛。
> 入各餘十稯布。

以上一類的,尚有多條,具見於我所做的〈居延漢簡釋文〉,器物一項之內。
爲避免徵引重複的太多,現在不再一一舉出。可見漢代記述布帛之制,是有
長短、粗細、價值、產地各項。長短屬於匹法,粗細屬於縷法。今即就匹法、
縷法、價值、產地四項分述於下。

一、匹法

在敦煌簡中記布廣二尺二寸,長四丈,和漢代的各種記載相同,可徵此
種匹法,在當時爲定制。這種制度在南北朝時,依然行用,只是南北朝時尺
度已經增大,所以數量的記載上雖然相同,而布帛的實際闊度及長度上卻並
不是相同的。

據《魏書·食貨志》:「舊制民間所織絹布,皆幅二尺二寸,長四十尺爲
一匹,六十尺爲一端。任令服用後,乃漸至濫惡,不依尺度,高祖(孝文帝)
延興三年秋七月,更立嚴制,令一準前式。」王國維〈釋幣〉對於這一段有
一個解釋說:「案《初學記》引此條作皆幅二尺二寸,長四十尺爲一端,四十
尺下,明明脫『爲一匹,六十尺』六字。《通典》所引與《魏書》同。唯《孫
子算經》乃云五十尺爲一端,四十尺爲一匹。此書本出魏晉間,乃所言與唐
制同。疑李淳風注釋時,以唐人通習此經,慮人以古制爲今制,故改之歟?」
這是說,幅數及匹法仍舊,但另外加了一個一匹半的標準,就是端。自然端
的名稱是曾在早期見過的,但卻未曾嚴定爲一匹半。

又據《宋書·沈慶之傳》:「慶之年八十,夢有人以兩匹絹與之,謂曰:『此
絹足度。』寤而告人曰:『老子今年不免矣,兩匹八十也,足度,無盈餘矣。』
是歲果卒。」這也是南北朝時期,以四十尺爲匹的一個證據。

到唐代,以四丈爲匹,五丈爲端,絹以匹計,布以端計。《唐六典·金部
郎中員外郎》條下:「凡縑帛之類,必定其長短廣狹之制,正匹屯綟之差。」

注：「羅、錦、綾、段、紗、縠、絁、紬之屬，以四丈爲匹，布則五丈爲端。」
這種帛法以四丈爲度，布法以五丈爲度，是和前代不同的。又據王國維〈釋
幣〉所考，自北朝以後，匹法常常不依定制，隨時增減。宋時匹法長至四丈
二尺，再按尺度之增，則較前又多了三分之一，金元以後，廢絹布之征，其
修廣始無一定。

端的名稱早已經有了，但古制如何，現在並無確證。《鹽鐵論・力耕》：「今
中國一端之縵」；端與匹的關係如何，未曾說到。至於《左傳》昭二十六年：
「齊侯將納公，命無受魯貨。申豐受女賈，以幣錦二兩，縛一如瑱，適齊師。」
杜《注》：「二丈爲一端，二端爲一兩，所謂匹也。」《周官・媒氏》的鄭玄
注及《小爾雅》，亦以二丈爲端。此皆是漢魏時人解釋的古制，雖然不見得就
與古制相合，但漢季及魏初的人所認的端，是指的「二丈」，決非南北朝的六
丈，或唐代的五丈，是可以斷定的了。此外在居延漢簡中，明白的以匹來計
算布，因此唐人以匹計帛，以端計布，非漢制所曾有。

二、縷法

漢代人的帛和布的縷法是不相同。帛以兩計，就是按照輕重來計算。布
以稯計，就是按照粗細來計算。以輕重來計帛之法，直到現在四川本地的土
織綢帛，尚如此算。布以稯計的稯字見於《說文》：

> 布之八十縷爲稯，五稯爲稊，二稊爲秅。

又稱爲緵，《史記・景帝紀》云：

> 復元二年……今徒隸衣七緵布。」張守節《正義》：「緵，八十縷也。」

稯與緵，禮經中皆稱爲升。《儀禮・喪服傳》云：

> 「冠六升」，鄭《注》：「布八十縷爲升。升字當作登，登成也。今之禮
> 皆以登爲升，俗誤已久矣。」

布的升數本所以辨吉服和凶服。吉服細，凶服粗。雷鐏的《古經服緯》，隱括
〈喪服傳〉的大意說：

五等者，斬、齊、大功、小功、緦、衰；十有三者，斬衰，正服三升，義服三升半；齊衰，降服四升，正服五升，義服六升。緦衰，四升半。大功 ，降服七升，正服八升，義服九升。小功，降服十升，正服十一升，義服十二升。緦則降義服，皆十五升，抽其半。

其子雷學淇注曰

此一節述喪服五等之名，及衰服十三等之異也。斬、齊、大功、小功、緦，見〈喪服篇〉。此以人功裁製，及布縷之精粗別也。蓋未成布者，縷極疏，故以裁製之法分輕重。既成布者，縷少密，故以人功之多寡為等差。〈喪服傳〉曰：「斬者何？不緝也；齊者何，緝也。」賈《疏》云：「緝則今謂之緶。」今按緝者，齊也。凡布之屈斷處，屈績其邊而齊縫之，使縷不脫，是之謂緝。斬衰之帶下足，及衰負適裳之斷處，皆不緝，故曰斬；齊衰以下，則無不緝者矣。四服（齊、大功、小功、緦）皆緝，而齊衰得緝名者，齊衰自四升至六升，雖疏未成布，精已可緝，且以見斬衰之創鉅痛深，衣極疏之物，不可緝亦不遑緝也。大功以下成布，已鍛而灰之漂製，其可緝自不待言，故止以人功之粗細分之，不須更言裁製耳。同此，二尺二寸之幅，大功則五百五十縷以上，小功則八百縷以上，其功之有閒可知。至於緦之升數，雖反少於大功正服，而布縷之精細則與絲無殊，是不但灰而鍛之，而且有事其縷矣。故以為喪服最輕者。——此則五等之所由分也。

這裡闡明的是從喪服的等次，以見布的等次。布的等次從兩種性質來分，第一是粗細，第二是生熟。凡最粗的布也就是最生的布，到了細布，也就漸次的漂製起來。再說到縫工，最重的孝服，用的是最粗而生的布，衣邊也不加縫績，到了次重的孝服，衣邊也就縫績起來，再向輕處來說，衣邊也就沒有不加縫績的了。這還是就孝服而推，一般人所穿的布當然是細布，漂過，而且是縫績衣邊的。

關於布的粗細的標準是以縷來計的，照《儀禮・喪服傳》的《正義》說：

緦者，十五升抽其半者，以八十縷為升，十五升千二百縷，抽其半六百縷。縷粗細如朝服，數則半之。可謂緦而最輕也。

這是說總服所用的布紗，和常服的布紗，是一樣的粗細，只是總服的稀密只及常服的一半，所以總服的布只是一種稀布，而並非粗布。總服布縷雖較細，因為布稀，若以升計，仍然七升半。前引漢簡中的八稷布和十稷布，為的是給吏奉的，按理應屬於吉服而不屬於凶服。但仍然不算緻密，其中原因是應當加以推究的。現在推索當時的可能，或者由於邊郡寒苦，只能在平時服用凶服的布。從《史記‧景紀》徒隸服用七稷布可以推知。再就當時塞上情況來說，大都在冷僻之地，並不繁榮，衣服只求保暖，也用不著任何裝飾的意義。

三、價值

再就各簡中看布帛的價值，有：
(1)廿五兩縑一匹，直六百一十八。
(2)廿兩帛八匹一丈三尺四寸大半寸，直二千九百七十八。
(3)八稷布十九匹八寸大半寸，直四千三百廿。
其數均有奇零，未能適盡，可能是由於各匹中購價不一致的關係。就大致的平均數來說，大致為廿兩帛每匹三百六十，八稷布每匹二百二十。

四、產地

再就布帛的產地來說。帛的產地為任城及河內，布的產地為廣漢。當然這只是就已發現的文獻而言，當然不能代表漢代布帛的全部產區，不過就一般情形來說，巴蜀區域及黃河三角洲區域，不僅是布的產區而且是帛的產區（見《中央研究院歷史語言研究所集刊》第五本，拙著〈兩漢戶籍與地理之關係〉），邊郡的布帛不夠用，自需要大量的布帛從別處運去。所以從任城運至敦煌的帛，甚有為任城王宗所輸去的可能性，但若說有必然性，尚無從懸斷。此外還有一點，即絲和麻都是中國的產品，尤其是絲，更為中國的專利品。但這兩項的產品，卻長期排斥了一個最經濟而在中國相當適宜的產品——棉花。中國棉花的種植，要在南宋晚期才到長江流域，到元代才到北方。這件事對於中國經濟問題的影響是非常鉅大的。

中國古代的民間信仰

　　人類團體性的發展，依照比較落後的社會以及猿類的生活來比較，最先應當以家族（family）血親的團體爲主，然後擴充成氏族（clan）及部落（tribe）。在成爲部落以後因爲婚姻上有內婚外婚的種種差別，而世代上又有父系母系的種種差別，加上部落間和平與戰爭的不同關係，都會影響到部落中組織上及性質上的變化。演變的結果，部落擴大，成員間血親的關係減低。等到發展成爲城邦的時候，城邦內的公民自然不會專以血親爲限。只是城邦的政治若是一個君主政治，那麼在王族之中，還會保留特有的氏族形式。

　　在這個氏族之中最重要的事，當然是祭祀及戰爭（包括狩獵）[1]。本文對於戰爭部分涉及的不多，本文中主要討論的是祭祀，所以在此只把祭祀大略敘述一下。祭祀部分，大致可分爲兩組，第一是對於祖先的祭祀，第二是對於

1　陳槃先生説：「案成十三年《左傳》：『國之大事，在祀與戎。』是祭祀與兵戎爲早期社會中最重要之事。《左傳》此言，古義之孑遺也。然祭祀、兵戎、狩獵三者，其間亦自有互相連帶之關係。蓋古者國君以狩獵所獲之牲供祭祀之用（襄三十年《左傳》：『豐卷將祭，請田焉。子産弗許，曰：唯君用鮮。眾，給而已。』杜《解》：『眾臣祭，以芻豢爲足。』又昭四年《傳》：『楚子合諸侯……宋大子佐後至。王田於武城，久而弗見。椒舉請辭焉，王使往，曰：屬有宗祧之事於武城……敢謝後見。』國君親田供祭，此其例），而狩獵同時亦有講習軍事之作用，故《白虎通·田獵篇》曰：『王者、諸侯所以田獵者何？爲田除害，上以共宗廟，下以簡集士眾也。』又曰：『王者祭宗廟，親自取禽者何？尊重先祖必欲自射，加功力也。』然此言『王者諸侯』，言『簡集士眾』，是爲封建社會説法，而於古義已不無相當距離矣。若在初民社會，則止舉祭祀、戰爭可矣，而狩獵自亦在其中矣。拙著〈古社會田狩與祭祀關係篇〉重定本詳之。」（《中央研究院歷史語言研究所集刊》第36本）

自然神的祭祀，當然這兩組祭祀之分也並非盡然明朗的，因爲祖先也許可以和自然現象相關涉。例如社字本作土，是土神，稷是農神，但商代祖先相土就是社神，而周代的祖先棄，則成爲后稷，也就是農神。其中重疊交錯的情形，也未嘗沒有。所應當注意到的，只是這兩組的祭祀功能上各有不同。對於祖先的祭祀，是和宗廟制度、宗法系統互相聯繫的；對於自然界神祇的祭祀，則不與廟制相關。

祖宗的祭祀，據《禮記‧王制篇》和〈禮器篇〉，都說天子七廟，諸侯五廟，大夫三廟，士一廟，庶人祭於寢。這裡所說的廟制，是指一個一個的單獨的建築，天子祭七代，共有七個廟，這七個廟，是太祖一個廟，其他六個廟分屬六個世系，在太祖廟的左及右排列著，左邊的廟叫做昭，右邊的廟叫做穆。因爲受到數目上的限制，等到祖宗數目超過了七代的時候，那就太祖次一代的廟要讓出來，以後六代的神主依次推進，更換昭穆。換下來的那一代神主，遷到太祖廟的後殿祭祀，不再立廟。這就叫做「祧廟」之制。

這種限定數目的廟制，只是儒生講禮的一種理想，儒生是希望把天子的享受以至於生活一律加以限制，免得過分浪費國家的稅收和人民的財富。許多制度雖然是根據舊有的事實造成，可是和舊有的事實並不完全符合。這種限定數目的廟制，晚周是否實行過，現在雖不能定說，可是和商制不符，和周初之制也不相合。到了漢代，一直到成帝時期，才開始實行，又因爲有許多困難之處，終於廢止了。只有一般庶人，對於上一代沒有完全的世系記錄，這才會限制到祭祀少數世代的祖先。

的確，立廟太多，這種祭祀的負擔，對於物資的消耗還算有限，對於時間上的浪費，卻是無窮。倘若祭祀太多而必需家主自祭之時，那麼家主固定的主要工作是祭祀，其他的事反而成爲次要了。依董作賓《殷歷譜》所安排的商代祭祀系統來看，在商代一年中王所要祭的日子，要占一年中的大部分，倘若真的如此，那就祭祀的廢時失事，要成爲國家衰廢的原因之一。周、漢以來，天子自己也許不會這樣只把時間用在祭祀。可是看一看漢代的太常是「一年三百五十九日齋，一日不齋醉如泥」，可見一般祭祀的頻繁，已達到可驚的狀態。當然，漢代的祭祀和商代不同，商代是祖宗祭祀非常頻繁；漢代卻是祭祀自然神祇的特多，祭祖的次數已經減少。不過無論如何，就祭祀的總數而言，仍是失之於太多的。

　　因爲古代是階級的社會，帝王、貴族和平民，在一切方面不會平等的，祭祀方面也有不同的等次。依照《禮記・曲禮》上說：天子祭天地，祭四方，祭山川，祭五祀（春祭戶，夏祭竈，季夏祭中霤，秋祭門，冬祭行）；諸侯祭其國所在的方位，祭山川，祭五祀；士祭他的祖先[2]。這裡只說了一個大略，還有不甚充分的地方。其實，五祀和祖先，從天子以至庶人都要祭祀的，並沒有什麼等級，只是祖先的祭祀，貴族有廟，平民無廟。五祀外，還有社的祭祀，天子和庶人都要參加，所不同的，天子和諸侯的社是國社，大夫的社是鄉社，士和庶人就只好附入在大夫領導之下去祭了。至於天地山川，那才不是大夫以下所應當祭祀的。

　　當然，古代的祭祀是屬於多神崇拜的性質，其所祀的神當不只這一點。照《尚書・堯典》所說，天子要「肆類於上帝，禋於六宗，望於山川，遍於群神。」上帝指天而言，六宗指上下四方共六個方位[3]，山川指天下各處代表的山川，群神包括五祀和其他，這就範圍甚廣了。照《禮記・郊特牲》所說，還有八種蜡祭，即：(1)先嗇（發明農業之神），(2)司嗇（先代掌農之官），(3)農（古代的農人），(4)郵表畷（郵，郵亭；表，標識；畷，田畔），(5)貓虎（因爲除田中的害獸），(6)坊（堤），(7)水庸（水溝），(8)昆蟲（田中的害蟲，祭害蟲欲其不害田稼）。再按照《禮記・月令》，天子或后妃還要祀高禖（給商代送子的燕子）、大雩（祈雨）、祈年，以及四季之神，句芒、祝融、后土、蓐收、玄冥等神。其未曾道及的，一定還有不少。所以天子所祭的神是非常多的。不過這些神一定禁止平民私祭，當然也不一定能完全辦到。所以除去郊天封禪等規模宏大的以外，一般平民所祭的神，只要經過男巫或女巫的允許，那就什麼神也

2　楊聯陞先生認爲中國的祖先崇拜也是一件重要的事，文内還應加強，楊先生說到例如令尹子文「鬼當欲食」，以及後漢「魂歸太山」（按見於《三國志・烏桓傳》及〈管輅傳〉）等都應提及的，此外例如《楚辭》的〈招魂〉、〈大招〉等也說到楚國人對於靈魂的觀念。

3　陳槃先生說：「六宗，僞孔《傳》（王肅同）、歐陽、大小夏侯、孔光、劉歆、賈逵、馬融、鄭玄、張髦、司馬彪等，說各不同（詳《正義》）。《正義》引歐陽、小大夏侯《尚書》說並云：『所祭者六，上不謂天，下不謂地，旁不謂四方，在六者之間，助陰陽變化，實一，而名六宗矣。』（《周禮・大宗伯・疏》據《五經異義》引作：「六宗者，上不及天，下不及地，傍不及四時，居中央，恍惚無有，神助陰陽變化，有益於人，故郊祭之。」）『四時』，《禮記・祭法・疏》引作『四方』。」

可以祭。依照《楚辭》的〈九歌〉，雖然地域是中國的南部，而且時代是在戰國中期，但從其範圍的廣泛來看，也可見平民的祭祀，事實上也無法嚴格的限制。（至於〈九歌〉的性質，當於後面討論。）

就中「社」的祭祀是古代平民祭祀中最重要的一部分，擴大起來就成為一國之社稷。社的性質是比較複雜的，在本文以前已有許多的解說[4]，都是各有其理由和根據，但也不免把事實過分單純化一些，這是要鄭重說明的，中國古代的社，就性質方面概括的說，可稱為「某一個地區的保護神的廟宇或其他代表物」，以下再就這個界說加以解釋。

中國的華夏民族，雖然在《詩》、《書》時代好像已經形成了一個民族，但其形成經過還是非常複雜的，因而中國古代的一切制度和生活，就不可當作一些單純的、一元的事物來看。就社所包含的性質來說，它實在應當代表幾種不同文化的接觸與採取，因而形成了它的複雜性。就中如「社樹」「叢祠」「社壇」「社主」「社石」等等，就名稱上雖然都是社，但實質上是各有異同的，則其來源就不能輕率的認為出於一本。自周漢以來，社祠多依社樹。直到《大唐開元禮》，尚稱「應設饌之家先修理神樹之下」，以及「神社之席設於神樹下」，表示唐代的社依唐時的禮應當有樹。但到了現代，土地祠並不一定非有樹不可，據李玄伯和劉枝萬的調查，臺灣土地廟用樹的並不多[5]；此外陝西西安城內，各家門內都有「當坊土地」的小廟，卻並無樹；四川西部宜賓一帶鄉下，土地廟又往往依大樹而建。所以社和樹有某種程度的相關，卻不是普遍的社一定有樹。這種社不一定有樹的事，決非自近代開始，而是有樹之社和無樹之社是兩種不同的傳統。

甲骨文中社與土為一字，均作 Ⓞ 或 ⵌ，像地上有一個長圓物，或不規則形物，有的還在上面祭酒，這不是樹，因為甲骨中的草木不是這樣的畫法，最大的可能是石塊。依照《淮南子·齊俗篇》說：

---

4 見凌純聲，〈中國古代社之源流〉（《中央研究院民族學研究所集刊》第 17 期，1964）所引各家的意見。

5 李玄伯，〈臺灣土地廟的調查研究〉（《大陸雜誌》26 卷 10 期，1961）；劉枝萬，〈城隍廟與土地祠〉（《南投縣風俗志》4 卷 10 期，1961）。

有虞氏其社用土，夏后氏其社用松，殷人其社用石，周人其社用栗。[6]

彼此互證，意思都顯出了。依《淮南子》所說，夏代和周代立社的方式都是用樹，而商代卻是另外一個系統，這一點也正和傅斯年先生的〈夷夏東西說〉所稱周、夏是一個系統，而商另外是一個系統相符合[7]。這種在中國東部的文化，又似乎和中國沿海向北和東北走向白令海的巨石文化，在其地區上有若干相關之處。巨石（多爾門 dolmon）的性質和它的功用在現今尚不能完全明瞭，不過已知的都是作為墳墓或祠廟之用。商代的社和祖先的神龕（shrine）應當都是石做的。邢就和緣海的巨石文化大致是屬於相關的系統。

這種社祠的「石主」的分配大都是在中國沿海區域。《周禮·春官·小宗伯》[8]「帥有司而立軍社」，鄭《注》「社之主蓋用石為之」，賈公彥《疏》「案許慎云：今山陽俗祠有石主，彼雖施於神祠，要有其主。主類其社。其社既以土為壇，石是土之類，故鄭《注》社主蓋以石為之」。其實依照經籍的明文，周社實是用樹，鄭玄稱社主用石，可能是依照他自己親見的古社而立說，鄭玄是高密人，正是山東沿海地區。至於許慎所說的山陽，亦在山東境內，許慎是汝南人不是山陽人，他舉山陽為例來說明石社主，正表示汝南用的不是石社。

社的用樹和用石作社主，可能是出於不同的來源，也就顯示社的性質是各個區域各個部落（tribe）種種不同的保護神，商、周的政治中心，多少做過畫一的工作[9]，但因為牽涉到各民族（nation）中生活和信仰的問題，絕無法有效的徹底去做，所以地方性不同的形式，就在不知不覺中保留下去，一直到了漢代的時期。

國家的社，就是國家的保護神，其中包含的意義是很複雜的，在本篇中

---

6 世界版《諸子集成》本《淮南子》，頁 176。與《論語》「夏后氏以松，殷人以柏，周人以栗」稍有不同，但《論語》傳寫次數較多，或有誤字，且柏與松相應，石字不相應，故石的可能為大，這只是推測，還不能論斷。有了甲骨的土字作比證，那就差不多了。

7 事實上可能「夏、周、商」式的排列以外，還有非常複雜的分配方式。不過夏、周和商的文化，總是不同的。

8 藝文版《周禮注疏》，頁 293。

9 這就是所說的制禮工作。

不必多爲推論。但就民社來說，就文獻記載上去看，也是絕不單純。至少有以下各事[10]和民社有關的：

(1)土神

(2)穀神或農神

(3)獵神

(4)主晴之神

(5)主雨之神

(6)高禖

(7)以人配的社

　　以下再就各項加以解釋。土神和農神是相互關涉的，商的相土是土神也是農神，同樣的周的后稷是土神也是農神。至於獵神，因爲古代獵是和農田的區域一致的，所以田地的田字也就是田獵的田字。在社裡求晴和求雨，因爲和農事有關，因而也列爲社的範疇之內。所以董仲舒的《春秋繁露》七十五說「天生五穀以養人，今淫雨太多。五穀不和，敬進肥牲清酒，以請社靈，幸爲止雨」。這種情形一直到清代，甚至到民國初年，還在城隍廟求晴求雨，正是一貫的傳統。至於高禖和社的關係，在陳夢家據《禮記‧月令》說「中春之月，玄鳥至，至之日，以太牢祠於高禖」，是指社，並且還引據了幾條證據，不過他的論據至多只能說高禖是一種社，卻不能普遍的說社都是高禖。這種以特殊例證來概全體是不可以的[11]，所以這一項仍然可以存而不論。至於以人配的社，那是非常早的事，相土和后稷也是以人配社的例子，漢代燕齊之間爲欒布立社，號爲「欒公社」，更證明以人配社的事在一般平民中也是有的[12]。

　　戰國時期的史料因爲被秦始皇焚掉，存在的實在不夠。不過戰國時代和漢代政治方面的段落雖然不同，社會方面的變化，卻並不顯著。就社會方面的變化而言，戰國及漢代的區別，實遠比戰國及春秋間的區別爲少。所以用漢代的社會生活來證明戰國時代的社會生活，應當是可以的。因此從春秋到

---

10 詳見凌純聲前引書，頁 21-30。

11 陳夢家，〈高禖郊社祖廟通考〉（《清華學報》131 卷 3 期，1934）。

12 《漢書》（藝文版）37，頁 981。

漢，凡有關社事的，都應當可以舉出來比較[13]。

在魯莊公二十三年夏[14]，魯公到齊去觀社，曹劌諫說人君不可隨便行動。這次觀社的性質未曾說明白，杜《注》孔《疏》也未曾詳為解釋，按理來說，莊公這次旅行的目的是「觀」看熱鬧，並不在禮節之內，所以是「非禮的」。《論語》上說「鄉人儺，朝服而立於阼階」[15]。這種儺雖然稱為逐疫，但實際上和巫術和沙滿相關，所以也應為社的功能的一種。而這種巫術上的儀式，也正有熱鬧可看。比孔子為後而在戰國初年作成的《周禮》也有好幾處有關社制的，也很可用為參考。

《周禮・大司徒》說五家為比，五比為閭，四閭為族，五族為黨，五黨為州，五州為鄉[16]。《荀子》楊倞《注》引《周禮》說「《周禮》二十五家為社」，所以社和閭是相同的單位[17]。這一點《周禮》未曾說明而是漢代依《荀子》和《周禮》互證。不過其說有據，是不錯的，《周禮・地官・大司徒》下說到「社稷之壝」，而〈大司徒・封人〉下又說到掌「王之社壝」。其他散見

---

13 陳槃先生說：「莊公如齊觀社，《公羊傳》曰：『諸侯越竟觀社，非禮也。』《穀梁傳》曰：『觀，無事之辭也，以是為尸女也。』《集解》：『尸，立也，主為女往爾，以觀社為辭。』又鄭樵曰：『案《墨子》曰：燕之社、齊之社稷、宋之桑林，男女之所聚而觀之也（槃案：見《墨子・明鬼》下。「燕之社」，今本《墨子》「社」作「祖」。「桑林」下有「楚之有雲夢也」六字）。則觀社之義，《公羊》為長。』（《六經奧論》四〈三傳篇〉）竹添光鴻曰：『觀社猶觀蜡，皆因賽神之餘而相聚會以為樂，盡所謂一國之人皆若狂者。其源本於《周禮》，其後沿為民俗。今之廟會社戲，猶其遺意。蜡獨行於冬，社則兼春秋。……此周正之夏，乃夏正之春，所以有觀社之事。其必如齊觀者，齊富強而俗夸詐，習於田獵、馳騁、鬥雞、走狗、蹋踘，其社大抵稱盛，故得使客觀之以示侈：則所謂軍實者（槃案：襄二十四年《左傳》：「楚子使遠啓彊如齊聘，且請期，齊社蒐軍實，使客觀之」），亦飾軍容為游戲，而非先王之蒐明矣。又《風俗通》社南氏、社北氏，其先出自齊倡；鄭樵《氏族略》云：倡優之人，取媚酒食，居於社南北者，因呼為氏。然則倡優多馮社而居。蓋至唐、宋人小說猶有社火、社首之稱。社久為衰世男女徵逐之場，此又《公羊》以為外淫，而《穀梁》同譏為女往者歟？』（《左氏會箋》莊二十三年條）上引諸說合而玩索之，則于莊公觀社之性質，雖不中不遠矣。」

14 671B.C.，《左傳》（藝文版），頁 171。

15 《論語注疏》（藝文版），頁 90。

16 藝文版《周禮注疏》，頁 159。這是說鄉有一萬二千五百家，漢代一個大縣也不過這樣，當然是理想，不是事實。

17 《荀子・仲尼篇》（世界版）「與之書社三百」下，頁 67。

於〈夏官〉及〈秋官〉，也說到過社，雖然都是國社而非民社，但有民也就有社，則《荀子》楊《注》的閭社決非信筆而書的。

《禮記‧祭法》可能和《周禮》同時或者更後，其中說：

> 王爲群姓立社曰大社，王自立社曰王社，諸侯爲百姓立社曰國社，諸侯自立社曰侯社，大夫以下成群立社曰置社[18]。

這裡鄭玄《注》以爲「置社」是大夫聯合百家共立的社，其立社的家數又和楊倞所引《周禮》說的數目不同。不過這是不必懷疑的，因爲地區的不同，地區內的開發情形又各各不同，各地區的地理形勢也決不相同。社是由百姓們自己出錢建立的，事實上也無法由政府嚴格規定去限制數目，所以從二十五家爲一社到一百家爲一社，都有存在的可能。這類的置社，到漢代稱爲里社，也就是後代的當坊土地祠。誠然里制漢代是有的。社制和里制相當也是可以的。不過漢代一里的戶數，也無法分畫得那麼嚴格。

依照《漢書‧食貨志》引戰國初年李悝的論點，當時每石穀值錢三十[19]，社閭、嘗新、春秋之祠，年用錢三百。約合農家全年總收入的 6.67%，這也是一個不算太小的數目。不過這數目包括了宗教娛樂和社交的用項，所以不能說是非必需的。這種春社秋社經過了漢到唐宋，還一直相承不斷，例如唐王駕詩「桑柘影斜春社散，家家扶得醉人歸」，正表示古代的「拜拜」是爲著大家的歡聚。而漢簡中「對祠具」的雞和酒，也似乎正爲著社祭了[20]。

---

18 《禮記注疏》（藝文版），頁 801。

19 《漢書》（藝文版），頁 514，又按漢代穀價約石百錢。

20 〈漢代社祀的源流〉（《中央研究院歷史語言研究所集刊》第 11 本，頁 61）。又陳槃先生說：「案上巳是夏曆三月之第一個巳日。〈南都賦〉作『元巳』，亦是也。厥後則或以三日、或以上巳。洪亮吉考曰：『按沈約云，自魏以後，但用三日，不用上巳（案出《宋書‧禮志》）。今考魏以前亦有用三日者，束皙云「秦昭王三日置酒河曲」，是也。魏以後亦有用上巳者。《元和郡縣志》潤州上元縣鍾山：江表，上巳常遊於此；又《張華集》有〈上巳〉篇；潘尼〈上巳日帝會天淵池作詩〉；阮瞻〈上巳日作賦〉等是也。』（《洪北江全集‧卷施閣文甲集》二〈釋歲‧三月巳日〉條）案洪氏又引《太平御覽》稱：『崔寔《四民月令》，三月三日及上除采艾及柳悟。』（同上篇）『上除』即上巳（《山堂肆考》）。崔寔生當東漢末，是東漢時祓禊，亦三日、上巳並行不悖矣。至於少陵詩言『三月三日』者，其俗固淵原有自，其節物之意義亦與所謂『上巳』『元巳』者無殊，而日期則已有別矣。」

　　除社日以外還有「上巳」，也和社有類似的集體聯絡的功用，依《論語》曾點所說「暮春者，春服既成，冠者五六人，童子六七人，浴乎沂，風乎舞雩，詠而歸」，按照《續漢書・禮儀志》則爲「三月上巳，官民皆絜於東流水上，曰洗濯袚除去宿垢疢爲大絜」。魏晉以來，往往以上巳爲重要的盛會，如著名的〈蘭亭帖〉就是飲酒賦詩的詩序。彷彿是一個男子專有的佳節，但據《太平御覽》引《韓詩注》[21]說：「當此盛流之時，眾士與眾女執蘭拂除邪惡，鄭國之俗，三月上巳之辰……詩人願與所悅者俱往觀之。」而張衡〈南都賦〉也說：

> 於是暮春之禊，元巳之辰，方軌齊軫，袚於陽瀕。朱帷連網，曜野映雲。男女姣服，駱驛繽紛。[22]

那就「三月三日天氣清，長安水濱多麗人」[23]，決不僅僅是唐代才是那樣了。

　　以上所說的是百姓們的團體活動。就家庭而言，其中的祭祀還是以「五祀」爲最重要，五祀是中霤、門、戶、竈和行，已見前。其中以中霤爲最尊。《論語》[24]王孫賈（衛君近臣）向孔子暗示說「與其媚於奧，寧媚於竈」，孔子拒絕了他的意思，說：「獲罪於天，無所禱也。」奧就是指中霤，是一家最尊的地方，竈卻是一家之中工作最多的地方。這裡奧指衛君，竈指近臣。孔子卻提出了更尊的天，可能指天子，這就出於當時一般凡俗之士的意外了。

　　中霤據《禮記・郊特牲》所說的「家主中霤而國主社」[25]，看出是最重要的神。孔穎達《疏》說就是土神。這是表示著土神就一方來說，是以社爲主，而就一家來說，卻是以中霤爲主。中霤是全建築的中心。依照殷墟遺址的情形來看，王宮是長方形的木構建築，而百姓房子卻是圓形的坑穴。這種坑穴，上面一定有一個圓頂，和「蒙古包」類似，因而正和蒙古包可以比較。

21　《太平御覽》（新興影宋版）30，頁 264。

22　《文選》（藝文影胡刻），頁 49。

23　杜甫〈麗人行〉（世界版錢注《杜詩》，頁 17）。《御覽》30 引《風俗通》說：「禊者絜也，故於水上盥潔之也。」又引晉成公綏游禊賦「妖童媛女，嬉遊河曲，或濯纖手，或濯素足。」所以上巳的原意或爲洗濯的節令，而嬉遊當在其次。

24　《論語注疏》（藝文版），頁 28。

25　《禮記注疏》（藝文版），頁 489。

蒙古包的中央是有一個煙囪的，日光也可以射下來。正和中霤的地位相符。後代不再祀中霤，是因為中霤形式在後代建築中已不存在[26]，就被土神廟以及佛道的神像代替了。

以上所說的是關於正統的中國，亦即是北中國的情況，南部中國即楚國境內的地區，其信仰又不相同。依照《楚辭》中的〈九歌〉[27]，它原屬於民間信仰，是歷來公認的，而這一套信仰，就顯然形成另外一種方式。

〈九歌〉的次序為(一)東皇太一(二)雲中君(三)湘君(四)湘夫人(五)大司命(六)少司命(七)東君(八)河伯(九)山鬼(十)國殤(十一)禮魂。但〈九歌〉的章數是十一章。無論怎樣分合，無法把它做成適當的九章。自然依照汪中〈釋三九〉原則，也可以指九為虛指之數，古人稱九有時原不限於九。不過就《楚辭》各章本證，凡言九的都是限於九，而且還有一個〈七諫〉是明確的七章而不是九。那就不可以用偷懶的辦法來解釋了。

比較合理的懸擬，應當先明白《楚辭》是漢代的輯本，其中除去屈原和宋玉舊作而外，還有漢人的作品混入其中。在當時也許行格寫法不同，經過多次的抄寫，就可能不能分辨了。在〈九歌〉之中最可疑的，是〈河伯〉一章，不像楚人的作品。

就文章風格來看，是不容易分出來的。因為漢代去楚未去，仿製不難。但〈河伯〉一章卻自有其漏洞。(一)江、漢、沮、漳是楚邦之望。湘為江水支流，湘水洞庭為楚人所稱道是應當的。河的源流卻不在楚境。楚人無祠河之理。〈天問〉中雖有河伯，那是在那裡講故事，並不是他們日常崇拜的神明，至於漢代的人建都長安，涇渭為河的支流，情形就不同了。(二)〈河伯〉章說「登崑崙兮四望，心飛揚兮浩蕩」。在戰國時代所作的〈禹貢〉是說「導河積石」的，並無崑崙之說。至漢武帝始依古圖書名河所出曰崑崙[28]。以前學

---

26 這是就最大部分建築而言，在甘肅西部建築中，平頂房中部仍然有開一個露天的洞，不過此只是特殊的例子。

27 據《楚辭》(世界版，王逸注)，頁 33。

28 見《史記》123〈大宛列傳〉，又傳後太史公贊稱出於《禹本紀》，今《山海經》及《爾雅》均言及河出崑崙，大約是漢武帝以後據《禹本紀》加上去的，武帝以前神話上雖有崑崙，可能和河源是兩回事。又《山海經・海內東經》(藝文版，371-372)崑崙和大夏月支同在一節，又言崑崙山在西胡西北，可能這也是漢時竄入的。

者是不採用崑崙爲河源之說的。雖〈離騷〉有「遭吾道夫崑崙兮，路脩遠以周流；揚雲霓之晻藹兮，鳴玉鸞之啾啾。」也只說崑崙爲遠地，不屬於河。(三)〈九歌〉各章都各有各的特點，並不互相抄襲。只有〈河伯〉一章，一開首「與女遊兮九河，衝風起兮橫波」，和〈少司命〉「與女遊兮九河，衝風至兮水揚波」相類似。可是〈少司命〉章是中間的句子，而〈河伯〉章是在起首，是最重要的句子，這是表示〈河伯〉章的作者並非〈少司命〉章的作者，爲詞彙所限，只好借用〈少司命〉章現成的兩句，才容易寫下去。不過〈少司命〉章的九河是表示少司命的遠游，而〈河伯〉章卻真指就在九河。況「水揚波」比「橫波」爲生動。這種仿古人的舊作或者好些或者壞些，是自漢到六朝的常習，本不足怪。(四)〈九歌〉中設想的區域，都在湘楚一隅，而〈河伯〉章卻說「子交手兮東行，送美人兮南浦」。南浦在主要地方之東，那麼作歌地方就不會在江湘之浦，而是在長安一帶，也就不是戰國時的楚人歌誦了。

如其〈河伯〉章能證明爲漢人仿作，那〈九歌〉問題就比較可以簡化了。即最後一章禮魂不在〈九歌〉之內，它是一個總的頌辭，其他「九歌」是以〈東皇太一〉爲主，而作以下的排列，即：

	東君 (日神)	湘君 (水神)	大司命 (命運之神)	山鬼 (山神)
東皇太一 (上帝)				
	雲中君 (雨神)	湘夫人 (水神)	少司命 (命運之神)	國殤 (忠烈)

其中湘君和湘君夫人均是水神，而且〈湘君〉章說「令沅湘兮無波，使江水兮安流」，所以湘君是一切水的總水神，湘夫人只說「洞庭波兮木葉下」，應當只是湘水之神，所以〈九歌〉中水神已占了兩個，不應當再有別的水神（如河伯）了。

這種民間信仰和黃河流域的華夏有很大的不同。華夏民間的信仰以社爲中心，而楚國的信仰卻似以神巫(Shaman 沙滿)爲中心，另外的是齊國的八神，見《漢書‧郊祀志》[29]，祀天主、地主、兵主、陰主、陽主、月主、日主、

29　《漢書》(藝文版)，頁540。

四時主，那就可能是貴族崇奉的，不一定是平民所祀的了。

中國古代的神話

　　中國民族的神話不能說是貧乏的，就現有殘存的大綱看來，卻也相當的豐富，問題是在不夠詳贍。任何一種神話，都是找到幾句話，非常簡單的概略，再也不能向前追究，因而古代的神話就成了若有若無之間的情況。這種情形之下，我們決不能說古代中國人思想不豐富，因為在中國四周的民族，如古代日本、西藏、雲南的麼些、台灣的高山族，都曾有十分詳盡的神話被記下來，但漢人自己卻沒有。這並非漢人未曾有過，而是漢人各代有了更豐富的小說和故事，因而取代了原始神話。原始神話既然不再活在人的口頭上，就只剩下被書的注解所引據的幾段短短的概略了。

　　人類在社會中本來是喜歡說故事聽故事的，而講述的英雄故事，和聽話人的社會狀況也不會相差太遠，否則就不能了解，而必需加一番修飾了。就中國的小說而論，《三國演義》大略是從陳壽的《三國志》，再加裴松之《注》演繹而成，可是成書是明人依據宋人的平話，所以許多社會背景卻是宋代或明代的，與三國不同。《封神榜》是明人依據小說《武王伐紂書》的傳統演繹的，其中明代社會、明代思想及明代信仰的成分更多，幾乎和周初情況全不相干。尤其在民國初期鍾毓龍做了一本《中國神話演義》，他的確在下筆時還搜集了不少古代神話的資料，無奈他是一個熟讀章回小說的人，不僅對於文化人類學不曾理會過，就是對於希臘史詩、印度詩以及日本《古事記》也未曾下過一點工夫，所以寫出來的還是《西遊記》、《封神榜》式的近代背景，可見神話保存原來形式實在並非容易。再加上中國是一個歷史記載最完備的國家，歷史故事保存既多，就非常容易供給說故事的人需要，因而詳贍的神話也就難於保存下去了。

　　此外神話本來是非歷史的，如其以文學的眼光及人類學的眼光去欣賞，那就到處珠璣，如其以歷史的方法去批判，那就可能全盤荒謬。〈玄鳥〉、〈生民〉兩章故事，淵源甚早，原始性質甚為濃厚，但不可用考史眼光核實。《禮記・月令》「仲春之月玄鳥至，以太牢祀高禖」，宋陳澔《集說》云：

《詩》天命玄鳥，降而生商，但謂簡狄以玄鳥至之時，祈於郊禖而生契。
故本其爲天所命，若自天而降下耳。鄭《注》乃有墮卵吞孕之事與〈生
民〉注所言姜嫄履巨跡而生契棄之事，皆怪妄不經，削之可也。[30]

　　這些「怪妄不經」之處，正是其保存古說之處。陳澔的態度，正表示一
般經學家或一般歷史學家的態度。這種態度到了極端，就成了對於古代的材
料也用現實的眼光來衡量，許多寶貴的材料就不免被湮沒了。當然這種勉強
做成的，以及曲解而成的古史是逐漸形成的，不自近古開始。《尚書》〈堯典〉、
〈禹貢〉都是把神話處置以後留下來的影子。《左傳》世稱爲好談神怪，其實
就古代的標準來說，神怪的材料已經被《左傳》作者刪減，其中神怪故事都
是刪賸下的，即令有幾處新添的也是跟隨當時「講史」的風氣，而非其人特
別好怪的。無論如何，《左傳》這樣的歷史，對於神話保存上，也是害多利少，
因爲他講了許多有趣故事，把神話代替了，較早而非常帶原始氣氛的神話就
難以受人注意了。

　　中國原來是很多部族分占的，他們又各有各的語言和風俗，因而中國的
神話也會因來源不同而形成許多不同的支系，戰國以後，再把不同傳說混合
起來，表面上大致統一了，但其中不可挽救的矛盾，是仍舊存在的。爲了以
後說明神話的系統，現在先將民族的系統大致表解一下。自然實際的情形只
會比這個表解所舉的民族更多，情形更複雜，因爲資料不夠，只能加以簡化
了。此外，此處只爲解說神話，所以分畫的理由，也不能詳細的解釋。

　　現就大致的方位，把各民族表解如下：

　　（1）北狄系統

（2）華夏系統 —┬— 西系
　　　　　　　　└— 東系 —┬— 南系 —— 楚[31]
　　　　　　　　　　　　　└— 商

---

30 《五經讀本》（啓明版），第三冊，頁85。

31 楚仍算到廣義的華夏系統，因爲在公族方面，楚仍相傳和夏商爲同系，較徐嬴爲
　近。並且楚的南遷，似乎是一個民族的移轉，和吳越只是公族相傳爲華夏，而其
　民眾並非華夏的，又不相同。其中問題甚爲複雜，應參考殷墟發現、江淮及長沙
　文物，非本篇所能討論，今發現大凡如此。（對於各族依地區的分法，略參取傅斯
　年先生及徐炳昶先生、王獻唐先生的意見，不過實際上只有比這種分法更複雜的。）

(3)南蠻系統

(4)東夷系統

(5)吳越系統

　　華夏民族的一個特點，是他們的語言應當和漢、藏語系有關，因而他們的神話也就是用漢、藏語系的語言所說出來的神話。當然在這一系語言之中，當時彼此已經是語言的分別而非方言的分別了。至於北狄、東夷、南蠻和吳越在本篇中的假定，是認爲不屬於漢、藏語系。至於應屬於那些語言，現在卻還不能決定。

　　以下就神話的種類，擬就各項來敘述：

（一）天地開闢的神話

　　這是較爲晚出的，即所謂盤古開天闢地的神話，因爲到漢代才見於記述，就有人疑爲是借自南蠻，這是不對的。關於天地開闢的問題，在各民族的神話中甚爲常見。夏自己不會沒有，決不可以在未有充分證據以前就輕易斷定是外來的，而非中原各民族所原有。故事是這樣的，據說天地未開闢以前，天地是沌混的，後來天地分裂，盤古在其中誕生了。以後天一天高一丈，地一天厚一丈，盤古一天長一丈。從此天極高，地極厚，盤古極長。盤古既死，氣成風雲，聲爲雷霆，兩眼爲日月，四肢五體爲四極五嶽，血爲江河，筋爲地理，髮爲星辰，皮毛爲草木，……身之諸蟲化爲人類[32]。這當然是非常不經的，所以經史諸籍都未曾徵引。但這種想法卻比較原始，決非漢代人所能僞造。無論如何，即令不是十分普遍，也應當是中原區域之內，有些民族中固有的神話。

　　盤古傳說是盤古身上的蟲變成人類，但另一傳說，而可能更爲重要的傳說，是女媧摶土爲人的傳說[33]，這正和《楚辭·天問》[34]「女媧有體孰制匠之」相符。這是說女媧製造人，誰製造女媧？此外據《山海經·大荒西經》[35]「有神人十人，號爲女媧之腸化爲神，處栗廣之野」。這表示女媧的身體也和盤古

---

32 見《繹史》引《三五歷記》及《五運歷年記》。

33 見應劭《風俗通義》（《太平御覽》〔新興版〕78 引《風俗通》佚文），頁 472。

34 《楚辭》（世界版），頁 60。

35 《山海經》（藝文版），頁 422。

類似，化爲其他神人。雖然傳說殘缺已甚，但可見古代傳說中的女媧是衍生世界和人類的，並且她本身也變爲人和萬物[36]。所以在中國的「創世紀」中，女媧和盤古一樣，正是宇宙本身的代表，甚至於可以說盤古傳說正是女媧傳說的分支，只是名字不同罷了。

凡是未經整理過，寫到書上的故事，一定會有變化，女媧創世紀的故事也是一樣的。例如《淮南子‧覽冥篇》所說的，就多少有點不同：

> 往古之時，四極廢，九州裂，天不兼覆，地不周載，火爁炎而不滅，水浩洋而不息，猛獸食顓民，鷙鳥攫老弱。於是女媧鍊五色石以補蒼天，斷鼇足以立四極，積蘆灰以止淫水。蒼天補，四極正，淫水涸，冀州平，狡蟲死。顓民生，背方州，抱圓天。[37]

這分明是從衍生天地和人類的故事演變出來的。原來是衍生，到此變成爲「補」了。但是在這段故事，又顯示了若干其他重要故事的影子，尤其重要的是洪水神話。連帶著息壤的神話以及馴伏鳥獸的神話。這都是其他英雄神話中重要的節目。

洪水神話是創造天地，造人造萬物以外的另一種重要神話，是一個普遍及於全世界的神話。它的背景目前尚不能知道，不過非常可能的是在蒙古、高加索，及玻利尼西亞等種族尚是一個人種的時候，這個傳說已經開始了。所以洪水故事即令有真的背景，也在幾萬年或一二十萬年以前，不會像傳說中的歷史，把它擺在西元前三千年左右那樣的晚近[38]。

但是因爲夏代是華夏民族一個重要的朝代，夏代神話式的祖先，禹在華夏一支傳說中是治水的英雄[39]。所以夏禹治水成了一個正統的傳說。但從各

---

36 《楚辭‧天問篇》王逸《注》言「一日七十化」，就是化爲萬物。（又女媧還有蛇身的傳說，這可能是由於敘述神話的那個部落，他們的族徽是蛇，因而轉變成的。）

37 《淮南子》（世界版，《諸子集成》本），頁95。

38 這是指中國歷史把它放在堯舜時候。

39 卻又不是創世的神，這和女媧鍊石補天的故事範圍又不相同。此外在《淮南‧天文篇》還有一個共工觸不周山的故事。一般人是把〈覽冥篇〉故事放在一起的，魯迅小說《不周山》即據此兩篇，他的文辭能脫離舊小說窠臼，進入了原始的興味，只可惜還把女禍故事放得後了。

支神話的殘餘看來，大禹治水的故事也不過是各支神話中的一支罷了。

(二)神的世系及英雄神話

現在古史最重要的材料〈堯典〉是將各族不同時代的英雄「全神堂」化，並且將純神話的人物也賦予人性和人格。《國語》中也有一些記載，也是走的和〈堯典〉差不多的路。他的作成時代，大致比〈堯典〉晚些，到了《史記》再擴大而整理起來，就成功為相傳的歷史的第一段。在《古史辨》時期，歷史的「層纍造成」說非常流行。他們當時的意思是中國古史上被認為的時代愈前，其實際上造成的時代愈後。其說有一點根據，卻不能作為通則。因為這些傳說也不是無中生有被人託古改制加以偽造的，最大部分還是根據舊有的傳說，只是原來不出自一源，不出自一族，後來拼湊起來總會有拼湊的痕跡。

這般半人半神的英雄是否真有其人，目前是無法答覆的。猶之脫雷故址雖然證實了它的存在，但是海倫、巴黎士、阿契里斯、優里賽斯等仍然沒有辦法加入正式的歷史上面一樣。中國上古史除了商、周時代確實可信的記載以外，以前我們只敢用發掘到的文化遺產。其他傳說在歷史學的觀點，還是既不足信，也無從疑，只有在神話故事上，卻是有價值的材料。

〈堯典〉無論如何應當比較一般戰國的材料稍早一些，其中不見後來神話中重要英雄黃帝的痕跡，所以黃帝就可能為堯舜傳說的別支，即是黃帝可能為堯或舜的異稱。依照陳侯因資敦所說，自稱為黃帝之後，而陳又為舜後，所以黃帝是舜的別名可能性為較大，黃帝的事業和舜是有不少相同的地方，所不同的是黃帝是華夏各族世系的中心。縱然除去東夷的風、嬴各系不算，華夏中的姜姓也不算，但把唐、虞、夏、商、周五代其他許多小國算做同祖，仍然是一個不可想像的事。

所以堯、舜、禹、伏羲、女媧、盤古等還是就傳說採集而成，黃帝是否根據傳說，還是由於史官筆下的創造，確是一個問題。並且因為：(一)黃帝姬姓，在周以前姬姓不是一個重要的姓，據〈生民〉詩，周的始祖是后稷而不是黃帝。但到了《國語》的作者，許多族姓都是黃帝子孫，而且黃帝自己卻是姬姓，顯然是為周室做成的擴大宣傳。(二)黃帝從名稱的意義上來說，為青黃赤白黑五帝之一，這是從五帝思想發展後而產生的，是周代（至早不會

超過商末）的一種哲學思想，與原始部族信仰無關，所以也不會產生太早。既然黃帝的世系可能是較晚時期（周代）創造出來的，黃帝的世系也就更爲完全而廣泛，另一方面也就對於其他的傳說會有些矛盾。本篇因爲討論黃帝世系會使神話的系統變成「治絲益棼」，就不再討論這一項。

《詩經》的〈生民〉和〈玄鳥〉，恐怕是在各族的先世神話中最有價值的兩篇，一方面是詩本身和詩注都保存原來神話的面目較多；另一方面表示著后稷和契是他們兩族的始祖，他們彼此之間並無聯繫，並且也未曾有更早的祖先，因爲他們都是神的兒子。

因爲契是商族始姐，所以不僅黃帝之說不可信，即帝嚳也不是不可能是出於攀附。甲骨中的「高祖夋」有人以爲高祖嚳，實際上也可以釋爲高祖咼或高祖契，因爲不可能有比契更早的祖先了。

中國是一個廣闊的國家，現在稱爲中華民族，是經過商、周、秦、漢幾個帝國漸次統一以後的現象，尙未統一以前，拿歐洲、北美、南美和非洲同樣面積的區域來比（記載中或現今尙在分裂中），就知道應當如何的複雜，無論如何應當是多元的情況。以下把英雄事蹟分開來講，仍然還不夠說明上古時代非常複雜的部落分布，不過一般人所想的「一元」觀念是必需加以清除的。

在此只能就最重要的來說，即可能是真有其人的是東方的伯益，西方的帝舜和大禹。至於帝嚳和帝堯那就大都是指主神了，尤其在古音中，如帝嚳的嚳（k'ok）[40]，太皞的皞（xog），高陽的高（kog），堯、舜的堯（ngiag），以及聲母距離較遠的陶唐的陶（dog）[41]，都是可以互相通轉的，這似乎不是一個偶然的現象，而可能是這些半人半神之人王，本來都是主神的化身，原來就可能是一個名字轉化出來的，再被各族當作自己的祖先。《山海‧中山經》說：

---

40 據董同龢《上古音韵表稿》，下同。在此「堯」和「高」，自然也可能是山神的化身。古人相信山是神秘的，山神可以有子孫。例如姜姓就被指爲嶽山（岳）的後裔。《左傳》莊公二十二年，周史說：「姜太嶽之後也，山嶽則配天。」這是現代人所不能想像的。「高」即嵩高，所以堯和高陽也可能是從山的崇拜引申而成。不過我覺得還是認堯爲天帝，要好一些。

41 陶有時讀若臯陶之陶（龢 giog）就音更類似了。

洞庭之山……帝之二女居之，是在九江之間，出入必以飄風暴雨。[42]

郭璞《注》:「天帝之二女而處江爲神，即《列仙傳》江妃二女也。《離騷·九歌》所謂湘夫人稱帝子者是也。」洞庭山即君山，帝之二女即《史記·秦始皇本紀》所說的堯女舜妃。所以堯也是天帝，不僅《山海經》是這樣說，即是晉時的郭璞也承認的。因爲帝嚳和堯一樣也是主神，所以契和后稷雖然都是一個部族的始祖，但也同時是天帝之子，也就是帝嚳之子了。

如其要追溯神的世系，那就帝嚳比一切的帝王更爲重要。《山海經》的帝俊，是一切發明和世系的重要人物，在別處（如同《史記》及《漢書·古今人名表》等）是不見帝俊的，這就表示帝俊應爲其他帝王別名。帝俊的考證，依照《山海經·大荒東經》[43]郭《注》認爲帝俊就是帝舜，這一點郝懿行在《山海經箋疏》說:

> 案《初學記》卷九引《帝王世紀》云，帝嚳生而神異，自言其名曰夋[44]，疑夋即俊也，古字通用。郭云俊亦舜字，未審何據，〈南荒經〉云帝俊妻娥皇，郭蓋本此爲説。然而〈南荒經〉又云帝夋生后稷，《大戴禮·帝繫篇》以后稷爲帝嚳所產，但經內帝俊疊見，似非專指一人，此云帝俊生中容，據《左傳》文十八年云高陽氏才子八人，內有中容，然則此經文當爲顓頊矣。經文踳駁，當在闕疑。

郝氏所說「帝俊疊見，似非專指一人」，正表示神話傳說的分化。幸虧《山海經》從來未曾被認爲鄭重的經典，未被人整齊畫一，才保存了許多原始材料[45]。倘若我們不用傳統的眼光，那樣拘謹的認爲都是信史，而是用看神話的立場去看，那這些疑點也就毫不礙事了。其中娥皇爲舜妻，最早見於劉向《列女傳》，這部書取材雜駁，其原始性還不及〈帝繫篇〉。所以在各說之中，還是以帝嚳生后稷一事比較最爲重要。此處還是認爲帝俊就是帝嚳一說是一

---

42 《山海經》（世界版），頁275。

43 《山海經》（世界版），頁398。

44 此與《史記·五帝本紀》黃帝「生而神靈，弱而能言」正出於同一傳說，《史記》誠然較早，皇甫氏《帝王世紀》卻曾用汲冢佚文。

45 卻也被人竄入不少，不過大致還看得出來。

個傳說的中心，也就是說帝俊或帝嚳的地位是中國神話中相當於「周比得」
的地位。

首先日和月是帝俊妻羲和所生，〈大荒南經〉說：

> 東南海之外，甘水之間，有羲和之國。有女子名曰羲和，方浴日於甘
> 淵。羲和者帝俊之妻，生十日。[46]

又〈大荒西經〉說：

> 大荒之中，有山，名曰日月山，天樞也。有女子方浴月，帝俊妻常羲
> 生月十二月，此始浴之。[47]

羲和即是《尙書・堯典》的羲和，常羲也就是嫦娥或姮娥。這是一個傳
說的分支，演變到和原來的「面目全非」。但其中最偏僻而離奇的，反而可能
較爲原始。

在《山海經》中還有許多有關帝俊的[48]，如帝俊生中容爲中容之國，帝
俊生晏龍爲司幽之國，帝俊生帝鴻爲白民之國，帝俊生黑齒爲黑齒之國（俱
見〈大荒東經〉），帝俊生季釐之國，帝俊妻娥皇生三身之國（〈大荒南經〉），帝俊
生后稷爲西周二國（〈大荒西經〉）等等，而有關發明的事，如同：

> 帝俊生禺號，禺號生淫梁，淫梁生番禺，是始爲舟。
> 番禺生奚仲，奚仲生吉光，吉光是始以木爲車。
> 帝俊生晏龍，晏龍是始爲琴瑟。
> 帝俊有子八人，……是始爲歌舞。
> 帝俊生三身，三身生義均，義均是始爲巧倕，是始作下民百巧。
> 后稷是播百穀，稷之孫曰叔均，是始作牛耕。[49]

---

46 《山海經》（世界版），娥皇見頁 411，羲和見頁 419。
47 《山海經》（世界版），頁 431。又十日十二月的神話卻是從古曆法的十日十二月演
  出來的，管東貴的〈討論射日問題〉的論文（頁 82）可據。
48 參看玄珠，《中國神話 ABC》（世界書局）。又這裡的常字可能爲恆字所改，避諱，
  因爲恆本指月。
49 並見於《山海經・海內經》。

　　所謂帝俊（帝嚳），無疑的是古代神話中的主神，而為各種發明以及各族的世系的中心。但是帝俊的世系還是太簡單了，為了把歷史拉得更長，帝王名號加得更多，於是帝俊（帝嚳）之外，還得再加。因此五行說所推出的五帝，被人注意了，五帝中的中央黃帝被用上了。到了五行的應用越廣，黃帝的傳說愈多[50]，以致帝俊的地位被取代了。但是黃帝傳說的思想方式，是另外一套的。在古代神話的研究與復原上不會有它的地位。

(三)主要的英雄

　　在英雄神話之中，正面人物是舜和禹，問題人物卻是伯益，伯益在《史記》本紀稱作柏翳，《尚書‧堯典》中有他，孟子也說舜使益掌火，〈秦本紀〉稱他是佐舜調伏鳥獸，看來也算正面人物了。但從另一方面去看，益和羿（或稱后羿）工作本來很像，翳和羿又可互相通轉[51]，並且〈天問〉說「帝降夷羿，革孽夏民」[52]，而柏翳又正是東夷嬴姓之祖。再就后羿來說，《山海經》和《淮南子》的后羿也是個不小的英雄，另一方面又是一個反叛[53]，這種矛盾的性格和多采多姿的事蹟更使這個神話充分戲劇化。

　　《山海經‧海內經》「帝俊賜羿彤弓素矰以扶下國，羿是始去恤地下之百艱」，這個除地下百艱的，當然非是大英雄不可。尤其是《淮南子‧本經篇》說：

> 遠至堯之時，十日並出。焦禾稼，殺草木，而民無所食。猰貐、鑿齒九嬰，大風（鳳），封豨、修蛇皆為民害。堯乃使羿誅鑿齒於疇華之野，殺九嬰於凶水之上，繳大風以青丘之澤，上射十日而下殺猰貐，斷修蛇於洞庭，禽封豨於桑林，萬民皆喜，置堯為天子。於是天下廣狹險易遠近，始有道里。[54]

---

50 雖然黃帝傳說第一步還是從帝嚳傳說分出來，杜注《左傳》文十八年，帝鴻氏釋為黃帝，這是有據的，仍依帝嚳傳說。到了五行說盛行，就變成百家皆言黃帝了。

51 《廣韻》同在霽韻。

52 《楚辭》（世界版）頁 58。又按羿相傳不是一人，這也許古不避諱，可以父子祖孫同名的緣故。

53 見玄珠前引書及程璟〈后羿與海句力士〉（中央大學《文史哲學報季刊》，1943）。

54 世界版《諸子集成》本《淮南子》，頁 118。

但是這個英雄也就是〈天問〉所說「射夫河伯而妻彼雒嬪」[55]的羿，也就是反叛夏朝的「有窮后羿」。到了後來，他的妻子逃到月宮去了。他自己又被逢蒙射死。因為他是一個悲劇的英雄，要做成歷史教訓的時候，需要把好人和壞人分為兩組，於是益和羿需要分化，而羿的本身又分化為堯時的羿和夏時的羿。只要了解神話中的道德觀念和哲學家的道德觀念並不一致，原始人的道德觀念和文明人的道德觀念並不一致，那神話把后羿算成這種英雄就並不稀奇了。當然，益和羿可能代表一個部族，也就是夏和徐嬴相敵對，商和徐嬴為同盟，這就相當複雜了。

帝舜可以說是一個英雄人物的代表。現在舜的事蹟主要的在《史記·五帝本紀》，而〈五帝本紀〉是取之《孟子》和〈堯典〉。《孟子》轉述的是戰國時候的民間傳說（雖然已經受過了《尚書》一類記述的影響）；至於〈堯典〉，就是有計畫的把傳說拿來歷史化，許多地方確是以傳說作根據的。可是裝點的結果，使人完全看不出舊日傳說的痕跡。

帝舜和黃帝是同類型的英雄。所不同的是舜多了一些私人的事，黃帝沒有；黃帝多了一些發明的故事，以及有關神仙的事，舜卻沒有。這也是可以解釋的。舜有一些私人的事，是由於現存舜的事蹟是史詩性傳說的殘餘，黃帝較少私人事蹟是由於他是後來有意造出來的，不屬於史詩型的人物。至於黃帝發明的事，已經和帝俊的傳說有一部分重合了（見前），只是有關發明的傳說，對於帝俊還不是那樣集中罷了。最可重視的，是神仙的故事，這本來較為晚出，附會到黃帝（五帝中的中央帝），自然是順水推舟的狀況，不成問題的。

關於帝舜私人的事，最具有故事性的是《孟子》中瞽瞍使舜完廩那一段，以及《尚書·堯典》「納於大麓，烈風雷雨勿迷」那一句，這兩條故事，單獨看來是沒有多大原始趣味的，但是和日本的「大國主命」故事比較下來，顯然的和大國主命故事是一個故事[56]。在這裡沒有篇幅來敘述大國主命故

---

55 在這裡雒嬪（即宓妃）、湘君和嫦娥是糾纏不清的，自然最可能的是幾個故事混淆為一，也可能一個故事分化為幾個。

56 大國主命故事見於日本的《古事記》。這是一個有趣的問題，不過日本民族是經過許多波次的移民，從大陸（包括中國和韓國）到日本，而日本民族中有在史前時代（中國的史前時代）從中國到日本去的。所以大國主命的故事中日相同，本不足異，只可惜中國方面修改太甚，以致面目全非了。

事，不過只要稍一對照一下，就會發現帝舜故事，其故事性是非常豐富的。

黃帝故事，除去了發明故事不算[57]，主要的事蹟是黃帝和蚩尤的戰役。最早說到蚩尤的，是《尚書・呂刑》。原文是：

> 王曰若古有川，蚩尤惟始作亂，延及於平民。……苗民弗用靈，制以刑，惟作五虐之刑。……皇帝哀矜庶戮之不辜，報虐以威，遏絕苗民，無世在下。

這裡的蚩尤顯然是三苗之君，可是和蚩尤對敵的卻是「皇帝」而非「黃帝」。皇和黃本來同音，這正是黃帝傳說的最早根據。問題只在「皇帝」是誰，皇之意為大，皇帝即大帝，猶之皇祖即是太祖。依照《偽孔傳》認皇帝為堯，但依照《左傳》去凶人是舜的故事，再依照《戰國策・秦策》蘇秦亦說「舜伐三苗」，那就皇帝被認為舜，更為合適。

再就黃帝阪泉之戰來說[58]，據《史記》黃帝是「教熊羆貔貅貙虎」來戰，而〈堯典〉在虞官伯益之下正有「朱虎熊羆」，這兩者顯然是相同的。此外，《史記》所說黃帝另一特點是「披山通道未嘗寧居」，而舜也是時常巡狩，最後南巡狩，崩於蒼梧之野。所以把這個神話復原一下，就表示著舜和蚩尤有一次大戰，在舜這一方面，群神百獸皆來助戰，最後贏了戰爭，但是對三苗之戰，算打勝了，這個英雄卻未曾享了清福，終於在一個遠征中逝世。

舜的故事為黃帝故事，所未有的是舜妃的故事[59]。其中牽涉甚廣，不能在此篇討論。其中可以注意的是女性的水神[60]，這個故事牽涉到宓妃，甚至於到天河旁的織女星以及後代的天后。

禹的故事是另外一個英雄故事，這和舜的故事連接著，卻各人顯出各人

---

57 《山海經》就不認黃帝是發明器用的中心，〈天問〉中也沒有黃帝。黃帝稱為軒轅，可見發明車子最為重要(古說是相土發明的)。按照年曆說來，黃帝在公元四千六百年前，其時全世界都沒有車子。

58 《史記》(藝文版)，頁 27。按阪泉與涿鹿並在上谷，仍是一個傳說。

59 到了黃帝故事中，變成了許多下流的故事，顯然是方士偽託的，屬於後起，不在神話研究範圍之內。

60 〈九歌〉中湘君、湘夫人、山鬼均為女神，這也表示著山水均為女神，其中，如驪山女、泰山女、塗山女及藐姑射山的山神，這也關涉著一些原始的神話。

不同的個性。舜的故事是一個戰爭的故事，禹的故事卻是一個旅行的故事。舜的故事是伊里亞德型的，禹的故事卻是奧德塞型的。司馬遷看到過那部《禹本紀》，就是一篇神話式的遊記。可惜這部書早已失傳了。

大禹治水和女媧治水是矛盾的，可能屬於兩組不同民族的神話；也非常可能女媧神話是個純粹早期的神話，而大禹神話又加入巴蜀地區人工治水的神話，再傳播到中原。此外，共工一族被認為是壞的，而共工又顯然是禹所屬的夏族，這也顯示著原來傳說不是出於一族的。

大禹的王后塗山氏是山神之女，正和舜妃為水神相對。其中當然也包括若干古時成套的神話在內。以上所分析的，只限於神話傳說方面，至於和真的歷史人物的關係，屬於另一個問題，不在本篇討論之中。

（四）其他神話

以上所舉是神話的主要部分，也就是神話中的構架。其中如巨人族的防風氏和長狄，雖然未曾說明和帝舜的戰爭有關，但仍然非常可能曾被牽涉進去。此外關於自然現象的神話，例如九重天，十日、十二月、十二歲等等，這都牽涉曆法和天象。關於日神又有日御和逐日的夸父。對於天河又有牽牛織女一個動人的故事，這個故事在《詩經》中已發現了，到了漢代樂府詩中，又曾說到，一直到了後代，仍是非常有趣的民間故事。

西王母的傳說也是一個早期的傳說，雖然在《山海經》中所談到的西王母並不同於《穆天子傳》的西王母，但對於西王母的神話地位都是一致的重視。漢代西王母和東王公是相對的，東王公可能是〈九歌〉的東君，是指太陽神而言，那西王母就可能是月神了。這一點又可能牽涉到羲和、嫦娥一類的問題。不過從另一個觀點來看，所謂「西王母石室」，據《漢書・地理志》是在現在青海地方，那就漢代的人曾找到了地理上的根據，似乎古代傳說是以西藏一帶以婦女做酋長的國家來做背景，那就它的來源還是相當複雜的，也就不容易做詳細的追尋了。

五、地理與邊疆史

從歷史和地理看過去的新疆

一、河西及新疆一般狀況

　　在這裡所要討論的，即大西北的一部分，也就是大西北中間的一個重要部分——河西新疆地帶。一般人所認為西北區域的，是包括著陝西、甘肅、青海、寧夏、綏遠、蒙古、西藏和新疆。但河西和新疆地帶，在地理的環境上相關頗切，所以在此作為一個區域來看待。在這一個題目範圍之下，大致包括幾個自然區域：第一，是甘肅西部的涼州、甘州、肅州、安西的附近，把他算作「河西走廊」；第二，是新疆的天山山脈一帶，把他算作「天山山區」；第三，是新疆的天山北路一帶，把他算作「準噶爾盆地」；第四，是新疆的天山南路，塔里木河灌注的地方，把他算作「塔里木盆地」。

　　河西走廊南北兩側均有山地，東南有烏鞘嶺和甘肅高原分隔，成為一個狹長的地帶。凡是烏鞘西北的河流，都成為內陸的河流而沒入沙漠。這些河流之中，只有武威附近的白辛河、張掖附近的額濟納河、安西附近的疏勒河，在下游匯成了一個湖泊，其餘許多的河流，都是沒於沙漠之中。河西走廊地帶，大多雨量很少，只有南面的祁連山中，才有比較充足的雨量。尤其是在冬天的時候，常有積雪。這些積雪到暖天溶化了，便增加了河流的流量，在山下平坦的地區，便利用這些河流來灌溉。河流的水量究竟是有限的，因此灌溉到的區域便成了水草田，灌溉不到的區域，就成了荒漠。

　　所謂荒漠，並不是全部都是一望無際的黃沙，大略說來，至少可有三種：第一種可叫做礫板，完全是堅固的，平舖著碎石；第二種可叫做乾原，完全是土壤，只是缺乏水水分，只有些駱駝草、檉柳、白草之類稀稀的分布著；第三種才是沙丘，都是很細的沙子一堆一堆的遍布在全部的地面，沒有草和

水。一般說來，河西和蒙古沙丘都不太多，只有新疆的天山南路中央 ，塔克拉馬干沙漠，才有一串幾百里的這種現象。

新疆中、南、北三區，因爲地形的不同，所以就形成了三種不同的區域，北部是準噶爾盆地，以草原爲主；中部是天山山區，以山地爲主；南部是塔里木盆地，以荒漠和水草田爲主。

中部的天山山地，和俄屬吉爾吉斯斯坦山地及伊斯色爾湖附近盆地是一個不可分的區域。這些地方本來是中國地方；清末被俄國強占去的，所以情況很不自然（伊犁河流域，中國只有上游，阿克蘇河卻在俄國）。就大體而言，海拔在一千公尺以上至五千公尺以上，高峰大率積雪，上面是終年積雪的，稱爲永久雪線，下面到多季才積雪，夏季溶化，稱爲臨時雪線。在臨時雪線中的積雪，便是盆地中的水源。一般說來，山中比較平地雨量爲多，甚至可以高出二三倍以上，成爲森林區。並且兩山間的谷地有溪流灌注，成爲很好的草場作爲牧地之用。其中並且有若干小盆地，如吐魯番盆地、焉耆盆地、鎮西盆地、伊斯色克庫爾盆地，皆爲較好之區。

準噶爾盆地及伊犁河平原，北方比較開展，北冰洋的潮濕空氣可以深入，雨雪較多，大部分成爲連續的草原，而不是孤立的水草田，並且愈向西方情況愈佳，伊犁河沿岸爲新疆的精華所在，而阿拉木圖尤爲中央亞細亞有數的大城市（阿拉木圖本名伊犁碼頭，俄人改爲阿拉木圖，取名爲「蘋果父親」之意）。在這個盆地之中，向來爲游牧民族居住之所，但清代開發之後，情況頗佳。只有東部情況差些，有一個較小的荒漠，名叫古爾班通古特沙漠。

新疆的氣候，古今大致有相當的差異，古代要冷些，現代要暖些，所以從先只能做牧地的天山北路，現在可以開墾了。而天山南路的山峰積雪卻因爲天熱關係，一天一天的縮小，以致水源也漸漸的減少。據斯坦因的調查，原來天山南路在崑崙山下的城市，古時比現在要靠北些，因爲水源不足，現在都南遷了，以致古城都沒入沙漠之中，成了本地人搜索寶物之所。

塔里木河盆地是世界距海最遠的盆地，也是一個廣大而閉塞的盆地。四面的濕空氣不容易吹到，氣候最爲乾燥。在盆地的中央，爲一個極大的流沙沙漠，名爲塔克拉馬干沙漠，都是流動的沙丘，中無滴水。在盆地的四周，因爲有積雪的高峰，雪溶以後，成爲河流，所以尚有若干孤立的水草田。比較大的河流，大都在西部，西部的昆阿立克河、葉爾羌河、和闐河、克里雅

河，匯流而成塔里木河，再匯成一個湖泊——羅布泊。但水源漸少，河流無定。從前羅布泊旁的大城——樓蘭城，後來也因為水源不足，河流改道而被放棄了。現在山頂的冰河，仍在退縮之中，不過要照斯坦因所說，現在仍在靠消耗太古的冰，那也不盡然。因為山中冬季的雪線，還比夏天的雪線低得多，冬水夏用，還不是沒有。並且水的利用亦不是恰到好處，將來還有再加開發的希望。

新疆及河西多為盆地的地形，所以石油礦非常有希望。玉門、烏蘇、庫車都已經發現了油田，並且都相當豐富。塔里木河盆地最大而且結構最完全，所以石油礦的希望也最大。甚至現在荒漠流沙之中，將來都可能是好的礦區。

二、上古時代的新疆

河西及新疆地區，誠然，在現在看來比較長江流域及黃河流域為荒涼。但從過去來看，卻並不完全是這樣的。現在長江流域及黃河流域，經濟價值較高之地區多在平原，但現今的平原卻大多是往古的沼澤。向前推兩千年，即西漢時代，那時經濟中心是圍繞著泰山的半月形平原，而長江下游的經濟狀況，還落後得多。再向前推三千年，即距今五千年以前，那就可能山東半島的經濟狀況也很落後，而文化較高之區，卻在甘肅的洮河流域及青海的湟河流域。至少依照現在不完全的材料來判斷，可以得到這樣的結論。

農業的發展，應當和沙漠中水草田有若干關係的。就這一點來說，世界大文明最先發展的地方，埃及和米索布達米亞，塔里木河流域卻有若干近似之處。埃及和米索布達米亞都是少雨之區，水一定要從河裡放出來，需水最迫切的時候，也就是水最多的時候。尼羅河的水每年氾濫時期，因為上游雨季的關係，有一定的規律，塔里木河因為山頂雪溶的關係也有一定的規律。這些地方亢旱和淫雨的損害都比較少，只要改進一次生產技術，增加灌溉及開闢田畝，比較可以有把握得到更多的收穫。並且沙漠中的土壤，只要有水分，也很便於種植。因此照環境的狀況來分析，假如我們允許用埃及來比較，那麼塔里木河流域的農業發展，可能不僅在天山附近之前，並且還有可能甚至在洮河和湟河流域之前。

塔里木河沿岸最早的住民，依照我們現在的假定，最早是西藏人種，以

後再來了亞利安人，到了有史時期，再來了說突厥話的人。西藏人種在漢代
西域三十六國中，尚有存在的。《漢書‧西域傳》說：蒲犂、依耐、無雷等國，
和西夜相同，都是氐羌一類。並且原來居住在河西廊子的大月氏，按照後來
留存下的小月氏來看，也是氐羌人種。在這種情形之下來說，與其說他們是
西藏高原下來的，不如說西藏高原的人是他們上去的，比較更恰當些。因爲
西藏是被極高的山所包圍，對外的交通只靠幾個險要的山口，中部雖有若干
谷地，但都是零零碎碎的。這種情況，不宜於一個大民族的發育，卻宜於一
個民族的避難。我們看氐羌民族的這一種，歷史上發展是很大的，要說是從
西藏高原發育出來，那是一個不可想像的事。所以他的發育地方必須另找。
可以設想的，是四川盆地、印度平原和塔里木河盆地。從四川盆地到西藏，
人們要經過了許多橫斷山谷，太困難了。印度平原中，並無西藏民族發育的
痕跡。所以假若西藏民族不應該就是在西藏高原發育出來的，那就還以塔里
木河盆地爲最恰當。

我們再看一看塔里木河流域南部的大城——和闐，從先在此建過于闐
國，據《魏書‧西域傳》于闐條云：「自高昌以西，諸國人多深目高鼻，惟此
一國不甚胡，頗類華。」但據斯坦因《古代和闐》（*Ancient Khoant*）說，在尼雅
古城所發現的古文書，其中所用稱號名詞，多出於西藏語。而在安得悅（Endere）
發現的文書亦含有西藏語的成分。又據白鳥庫吉所說（《東洋學報》三卷二號），
西藏呼玉爲 GYU，呼村落爲 TONG，則和闐在西藏語中爲玉城之意。若此說
可信，那就和闐的國名也是用的西藏字。

在原始而粗放的農業社會，農人和牧人的分別，並不像後來那樣嚴格，《舊
約》中的猶太人，便是農人，也是牧人。農人和牧人職業上的不同，只是對
於環境上的適應。也就是在水草田住著的人們，已經開始他的半農業生活，
而住在草原上的同族，卻仍然是隨著牲畜在那兒流浪著。甚至還可這樣說，
同是一族的人，在初期的農業社會，地位低的人們，他們留在農田上來勞動，
而地位高的，他們有勢力，有奴隸，並且有大群的牲畜，他們寧可兼營牧人
的生活。因爲牧人的生活不必要費太大的勞力，並且富於變化，這對於貴族
是更要適宜些。雖然我們對於商代君主爲甚麼要常常到外邊去，知道的尚不
夠清楚。但對於遼金元皇帝的「捺鉢」「行帳生活」，以及清代皇帝要在一年
費很多時候來做「木蘭秋狩」，卻知道這種生活確有他們相當的愉快，凡是出

身牧人皇帝的生活，都不是歷代的南朝士族所能了解的。

從先「中國民族西來說」盛行時期，曾經根據「崑崙」的傳說，來斷定中國民族的西來。但是「崑崙」地位的決定，是出於《史記》「天子按古圖書，名河所出曰崑崙云」。河源在古代就是一個謎，崑崙當然也就不可依據了。至於用中國民族四字來指「華夏」，也當然有語病。但比起後來有些人認爲中國民族從北京人而下就是這一支未曾變化的，荒唐性還要稍遜些。誠然，中國這一個地方數十萬年以後，可能是總有「人」住著。但是華夏文明，以及代表華夏文明的若干民族，卻不定每一個都是居於本地，無一從外面來者。在這裡，我們不敢多說，不過「姬」、「姜」族姓，卻很有外來的可能。

依照傅孟真先生的「夷夏東西說」，認爲夷東而夏西，夏族所代表的是夏和周，這是對的。又〈姜原〉篇中，認爲姜即是羌，這也是對的。假如從這一點來推論，則在上古的中國，東起渭水，西至葱嶺，有一個兼以農業和游牧爲生的廣大民族。這一個民族不論稱呼做「夏」或稱呼做「羌」，實際上還是一樣的。在紀元前二三十世紀以前的時候，塔里木河是分爲南北兩支，河中的水比現在多，而塔里木河流域的任何一個水草田都比現在大。在這種狀態之下，塔里木河流域，便可能成爲東方民族中最重要的搖籃，而洮河流域則爲其副區，其後其中的一支從洮河流域而渭河流域，更和沿海的文明相接觸，更形成了高度的文化。

農業的發展是人類進化中的一件大事。據古代的傳說，發明農業的祖師，一個是神農，一個是后稷，神農姜姓，后稷姬姓，姬和姜的關係，正像後代契丹的耶律氏和蕭氏，差不多是不可分離的。誠然關於古代發明的傳說是不能輕於相信的，不過兩種不同的農業發明的傳說，都歸於西方的部族，似乎不是偶然的事。后稷的「稷」就是從五穀中的稷而得名。五穀中的稷，照程瑤田的考證爲「高粱」，也已經成爲無疑的定論。但據最近于景讓先生說，中國的高粱可能從印度半島移來，這誠然是一個謎，但假如設想姬姜之族是從西而東的，那就史前時代對於印度植物的傳播，也許不是一個絕對不可能的事。

三、二千年來的新疆

這是很明顯的，中國被西方人稱做「支那」一字的語源是從「秦」字得

來。照著伯希和（Paul Pelliot）的證明，所舉的《漢書》〈匈奴傳〉和〈西域傳〉，匈奴人及西域人稱中國人為「秦人」的證據，是堅強不拔。一般人的猜度，認為是由於秦始皇的秦。但是從秦始皇即位到二十六年，所注意到的只是平定東方諸侯。而秦始皇二十六年到二世三年只有十四年，若說在這十四年中就樹立了對於西域的聲威，並不是一個盡情入理的事。但假如從秦穆公用孟明圖霸西戎算起（圍鄭之次年，紀元前629），至秦始皇即位為止（紀元前246年），尚有三百八十二年。在這個期間，尤其是秦惠王時取蜀（前316年）和取義渠的二十五城（前314年）尤為重要。所以秦的聲威應當是秦始皇即位以前的一百年左右樹立起來的，而西域的間接交通，也在張騫奉使之前已經有了。我們知道有時商人的冒險精神是很大的，張騫看見從身毒（印度）傳到西域的蜀布和邛竹杖，現在雖然尚不知道是如何去的，不過中國的貨物在張騫之前走過這樣遠，卻是事實。那在戰國時期，秦的聲威已經播到西域，就不足為奇了。

　　漢時的西域尤其是天山南北路一帶，和大漢帝國是唇齒相依的，因為蒙古高原正是國防的缺口所在，按照當時生產方法和交通狀況，實在沒有辦法將土謝圖汗及唐努烏梁海一帶作為郡縣。而居住這一帶的匈奴，又以天山南路的收入為財源，所以必須控制天山南路才可以打擊匈奴的經濟。並且從長城出塞，全是正面作戰，也只有從天山北路方面烏孫作側面的攻擊，才可致全勝。所以有天山南北路，國防才能得到保障，如其不然，那北方邊地就無寧日了。中國對於西域的控制，最遠時曾經達到裡海。但是就經營的情況來說，中國和匈奴卻完全不同，匈奴以西域為財源，而中國除去屯田地方最多能做到自給自足以外，大致總是要從內地協餉的。然而中國的中央政府決不愛惜這些軍費，因為倘若沒有新疆，也就沒有蒙古，沒有蒙古，也就沒有東北，而中國勢必變成北宋時代的可憐狀況了。

　　中國的漠北一帶，在春秋戰國以前，可能是分布了許多游牧的部落。這若干的部落，就是所謂「苦方」、「鬼方」、「昆吾」、「獫狁」，以及若干種的「狄」。但是他們和華夏的分別，與其說是種族上的關係，不如說是文化上的關係。到了戰國時期，他們一部分變成了中夏，一部分會合而成為匈奴。三國時南匈奴入居中國，漠北就為鮮卑占據。東晉後鮮卑入居中國，漠北為柔然占據。等到柔然被北魏擊潰，漠北柔然的部眾歸於突厥，於是漠北成立了突厥帝國。及突厥被唐所破，一部分西徙，一部分歸於回紇，於是漠北又

成為回紇的勢力。後來漠北先後入於契丹和女真，而最後歸於蒙古。在這個漫長的時期之中，西漢、東漢、唐和明代，不僅中國的軍隊曾經到達，而中國也曾經統治過這裡。尤其在清代將近三百年中，漠北和內地更樹立了不可分的關係。在同類的例證下，北魏、遼、金也是廣義的漢人王朝（因為都是中國文化集團的王朝。就政治學的觀點來看，一國領袖的祖先，屬於某個來源，並不重要），所以漠北不和中原成為一個政治單位的時期也就不太多。

　　西域自從漢武帝開始和中國交通之後，再加上李廣利的征服大宛，就深深的受到中國的影響，和接受中國的控制。到了宣帝神爵二年（西元前60年），鄭吉威震西域，在今庫車附近設置都護府，從此西域在政治上正式成為中國的屬國。此後僅有王莽時代一個短時期的背叛，到光武時期又再歸屬。一直到安帝永初元年（107年）西域反叛，遣班勇平定西域，後置伊吾屯田（在今哈密），雖然帕米爾高原以西不再屬漢，而帕米爾以東卻一直在控制之中。到了西晉的晚期，還是一樣，而玉門關也在西晉時仍然和漢武帝晚期在同一的地址。到了十六國時期前涼張駿遣沙州刺史楊宣及部將張植率兵西進，西域歸順到張氏。苻堅滅前涼，西域歸於苻堅，苻氏的聲威遠播。及苻堅敗潰，西域又前後入於呂光及沮渠蒙遜，後魏滅沮渠，西域又歸入後魏。後魏太武帝太延元年（435年）遣使至西域，西域數十國咸來朝貢，此後經北周至隋，內屬不絕，至隋煬帝大業時，且設西域校尉管理西域事務。此後中國大亂，西域中絕。到唐太宗時西域才又歸到中國。

　　北魏擊破柔然之後，漠北及天山北路均為突厥占據。唐太宗時突厥分為東西，在貞觀九年（635年）平東突厥，擒頡利可汗。八年破吐谷渾（在青海），十四年滅高昌（在吐魯番，為漢人麴氏所建的國家），十九年定焉耆（在喀喇沙爾），二十二年定龜茲（在庫車），設安西都護府。從此天山南北路及昭武諸國（撒馬爾罕及布哈爾一帶），以及阿姆河及錫爾河流域均內屬。西方各族共尊唐太宗為天可汗，為萬王之王。到了唐高宗時，又滅西突厥。《唐會要》七十三：

> 龍朔元年（661年），六月十七日吐火羅道置州縣，使王名遠進西域圖記，並請于闐以西波斯以東十六國分置都督府及州八十一，縣一百一十，軍府一百二十六。乃於吐火羅立碑，以記聖德。詔從之。以吐火羅國葉護居「遏換城」置月氏都督府，……波斯王居「疾凌城」置波斯都督府。各置縣及折衝府，並隸安西都督府。

可見唐代聲威傳播的區域已經遠過帕米爾之西了。但唐朝實際的勢力，還是
到裡海之東為止。因為這時薩拉森帝國（大食）已經開始強大，波斯帝國已經
被薩拉森侵入，唐的政令並不能推行到伊朗高原的。到了天寶九年（西元 750
年）唐軍援薩馬爾汗，與大食戰，不利，唐軍盡沒。至此中亞細亞逐漸淪陷。

到了玄宗天寶十四年（755 年），安史之亂突然起來，使得大唐帝國趨於
崩潰。於是河西隴右被吐蕃占據，和西域隔絕。回紇的勢力便伸張到西域。
直到宣宗大中二年（848 年），張義潮收復河湟，才和西域恢復交通，但唐代
控制力量已經不如從前了。文宗時回紇大亂，漠北被頡戛斯占據，回紇餘眾
占據了河西一部分及天山南路之地，後來長期服屬於遼和夏。

在中央亞細亞的大草原中，民族相當複雜。但因為游牧民族彼此交通和
分合比較頻繁，最後便使用了互相接近的語言，即烏拉阿爾泰語（主要的是通
古斯語、蒙古語、突厥語和芬蘭語），而烏拉阿爾泰語系之中，尤以突厥語使用最
廣。突厥語的本身就是一個具有複雜來源的語言（可能還含有古代漢語或藏語的
成分），文法結構相當容易學習。最後使得天山南路許多水草田中許多言語不
同的城市，都採用了回紇人用的突厥語，作為共同的語言。這時天山南路都
是佛教的虔誠信徒，而回紇人也一樣的是佛教的虔誠信徒。當時彼此之間宗
教上也是不成問題的。

宋時伊斯蘭教的勢力在中央亞細亞擴張甚速。花剌子模已成為伊斯蘭教
國家。天山南北伊斯蘭的教義也漸漸的傳入了。等到元代平定西域，在天山
南北路的蒙古貴族，因為對於西方的婚姻以及大量的錄用阿拉伯的知識階
層，於是傳統相承的佛教徒終於被壓抑下去，而天山南北的住民也都成為穆
斯蘭的分子。

元代的天山南北路，始終是大汗帝國的一部分，明朝代替元朝，在西域
方面的地位，也被人看做元朝大汗的當然承繼者。哈密城長期被認為明代的
軍事據點。一直到嘉靖七年（1528 年）才棄哈密城，而嘉峪關之西，便淪為異
域了。

清康熙三十六年（1697 年）平噶爾丹，漠北西域均來內屬。至康熙五十四
年，命肅縣總兵駐防哈密；五十五年，築布隆吉爾城。乾隆二十二年（1757
年），平天山北路的準噶爾部。二十四年，又平天山南路的回部。二十五年，
開始在烏魯木齊屯田。二十七年，設伊犁將軍，於是天山南北路更正式內屬。

到光緒四年（1878年）左宗棠平定阿古柏及白彥虎之亂，新疆又進一步和內地密切起來。光緒十年設甘肅新疆巡撫，下設兩布政使，是為建省之始。光緒十八年正式設新疆省城於烏魯木齊，更奠定了新疆政治的基礎。只可惜在同治十年時巴爾喀什湖以南地區被俄人占去了（由曾紀澤去交涉，只收回其中的一小部分），後來成為俄國土西鐵路沿線的大部分。

　　兩千年以來，中原和新疆始終是不可分的，只有明清間一個一百多年的時期，和中原有一個比較長期的分隔。但這只是因為明朝皇帝大都是歷代最荒謬的皇帝，所以生出這樣離奇的現象。今後的世界，只要有中國，就應當有新疆。我們今後應當力求民族平等和宗教自由。我們愛護我們祖先的聖地，我們也愛護現在新疆的弟兄。雖然現在說著不同的方言，我們相信只有真誠團結，才可以共同向上。

秦郡的建置及其與漢郡之比較

秦三十六郡是不應當將內史算入的，因為內史為中央官吏，掌畿內之地，與外郡制度本不相同。秦之內史本春秋時秦之舊疆，而外郡實為陸續擴張而成。秦漢畿內皆不蒙郡稱，自亦不得稱為郡。自裴駰作《史記集解》，不得三十六郡之數，而將內史作為三十六郡之一，於是秦郡數目愈益糾紛。

言秦郡當以班固《漢書·地理志》為主，因秦代舊籍作〈漢志〉時尚有存者，可以為據。至於裴駰的時代，舊時文獻一亡於董卓之亂，再亡於五胡之禍，無論如何是不能和班固相比的。所以裴駰也只能就《漢書》所記，加以補充。

《史記·秦始皇本紀》：「二十六年，分天下為三十六郡，郡置守、尉、監。」照《史記》原意，顯然的三十六郡是在二十六年時初置的，這一點前人大率承認，無甚問題。所成問題是三十六郡的分畫。

在前人之中，大致以全祖望《漢書地理志稽疑》之說最為核實，但也不是沒有可以商酌之處。在幾年之前，我曾作〈秦漢帝國的領域及其邊界〉一文，現在更加修正，列其名稱如次：

一、隴西　秦故封，《漢書·地理志》曰「秦置」。

二、蜀郡　惠文君後九年滅蜀，十四年置。〈漢志〉曰「秦置」。

三、巴郡　故巴子國，當與蜀郡同置，〈始皇本紀〉：始皇即位，秦地已並巴蜀漢中。〈漢志〉曰「秦置」。

四、北地　故義渠大荔諸戎，昭襄王時置，《史記·匈奴列傳》言秦昭襄王時有隴西、北地、上郡，築長城以拒胡。〈漢志〉曰「秦置」。

以上四郡是秦地和秦國在邊界上的擴張。

五、上郡　〈秦本紀〉：「惠文君十年，魏始納上郡十五縣，秦於是有上郡。」

〈漢志〉:「秦置。」

六、河東　昭襄王二十一年入秦，〈漢志〉:「漢置。」

七、河內　《史記・六國表》秦昭王二十一年「魏納安邑及河內」。〈漢志〉失記，但在河內下云:「高帝元年爲殷國。」

八、東郡　始皇五年入秦，〈漢志〉:「秦置。」

九、碭郡　見於〈項羽本紀〉及〈高祖本紀〉，其地即在魏國都城大梁，〈漢志〉:「梁國，故秦碭郡。」

以上五郡是魏國的領土，被秦改置爲郡。

十、三川　莊襄王九年滅周，並韓地置，〈漢志〉:「河南，故秦三川。」

十一、潁川　始皇十七年滅韓所置，〈漢志〉:「秦置。」

十二、上黨　莊襄王四年置，〈漢志〉:「秦置。」

以上三郡是韓的領土。

十三、太原　〈六國表〉:莊襄王四年置。〈漢志〉:「秦置。」

十四、雲中　始皇十三年置，〈漢志〉:「秦置。」

十五、邯鄲　始皇十九年滅趙置，〈漢志〉:「趙國故秦邯鄲郡。」

十六、河間　始皇初年置，〈漢志〉失載。《戰國策・趙策》:「秦下甲攻趙，趙賂以河間十二縣。」又:「甘羅說趙，令割五城以廣河間。」《國策》語未可盡信，但其書出於戰國，是戰國時固有河間一郡，《史記・樊噲傳》:「從擊秦軍出亳南，河間守軍於杠里，破之。」可見秦時確有河間郡，但〈漢志〉失載。

十七、鉅鹿　始皇十九年滅趙置，〈漢志〉:「秦置。」

十八、代郡　始皇二十五年滅代置，〈漢志〉:「秦置。」

十九、雁門　始皇二十年滅代置，〈漢志〉:「秦置。」

以上七郡是趙的領土，此外尚有九原一郡，趙滅後爲匈奴所據，始皇三十三年收回，不在三十六郡之內。

二十、漢中　〈秦本紀〉惠文君後十三年「攻楚漢中，取地六百里，置漢中郡。」〈漢志〉:「秦置。」

二十一、南郡　〈秦本紀〉昭襄王二十九年「大良造白起攻楚取郢爲南郡」。〈漢志〉:「秦置。」

二十二、東海　見《史記・陳涉世家》，〈漢志〉下失記。

二十三、黔中　〈秦本紀〉昭襄王三十年「蜀守若伐取巫郡及江南爲黔中郡」。〈漢志〉武陵郡下失注。

二十四、南陽　〈秦本紀〉昭襄王三十五年「初置南陽郡」。〈漢志〉：「秦置。」

二十五、長沙　楚故地，〈漢志〉：「長沙國，秦郡。」

二十六、九江　楚故地，〈漢志〉：「秦置。」

二十七、泗水　楚故地，〈漢志〉：「沛郡，故秦泗水。」《史記・高帝本紀》亦作泗水郡。

二十八、薛郡　楚故地，〈漢志〉：「魯國，故秦薛郡。」

二十九、楚郡　〈楚世家〉：「秦將王翦蒙武遂破楚國，虜楚王負芻，滅楚，名爲楚郡云。」時楚王都陳，楚郡應在漢淮陽國附近，〈漢志〉失載。

三十、會稽　楚故地，秦滅楚置，〈漢志〉：「秦置。」

以上十郡是楚國的故地。

三十一、齊郡　始皇二十六滅齊置，〈漢志〉：「秦置。」

三十二、琅琊　始皇二十六年滅齊置，〈漢志〉：「秦置。」

以上兩郡是齊國的故地。

三十三、漁陽　燕國都城所在，當包括漢廣陽國在內，秦滅燕置，〈漢志〉：「秦置。」

三十四、上谷　燕故地，〈漢志〉：「秦置。」

三十五、右北平　燕故地，〈漢志〉：「秦置。」

三十六、遼東　燕故地，始皇二十五年置，見〈秦本紀〉，〈漢志〉：「秦置。」

三十七、遼西　燕故地，始皇二十五年置，見〈秦本紀〉，〈漢志〉：「秦置。」

以上五郡是燕國的故地。

這三十六郡之中，見於《漢書・地理志》的：隴西、蜀郡、巴郡、北地、上郡、河東、東郡、碭郡、三川、潁川、上黨、太原、雲中、邯鄲、鉅鹿、代郡、雁門、漢中、南郡、南陽、長沙、九江、泗水、薛郡、會稽、齊郡、琅琊、漁陽、上谷、右北平、遼東、遼西。共三十二郡，尚少四郡。這四郡

的決定，就是歷來考證秦郡的人爭執之點。在〈秦漢帝國領域及其邊界〉一文中，我所主張增加的爲河間、黔中、楚郡和東海。這四郡中，黔中郡在《史記·秦本紀》有明文，顯然爲《漢書》的失記，最爲不成問題。裴駰以來都曾加入此郡。秦郡中應有黔中，已成定論。河間郡的設置，據《史記·樊噲傳》可以證明二世時確有此郡，再根據《戰國策》及《史記·甘茂傳》也可知道河間是戰國時舊名，則置郡當不始於二世。所以始皇二十六年時很可能就有河間一郡。

楚郡在〈楚世家〉有明文，應當也是不成問題。在〈秦漢帝國領域及其邊界〉中，我覺到楚的都城有好幾處，不如陳郡爲確當。《史記·陳涉世家》：「行收兵北至陳，車六七百乘，騎千餘，卒數萬人攻陳，陳守令皆不在。」據此，應有陳郡。不過我現在覺得「陳守令」，應爲「在陳的守和令」，郡治在陳，郡名仍應爲楚郡。「楚郡」二字有明文，「陳郡」二字無明文，所以我現在覺到仍宜用「楚郡」二字。

以上的郡數，已經有三十五郡了，大致都有明文可據，不應當成太大的問題。只是除此三十五郡之外，應當還有一郡，但是現在卻有了二郡。這已經超過了秦始皇二十六年設置了三十六郡的數目。但是要斷定那一個郡是二十六年以後分置的，現在卻還是一個不可能的事。

除此以外，在置三十六郡之後，繼續開闢的，尚有以下的各郡：

一、閩中　在併天下以後設置，《史記·東越列傳》：「秦已並天下，皆廢爲君長，以其地爲閩中郡。」或在三十三年與南海、桂林等縣同置。但亦可能在二十五年與會稽郡同置。

二、南海　《史記·秦始皇本紀》：「三十三年，發諸嘗逋亡人、贅壻、賈人，略取陸梁地，爲桂林、象郡、南海，以適遣戍。」〈漢志〉曰：「秦置。」

三、桂林　始皇三十三年置，〈漢志〉曰：「秦置。」

四、象郡　始皇三十三年置，〈漢志〉曰：「秦置。」

五、九原　《史記·秦始皇本紀》三十三年：「西北斥逐匈奴，自榆中，並河以東，屬之陰山，以爲三十四縣。」三十五年，「除道通九原」，當在其時設置。〈漢志〉：「五原，故秦九原。」

連以前的三十七郡以外，應當共爲四十二郡。自然這只就現存的材料來看，

秦郡的數目可能有這些個，而並非這就是一個不可移的確數。

前人成績之中，王國維的〈秦郡考〉是一篇值得注意的文章，他的材料有些是可用的；他的意見，也可給予人以若干的啟示。不過他的方法，也不是沒有可批評的地方。他說：

> 錢氏大昕……以班氏爲後漢人，其言較可依據。余謂充錢氏之說，則以《漢書》證《史記》，不若以《史記》證《史記》。夫以班氏較裴氏，則班氏古矣，以司馬氏較班氏，則司馬氏又古矣。細繹《史記》之文無一與〈漢志〉相合者，始知持班裴二說者，皆未嘗深探其本也。

這話實在有些誇張，他說「無一與〈漢志〉相合」的始皇初年三十六郡之中，只在《史記》找到了三十一郡，這三十一郡之中，便有隴西、蜀郡、巴郡、北地、上郡、河東、東郡、三川、潁川、上黨、太原、漢中、南郡、南陽、會稽、雲中、雁門、代郡、上谷、漁陽、右北平、遼西、遼東二十三郡，是《漢書》和《史記》共有。而《史記》中所無的，又在《漢書》中湊了邯鄲、鉅鹿、碭郡、長沙、九江、泗水、薛郡、齊郡、琅琊九郡。所以和《漢書‧地理志》有關的，已經有三十二郡了。其《漢書》所無的，有黔中、陶郡、河間、閩中，再加上去，共爲三十六郡。所以這種三十六郡的算法，名爲要脫離開《漢書》，專據《史記》，實際上仍然把《漢書》當作主要的根據。其中陶郡太小，應當在始皇初年併入東郡，不得爲郡（《漢書》濟陰郡下，亦無故秦郡之語），而閩中本邊地，漢代亦只置有治縣，置郡之時也決不會太早，不會在始皇未全定天下之時便有閩中。這兩郡是不宜列入的。所以不如列入河內、東海、楚郡三郡中的二郡比較好些。

至於楚漢時代的分郡，如東陽、涿郡、吳郡、鄣郡、膠東、膠西、濟北、博陽、城陽、臨淄、衡山、廬江、豫章等郡皆非秦舊，不能算入秦郡之列。

六國都城所在都曾置郡，魏的都城大梁所在應爲碭郡，韓的都城陽翟所在爲潁川郡，趙的都城在邯鄲爲邯鄲郡，楚的都城陳縣所在爲楚郡，齊的都城臨淄所在爲齊郡。只有燕的都城所在略有問題。全祖望《漢書地理志稽疑》以爲：

> 〈漯水注〉：「秦始皇二十一年滅燕，以爲廣陽郡。」案漁陽、上谷、

> 右北平、遼東、遼西五郡，皆燕所置，以防邊也。漁陽四郡在東，上
> 郡在西，而其國都不與焉。自薊至涿三十餘城，始皇無不置郡之理，
> 亦無所併內地於邊郡之理，且始皇併六國，其國都……無不置郡，何
> 以燕獨無之，道元之言，當必有據。

今案秦代距酈道元時太遠，與《漢書》不同之處，不敢太相信。《漢書》廣陽
國，下言高帝燕國，不言秦廣陽郡，酈注涉此而誤。此處並非脫落。為謹慎
起見，只宜以《史記》、《漢書》為斷，不再取別的書中材料，以畫一體例，
故不從全氏之說。至於都城所在，六國都城只有燕國靠近邊區，距漁陽最近。
而漁陽在秦代亦是一個重地，陳勝即因遣戍漁陽，失期而反。若謂無併內地
於邊郡之理，也不成為一個理由，邊郡往往過分的貧瘠，為注重邊郡，正要
將內地中一部歸併上去，歷史中亦自不乏其例。所以燕的都城正應在漁陽，
而涿郡一帶三十餘城也應當和燕趙間的平原廣澤分屬鉅鹿及河間，秦的郡區
不會全然依照舊時的國界的。

其次是九江郡所在及郡治所在的問題。九江郡的命名當然是利用古代
「九江」之舊稱。〈禹貢〉：「江漢朝宗於海，九江孔殷。」歷來注家，無不釋
為在彭蠡附近大江之南北。《漢書‧地理志》廬江郡：「故淮南，文帝十六年
別為國。金蘭西北有東陵鄉。」

王先謙《補注》云：

> 周壽昌曰：「志無金蘭縣，疑轉寫脫漏，綜郡國領縣核之，較〈百官表〉
> 及本〈志〉後序之數尚少九縣，此蓋其一也。」先謙曰：〈禹貢山水地
> 澤篇〉，「東陵地在金蘭縣西北」，與〈志〉合。〈決水注〉：「灌水導源
> 金蘭縣西北東陵鄉，大蘇山。」據此，大蘇山即東陵也。今商城縣東
> 南五十里。又〈江水注〉：「利水出廬江郡之東陵鄉，江夏有西陵縣，
> 故是言東。《尚書》云：『江水過九江至於東陵』者是也。」先謙案，《注》
> 雖未言金蘭縣，然與〈決水注〉符合，則知縣隸金蘭不誤。後世言東
> 陵者，紛紛意揣，未足據也。阮元《浙江圖說》云：「灌水利水同出東
> 陵一地，金蘭附註郡下，則在郡治，蓋後改為舒也。廬江治舒，據續
> 〈志〉舒縣有桐鄉，劉《注》鵲岸在縣，今桐城在漢屬舒。《通典》：
> 宣城郡，南陵。有鵲洲，即鵲岸，是漢舒地直達大江洲渚。〈禹貢〉江

> 水過九江，至於東陵東迆，實指至此東迆爲南江也（《說文》：迆，邪行
> 也）。江之南岸正丹陽之石城，與班〈志〉石城受江，其義一也。」

所以九江實當長江北岸，安慶附近的長江沿岸一帶。以這一處爲中心，便南
領豫章，北達淮水。也就是湖北、安徽、江西三省交會之處，即爲九江。自
九江建爲淮南國，國都移到楚的故都壽春，到淮南國再改九江郡，九江郡的
區城限於壽春一帶，和古代九江的區城便不相關涉了。

秦的郡界也不會同於漢的郡界，但爲方便起見，也不妨大致做一個比較，
這樣來做也許更清楚些。

一、內史——京兆、左馮翊、右扶風。

二、隴西——隴西、天水、武都、金城。

三、蜀郡——廣漢、蜀郡。

四、巴郡——巴郡。

五、北地——北地、安定。

六、上郡——上郡、西河。

七、河內——河內、魏郡。

八、東郡——東郡、東平、濟陰、山陽。

九、碭郡——陳留、梁國。

十、三川——河南、宏農。

十一、潁川——潁川。

十二、上黨——上黨。

十三、太原——太原。

十四、雲中——雲中、定襄。

十五、邯鄲——趙國、廣平、常山、真定。

十六、河間——河間、涿郡、勃海。

十七、鉅鹿——鉅鹿、清河、信都。

十八、代郡——代郡、中山。

十九、雁門——雁門。

二十、漢中——漢中。

二十一、南郡——南郡、江夏。

二十二、東海——東海、臨淮、廣陵。

二十三、黔中——武陵、牂牁。

二十四、南陽——南陽。

二十五、長沙——長沙、桂陽、零陵。

二十六、九江——廬江、九江、六安、丹陽、豫章、江夏、南郡。

二十七、泗水——沛郡、楚國、泗水，及臨淮西北一部。

二十八、薛郡——魯國、泰山。

二十九、楚郡——淮陽、汝南。

三十、會稽——會稽、丹陽東部。

三十一、齊郡——齊郡、菑川、千乘、濟南、平原、北海。

三十二、琅琊——琅琊、城陽、高密、東萊、膠東。

三十三、漁陽——廣陽、漁陽、涿郡之北部。

三十四、上谷——上谷。

三十五、右北平——右北平。

三十六、遼東——遼東。

三十七、遼西——遼西。

三十八、閩中——會稽南部。

三十九、南海——南海、合浦。

四十、桂林——鬱林、蒼梧。

四十一、象郡——交趾、九真、日南。

四十二、九原——五原、朔方。

以上秦郡和漢郡的比較，只能算作一個假設。因為秦的郡數尚成問題，何況秦郡的邊界。不過假如照漢郡所在大致分畫一下，也就可以更容易得到一個較明瞭的概念。這樣多少可以有些益處的。

中國歷史地理——戰國篇

孔子作《春秋》，起於平王四十九年，終於獲麟，凡二百四十二年（西元前 722 年至西元前 481 年），但事實上的春秋時代，應當起於周平王元年，至威烈王二十三年（西元前 770 年至西元前 403 年），凡三百六十七年。自威烈王二十三年，周王正式承認韓趙魏三國爲諸侯，然後始步入戰國時代。

春秋時期，晉國最強，凡滅二十國（見顧棟高《春秋大事表》），除山西省雁門關以南全境之外，又有河北省平漢鐵路南部沿線諸縣境，自柏鄉縣以南，得柏鄉、臨城、欒成、藁城、冀縣、趙縣、晉縣、堯山、任縣、邢臺、永年、清河、邯鄲、成安、大名諸地。更有河南省的黃河以北的沁陽、濟源、汲縣、修武、孟縣、溫縣、武陟、博愛、獲嘉諸地，以及河南省黃河以南的陝縣、靈寶、閿鄉、新安、澠池、鞏縣、滎陽、密縣、登封、禹縣、郟縣、臨汝、嵩縣、宜陽、洛寧、盧氏、襄城、許昌、臨潁、郾城，及開封市附近各地。更東有山東省恩縣、臨清、館陶、冠縣、朝城、觀城、范縣各地。再西渡河有陝西省的綏德、延川、膚施、洛川、白水、澄城、蒲城、朝邑、華縣、潼關各地。這一個非常大的地盤，後來就成爲魏、趙和韓國的基礎。

在三家分晉之時，晉國應當分爲中部、北部及南部三部分。中部是魏，北部是趙，南部是韓。魏國在中部，承繼了晉國的主要部分，所以魏國爲最強。魏國建都安邑，山西霍縣以南的地方，陝西省的晉國領土，河南省黃河以北的晉國領土，今開封市附近的領土，以及山東省的晉國領土，這樣的一個大的國家，所以在戰國初期發生的力量非常大。

山西中部、北部及河北省的晉國屬地，是盡歸趙國的。因此趙國原都晉陽，遙領河北省一帶的平原地區。在過去晉國時期，晉國之中曾經雜居了很多歸順晉國的戎狄。後來其中一部戎狄，並且還在河北定縣附近，建立了一

個強大的中山國，自從趙被承認爲諸侯之前，趙襄子已經滅代國，趙國的北境也就越過了山西的雁門關，到了趙惠文王時，又正式翦滅中山國。

在三晉分立各國之中，韓國的領土爲最小。但是到了春秋晚期，楚勢不競，河南西部方城以外的楚國地方，大率已入於晉國之手（甚至可能南陽，即宛縣，也已歸於韓）。晉國原來已據有周之西部虢國地方，所以韓國領土比起魏國雖然不如，但一方面很占形勢，一方面仍然相當完整。韓原都陽翟（今河南禹縣），及滅鄭之後，便遷都到鄭國的都城新鄭，這樣形勢就更爲改善了。

魏國的特占優勢，在韓趙兩國的人看來，當然是不能心服的。但政治是現實的，只要真能有充分的力量，韓趙兩國亦無可如何。不過魏國在地區的分畫上，卻有了先天的缺憾。魏國自東而西地方很長，但是交通的路線並不多。最東部和最西部發生了事，從另一方面入援非常困難，國力自然會減削。更由於魏國之南及北方，均被韓趙所夾，尤其是趙國對魏國的發展，妨礙最大。魏不攻趙，國勢不能擴張，魏攻趙，即冒天下之大不韙，這就形成了魏國的悲劇。

從魏文侯被承認起（西元前 403 年），經過了魏文侯、魏武侯，到魏侯瑩（即魏惠王）元年（西元前 370 年），又有三十三年了。從魏侯瑩即位起，就成爲魏國由盛而衰的關鍵。正當這個時期，西面的秦國，新立了他們的君主——秦孝公，是一個勵精圖治的人，魏國正應當好好對付。但魏侯卻並不如此。他一方面是一個好大喜功的人，一心想對外發展，一方面他又是主張向東方發展的人。從前一方面看，他引起了東方國家韓、趙、齊、楚的妒忌，從後一方面看，他疏忽了強秦。

魏國在這些時候，做出了許多錯誤：

（一）魏六年（西元前 365 年）夏，魏自安邑遷都大梁（意在注意東方）。

（二）魏十七年，魏伐趙，克趙都邯鄲，齊伐魏救趙，魏軍敗，仍還邯鄲於趙。

（三）魏三十年，魏伐韓，齊又伐魏以救韓，敗魏軍於馬陵，殺魏將龐涓。次年，秦乘魏空虛伐魏，取黃河以西之地。

（四）魏三十三年秦孝公卒，商鞅從秦逃至魏，魏王恨商鞅，不納，秦殺商鞅，魏失一可以利用抗秦之人才。

此後魏三十六年，與齊會於徐州，互尊爲王，這實在是一個對齊妥協的

辦法，只可惜太遲了，已經失去了攻擊別人的力量了。

這以後就成爲東面的齊，和西面的秦，各自發展的時代。

周愼靚王元年（西元前318年），除去楚齊魏以外，秦、韓、燕、宋、中山也都稱王。孟子稱爲方千里者九。此時七雄局面尙未完全形成。

愼靚王五年，秦取蜀（西元前316年），過了兩年，周赧王元年（西元前314年）齊取燕。赧王九年（西元前306年），趙武靈王北略胡地，赧王二十九年（西元前286年），齊滅宋，秦師取魏安邑。

這三十三年中爲齊、秦各占優勢的時代。齊的領土包括了全部的山東（除去魯國境域以外），全部的河北（除去了西南角的中山和趙國的領土），及江蘇北部，安徽北部的淮河以北地方，並且還可能兼有河南商邱附近地方。秦國包括了全部陝西，黃河以東的甘肅（即蘭州以東的甘肅），以及山西西南部一小部分，及河南西部宜陽附近的地方。就形勢的完整說，是秦比較好些，就經濟的收入說，是齊國好些。此時作戰已經需要很大的消耗，所以經濟收入，也是重要的，只可惜齊人未曾安定下來。到了周赧王三十一年（西元前284年）就完全向另外一個方向發展。而戰國的地圖，到此又要重新再畫了。

齊國以全力滅「千乘之勁宋」（語見《戰國策》），力量損失太大了。同時齊國雖然滅燕，但燕國的塞外，可能未被齊國所據。燕王即藉此興復。於是乘齊國疲敝之際，燕人約秦、趙、韓、魏之師共伐齊。入臨淄，齊湣王出走，爲齊相淖齒所弒。及赧王三十六年，齊再興復，已經不是從前的局面了。

齊燕的互鬥是戰國間的一件大事，也是戰國間的一個關鍵。最先齊滅了燕。齊的領土，北至燕山，照《孟子》所記，齊宣王確已取燕。但按照《史記》情形看來，燕昭王尙有一部分國土。可知齊國確已占有燕的都城，而燕國舊疆還有一小部分，仍爲燕昭王占據。這裡因爲記載不夠，我們不知是那些地方，不過就可能性比較大的來說，應爲遼東或上谷。燕國當被秦國滅時，曾退經遼東，不過秦國在燕的西南，而齊國在燕的東南，則退守上谷的可能，也許更大些。在這種情況下，燕的興復，本來是一個很難的事。不過齊的野心太大了，因爲攻宋，以致變換了全部的局面。

宋國本是相當大的國家，在春秋戰國之間，宋國似乎是擴充了不少的領土。彭城東海一帶，大都已在宋國疆土之中。戰國初期稱王的國家，除去相傳的七雄而外，再加上宋及中山，共爲九國。宋國向來本善守禦。春秋時期，

楚屢伐宋，而宋則堅守。後來戰國初期，墨子以善守著稱，亦是代宋國守禦。
齊湣王以戰勝餘威，南來伐宋，宋國本有守禦傳統，再加上墨子的基礎，齊
雖滅宋，軍力損傷當然很大。於是爲列國所乘，兵潰於外，國亂於內。不過
燕國雖然下齊七十餘城，燕昭王的勢力，仍然不能和齊的威宣相比擬。因爲
燕的基礎不如齊，何況齊的領土之中，還有許多爲別的國家所分據。

　　一直到燕昭王死後，莒及即墨未下。燕兵攻二城不下，反助成了齊國的
復興。在齊國復興之後，就完全轉變了他的國策。在湣王以前，齊國與山東
諸侯一直發生了許多和平與戰爭的關係。齊國聲勢浩大，並且還占了不少的
便宜。可是結果落得一個全盤崩潰。因是齊國復興以後的當政者——君王后
及后勝一類人，決定了齊國的政策。專務齊國的繁榮，對於東方諸侯，一概
不管，既不侵略，亦不援助，完全處於孤立的形勢。這種態度對於秦當然是
有利的。但按照《戰國策》說完全由於秦的外交手腕，使后勝多受秦間金，
不修戰備，卻也不一定盡然。因爲后勝已經相齊，齊本來有錢，后勝不見得
就完全以秦國的賄賂爲轉移。齊國過去的崩潰，出於東方諸國之手，在齊國
看來，誰也是敵人，並無一個朋友，因此在齊國復興之後，便取了孤立的姿
態。並且齊國因爲對外發展而失敗，不想再對外爭取領土，也因此取了孤立
的姿態。就政策的影響來講，當然政策本身是錯誤的，但這個政策，也給齊
國帶來了繁榮及財富。要知道四十餘年不受兵，是在歷史上一個大事件。

　　在齊國的「自了」政策之下，當然給東方其他各國更大的不安，楚國的
都城，逐漸向東遷移，到了陳，到了壽春。韓、魏兩國的疆土，也逐漸縮小。
韓、魏兩國本來想大量的互易疆土，使其都變成爲完成的形勢，易守易攻。
當時計畫爲魏國全包括二周，魏成爲南進的局面，而韓成爲北進的局面。當
然周君感到脅迫，利用楚、趙二國來制止計畫的全部實現。但實際上還互易
了一部分地方。上黨一帶本爲趙、魏兩國分有，但易地結果，還將上黨給韓。
只是二周附近，卻未分割。這種不完全的互易疆土，也自然影響到防禦計畫。

　　昭襄王四十七年，秦將白起攻韓，韓國的上黨和韓本國失了聯絡，於是
韓上黨守馮亭降趙。趙國接受了韓國的上黨，於是秦國移兵伐趙。趙先遣廉
頗抗秦，廉頗主守，師久無功。於是更易趙括爲大將，終於在長平（今山西高
平）被秦兵包圍，趙括出戰，突圍不克而死，趙四十萬眾降秦，悉被秦兵所
坑（大約是打死以後再埋的，不一定就是活埋），馮亭亦死於此役。於是趙國的實

力大損，幾乎有不能再戰之勢。趙國向魏國求救（此時齊國仍然不管，也可見齊國當政的人，眼光短淺），魏王遣晉鄙為將，率兵援趙，但秦國兵勢很盛，晉鄙不敢前進。此時魏公子信陵君無忌，利用魏王姬妾，竊到了魏王的兵符，用力士把晉鄙椎死，率兵破秦，使趙國得到了一時喘息的機會。

此時秦國的疆域，東邊界線已經以太行山為界，而東邊界線的南部，也占有了湖北的大部。除去二周一隅以外，及趙的太原郡以外，差不多盡有了平漢鐵路以西之地。適白起因為功高震主，被宰相范睢所讒而死。昭襄王五十一年，秦取西周。到了呂不韋當政之時，再滅了東周，並且完全攻取了太原郡。於是平漢鐵路以西成為完整的秦國。而且山東西北的一部地方，也成為呂不韋的封國。在這種狀況之下，到了秦始皇當政，就一步一步的吞併了韓、趙、燕、魏、楚、遼東、代，最後到了齊國，齊國在無抵抗狀態之下被秦占有，於是秦始皇就統一了整個的中國。

關於戰國時代各區域的物產和風俗，在《史記・貨殖傳》中，有一個很好的敘述：

> 關中自汧雍以東，至河華，膏壤沃野千里，自虞夏之貢以為上田，而公留適邠，太王王季在岐，文王作豐，武王治鎬，故其民猶有先王之遺風，好稼穡，殖五穀，地重重為邪，及秦文、孝、繆居雍隙，隴蜀之貨物，而多賈，獻、孝公徙櫟邑。櫟邑北卻戎翟，東通三晉，亦多大賈，武、昭治咸陽，因以漢都長安，諸陵四方，輻輳並至而會，地小人眾，故其民益玩巧而事末也。
>
> 南則巴蜀，巴蜀亦沃野，地饒巵（即紅花）、薑、丹沙、石、銅、鐵、竹木之器。南御滇僰、僰僮。西近邛笮，笮馬旄牛。然四塞，棧道千里，無所不通，唯褒斜綰轂其口，以所多易所鮮。
>
> 天水、隴西、北地、上郡與關中同俗，然西有羌中之利，北有戎翟之畜，畜牧為天下饒，然地亦窮險，唯京師要其道。故關中之地，於天下三分之一，而人眾不過什三，然量其富什居其六。
>
> 昔唐人都河東，殷人都河內，周人都河南，夫三河在天下之中，若鼎足，王者所更居也。建國各數百千歲，土地小狹，民人眾，都國諸侯所聚會，故其俗纖儉習事，楊、平陽、陳，西賈秦翟，北賈種代。

種代石北也，地邊胡數被寇，人民矜懻忮，好氣任俠為姦，不事農商，然迫近北夷，師旅亟往，中國委輸，時有奇羨，其民羯羠不均，自全晉之時，固已患其慓悍，而武靈王益厲之，其謠俗猶有趙之風也。……溫軹西賈上黨，北賈趙中山，中山地薄人眾，猶有沙丘，紂淫地餘民，民俗懁急，仰機利而食，丈夫相聚游遨戲悲歌慷慨，起則相隨椎剽，休則掘冢作巧姦冶，多美物，為倡優，女子則鼓鳴瑟跕屣，游媚貴富，入後宮，徧諸侯，然邯鄲亦漳河之間一都會也，北通燕涿，南有鄭衛。鄭衛俗與趙相類，然近梁魯，微重而矜節，濮上之邑徙野王，野王好氣任俠，衛之風也。

夫燕亦勃碣之間一都會也，南通齊趙，東北邊胡，上谷至遼東，地踔遠，人民希，數被寇，大與趙代俗相類，而民雕捍少慮，有魚鹽棗栗之饒，北鄰烏桓夫餘，東綰穢貉朝鮮真番之利。

洛陽東賈齊魯，南賈梁楚，故泰山之陽則魯，其陰則齊，齊帶山海，膏壤千里，宜桑麻，人民多文綵、布帛、魚鹽，臨淄亦海岱之間一都會也，其俗寬緩闊達而足智，好議論，地重難動搖，怯於眾鬥，勇於持刺，故多劫人者，大國之風也。其中具五民。——而鄒魯濱洙泗，猶有周公遺風，俗好儒，備於禮，故其民齪齪，頗有桑麻之業，無林澤之饒，地小人眾，儉嗇，畏罪遠邪，及其衰，好賈趨利，甚於周人。

夫自鴻溝以東，芒碭易以北，屬巨野，此梁宋也，陶、睢陽，亦一都會也。昔堯作游成陽，舜漁於雷澤，湯止於亳，其俗猶有先王遺風，重厚，多君子，好稼穡，雖無山川之饒，能惡衣食致其畜藏。

越楚則有三俗：

夫自淮北、沛、陳、汝南、南郡，此西楚也。其俗剽輕易發怒，地薄，寡於積聚。江陵故郢都，西通巫巴，東有雲夢之饒，陳在楚夏之交，通魚鹽之貨，其民多賈。徐、僮、取慮，則清刻矜已諾。

彭城以東，東海、吳、廣陵，此東楚也，其俗類徐僮朐，繒以北俗則齊，浙江南則越。夫吳自闔廬、春申、王濞三人，招致天下喜游子弟，東有海鹽之饒，章山之銅，三江五湖之利，亦江東一都會也。

衡山、九江、江南、豫章、長沙，是南楚也，其俗大類西楚，郢之後徙壽春，亦一都會也。而合肥受南北潮，皮革，鮑木輸會也。與閩中

千越雜俗，故南楚好辭巧說少信。江南卑濕，丈夫早夭，多竹木，豫
章出黃金，長沙出連錫，然董董，物之所有，取之不足以更費。九疑、
蒼梧以南至儋耳者，與江南大同俗，而揚越多焉。番禺亦其一都會也，
珠璣、犀、瑇瑁、果、布之湊。

潁川南陽，夏人之居也。夏人政尚忠朴，猶有先王之遺風。潁川敦
愿，秦末世遷不軌之民於南陽，南陽西通武關、鄖關，東南受漢、江
淮，宛亦一都會也。俗雜好事業，多賈，其任俠交通潁川，故至今謂
之夏人。

夫天下物所鮮所多，人民謠俗，山東食海鹽，山西食鹽鹵，領南沙北，
固往往出鹽，大體如此矣。總之楚越之地，地廣人希，飯稻羹魚，或
火耕而水耨。果隋、蠃蛤，不待賈而足，地勢饒食，無飢饉之患，以
故呰窳偷生，無積聚，而多貧。是故江淮以南，無凍餓之人，亦無千
金之家，沂泗水以北，宜五穀桑麻六畜，地小人眾，數被水旱之害，
民好畜藏，故秦、夏、梁、魯，好農而重民，三河宛陳亦然，加以商
賈，齊趙設智巧，仰機利，燕代田畜而事蠶。

到了班固作《漢書·地理志》，更據成帝時潁川朱贛的條奏來序論，但是
漢代風俗仍和戰國的風俗有不可相承之處。

我們看到了司馬遷的地理分區法，我們看出來在戰國時期物產人文與地
理的關係，已經被司馬遷注意了，其分畫的區域應爲：

(一)秦蜀區域——應分爲兩部分：

  1. 秦本國，農業爲主。

  2. 蜀地，農業之外，還有別的資源。

(二)三河區域——以農業爲主，雜以工商。

(三)齊趙區域——以工商爲主，因此風俗也變得駁雜。

(四)梁宋區域——雖有都會，而仍以農業爲主。

(五)邊地——包括趙國北部及燕國，是和游牧民族接近的區域。

(六)楚國——再分爲：

  1. 東楚再分爲南方及北方，北方同於梁宋，南方爲越俗。

  2. 西楚，以農業爲主，但生活容易，所以少蓄積。

3. 南楚，以江南為主，略同西楚，其南部則入於越地，番禺又為南海交通中心。

所以戰國風俗一直到漢，只是大體和戰國時立國有關，但國境大的，國內風俗又自不同，楚國便是一個顯明的例子。

論北朝的都邑

　　中國的都邑，論經濟的地位，南重於北。論軍事和政治的地位，北重於南。北方重要都邑很多，南方只有南京。所有全部中國歷史之中，只有洪武元年八月（1368）至建文四年六月（1402）南京做過統一都城整整三十四年。再加上中華民國十五至二十六年整整十年，又中華民國三十五年至三十七年整整三年，共計南京前後作過全國統一的都城四十七年整。所有統一的朝代，夏、商、周、秦、漢、西晉、隋、唐、宋、元、明（成祖以後）、清，都是建都在黃河流域。其他分立的時代，第一個時期是五胡到北周，第二個時期是五代，第三個時期是金朝，及元代初期，大致也是北方的政府取攻勢，而南方的政府取守勢。所以就中國歷史上的因素來說，黃河流域的形勢，更值得我們的特別注意。

　　就北方的都邑來說，在古代大致不出於三輔和三河兩個區域以外。在三輔的是豐、鎬、咸陽和長安。在三河的，是河東的平陽、蒲阪和安邑；河內的安陽和鄴，河南的洛陽。就中顯然的秦漢以來是一些大一統的局面，因而長安和洛陽尤其被讀歷史的學者所注意。長安是西漢的都城，洛陽是東漢的都城。班固是深深的了解西漢的盛世而生於東漢的人，因而在他〈兩都賦〉中對於長安和洛陽都有出力的描述。

　　班固的〈西都賦〉說：

　　　　漢之西都，在於雍州，實曰長安。左據函谷二崤之阻，表以太華終南之山。右界褒斜隴首之險，帶以洪河涇渭之川。眾流之隈，汧涌其（間），華實之毛，則九州之上腴焉。……是故橫被六合，三成帝畿，周以龍興，秦以虎視。及至大漢受命而都之也。仰悟東井之精，俯協河圖之靈，奉春建策，留侯演成，天人合應，以發皇明，乃眷西顧，實非

作京。

於是睎秦嶺，睋北阜，挾灃灞，據龍首。圖皇基於億載，度宏規而大
起。肇自高而終平，世增飾以崇麗。歷十二之延祚，故窮泰而極侈。
建金都而萬雉，呀周池而成淵。披三條之廣路，立十二之通門。內則
街衢洞幾，閭閻且千，九市開場，貨別隧分。人不得顧，車不得旋，
闐城溢郭，旁流百廛。紅塵四合，煙雲相連。

於是既庶且富，娛樂無疆，都人士女，殊異乎五方。游士擬於公侯，
列肆侈於姬姜。鄉曲豪舉，游俠之風，節慕原嘗，名亞春陵，連交合
從，馳騁乎其中。若乃觀其四郊，浮游近縣，則南望杜霸，北眺五陵，
名都對郭，邑居相承，英俊之域，紱冕所興。冠蓋如雲，七相五公。
與乎州郡之豪傑，五都之貨殖，三選七遷，充奉陵邑，蓋以強幹弱枝，
隆上都而觀萬國也。

這裡所說的，在長安方面，所有形勝、經濟和富源，以及人物，都有其
顯明的特質。這在洛陽方面，是都比不上的。班固在這方面，用盡了心思，
把東京方面崇尚儒術的政策，拿來相比。但只要仔細的想一想，一個朝代的
政策，和都城位置，並無一定相關的因素。東漢洛陽時代固然是崇尚儒術的，
但西漢的元成以後以至於王莽，又何嘗不是崇尚儒術的？所以班固的〈東都
賦〉實際全部都是不相干的話，洛陽的精采部分，比起長安來，實在是一無
所有。

但是洛陽卻仍然有洛陽的特點。在中國所有的都邑中，幾乎都是自然發
展而成的。而洛陽所以成為重要都邑，卻是出於人工的選擇。第一個選擇洛
陽，建設成為中國朝會的中心地點的是周公。到了平王便將這個朝會的中心
地點做成為周王居住所在。東漢建都洛陽，又是利用東周時舊有的都市規模。
等到北魏孝文帝再建都洛陽時，舊有的建設早已不復存在，一切是重新做起
的。到了隋煬帝時，又作一次全新的建構。不論如何，自從周代奠定洛陽以
後，洛陽就成為術數上的「天地中心」，這是對洛陽一個非常有利的重要因素。

北朝自然生成的都邑，最重的要算鄴、長安，和平城。這三個都邑形成
了一個三角形，這一個三角形的重心所在，大致相當於晉陽的位置。因而晉
陽又和以上三個都邑並立為第四個都邑。

　　長安的重要由於周秦兩代根據長安附近而奄有天下，因此長安便水到渠成，作成了全國性的首都。西漢一代又由高帝的明智選擇，使西漢一朝成為多采多姿的朝代。當然，長安是有其缺點的。主要的一點就是關中的平原並不算大，糧食的供給是要靠黃河三角洲的出產。若想控制黃河三角洲，一定要通過洛陽。換言之，洛陽本身雖然並無獨立作成領導區域的資格，但凡是建都長安的朝代，一定需要洛陽作為主要的助手。長安有了洛陽，才能供應無缺，其中相依為命的狀況，不下於北平對於天津，南京對於上海，以及台北對於基隆。所不同的，是天津、上海和基隆，都靠海運，而洛陽只靠黃河的漕運，其運輸的分量和運輸的性質都不能互相比擬的。

　　在經濟上比較可以自給自足的，當然是黃河三角洲，要比關中平原或者洛陽盆地好得多。在這個三角洲上，因為是一片平川，可以發展成為許多重要的都邑。而在傳統衍進的結果，在南北朝時期，當然要算鄴，即今河南安陽附近，最為重要了。

　　就黃河三角洲來說，因為黃河時常氾濫的關係，太行山麓及山東半島有些地方在海拔五十公尺以上，水患較輕。安陽就是屬於太行山麓區域。再加上殷商以來人工的經營，成功了中國東區領導的都邑。這一個地區地土肥沃，灌溉便利，再經過戰國時魏國的經營，所以漢代的魏郡，仍然是一個富庶之區。漢光武平定天下，以河內為重要的基地，三國初年，這個地區就更為重要。

　　關於安陽地區從後漢到北朝，其中重要的變化，可列如次：

　　漢獻帝初平二年（191）袁紹奪韓馥冀州，自為冀州牧，鎮鄴。

　　建安九年（204）曹操定鄴，自為冀州牧，鎮鄴。

　　建安十五年（210）曹操築銅雀臺於鄴。

　　建安十八年（213）曹操為魏公，以鄴為魏國都城。

　　建安二十一年（126）曹操為魏王。

　　魏文帝黃初元年（220）曹丕篡漢為魏，建都洛陽，以鄴為五都之一。

　　晉惠帝太安二年（303）成都王穎鎮鄴，據鄴以叛。

　　晉元帝太興二年（318）石勒稱趙王，都襄國。

　　晉成帝咸和五年（330）石勒自襄國遷於鄴。

　　晉成帝咸和六年（331）石勒營鄴都宮殿。

　　晉穆帝升平元年（357）前燕慕容儁定都於鄴。

晉安帝隆安元年（397）南燕慕容德稱帝於鄴。

晉安帝隆安二年（398）北魏道武帝拓跋珪入鄴，置行臺。
從此以後，在北魏時代，一直爲東方重鎮。

在拓跋珪克鄴以後，便修治自望都到平城的道路，這可見北魏對於河北平原的重視。《魏書‧道武本紀》：

> 天興元年（398），春正月，慕容德走滑臺，（拓跋）儀克鄴。收其倉庫，詔賞將士各有差。儀追德至河，不及而還。庚子，車駕自中山行幸常山，之眞定，次趙郡，之高邑，遂幸於鄴。民有老不能自存者，詔郡縣振恤之。帝至鄴，巡登臺榭，遍覽宮城，將有定都之意，乃置行臺。以龍驤將軍日南公和跋爲尚書，與左丞賈彝率部吏及兵五千人鎮鄴。車駕自鄴還中山。所過問百姓。詔大軍經州郡，復賚租一年。除山東民租賦之半。車駕將北返，發卒萬人治直道。自望都、鐵關、鑿恆嶺至代五百餘里。

平定慕容氏的燕，是拓跋珪的建國工作中一件最大的事。因爲從此以後得到了富裕的河北平原，並且得到了許多士大夫和工匠，使得拓跋魏從一個游牧的國家變成一個有文化的國家。當然慕容燕的都城——鄴，是值得重視的，所以拓跋珪有意遷都到鄴。只是他的基本勢力還在平城，當時東方初定，自然不能草率遷移。他只建行臺，修道路，加強平城和鄴的關係，未立即遷往。到了明元時代，鄴仍舊是一個東方的軍事重鎮。在泰常七年和泰常八年（422-423）兩年之中，和劉宋作了一次主力戰，結果占據了宋人的司、豫兩州。這時魏方的作戰根據地就是鄴。

魏太武時期，國土的面積大爲增長，形成了中國北部唯一的帝國。當時太武帝曾屢次到東方巡幸，也曾經在鄴縣住過。不過最常去的地方，還是定州。這是很明顯的，鄴在當時雖然是黃河三角洲的經濟和軍事的中心，但是太武帝的基本力量還在平城附近。爲著和平城聯絡的方便，在河北平原北部的定州，就更受到太武帝的注意。這個原因和遼、金、元、清的重視北平，是具有相同的因素。（至於明成祖雖然不是起自朔漠，不過北平是他原有的根據地，所以也一樣重視北平。）其實除去遼只有中原的燕雲區域以外，金、元和清，地域都相當廣，當時黃河流域的經濟高度發展地區，應當是德州、濟寧一帶。就

用兵而言，安陽、德州、濟寧也是更近於前方，指揮上更為便利。但他們仍然選擇北平，推究其中的原因，應當不出這幾點：（一）北平在河北平原是最北的地帶，和他們的根據地聯絡上最為方便。（二）北平的氣候較為涼爽，適宜於他們居住的習慣。（三）北平出去不遠，就是草原地帶，適宜於他們「春水秋山」式打獵的生活。——以上這些原因，不會為中原人士所想到的，倘若由中原人士設計一個新的都城，決無從考慮到這許多條件。

魏太武帝以後，文成帝還是屢次巡幸定州。獻文帝沖齡踐位，還受制於馮太后，只在平城附近旅行。不過魏朝到了這個時代華化的進展，一天一天迅速。終於形成孝文的徹底華化和遷都洛陽。

魏孝文的遷都洛陽，完全表現著他是一個理想主義者，並未曾顧及到現實的問題。就基本力量來說，拓跋氏的根據地仍在平城，和洛陽並不生任何的關係。就對於黃河三角洲的控制來說，洛陽並不屬於這個平原的一部分。就對於南方用兵的便利來說，洛陽並非處於南北兩方的交通要點上。所以可以說對於軍事及經濟上毫無意義。他的建都洛陽只有一點，就是出於政治上理論的考慮。洛陽是東漢、曹魏及西晉的舊都，代表著當時中原正統的標記。在東晉時代，許多北伐中原的人士，都是以指向洛陽為目標。桓溫克復洛陽，並且請求仍然都洛陽。魏孝文的建都洛陽，對於漢人來說，的確有心理方面的意義。但他卻忽略了地理位置上的客觀條件。魏代自從建都洛陽以後，就對於北方六鎮原有的鮮卑貴族子弟的生活與前途，漠視不顧。到了胡后當政時期，北方的六鎮叛變，引起了北魏的滅亡，不能說他選擇都城位置的錯誤，不是其中主要的原因。

洛陽傾覆以後，從六鎮人士出身的高歡，當然不再留戀於洛陽。他就把都城遷到鄴，成為東魏。他自己為著和北方聯絡方便，藉以遙制鄴城，同時也為著身當防守西方宇文氏勢力的前進地帶，他自己就常川駐在晉陽。這種狀況一直在東魏、在北齊，鄴和晉陽並成為北朝的兩大中心。朝廷上行政的首都是在鄴，國家領袖住居地和軍事指揮的中心是在晉陽。當然還有一個因素，就是兩個以上的政治中心，是漠北胡人游牧時代的經常習慣。

在東魏西魏並立的時代以後，宇文氏以梟傑之才領導關中來對抗東方的高氏，其實力實在遠不如高氏。此時高氏在鄴城控制下的漢人，以及在晉陽控制下的胡人，其經濟力量及軍事力量都非常雄厚。宇文氏所以能夠抵抗的，

全靠政治的清明和組織能力的強固。幸虧高氏自從高洋以後，沒有一個君主可以夠得上「守成令主」的標準，才能夠使宇文氏終於平定北齊。所以談到周齊的興亡，人事的因素實在遠在地理的因素以上。就此來討論長安與鄴的得失，實在是一個多餘的事。不過北周既然以關中之眾平定東方，隋代更在北周的基礎上平定天下，長安的地位自然成為超過一切的重要。再加上唐代的盛世，為中國歷史上所罕有。漢唐並稱而漢唐俱建都長安，其中雖有若干地理上的因素在內，但其中也有偶然的因素在內。

長安地區的特殊意義，是接近草原地區中的富裕地帶。因為接近草原區，所以可以成為國防的前哨。當它作成為一個朝代的都城時，就表示這個朝代是前進的而非退守的，是具有國際性而非純粹閉關自守的，是富於活力的而非停頓的。所以西漢時代就比東漢時代有生氣的多。其次就所謂「關中四塞，有險可守」，在內戰時期比較上可以有安全感。不過這兩種的意義在北方的都邑中，如晉陽、定州以及北平，是同樣具有的。北平的地理價值，在近來七、八百年中，已經得到了歷史上的證明，並不下於長安。晉陽及定州雖然因為歷史上偶然的因素，未曾得到歷史上的證明；不過就一切條件而言，也並不遜於長安，只是無法加以實驗罷了。

長安的缺點，是附近平原雖然遠比洛陽附近為好，但供給糧食，仍然有限，必須向遠處的東方經常搬運糧食，才能維持大都市的需要，而維持東方糧食的要道卻是險阻而水量並不一定的黃河。尤其在都邑內戰時期，東方阻隔，則長安的情形，更為艱窘。苻堅的滅前燕，北周武帝的滅北齊，都是利用特殊的機會，才能辦到。所以長安和鄴來比，還是互有得失。

因為北周平定北齊是憑藉偶然的機會而非必然的趨勢；所以對於鄴城一定要加以毀滅而防東方再有人興起，這是魏太武帝平定鄴城時未曾有的事。《周書‧武帝紀》，建德六年（577）正月辛丑（27日）詔曰：

> 偽齊叛渙，竊有漳濱，世縱淫風，事窮雕飾。或穿池運石，為山學海，或層臺累構，概日凌雲。以暴亂之心，極奢侈之事。有一於此，未或弗亡。朕菲衣薄食，以安風聲，追念生民之費，常想力役之勞。方當易茲敝俗，率歸節儉。其東山南園及三臺，可並撤毀，瓦木諸物，凡入用者盡賜下民，山園之田，各歸本主。

　　這個詔書表面看來是冠冕堂皇，去奢入儉。實際上是毀滅已成之物，把無數的工料都給浪費了。尤其瓦木諸物，盡賜下民，好像是「仁政」，其實撤毀以後，便不適用。鄴中老百姓的生活，是靠經濟繁榮，才得到較好的生活標準，既然把鄴城的繁榮毀掉了，那就殘磚破瓦的使用價值也就非常有限了。但是周武帝把鄴城毀滅，還未徹底，到了周靜帝大象二年（580）周尉遲迴討楊堅失敗，楊堅為避免再有人利用鄴城，於是「移相州於安陽城，鄴城及邑居皆毀之」。從此以後，鄴的繁榮移到了安陽城，而安陽城從此代替了鄴的地位。這個商代舊都安陽，又重新成為北方的重鎮。

　　但是到隋唐以後，因為運河成為中國的大動脈。沿運河的都市，從此繁榮起來。其中尤其重要的是汴州（開封），唐亡以後，開封成為中國的都城，因而鄴城在黃河三角洲的重要地位，才為開封所代替；不僅宋、金都曾以開封為都城。明太祖平定全國後，也有以開封為北京，把京城自南京移至開封的擬議。如果此項擬議成功，那就後來「靖難」之變，也許不會發生。不幸明太祖因循誤事，「本欲遷都，年老力倦，興廢有定，惟有聽天。」（明太祖〈祭竈文〉）從此中州名邑，對於全國的領導地位，便長此廢棄，而成為長期的「北平時代」了。到了現代，因為運輸道路的改變，黃河三角洲大平原區的重心，已經不是安陽、不是開封，而為新興的大都市鄭州所代替。今後鄭州的地位，可能成為全國主要的關鍵地帶。不過歸根溯源，在主要的意義上，還是鄴與開封的延伸。

　　在北朝時期，晉陽也是一個非常重要的都邑。晉陽和長安有類似之點，第一、是同樣的「四塞之區」，第二、是同樣的「瀕戎之地」，至於利用靈丘道或井陘口來隨時監視河北平原以至於海上交通，那就似乎還在長安區域的形勢之上。北魏所以能吞併北方，雖然溯源於平城，但也是利用整個山西高地，才能得到充分的成就。

　　顧祖禹《讀史方輿紀要》云：

> 太原府控帶山河，踞天下之肩背，為河東之根本，誠古今必爭之地也。周封叔虞於此，其國日以強盛，狎齊主盟，屏藩周室二百年。追後趙有晉陽，猶足以距塞秦人為七國雄。秦莊襄王二年，蒙驁擊趙定太原，此趙亡之始矣。……漢置并州於此，以屏藩兩河，聯絡幽冀。……及

晉室顛覆，劉琨拮据於此，猶足以中梗劉石，及琨敗，而大河以北無
復晉土矣。拓跋世衰，爾朱榮用并肆之眾，攘竊魏權，芟滅群盜。及
高歡、爾朱兆，以晉陽四塞，建大丞相府而居之。及宇文侵齊，議者
皆以晉陽爲高歡創業之地，宜從河北，直指太原，傾其巢穴，便可一
舉而定。周主用其策，而高齊果覆。……大業十三年，李淵以晉陽舉
義，遂下汾晉，取關中。……其後建爲京府，復置大鎮，以犄角朔方，
捍禦北狄。李白云：「太原襟四塞之要衝，控五原之都邑」是也。及安
史之亂，匡濟之功多出河東。最後李克用有其地以與朱溫爲難。……
迨釋上黨之圍，奮夾河之戰，而梁亡於晉矣。石敬塘留守晉陽，遂易
唐祚，而使劉知遠居守關道，知遠果以晉陽代中原。劉崇以十州之眾
保固一隅，周世宗宋太祖之雄武而不能克也。宋太宗太平興國四年始
削平之，亦建爲軍鎮。劉安世曰：「太祖太宗嘗親征而得太原，正以其
控扼二邊（謂遼夏），下瞰長安，棄太原，則長安京城不可都也。」

顧祖禹講山西省地區的重要，都是事實。在《讀史方輿紀要》中所講的
形勢，有些地方確實不免有些誇張，但在太原府一段卻是無一字虛設，由此
可見晉陽地區確實有其重要性。

在魏孝文帝遷都洛陽以後，晉陽是聯絡平城與洛陽兩地的中樞。《魏書‧
神元平文字孫元丕傳》：

詔以丕爲都督，領并州刺史。丕父子大意不樂遷洛，高祖之發平城，
留太子恂於舊京，及將返洛，隆與超密謀留恂。……時丕以老君并州，
雖不預其計，而隆、超皆以告丕。……及高祖幸平城，推穆泰首謀，
隆兄弟並是黨。隆、超與元業兄弟並以謀逆伏誅。……詔以丕應連坐，
但以先許不死之詔，躬非染逆之身，聽免死爲太原百姓。

所以太原、平城的關係較深，而與洛陽的較爲疏遠。及建都洛陽，不僅
平城被忽視，晉陽也被忽視，當然，從洛陽到晉陽，是比晉陽到平城要遠些，
不過人爲的忽視，還是一個重要原因。

這種狀況到了北魏的末期，才有顯著的變更。最先爾朱榮自肆州入洛陽，
竊取政權，並且以晉陽爲根據地。到了爾朱榮被殺，爾朱氏崩潰，高歡再以
晉陽爲根據地。《北齊書‧高洋紀》：

武定八年，夏五月，辛亥，帝如鄴。戊午，乃即皇帝位於南郊。其日大赦，改武定八年爲天保元年。詔曰：「冀州之渤海、長樂二郡，先帝始封之國，義旗初起之地，并州之太原，青州之齊郡，霸業所在，王命是基。君子有所，貴不忘本。思深恩洽，蠲復田租。齊郡、渤海可並復一年，長樂復二年，太原復三年。」九月，庚午，帝如晉陽，拜辭山陵（高歡葬在晉陽）。是日皇太子入居涼風堂，監總國事。冬十月，己亥，備法駕，御金輅，入晉陽宮，朝皇太后於內殿。辛巳，曲赦并州太原郡晉陽縣及相國府內獄囚。十一月，周文帝（宇文泰）率衆至陝城。甲寅。帝親戎出次城東。周文帝聞帝軍容嚴盛。歎曰：「高歡不死矣。」遂退師。庚午，還宮。秋七月，癸巳，帝如趙定二州，因如晉陽。冬十月，戊申，起宣光、嘉福、仁壽諸殿。三年六月，丁未，帝至自晉陽。乙卯，帝如晉陽。

這裡顯示著齊主住在晉陽的時候，實在較住在鄴的時候爲多。在《北齊書》各主的本紀中，可以統計出來，北齊每一個皇帝都是同樣的情形，不僅高洋是這樣的。到了周、隋兩代，對於晉陽並未加毀滅，唐代還時有增修，天子巡幸晉陽的時候卻不常有了。一直到宋滅北漢，才把晉陽毀掉。不過晉陽區域的形勝，仍然存在著，以後繼晉陽而起的陽曲城（即今太原市），在宋以後的歷史上，仍然顯出重要的地位。這個都邑的地點，還是非常值得注意的。

附 記

本篇只是一個導論，其中的考證參見《中央研究院歷史語言研究所集刊外編·慶祝董作賓先生六十五歲論文集》：〈北魏後期的重要都邑與北魏政治的關係〉。

中韓關係論略

　　中國民族與大韓民族，自上古以迄於近世，時常構成了兄弟之邦，今後展望前途，應當日益敦睦。東亞前途一定可以因爲中韓兩民族對於和平及文化上的努力而日益光輝燦爛。中韓兩民族，在體質上是極少有區別的，尤其韓民族對於華北的中國人更爲接近，就語言來說，韓國語言和現在通行於中國的漢語，並非一個系統，就一般文化來說，中韓二民族，卻仍然可以算得一個單位，這一種理由，應當就東亞歷史的發展來解釋。

　　現在的中國大陸，在民族上、語言上，以及一切文化上，已經成爲一個集體，但這是歷史發展而成的，先在三四千年以前，當然不一定是這個狀況。在上古時期的中國，主要的文明，是發生在黃河流域，而黃河流域，也就不是一個民族。至少在東方爲夷族，在西方爲夏族，是很顯著的。而東方的黑陶文化與西方的彩陶文化，顯然不同，尤其在考古學上找到了堅強的證據。

　　華夏民族文化構成的中心是夏商周三代；夏代始於禹，據傳禹興於西羌；商代祖先出於有娀氏之女，周的祖先出於姜嫄，有娀即有戎，姜即羌，因此和西方的戎或羌，關係比較上深遠。從這個關係來說，華夏之族用著與西藏族接近的漢語，也是有辭可解的。但從另外一點來說，在夏禹以前的伏羲風姓之族，太皞及少皞之族，以及和夏禹同時的伯益（嬴姓）之族，都不屬於西方系統。再還有高陽氏及祝融氏的後人，後來成爲春秋戰國的楚國，也不屬於西方系統。所以就中國文化系統來說，中國文化中的華夏文化，雖然光輝燦爛，雖然因爲夏商周三代相承，成爲中國文化的代表。但是在三代以前，在東方系統之中，還會有別的文化。因此就要認定中國文化在漢語文化之外，還曾在東方有可能屬於非漢語的文化，存在於更早的時期。譬如我們常常把東方的人稱爲東夷，而夷字和仁字是通用的。仁字和人字也是出於一源，那

麼漢語中「人」的稱謂，甚至於還有出於東方的可能。因為在若干原始部族之中，全人類自己部族名稱是用的一個字，假若夷人先成為文化的先進，夷人先用了「人」字，作為全人類的名稱，西方後起的部族，可能再為借用的。

這一點已經可以作為中國文化不是出於單獨一元的一個例子。假若再為尋覓，還可以找出一些來。我們無論如何的說，中國文化的構成，東方和西方，應當並重，而東方的一支，就地理方位來說，它的中心，是在山東半島。山東半島的地理環境，卻是海重於陸。〈禹貢〉上的青州，就是跨有遼東半島和山東半島，這也可以表示古代的海上交通和聯繫，在山東沿海，比陸上還要重要。因此，山東半島、遼東半島，和朝鮮半島應當是一個古代文化中心，而不能互相隔絕的。從這一點來推論，朝鮮半島對於中國古代的文化，確實有其重要性。

中國是一個大陸，包含的成分太多了，民族的轉移，猶如後浪推前浪。沿渤海的各半島文化，雖然在東方文化的構成中，有其貢獻，但是華夏各族文化習慣的巨浪，終於掩蓋了中國大陸的全部。只有朝鮮半島保存了渤海各半島文化的特質，而形成了特殊的語言成分，並且發展了本地的文化。

朝鮮開國的檀君雖然是一個神話的人物，而朝鮮史上的箕朝也還沒有法子證明所從來，不過箕朝在朝鮮政治機構的建立上，是有其貢獻的。箕朝的地理位置，應當在平壤一帶，但箕朝的來源，還有若干的可能，不能以一語來決定。箕子封於朝鮮，是中國一個較早的傳說，不過在紂政暴虐之時，箕子如何曾一度為奴，又如何到了朝鮮而發生了開化朝鮮的事實，更如何到了周武王時，一度入朝而獻了〈洪範〉一篇，都還含著有若干的傳奇性。箕朝的後來，是箕子之後代，還是當地部落因有箕子的傳說，而託為箕子之後，也都無從證實。在中國四方各國，例如匈奴和越，都號稱為大禹之後，便很有可疑之處，而吳國是姬姓之邦，卻有不少的證據，用不著懷疑。箕朝是那一種情形，我們是一無所知。不過不論是否箕子之後，箕朝所用的語言為朝鮮語，或者可以不成問題。

除去箕朝的朝鮮而外，東南方面的辰韓，也是非常可以注意的。辰韓亦稱秦朝，原為中國移民所居住。我疑心這個地方就是徐福所到的「平原廣澤」，後來才誤傳徐福到了日本。不論如何，大量的秦人到了這一個地方，對於文化上的意義是很大的，因為不僅影響了朝鮮及諸韓族，並且也影響了日本。

從此以後，日本更進一步深深吸收了中原的文化。

戰國時代衛氏的朝鮮，當然也是朝鮮史上一件大事。不過看來還是箕氏朝鮮的繼承者，對於朝鮮的地位並無多大的改變。衛氏侵入朝鮮，猶如丹麥人侵入英國，朝鮮在政治上並未曾失卻其獨立性。直到了衛氏之亡，才有若干轉變。

但是朝鮮的統一文化還是繼續不斷的涵育著、形成著。在這一個時期，移入了大量的漢人，後來也成爲朝鮮建國的骨幹。而漢代形成的都市，也成爲朝鮮繁榮的中心。此後樂浪帶方的進退，慕容燕的勝負，高麗、新羅及百濟的發展，都成爲朝鮮國史中的重要因素。尤其重要的，是七世紀後期新羅的統一朝鮮半島，給朝鮮人帶來安定和繁榮，使韓民族的文化更爲提高。而此後的王氏高麗及李氏朝鮮，都成爲安定、和平而統一的國家，不再有分爭割據的形勢。對於韓民族的蒸蒸日上，大有貢獻。

自新羅以後，韓民族與中國始終維持友好的關係。其中尤以李朝和明清兩代的關係，最爲密切。這種關係亦可稱爲「事大」的關係。「事大」的關係，是中韓兩國相互誠懇的合作，中韓兩國共同承認在北京的皇帝爲名義上的天子，但決不干涉韓國的內政，不妨害韓國的獨立，不損傷韓國的自尊。這種關係實在導源於周孔以來的儒家哲學，彼此都涵泳於儒家哲學甚深，才能了解互助而互不干涉的意義和價值。北京皇帝的地位，就其世界性而言，不過相當於周天子，十三布政使司或十八省，不過等於天子的畿內，對於世界任何一部分，其關係只有在名分上的維持，爲的保存和平上的需要，而不需強烈的干涉。換言之，當時國際間的天子，並非一個行政中樞，而只是國際間維持和平機構的代表。這也就是天子六璽，「天子之璽」與「皇帝之璽」不同點之所在。

中韓的關係，到了明神宗時，更表現出來高度的合作。中國爲著維持韓國的獨立，不惜披髮纓冠，劍及履及，毫無保留的傾全國之師來救助，終於韓國獲得了自由，而中國未嘗索一文的酬報，這種仗義的精神，在人與人之間可能有，而國與國之間不常見。所以韓國一直到清代中葉，百餘年間，還有不少地方用明代的正朔。這件事可以證明中韓的關係，完全是道義的關係，沒有利害的成分在內。因爲就清韓的關係來說，清廷甚至希望不用任何的年號而不用明代的年號。

　　今後中韓兩國都是民主的國家，政權從基層建立起來，彼此都不再有從先的封建關係。但是道義上的合作精神，還應當保持與擴大，以重建東亞的和平。目前中韓都是在偏安狀態之下，將來還得各自完成統一，彼此成爲近鄰。互相合作、互相尊重，將來當較目前更爲重要。我們還得承認，中韓兩國目前的邊界是永遠的邊界，彼此都當認爲神聖不可侵犯。今後中韓兩國可能還有僑民的問題，也一定會在和衷共濟之下，得到合理的解決。至於兩國間的文化合作，經濟合作，今後更一定可以達到圓滿的理想。

六、歷法

金文月相辨釋

　　金文月相計有初吉、既生霸、既望、既死霸四種名稱。至於這四種名稱指的是什麼？那就各家的解釋很不一致。最近幾十年中，討論這個問題的，有俞樾、劉師培、王國維、吳其昌、新城新藏、岑仲勉、陳夢家、黃盛璋各家。一直到目前還停留在聚訟的階段，這不僅對於金文本身的解釋無法處理，而且還牽涉到古歷法的問題，以及商周年代的問題。如其依照不正確的解釋，那就討論古歷法時，以及商周年代時，也就跟著錯。

　　到目前爲止，雖然沒有更好的史料出現，來直截了當的斷定這個糾紛中的正誤。不過在方法上，當然還可以做得更爲精密一點。至於前人所未討論到的地方，如其再推廣一些，深至一些，多少還可以把疑問作一個正確的解決，在這裡重要的一點是我們不可以具有任何的成見，一定要站在完全客觀的立場，把眼光推廣，要顧到一切相關的問題，然後再一步一步的推進到本問題的中心裡。因爲宇宙中沒有一件事是孤立發生的，月相問題也是一樣。

一、什麼是「月」

　　要討論月相的問題，最先接觸到的，就是有關古人「月」的觀念及其內容。如其對古人所指的月，觀念是模糊的，那這個討論就成了「無的放矢」。現在第一步要澄清的，就是要把古人所說的月，所指的範圍規定清楚，才能做進一步的討論。否則討論的是月，而實際並不是月，那在這個討論中的結論，自然無法認爲是「有效的」。如其在前人著作中遇見了這種情形，那這一種看法，就應當被剔除掉，這才會初步澄清問題。

　　月亮的「月」和曆法中太陰月的「月」，在現在看來，是兩回事。可是在

古人的觀念中，這兩種不同的「月」，並沒有什麼不一樣。所以《禮記・鄉飲酒義》說：

> 月者三日則成魄，三月則成時。

前一個「月」是月亮的月，也就是星象的月；後一個「月」是曆法的「月」，也就是大月小月的月。魄是指月亮看見的部分，所以三日成魄，也就是生魄。時是指四時，即春、夏、秋、冬四時。這兩個「月」字含意不同，但在《禮記》這篇的作者看來，並沒有什麼不同。這種古人的觀念，可以說是一個原始的觀念，和後來人們的想法，是不一樣的。所以《楚辭・天問篇》說：

> 夜光何德，死則又育，厥利為何，而顧菟在腹。

依照王逸《注》：「夜光，月也，育，生也。言月何德死而復生也。」死而復生也就是說月亮是每月死一次，死過了到下月又重生一次。所以月亮每一個月就是「一世」，正月月晦，月已死了，到了二月初一，月亮已到了「求生」。因此正月的月是屬於正月的一個完整的生命單位，到了二月，就又成了二月的再一個完整的生命單位了。

因為每個月的開始就是一個月的生命的開始，所以每一個月的第一天「朔」是具有重生的意義的。《說文解字》：

> 朔，月一日，始蘇也。

桂馥《說文解字義證》說：「《廣雅》：朔，蘇也；又曰朔，始也。《釋名》：朔，月初之名也；朔，蘇也，月死復生也。《樂記》：蟄蟲昭蘇。《戰國策》：勃然乃蘇。《喪大記》：復而後行死事，《注》云：復而不蘇，可以行死事。《尚書大傳》：朔者蘇也，革也。《白虎通》：朔之言蘇也。明清更生，故言朔。《漢書》元朔元年，應劭曰：朔，蘇也。皇侃《論語疏》：月旦為朔，朔者蘇也，生也，言前月已死，此月復生也。」所以朔的字義，顯然的，是新生、重生。在朔的這時候，還不能看到月，這是無害於朔字認為月已經生出來的。因為照古人的想法，天象的月和曆法的月本來就是同一的一件事。曆法的新月既然已經到來，天象的新月當然已經出生。雖然人眼還看不出，但事實上是存在的。所以每月初一這一天，是新月的新生與舊月並無關涉，這點根據任何

史料，都是一個確然無疑的事。

《山海經‧大荒南經》：

> 有義和之國，有女子名曰羲和，方浴日於甘淵。羲和者，帝俊之妻，
> 生十日。

又《山海經‧大荒西經》：

> 有女子方浴月。帝俊妻常羲生月十二，此始浴之。

十日是一旬的日；從甲到癸，十二月是一年的月，從正月到十二月。從甲到癸，每天都有一個不同的太陽，互相交替；從正月到十二月，每月各有一個月亮，舊月既死，新月方生。所以甲日就是甲日，乙日就是乙日，甲日不會存在到乙日。正月就是正月，二月就是二月，正月不會存在到二月。決無這麼一天，既是甲日，又是乙日；也沒有這麼一月，既然叫做二月，又叫做正月。

一日之中，從日出到日沒，不涉他日；一月之中從月盈到月虧（或從月生到月死），不涉他月；這是最基本的常識，除非一個精神失常的人，才是混淆到不能辨別。《淮南子‧天文篇》：

> 日出于湯谷，浴于咸池，拂于榑桑，是謂晨明。登于榑桑，爰始將行，
> 是謂朏明。至于曲阿，是謂旦明。臨于曾泉，是謂蚤食。次于桑野，是
> 謂晏食。臻于衡陽，是謂隅中。對于昆吾，是謂正中。靡于鳥次，是
> 謂小還。至于悲谷，是謂哺時。迴于女紀，是謂大還。經于淵隅，是
> 謂高舂。頓于連石，是謂下舂。至于悲泉，爰止羲和，爰息六螭，是
> 謂懸車。薄于虞淵，是謂黃昏。淪于蒙谷，是謂定昏。日入崦嵫，經
> 于細柳，入虞淵之汜，曙于蒙谷之浦。日西垂，景在柳端，謂之桑榆。

這是把一日按日的出沒升降，分為十五個節段。其每個節段，相當於後來十二時中某一個部分，那是另外一個問題。不過這些節段，一定要限於一日之內，那是不容置疑的。

管東貴〈中國古代十日神話之研究〉（《史語所集刊》33 本），是用文化人類學的的方法來討論古代神話的一篇論文。他提出證據證明中國古代十個太陽

的神話，是和一旬十日各具特有的名稱，是出於同一的民俗來源的。從他的
研究顯示出來，在古代中國人思想之中，每一天也就等於每一個特殊的太陽，
每一天各具完整的生命歷程，彼此不能移易。同理的，每一個曆法的月也就
等於每一個天象的月，各具完整的生命歷程，彼此不能移易。月的盈虧，或
月的生死，只能限於在本月之內，既不可能移到上月，也不可能移到下月。

　　在任何以太陰月爲標準的曆法系統之下，凡是本月中的月相，當然記入
本月之內，不應該記到上月，也不應該記到下月，這是不必爭論的常識。何
況古代的中國民俗，認爲每一個太陰月，都有完整的、獨立的生命，更不可
能把月相牽連到上月或者牽連到下月。所以樹立一個「斷限的原則」，是必要
的。在這個原則之下，凡是本太陰月內月相的記載，只能記入在本太陰月之
內，不可以氾濫到上月或下月。只有適合於這個原則的解釋，才有真的可能；
否則一定是虛僞的，這樣才可以把不合情理的解釋剔除掉，而達到澄清這個
問題的目的。

二、對於月相問題曲解的糾正

　　在太陰月之內，月初是朔，月中是望，月尾是晦，這是不成問題的。所
以成問題的是除去了朔、望和晦三個日期的名以外，在《古文尙書》和現存
《尙書》中（以及《佚周書》中）有一些「生霸」（或作生魄）和「死霸」（或作死魄）
的名稱。這些生霸或死霸在月中的地位，就有不同的解釋。有這些不同的解
釋，以及「霸」字指什麼？也就成了問題。大致說來，爭論的焦點應當是：

　　（一）生霸和死霸究竟那一個在前半月，那一個在後半月？

　　（二）霸究竟指月亮有光的部分（明分），還是指陰暗的部分（暗分）？
如其依照常識的看法，或者用文化人類學的方法來分析，都應當毫無問題
的，第一，生霸當然屬於前半月，而死霸屬於後半月；第二，霸或月魄，應
當屬於被人容易注意到的部分，也當然屬於明分而不應當屬於暗分。但在目
前許多家解釋之中，卻成了一個混亂的現象，而這個混亂現象的成因，卻應
當從《漢書・律歷志》所引的劉歆說法算起。《漢書・律歷志》下（21下，藝
文本446）：

　　　三統上元伐紂之歲……《周書・武成篇》：「（惟）月壬辰，旁死霸，

若望日癸巳，武王迺朝步自周，于征伐紂。」序曰一月戊午歸度于孟
津，至庚申，二月朔日也。四日癸亥至牧野，夜陳；甲子昧爽而合矣。
故外傳曰：「王以二日癸亥夜陳。」〈武成篇〉曰：「粤若來三月既死
霸，粤五日甲子，咸劉商王紂。」是歲也，閏數餘十八，正大寒中，
在周二月己丑晦，明日閏月庚寅朔，三月二日庚申，驚蟄，四月己丑
朔，死霸，死霸朔也，生霸望也，是月甲辰望，乙巳旁之。故〈武成
篇〉曰：「惟四月既旁生霸，粤六日庚戌，武王燎於周廟，翌日辛亥，
祀于天位，粤五日乙卯，乃以庶國祀馘於周廟。」文王五十而生武王，
受命九年而崩，崩後四年而武王克殷，克殷之歲，八十六矣，後七歲
而崩。

　　劉歆在這裡指出來的「死霸朔也，生霸望也」，可以說他個人想出來的一個走
偏鋒的解釋，和一般經師的解釋，不論今文或古文的立場，都是不一樣的。《漢
書》九十九〈王莽傳〉上，元始四年：「今安漢公起于第家，輔翼陛下，四年
于茲，功德爛然。公以八月載生魄庚子，奉使朝用書，臨賦營築。越若翊辛
丑，諸生庶民大和會，十萬眾並集。」據長歷，元始四年八月己亥朔，庚子
爲八月二日，辛丑爲八月三日。八月二日爲生魄部分，不是死魄這部分，是
不用劉歆三統術的理論的。王莽和劉歆關係極深，在此王莽都不肯用劉歆朔
爲死魄的看法。可見劉歆這個看法，只能專爲三統曆法解釋之用，對經學上
並未發生任何的影響。漢代人治經的方法，只是就經言經，只要謹守師法，
並不涉師法以外的事。把朔認爲死魄，除去不合今文和古文的師承以外，對
於古代中國的民俗，都顯然不合。不過劉歆不會計較到這個地方，只就不合
師承一點，也就不能被王莽所採用。

　　　三統曆本身確實是一個龐大的工作。雖然三統曆的歲實還比四分曆疏
闊，而武王伐紂的年載（西元前 1122 年），也定得過早，這些劉歆當然不知道。
因而他就完全充滿了自信，認爲三統曆是完全正確的。縱然生魄死魄的月相，
和傳統的解釋不符，他也會認爲只有傳統的解釋錯，他的三統曆決不會錯。
甚至於後代受到三統曆影響較深的學者也會這樣想。所以以朔爲死魄（死霸）
之說實際上是一個曲解，但當著三統曆證明是錯誤的，而前 1122 年伐紂也被
證明只是一個臆測的，那朔爲死魄一說如其不能被立刻清除，那就是工作做
得不夠深至。

從以上各點來看,「朔爲死魄」一說,即使本身是合理的,也因爲失掉了理論的根據,不可以採用。何況此說還是一個本身矛盾而不合理的,那就形成了雙重矛盾,不應當再採用下去,使古曆的整理,多一層障礙。

我們再看一看甲骨文以及金文,月字都是寫作 𝔇 或 𝔇,從來沒有人把月寫作　形。這是顯而易見的,古人都只把月亮的明部當做月,從來沒有人理會月亮的暗部的(今人也沒有人把「月亮」叫做「月暗的」)。劉歆因爲自己的私見,把月亮的暗部看得比明部重要,無疑的,這是決不合於古人的原意。

現在再來印證上一章,上一章證明了每一個月都有完整的生命歷程,成爲一個專有的單位。在現在一世的生命歷程之中,既然不可能涉及過去的「前生」,也不可能涉及未來的「來世」。雖然生生死死下去無限的周環,但是在任何一世之中均先有生而後才有死,乃是鐵定的規律。朔是每個生命歷程的開始,在古代中國人思想或中國民俗之中,不可能把月的另外一世的歷程放進去。認朔爲死魄,無論如何是謬妄的。依任何方向去觀察,「朔爲死魄」這一說必需盡先的剔除掉。

這是一個十分淺顯的常識,只要是一個人,不需要任何的知識,不需要任何的學問,都可以領會。但是劉歆爲什麼要這樣說?後世的學者爲什麼還要用劉歆之說?當然的,並非劉歆一愚至此。而是劉歆非用這種不經之論不能自圓其說。後世的學者採用劉歆之說的也都一定是從三統曆下手,先入爲主,爲三統曆所蔽,無法把自己解放出來。

這是沒有例外的,在自然科學研究之中,凡是能夠成爲定則的,必需在有關事項之中,都能通過而不發生矛盾的現象。如其發生矛盾現象之時,就表示這個假定的定則有問題;或者這個做定的定則,根本要放棄;或者是要從這個矛盾現象之中,找出新的領域。決不允許在擺不平時候,勉強用不合理的事態來曲解。劉歆「朔爲死魄」之說既然只是一個詭說,一個曲解,正表示劉歆的年歷大有問題。而後世學者凡是採用劉歆之說的,也根本上都有問題,需要徹底的修攻。

三、對於劉歆算法的討論

劉歆對於月相的解釋,並非從月相談月相,而是在他完成三統術的理論,

並且把前 1122 年決定了爲武王伐紂之年以後，才就他所認爲那一年月相的情況，用對於他最方便的解釋，再來解釋上去的。劉歆在《世經》中所根據的真《古文尚書》的材料，當然是千眞萬確的，劉歆沒有這個能力，也沒有這個可能，來篡改真《古文尚書》，他只有設法改變傳統的解釋。在《古文尚書》中明白的指出伐紂那一天的月相是：「粵若來三月既死魄，粵五日甲子。」依照傳統的解釋，既死魄應在下弦月範圍之內，粵五日就在二十三四以後了。如其劉歆推定了前 1122 年的月相合於這個條件，他一定毫不懷疑的採用傳統的解釋。無奈他所推定的年代並不適合這種月相。他決不能因爲〈武成〉月相的問題去廢棄他三統曆已成的系統，那就只有就他所需要的來重新訓釋月相。雖然這只是曲解，並非作僞，向來漢儒好曲解經文，在五經訓詁中，到處都可找出來，原不僅僅劉歆這一處。只是這一處影響太大了，才變成了一個糾結不清的疑點。

爲著將這個問題疏理清晰，現在先把劉歆對於前 1122 年冬至前 1121 年春幾個月中的月相及其有關問題，重新的表列如下：

周正一月小（建子月）　辛卯朔　二日壬辰小雪　十六日丙午大雪　辛卯朔
　　既死霸　二日壬辰旁死霸翌日癸巳
周正二月大（建丑月）　庚申朔既死霸　一日庚申冬至　十六日乙亥小寒
　　四日癸亥　五月甲子　己丑晦大寒
周正閏二月小　庚寅朔既死霸　十七日甲辰既旁生霸立春　二十三日庚戌
周正三月大（建寅月）　己未朔既死霸　二日庚申旁死霸雨水　十七日乙亥
　　旁生霸驚蟄
周正四月大（建卯月）　己丑朔既死霸　二日庚寅旁死霸春分　十五日甲辰
　　既生霸　十六日乙巳旁生霸穀雨　二十一日庚戌　二十二日辛亥　二
　　十六日乙卯

以上三統曆的推算，是不切合商末周初的天象的。所以和當時實際採用的年月日完全不符。董作賓先生的中國年譜是採用了近代推算的成果，來製成的曆譜。其中商周年代及各王年代，雖然尚有爭論，但其可以作爲一個合天曆譜，來作爲標尺，是不必懷疑的。以下將董表所載合天的月相列入，作爲比較。

周正十二月小（建亥月）　戊子朔　辛卯在四日　辛卯小雪　壬辰在五日
　　十八日乙巳大雪

周正二月大（建子月）　丁巳朔　五日辛酉冬至　二十一日丙子小寒　七日
　　癸亥　八日甲子　此月無辛卯及壬辰
　　此月董表認爲係閏月，因爲這一年應當有一個閏月，依照「年終置閏」
　　的方法，這個月應當算爲商正十三月，所以是閏月。但這個月內兼有冬
　　至和小寒，就表示真的閏月已經閏過了。若以周正來說，「十三月」是
　　建子月以前的那個月，即董表的「十一月」，朔日在戊子的那個月。所
　　以丁巳朔的月應爲周正一月，丁亥朔的月，則爲周正二月。

周正二月小（建丑月）　丁亥朔　五日庚寅大寒　十九日乙巳立春　此月
　　無癸亥及甲子

周正三月大（建寅月）　丙辰朔　四日己未雨水　十九日甲戌驚蟄　此月無
　　庚戌無辛亥無乙卯

周正四月大（建卯月）　丙戌朔　四日己丑春分　十九日穀雨　二十五日庚
　　戌　二十六日辛亥　三十日晦乙卯

一經比較之下，劉氏所算的，朔月先天三日，而節氣先天一日。因而在周正
二月以後，三統術可以具有一個閏月，而真的合天曆法，就不可能排上一個
閏月。也就是依照三統術的推算，在庚寅朔的那個月，全月之中，只有在十
七日立春這個節氣，而大寒或雨水都不在這個月內。這就成爲一個沒有「中
氣」之月，當然的是一個閏月。但實際上這個月是丁亥朔，五日大寒，十九
日立春，在這一月具有中氣和節氣。當然就不是一個閏月。一定要作爲周正
三月。在此年從一月開始，沒有一個月是閏月。

　　依照《古文尚書》的記載。從甲子日到乙卯日，一共有五十二日。並且
明明記載著，甲子是在二月。庚戌、辛亥、乙卯都是在四月。清清楚楚，明
明白白的，只有把甲子日排在上半月，四月之中才能有庚戌、辛亥、乙卯三
日，若把甲子排在下半月，這三日在四月中就放不進去。但劉歆的月相法，
是認爲甲子在下半月的，只有一種特殊狀況，有一個「閏二月」，才能把這三
天擺到四月內。但現在已經證明了這個「閏二月」是根本不曾存在的，劉歆
月相的理論也就根本不能成立。

　　董作賓先生基於思古之幽情，很清楚的知道前 1122 年說，完全失了根

據，但內心中還不想把劉歆的理論全部推翻。因此另外找出一年，即前 1111
年，代替前 1122 年。

> 周正十二月大（殷正十一月大，建亥月）　庚寅朔　十日己亥大雪　二十五日
> 　　甲寅冬至　二日壬辰旁死霸　四日癸巳　二十八日戊午
> 周正一月大（殷正十二月大，建子月）　庚申朔　十日己巳小寒　二十四日癸
> 　　未大寒　四日癸亥　五日甲子
> 周正二月小（殷正一月小，建丑月）　庚寅朔　九日戊戌立春　二十四日癸丑
> 　　雨水　三日壬辰　四日癸巳　二十一日庚戌　二十二日辛亥　二十三
> 　　日壬子　二十六日乙卯
> 周正三月大（殷正二月大，建寅月）　己未朔　十日戊辰驚蟄　二十六日癸
> 　　未春分　六日甲子
> 周正四月小（殷正三月小，建卯月）　己丑朔　十日戊戌清明　二十五日癸
> 　　丑穀雨　二十二日庚戌　二十三日辛亥　二十四日壬子　二十七日乙卯

這一年周正一月庚申朔，正是劉歆所要求的，而他在真的天象中不能得到的。
現在在此處得到了。對於循劉歆舊法來推算，確有其方便之處。但是別的困
難也隨著來。第一，劉歆設計，需要有一個閏月，但此年並無閏月。第二，〈武
成〉原文壬辰和癸巳，在一月，此則在十二月（殷正在十一月也不對），甲子在
〈武成〉三月，此則在一月（殷正在十二月），庚戌、辛亥和乙卯，〈武成〉在
四月，此則在三月（殷正在二月），和〈武成〉原文完全不合，只有向後再推，
在周正二月（殷正一月）是三日壬辰，四日癸巳。又在周正三月（殷正二月）是
六日甲子。又是周正四月（殷正三月）是二十二日庚戌，二十三日辛亥，二十七
日乙卯。這樣只是勉強符合。其中的問題仍然十分嚴重，不能不加以核實[1]。

---

1 依長曆，前 1026-1025 年，其中干支若按照建子月爲準計算，則應爲下列的形式：
　　一月(建子)辛未朔　二十二日壬辰　二十三日癸巳
　　二月(建丑)庚子朔　二十五日甲子
　　三月(建寅)庚午朔
　　四月(建卯)己亥朔　十二日庚戌
　依《漢書‧律歷志》引古文〈武成〉，一月壬辰旁死霸，翌日癸巳。二月既死霸，
　粵五日甲子，四月既旁生霸，粵六日庚戌。按照本篇擬定辦法，都能符合，若是
　別的辦法，都有問題的。

這一處的日期，和〈武成〉比附，只是用殷正月份按周正月份，等於油和水相參雜，還是十分勉強，而不是使人滿意的辦法。此處比附〈武成〉所用的曆法，是先用殷的正朔，一月的壬辰、癸巳，二月的甲子，都是殷正，到四月的庚戌、辛亥和乙卯又改用周正。用兩種不同的曆法相接，才能和〈武成〉配合上。雖然在古代文獻之中，儘可在一個國家中，同時兼用兩種曆法（周代書時夏正和周正兼用，但殷正和周正兼用卻從來未見過）。但在一篇之中兼用兩種，一點不加區別，卻從來所未有。《詩經·豳風·七月》確兼用周正和夏正，但周正用「一之日」，「二之日」，夏正用「一月」，「二月」，從未混亂相稱過。倘若說古文〈武成〉在一篇之中並用兩種曆法，不加分別，這是史無前例，不能使人相信的事。

再看殷周曆法的不同，決不可能屬於一個臨時發生的事，而是基於殷和周本爲不同的民族，各人有各人傳統的風俗習慣。決不是周人在伐紂之前尙用殷曆，等到克殷以後，一個月之中，就創造了一個建子曆，立刻施用起來。周對殷的獨立情況，是溯於文王的「受命稱王」，武王不過是繼文王而登王位。依照《尙書·牧誓》篇的記載，武王在牧野之戰以前已是周王，並未承認自己是殷的諸侯。既然已是周王，斷斷不可能在伐紂之時，在牧野宣誓時，在甲子與殷會戰時，還是恭順的奉殷正朔。甚至於史官作〈武成〉篇時，還是要奉殷的正朔，使武王對於殷的地位，不是平等的國家，武王只算得一個殷的叛臣。這樣無論如何去解釋，不能認爲是合理的。

〈武成〉篇是周史官所記，而決非殷史官所記。周史官對於殷周的關係，只能把周對於殷推遠，決不會把殷周的關係拉近，這是尋常的人情。試看一看明清的關係，就知道清人是極端僞飾對於明代君臣的關係的。清人的事明，本有其事，清人尙要僞飾，武王本來不曾事紂，周的史官怎能把未曾事紂的武王，算做奉殷正朔的諸侯？何況在周代的記事法，各國的史紀年用各國自己的年，曆法用自己通行的曆法（如同魯用周曆，《春秋》也用周曆用魯公紀年；晉國用夏曆，《竹書紀年》也用夏曆，前半用晉國來紀年後半用魏國來紀年），此是史官秉筆的通則，所以〈武成〉參用殷代正朔來記，是無此可能的。因而前 1111 年也沒有和〈武成〉的日月有互相符合的地方。

前 1122 年和前 1111 年的日月，既然都和《古文尙書·武成》不相符合，所以劉歆系統下的月相解釋，用〈武成〉來比附的，也就不必再爲考慮了。

四、怎樣才是合理的月相解釋

　　依照〈武成〉的紀日，甲子必需在二月，庚戌必需在四月。從甲子到庚戌，共有四十七日。一般來說二月和三月，其中有一個大月，一個小月，那就甲子日一定要在二月十二日以後，庚戌日才能推到四月。若甲子日在十一日以前，庚戌日就到三月，四月無庚戌，就不能與〈武成〉相合了。〈武成〉的月相，是「粵若來三月既死霸，粵五日甲子」，依照劉歆以外各家的解釋，既死霸一定在下半月，甲子也一定在下半月，庚戌日在四月，而辛亥乙卯也都在四月，都是十分通順，沒有問題的。

　　自從劉歆提出他個人的新解釋，於是甲子從後半月提到前半月的五日。這樣庚戌、辛亥、乙卯等日，在四月內是不可能出現的。其對於〈武成〉適應的可能，大爲減低。只有在一個特殊情形之下，二月有一個閏月，四月才能合有庚戌、辛亥和乙卯日。劉歆利用當時的天文知識，推算出前1122年正合於這個條件，他就很有自信的認爲武王伐紂就在這一年。但是到了近世，合於天象的曆譜出現，1122年就被確實證明，二月既非庚申朔，也沒有閏二月。因而劉歆的假設全然失效。董作賓先生雖然在前1111年找到了一個二月庚申朔，但卻沒有閏二月，也提不出合理的解釋，仍然不可以用。若再向後找，直找到前987年，只有兩個二月庚申朔兩個二月辛酉朔，即前1070年，二月辛酉朔（閏在前一年三月），前1044年，二月辛酉朔（閏在這一年五月），前1013年，二月庚申朔（閏在前一年四月），前987年，二月庚申朔（閏在這一年六月），都在這些年中，沒有一個閏二月。也就是在這附近的一百多年之內，找不出來有一年之中，二月庚申朔或辛酉朔再加上閏二月。所以劉歆朔爲死魄的解釋，即使不問是否合理，專就事實來說，也是一個不可能的假設。

　　劉歆這一個系統下的解釋，凡是和別家不同之點言，沒有一處是站得住的，既然全然不可用，那就只有取經於劉歆以外各家系統的一個辦法了。劉氏以外其他各家對於月相的解釋，計有：

　　　　《禮記・鄉飲酒義》：「月者三日則成魄，三月則成時。」
　　　　《漢書・王莽傳》上：「太保王舜奏，公以八月載生魄庚子奏使朝用書，
　　　　臨賦營築。」（元始四年）

揚雄《法言‧五百篇》：「月未望則載魄於西，既望則終魄於東。」（載即〈王莽傳〉載生魄的載，師古《注》「載，始也」，即十五以前為始生魄。終有死義，所以十五以後為死魄。）

《白虎通‧日月篇》：「月三日成魄，八月成光。」（成有「生成」之義，即每月初三日始生魄，至每月初八日始見光耀於地上。）

《說文解字‧月部》：「霸，月始生霸然也。承大月二日，小月三日。從月，𩅓聲。」（此處明指始生霸，即始生魄，在月初，非月中，亦非月尾。承大月二日，小月三日，是說上月為大月，始生霸在月初二日；若上月為小月，始生霸是初三日。）

〈康誥〉「載生魄」《經典釋文》引《尚書》馬融《注》：「魄，朏也，謂月三日始生非朏，名魄。」（此處也指明始生魄在初三日）

以上各家之中，《白虎通》為今文學家總集，馬融卻是一個古文學家。所以不論漢代的今文經說，或者古文經說，都一致以為生魄在每月十五以前，而死魄在每月十五以後，絕對不生問題。只有劉歆的「死霸，朔也；生霸，望也。」完全和別人立異的。但和劉歆同時，王莽就不曾採用劉歆的說法，到了劉歆以後，東漢所有的經師，也不曾採用劉歆的說法。只有在《漢書‧律歷志》師古《注》引孟康說：「月二日以往，明生魄死，故言死魄，魄月質也。」孟康本來是專釋《漢書》，在此只為劉歆說做解釋，並不涉及東漢經學。所以孟康說與劉歆說，還只是一個來源。如其劉歆說不能成立，那孟康的解釋，當然的，沒有一顧的必要[2]。

從以上所說的來看，一方面是漢儒傳統的意見，另一方面是劉歆個人的意見，誰對誰錯，是明白無疑的。我們如其不講古代月相問題，也就罷了。如其還要講月相問題，至少要有以下的認識：

（一）曆法的月和月相的月是一致的，不會有雙重標準，所以既生霸必在月初，既死霸必在月尾。

---

2 蘇內精〈關於殷曆的兩三個問題〉，根據「史頌敦」和「頌鼎」，這兩器當為一人所作，史頌敦作「惟三年五月丁巳」，頌鼎作「惟三年五月，既死霸甲戌」，是同年同月造的。丁巳到甲戌有十八天，不管丁巳是月初或十一、二，既死霸非在後半月不可，這是一個十分堅強的，既死霸決不是朔的一個證明。

（二）霸（或魄）即是朏，是指月亮可見的部分（亦即明的部分），而不是不可見的部分（亦即暗的部分）。

五、對於各家解釋的批判

俞樾在《曲園雜纂》第十，作生霸死霸考，他說：「以古義言之，則霸者，月之光也，朔爲死霸之極，望爲生霸之極。以三統術言之，則霸者月之無光處也，朔爲死霸之始，望爲生霸之始，其於古義，翻其反矣。」他依據文字聲韻的知識，確認爲魄字的本字是霸字，霸是月光，而不是月的暗處，因此劉歆以爲十五日是「載生霸」是錯誤的。也就是他採用了一部分東漢經師之說，把每月三日認爲「載生霸，亦謂之朏」，這當然是向著正確的路徑走了一大步，但是還採用了劉歆一部分的說法，認爲「一日」（朔）還是「既死霸」，而「十五日」（望）還是「既生霸」。這只是想做「調人」，並不能了解每一月就是一個月的月亮生命歷程。在任何一個生命之中，是不可能「死在生先」的，就不免構成混亂，自相矛盾。結果，他的新說在漢經師系統之中，或者在劉歆系統之中，都無法做到融洽的地步，嚴格論來，形成「兩無所取」，而變成「自我作故，無所憲章」。就本身系統一貫性，以及對於一般漢經師和劉歆兩個不同的系統做一個擇善而從的取捨，不拖泥帶水，這兩點來說，王國維的〈生霸死霸考〉（《觀堂集林》卷一）就可以說真正的首次走到正確的方面。他提出了「初吉」、「既生霸」、「既望」和「既死霸」四個段落，依照所有金文的紀錄，也是確然無誤，比較俞氏忽略了「初吉」以及「既望」兩個段落，也進步得很多了。只是因爲王氏發現了這四個段落，就在一月之中，把一月的日子平均分配一下，形成了四分之一月論，即七日一個階段，這當然不合於中國的習慣，因而很受批評，不可信據。但不論如何，雖然王氏的四分之一月或七日一段的分法，尚有爭論。王氏的整個系統的樹立，仍然有十分重大的功績和意義的。

岑仲勉先生的〈何謂生霸死霸〉是一篇分量相當重的文字。主要的目的是強調中國月說受到了印度的影響，這一點證據不足，並不能成立。而且他對於月相的看法，也不夠切當，他以爲「以梵文解之，得爲光分，亦得爲黑分，兩義可以並存。漢代經生，各傳師說，僅得其一知半解，木路逕愈歧

異」，仍是一個不辨是非，強作調停的看法。其實《白虎通》及馬融的論點，才是傳自師說，劉歆的論點，是三統曆的觀點，並非師說，以經學系統的觀點來說，兩者是不能相提並論的。這一點他可惜不曾闡明。不過他這篇用的功力很深，值得參考的地方還是不少。他在〈金文所見之材料〉一章，綜合當時能看到的銅器銘辭，歸納結果，有關月相的，只有初吉、既生霸、既望和既死霸四種。計為初吉一○三例，既生霸三○例，既望二十五例，既死霸九例。此外只有陳　簋的「唯王五月元日丁亥」稱元日不稱初吉一個特例，再沒有別的有關月相的名稱。他的這個工作是切實的，證明了王國維的月相分類法，雖然每段的日數，是不是七日，問題非常大，但不管一段日數是多少，每月分為四個階段，藉此得到更確實的證明。

　　岑仲勉先生的工作，因為他沒有積極的意見，只有參考的價值，卻也不曾對於年曆方面構成混亂的因素。至於董作賓先生的〈周金文中生霸死霸考〉（中央研究院史語所《傅斯年先生紀念專號》），那就完全不同了。董先生的《殷曆譜》，董先生的《中國年曆譜》，都是功力之深，一時鮮對。就原則方面來說，董先生主張先用一個真正合天的曆譜做基礎，再把擬定的古代曆年配上去，以及認為中國的六十甲子的干支紀日，從古至今未曾中斷過，應當當作為考訂中國古代曆法的基礎，這兩個基本觀念都是十分正確的。縱然還有人不贊成，但決不妨害他主張的正確性。但從別一面來看，他不能把劉歆主張的包袱棄掉，不僅對於他的年曆成為一個重大的妨礙，構成了一些漏洞，而且還影響到不少的學人。如其不對於這一點做一個澄清的工作，那就錯誤相沿，使中國古曆無法做正確的研討。

　　董先生理論的第一點就是不承認初吉、既生霸、既望、既死霸是四種不同的月相，而是只有兩種月相。亦即是，（甲）初吉即既死霸（也就是朔），（乙）既望即既生霸。這樣就發生了一個問題，金文時代只有兩個月相標準，為什麼要用四個不同的名稱？這是何所取義？如說其金文時代，月相名稱用法本來不嚴，可以這樣用，又可以那樣用，為什麼金文月相名稱只限於四種，沒有五種、六種、七種、八種？為著實際上對於異同的區別，宇宙中的萬事萬物各有定名。人就是人，獸就是獸，樹就是樹，草就是草，既不可呼獸作人，亦不可稱樹為草。為著正名起見，寧可以分判朔為朔，望為望，生霸為生霸，死霸為死霸，不可以輕易把朔和死霸混淆，也不可以把望與生霸混淆。如其

真可以這樣混淆，那金文上有既死霸就夠了，何必還用初吉和既望兩個稱謂？而且四個不同的名稱，顯然各有範圍，並非幾個特例。把四個月相歸併成兩個月相，顯然不合金文原來應用的習慣。

當然，依照董先生的解釋，董先生所用的是「定點」辦法，和王國維的「四分月法」基本全然不同。董先生認爲王國維的「四分月法」範圍太寬，在初吉、既生霸、既望、既死霸每種分類之下，可以包括七天，甚至八天，所以比較容易把它放入年代裡。董先生的「定點」是比較嚴格的，每月只有兩個定點，而每個定點（即朔或死霸，望或生魄兩個定點）的日數不過三天，兩個定點總共不過六天，這就可以精密得多了。不過照這樣定，一個嚴重的問題就隨著來。因爲每月只有兩個定點，那就只有在定點內才能鑄器，在定點以外就不能鑄器。這件事在文獻上是無法找到證據的，不可以輕易的採用。如其說定點以外也可以鑄器，那就等於把定點擴展到十五天，豈不比王國維所擬的七天或八天更要寬？如其說定點以外也可以製器，不過只能用距定點爲近的日子，那就干支只許用朔望兩日的，爲什麼距朔望近的干支可用，而距朔望遠的不能用？

董先生所以要用「定點」辦法，自然不僅以爲王國維「四分月法」範圍太廣，要加以糾正。而是董先生自己的立場，非用「定點」法不可。董先生雖然沿襲劉歆「朔爲死魄」的看法，卻也發現了劉歆把「霸」認爲月的黑暗部分，亦即是把月相著重在不見的部分，而不著重在能見的部分，是不合理的。所以董先生又接受了「霸」即「朏」的漢代經師說法，把霸確實證爲月的明部，而不是月的暗部。照這個原則引申，即使把朔認爲既死霸，到初三以後，月亮已沉，就不可能再算做既死霸了，所以董先生理論中的初吉是包括「既死霸」、「旁死霸」和「載生霸」的，包括初一、初二和初三，不再到初四。這就成爲一個定點。同樣範圍，從十五日的望（「既生霸」）再推到十七日不再到十八日也就成了第二個定點。除去初吉和既望，其餘的日子，就不必放在定點之內。照這樣來說，兩點只有六天，有初吉和既望兩個名稱已經很夠了，若再用「既生霸」和「既死霸」兩個怪名稱，實在一點也代表不出意義來，爲什麼金文上還要用？這是可以了解的，依照董先生的思想系統一步一步的衍進，確實可以發展到每月初一、初二和初三，仍爲「生霸」的結論。並且如果依照民族文化和歷史發展的線索來追尋，也會發現修正的結論。

六、對於董說幾個證明的討論

董先生為著要徵信，因此就找了幾個證明，以下再就這幾個證明討論一下。

第一、「既死霸即初吉」之證，董先生舉了「師晨簋」、「師餘簋」和「頌鼎」。師晨簋和師餘簋均作：「惟三年三月初吉甲戌，王在周師彔宮，旦，王格王室，即位。」以下師晨鼎作「司馬洪右師晨入門，立中廷，王呼作冊尹冊內史冊命」，師餘文意全同，自是同時所作的器不必懷疑。不過除去了一個「三年三月初吉甲戌」以外，沒有其他資料來斷這是那一個王的時代所作。依照器形字體自是中周時代，但中周時不只一厲王，郭氏斷為厲王時，雖屬可能，當無確實證據。並且厲王三年在那一年，也是成問題的。依董氏歷譜，在前 855 年，三月癸酉朔，二日為甲戌，在初吉限內；又前 876 年，三月甲戌朔。只有此兩年可能是厲王三年。若以前 855 年為厲王三年，那就厲王到共和元年為十七年；若以前 876 年為厲王三年，那就厲王到共和元年為三十八年。董先生是同意後者的，依照《史記·周本紀》，「厲王即位（三十年）好利近榮夷公」，「國人謗王，召公諫曰，民不堪命矣，王怒，得衛巫，使監謗者，以告則殺之。其謗鮮矣，諸侯不朝。（三十四年）王益嚴，國人莫敢言，道路以目。厲王喜，告召公曰，吾能弭謗矣，乃不敢言。召公曰，是鄣之也……。王不聽，於是國莫敢出言，（三年）乃相與畔襲厲王。」這裡面文字是一直相承下去的，把年歲加進去，顯然十分勉強，文氣不接。這裡加入年歲一層，在《集解》、《索隱》和《正義》中，都沒有解釋，決不是《史記》原文，而是為後人竄入，至於晚到那個時候才加入的，卻不知道。瀧川資言考證說：「芮良夫諫用榮夷公，與召公諫監謗二事，《國語》不記其年，他書亦無所徵，此云即位三十年，下云三十四年，未知何據。」這個懷疑是可注意的。只要細看一看，便知「即位三十年」一句，重複繁贅，不是《史記》常見的行文法。在《史記》中，書即位的，下一段便是即位以後的事，不再書年，若這種事件從即位後某一年開始，便只書若干年，不再標出「即位」二字。此處書「即位」，就表示用榮夷公是即位以後的事，其「三十年」三字，按著文義來看，顯然是後人竄入的。若「三十年」三字是後人竄入，那就「三十四年」四字

也是後人竄入。照文義來看「諸侯不朝，王益嚴，國人莫敢言，道路以目」，「諸侯不朝」和「王益嚴」是一氣相承，中間夾一句「三十四年」完全不是司馬遷原意，其痕跡是非常顯著的。

司馬遷作《史記》，只有〈魯世家〉別有根據，所記各公的年代可以上推到伯禽之子考公，其餘〈周本紀〉及各國世家，對於共和以前的年代，無從知悉，均置之不記。在〈十二諸侯年表〉，就在共和元年庚申年開始，不始於厲王，就是因為厲王的年數司馬遷也不知道。如其能知道〈周本紀〉中加入的所謂「三十七年」，那就〈十二諸侯年表〉中早把厲王的年載加進去了。這個三十七年的數目，至早是六朝時期皇甫謐一類的古文學者推算出來的，甚至於是唐人推算出來的，推算的基礎是從劉歆的前 1122 年起，所以可以分配這麼多。但是《史記》的注家一直到張守節都未曾看到。因而各注家不曾討論，直到瀧川資言才加以提出。這一點還是非常值得注意的。

厲王在位三十七年一事，其不可信據，應當沒有多少疑問的。第一，倘若厲王能夠在位三十七年，那就連上共和十四年，厲王就有五十一年的在位時間。（因為厲王出居於彘，其法律上地位，和魯昭公居於乾侯一樣。共和改元，不過周召二公為著應付民變，塗飾耳目之用，周召的地位不過和昭公時三家一樣。既然未立新君，厲王當然仍是法定的君王。）在君主之中，超過五十年的，實在太少。其中只有秦昭襄王五十六年，周赧王五十九年，漢武帝五十三年，清聖祖六十一年，清高宗六十年。既然在歷史上的或然率不大，也就是實現的可能性不大。

其次，依照周代的習慣，未曾有沖年來居王位的事。周公輔成王，實際上是稱王居攝（同理，魯隱公攝魯桓公執政，仍用了「公」的名義），厲王沒有別人居攝的事，也就是即位時已經成年。設厲王以二十歲即位，而居位五十一年，那就厲王死時已經七十一歲。宣王為厲王嫡子，並且還有一個母弟鄭桓叔。若以厲王年歲來算，宣王即位時已經應當四十歲到五十歲。但實際不然，共和元年宣王還不到十歲，到即位時不過二十歲才出頭。所以厲王在位的年數應當至少減去二十年才合理（亦即厲王在位年數，連共和在內，不可能超過三十年，而厲王死時也不過五十歲左右）。三十七年這個數目，是不可靠的。

其次，司馬遷因為諸侯史記都被焚燒，惟一得到的數目字是〈魯世家〉，但到西晉時期幸脫秦火的諸侯史記，《竹書紀年》被發現了。紀上的西周共和以前年數，約為一百八十餘年。這一百八十餘年，除去了厲王三十七年，再

除去穆王五十五年，不過尚餘九十年，這九十年的數目，除去「刑措四十餘不用」的成康時代只剩四十餘年。而這四十餘年，要包括昭王、共王、懿王、孝王及夷王，每個王分不到十年時間，那麼，可想像的，如其原因就在後世的估計，對於厲王的年數估計得太多。而估計太多的原因，是大家都根據劉歆的算法，比真的年代差不多提前一百年。

更次，假設厲王真有三十七年，那第三十七年應當即是共和元年。共和元年是絕對不可能「逾年改元」的。在春秋之世，魯國一直是謹守逾年改元之制的。但在特殊狀況之下，就不能從容等待去逾年改元。魯昭公於三十三年六月逝世，魯定公即位，就立刻改元。顯然是三家怕引起混亂，才做這非常的舉措。厲王被逐，國內已經起了混亂，周召改元，是因為時勢緊急，藉此來一新耳目，以圖安撫混亂，不能還好整以暇，依照常規等待明年。所以即使厲王真有三十七年，厲王元年也要在前877年而不是前878年。厲王三年就應當在前875年而不是876年。前875年的三月朔是己亥並非甲戌。

更重要的是牧簋，牧簋的原文是：

> 隹王七年十有三月，既生霸甲寅。王在周，在師游父宮。格大室，即位。公為絅入右牧，立中廷。王呼內史吳冊命牧。王若曰，牧，昔先王既命汝作嗣土（司徒），今余唯或敦取。命汝辟百寮有司事。包（浮）迺多辭，不用先王作刑，亦多虐庶民，厥訊庶有器（器與罟通，指多言），不刑不中，斯疾之菌（災），以今既司匐（服）厥辠召故。王曰牧，汝毋敢弗帥用先王作明刑，用于厥訊。庶有器毋敢不中不刑，乃毋政事。毋敢不尹（尹指治理）不中不刑。……敬夙夕勿廢朕命。

這個器的銘文，是說眾庶多言，是由刑罰不中的原因，指示要嚴加治理，不要寬縱。這和厲王時國人謗王的情況，完全符合。所以此器為厲王時器，沒有太多的問題的。厲王在位的年數，依照劉歆說來推定為三十七年，其不可靠已見前。另一說為李兆洛推《紀年》說，厲王在位十二年。若依宣王的年歲來看，十二年說是合理些。現在就姑且用十二年說，試一試看。

依照十二年說，厲王元年在共和以前的十二年，也就是前852年（因為共和元年為前841年，也就是厲王十二年。因為事起倉卒，不會逾年改元的），順數七年，即是846年。這一年有閏月，所以十二月即是十三月，十三月為丙午朔，甲

寅是初九日，正符「既生霸」的條件。不論今本《竹書紀年》對於古本《竹書紀年》保存下來多少，其厲王在位十二年，這一點還是可據的。因爲厲王是與共和正相銜接，照說來厲王的年數是最容易保存下來的，並且十三月既生霸甲寅，這個日期在附近的許多年中，也確實找不到。譬如依照厲王三十七年說，厲王七年爲前 872 年，這一年沒有閏月，也就不可能有十三月。這年十二月丁丑朔（就算把十二月當作十三月）無甲寅，所以就不能適合。

就牧簋銘文內容看，牧簋是適合於厲王政局的。就師晨鼎和師艅簋銘文內容看，那一個王都可以的，並無一定屬於厲王時期的必要。董先生對於師晨鼎和師艅簋已承認「這雖不是堅強的證據」，也就是說如有更堅強的證據，師晨鼎和師艅簋的證據就得放棄。現在牧簋的證據要堅些，所以厲王的年代，應當從十二年說。

還有一個十分重要的證據，要在此說一下，這就是「兮甲盤」的月相。兮甲盤是宣王時器，依照器形及文辭，都是沒有問題的。其中言及征代玁狁的事，時在五年，與宣王初年征伐玁狁的史事完全符合。其中月相是「惟五年三月既死霸庚寅」。此年三月二十五日，正得庚寅，和我的月相說可以「密合無間」，若以既死霸爲朔，就完全衝突。金文中能完全斷定絕對的年代的本來很少，這一個器的證明價值，可以說在任何一器之上。

師晨簋和師艅簋對於這個問題只算做了一半，對於厲王三年三月初吉的時日問題已經構成了上述的糾紛，但是此二器並不涉及所稱的「初吉即既死霸」一事。若想再證「初吉即既死霸」還得用「頌鼎」來和師晨簋和師艅簋相依附。頌鼎有關的文字是：

> 惟三年五月既死霸甲戌，王在周康邵宮。旦，王格大室，即位。宰弘入右頌門立中廷。氏受王命書，王呼史虢生冊命頌。

此器雖然也是中周時代的，不過時、地、人均和前兩簋不一致。若前兩簋是厲王時，此器卻無法證明爲厲王時的。因爲此器和前兩簋毫不相干，難以在銘文中互相牽附。董先生因爲這年三月爲甲戌朔，三月和四月連大月，則五月亦爲甲戌朔（其實三月和四月不是連大月，五月爲癸酉朔，甲戌亦在初吉限內）。既然五月爲甲戌朔，依董先生的理論，認爲「朔」爲「死霸」，所以此甲戌朔爲死霸，既然甲戌朔爲死霸，所以「朔爲死霸」這理論是對的。這個論證的方

式，實在是一個循環論證。用同樣的公式套進去，我們也可以說，五月雖是甲戌朔，但頌鼎所說的是既死霸，朔不是既死霸，所以頌鼎的甲戌不在這個甲戌，所以朔為死霸的理論是不對的。由這裡來看，用頌鼎的文字，並不能證明頌鼎和師晨簋及師餘簋的關係，也不能對生霸或死霸問題做任何的證明。

認為頌鼎在厲王時代是沒有證據的，認為在宣王時代卻大有可能。宣王三年三月丁未朔，甲戌是二十八日。依照合理的月相解釋，正是既死霸時期。這是絕對的年代，絕對的年代月相都相合，正可證明既死霸是在月尾不在月初。

第二、「既生霸為望之證」，董先生以舀鼎為證，舀鼎的原銘是：

> 第一節　惟王元年六月既望乙亥。
> 第二節　惟王四月既生霸，辰在丁酉。
> 第三節　昔饉歲，匡及願臣廿夫，寇舀禾十秭。

第一節「記王命舀司卜事及作器紀念」，第二節「記與小臣允訟事」，第三節「記匡償還所寇禾事」。董先生以為：「一二節當是後兩年中事，三節又追記昔年事。則作器當在二年或三年間。主要為紀元年受王命作器，所以列在首段。因附記二年訟事及償禾事。作重器是一件大事，非必立刻辦到的，因此過了若干年，改朝換帝了。『趞曹鼎』一稱王，一稱龔王，就是此例，舀鼎非當年所作，可為旁證。」

這裡包括了幾個意思：（一）第三節是過去數年的事，第一節比第三節稍後，第二節又比第一節更後，至少一年。（二）因為重器不能立即鑄成，而還禾事較簡，所以第二節事必在第一節事之後。（三）第一節稱「惟王元年」，第二節只稱「王四月」而不稱年，依「趞曹鼎」一稱龔王，一稱王之例，所以第一節和第二節不在一王時期之內。

這三點都有問題的，就第一點說：第三節時間比第一、第二節為早，確實不錯；但第二節卻沒有理由說，比第一節為晚，也就是第二節的四月，正應當比第一節的六月早兩個月。所以把六月寫到開始，是因為作器的目的，在六月接受王的榮寵，四月得到「匡」的還禾，只是附帶的事。吉金的慣例，如有王的榮寵，還是以王的榮寵為基本。先寫第一節，並不代表六月時間在前，四月時間在後。

就第二點來說：重器不能立即鑄成，自是事實。不過這是普遍情形，不是只此一器是這樣。凡是重器，銘文都是鑄上去的，不是刻上去的。也就銘文和器形是同時設計的，在做模型時，銘文也已經做好。此鼎即令是二年，或甚三年鑄成的，銘文的擬定仍是元年時做好。所以第二節不可能是後來加上的。

就第三點來說，舀鼎的「惟王元年六月」和「惟王四月」是省去「元年」二字，和趞曹鼎中一稱「王」，一稱「龔王」情況不同。在語句之中，「王」是人稱，「年、月」是時間，兩者的文法地位迥然不同，是不可以互相比較的，顯然的「四月」正是「元年四月」，元年二字蒙前文而省，而六月因尊重王命提前，四月就變成倒裝法。文中倒敘前事，史籍中常見，一點也不必稀奇。只因董先生有一個「生霸即望」成見在心中，總覺得有資料可填進去就填進去，這樣成為偏蔽，而不管合理與否了。

在舀鼎內，望和既生霸明明是兩個不同的名稱，就應當是兩種不同的月相，既無混雜互稱的可能，亦無混雜互稱的必要。這裡是先有一個望即生霸的成見，然後盡量作解釋放進去的。應用這個方法，不僅「望為生霸」可以，若想解釋「望為初吉」，以及「望為死霸」，或者「朔即望」也一樣辦得到。

董先生假定四月在第二年，排出元年各月朔日及二年各月朔日，並且要假定元年六月望日在十七，才能得到四月既生霸在十五，這是非常迂曲的。其實望日依照標準算法，當然要在十五日，放在十七日就成為曲解了。現在照我的看法，仍用董先生的假設表格，把六月望日改放在十五日，全部的日子都提早兩日，丁酉日也提早到四月十三日，這當然是合理的，四月十三日正是在「既生霸」限內。可是照董先生算法，十三日是不在「定點」之內就不能記錄上的。

其實把四月丁酉日算到元年也可以講通。六月乙亥望，是六月十五日，則六月朔為辛酉，五月朔為辛卯，四月朔為壬戌，此月內無丁酉，必需有一個閏月（王國維〈生霸死霸考〉也假定四月至六月之中必有一閏月。董先生假設的元年六月至二年四月，其中有一閏月，否則二年四月中亦無丁酉）。因而四月當為壬辰朔，丁酉為四月初六日，也恰在我所認為「既生霸」的限內，卻不在董先生認為「既生霸」（十五至十七），也不在王國維認為「既生霸」（八日至十四日）的限內，在王國維的〈生霸死霸考〉中把這個器中的「六月既望」也和董先生一樣，

認為是六月十七日。總之，十七日算做望，都遠不如把十五日算做望好[3]，因為十五為望是標準的，也當然比較正確。如其不能提出來十五日當作望，以十七日為標準，就不免有些勉強了。

「死霸為朔」和「生霸為望」是董先生〈周金文中生霸死霸考〉中立說的基礎。最重要的部分還是這兩段證明。這兩段證明既然不可信據，其他幾個證明都是根據這兩個條件發展出來的，當然不必再一個一個的詳為討論了[4]。

以上各處，對於董彥堂先生的駁議實在太多了，現在就停止於此。實際上董先生對於中國古曆法上的貢獻，是十分重要，而且是不應該磨滅的。（自從董先生發表《殷曆譜》以來，我一直完全採用他的結論，後來在台灣大學授課時，凡是

---

3 黃盛璋的〈釋初吉〉，認為初吉可以一直到初十日，其不可信當在後章談到。倘以舀鼎來證，照董作賓的算法，若認為十五日為望，則既生霸為十三日，黃氏之說，尚可說通。不過此處董說不如王國維說為合理。若按王氏的算法，再認為十五日是望，那就既生霸在六日，黃氏之說就不可通了。

4 除上舉兩證以外，董先生又舉「大簋」和「大鼎」兩器的比較，來同時證明「既生霸為望，既死霸為朔」。此二器是相關的，是有相互條件的，亦即「若既生霸為望，則既死霸為朔」以及「若既死霸為朔，則既生霸為望」。反之亦可證明：「若既生霸不是望，則既死霸不是朔」以及「若既死霸不是朔，則既生霸不是望」。不錯，他所舉的曆譜是可以用的。問題在他舉的是十二年三月大，癸酉朔，十五日「既生霸」丁亥，所以得到了十五年二月大丁巳朔，三月小丁亥朔「既死霸」的答案。只需全部提早一日，就成了「十二年三月大，壬申朔，十四日成霸」的結論。也就是「三十日丁亥既死霸，三月小戊子朔」的答案。現在知道既望為既生霸一定不對，所以既死霸為朔也一定不對。

至於「師虎鼎」的「惟元年六月既望甲戌」和「舀鼎」的「惟王元年六月既望乙亥」這兩器是否同時，證據還不夠。即使是同時的，董先生認為甲戌為十六日，乙亥為十七日，為什麼甲戌非在十六日不可？為什麼不可在十五日？因為舀鼎牽涉到既生霸的問題，非把乙亥放在十七日不可，若乙亥在十六日，既生霸就只能在十四，仍然不是「既望」了。

再次董先生又舉「大簋」和「去簋」的證據是：

大簋「惟十有二年，三月既生霸丁亥。」

去簋「惟王十有二年，三月既望庚寅。」（庚寅在丁亥後三日）

這兩器是被認為同時的。董先生定庚寅為十八日（此與原定既望為十五日到十七原則不合）。因為若在十七日，則丁亥十四日，若十四日為既生霸，那就董先生系統就生問題了。若庚寅為十五日，則丁亥為十二日，更不對了。以上所有的證據，只要把既望嚴格一點，定為十五，就證明我的看法對。

有關周初年代的也一直採用他前 1111 的看法。直到近年我自己做一點,才有我自己的看法,但是對於他的功績,還是要承認的。)在董先生未做《殷曆譜》以前時期,除去想拿三統曆勉強適合於殷代的人以外,就多數是走劉朝陽「一甲十癸」的路。中國人用合理方法,用功來整理殷曆的,董先生是第一個人。但是董先生究竟只是篳路藍縷的一個人,我們不可以責備董先生每一件事都完全無缺。他雖然從三統曆解脫出來,但月相一層仍免不了受三統曆的束縛。這一點我本來想做我自己的,不要管董先生怎樣說。不過這是極難辦到的。在我做〈周初年代問題與月相問題的新看法〉那篇的時候,已感覺到有些地方,除申述自己意見以外,對於前人錯誤的地方,如其不加指明,自己的意見也無從表達,但是仍盡量的避免觸及別人。到了這篇發表以後,有些朋友前來討論時,仍不免引證董先生這篇〈周金文中生霸死霸考〉當成權威性的著作,作爲一個權衡的標準。我當然原諒這些朋友,實在不可以責備每一個人都要把這種問題重新細細的檢討一下。不過董先生這篇接觸到是中國古代年曆的關鍵部分,想繞彎子走也繞不過去,爲著不背學術的良知,爲著對於真理的負責,我一直想逃避而無法逃避。也就不能不對於是非加以辨明,以免錯誤相沿下去,使天下學者走冤枉路。

七、對於「初吉」的新解釋

有關鑄器的日子,顯然的,初吉占絕對的多數,依照岑仲勉先生的統計,初吉爲一百三十條,既生霸爲三十條,既望爲二十五條,既死霸爲九條,雖然沒有把以後出土的器物放進去,但其比例也不至於有太大的變動。用這個數目求它們的百分比,那就初吉爲 67.1%,既生霸爲 15.1%,既望爲 12.1%,既死霸爲 4.6%。這就表示著初吉部分對於鑄器方面最爲重要。

但是初吉的問題也不少。第一,在金文月相的四個段落中,其他三個段落都是月相,而這個段落卻似乎和月亮無關,爲什麼?第二,初吉兩字按字面解釋,是月初的吉日,甚至可以說是每月初旬的吉日,若初吉包括所有的月初,那就可以多至十日,若只限於月未發光以前就只有兩日。如其初吉的期限可能從二日到十日,究竟應當有多長才對?第三,初吉牽涉到的是定點問題,也許就沒有可能安排一個「定點」;如其定點說不能成立,那就屬於七

日期的段落，五日期的段落，十日期的段落或者屬於其他形態的段落？

以下對於這三個問題，再做討論和分析。第一，關於「初吉」是不是月相中的一種的問題。一個基本上的答覆是：「初吉應當算在月相之內。」因為除去「初吉」以外，其他三個段落：既生霸、既望和既死霸都是月相。初吉是不是指月相，不大清楚。只因同是月內的段落，既然別的段落都以月相為標準，初吉不可能除外，當然也是以月相為標準的，不必有太多的疑義。

現在的問題只是：如其初吉是以月相為標準，那初吉所根據的月相是一種什麼樣的月相，亦即在什麼月相之下才算初吉？基本的觀念可以這樣來斷定，即：每個曆法中的「月」是代表這一次「月亮」的一生，初吉既是這一次月亮一生的開始，自然指這一次月亮的生命中，新生而未成長的時期。至於看見或還未看見月亮，那是次要的問題。古人的觀念中，這一月的時間既已開始，就意識到月亮已經復生，到初三日出現的「蛾眉月」，只是被人初次看到罷了。所以月朔的朔字，就從月得形，正表示從初一開始，新的月亮已經有了。從朔日起已經開始有月亮，所以朔日包括在月相之內。初吉比朔範圍更廣，所以初吉也當然算在月相的一部分之內。在任何一個段落裡，月亮都是隨時在變化，並不固定在一種形態之下的，初吉也是一樣，從無變有，從暗變亮。這種變化要一直到初五日，月光更明亮了，照地見影，才會形成了新的段落，既生霸那一部分。

對於有關初吉的第二問題，初吉究竟應當有多長，最正確的算法，應當含有多少天？這的確是一個非常糾紛的問題。以前各章對於「初吉不是既死霸」以及「既望不是既生霸」這兩問題的證明，我們可以得到自信，這是絕對正確的。即使將來有更好的新史新發見，也一定是支持這個證明，絕不可能和這個證明相反的。但是對於初吉所包括日期的問題，我現在有下面的看法，只能說是一個嘗試，我希望能夠做的是多少能更正式一點，就多少有一點的用處。

黃盛璋的〈釋初吉〉是一篇比較好的文章，但他把初吉一直下推到整個的上旬，這就把金文的月相弄成混亂。這篇中對於「既生霸」和「既死霸」兩個名稱他不再理會，這也使他對於初吉解釋，無法明確的原因。實際上如其把初吉定為整個的上旬，那生霸和死霸都變為很難安置。本來初吉和既望、既生霸、既死霸，四個名稱同屬一組，如其不同時討論，那所得的結論

總是靠不住的，而況他討論「初」和「吉」，總是分開來說，並不曾顧到初吉
是一個專用名稱。其中許多泛泛解釋，並不曾觸到初吉的中心問題。

這篇最重要的證據，還是唐蘭給他的那封信，說：

> 關於蔡侯墓（1955 發現）的年代，我也認爲是蔡昭侯墓。但墓中遺物除
> 吳王光鑑外，我認爲是有蔡侯「龘」名的，都是蔡悼侯「東」的遺物。
> 主要的證據如您所指的「元年正月初吉辛亥」，是一個關鍵性問題。元
> 年應該是周敬王元年，辛亥大概是初九日或初十日。（可由日食推算，如
> 據長曆，壬寅朔，辛亥是十日。）關於初吉的說法，我的意見正和您暗合，
> 這是很高興的。蔡是同姓諸侯，還說到「肇佐天子」，不可能不奉周正
> 朔。遠比厲羌鐘尚用周五年可證。大孟姬器之所以留在蔡悼侯三年正
> 月開始作器，六月悼侯死了，七月蔡國參加了雞父之役，吳國大勝，
> 吳蔡之間不可能聯繫了。

這裡表示唐蘭和黃盛璋都認爲「蔡侯盧」是蔡悼侯時器，唐蘭並且在《五省
出土文物展覽圖錄》的序言中，依照《穀梁傳》的說法，認爲蔡侯　即蔡悼
侯。這一段的主張也和序言相同，其中主要證據係《穀梁傳》昭公二十年，
冬「蔡侯東奔楚。東者東國也。何爲謂之東也。王父誘而殺焉，父執而用焉。
奔而又奔之，曰東惡而貶之也。」這一段記載，經陳夢家的〈蔡器三記〉指
出來，認爲這一段是錯誤的。蔡侯東並無奔楚一事，依照《春秋》經文和《左
傳》，奔楚的是蔡侯朱。並且《左傳》詳細的記出來，費無極向蔡侯朱索賄，
蔡侯朱不與，東國賂費無極。費無極向蔡人聲明楚師將圍蔡，蔡人懼，逐蔡
侯朱。蔡侯朱奔楚，而蔡人立東國。比較之下，《穀梁傳》的記載顯然是錯誤
的，不足爲據。所以這個蔡侯不是「蔡侯東」。

何況蔡悼侯的正名是「東國」不是「東」，即依《穀梁傳》所說的，「東」
是貶辭，豈有自己鑄器而貶辭的道理？陳夢家主張蔡侯龘是蔡昭侯申，申是
一個誤寫的字（因爲蔡文侯及蔡昭侯都名申，必有一個是誤寫的）。問題是這只是可
能，而並非必然，必需還要找別的證據才可以。蔡昭侯以敬王二年即位，敬
王二十九年死，其中沒有一個周王的元年，而蔡昭侯元年一月是丁酉朔，辛
亥在十五日，是望，不是初吉，和蔡侯龘器是不相合的。

把這個時期前後各蔡侯元年及周王元年細細的再檢查一下，只有蔡平侯

元年一月是丁未朔，辛亥爲一月初五日，正合於初吉的條件。諸侯在國內用國君紀年，不用天子紀年，是一個經常的事，不足爲異。《春秋》據魯史而作，十二公都是用國君紀年，不曾用周王紀年。魯國蔡國同爲周的同姓，而且魯國更是一個標準的採用周禮的國家。至於鷹羌鐘的製作，出於並非華夏之邦，其對於天王的尊敬，有時可能超過了周同姓之國，但卻不能說這就是本於「周禮」，這就是周室同姓諸侯經常的制度。

再看一看蔡平侯的名字，蔡平侯照《史記》所記是名盧[5]，而繙字从甫，當讀如甫。盧和甫的古音都在魚部，所以韻部是相通的。至於甫字讀音，應當和呂字可以通轉，除去呂字亦在魚部以外，其聲紐亦是有關的，所以《書經》「呂刑」亦可作「甫刑」。《詩經・揚之水》，「戍甫」即「戍呂」。《禮記・中庸篇》：「人道敏政，地道敏樹，夫政者蒲盧也。」蒲盧即是蘆，緩讀爲蒲盧，急讀就成爲蒲，亦即蘆。所以甫字盧字在讀音可以通轉，是沒有什麼大問題的。比較唐蘭用好幾個轉彎才把東字和繙字連到一塊，要直捷得多了。

如其「蔡侯盧」這個銅器證明爲蔡平侯之器，而蔡平侯元年爲周景王十五年，此年一月，丁未朔，初吉辛亥爲初五日（還有初四的可能），那是非常平淡無奇的，一點驚人的地方也沒有。但卻是對於黃盛璋想把初吉推到十日的，一點幫助也沒有。不過就一般情形來說，真的事實往往都是平常的事實。不要希望奇蹟出現，如其勉強去求奇蹟，就時常陷於曲解的境地而不能擺脫了。

第三，關於初吉牽涉到的所謂定點問題，以及牽涉到其他段落，即和既生霸、既望和既死霸相關的問題。這是應當一起拿來討論的。因爲初吉決不是一個定點而是一個段落。如其講定點，「朔」已經夠用了。把朔來改成初吉，自然有其意義，這是很明白的。

朔和望本來是兩個定點，但朔變成初吉，望變爲既望，就不應當認爲定點了。這是一個基本觀念的問題，「朔」和「望」決不可延伸到第二天，但是「初吉」和「既望」卻都是可以延伸的。如其沒有「既生霸」，「初吉」就可

---

5 蔡平侯爲楚平王所立，蔡國已滅於楚，楚平王爲爭取諸侯，使蔡復國。據《史記・十二諸侯年表》，蔡平侯元年爲周景王十四年時，名爲「蔡公」。楚平王實際上已控制了陳蔡一帶地方，他並不貪圖這塊封地，而是希冀陳的民眾支持他做楚王，所以控制了這些地方以後，立即使陳蔡復國，兩年後他才即楚王王位。這就是蔡平侯元年反在楚平王元年以前的原因。

以下伸到十四。如其沒有「既死霸」,「既望」也可以延伸十六天,一直到月底為止。

董作賓先生把「既死霸」歸併到「初吉」,而把「既生霸」歸併到「既望」,「初吉」和「既望」各有少數日子,其餘就是空檔。這些少數日子的小段,把它叫做「定點」,其中問題很多,在前第五章已說到了。現在可以理解的,即朔日一定可以算做吉[6],而吉日如「丁亥」之類,卻不定便在朔日。不在朔日而在月內任何吉日,也一樣可以鑄器,因而定點也就無法可定。如其把所有的吉日,硬來嵌在月初及月中兩個小段落之內,這種鑲嵌工作也一定可以做到,只是和原有史實並不相符。不過吉金之中,依岑仲勉先生的統計數字,初吉鑄的還是絕大多數。照定點方法計算,初吉和既望兩項,地位不會放得太錯,只在既生霸和既死霸兩項完全錯誤,其差誤率約為 15.1%＋4.6%＝19.7%,100%–19.7%＝80.3%。就是說,如採用董先生的定點說,所得結果,最高限度還可能有百分之八十是可用的,所以還不能把用定點說工作的結果,全部推翻。從另一方面說,黃氏的初吉說,把初吉算得太寬,那麼應用時附會的機會也加多,也不算實際的。

王國維提示出來四種不同的月相,其次序是完全正確的。只是把每月平均四分,每分七日,並不正確。各家對於王氏的批評是對的。在中國古代記日法之中,「甲子」和「月相」顯然是兩個系統。金文之中,這兩個系統的合併應用,其中有相當複雜的安排。把一月分為上、中、下三旬不再用月相記日,這是後起的簡化辦法。黃氏採用了一月三旬的原則,把初吉延長到十日,這就使得「既生霸」一段,沒有位置可以放得下,變成了應用後代通用的方式,勉強使用在金文時代。為著對於真實事實的追求,也就需要在此以外,另找方式。

從商朝的祭祀來看(參看董作賓《殷歷譜》的祀譜部分),祭祀的系統是只從甲子一個一個的推下去,不涉月份。所以六十天甲子是單獨應用的。商代先公先王的名字,是有上、中、下、大、小等字作為分別的。既不涉及月份,也就決不是指各月的上旬、中旬、下旬,也不是指大月和小月。甲骨中的旬,

---

6 這一點黃盛璋的意見倒是可以參考。凡是朔日,尤其是一月朔日是應當算是吉日的。朔日在初吉範圍內,所以也算初吉。只是黃氏以為凡是初旬的吉日都是初吉,那就不對了。

從癸日卜旬一事來看，商代的旬是專指從甲日到癸日這個週期，和後代的所謂旬，從初一到初十，十一到二十，二十一到三十（或二十九），完全是兩種絕不相同的算法。商代誠然在曆法中有年和月，但以旬為主的祭祀，無法嵌進在日數不等的月份之內。所以商代先公先王的名，雖有上、中、下、大、小，卻都與月份 或月份中某一部分無關。其中最顯明的是上甲，甲骨中上甲作 ，就是表明上甲祠堂的地位（上甲祠堂是在上方的石室，此事當別為考訂），也就是說上下等字，只表示祠堂或神主所在，和月中日期不生任何關係的。

　　董作賓先生的〈周金文中生霸死霸考〉，其中涉及「望為死霸」的意見，誠然不敢苟同。不過其中的「月日關係的演進」一章，把六十甲子記日，和月份關係的衍進，在從商代到漢代，月和日的關係逐漸加強，到了最後，月中只記日數，連甲子也不用了。在這裡他的意見還是十分正確的。其中尤其可以注意的，是記日方法逐漸轉變的一層。因為是逐漸轉變的，所以商的月日關係不同於周初，周初的月日關係不同於春秋，春秋的月日關係不同於戰國，甚至於兩漢也各有不同。因而金文時代即周初到春秋（春秋的金文用法比較保守些，但社會習慣就已經變了），月日的關係，對於前代和後代的情形只能做參考，卻決不和前代或後代一樣。

　　〈武成〉所述的月相，是比較金文所述的月相要複雜的。〈武成〉中有戴生霸、旁生霸、既生霸、旁死霸和既死霸，因為〈武成〉不曾涉及全月各點，所以還應有朔和望。也就是每月是有朔、戴生霸、旁生霸、既生霸、望、旁死霸和既死霸，共有七個定點。所以必需認為是定點制的，因為〈武成〉說明：「壬辰旁死霸，若翌日癸巳」「三月既死霸，粵五日甲子」「四月旁生霸，粵六日庚戌，翌日辛亥，粵五日乙卯」。這都是從一個定點再說「過幾天」。和金文中決不說「過幾天」的辦法，是很不一樣的。

　　若就衍進的情形來說，當然〈武成〉的記載應該在前，而金文四段方式，是就〈武成〉方式簡化的，應當在後。所以〈武成〉式是原始型的而金文式是進步型的。但是有了原始型的存在，才可以把進步型的因素分析得更清楚一些。

　　〈武成〉月相的分配，可能是這樣的。

> 朔初一日，載生霸初三日，旁生霸初四日，既生霸初五日，望十五日，旁死霸十八日，既死霸二十日。

照此看來，這種定點法是完全取資於實在月相，不是平均分配的。在上弦時期，月出較早，被人看到的時候多，所以名稱較多。而且上弦時期，是月亮的「盛年」，也認爲是吉利的兆，被取來應用做事的可能也較多。到了下弦，較少被人看到，也較少被人用這個時期做事了，因而對於這時的月相也就疏忽些。

朔字從月，雖然朔日看不到月，但古人確實想到是月的開始的。從載生霸以後，更真是月光的出現了。不過古人記日，有時只用一個定點延伸下去，即令跨過了其他定點，也不再把別的定點說出來。其中「四月旁生霸，粵六日庚戌，翌日辛亥，粵五日乙卯」一段，就超過了兩個定點，「既生霸」和「望」。如其旁生霸是四日（不可能再早了），那就是乙卯是望後一日，即十六日了。西漢文書中，只用朔日的干支，再加上行文日的干支，和〈武成〉這個辦法還是相似的，只是漢代只用朔日，再不用其他的月相。

金文顯然不用定點辦法，可能因爲定點辦法寫「越幾日」太麻煩，占了銘辭中太多的位置，所以簡化了。上弦把「朔」、「載生霸」、「旁生霸」一齊合併了成了一個「初吉」，「既生霸」留下來了，但是形成了望以前的一個段落，而不是定點。「望」也加上了「旁死霸」，變成了「既望」一個段落，「既死霸」留下來了，不過所代表的也只是一個段落，不再認做一個定點。所以金文上的用法，雖然可以從〈武成〉中找到源流，卻和〈武成〉的用法是完全不一樣的。

金文的段落既然是從不規則的定點制衍變而成的，因此金文中的各段落的日子也不是平均整齊的。也就是可能成爲如以下的情況：

（一）初吉：包括從一日到四日或五日。

（二）既生霸：包括從五日或六日到十四日。

（三）既望：包括從十五日到十九日或二十日。

（四）既死霸：包括從二十日或二十一日到二十九日或三十日。

不錯，初吉是每月開始時吉日的意思。不過這裡就形成了一個專用的名稱，來稱朔和其他兩個定點合併後那一段的日子。這是不難了解的。朔只有一天，當然不便爲朔，但包括在內，也不便用別的月相的名稱來借用。朔和載生霸、旁生霸合併的名稱，只有初吉二字最爲合適。既有特殊的用場，也就不宜純用字面來解釋了。

附 記

本篇作成以後，我又把西周的金文按照這個標準做一個初步的排列，這當然還要感謝故董作賓教授，因為我現在所用的方法，也就是他從前所用的方法（他過去告訴過我的），只是他所用的標準不對，所以未曾做成功，這裡只算一個初步的嘗試，不過幾個重點大致可以放上去了。雖然對於真實也許還有一段距離，但至少可以成為一個整理過的系統。其次還要感謝林祖思君，因為他搜集了一百多張器形和拓片的複印本，不僅可以再參酌郭陳葉氏的時代排列，還可以在拓片上看出來原器漫漶之處，來斷定出土後洗刷時數字或干支及錯誤，對於排列時的幫助很大。

依照我的〈周初年代問題與月相問題的新看法〉，武王克商在 1025B.C.，周公攝政可能在 1022B.C.，而周公歸政就可能在 1016B.C.。據令彞（夊令尊）的敘述，是伯禽承繼周公的政務，並且謁周公廟，其干支日月和 1007B.C. 相合，這一年八月癸未朔，甲申為初二日，丁亥告周公廟為初五日。十月壬午朔，癸未為十月初二日，正是在「月吉」或「初吉」限內，再根據《史記·魯世家》，伯禽卒當在 999B.C.，也即是周公卒後，再後九年伯禽卒，於情理上也沒有什麼不合。

有關成王、康王和昭王的年數，現在還未能做有效的整理。

穆王元年可能在 965B.C.，下到 915B.C.為共王元年，穆王應當是在位五十年。

> 師虘簋：十二年（954B.C.）正月既望甲午。此年正月己卯朔，甲午為十四日。

> 無諆簋：十三年（953B.C.）正月初吉壬寅。此年正月壬寅朔。

> 刺鼎：隹五月，辰在丁卯，王啻，用牡於大室啻邵王。按 942B.C.五月丁卯朔，應當為穆王二十四年，禘祀昭王。共王元年當為 915B.C.。

> 趞觶：二年三月初吉乙卯。按 914B.C.三月為乙卯朔。

> 師遽簋：惟王三祀，四月，既生霸辛酉。按 913B.C.，四月己酉朔，辛酉為四月十三日，正當「既生霸」。

> 茈伯簋：九年九月甲寅。按 915B.C.（假定為共王九年）九月壬寅朔，甲寅為十三日。

趞曹鼎（此器銘標明爲龔王時）：十五年五月既生霸壬午。按 901B.C.五
　　月爲己巳朔，壬午爲十四日。

懿王元年應當爲 900B.C.。

匡簋（是器銘標明爲懿王時）：四月初吉甲午。按 900B.C.四月甲午朔，
　　正和此器銘相合。

永盂：十有一年初吉丁卯（原器被剔成十二年，應以十一年爲是）。按 890B.C.
　　正月爲丁卯朔。

師氂簋：十有二年九月初吉丁亥。按 889B.C.九月丁亥朔與此相合。

孝王元年應當是 883B.C.。

師兌簋：元年五月初吉甲寅。按 883B.C.五月甲寅朔，正與此相合。

師𩵦簋：三年三月甲戌。

師晨簋：三月初吉甲戌。

康鼎：三月初吉甲戌。按此三器據內容看爲同時的器。也就都是三年
　　三月初吉甲戌的事。孝王三年應爲 881B.C.四月癸酉朔，甲戌爲
　　初二日，在初吉限內。因爲這一年當閏五月，西周用十三月辦法，
　　所以正月提到去年成爲十三月，二月變成一月，四月就變成了三
　　月了。

夷王各年現在尚未及整理。

厲王元年應當是 852B.C.，也就是厲王到共和元年時共爲十二年。本篇
原來假設厲王有十六年，現在把材料整理一下，還是應當以十二年爲是。現
在再把厲王和宣王時的金文日月，在以下再討論一下。

鼻簋：二年正月初吉，王在周康邵宮，丁亥。按這一年（851B.C.）正
　　月辛巳朔，丁亥爲初八日，這並非說丁亥是初吉，而是說丁亥是
　　過了初吉以後的幾天。

靜簋：八月初吉庚寅。按厲王五年（848B.C.）八月庚寅朔，所以靜簋
　　應當是這時候作。如其此器爲厲王時器，那就「靜」還可能即是
　　宣王。當我作〈周初年代問題與月相問題的新看法〉時，認爲頗
　　有疑點，不應該屬於宣王。因爲第一，宣王那時年歲很小，不應
　　該「司射學宮」，第二，所謂「文母」即是王后，爲什麼太子還會
　　和王后去做器。現在看來，此器確是厲王時，那就應當別作解釋

了。在厲王五年時，宣王年歲至大不過五六歲，在學宮正式習射
是不可能的。也不過用玩具的弓矢來表演一下。結果表演得不錯，
厲王大悅，就居然把兒戲的事來鑄重器。一方面表揚太子，另一
方面也把這個重器送給王后。此事當然是荒唐的，非禮的，不過
在事實上卻可以這樣存著。

吳彝：二月初吉丁亥。按 847B.C.當爲厲王六年，此年二月丁亥朔，
　　　與此器相合。

牧簋：七年十有三月既生霸甲寅。按 846B.C.當爲厲王七年。這一年
　　　應當閏八月，閏八月成爲九月，那就十二月成爲十三月了。這個
　　　月是丙午朔，甲寅爲初九日，正在既生霸限內。

　宣王元年爲 847B.C.這是已經確定的年代，不成問題的。現在的工作，
只是把可能屬於宣王時代的器，來求合於宣王時年月及日的干支。其中有些
器是可以做到的。

　宣王時器最重要的是「兮甲盤」，伐玁狁和撫淮夷都正是宣王時事，不屬
於以前或以後各王。宣王五年三月丙寅朔，庚寅爲二十五日，與器中的既死
霸正合。宣王征玁狁撫淮夷，見於《詩經》。但指明爲五年，僅見於今本《竹
書紀年》。兮甲盤清末始發見，今本《竹書紀年》爲明代據殘本補充而成，不
能見到兮甲盤。所以五年決非偶合，而是《竹書》舊文。此器王國維的〈生
霸死霸考〉曾經提到過，在董先生的各文中也並無駁議，可見董先生承認依
劉歆說對於兮甲盤是一個不能解決的困難問題。以下再討論其他宣王時各器。

頌鼎：惟三年五月既死霸甲戌。按宣王三年（825 B.C.）五月丁未朔，
　　　甲戌爲二十八日。

師虎簋：惟元年六月既望甲戌。按宣王元年（827 B.C.）六月己未朔，
　　　甲戌爲十六日，正在月圓之後。

召伯虎簋：惟五年正月己丑。按宣王五年（823 B.C.）正月丁卯朔，己
　　　丑爲二十二日既死霸。

大簋：十有二年三月既生霸丁亥。按宣王十二年（816 B.C.）三月丙戌
　　　朔，丁亥爲初二日（即既生霸與初吉可以互稱）。

同簋：十有二月初吉丁丑。按宣王十三年（815 B.C.）十二月丙子朔，
　　　丁丑爲初二。

無惠鼎：九月既望甲戌。按宣王十六年（814 B.C.）九月庚申朔，十五
　　　　日甲戌。

伯克壺：十有六年七月既生霸乙未。據宣王十六年（814 B.C.）十月己
　　　　丑朔，初七日乙未。七月應爲十月之誤（被剔時致誤）。

鬲比盨：二十五年七月既望壬寅。按此器第一行甚爲漫漶，「壬」字係
　　　　勉強剔出。壬寅實係甲寅。宣王二十五年（803 B.C.）七月己亥朔，
　　　　十六日甲寅。

寰盤：二十九年五月既望庚寅。此器第一行亦甚漫漶，九字被剔成八
　　　　字，經辨認應爲九字。宣王二十九年（799 B.C.）五月丙子朔，十
　　　　五日庚寅。

鬲攸從盤：三十二年三月初吉壬辰。按宣王三十二年（796 B.C.）三月
　　　　庚寅朔，三日壬辰。

善夫山鼎：三十有九年正月初吉庚戌。九字被剔成七字（金文中出現九
　　　　字不多，其中多被剔錯），宣王三十九年（789 B.C.）正月正爲庚戌朔。

　　此外還有兩件可能屬於宣王時代而其中尚有疑點的：（一）虢季子白盤，
（二）休盤。關於虢季子白盤，是「惟十有二年正月初吉丁亥」，宣王十二年正
月確是丁亥朔。但到了平王十二年也是正月丁亥朔，這就無法從月日來斷定
了。不過這個盤銘提到玁狁的活動，是在宣王時代，平王時代活動的是犬戎
等，不是玁狁了。而且銘文所談「于洛之陽」應爲今陝西境內的北洛水，不
可能爲今河南境內洛陽附近。若在陝西境內，則平王時虢國的力量就不可能
達到了。所以仍以認爲宣王時代爲是。至於休盤，那就做盤的風氣是西周晚
期的，盤銘稱「王在周康宮」，所以一定是西周的器，西周晚期就只有宣王過
了二十年。但宣王二十年正月辛未朔，甲戌是正月初四，怎麼可以稱望？也
許「望」是從目從月，表示人目可以見月，不必一定是十五。只是十五還是
望月最清楚時候，狹義的望是十五，廣義的望是見月就可以了。因而在「既
生霸」段落中，也可能允許兼稱「既望」，只是在習慣上還是用「既生霸」是
標準用法，用「既望」只算特例。不過這些說法，還會多少構成混亂，仍以謹
慎使用爲是。

　　不過無論如何，「既生霸」與「既死霸」兩個名稱和「初吉」與「既望」
兩個名稱，性質上還是略有差異的。「既生霸」與「既死霸」是兩個確定的長

段。「既生霸」是從上半月開始，直到月圓以前。「既死霸」是從下半月月缺
開始，直到不見月爲止。「初吉」和「既望」是兩個小段，初吉以朔爲標準，
初二及初三當然在初吉的限內，廣泛的引申，還可以多幾天。既望以十五爲
標準，十四及十六也在既望限內，廣泛的引申，也許可以早幾天或晚幾天。
這種引申應用當然是不規矩的用法，不過事實上也可能有人偶然的喜歡，這
樣去用，就不免形成不夠標準了。

　　這種特例究竟還是特例，並且絕對的標準也還是有的。即「初吉」和「既
生霸」絕對不可能算到下半月，而「既死霸」也絕對不可能到了上半月。有
了這個絕對的標準，周初的金文月相還是可以採用的。（在本附記中，所用的只
以合於標準者爲限，所有特例都不加採用，以資愼重。）

　　此文已付印，又接到了嚴一萍先生來信，提到三個問題：

（一）商代有月食記錄下來。如討論商代曆譜不能不顧及月食的事實。

（二）丁驌先生作有〈歲鶉火與武王伐紂〉（見《華學月刊》第七十一期），用
　　　推算的方法，說明 1113B.C.，鶉火與大火相合，最爲特殊，以證
　　　1111B.C.爲武王伐紂之年，極爲有力。

（三）最近出土之「何尊」，所記「唯王五祀四月丙戌」與董作賓先生曆譜
　　　成王五年四月相合。

這三個問題確實是非常值得討論的問題。關於第一個問題，在《殷曆譜》指
出的共有五個月食是比較重要的，其中是：

（一）壬子月食，應爲 1361B.C.。

（二）甲午月食，可能在 1352B.C.、1342B.C.、1296B.C.和 1275B.C.。
　　　因爲有武丁初期貞人的名字，董先生認爲屬於 1342B.C.最爲合適。

（三）壬申月食，可能爲 1333B.C.、1328B.C.、1313B.C.、1289B.C.。

（四）庚申月食，這個月食，甲版上的記載頗詳，是十二月的月食，其後
　　　還有十三月。這就只有一個可能，屬於 1311B.C.。

（五）癸卯月食應屬於 1304B.C.。

董先生算出的年載，確是不可移易的。只是雖然決定了甲骨的年代，卻未能
和商代王年相聯繫。其中最重要的一版是庚申月食。年載確是毫無疑問，只
是董先生所定爲武丁二十九年，卻是董先生編好了殷王年代，1311B.C.在武
丁二十九年，而不是在甲版上有什麼證據。甲午月食依照貞人的名字，自然

是武丁初期的卜文。只因爲有四個可能，可以有八十年游移的餘地，究竟屬於那一年，還是無法證明。

對於認爲 1025B.C. 爲伐紂之年，最大的問題是比 1111B.C. 移後太多。壬子月食確在 1361B.C.，就從這一年算起，到 1025B.C. 已經有三百三十六年。盤庚遷殷以後，不可能有這樣多的年載。若照《史記·殷本紀·正義》引《竹書紀年》「自盤庚徙殷至紂之滅，七百七十三年，更不徙都」一說來看，就多出了五十三年。（因爲從朱右曾校定《竹書》以來，就改爲二百七十三年，七百七十三年是不可能的。）在二百七十三年中排列王年已經感到太多，非常困難，三百三十六年更無辦法。不過這可以解釋的。因爲盤庚遷殷，是搬家，不是亡國。不會像衛文公遷到楚丘那樣的，一無所有。那就把過去的卜版帶到安陽並非意外的事。所以這是不必加以懷疑的。

比較上難以解決的疑點，不在卜辭上，而是《逸周書·小開篇》：「維三十五祀，王志日多□，正月丙子，拜望，食無時，汝開後嗣謀。」在《殷曆譜》中，董先生據文王在位五十年，武王十二年伐紂，從 1111B.C. 算起，文王三十五年是前 1136B.C.，此年建丑月正月十六日乙亥夜月全食。丙子爲乙亥次日，所以丙子用幣祭社。這就成爲伐紂在 1111B.C. 的一個積極證明，比卜辭還切實有力。

只是《逸周書》是一個問題太大的書，除去真僞雜糅以外，其中脫文誤字，到處都是。把《逸周書》作爲補充證據當然可以，若用《逸周書》當作主要證據顯然不夠。商代月食，如月食在後半夜，照後世算法是後一日，商代卻算到前一日。如庚申月食，是後半夜的，後代要算辛酉，商代仍算庚申。同理，丙子月食可以作爲乙亥月食，乙亥月食卻不應算爲丙子。況且乙亥晚如有月食，祭神伐鼓應即在當時，不至於到第二天再來「拜望」。

不錯，依照董先生所算，依照三統法，文王三十五祀當 1148B.C.，是年因殷曆一月均無月食，望日既非丙亦非子。今本《竹書紀年》文王三十五祀當 1077B.C.，也是一樣的一月均無月食，望日亦非丙非子。所以都不能相合。但用 1025B.C. 當伐紂之年，文王三十五祀爲 1051B.C.，這一年周曆一月可能有一個月食（照三統曆，依 1118B.C. 爲基準，向下推）。這一個月是辛未朔，丙戌是十六日。《逸周書》錯字極多，丙戌誤爲丙子，是相當容易的。因爲《逸周書》是一個問題太多的書，我在此提出的，只預備一個參考，決不把它當做

可用的證據。

在此因為盤庚至商亡為七百七十三年，這個數目有問題，若不能提出證據就改為二百七十三年，亦屬臆斷。所以在此再分析一下。今按此數並非商代遷殷以後年載。《史記正義》原文應只是「自盤庚徙殷，至紂之滅，更不徙都」，不僅以下各文「紂時稍大其邑，南距朝歌，北據邯鄲，及沙印官皆為離官別館」二十三字，經王國維指出只是張守節釋文，非《紀年》本文以外，其「七百七十三字」六字，亦是後人在《正義》旁面添注，非《正義》本文。因為「七百七十三年」是《紀年》所述自武王伐紂到幽王（之末）二百五十七年，再加上平王元年到秦遷東周於離狐聚，尚有五百十六年。共為七百七十三年。這只是昔人據《紀年》核算的周年，非《紀年》原文所有。可能有人附注在《紀年》，再被人抄入《史記正義》旁，於是輾轉抄錯，以致不可究詰。此數字既不是一個沒有意義的數字，所以不可輕改。但卻有一個用處，即此數字和《紀年》「二百五十七年」相符，便可以證明其二百五十七年確為《紀年》原文。當然《紀年》的年數不一定就對，不過《紀年》原文是這樣的，就不必懷疑了。

關於第二個問題，丁驌先生的〈歲在鶉火與武王伐紂〉是一篇好文章，其中對於殷周之際歲星位置的考訂，非常有用。只有他支持的是 1111B.C. 一說，這就問題相當的大。這裡我要和丁先生致歉意，因為在 1974 年我作成〈周初年代問題與月相問題的新看法〉後，一直未曾想到把單行本寄給丁先生，以致丁先生覺著 1111B.C. 說是最後的定論。從我的看法說，我認為目前還未到下最後結論的時候，1025B.C. 說，不一定就可以成為最後結論，但 1111B.C. 說，卻絕對不是最後結論。《國語》卷三「昔武王伐紂，歲在鶉火」，丁山和陳夢家都以為此為武王伐紂的那一年。不過「鶉火」的解釋，卻有歧義。鶉火可以作子丑寅卯系統下的歲次解，那就鶉火應當在午；鶉火也可以作木星所在的位置解，那就在周初時應當在子。因為歲次的方向是按時鐘方向走的，木星的位置卻是按反時鐘方向走的。所以兩者不能相合，而鶉火一辭就可能至少有兩個解釋。

在《左傳》和《國語》中，對於「星次」的用法，原則上是以木星的位置為主的（當然也不敢說絕無例外）。其中涉及星次的有：

《國語》：昔武王伐紂歲在鶉火。（卷一）

　　　　歲在壽星及鶉尾。（卷十）

　　　　歲在大火。（卷十，凡兩見）

　　　　歲在大梁。（卷十）

　《左傳》：歲在星紀。（襄二十八）

　　　　歲在諏訾之口。（襄三十）

　　　　歲在鶉火。（昭八）

　　　　載五及鶉火。（昭九）

　　　　歲在豕韋。（昭十一）

　　　　丙子旦，日在尾，月在策，鶉火中，必是時也。（僖五年）

其中說到「鶉火」的都特別多。因為鶉火是周的分野，歲星所在的主吉祥，
這就不免在習慣上對於鶉火多所附會。其中僖公五年一條，不僅歲星不在鶉
火（此年為丙寅年），日月的位置亦不在鶉火，也一定要把日月之間找出鶉火來。
如其武王伐紂之年不是鶉火，有人用舉附方法找出鶉火來，亦不足為異。

　　《漢書・律歷志》，《世經》：「文王受命九年而崩，再期在大祥而伐紂。
故《書序》曰，惟十有一年，武王伐紂。〈太誓〉，八百諸侯會，還歸，二年，
乃遂伐紂，克殷，以箕子歸，十三年也。故《書序》曰，武王克殷，以箕子
歸，作〈洪範篇〉。〈洪範篇〉曰，惟十有三祀王訪于箕子。自文王受命，而
至此十三年，歲亦在鶉火。故《傳》曰，歲在鶉火，則我有周之分墓也。」
《國語》韋《注》：「歲，歲星也；鶉火，次名，周分野也。」其中時日因為
要牽就「鶉火」的關係，各家又照各家的算法，至為紛歧，前人辯論的意見，
互相矛盾。這就是因為「鶉火」說的來源，本是出於周時的附會。本來是一
個無從清理的問題。即使加以疏通，因為來源有問題，也只能作為參考，而
不能算作可用的有力的證據。

　　1113B.C.這一年，歲居大火，年在鶉火，兩火相合，確實不容易碰到的，
只是從《世經》引證的目的來看，主要的是為的牽就「鶉火」，這是周的分野。
至於和大火相合或與大火不相合，並非必要條件。在周人特別看重「鶉火」
這個原則之下，只要是「鶉火」就夠了，至於是否與大火相合，或未曾與大
火相合，看來是完全一樣的，不會有所分別。

　　照我臨時決定的算法，以 1025B.C.為武王伐紂之年，此年為武王十一

年，到「王訪於箕子」是武王十三年，相當於 1023B.C.。這年是戊午年，歲建是鶉火。依照丁先生的看法，「歲在鶉火只解為年在鶉火歲建，未免平平無奇」，這也是正確的。在我的看法，周人重視鶉火，不管是星次，是歲建，甚至於此日日月相會的中央，只要能扯上鶉火，就要利用鶉火！如其武王元年及訪箕子之年，只要能夠牽扯上鶉火，當然就可以利用一下，甚至於把伐紂之年也移到武王十三年。這就是《世經》所記，再加上《國語》所記，互相矛盾，糾紛不窮。遠不如《荀子‧儒效篇》之「武王之誅紂也，東面而迎歲」，其中不附會鶉火，可靠性較大。東面而迎歲，如其歲指歲星，那就歲星可能在壽星，大火或析木之津，根本與鶉火無干了。

其實《國語》所說「武王伐紂歲在鶉火」也只是各家眾說之一，並非是一個絕對權威的說法。並且丁先生的排列，也不是指 1111B.C. 伐紂，而是指 1113B.C. 觀兵孟津之年。古本《竹書》的 1027B.C. 伐紂，其前二年 1029B.C.，歲建在壬子，原來是孟津觀兵之年，也即是歲星在鶉火之年，依照丁先生說，自然也是可通。雖然只有 1113B.C. 是鶉火與大火相並。但我在上面已證明周人注意鶉火，是鶉火代表周的分野，是鶉火本身的重要性，與大火無關。所以 1113B.C. 和前 1029B.C. 兩年，在「鶉火」的意義上，完全一樣。因而《國語》的根據，也有與古本《竹書》同出一說的可能。

關於第三點，在我作〈周初年代問題與月相問題的新看法〉時，已經假定武王伐紂以後三年或四年而崩。如其伐紂後四年而崩，那就成王元年應當為 1021B.C.，成王五年應當為 1017B.C.。這一年四月癸未朔，何尊所記的「惟王五祀四月丙戌」是四月初四日，正相符合，並且作重器的比例，以前半月為多。對於這一點也符合。

在此要特別謝謝嚴一萍先生，因為他提出這三條的要點，才能作進一步的討論，使一切的進度更成熟些。

續　記

這篇〈金文月相辨釋〉是在民國六十七年六月（1978）發表的（在《中央研究院五十周年論文集》中），到現在已有十五年了。在這十五年中，當然會有新的進展，其中最重要的一件事，是對於殷歷譜中月食問題的重新檢討，而發展的結果就變成殷歷上的關鍵問題，而動搖了全部殷歷的基本根據。

董作賓先生在甲骨文中發現了月食的記載，而董先生也就想到利用月食的日期來做曆譜的重點。這一個原則，在殷曆的研究上，的確是卓越的貢獻。所可惜的，董先生有此重要的發現，也有正確的認識，對月食十分重視，只是當把月食當作最重要的「驗算」工具時，發現了命題錯誤，竟然不肯放棄錯誤的命題，卻想出別的辦法，來「曲解」真相，以致愈陷愈深，不能自拔。後來研究的人要來重新糾正，還要費許多周折，那就太可惜了。

爲了殷曆譜的牽涉太廣，當時首先注意到的是劉歆月相說的不合理。其次才注意到「無節置閏說」的證據不足，不堪應用。至於月食問題，雖然知道這是殷曆譜存在的重要基礎，因只求對於「前 1025 說」還有共存的空間，所以也不願多爲深入的批判。在前文中致嚴一萍先生的信函中，還說過：

> 董先生算的年數，確是不可移易的。

這一句話當時雖然是對於嚴一萍先生多少要客氣一些，盡量的力求「不爲己甚」，不過當時確也不曾嚴格的追求，只要對於「前 1025 說」的主張，有點空隙，就這樣的把舊說維持下去。

不過事實的發展，並不是這樣簡單而輕易的。因爲事實的真相還是整個的，是即是，非即非，如其注意到真相，推求到真相，往往是牽一髮而動全身，無法中途停頓的。我對於月食問題，對於有關「前 1111 說」的關係一直未曾深爲留意，等到看到民國七十六年（1987 年）的《史語所集刊》，張秉權先生的〈甲骨文中的甲午月食問題〉[7]，看到甲午月食在殷曆譜中始終未放平，嚴一萍先生雖然提議將甲午改爲壬午，這個辦法也不正確，因此這一個困難問題，也就無法解決。就這一點出發，其他幾個月食，是否也要重新檢討，變成了當前的課題。

我在《史語所集刊》發表的〈從甲午月食討論殷周年代的關鍵問題〉才開始檢討殷曆中幾個月食現象，以下再簡略的舉出來：

(1)壬子月食。甲骨中所顯示的應當是癸卯月食，但此係武丁時代的，而在殷曆譜系統中，在盤庚至祖庚，並無癸卯月食，所以改爲壬子月食，

---

[7] 《中央研究院史語所集刊》58 本 4 分，張秉權的〈甲骨文中的甲午月食問題〉，頁 743-754。

定在前 1361 年，亦即小辛十年，八月十五日壬子，二十一點四十八分，月食。比武丁元年（前1339年）早二十二年，只有這樣安排，才能有所交代。

(2) 壬申月食。殷歷譜定爲前 1328 年（董先生系統爲武丁十二年），五月十六日癸酉，早四點正，月偏食。（董先生認爲應當以日出爲一日的開始，所以癸酉早四點仍屬壬申。）

(3) 庚申月食。這個月食實際上是辛酉月食，在前 1311 年（被認爲武丁二十九年），十二月十六日，早零點四十七分的月全食。董先生也用癸酉月食同樣的原則，凡屬於日出以前的，都算做前一天。所以認爲庚申月食。這一個月食因爲甲骨上的資料比較完整，所以董先生特別重視這一次月食，並引申出來若干基本看法。問題是以「日出」作爲一日的開始，這個假設是否可靠？如其不可靠，也就不能輕用。還有一點更爲重要的，原甲骨記有月份，爲十三月，表示這一年有閏月的，舊標準定爲前 1311 年。按舊標準「無節置閏法」，能有閏月。但按新標準不承認「無節置閏法」，此年沒有閏月。所以這個用辛酉月食改成的庚申月食，也就根本不符甲骨上的記錄了。

(4) 乙酉月食。殷歷譜排在前 1304 年（被認爲武丁三十六年），一月十六日，下午六時二十一分。不過這是兩片完全不能銜接的殘破龜甲雜湊而成的。其中揣測的成分過於顯著，與這一次月食根本無關。因爲證據太過薄弱，根本不堪採用，所以不應列入。

從上面的引據看來，這四個月食在殷歷譜中的解釋都有問題，再加上甲午月食，一共有五個月食，一律都有問題。這五個月食除去乙酉月食是一個虛構的月食，加以除掉外還有四個，以下再分析其真實問題：

(1) 壬子月食。甲骨中根本無壬子月食，應改爲癸卯，所以壬子月食也是根本無存在的理由。

(2) 甲午月食。這個月食在「前 1111 系統」中早已成問題，無法作安善的安排，嚴格來說，也無法計入。

(3) 壬申月食和(4)庚申月食。這兩個月食雖然甲骨上有，而在天象上卻找不到。所以殷歷譜只好用了「移山倒海」的方法，將癸酉月食改爲壬申月食，將辛酉月食改爲庚申月食。照這樣把問題算解決了。不過

中國的傳統歷法從來都是以夜半爲一日的開始，不論正式歷法，甚至於民間習慣（在古代民間習慣可能有以雞鳴，即丑時，爲一日之始的），這個拿日出作爲一日開始的看法，在任何一種文獻上，包括甲骨及金文的記載，都找不到確實的根據。因爲證據不足，所以這個以日出爲一日之始的假設不能成立。

所以就以上的分析看來，甲骨中所有的月食，嚴格說來，沒有一個月食是可以符合殷歷「前 1111 說」的證明條件的。

最先要提到的是一直大成問題，迄未放平的甲午月食。這一個月食如其採用「前 1025 說」，就輕輕鬆鬆的解決。查殷歷譜〈交食表〉甲午月食在前 1198 年，十一月十五日，二十二點十八分，有一個月偏食。在新標準的武丁十八年。一切條件都十分合適，也就不需爭論，即可解決。

其次在殷歷譜無法安置下的癸卯月食（因爲不能排入而改爲壬子月食），也可以不費事的查出線索，即依新定辦法，找到前 1194 年八月十六日午前一點三十七分（在新標準的武丁二十二年）。照董先生看法，癸卯的上午一時是屬於壬寅，現既不用以日出爲一日之始說，所以仍應屬於癸卯。

其次是壬申月食。爲了在「前 1111 說」系統中，在武丁時代沒有壬申月食，就只好把癸酉日食提爲壬申月食，究竟是不妥的。若按照新標準，那就在前 1189 年十月十五日，二十一時三分，日值壬申，在武丁二十七年，確有月食，問題也就輕易的解決了。

再次爲庚申月食。這個月食還牽涉到「置閏」問題，是一個重要的月食記載，也就變成殷歷譜中一個重要的據點。所可惜的，是董先生還是用把辛酉月食提前的辦法，證據不足。按新標準是在前 1212 年二月十六日庚申，有一個月食（當爲武丁四年）。一切條件都很相合，只是時間是十四點四十七分初虧，十六點食甚，到十七點十六分復圓。（此爲請丁驌先生代查劉寶林月食表所得，謹此志謝。）按董先生的安陽日出日入表，二月十六日，當爲十七點四十三分日沒。所以安陽看到，只是一個「臨界」的時間。所以還不是完全看不見，還是可以做參考的。

總之，在日落以前二十幾分鐘就有的月食，即使在安陽未曾見到，但殷商控制下的境域仍非常遼闊，甲骨的月食有時也是根據方國的報告。所以這個證據還是可用的。

　　此外，還有一個補充的說明。即依新標準設計的武丁年代，是可能有兩次庚申月食，一次爲前 1212 年，另一次爲前 1166 年八月十六日，是一個月全食，食甚在五點三十八分，在安陽可以看見。這一年應當有閏月，所以十三月也可以用得上。只是八月距十三月還有一段時間。除非認爲這一塊牛胛骨曾經在卜月食後就擱置未用，到年終才再啓用。那就八月已卜，剩下的到十三月再卜，也不妨事。這個月食算來在新標準武丁五十年，如其不用前 1212（武丁四年）那個月食，這個前 1166 的月食仍然可用的。

　　在此，就「前 1025 系統」和「前 1111 系統」從月食現象來比較，就顯然的知道「前 1111 系統」證據不足，而非改弦易轍不可了。

商周年代的新估計

一、緒言

　　商周年代的問題是研究商周兩代歷史必需加以解決的問題。如其不能做一番有效的整理，那就對於金文及甲骨文的正確時代毫無辦法，同樣也更不可以走上錯誤的路線，以至謬誤相承，更增加整理上的困難。在此，必需對於一切的史料詳加分析，即使一個非常微小的漏洞，也不可加以疏忽。過去對於商周年代有許多假設，結果都不曾做到可信的程度，就是因爲下結論的時候，忽視了小的漏洞。等到結論成功以後，就對於不利的材料，或者置而不顧，或者多方曲解，以致把問題弄得更複雜、更紛擾。

　　對於商周年代問題，這是絕對需要了解的，是一個科學性質的問題，而不是一個哲學性質的問題。屬於科學性質的問題，只允許有一個正確的答案，如其不能做到正確的答案，就都是錯誤的答案。屬於科學性質的問題，當進行工作的時候，首先要認定的，是基本觀念是否正確，主要材料是否可靠。倘若這兩點不能做到，那就以後所有的工作，除去不是從這兩點演繹出來的以外，都將成爲浪費。

　　當然如其基本觀念或者主要材料不是正確可靠的，在以後工作的過程中，也會發現進行中的困難、疑問，甚至於不合理。這就需要對於基本假設做一個徹底檢討，就不可以把這一點基本的假設當作哲學的信念。倘無正確的認識，還是一直的演繹下去，使得工作越深透，而陷溺越深透。尤其忌諱的，是工作上遇到難以克服的障礙，就採用上了一些不真實與不合理的假設，來幫助解釋通。這樣下去，是可以「自圓其說」的，並且還可以組成了一個完整的系統，使讀者目迷五色，非接受不可。問題就在商周年代不是哲學，

如其是哲學，朱陸之爭可以千年不決，以至於再從此爭下去。商周年代「是」就是「是」，「非」就是「非」，其中沒有猶豫的餘地。真實性既然客觀的存在著，真相遲早總會大明。除去客觀的求是以外，其中不允許有感情成分存在的餘地。

在商周年代問題的中間，武王伐紂的年代是其中最重要的關鍵。在傳統的年歷表上，都以西元前 1122 年作為武王伐紂的那一年。所有年歷上的許多問題也都出在這一點上面。

這一個年代是西漢晚年劉歆根據《古文尚書》用他自己創造出來的三統曆推算出來的。《古文尚書》是一部有價值的史料，這是不必懷疑的，只是劉歆的三統曆，所用的歲實（一年中的日數）和朔策（一月中的日數）都算錯了，還不及漢武帝時所用的四分歷精密，因此，他用他的三統曆來推算，所得的結果也就不可據信。何況他的算法在《漢書‧律歷志》也大致敘述出來，他也只是一個估計，找到這一年對於他的理論合適，也就用了這一年，並沒有什麼堅強的精密的考訂，作為基礎。只因為劉歆具有學術上的權威性，而且以後長期中也沒有人再做這個工作，所以後來曆譜也就以此為歷年的基礎。

金履祥的《通鑑前編》和劉恕的《通鑑外紀》這兩部補充《資治通鑑》遠古時代的書，是歷來歷史年表所根據的，《通鑑前編》以西元前的 1766（乙未）為商代的開始，《通鑑外紀》以西元前 1751（庚戌）為商代的開始，兩書不同處只在商代的總年數，至於武王伐紂之年，完全是用劉歆說，以西元前1122（己卯）為標準。

因為劉歆所定的西元前 1122 這個基礎，其根據是相當薄弱的，過去所以相信，只是因為劉歆的三統曆已具有權威性，基於一種盲從的心理，未曾經過思辨的結果。其實劉歆說和《史記》所記也是互相衝突的。《史記‧周本紀》雖然對於周室年代的史料無法採取完整，只能追溯到共和元年（西元前 841年），但在〈魯世家〉中因為得到魯國的材料較為完整，可以上溯到伯禽以後，魯公的第二代。現在從共和元年上溯，計為考公四年，煬公六年，幽公十四年，魏公五十年，厲公三十七年，獻公三十二年，真公十四年，共有一百五十七年。但西元前 1122 年到共和元年，卻為二百八十一年。也就是伯禽在位要有一百二十四年才可以，這是一個不可能的事。所以在《漢書‧律歷》中引劉歆說便將煬公的年數從六年改為六十年（煬非美諡，普通一般年數長的君主，

是不大會有惡諡的），才能把剩下的六十年留給伯禽。在目前有關劉歆的材料來看，說劉歆作僞，那是「證據不足」的。而且以新發現的材料來看，更證明了劉歆作僞說，不堪採信。但劉歆在自己的寫作中，輕易改動舊材料中的數字，也犯了歷史方法上的大忌。幸虧劉歆還不曾改動《史記》原文（如同崔適《史記探源》中所誣指的），還給後人一個寶貴的校正資料。

在劉歆歷法系統已成爲正統情況之下，很少人能逃出他的影響，而能別樹一幟的。唐代開元時僧一行作大衍歷，就歷法本身來說，是一個大的突破，而成爲中國歷法史上的一個里程碑，但是僧一行的貢獻，也只在計算的精確性方面，而整個的歷法系統，仍然爲三統術所籠罩。其月相的認定，仍然背棄漢代一般經師通用的詮釋，而只依從劉歆一家之言。（這一家之言，實是劉歆文過飾非的一些曲解，正宗的經師，無人信從的，包括古文學家在內。）在這種半受控制情況之下，僧一行雖然憑著他精密計算的方法，找出了前 1122 這一年，不適合於認作武王伐紂之年；他還是逃脫不了劉歆的系統，把前 1122 年，改作前 1111 年，這一年只是對於前 1122 年是一個不太大的修正，一切有關的條件是差不多的。

在《新唐書・歷志》中，僧一行的〈歷議〉說：

> 其明年武王即位，新歷孟春，定朔丙辰於商爲二月。故《周書》曰：「維王元祀，二月丙辰朔，武王訪於周公。」《竹書》十一年，庚寅，周始伐商，而《管子》及《家語》以爲十二年，蓋通成君之歲也。

僧一行以爲西元前 1111 年爲武王伐紂之年，證以〈歷議〉此段以後的敘述中，是他計算出來，認爲應當是這一年，可以說無甚問題。不過看得出來是他計算的結果，而不是別有所據。在此一段中《周書》「維王元祀」以下一節三句，是直接引用原文。《竹書》以下各句，只是他敘述之辭，並非引用原文，可以看得很清楚。用校勘的原則來衡量，直接引用的語句和間接引用的語句，其價值是不能同等看待的。

在僧一行的間接敘述中，「十一年，周始伐商」其中只有「十一年」三字應當屬《竹書》的原文。至於「周始伐商」也是一行由自己的習慣，來變動《竹書》的原文。在《竹書》中凡涉及商代之處，均稱作「殷」而不稱作「商」。此處獨作「商」，顯然是一行自己的話，而不是引用《竹書》的原文。如其「周

始伐商」是一行自己的話,那就「庚寅」二字也是一行自己的話。用干支來紀年,本來自東漢以後方才開始,《竹書》成於戰國,是不可能用干支來紀年的。(我們現在也可以用一行的原意,把一行的話改為「《竹書》西元前 1111 年,周始伐商」,其「庚寅」或「西元前 1111 年」決非《竹書》原文所應有。)此句本來是一行自己的話,其中庚寅二字本來是一行用自己的意思來敘述,來解釋。一行本未曾把「庚寅」二字當作《竹書》的原文。後人把「庚寅」二字當作《竹書》的原文,顯然是一個不必犯的錯誤。

在此不妨再細細的探索一下,原來僧一行在這篇主要的目的,只是推行他的新算法,而從他新算法的運用,也修正了劉歆所設計武王伐紂之年由前 1122 年變為前 1111 年。前 1111 年本來是一行用劉歆的基礎,再加上他自己的算式,一個合併應用的新產品,根本與《竹書》無涉。一行也從未曾介意《竹書》的年數,這不是他所需要留意的問題。在他的〈歷議〉中只提了一處《竹書》,而且還不是在重要地方。他所提到《竹書》,重點並不是關切到《竹書》真的認為武王伐紂在那一年,而只是認為《竹書》所記,武王伐紂在武王十一年,和其他的書有所出入,拿這一個作為比較罷了。

本來僧一行在歷法上的成就,在中國科學史上確是曠代中有數的人物,他的自信和自負當然也不足為奇。他對於他的西元前 1111 年這個年代,他有充分自信,認為必然是正確的。所以他也不再詳細勘照《竹書》所說的確實年數,只找到《竹書》中武王十一年伐紂這件事,和他的算法相合,他便引用出來,並且把他算出來的庚寅二字,也加上去,這裡當然是層次不明,構成了一種混亂的情況。不過是原來一行就寫得不明不白,或者是歐陽修在修著《新唐書》時,為了簡化文辭,才變成這樣不明不白,現今是無法知道的。無論如何,〈歷議〉中這一節是敘述得非常不清不楚,其不堪作為科學性考證之用,那是毫無問題的。

〈歷議〉中的「《竹書》十一年,庚寅,周始伐商」這一句之中,賓主不分,交代不清,而「庚寅」二字,又確切的,必然的,決非《竹書》原文所能具有。所以除去只能證明《竹書》中武王伐紂是在武王十一年這一點以外,其史料價值是非常低的。如其要追溯《竹書》武王伐紂之年,正當的辦法只有這樣,即:如其沒有別處的記錄可以參考,那就只能認為《竹書》所記無可追溯;如其有別處的記錄可以參考時,那就寧可相信別處的記錄,而不應

當採取這裡的記錄。

　　另外一段《竹書》中有關周朝年代的紀錄，是見於《史記・周本紀》裴駰《集解》中所引用的，說：

　　　汲冢《紀年》曰：「自武王滅殷，以至幽王，凡二百五十七年也。」

這裡是說明引據原文（照古代箋注的常例，可能有刪減，卻不致變動語句），是一個直接引用式的敘述法，比間接引用式的敘述法，當然可靠。其次這裡的引用，其重點在「二百五十七年」，和一行的那段，其重點在武王十一年，來和其他各處的武王十二年來比較，完全不同。從各方面來看，裴駰的引據對於《竹書》是忠實的，一行的引據，對於《竹書》卻不忠實。這兩段文字既有衝突，依照嚴謹的史學方法來處置，只允許用《史記集解》來駁斥《新唐》的〈歷議〉，絕對不允許用《新唐》的〈歷議〉來駁斥《史記集解》。

　　〈歷議〉的材料雖然不能駁斥《竹書》中的周代在西周期中為二百五十七年的可靠性，但卻保存了武王十一年伐商的這個紀錄。這個紀錄保存下來還是有用的。因為武王伐紂原來在武王十一年，或者在武王十二年，已成爭論。這個爭論在《竹書》編纂的時候即已存在。《竹書》的編輯人在兩說之中採取了十一年這一說，只是他的史裁，卻不見得就是真相。如其他的判斷錯了，那西周的年數，將不是二百五十七年而應當是二百五十六年。也就是說商代的亡，晚了一年，西周的開始，也晚了一年。也就是說，正確的西周年代的開始，不一定是西元前 1027 年，也同樣的，可能是西元前 1026 年。這兩個年份怎樣決定，就要看別的證據了。

　　董作賓先生受了僧一行的影響，把僧一行計算的西元前 1111 年，當作武王克商之年，以這一年為基礎，來推定殷周的年代，當然錯了。不過董作賓先生用的基點雖然必須另外再換一個，但他以合於古代天象的歷法，來計算商周的年歷，擺脫三統，以及所謂「顓頊歷」、「殷歷」、「魯歷」等等戰國以至漢代歷算家種種設計的糾纏，這個原則是絕對正確的。因此他所著的《中國年歷譜》或《中國年歷簡譜》也當然可以採用，他的貢獻我們今後還是要繼續承認的。我們所需要的是修正他的歷譜，而不是廢棄他的歷譜。

　　據《漢書・律歷志》引《古文尚書》的〈武成篇〉，其中武王伐商的月日是：

惟一月壬辰旁死霸，若翌日癸巳。武王迺朝步自周，于征伐紂。粤若
來三月（三月誤，當作二月。王引之《讀書雜志·附記》曰：「三當爲二，此引
書以證上文之二月朔日，明爲二月明矣。〈武成·正義〉引此文正作「越若來二月」，
《逸周書·世俘》同。」案《史記·周本紀》引〈泰誓〉舊文亦作二月。王引之
的證據是極端堅強的。並且上文一月有癸巳，下文四月有庚戌，也就是三月沒有
甲子，甲子非在二月不可。）既死霸，越五日甲子，咸劉商王紂。

惟四月既生霸，粤六日庚戌，武王燎于周廟，翌日辛亥，祀于天位。
粤五日乙卯，乃以庶祀馘于周廟。

這裡面記到的是，一月、二月，和四月。當然第一步先要澄清武王當時所用
的歷，是殷歷（建丑）或者是周歷（建子）。在三統歷算出的《漢書·律歷志》
以及一行算出的在《新唐書·歷議》，他們所認爲的，都以爲武王伐商時用的
是殷歷，以丑月爲正月。董作賓先生的出發點是以僧一行爲依據的，所以董
先生也認爲武王所用的是殷歷，即是武王用的是殷的正朔。這是有疑問的。
若想解決這個問題，爭論是沒有用的。關鍵在武王伐紂時，武王是稱王？還
是自稱周侯或西伯？在現在所有的證據看來，武王當時是稱王，不是別的稱
呼。武王的稱王是從文王稱王沿襲而來，武王從來不曾稱過周侯，武王既然
從來未曾自認爲商的諸侯，也從來未奉過商的正朔。如其武王不曾奉過商的
正朔，那就在武王伐商的時候，所用的是周人的建子歷，不是商人的建丑歷。
所以〈武成〉的干支要用建子歷來算，不可以用建丑歷來算。

以下是根據董作賓先生的《中國年歷簡譜》，將西元前 1026 年前後各年，
以周人建子歷爲主，所有的一月、二月和四月的朔日列下，並對《古文尚書·
武成》的月日，加以比較：

前 1030-前 1029	正月	甲子朔	戊寅望	無壬辰
	二月	癸巳朔	丁未望	無甲子
	四月	壬辰朔	丙午望	二十二日庚戌
前 1029-前 1028	正月	戊午朔	壬申望	無壬辰
	二月	戊子朔	壬寅望	無甲子
	四月	丁亥朔	癸卯望	無庚戌
前 1028-前 1027	正月	壬午朔	丙申望	十一日壬辰

	二月	壬子朔	丙寅望	十三日甲子
	四月	辛亥朔	乙丑望	無庚戌
前 1027-前 1026	正月	丙子朔	庚寅望	十七日壬辰
	二月	丙午朔	庚申望	十九日甲子
	四月	乙巳朔	己未望	六日庚戌
前 1026-前 1025	正月	辛未朔	乙酉望	二十二日壬辰
	二月	庚子朔	甲寅望	二十五日甲子
	四月	己亥朔	癸丑望	十二日庚戌
前 1025-前 1024	正月	乙未朔	己酉望	無壬辰
	二月	甲子朔	戊寅望	一日甲子
	四月	癸亥朔	丁丑望	無庚戌
前 1024-前 1023	正月	己丑朔	癸卯望	無壬辰
	二月	己未朔	癸酉望	無甲子
	四月	戊午朔	壬申望	無庚戌

在以上各年之中，只有西元前 1027-1026 和西元前 1026-1025 兩個段落具有〈武成〉所記的各月干支。但西元前 1027-1026 之中，甲子在十九日，十九日五日以前是十四日，十四日是月圓時，無論那一家的解釋，都不能算作既死霸，所以這一年不能用。惟一的可能，是西元前 1026-1025 年這一年。

西周最後一年是前 772-771 年，若連此年算到第二百五十七年，就應當為前 1028-1027 年，較前 1026-1025 要早兩年。如其要用 1026-1025 年，就需要對於發生兩年差誤的原因，要加以檢討才可以。這裡面情形複雜，是可能產生出若干錯誤的[1]。

主要的原因，歷法的換算比較最易產生錯誤。而武王伐紂正在周歷二月，在殷歷為正月，夏歷為十二月，其中就可能差誤一年。就《竹書》所記的周

---

1 《逸周書·世俘篇》：「惟四月乙未日，武王成辟，四方通殷命有國。」乙未原作己未，朱右曾《集訓校釋》，改為乙未，這是對的。其下面「惟一月丙午(原作丙辰)旁生魄，若翼日丁未(原作丁巳)，亦是朱右曾改正的，其丙午及丁未兩處的改正，更是絕對正確的。不過在一行中居然有三處的干支錯誤，顯然是原簡漫漶，過錄時看不清楚的原故，這種情形在我居延讀釋文時，時常有此經驗。此處既然不可據，故今不取乙未、丙午、丁未等日。

代來說,《竹書》是用建寅曆來記事的,和周代所用的建子曆差兩個月。武王伐紂那年,在周曆二月即已克殷。若就《竹書》所用建寅曆來說,是前一年的十二月克殷。所以克殷的那年,《竹書》要算做兩年,而依照周人的算法,只算一年,這種情況之下,周朝的年數自然會多出一年。

這種調整辦法可以說是合理的,但也只能把西周年數調整為二百五十六年,比需要調整到合於天象的干支,還多一年。

其次我們還可以把《竹書》認為武王伐商在十一年,比《管子》等書認伐商在十二年的,要早一年,這就又可以再有一件《竹書》早一年的證據。兩者相加,就可早出兩年。不過這個證據並非一個最好的證據。因為《竹書》如其採用建寅曆,把伐商的二月變成十二月,提早一年,當然也就可以把武王十二年的記錄換算成為十一年。這就是說兩件事情的提早一年,實際上仍可能是一件事情的兩面,那就不可以做兩年計算。如其要找出來晚兩年的原因,還得去搜尋其他的材料。

武王克商一事除去被認為是在十一年或是在十二年以外,還有在十三年一說。這是出於《尚書・洪範篇》的。〈洪範篇〉說武王十三年「王訪於箕子」。武王造訪於箕子,當然是在殷而不是在周。就時間來說也當然在牧野之戰以後,武王入殷,就去造訪箕子,而不可能隔得時間太久。所以依據這一項史料,武王克商應當是武王十三年。十三年比《竹書》所用的十一年晚兩年。如其合於天象的日子干支要比《竹書》所指的西元前 1028-1027 晚兩年,也就是西元前 1026-1025 合於這個條件。那就武王克商的年份,〈洪範篇〉所說是正確的。因而西周一朝的總年數是二百五十五年。

二、《殷曆譜》的修正與古殷代年曆的新估定

這一個定點西元前 1026-1025 規定以後,就可以上溯殷商,下推周代。周代的材料是靠金文,而以《尚書》為輔,大致可以規定出來。商代的材料仍然要依靠甲骨文。關於採用甲骨文來推斷殷商各年的工作,董作賓先生已經有幾十年的辛勤來完成《殷曆譜》和《中國年曆總譜》。這種精心構思下的工作,當然是「功不唐捐」。最可惜的是他採用了僧一行假設下的西元前 1111年作為他的基本定點,這一個定點一錯,雖然絕不至於前功盡棄,但其中許

多部分就要做大幅的修正。

在此要特別加以申述的，就是現在的修正，是處於不得已。因為基本定點一改，其他許多附帶的條件，也隨著不能適用，所以要改的，都是因更換定點而不得不改的。如其能保存《殷歷譜》原有的設計，就盡量的保存其原有的設計。《殷歷譜》中有兩個附帶條件，是必需要改的。第一點是董先生新創的「無節置閏法」，第二點是董先生假定的帝辛年數。

關於「無節置閏法」這一層，可以說從來講歷法的人未曾提到過的。從來的歷法，只要有閏月，都是用的是「無中置閏法」。就是說在二十四氣之中，冬至、夏至、春分、秋分，以及其他另外八個距離相等約三十日的日子，叫做中氣。至於立春、立夏、立秋、立冬，以及其他另外八個和它們距離相等約三十日的日子叫做節氣。中氣十二個，和節氣十二個是兩個獨立的系統。

在孔子作《春秋》的時候，還沒有節氣這一說的。甲骨文時代更不可能有節氣這一說了。「無節置閏法」要先有節氣，才能說到有一個無節的月，如其當時建「節氣」的創置還沒有，無節置閏更談不到[2]。

在甲骨及《春秋》中均有冬至的記載，當時冬至卻不叫做「冬至」而叫做「日長至」。這個名稱不同是具有重要意義的。所以不叫做「冬至」，就是日的長短，和春、夏、秋、冬，並不在一個系統之中。日的長短，是屬於陽歷性時日系統的；而春、夏、秋、冬，現在是歸入陽歷系統，而在商代或周初，卻是屬於陰歷系統的。春、夏、秋、冬和建子、建丑等月份相干，卻和「日長至」這一類陽歷節氣並不相干，也就是說商及周初，至多只有四分（冬至、夏至、春分、秋分），並無四立（立春、立夏、立秋、立冬），一直到春秋時代。

《春秋經》開始就說「春王正月」，王正月是指周的正月，周正建子，正月按後世的辦法來算，還未立春。此處指實正月為春，顯示著春秋時代，正月以後就是春，並無立春這一個節氣。一年中的春夏秋冬，只是表示著四個段落，這四個段落，只是依照月份來算。到了正月初一，不論距離冬至有多少日子，就是春天的來臨。並非在正月初一以外，還特定一天算做春天的開始，與頒定的歷朔沒有關係。

---

2 《逸周書》有〈周月〉及〈時訓〉兩篇，〈時訓〉即出於《呂氏春秋》或《淮南子》，當為漢世補入。〈周月〉有「中氣」無「節氣」，但十二中氣與後世同，亦不當太早。

　　古代農業因爲沒有定格的「二十四氣」，所以農人對於觀星，比後世重要得多。《詩經》「七月流火」，流火的火指心宿中大紅星，這在後代的農夫早已不注意了。〈夏小正〉寫作的時代，是比〈月令篇〉爲早的。〈夏小正〉只強調天文和農業的關係，到〈月令篇〉就開始講立春、立夏、立秋、立冬了。〈月令篇〉是從《呂氏春秋》來的，《呂氏春秋》出於呂不韋的門客，已到戰國晚期，其中包括了許多戰國時代學術研究的成果，四立的擬定，也是其中的一種。至於殷商時代，根本不曾有四立，其他的「節氣」更談不上。所以「無節置閏」，根本是一個不可能的事。

　　不僅如此，即使精密的「無中置閏」也是不大可能的。在甲骨文中，只有十三月，以及很少的閏三月、閏六月，以及閏九月。並未發現有閏其他各月的記載。這就表示著，商代只知道冬夏兩至，至多也只知道春秋兩分。其他所有人爲的按月分派其他的中氣，並未曾創造出來，至於節氣，就更不用說了。

　　商代所以建丑，是冬至以後的那個月爲正月，周代所以建子，是把冬至所在的那一個月爲正月。如其以冬至以後那個月爲正月，倘若發現冬至不在十二月時，就將冬至所在的那個月爲十三月，正月仍在以後的那個月。這是非常單純的，也是較爲原始的。至於「無節置閏」的構想，那就必需把這種簡單的置閏法，逐步的變成爲「無中置閏」，再從「無中置閏」更進一步再轉化爲「無節置閏」。若認爲商代已有「無節置閏」，那是和人類文化逐漸進步的原則背馳的，是不合理的。「無節置閏」既然是一個絕對不曾存在的事，那麼《殷歷譜》中凡是採用「無節置閏」設想的部分，就必然要加以修正。

　　其次在《殷歷譜》中及《中國年歷總譜》中，董先生對於帝辛年數的認定是六十三年，這個年數失之於太長，商代各王年數較長的是武丁，共五十九年。這是《尚書·無逸篇》特別提出來的。董先生也用武丁五十九年之說，若帝辛達到了六十三年，那就比武丁的年數還多出四年，周公作〈無逸篇〉特別把武丁提出來，就沒有什麼實質的意義。既然有這一個不可解決的矛盾存在著，也就是顯示了帝辛的年數，決不可能達到六十三年。

　　董先生既然認爲前 1111 年武王伐商之說是出於《竹書》，不論是否真的出於《竹書》，董先生的信念中，當然認爲出於《竹書》的。依照董譜，武丁五十九年，祖庚七年，祖甲三十三年，廩辛六年，康丁八年，武乙四年，文

武丁十三年，帝乙三十五年，帝辛六十三年。武丁至帝乙各年數，是參酌〈無逸篇〉及甲骨卜辭來設計的。再看董先生對於周朝文武兩王，也承認文王在位五十年，而武王是在十二年伐商，總計文王元年到伐商共爲六十二年。

這就表示著文王即位在帝辛二年。文王在位時不能溯到帝乙時期。但《竹書》卻明說「文丁殺季歷」。本來《竹書》喜用戰國雜說，此說真實性尚有問題。只是《竹書》中的紀年，文王即位必在文武丁晚期，比帝乙至少早一年，最晚文王元年即在帝乙元年，決不能再晚，這是毫無疑問的。如其文王元年即在帝乙元年，那就文王三十六年爲帝辛元年。再加上武王十二年，則武王伐商的時候，當爲帝辛二十六年，而不是六十三年。其中因爲周正建子，商正建丑，王年的算法自然會略有出入。不過無論如何，依照董先生《殷歷譜》的排比法認爲帝辛有六十三年，是不很合理的。這個原因還是由於以西元前1111年爲基本出發點。對於甲骨年月的排比，也以此爲基準。如其不勉強用「無節置閏」說，並且不認定帝辛年數爲六十三年，就一切都排不進去。其實倘若修正董先生西元前1111年這一基點，雖然不是立即就可以成爲定論。但比較用前1111年爲基準的，總可以得到更滿意的結論。這當然是一種進步，只要有進步，就應當前去做。

董先生《殷歷譜》的最主要基礎是「祀譜」。有了祀譜才可以把其他種的排列一一的做下去。所以「祀譜」對於殷代年歷的貢獻是非常巨大的。這裡當然並非說「祀譜」並無更正的餘地，不過要更正祀譜，就得費極大的時間再做一次重排的工作。現在並無此時間及精力去做，也就不能校正祀譜的排法，只好認爲祀譜是全然無誤的。如其後人發現祀譜有錯，那就不僅原有《殷歷譜》要大改，即使本篇這次的工作也要大改。現在只有希望不至於有這種大改的可能。不過即使大改，也只會牽涉到殷代各王的年數。基本原則不會大改的。

以祀譜爲基礎來整理，從其中引用的甲骨文，由西元前1111年爲基準的，改以西元前1025年爲基準，只要放棄「無節置閏」制並把帝辛的年數從六十三年改爲二十五年（因爲帝辛二十六年已是武王克商之年，當算作周年了），所有材料就可全部適用。以下將其中最重要部分，祖甲時代各年（附閏月）及帝乙帝辛時代各年（附閏月）將董先生原訂以及新改正的具列於下來做比較，至於證明一項，因爲太繁，當另文發表。

董譜原定祖甲紀年

元　　年	前 1273	正月庚午朔	十二月乙未朔	
二　　年	前 1272	正月甲子朔	十二月己丑朔	
三　　年	前 1271	正月己未朔	閏九月乙酉朔	十二月癸丑朔
四　　年	前 1270	正月癸未朔	十二月戊申朔	
五　　年	前 1269	正月丁丑朔	十二月壬寅朔	
六　　年	前 1268	正月辛未朔	閏六月己巳朔	十二月丙寅朔
七　　年	前 1267	正月乙未朔	十二月庚申朔	
八　　年	前 1266	正月庚寅朔	十二月乙卯朔	
九　　年	前 1265	正月甲申朔	閏三月癸丑朔	十二月戊寅朔
十　　年	前 1264	正月戊申朔	十二月癸酉朔	
十 一 年	前 1263	正月壬寅朔	十二月丁卯朔	閏十二月丁酉朔
十 二 年	前 1262	正月丙寅朔	十二月辛卯朔	
十 三 年	前 1261	正月辛酉朔	十二月乙酉朔	
十 四 年	前 1260	正月乙卯朔	閏九月辛巳朔	十二月己酉朔
十 五 年	前 1259	正月己卯朔	十二月甲辰朔	
十 六 年	前 1258	正月癸丑朔	十二月戊戌朔	
十 七 年	前 1257	正月戊辰朔	閏五月乙未朔	十二月壬戌朔
十 八 年	前 1256	正月丙辰朔	十二月丙辰朔	
十 九 年	前 1255	正月丙戌朔	十二月庚戌朔	
二 十 年	前 1254	正月庚辰朔	閏正月庚戌朔	十二月乙亥朔
二十一年	前 1253	正月甲辰朔	十二月己巳朔	
二十二年	前 1252	正月己亥朔	閏十月甲午朔	十二月癸巳朔
二十三年	前 1251	正月壬戌朔	十二月丁亥朔	
二十四年	前 1250	正月丁巳朔	十二月壬午朔	
二十五年	前 1249	正月辛亥朔	閏八月丁未朔	十二月丙午朔
二十六年	前 1248	正月乙亥朔	十二月庚子朔	
二十七年	前 1247	正月己巳朔	十二月甲午朔	
二十八年	前 1246	正月甲子朔	十二月己巳朔	閏十二月戊午朔
二十九年	前 1245	正月戊子朔	十二月癸丑朔	

三 十 年	前 1244	正月壬午朔	十二月丁未朔	閏十二月丙子朔
三十一年	前 1243	正月丙午朔	十二月辛未朔	
三十二年	前 1242	正月辛丑朔	十二月乙丑朔	
三十三年	前 1241	正月乙未朔	閏九月辛酉朔	十二月己丑朔

改 訂 後 祖 甲 紀 年

元 年	前 1149	正月庚午朔	十二月乙未朔	
二 年	前 1148	正月甲子朔	十二月己丑朔	
三 年	前 1147	正月己未朔	閏六月丙辰朔	十二月癸丑朔
四 年	前 1146	正月壬午朔	十二月丁未朔	
五 年	前 1145	正月丁丑朔	十二月壬寅朔	閏十二月辛未朔
六 年	前 1144	正月辛丑朔	十二月丙寅朔	
七 年	前 1143	正月乙未朔	十二月庚申朔	
八 年	前 1142	正月庚寅朔	十二月甲寅朔	閏十二月甲申朔
九 年	前 1141	正月癸丑朔	十二月戊寅朔	
十 年	前 1140	正月戊申朔	十二月癸酉朔	
十 一 年	前 1139	正月壬寅朔	閏六月己亥朔	十二月丁酉朔
十 二 年	前 1138	正月丙寅朔	十二月辛丑朔	
十 三 年	前 1137	正月庚申朔	十二月乙酉朔	
十 四 年	前 1136	正月甲寅朔	閏三月癸未朔	十二月己酉朔
十 五 年	前 1135	正月戊寅朔	十二月癸卯朔	
十 六 年	前 1134	正月癸酉朔	閏九月戊戌朔	十二月丁卯朔
十 七 年	前 1133	正月丙申朔	十二月辛酉朔	
十 八 年	前 1132	正月辛卯朔	十二月丙辰朔	
十 九 年	前 1131	正月乙酉朔	閏六月壬午朔	十二月庚辰朔
二 十 年	前 1130	正月己酉朔	十二月甲戌朔	
二十一年	前 1129	正月庚卯朔	十二月戊辰朔	
二十二年	前 1128	正月戊戌朔	閏三月丙寅朔	十二月壬辰朔
二十三年	前 1127	正月壬戌朔	十二月丁亥朔	
二十四年	前 1126	正月丙辰朔	十二月辛巳朔	閏十二月丁亥朔

二十五年	前 1125	正月庚辰朔	十二月乙巳朔	
二十六年	前 1124	正月甲戌朔	十二月己亥朔	
二十七年	前 1123	正月己巳朔	閏九月乙丑朔	十二月癸亥朔
二十八年	前 1122	正月癸巳朔	十二月丁巳朔	
二十九年	前 1121	正月丁亥朔	十二月壬子朔	
三 十 年	前 1120	正月壬午朔	閏三月庚戌朔	十二月丙子朔
三十一年	前 1119	正月丙午朔	十二月庚午朔	
三十二年	前 1118	正月庚子朔	十二月乙丑朔	閏十二月甲午朔
三十三年	前 1117	正月甲子朔	十二月己丑朔	

以上這兩種曆法的算法因爲用的置閏標準不同，其中許多地方不盡相同。(但是如以前 1149 爲祖甲元年，用「無節置閏法」，再就和以前 1273 爲祖甲元年，也用「無節置閏法」來比較，所有祖甲各年月份的相互差異，比前 1273 的系統與前 1149 系統用簡式「無中置閏法」的差異更大。)幸虧董先生在甲骨文中所用各材料，對於這兩種辦法，都不衝突。因而其中不盡相同的地方，並未發生任何排列的困難。

以下再用同樣方法，列出帝乙和帝辛時代的年數作爲比較。現在先把帝乙時代列下，其中先列董氏所擬，後再列入新訂正的。

董 譜 中 的 帝 乙 年 歷

元 年	前 1209	正月戊子朔	十二月癸丑朔	
二 年	前 1208	正月癸未朔	閏三月辛亥朔	十二月丁丑朔
三 年	前 1207	正月丁未朔	十二月壬申朔	
四 年	前 1206	正月辛丑朔	十二月丙寅朔	閏十二月乙未朔 （當閏未閏）
五 年	前 1205	正月乙未朔	十二月庚申朔	
六 年	前 1204	正月庚寅朔	十二月乙卯朔	
七 年	前 1203	正月甲申朔	閏十月庚戌朔 （當閏未閏）	十二月己酉朔
八 年	前 1202	正月己卯朔	十二月癸卯朔	閏十二月癸巳朔
九 年	前 1201	正月壬寅朔	十二月丁卯朔	閏十二月丁酉朔
十 年	前 1200	正月丙寅朔	閏六月甲子朔	十二月辛酉朔

十 一 年	前 1199	正月庚寅朔	十二月乙卯朔	
十 二 年	前 1198	正月乙酉朔	十二月己酉朔	
十 三 年	前 1197	正月己卯朔	閏二月戊寅朔	十二月癸酉朔
十 四 年	前 1196	正月癸卯朔	十二月戊辰朔	
十 五 年	前 1195	正月丁酉朔	閏十一月壬戌朔	十二月壬辰朔
十 六 年	前 1194	正月辛酉朔	十二月丙戌朔	
十 七 年	前 1193	正月丙辰朔	十二月庚辰朔	
十 八 年	前 1192	正月庚戌朔	閏七月丁丑朔	十二月甲辰朔
十 九 年	前 1191	正月甲戌朔	十二月己亥朔	
二 十 年	前 1190	正月戊辰朔	十二月癸巳朔	
二十一年	前 1189	正月癸亥朔	閏八月己未朔	十二月庚辰朔
二十三年	前 1187	正月辛巳朔	十二月丙午朔	
二十四年	前 1186	正月乙亥朔（當閏未閏）	十二月庚子朔	
二十五年	前 1185	正月庚午朔	十二月甲子朔	
二十六年	前 1184	正月癸巳朔	閏九月己未朔	十二月戊子朔
二十七年	前 1183	正月丁巳朔	十二月壬午朔	
二十八年	前 1182	正月壬子朔	十二月丁丑朔	
二十九年	前 1181	正月丙子朔	閏五月甲戌朔	十二月辛丑朔
三 十 年	前 1180	正月庚午朔	十二月乙未朔	
三十一年	前 1179	正月甲子朔	十二月己丑朔	
三十二年	前 1178	正月己未朔	閏正月戊子朔	十二月癸丑朔
三十三年	前 1177	正月癸未朔	十二月丁未朔	
三十四年	前 1176	正月丁丑朔	閏十月壬申朔	十二月辛未朔
三十五年	前 1175	正月辛丑朔	十二月丙寅朔	

改 訂 後 的 帝 乙 紀 年

元 年	前 1085	正月戊子朔	十二月癸丑朔
二 年	前 1084	正月壬子朔	十二月丁丑朔
三 年	前 1083	正月丁未朔	十二月壬申朔

四　　年	前 1082	正月辛丑朔（此年失閏）	十二月丙寅朔	
五　　年	前 1081	正月乙未朔	十二月庚申朔	
六　　年	前 1080	正月庚寅朔	十二月乙卯朔	
七　　年	前 1079	正月甲申朔（此年失閏）	十二月乙酉朔	
八　　年	前 1078	正月己卯朔	十二月癸卯朔	補閏十二月癸酉朔
九　　年	前 1077	正月壬寅朔	十二月丁卯朔	閏十二月丙申朔
十　　年	前 1076	正月丙寅朔	十二月辛卯朔	補閏十二月辛卯朔
十 一 年	前 1075	正月庚寅朔	十二月乙卯朔	
十 二 年	前 1074	正月乙酉朔	閏六月壬午朔	十二月己卯朔
十 三 年	前 1073	正月己酉朔	十二月癸酉朔	
十 四 年	前 1072	正月癸卯朔	十二月戊辰朔	
十 五 年	前 1071	正月丁酉朔	閏三月丙寅朔	十二月壬辰朔
十 六 年	前 1070	正月辛酉朔	十二月丙戌朔	
十 七 年	前 1069	正月丙辰朔	閏九月壬子朔	十二月庚戌朔
十 八 年	前 1068	正月己卯朔	十二月甲辰朔	
十 九 年	前 1067	正月甲戌朔	十二月己亥朔	
二 十 年	前 1066	正月戊辰朔	閏九月甲午朔	十二月癸亥朔
二十一年	前 1065	正月壬辰朔	十二月丁巳朔	
二十二年	前 1064	正月丁亥朔	十二月辛亥朔	
二十三年	前 1063	正月辛巳朔	閏六月戊寅朔（當閏未閏）	十二月丙午朔
二十四年	前 1062	正月乙亥朔	十二月庚子朔	
二十五年	前 1061	正月庚午朔	十二月甲午朔	補閏十二月甲子朔
二十六年	前 1060	正月癸巳朔	十二月戊午朔	閏十二月戊子朔
二十七年	前 1059	正月丁巳朔	十二月壬午朔	
二十八年	前 1058	正月壬子朔	閏九月戊申朔	十二月丙午朔
二十九年	前 1057	正月丙子朔	十二月庚子朔	
三 十 年	前 1056	正月庚午朔	十二月乙未朔	

三十一年	前 1055	正月甲子朔	閏六月壬戌朔	十二月己未朔
三十二年	前 1054	正月戊子朔	十二月癸丑朔	
三十三年	前 1053	正月癸未朔	十二月丁未朔	
三十四年	前 1052	正月丁丑朔	十二月壬寅朔	閏十二月丁未朔
三十五年	前 1051	正月辛丑朔	十二月丙寅朔	

以上為對於帝乙時代的年歷，用兩種不同的計算方法，依照甲骨文的材料，都可以沒有問題的排進去。所不同的，倘若以前 1111 年為基點，必須採用「無節置閏法」來規定閏月，才能把甲骨文的材料放進去，若用「無中置閏法」或「簡式無中置閏法」就不能適合。反之，若改用前 1025 年為基點，就必須採「無中置閏法」或「簡式無中置閏法」，如用「無節置閏法」就不可以適合。這一點和以前所舉的祖甲時代年歷完全相同。再上推到武丁時代，也是一樣適用，不生問題的。

帝乙時代對於置閏，似乎有意的把它廢止，在帝乙早期，置閏情形是很零亂的，找不到原則出來。到了晚期，似乎主張置閏的一派，在爭論上得到勝利，因而又重新恢復如期置閏的舊制。這種情形，在董先生作《殷歷譜》時，已經發現。用他的方法來安置，可以順利的排妥。現在新的修正，只在置閏原則方面，至於董先生發現的帝乙時代屢次失閏的事實，和怎樣去置閏，並無關係。現在重新排列一下，是沒有任何困難的（關於詳細排列，將另文發表）。

帝辛時代的置閏，沒有什麼問題。其中最大的問題，是董先生把甲骨文的材料依照六十三年來排，現在新修正的歷譜，只有二十五年，當然比較上要困難得多。不過董先生對於這個時代研究上的大貢獻，要算「征人方」一件事，修正的時候，只要把「征人方」的月日都放進去，別的月日也就可以設法安排了。以下就是兩種不同的歷表，用來比較。不過董譜只用到二十五年為止，以後各年因為用不到，不再徵引。

董 譜 中 的 帝 辛 年 歷

元	年	前 1174	正月乙未朔	十二月庚申朔	
二	年	前 1173	正月庚寅朔	閏七月丙辰朔	十二月甲申朔
三	年	前 1172	正月甲寅朔	十二月戊寅朔	
四	年	前 1171	正月戊申朔	十二月癸酉朔	

五　年	前 1170	正月壬寅朔	閏五月辛未朔	十二月丁酉朔
六　年	前 1169	正月丙寅朔	十二月辛卯朔	
七　年	前 1168	正月辛酉朔	閏十一月乙酉朔	十二月乙卯朔
八　年	前 1167	正月乙酉朔	十二月己酉朔	
九　年	前 1166	正月己卯朔	十二月甲辰朔	
十　年	前 1165	正月癸酉朔	閏九月乙亥朔	十二月戊辰朔
十 一 年	前 1164	正月丁酉朔	十二月壬戌朔	
十 二 年	前 1163	正月辛卯朔	十二月丙辰朔	
十 三 年	前 1162	正月丙戌朔	閏六月癸未朔	十二月庚辰朔
十 四 年	前 1161	正月庚戌朔	十二月乙亥朔	
十 五 年	前 1160	正月甲辰朔	十二月己巳朔	
十 六 年	前 1159	正月己亥朔	閏十二月戊戌朔	十二月癸巳朔
十 七 年	前 1158	正月壬戌朔	十二月丁亥朔	
十 八 年	前 1157	正月丁巳朔	十二月癸丑朔	
十 九 年	前 1156	正月辛亥朔	閏二月壬午朔	十二月乙巳朔
二 十 年	前 1155	正月乙亥朔	十二月庚子朔	
二十一年	前 1154	正月己巳朔	閏七月丙申朔	十二月甲子朔
二十二年	前 1153	正月癸巳朔	十二月戊午朔	
二十三年	前 1152	正月戊子朔	十二月壬子朔	
二十四年	前 1151	正月壬午朔	閏四月庚辰朔	十二月丙子朔
二十五年	前 1150	正月丙午朔	十二月辛未朔（二十五年以後不計入）	

改 訂 後 的 帝 辛 紀 年

元　年	前 1050	正月乙未朔	十二月庚申朔	閏十二月己丑朔
二　年	前 1049	正月己未朔	十二月甲申朔	
三　年	前 1048	正月癸丑朔	十二月戊寅朔	
四　年	前 1047	正月戊申朔	閏九月癸卯朔	十二月壬寅朔
五　年	前 1046	正月壬申朔	十二月丁酉朔	
六　年	前 1045	正月丙寅朔	十二月辛卯朔	
七　年	前 1044	正月辛酉朔	閏六月戊午朔	十二月乙卯朔

八　　年	前 1043	正月甲申朔	十二月己酉朔	
九　　年	前 1042	正月己卯朔	十二月甲辰朔	閏十二月甲戌朔
十　　年	前 1041	正月癸卯朔	十二月戊辰朔	
十 一 年	前 1040	正月丁酉朔	十二月壬戌朔	
十 二 年	前 1039	正月壬辰朔	閏九月戊午朔	十二月丁亥朔
十 三 年	前 1038	正月丙辰朔	十二月辛巳朔	
十 四 年	前 1037	正月庚戌朔	十二月乙亥朔	
十 五 年	前 1036	正月甲辰朔	閏六月辛丑朔	十二月己亥朔
十 六 年	前 1035	正月戊辰朔	十二月癸巳朔	
十 七 年	前 1034	正月壬戌朔	十二月丁亥朔	
十 八 年	前 1033	正月丁巳朔	閏三月乙酉朔	十二月辛亥朔
十 九 年	前 1032	正月辛巳朔	十二月丙午朔	
二 十 年	前 1031	正月乙亥朔	閏九月辛丑朔	十二月己巳朔
二十一年	前 1030	正月己亥朔	十二月甲子朔	
二十二年	前 1029	正月癸巳朔	十二月戊午朔	
二十三年	前 1028	正月戊子朔	閏九月癸丑朔	十二月壬午朔
二十四年	前 1027	正月壬子朔	十二月丙子朔	
二十五年	前 1026	正月丙午朔	十二月辛未朔	

以上兩種排法的帝辛年代和帝乙年代都是銜接的。只因爲兩種排法的年數不同，因此祀譜就需要修改一下。

就《殷歷譜》中的材料來說，凡董先生當時可以找到的材料，都可以全部放進去了，其中一點也沒有困難。只將那帝辛祀譜比較，就會很容易的看出來，在帝辛祀譜中空檔太多，給看到的人一個不必列排這許多年的感覺。帝辛祀譜的排列，實在遠不如帝乙祀譜緊湊。董先生因爲以前 1111 爲基本紀年，爲著要把材料放進去，當然也有不得不這樣排的苦衷。不過換一個別的基本紀年，如其不需要排這麼多的年份，也許就更好些。

董譜中有一個日食，董先生說：

　　（十一祀正月一日，丁酉）此正月丁酉朔，值定朔。日食周期可推證。爲本譜中帝辛在位年數，及殷正建丑之重要基點。

這一年是西元前 1164，建丑月正月初一日食是不錯的。因此若按西元前 1111
爲基點，就非把帝辛十一祀推到西元前 1164 不可，雖然帝辛祀譜之中，空檔
太多，也是無法避免的。不過如其不用西元前 1111 爲基點，而改用西元前
1025 爲基點，帝辛的十一祀是西元前 1040 年，這一年也同樣的有正月初一
日丁酉的日食。在同一可能的條件之下，若西元前 1040 年更爲合理，也就應
用採用西元前 1040 年爲佳了。

又董先生採用了《歷代鐘鼎彝器款識》的「兄癸彝」。原文是：

> 丁子（丁巳）王錫雋关貝，在寒。用作兄癸彝，在九月。惟王九祀、協
> 日、丙。

這個器是絕對是真的，不過其中卻有一個問題。即此器是商代晚期的，不屬
於帝乙時期，即屬於帝辛時期。帝乙九年九月有丁巳日，卻無協祭，帝辛九
年九月有協祭卻無丁巳日。董先生認爲日子有誤記，可能把癸巳誤爲丁巳。
不過這個器爲什麼可把日干寫錯？只有仍然認爲是帝乙時的器，比較合理
些。因爲記錯日子，太離譜了。但對於殷代典禮來說，目前所知的實在太少，
臨時特殊的協祭，不屬於整個祭祀系統的，我們無法否定其存在。

此外，帝辛十一祀，是一個關鍵的年代，而十一祀七月，更是帝辛從征
人方返回的那個月。在董譜中依照例行排列，有一個長期甲骨的空檔。但是
若將帝辛年代從六十三年換爲二十五年，這個甲骨空檔必需補上的。補上的
辦法，是帝辛在十一祀七月，可能把祭祀的系統（工典）再來一個新的開始。
也就是說從彡祭起再新來一次，以示隆重的慶祝。這和後代各王，如魏惠王
的改元，以及漢文帝、漢景帝的改元，漢武帝改了許多元，同一道理。在這
一種重排的原則之下，才可以使帝辛時代的甲骨和帝乙時代的甲骨，排列得
一樣緊湊。否則商代後期的甲骨怎樣可以亡失得那樣多，就成爲一個不可理
解的事了。

三、對於周代各王年數的估計

以西元前 1025 爲一個基本的年代，是可以向前推殷的各王年代，向後可
以推周的各王年代的。推殷代所用的材料及許多研究成果，多數是根據董作

賓先生的，只是換了一個簡式「無中置閏」法（即遇到十二月不見冬至，三月不見春分，六月不見夏至，九月不見秋分，方才置閏。不管其他的中氣），來代替董先生特創的「無節置閏」法。至於周代的推算，當然也是以西元前1025為基本的年代。只是採用的月相說，根據漢代一般所有今文及古文經師的解釋，來代替董先生專取劉歆一家之說以及完全取法於劉歆的唐代僧一行之說。照這樣的解釋大部分的金文可以相合，不至於像董先生的所排金文年代，大部分都是不合的。

依照漢代今古文兩家傳統的說法，是前半月大致屬於生魄的範圍，後半月屬於死魄的範圍，而以望為中點（大致如此，當然尚有詳細的分法）。依照劉歆的解釋而為一行及董先生所承用的，則以朔為死魄，望為生魄，也就等於說前半月為死魄的範圍，後半月為生魄的範圍。這兩說是完全相反的。

自偽古文《尚書‧武成》傳用劉歆說，經過一行，一直到俞樾，都無法擺脫劉歆說的陰影，直到王國維四分月相說開始，才算精心構思，使傳統古義，復明於世。主要的是王氏是一個從事邏輯方法來作為他治學開始的一個人。他既不是專為尊經，也不是專去辨偽。他只是客觀的用邏輯方法來處理材料，尋求合理的結論。誠然他把一月分為四部分來星期化中國的月，多少有些附會，但這不是他重要的一點，他最重要的貢獻，是尋求月相解釋的合理化[3]。

---

3 董先生的「定點說」實際上是為駁王國維的「四分月相說」而創立的。當然，如其確有堅強的證據，那也可以使人確信。可惜這個「定點說」只是想求勝人而作的臆斷，本無其事而作繭自縛，實可以不必如此的。幸虧古代作器以初吉為多，而初吉又的確多指月朔，尚留有不少通融餘地，否則更難與器銘干支月日相合了。董先生的定點每月只有兩點，即朔與望，而又認為朔即死魄，望即生魄。這就只有兩個可能，一為除定點外決不製器，二為在朔時稱「初吉」或「既死魄」，在望時稱「既望」或「既生魄」，其他日子製器則不標月相，只有干支。前者當然不近情理，可不論。後者就需要一個證據，即金文所標年月日，一定有固定的程式，決不改變。現在依董先生的假設，「初吉」與「既死魄」可互稱，「既望」與「既生魄」可互稱，已說明並無固定的程式。再分析金文銘刻，其中「王」「年」「月」「日」「月相」「干支」這六項在一個器中完全列舉的極少，一般都是略去幾項。至於略去那一項，都是寫銘的人隨意增減，並無定例。譬如師艅簋稱「三年三月甲戌」，師晨簋稱「三月初吉甲戌」，康鼎也稱「三月初吉甲戌」，或寫年，或不寫年，或寫「初吉」，或不寫「初吉」。足徵周室並未定出來一個「金文寫作程式」。所以也不能認為不標月相的，就是不在定點上，也就表示「定點」還是一個不曾證明的假設。

在二千年中，月相解釋的陰霾中，他找到了一條光明的出路。沒有深厚的學術修養以及卓越的智慧是辦不到的。

董先生不接受王國維的理論，並非王氏的理論上有什麼缺點，而是這個理論和董先生用的西元前 1111 年的基點不能相通。董先生雖然是採用合天歷法使用在商周年歷中的先覺，不幸被這個不確實的基點所拖累，以致陷溺得越來越深而不能自拔。反之故師範大學教授魯實先先生，他是非常固執，堅決的主張研究古歷只能用古法的一個人。這個基本觀點，當然是錯的，他批評董先生也是用這個基本觀點，也當然不足以折服董先生。而且他對於歷法，並無他根據的「年代基點」，他只是一個取消派。他的學力極深，卻建樹不多，也是這個原故。因爲他自己沒有計算年歷的基點，也就不受基點的糾纏。在他的〈四分一月說辨正商榷〉[4] 所論到的，其中基本看法當然很有問題（他據「朔非初吉」駁董氏亦大誤）。但他批評董先生的朔爲死魄，望爲生魄說，的確十分精闢，盡情盡理。不能因爲他是一個有成見的人而棄置不顧。

做古年代的工作，一下手就得承認這是一種自然科學而不是哲學。只許用做自然科學的方法去做，而不許用做哲學的方法去做。對就是對，錯就是錯，其間絕不容許有任何「回護」的觀念存在下去。需要證明某一種自然科學的設想，做出來就是做出來，做不出來就是做不出來。做出來當然有做出來的意義，做不出來仍然工作不算浪費。董先生的殷周年代研究，下的工夫深，不論做出來的或者做不出來的，還是都有其存在的價值，不必爭執也不必回護。

基於客觀事實的分析，以及正確的邏輯推理，「無節置閏說」、「死魄在朔，生魄在望說」以及金文的「定點說」，都是錯誤的、無效的。不過採用這些原則來規定甲骨金文的年代，雖然一定是錯的，但現在以西元前 1025 爲基點，不必採用這些原則來附會，卻不見一定是對的。因爲不需要採取錯誤的原則的，還有別的可能。我們現在做的工作，只能說更向前走了一步，並不能完全證明一定確實無誤。

以下是對於西周初年，即武王克商以後至共和元年的各王年數的估計。

---

4 東海大學出版《歷術卮言甲集》，頁 185-229。其中斥責董氏，頗涉意氣，難以得人同情。不過平心靜氣去讀他所說的話，有時也有堅強的根據，爲董氏無法回答的。

主要的根據是《尚書》的〈召誥〉、〈洛誥〉、〈顧命〉，以及金文中的各器。各王年數大致可以估計出來，不過以後如有新的金文發現，也許還要重新更定。

武王十三年（前1025）克商，到十六年（前1022），共計克商以後在位四年。
成王在位二十一年（前1021-前1001），其中前六年爲周公攝政（周公攝政從武王崩年開始，所以周公攝政共有七年）。

　　據〈召誥〉、〈洛誥〉、〈顧命〉及何尊 [5]，又師旂簋「元年二月既望庚寅」，與成王元年月日合。
康王在位十九年（前1000-前982）。

　　據〈顧命〉康王元年當爲顧命次年，即前1000年，則康王十二年爲前989年。《漢書·律歷志》引〈畢命〉，康王的「十有二年六月庚午月出」，據董氏《中國年歷譜》此年六月己巳朔，庚午爲次日。古代用平朔。早一日或遲一日，仍然相合。也就是表示著〈畢命〉和〈召誥〉、〈洛誥〉、〈顧命〉及何尊都是相符合的。
昭王在位十六年（前981-前966）。

　　據《初學記》卷七引《竹書紀年》：「昭王十六年，伐楚荆，涉漢，遇大兕。」與《初學記》卷七引《竹書紀年》「（昭王）十九年，天大曀，雉兔皆震，喪六師於漢」本是一件事，另一處，誤十六爲十九，以康王及穆王年推，昭王只可有十六年。

　　大簋「十又二年三月既生霸丁亥」。昭王十二年（前970）三月庚辰朔，丁亥爲初八日，正爲既生霸，與此器合。

　　至於大鼎「十又五年三月既霸丁亥」，霸前脫一字。昭王十五年（前967）三月無丁亥，惟穆王十五年（前951）三月庚申朔，丁亥二十八日爲既死魄。
穆王在位五十年（前965-前915）。

　　和金文可以相合的，計有：

5　參照《中央研究院史語所集刊》50本1分，〈論周初年代和召誥洛誥的新證明〉（頁29-45）。據〈顧命〉「惟四月，哉生魄，王不懌。甲子，王乃洮頮水。……越翼日，乙丑，王崩。」依董氏《中國年歷譜》，此年四月庚戌朔，既生魄當爲癸丑，甲子爲十五，仍相合。

師虘簋「十二年正月既望甲午」。穆王十二年（前954）正月己卯朔，甲午爲十四日。

無諆簋「十三年正月初吉壬寅」。穆王十三年（前953）正月壬寅朔，與此合。

剌鼎「隹五月，辰在丁卯，王啻，用牡於大室啻邵王」。穆王二十四年（前942）五月丁卯朔，與此相合。

共王在位十六年（前915-前900）。

趞觶「二年三月初吉乙卯」。共王二年（前914）三月乙卯朔，與此相合。此器依董先生設計，無各王年月可以相合。

師遽簋「隹王三祀，四月，既生霸辛酉」。共王三年（前913）四月己酉朔，辛酉爲十三日，正爲既生霸，與此合。

莍伯簋「九年九月甲寅」。共王九年九月壬寅朔。甲寅爲十三日，與此合。

趞曹鼎（此器銘文標明爲共王時），「十五年五月既生霸壬午」。共王十五年（前901）五月己巳朔，壬午爲十四日，尚未到望，仍屬既生霸（魄）範圍，與此器合。

懿王在位十九年（前900-前882）。

匡簋（此器標明爲懿王時），「四月初吉甲午」。懿王元年（前900）四月甲午朔，與此器相合。

永盂「十有一年初吉丁卯」（此器十一年被誤剔爲十二年，應以十一年爲是）。懿王十一年（前890）正月爲丁卯朔，與此相合。

師𩛥簋「十有二年九月初吉丁亥」。懿王十二年（前889）九月丁亥朔，與此相合。

孝王在位十八年（前883-前866）。

師兌簋「元年五月初吉甲寅」。孝王五年（前883）五月甲寅朔，與此器相合。

師艅簋「三年三月甲戌」。

師晨簋「三年三月甲戌」。

康鼎「三月初吉甲戌」。

依器中所述。此三器爲同時的事。也就是在三年三月初吉甲戌的事。

孝王三年（前881）四月癸酉朔，甲戌爲初二日，在初吉限內。因爲這一年應當閏五月，此時又用了十三月的辦法，把閏月提到二年年底，因而四月也提前一月變爲三月了。

夷王在位十二年（前865-前854）。

黃伯思《東觀餘論》引史伯碩父鼎「隹六年八月初吉己巳」。夷王六年（前860）八月己巳朔，正與此器相合。

厲王在位十二年（前853-前842）。若再加上共和十四年（前841-前828），則厲王紀元前後共爲二十六年。

鼻簋「二年正月初吉，王在周康邵宮，丁亥」。厲王二年（前851）正月辛巳朔，丁亥爲初八日，與此合。

靜簋「八月初吉庚寅」。按厲王五年（前848）八月庚寅朔，與此器合。不過當時太子雖然名靜，一般不避太子諱，所以靜可能爲另外的人，不是宣王。這個人要等宣王即位才會避諱改名。

吳彝「二月初吉丁亥」。厲王六年（前847）二月丁亥朔，與此器相合。

牧簋「七年十有三月既生霸甲寅」。厲王七年（前846）應當閏八月，若用十三月制，閏八月成爲九月，十二月成爲十三月了。此年十二月丙午朔，甲寅爲初九日，正在既生霸的範圍內，與此器合。

宣王在位四十六年（前827-前782）。

這個年代是不成問題的，現在舉出幾個合於年歷的銘文，來作示例。可以看出生霸在上弦，死霸在下弦，是沒有問題的。

頌鼎「隹三年五月既死霸甲戌」。宣王三年（前825）五月丁未朔，甲戌爲二十八日，與此器銘相合。

師虎簋「隹元年六月既望甲戌」。宣王元年（前827）六月己未朔，甲戌爲十六日，與銘文合。

召伯虎簋「隹五年正月己丑」。宣王五年（前823）正月丁卯朔，己丑爲二十二日。

兮甲盤「五年三月既死霸庚寅」。宣王五年（前823）三月丙寅朔，庚寅爲二十五日，正合既死霸的條件。此器言征伐玁狁事，其爲宣王時事無問題，不可移動的。

同簋「十有二年二月初吉丁丑」。宣王十三年（前815）三月丙戌朔。

無惠鼎「九月既望甲戌」。宣王十六年（前812）九月十五日甲戌，與銘文合。

伯克壺「十又六年十月，既生霸乙未」。宣王十六年（前812）十月己丑朔，十月初七日乙未，與銘文合。十月被剔時誤作「七」字，按金文七字亦作十不作七，此作七，顯然爲剔壞致誤。

鬲比盨「二十五年七月既望壬寅」。宣王二十五年（前803）七月己亥朔，十六日甲寅，壬字顯然爲甲字未剔出全文，因此器鏽太多，字已浸濾。

寰盤「二十九年五月既望庚寅」。宣王二十九年（前799）五月丙子朔，十五日庚寅。此器「九」字誤剔爲「八」字。

鬲攸从盤「三十二年三月初吉壬辰」。宣王三十二年（前796）三月庚寅朔，初三日壬辰，與銘文合。

善夫山鼎「三十九年正月初吉庚戌」。宣王三十九年（前789）正月庚戌朔，與此器合。「九」字誤剔爲「七」字。

以上宣王時器因爲年代方面沒有問題，綜合來比較，可以證明「初吉」、「既生霸」、「既」和「既死霸」在每月中的地位，大致和王國維說相去不遠。當然，王國維說不夠精密，今後還得依新的資料去修正。但此說的大致方向是不錯的。

附　記

本篇對於西周年代，根據金文（其實尙有更多金文可以符合，現在只舉出幾個重要的），對於各王年代的斷定，總是十分謹愼的來處理，還不曾發現嚴重不合理的地方。其中最令人不安的問題，是《史記》所述周穆王五十歲即位，又在位五十五年一件事，無論怎樣也排不進去。因此只好檢討一下《史記》中周穆王的年代，才覺得這一個記載，確實很有問題。其中疑點如同：（一）《史記·周本紀》對於成康在位年數都不知道，對於穆王不僅記在位年數，還加上即位時年齡，這是不尋常的，如其不是根據雜說，就是後人竄入的，非司馬氏原作文。（二）和穆王在位及其年齡有關的只有《尙書·呂刑》「王享國百年，耄荒，度作刑以詰四方」。除此以外，再無別的材料。

建立一個「法」的觀念，是很不容易的事。當春秋晚期，鄭的刑書，晉的刑鼎，都是有人反對的，不可能在周穆王時期就有「五刑之屬三千」那樣

詳細的成文法。〈呂刑篇〉的寫成，一定在李悝《法經》通行之後。當時著者信筆寫成，不曾詳考歷史事實，一經引申沿用，就可能對歷史年代引起誤解出來。其實穆王確不曾享國百年，《左傳》僖公十二年：「穆王欲肆其心，周行天下，將皆必有車轍馬跡焉，祭公謀父作〈祈招〉之詩，以止王心，王是以獲沒於祇宮。」所以穆王崩年，估計不過六十餘歲；豈有百歲老人，尚能周行天下？所以〈呂刑〉所記穆王年歲，決不可信。

再就〈呂刑〉，《偽孔傳》說「穆王即位，過四十矣」，孔穎達《疏》說：「穆王即位過四十者，不知出於何書也。〈周本紀〉云，穆王即位，春秋已五十矣。」此處顯示著作《偽孔傳》的人，未看到《史記・周本紀》說穆王五十歲即位這一條。《偽孔傳》作於魏晉時，當時《史記》本無此一條，到唐時孔穎達才看到。則穆王有關的年歲以及即位年數，都可能是南北朝時才被竄入，可以說偽中出偽。因此也就不可以用作周代紀年的參考。此外〈本紀〉尚有厲王三十年一條，與金文不合，今只好存疑。

論周初年代和〈召誥〉〈洛誥〉的新證明

一

　　武王伐紂的年代是上古年代中的一個最重要關鍵。把這個年代確定以後，才可以向上溯殷商的年代，向下推定周初各王的年代。如其這個關鍵的年代不能正確的找到，那就對商和周歷史討論的安排，都是非真實的。在討論武王伐紂的年代各論著之中，從西元前 1122 年起到西元前 1000 年止，在這一百二十多年之內，可能做出種種不同的安排。但簡單說來，還只有兩個可能。第一種是從劉歆的西元前 1122 年這個系統下演變出來的，第二種是從《竹書紀年》的西元前 1027 年這個系統下演變出來的。周法高先生擬定的西元前 1018 年確是出於《竹書紀年》的系統。至於董作賓先生所擬定的前 1111 年以及李兆洛《紀元篇》的前 1051 年，雖然號稱也出於《竹書紀年》，但實際上還是劉歆擬定年代的修正，所說的「古本《竹書紀年》」仍只是一個調停的用法。

　　《竹書紀年》記周初的年代，只有一處可據，即：

　　　自武王滅殷，以至幽王，凡二百五十七年。(《史記・周本紀・集解》) [1]

---

[1] 《史記・周本紀・集解》，幽王以下，稱爲「《汲冢紀年》曰，自武王滅殷，以至幽王，凡二百五十七年也」(《史記會注考證・周本紀》，頁 65)。王國維《古本竹書輯校》(《王忠慤公遺書》本，頁 9 上)，亦引此文，又加注云：「《通鑑外紀》三引《汲冢紀年》西周二百五十七年」，與此文稍異，可能仍是轉引自《史記集解》，只是把文字簡化了一下。因爲《竹書紀年》到了宋代已不用「汲冢紀年」這一個書名，此處稱爲《汲冢紀年》，和《史記集解》所用的書名相同，那就仍舊是從《史記集解》轉引出來的。

至於董作賓先生的根據，是在《新唐書‧歷志》[2]，開元時僧一行議曰：

> 其明年武王即位，新歷孟春，定朔丙辰，於商爲二月。故《周書》曰：
> 「維王元祀，二月丙辰朔，武王訪於周公。」《竹書》十一年（庚寅）
> 周始伐商，而《管子》及《家語》以爲十二年，蓋通成君之歲也。先
> 儒以爲文王受命，九年而崩，至十年，武王觀兵盟津，十三年，復伐
> 商。推元祀二月丙辰朔，距伐商日月，不爲相距四年，所説非是。武
> 王十年，夏正十月戊子，周師始起。……又三日，得周正月庚寅朔，
> 日月會南斗一度，……其明日，武王自宗周次於師。

按《新唐書‧歷志》，在僧一行〈歷議〉的前面已說過：「〈歷議〉所以考
古今得失也，其說皆足以爲將來折衷，略其大要，著於篇者十有二。」這裡
說「略其大要」，就表示著〈歷志〉中的〈歷議〉並非僧一行的原文，而是經
過歐陽修手下的史官修改過的。其中「《竹書》十一年庚寅，周始伐商」，此
處決不可能是《竹書》原文，因爲：（一）在中國商周時代，只用干支紀日，
從來沒有人用來紀年的，直到東漢順帝時期，才開始用干支做紀年的用處。
顯然的，戰國時期的《竹書》不可能用干支紀年，所以「庚寅」二字決不是
《竹書》的原文[3]。（二）「周始伐商」四字也不像《竹書》原文，因爲照《水
經注‧清水注》引《竹書》是「王率西夷諸侯伐殷，敗之於坶野」[4]，此是《竹
書》原文。若此是《竹書》原文，《竹書》是說的「伐殷」，不是「伐商」。那
就「伐商」二字，又只是僧一行敘述的話，而未曾忠實的引用原文。和對於
《管子》，對於《家語》，不曾採用原文，完全一樣。──所以在僧一行原議
之中，關於武王伐紂的事，只有「十一年」三字是出於《竹書》的原文，其
他部分都是不可以輕易採用的。

僧一行在天文歷法上的造詣，可以說是非常特出的。他在經典上的知識

---

2 《新唐書》卷 27 上，開明二十五史本，頁 3689。

3 庚寅二字的由來，其中當然有許多種的可能。又因爲《新唐書‧歷志》所載的僧
一行〈歷議〉，也是刪改以後的節本，不是〈歷議〉的原文，使得追溯原文更加困
難。不過無論如何，「庚寅」二字，非《竹書》原文所能具有，是可以絕對肯定的，
參看下文注 6。

4 商務印書館《國學基本叢書》本《水經注》，卷 2，頁 61。

也是極端淵博。不過任何人都一定有「百密一疏」、「千慮一失」之處，僧一
行當然也不會例外的。他擬定的「大衍歷」確實在中國科學史上，形成了一
個劃時代的貢獻。但從武王伐紂的年代來說，他不可能有這個時間和精力顧
及到，所以他仍然依從劉歆的擬定。本來劉歆的擬定，只是用他的三統歷，
來推算《古文尚書・武成》的時日，得出來這個結果，並無別的文獻上的根
據[5]。但是因爲載於《漢書・律歷志》，在傳統的年代表上，取得了正統的地
位。僧一行時代在後，而在治歷的方法上，也遠比劉歆爲精。如其用大衍歷
推算前 1122 年的月日，當然可以發現劉歆採用三統歷時所引出的錯誤。但他
仍然顧及到劉歆論據在傳統上的權威性，不敢作大幅的修改。他只做了一個
較小的修改，把武王伐紂從劉歆認定的前 1122 年改爲前 1111 年。這就是《新
唐書・歷議》中「庚寅」二字的由來，在僧一行以前絕無人提到「庚寅」這
兩個字和武王伐紂的關係的[6]。

---

5 劉歆用三統歷推算，還可以算到別的年代，不一定非是前 1122 年不可，其前 1122
 年的決定，還是具有任意性(random)的意味，只因爲在習慣上已取得權威地位，
 不會再有人做邏輯上的追索了。其實這個擬定，把武王伐紂差不多早算了一百年。
 與《孟子・公孫丑》「由周以來七百有餘歲矣」(孟子爲此言時，在孟子去齊，即
 前 314 年以後，則距前 1122 年爲八百十五年，距《竹書》的前 1027 年爲七百十
 一年)不合，與《史記》的〈魯世家〉年代不合，當然與《竹書》的年代亦不合，
 在僧一行時代沒有人特別重視此一問題，所以僧一行雖見到《竹書》，對於這個疑
 點，也失之於眉睫。

6 劉歆三統歷在中國歷法的系統上，自有其重要地位，三統歷最大的疏失是所擬的
 歲實比四分歷還不準確，而大衍歷卻是一直到唐，一個最進步的歷法，但他仍然
 繼承三統歷的系統，也不能完全避免三統歷的影響。其中最重要的校正部分，是
 在歲實(以至於月策)方面。至於對三統歷關於月相的解釋，以既死霸爲朔就未曾
 校正。本來這只是劉歆一家之言，和漢代今文家和古文家的解釋都不符合。但其應
 用範圍只作爲考訂古史之用，和歲實及月策的數字，並無關涉，所以僧一行還是
 把劉歆的曲解沿襲下去了。他的確也沒有時間及精力再理會到漢代經師和劉歆差
 異上的問題。在《新唐書・歷志》中〈歷議〉所載，僧一行把劉歆擬定的前 1122 年
 改爲前 1111 年(所謂庚寅年)，在方法上就是根據劉歆的月相說，利用《古文尚書・
 武成》月日，適應到大衍歷歷譜裡面。大衍歷的算法和實際天象相差極小，如其
 用一個現代算出的合天歷譜，完全採用一行以劉歆月相爲基準的方法，也當然可
 以採用他這個前 1111 年的擬定的，對於歷法本身還不會有什麼立刻看出的矛盾。
 　董作賓先生是接受了劉歆月相系統的，所以他對於武王伐紂這一個基本年代，

在兩種或兩種以上互相矛盾的記載中，要加以判斷，只有從審核史料的工作下手，才能解決問題。在審核史料時，至少下列幾點是必須注意的：

（一）直接史料或間接史料，必須判別清楚。間接史料不能和直接史料相比，決不可以用間接史料來推翻直接史料。

（二）即使在同樣直接史料或同樣間接史料裡面，其保存原來面目的程度，也不是完全一樣，如其有矛盾時，也應當加以分別。

（三）史料中如有確實可疑部分（例如僧一行〈歷議〉中的「庚寅」二字），要將其確實來源追索出來。如其追索不出來，就必須加以剔除，不能算作證據。

拿《史記集解》和《新唐書》中的僧一行的〈歷議〉來比較，《史記集解》是一種史書的箋注，〈歷議〉卻是一種刪改以後的論著。就體例來說，史書的箋注是史書的附屬品，作箋注的人主要的是以保存史料為目的，所以引書時多用直接引用的語氣，除可能稍有刪節以外，在習慣上決不輕改原文。至於一般論著，都是發揮自己的意見，「六經皆我注腳」，所以引書時也多是用間

也可以採用僧一行的前 1111 年的擬定。所不同的是僧一行用《竹書》說，認為武王伐紂在武王十一年，而董作賓先生仍然用武王十二年說。這只是董先生把武王元年提早一年，在基本原則上並沒有太大的區別。在僧一行〈歷議〉所說的庚寅二字，雖然決不可能是《竹書》原文，但出於僧一行的敘述（因為宋人作志時省略了幾個字，以致被誤認為《竹書》原有），或者出於宋人作志時的添加解釋，或者甚至是種種可能下加入的附注，被鈔錄時移入正文（這種情形，在校勘中常會出現的，其中《水經注》及《洛陽伽藍記》更是著名的顯例），都是有可能的。不同和僧一行原意相符，決無問題。若再就這幾個可能性來比較，還是「庚寅」二字出於僧一行原文，被刪改後，以致原意不明，其可能性為較大。僧一行的原文，可能是：「《竹書》武王十一年，是年今考定為庚寅年，周始伐商」這一類的敘述，經過了歐陽公修史的「事增文省」原則之下，加以「略其大要」，這就只留下「庚寅」二字，把這個「庚寅」二字怎樣出來的都略去了。此處原只當作大衍歷的附屬解釋，依修史重簡的原則說，本不必非議。但是要從這裡追索《竹書》的原文，那歐陽公就不免貽誤後學了。這一段顯示著僧一行確只是劉歆舊說的修正者，他並未十分重視《竹書》。從〈歷議〉中有關月相一項說，他的武王伐紂年代，確是西元前 1111 年。這點董作賓先生是對的，而李兆洛就錯了。

在我過去寫〈周初年代問題與月相問題的新看法〉（香港，1974 年）時，認為僧一行也許可能把庚寅指的前 1051 年，現在細看《新唐·歷志》的原文，看出確是指前 1111 年，今在此附記一下。不過僧一行只取《竹書》武王「十一年伐紂」一點，並不取《竹書》的西周總年數，而仍保守的用劉歆說，這也是很明顯的。

接引用的語氣，原意並不在於保存史料，何況再加上歐陽修（或劉羲叟）的有意刪改。此處不是說不可以引用論著中的資料，作爲證據，而是決不可以根據論著中的孤證來駁更爲直接引用的任何材料。更何況「庚寅」二字以干支紀年的方法，絕對不可能在編纂《竹書紀年》的戰國時代出現，更不可以拿一個必須剔除的部分，來駁斥其他任何部分。

就以上分析的結果，認爲武王伐紂在西元前 1111 年確切是唐代僧一行推算的結論，和《竹書紀年》並無任何的關係。如其只推溯到劉歆爲止，這個修正的年代是可以用的。倘若真要根據古本《竹書紀年》，就只有根據《史記集解》的材料，不可以《新唐書》爲據。這是應當特別小心的。

《新唐書・歷志》中的那一條，既然不能作爲武王伐紂年代的證據，剩下來就只有《史記集解》中那一條可用。也就是古本的《竹書紀年》中，有關武王伐紂年代的只有一處。毫無疑問的，《竹書紀年》所指的武王伐紂的那一年，推算起來就是西元前 1027 年。

二

把西元前 1027 年認爲是武王伐紂的那一年，從各方面史料去看，除去和劉歆的西元前 1122 年衝突以外，對於其他古代的史料都是可以符合的。這也就是國內的雷海宗，國外的高本漢，都一致主張應用這一個年代。其中最大的困難是西元前 1027 年的干支，不論採用何種標準，都不能與《古文尚書》武王伐紂的月日相合。一定要把這個困難解決，才能把這條史料做有效的利用。

爲著解決這一個問題，在 1974 年《香港中文大學中國文化研究所學報》發表的〈周初年代問題與月相問題的新看法〉，就是爲的把西元前 1027 年和〈武成〉干支設法配合。其中所用的歷譜底子是董作賓先生的《中國年歷總譜》[7]，在前 1027 附近各年只有前 1026 年、前 1025 年以周歷建子月爲一月（用中國陰歷算），最爲合適，其結果爲：

---

7 董先生雖然不用前 1027 說，但其年歷譜的底子卻仍是一個合天的歷譜，仍然可用的。據說董先生歷譜對於晦朔有時憑當前需要改定，不過這種情形，究竟只是一小部分，而且差異不過一天，還是可以應用的。

前 1026-前 1025（按後代干支紀年推溯，爲丙辰年）

一月　辛未朔　二十二日壬辰

二月　庚子朔　二十五日甲子

四月　己亥朔　十二日庚戌

所以武王伐紂應在此年二月二十五日，若以西歷計算當爲前 1025 年一月，但以陰歷算，若用建寅的夏歷算，仍爲丙辰前一年，即癸卯年十二月。《竹書紀年》是用夏歷的，所以還應當用癸卯年去算，不過若照癸卯算，到西周幽王十一年（西元前 771 年）只有二百五十六年，不是二百五十七年。

爲了弄清這個問題，還得從《竹書紀年》本身去找[8]。《新唐書·歷志》所載刪節過的僧一行〈歷議〉，雖然對於《竹書》只是間接引用法，其中庚寅二字也不是《竹書》原有，不過他認爲《竹書》說武王「十一年」伐商，其「十一年」三字，卻是唯一保存《竹書》原文之處。武王伐商各家認爲是十二年，只有《竹書》認爲是十一年，這是《竹書》誤算之處。因爲《竹書》把伐紂早記了一年，也就使得西周自伐紂以後，總年多了一年。換言之，如其伐紂在癸卯的建丑月（周歷武王十二年二月），誤記在壬寅的建丑月（周歷武王十一年二月）了。這一年以西歷算是西元前 1026 年一月，但普通算來認爲是西元前 1027 年，所以可能變成了兩年的差誤。

因爲武王伐紂這一個甲子日，正在兩年交替之際，再加上武王是用周人的建子歷，殷商是用商朝的建丑歷，《竹書》是用晉國通用的建寅歷，再加上西歷（不以月的圓缺做基準的歷法），就一共有四種不同的算法，也就是：

周歷這一天是在武王十二年二月二十五日

商歷這一天是在　　　一月二十五日

夏歷這一天是在　　　十二月二十五日（在年前，所以要算做頭一年，因而武王十二年只有五天了）

西歷這一天是紀元前 1025 年一月三十日

---

8 武王只一次伐紂，就戰於牧野，沒有兩次，《竹書》也應只有一次，僧一行是據《史記》的誤記，分爲兩次的，今本《竹書》也就沿照舊說，分爲兩次。

按照商歷、周歷，以至於西歷，這個日子都在年初，若按照夏歷，就到了年尾。按照夏歷，周武王伐紂以後，就據有天子之位。這一年武王雖只有五天是周天子，也要算做一年，因而依夏歷算來，武王就天子位要早一年，西周的總年數也多出一年。再看武王克紂本在武王十二年，《竹書》卻又認為是十一年，因而周的年數又再提早了一年。這就形成了提早了兩年的局面，所以西周的開始本來應該是西元前 1025 年，若按照《竹書》的算法就成為西元前 1027 年。

自西周覆亡，文獻殘缺，西周史料本來存在的不多。《竹書》也只是戰國中期編纂成的，對於西周史事，也無法像春秋戰國時期一樣，每年都有事可記。這就不能避免有些年只是些空檔。在這種情況之下，依照《竹書》用建寅歷的原則，西周年代從武王克殷算起，總共是二百五十六年，但是多加了一年進去，也完全不會看得出來。除非核對歷譜，才能發現不符之處，但是從來幾個人核對歷譜呢？

三

在〈周初年代問題與月相問題的新看法〉本文和其中注第十四，對於武王克殷以後在位的數年，我曾經加以討論，說：

> 因為鎬京傾覆，文獻無徵，不僅武王伐紂在武王幾年有異說，武王在位之年也是眾說紛紜的。武王年壽多少，《禮記·文王世子篇》言文王九十七，武王九十三，只能算做物語式的記載，遠不如《路史發揮》引《竹書紀年》說，武王年壽五十四為可信。不過武王在位年數卻還不能決定。《尚書·金縢篇》稱武王伐紂後二年而病，周公祈代武王之死，可見病不輕。《史記·封禪書》就認為武王伐紂以後二年而崩。《淮南要略》認為三年，《毛詩·豳風·譜》中鄭玄推定為四年，《史記·周本紀·集解》引皇甫謐說為六年，《管子·小問篇》為七年。依照武王健康情形看，再就周初情形，周公攝政時還未能安定的客觀情勢看，不大可能武王伐紂後，還能在位六七年。應當以三年或四年為近於事實。鄭玄推定的基本數字中，還用到〈文王世子篇〉，其數字當然不足取。

不過我也曾試過一下，如其仍用鄭玄的方法，設文王年壽不是九十七而是六十，武王年壽不是九十三而是五十四，仍然可以得到差不多的答案。今假定武王十二年初伐紂，到十三年得重病，過兩年在十五年逝世（共計伐紂以後在位四年），那就武王是四十歲時嗣立，文王逝世時，武王年三十九歲。上推武王生時，文王二十一歲，可能伯邑考生時，文王十九歲，這些數字都是合理的。[9]

　　所以武王克殷後在位的年數，最可能的是四年。也就是武王逝世應當在西元前 1022 年，成王即位是在西元前 1021 年，拿這個年代來配合〈召誥〉和〈洛誥〉，其結果也是合理的。

　　〈召誥〉說：

惟二月既望，越六日乙未，王朝步自周，則至於豐。惟太保先周公相宅。越若來三月，惟丙午朏，越三日戊申，太保朝至於洛，卜宅。厥既得卜，則經營。越三日庚戌，太保乃以庶殷攻位於洛汭，越五日甲寅，位成。若翼日乙卯，周公朝至於洛，則達觀於新邑營。越三日丁巳，用牲於郊，牛二。越翼日戊午，乃社於新邑，牛一，羊一，豕一。越七日甲子，周公乃朝，用書命庶殷侯甸男邦伯。厥既命殷庶，庶殷丕作。太保乃以庶邦冢君，出取幣，乃復入，錫周公曰，拜手稽首，旅王若公。誥告庶殷，越自乃御事。嗚呼，皇天上帝，改厥元子，茲大國殷之命。惟王受命，無疆惟休，亦無疆惟恤。嗚呼，曷其奈何弗敬。天既遐終大邦殷之命，茲殷多先哲王在天，越厥後王後民茲服厥命，厥終智藏瘝在。……今時既墜厥命，今沖子嗣，則無遺壽耇。……今王嗣受厥命，我亦惟茲二國命，嗣若功。王乃初服，嗚呼，若生子罔不在厥初生，自貽哲命。今天其命哲，命吉凶，命歷年。知今我初服，宅新邑，肆惟王其疾敬德。王其德之用，祈天永命。[10]

　　這一篇誥命，依照字句中含義來看，如「今沖子嗣」、「今王嗣受厥命」、「王乃初服」，以及「今我初服」，再從上下文來探討，無一處不是表示是成

---

9 香港中文大學《中國文化研究所學報》7/1（1974），頁 15。

10 藝文影印《十三經注疏》，218-224。

王初嗣位時的情況。但依今傳所謂《孔氏傳》，卻說：「周公攝政七年，二月十五日」，孔穎達《正義》說：「〈洛誥〉云，周公誕保文武受命，惟七年。〈洛誥〉是攝政七年事也。〈洛誥〉周公云，予惟乙卯朝，至於洛師，此篇云，乙卯周公朝至於洛，正是一事，知此二月是周公攝政七年之二月也。」《正義》此處因爲替傳本《孔傳》作注，也就當然爲傳本《孔傳》辯護。因而「今沖子嗣」、「今王嗣受厥命」、「王乃初服」等，也解釋爲周公新歸政於王，不是成王新即位。但〈召誥〉在前，周公歸政在後，〈召誥〉在二月，周公歸政在十二月，太保召公不應當在周公尚未歸政，即作周公已歸政的辭句。《正義》的辯護辭還是解釋不通的。孔穎達雖然用〈召誥〉和〈洛誥〉都記有周公以乙卯日入洛之事，認爲〈召誥〉和〈洛誥〉同時，但這一個記載，仍不是〈召誥〉和〈洛誥〉同時的證據。因爲商周時代，重視記日的干支。尤其重要的國家大事，以干支代表即足，往往不需再繫年月。武王克殷，日在甲子，凡周代言甲子之言會戰的，一望而知爲殷周會戰，決不限於武王十二年那年。周公以乙卯入洛，並且得到吉卜，因而決定了建都，這是一個大日子，成王元年可以說乙卯入洛，到七年也一樣無礙於說乙卯入洛。如其非與〈洛誥〉同時不可，那就照孔穎達所說，只是那年二月的事，到那時已經隔了十個月，中間存在了五個乙卯日。說是「同時」的事，也是不可通的。

　　傳本《孔傳》是在魏晉時期寫成的，不免有出於臆斷，故意與漢人舊說相異之處，依《隋書・儒林傳》引《尚書大傳》說：

> 周公攝政，一年救亂，二年伐殷，三年踐奄，四年建衛侯，五年營成周，六年制禮樂，七年致政成王。[11]

　　這是保存先秦舊說，非常珍貴的材料。周公營成周既然是在成王五年，依照新發現的「何尊」，說：

> 惟王初遷，宅於成周，復禀武王豐福自天，在四月丙戌，……惟王五祀。

11　此段是首先在嚴一萍先生通信中說到，又「何尊」亦是嚴先生提到，特此說明謝意。此尊爲民國五十二年在陝西寶雞出土，並看藝文，《董作賓先生逝世十四周年紀念刊》附圖。

彼此正相符合，周公營建洛陽既然在成王五年，不在成王七年，所以傳本《孔傳》以及孔穎達的《正義》認爲是成王七年，顯然是錯的。更重要的，在成王五年，周公正在攝政，距離歸政，尚有兩年。《正義》以爲「今沖子嗣」、「今王嗣受厥命」、「王乃初服」等認爲係指周公歸政，成王蒞政而言，不必多爲分析，就一望而知是錯的。如其〈召誥〉不可能在成王七年，那就只有一個可能，即〈召誥〉是在成王元年，西元前 1021 年。

《史記・周本紀》說：「武王……營周居于雒邑而後去。」「成王長，周公反政成王，北面就群臣之位。成王在豐，使召公復營洛邑，如武王之意。周公復卜，申視，卒營築居九鼎焉。」[12] 瀧川資言考證說：「采《周書・度邑》解文」，又說：「《書・召誥・序》云，成王在豐，欲宅洛邑，使周公相宅，作〈召誥〉，〈洛誥・序〉云，召公既相宅，周公往營成周。使來告卜，作〈洛誥〉。崔述曰，《左傳》宣公三年云，成王定鼎于郟鄏，卜世三十，卜年七百，則遷鼎於洛者，成王也。而桓二年《傳》云，武王克商，遷九鼎於洛邑。與此異者，蓋古人之文，多大略言之。遷鼎由於克商，克商，武王之事，不可云成王克商，遷九鼎於洛邑，故統之於武王耳。」[13]

就以上的材料來看，武王、周公以及成王三個周室的領導人物，都是和營建洛陽以至於遷都洛陽這一件事有關的。爲了「何尊」發現，有新史料的利用，使得這件周室的大事，更爲顯明。遷洛是武王的遺志，在《逸周書・度邑篇》[14] 說得很清楚，《史記・周本紀》也是根據《逸周書》的；《左傳》在此，因爲牽涉了武王，也牽涉了成王（實際上是成王在位，周公攝政時的事），在文句中交代並不十分明白。崔述的《豐鎬考信錄》，對於這個複雜的問題，也無法做一個各方都能顧到的判辨。自有了「何尊」來做標準，究竟容易著手得多了。

現在看來，《逸周書》和《尚書大傳》都是可信的。從各方面消息的綜合，武王在位時確已經開始有建都洛陽的準備。只因武王沒有來得及營建就逝世，這就變成了周初政策中的一件大事。到了下年，成王即位，周公攝

---

12 《史記會注考證》卷 4，頁 39。

13 《史記會注考證》卷 4，頁 36、40。

14 《逸周書・度邑篇》，據四部備要本，卷 5，頁 3-4。

政[15]。一月改元，爲了繼承武王遺志，二月就請召公到洛陽去實地觀察，決定一個宮室城郭的地方。等到後來建置好了，就成爲一個在都市計畫設計下的新都市，並且還可能爲中國第一個用都市計畫建立的都市[16]。這種設計的計畫卻不見得是武王擬定的，而應該屬於周公制禮作樂一套計畫之內。

從〈召誥〉來看，可以知道成王即位以後，對於準備遷洛的這一件事，是如何的重視。但據《尚書大傳》：「周公攝政，一年救亂，二年伐殷，三年踐奄，四年建衛侯，五年營成周」這一段看來，雖然元年二月就對於成周做勘查計畫，卻一直到五年，才算開始遷居。再據〈洛誥〉到七年才算正式遷定，周公歸政。這就表示著召公勘查新居不久，東方就已擾亂了。因此就來不及再做營建的工作，只有用全力去救亂。《尚書大傳》所說「一年救亂」是很合理的。

在武王諸弟之中，只有周公是一個不世人才，周公不僅有過人的能力，還能夠有公心、有抱負，「可以託六尺之孤，可以寄百里之命」。在人類歷史上，有才無德的人，到處都是，但是有才有德的人，簡直是曠古難逢了。武王諸弟之中，管叔長於周公，但武王的左右，舍管叔而用周公，可見武王生時，已經詳密的觀察過，深切的考慮過許多問題。管叔的才能不知道怎樣，但流言一播，東方到處聽從，其領導的才能，應當不小。真正「不利於孺子」的，實是管叔而不是周公了。

這一次東方的轉變，當然和武王及周公的改革有些關係。按照殷代傳統，一般是兄終弟及，以次相序。這當然會引起爭執，如王國維《殷周制度論》所指。後來宋宣公想恢復殷制，也引起宋國的不寧。但就管、蔡來說，這種

---

15 此處有攝政和攝位兩種不同說法。武王崩，成王立，紀元是成王的元年，這是不生問題的。問題在《尚書·康誥》「王若曰，孟侯，朕其弟，小子封。」此處的「王」確是周公，不是武王，也不是成王。不過對於周公攝政，並不衝突，此係周初，尚餘殷制，王的稱呼不是那樣神聖，此時成王雖居王位，但一個代理的王仍可稱王，猶之乎一個代主席也可以稱主席一樣，並不覺得怎樣的嚴重。周代自從周公建立了立嫡立長之制，名分既定，情形才大不同。詳參看王國維《殷周制度論》（藝文影密韻樓《觀堂集林》10，頁110）。

16 周代的洛陽確實是採用了都市計畫的，後來這種規模，一直影響到漢代的洛陽以及唐代的長安。甚至影響到日本的平城京和平安京。後代的北平城也一樣的影響到。目前已知最早的城，是鄭州，還看不出計畫的痕跡，至於安陽的小屯一帶，也看不出計畫的痕跡。

殷制對他們有利，所以他們決不願立成王而由周公攝政。等到了東方叛變，
一定蔓延得相當廣，周公東征應當就是在成王元年開始，到了成王三年方始
平定。四年周公才罷舊的殷墟改建衛國，當然，對於洛陽的營建，也就在此
時恢復。到了成王五年，宮室粗定，才開始遷移。「何尊」中所說的，在成王
五年四月，是非常合於當時情實，而是後世史家不能僅憑臆想來編次的。

四

　　以下再就〈召誥〉及何尊來核對一下所記的干支。

　　〈召誥〉是在成王元年。成王元年，今設爲西元前 1021 年，這一年周歷
二月和三月的干支，是：

　　　　二月丁丑朔　十五日辛卯望
　　　　三月丙午朔　十五日庚申望

依照〈召誥〉所說的「惟二月既望，越六日乙未」，十四日庚辰，越六日乙未，
是在十九日。而望越六日，是在二十日，比較早了一天。可能是古代歷法本
來難以準確，朔日比天象早一日或晚一日是常事，不足爲異[17]。現在要討論
的，是二月若爲一大月，那就三月爲丙午朔；若二月爲一小月，那就爲乙巳
朔，而丙午爲初二日。丙午絕不可能到初三日。若照今本《尚書孔傳》解「三
月惟丙午朏，越三日，戊申，太保朝至於洛邑」說：

　　　朏，明也，月三日明生之名。於順來三月，丙午朏於朏，三日，三月
　　　五日，召公早朝至於洛邑，相卜所居。

這是說「朏」是指每月的初三，不是初二日，更不是初一日。但若照合於天
象的歷法來核對，那就此處的「朏」，非常可能爲初一日，至多只是初二日，
而絕對不可能是初三日。這一點需要討論的，是今本《孔傳》以至解釋《孔

---

17 把朔日弄錯，變成前一天或後一天，在現代的中國，也可能發生，在中華民國六
　十七年(1978)，台灣用定朔推算的陰曆是七月大，八月小，香港方面用的是「萬
　年曆」，就成爲七月小，八月大。八月的朔望相差一天。古代用平朔，即使能合天
　象，也有差異，何況還不能合天象。

傳》的《正義》，都是沿襲《漢書‧律歷志》所用的劉歆系統，以初一日爲「即死魄」，不可能是「朏」的。

今本《孔傳》以十五日爲望，當望是可以的，但他們的算法，卻是從「望」算，把「越六日」算成二十一日，這就大有問題。因爲〈召誥〉本文「三月惟丙午朏，越三日戊申」，從丙午到戊申凡三日，是連丙午這一天算的。所以若將十五日爲望，從望算起，越六日是二十日，不是二十一日，在同一篇〈召誥〉之中，不可能有兩種不同計算日期的辦法。依照〈召誥〉中的算法，從望算到二十一日是「越七日」不是「越六日」，即「朏」只有初一或者初二兩個可能，而初三爲「朏」古無此說。

今本《孔傳》的作者，不知道他自己知不知道這個算法和〈召誥〉算法不合？如其真不知道，那真是一個不可原諒的疏忽。如其他自己知道而偏要這樣做，那更是一個不可原諒的欺騙。不過無論如何，因爲從來沒有人覆核過，〈召誥〉被所謂《孔傳》利用之下，形成了劉歆臆說的一大助力。在此，爲著闡明真理，不能不對這件虛僞的論證加以揭發。

今本《孔傳》說：「朏，明也，月三日明生之名」，這是一個臆說，一個曲辭。《說文解字》：「朏，月未盛之明」，此處意義也含混未明，可能經過後人改竄。李善《文選注》謝莊〈月賦〉，引《說文》：「朏，月未成光」[18]。《太平御覽》引《說文》作：「月未成明」[19]，都和今本《說文》不同。所以其改竄之跡，還可以比較出來。今本的「盛」字明明爲「成」字所改，而「之」字是後來加添上去的。就時代來說，不僅唐代的《說文》尚未改過，宋代修《太平御覽》之時，也不是根據現今通用改過的本子。改竄的由來，顯然是有些半通不通而自作聰明之士，在覆刻《說文》之際，因爲讀過〈召誥〉的今本《孔傳》，拿《孔傳》的說法硬改《說文》。幸虧尚沒有人改《釋名》，《釋名》：「朏，月未成明也」，正用《說文》舊義[20]，他的解釋與新傳的《孔傳》

---

18 藝文影印胡刻《文選》，卷 13，頁 128。

19 新興影印宋刊《太平御覽》，卷 4，頁 145。

20 劉熙《釋名》（叢書集成本，卷 1，頁 8）實無此文，引見沈濤《說文古本考》及王筠《說文句讀》（並據商務影印《說文解字詁林》頁 2996），可能二書都是誤引，不過《說文古本考》說：「《御覽》四，天部，引，朏未成明也，蓋古本如此。今本傳寫誤成爲盛，淺人遂刪去也字，加一之字以就文義，可謂無知矣。」其說確有特見。

完全不同。這就表示著許慎及劉熙本於經師的舊有的師承，而所謂《孔傳》就只出於劉歆系統。但是所謂《孔傳》在唐代已著於功令，因而對於學術界的影響比較更大。甚至《說文》也被改竄，幾乎不留痕跡了。

倘若把《說文》的「朔」字和《說文》的「朏」字比較，也可以看出一些消息來。《說文》：「朔，月一日始蘇也」，月一日指每月初一那一天，始蘇是說月在這一天開始復生。《孟子・梁惠王》篇引《尚書》佚文「徯我后，后來其蘇」，也正是重生或復活的意思。月在前月已死，故稱爲「死魄」；到第二月朔日又再活了，所以是「始蘇」，既已重生，所以不是「死魄」了。在這個時候，月雖已重生，卻還未現光明，要到初三以後，才略現光明。因此在每月的第一天，就這一天在一個月中的地位來說，就叫做「朔」，若就這一天的月相來說，就叫做「朏」，所以初一這一天，也可以叫「朔」，也可以叫「朏」，「朔」和「朏」只是說話時的觀點不同，所指的還是一樣的[21]。

〈召誥〉中所記的月相，只有兩種，一爲「望」，另一爲「朏」，這就顯示著，「望」和「朏」正是相對的。望是十五，古今從無異說，那就「朏」是初一，各成段落，是很合理的。從望的次一日算起（下半月從十六日算起），算到乙巳日共十五天，次日丙午，丙午不是初一就是初二。但是初二既非一月的開始，又月牙還未出現，不可能用初二做一個月的標準的，所以丙午一定是初一，也就是朏的日期就在朔。金文中的初吉，也是這一天，這一天的名稱雖然隨時不同，但都屬於每一個月的初一日，實際上還是一樣。依照董氏《中國年歷譜》，在前 1021 年，三月丙午朔，三日庚戌、五日甲寅、六日乙卯、八日丁巳、九日戊午、十五日甲子，甲子是望，周公用書命殷的諸侯，天子也命召公褒賜周公。從周公乙卯日到洛，此時已過了十天，所以要等待這些日子，據蔡沈的《書經集傳》說：

> 書，役書也。《春秋》傳曰，士彌牟營成周，計丈數，揣高低，度厚薄，
> 仞溝洫，物土方，議遠邇，董事期，計徒庸，慮材用，書餱糧，以令

---

[21] 朔字及朏字並見《詁林》，頁 2995-2996。又見藝文影段注本，頁 316。又《小爾雅》卷 5（四部備要本）「死而復生謂之蘇」，《釋名》卷 1（四部備要本）頁 8「朔蘇也，死而復生也」，其訓朔爲「重生」、「新生」的意義甚顯，既已死而復生，當然朔是生而不是死，就決不可用「既死魄」來訓「朔」。

役於諸侯，亦此意。[22]

　　這是說營建洛陽，在計畫上是先要費一個時間準備的。不過《左傳》所說的，是正式營建上的準備，所費的時間，當然要更多。〈召誥〉所述只有十天，那還只是初步的勘查工作，爲準備一個空前的大城，而勘查丈量，十天的時間也是非常的緊湊了。同樣的，也顯示出來，只有初步的勘查，十天的工作，才有意義，卻不料這個工作被戰事停頓下來，到了成王五年，才能把營建的事告一段落。

五

　　至於〈洛誥〉，雖然依照《書序》說：

　　　召公既相宅，周公往營成周，使來告卜，作〈洛誥〉。

似乎是周公營建洛陽的報告，其實完全不是那回事。孔穎達的《尚書正義》，受到了《書序》的影響，也說：

　　　周公攝政，七年三月經營洛邑。既成洛邑，又歸向西都，其年冬，將
　　　致政成王，告以居洛之義，故名之曰〈洛誥〉，言以居洛之事告王也。
　　　篇末乃云戊辰王在新邑，明戊辰以上皆是西都時所誥也。[23]

證以《尚書大傳》及新出土的何尊，《尚書正義》說七年三月才開始經營洛邑，顯然是不對的。成王在五年時，既已遷到洛邑，那就七年時早已在洛邑了。〈洛誥〉中的「戊辰，王在新邑」，並非說戊辰日以前王不在新邑，而是因爲戊辰是〈洛誥〉中第一次出現日期，在記述日期時，需要把王在什麼地方記錄出來。並不能作爲王新到洛邑的證據。這篇誥文，實在重點記述周公歸政成王，而不在乎是否新遷到洛陽。所以稱爲〈洛誥〉的，只是表示周公歸政是在洛陽辦的，並無別的深意。

　　現在，先把「何尊」的月日和歷譜核對一下。何尊說：

22　啓明影印《書經集傳》，卷5，頁95，引《春秋傳》，見《左》昭三十二年。
23　藝文影印《十三經注疏》，《尚書》，頁224。

在四月丙戌，惟王五祀。

今案成王五年應爲西元前 1017 年，四月爲癸未朔，丙戌爲四月四日。也就是
既生魄的限內。依照岑仲勉先生的統計，作器多在初吉及既生魄時期，再就是
既望，既死魄較少，此器亦不能例外。也就是何尊的月日，是和曆譜相合的。

從前 1017 年下推，到前 1016 年，就是成王六年。〈洛誥〉說：

> 戊辰，王在新邑，烝，祭歲，文王騂牛一，武王騂牛一，王命作冊。
> 逸祝冊，惟告周公。其後，王賓，殺、禋、咸格，王入太室祼。王命
> 周公後，作冊逸告。在十有二月，惟周公誕保文武受命，惟七年。

因爲不論商王或周王都是踰年改元，所以成王六年，就成君的年次來說，已
經到了七年。周公攝政也應該算是第七年，而不是第六年。若將周公攝政算
到成王七年，那就是周公攝政的第八年而不是七年了。其次依照〈召誥〉、何
尊、《尙書大傳》，都顯示著戰事結束，經營洛邑是在成王五年。成王六年是
五年的次年，周公早就計畫了歸政成王，更無拖到成王七年的必要。所以應
當就成王成君之歲來算，周公輔政的第七年是在成王六年，這一年是西元前
1016 年，十二月癸卯朔，戊辰是十二月二十六日，距離年終十二月三十日（此
年十二月大），尙有五日。所以可以有五天的時間，做一切的事情。若把〈洛
誥〉的「七年」認爲係成王七年，不僅在情理上講不通，而且曆譜上亦不合。

依曆譜，西元前 1015 年，周曆十二月是丁酉朔，戊辰是下年正月初二，
在十二月內沒有戊辰。並且也沒有辦法在西元前 1015 年，加上一個閏月作爲
調濟。若按周在前 1122 開始算，成王七年在前 1112，十二月無戊辰。除非
認爲武王克商七年而崩，認爲 1109 爲成王七年，十二月癸卯朔，戊辰在十二
月二十六日，又涉根本錯誤。若按董先生算法，以西元前 1111 年克商，成王
七年在前 1098 年，十二月己亥朔，戊辰在十二月二十三日就太後[24]。董表成
王六年十二月亦無戊辰。

依照〈洛誥〉，在戊辰起成王先烝祭祭歲，然後再祭文王、祭武王，以後
再命史官逸作冊，冊誥周公。然後再賓享諸侯，然後再殺牲祭祖廟，然後再

---

24 《漢書・律曆志》及《尙書正義》，也都以爲戊辰在十二月晦，此本原由劉歆計算
而得的。

到太室灌祭。然後再由史官逸作冊記這件事。這許多祭祀以及賓會，每件大
都要一個上午的時間。在金文中所記，大都是在早上行禮的。每件需要一個
安排，就要占了很多的時間，決不是一個十二月三十日就可以匆匆畢事[25]。
就〈洛誥〉所說，其中有許多節目，也就需要幾天，在十二月三十一日一天
中決不可能，除非在十二月二十六日，時間才算夠。因而就以祭祀賓會的時
間分配說，〈洛誥〉中的一切安排，除去前 1112 說不可信以外，只有一個可
能，就是在西元前 1016 年的十二月戊辰，也即是十二月二十六日，這才有充
分時間容納下周公歸政這一個曠古的令典[26]。

<h2 style="text-align:center">六</h2>

以下再討論一下成王在位的年數。成王的年數，一般是假定爲三十七年。
不過《文選》李善《注》引《竹書紀年》說：

> 成康之世，天下安寧，刑措四十年不用。[27]

這裡的四十年，也可能指成數而言，是四十一二年，不過決不會差四十年太
遠。若成王已有三十七年，那康王不過三、五年，失之太少。四十年的平均
數是二十，當以成康兩王各二十年爲合理，不過成王幼沖即位，據《尚書‧
顧命》[28]，成王逝世的時候，康王已屆成年（至少也在十五歲以上），又似乎成
王的在位年數，只應當多於二十年，而不應當少於二十年。

依照〈顧命〉「惟四月哉生魄，王不懌。甲子，王乃洮頮，被冕服，憑
玉几。」「越翼日乙丑，王崩。」「越七日癸酉，伯相命士須材，狄設黼扆、

---

25 《續漢書‧祭祀志》下引《漢舊儀》：「大祫祭，其夜半入行禮，平明上九扈畢，
群臣皆拜。」（藝文影王先謙本，頁 1158 上）其實祭祀都是未明開始。金文的朝會
也都在昧爽開始，因而每一個節日，至少要占半天。

26 《春秋繁露》4〈祭篇〉（四部備要本，卷 15，頁 3）「蒸者十月初進稻也」，十月
爲周十二月，與〈洛誥〉相合。蒸祀既在周十二月中，所以不可能晚到十二月三
十日。

27 《竹書紀年》據王國維《古本竹書紀年輯校》，藝文影《王忠慤公遺書》本，頁 13。

28 藝文影印《十三經注疏》，《尚書》，頁 275-282。

綴衣，牖間南向，敷重蔑，黼純，華玉仍几。」在歷譜中去查，只有成王二
十年（西元前1002年）和成王三十年（西元前992年）兩個可能。其他各年四月
的干支都不合。前1002年四月丙辰朔，甲子是七日。這兩年的四月干支，相
當接近，還不夠據斷那一年是〈顧命〉所說的那一年。

　　若從西周中期王年向上推，現在大致可以知道共王元年是西元前915年[29]。
將穆王在位年數以五十年計，那就穆王元年是西元前965年。周初年數尚餘
六十年。除去武王在位四年，尚餘五十六年。昭王年數大致是十六年，照古
本《竹書紀年》（《初學記》卷七引），「昭王十六年，伐楚荊，涉漢，遇大兕」。
也就和另外一條（《初學記》卷七引）「（昭王）十九年，天大曀，雉兔皆震，喪
六師於漢」本是一件事，其中十九年的「九」字，涉與「六」字形近而誤。
因爲怎樣算也不會到十九年。昭王總年共十六年，是比較合理的。若以上西
周年數的餘數五十六年，再減去十六年，恰符四十年之數。此四十年即成王
和康王兩王在位年數的總和。還是不能決定那一王年數多少。不過無論如何，
成康兩王的治績是並稱的，若成王在位數到了三十年，康王就只有十年，不
夠發揮治績了。比較的結果，暫定成王和康王各在位二十年，兩王總數是四
十年[30]。（若據《漢書・律歷志》下引〈畢命〉，康王「十有二年六月庚午朏」，則成王二
十一年康王十九年。）

　　照這種看法的結論，是武王克商後在位四年，成王在位二十年，康王在
位二十年，昭王在位十六年，穆王在位五十年，然後下接共王元年[31]。

---

29 見《中央研究院五十周年紀念號，金文月相辨釋》，頁66。

30 周初諸王的年壽，其中成王、康王以及昭王算來都不過只有三十多歲，和東漢時
　　代各帝年壽的情形類似，但周代並未演變到宦官外戚的政治，這是由於周代所用
　　的是貴族政治，貴族成爲安定力量。其中召公年壽很長，關係應當很大。

31 穆王以後各王的王年，在〈金文月相辨釋〉中依照金文推定的，爲共王十五年，
　　懿王十七年，孝王和夷王共爲三十年，厲王十二年，以後就是周召共和時期了。
　　以春秋魯昭公情況對比，共和實未改元，仍用厲王年號，到宣王即位才改元。

何尊（拓本）

何尊（描本）

據嚴一萍，《董作賓先生逝世十四周年紀念集・何尊與周初年代》附圖。

修正殷歷譜的根據及其修訂

一、論殷歷譜的根據及其修訂

　　對於商周年歷問題，許多年來，因爲我一直做漢簡和漢代歷史的工作，未曾兼顧到這個問題，一直認爲西元前 1111 年，是一個比較上最方便的里程碑，來決定商周的年代。直到民國六十二年（1973 年）何炳棣先生在《中文大學學報》發表〈周初年代平議〉，確實給商周年代問題一個震撼。使我不能不獨立的，平心靜氣來重新考慮商周年歷這一個複雜問題。何先生的兩個原則：（一）應當從雷海宗先生的提議以西元前 1027 年爲武王伐紂之年；（二）董作賓過去所作的工作是毫無價值的。針對這兩點就不能不下些功力作一個進一步的檢討，不能聽任把這個問題作爲懸案，一直拖下去。

　　關於第一點，董先生和雷先生主要年歷的基石，都是從先決定武王伐紂的年份出發，而且都是號稱溯源於舊本《竹書紀年》的。但是同樣的一部《竹書紀年》，爲什麼就可以具有兩種絕不相同的武王伐紂年代？那就只有從審核史料下手。在比較之下，發現（一）《竹書紀年》是逐漸殘缺，以致遺失的，雷先生根據的前 1027，是出於《史記》的裴駰《集解》，而董先生根據的前 1111，是出於《新唐書・歷志》轉引的僧一行〈歷議〉。裴駰是劉宋時人（五世紀初），僧一行是唐開元時人（八世紀初），相差三百年。在那個手寫書籍的時代，自以越早越可靠。（二）就史料的忠實性來說，《史記集解》是抄自《竹書紀年》原書，爲的只是旁徵博引，使得內容更豐富些，和裴松之《三國志注》，李善《文選注》等目的相同。其中敘述方式是素樸的，是比較上保存原文真相的，未曾用自己意思加以變更的，所以其可信度較高。反之，在僧一行的〈歷議〉中，完全是他自己說他自己的見解，並無一句是忠實的徵引《竹

書紀年》原文。其中「庚寅」二字只表示他從《竹書紀年》算出的結果。這個庚寅用干支記歲的方式，是從東漢以後才開始的，不可能在戰國時的《竹書紀年》發現。即使庚寅年真從《竹書紀年》算出，其可信度也大成問題，因爲其中還夾雜有僧一行自己的看法在內。何況此文還是出於《新唐書》刪削整理過，其中不可信的程度，又增加了一些。就史學方法的原則說，間接史料對於直接史料，是不能相比的。

所以就這兩條加以抉擇，顯然的，只可以用《史記集解》所引來否定《新唐書‧歷志》所述，決不可以用《新唐書‧歷志》所述來否定《史記集解》所引。再進一步說，如其《竹書紀年》可信，只能取《史記集解》那一條（即武王伐紂在西元前 1025），而不能取《新唐書》那一條（即武王伐紂在西元前 1111）。如其《竹書紀年》不可信，那就兩條都不能用，而前 1111 這一個年代，是在任何情形之下，不應該考慮到的。

《史記集解》這條和《新唐書》這條，僅用本身的證據比較，優劣已十分明顯，若再用和《竹書紀年》毫無關係，而年代可以追溯到周召共和以前的，就還有《史記‧魯世家》各公的年代，可以追溯到魯公伯禽後的一代。從第二代考公算起，到周召共和共爲一百五十七年。若武王伐紂在前 1027，那就在共和以前爲一百八十六年，第一代伯禽在位不過二十多年，是可能的。若認爲武王伐紂在前 1111，那就在共和以前爲二百七十年，第一代伯禽在位時間就要超過一百年，是不可能的。也就是《史記‧魯世家》和《史記集解》引《竹書》的西周年數相符，更證明了前 1027 年這一年的可靠性。只是前 1027 這一年和武王伐紂的干支無法配合，因此還得做一點小的修正。

關於第二點，董作賓先生對於商周歷法的研究，確實功力很深。他的看法雖然有得有失，也只能把他的成績，當作一個基石，再進一步的追求真實，卻不可以認爲毫無可取。凡屬任何學術的進展，前人一定有疏漏，甚至於有錯誤。但是「功不唐捐」，不論如何的疏漏，如何的錯誤，在學術的發展史上，總應當占一席之地。董先生對於殷周歷法，原則方面是正確的。他的貢獻極大，他在殷歷上的開山地位，是不容磨滅的。只是誤認了前 1111 年爲武王伐紂之年，把這一年當作全部歷法的基點，這就使全部歷譜都受到不利的影響。至於「無節置閏」的原則，也是爲著適應前 1111 年爲基準而推演出來的。如其把受到這個基準的地方清除掉，其未曾根據這個基準的，還有很多。這許

多成績仍然還可以用，只是看怎樣安排。

董先生《殷歷譜》的核心，是「祀譜」。祀譜是按甲骨的記載，把五種不同的祭祀，依照商代先公先王的干支排比下去。從這些祭祀的循環，就可以把各王的年月干支順次排列出來。在殷商後期的紀年。就只有靠這個方法，來在真實的合於天象的歷譜中，規定一個位置。這確實是董先生作《甲骨斷代研究例》以後的一個大收穫。

只是同樣的各年中干支排列方式，大約一百年中可以重現兩次。如要應用，還需要一個基本定點才能決定。董先生的基本定點是前 1111 年，他就要找和前 1111 年最為合適的各年來應用。依照董先生整理出來的祀譜，以前 1111 為基準來排，則祖甲元年為前 1273，廩辛元年為前 1240，康丁元年為前 1234，武乙元年為前 1226，文武丁元年為前 1222，帝乙元年為前 1209，帝辛元年為前 1174。其中顯然的具有問題的是帝辛有六十三年。

在《竹書紀年》原文中，有「文丁殺季歷」一條。這條的可靠性還值得商酌（因為可能原書據戰國時的雜說）。不過在《竹書》中文丁和季歷同時是沒有問題的。也就是文王元年當在文丁末年。假設文丁最後一年（前 1210 年）為文王元年，減去武王伐紂以前十一年，則文王最後一年當為前 1123 年，文王就要在位八十七年，與《尚書・無逸》所述，文王在位五十年一事不合。所以這種安排，除去前 1111 這個根據很不充分以外，又對於《竹書紀年》多一番衝突。前 1111 既然號稱根據《竹書紀年》，若再加一項和《紀年》的衝突，就表示其不可信據了。

若以從前 1027 年改訂的前 1025 年為基準，那就比較以前 1111 年為基準的，更為合理。依照新的基準，祖甲元年為前 1149 年，廩辛元年為前 1116 年，康丁元年為前 1110 年，武乙元年為前 1102，文丁元年為前 1098 年，帝乙元年為前 1085 年，帝辛元年為前 1050 年。算到前 1026 年，為帝辛的二十四年。減去武王十一年，則文王當卒於帝辛十三年，也就是前 1037 年，從此年上溯五十年，則文王元年為前 1086 年。此年為文丁十三年，即文丁最後一年。所以文王的時代，和文丁（文武丁）時代恰好相接，就與《竹書》原文毫無衝突了。

各年干支記日排列的重演，也只能說大致是相符的，而不是百分之百相符。因為只是在這一個系列之中，每月中的各日所記的干支彼此相符。而不

是冬至夏至所在的日，彼此相符。換言之，就是凡是在重現的兩個系列，是
陰歷各月的干支重現，而不是和陽歷相應的日子重現。這就會影響到閏月所
在，使得彼此之間，有所不同。也就是不可能把《殷歷譜》向後搬一下，就
算了事。而是除去搬後一百二十四年以外，還要遇有不合《殷歷譜》原有解
釋以外，再作別的解釋。

二、祖甲時期祀譜和置閏法的改定

　　《殷歷譜》最重要的部分，是在祀譜方面。祀譜共有三個，第一為祖甲
祀譜，第二為帝乙祀譜，第三為帝辛祀譜。這三個祀譜，實在是殷歷重建的
基礎。現在把這三個祀譜的重要部分抄列於下，再就其中所引之甲骨，加以
討論。

殷王年代	董先生擬定的年代	一月朔日及十二月朔日	此年所用的祭祀
祖甲 元 年	1273 B.C.	正月庚午朔十三月乙未朔	彡翌祭壹協
祖甲 二 年	1272 B.C.	正月甲子朔十二月己丑朔	彡翌祭壹協彡
祖甲 三 年	1271 B.C.	正月己未朔十二月癸丑朔	彡翌祭壹協彡翌
祖甲 四 年	1270 B.C.	正月癸未朔十二月戊申朔	翌祭壹協彡翌祭壹協翌
祖甲 五 年	1269 B.C.	正月丁丑朔十二月壬寅朔	翌祭壹協彡翌祭壹
祖甲 六 年	1268 B.C.	正月辛未朔十二月丙寅朔	祭壹協彡翌祭壹協
祖甲 七 年	1267 B.C.	正月乙未朔十二月癸亥朔	彡祭壹協翌祭壹協彡
祖甲 八 年	1266 B.C.	正月庚寅朔十二月乙卯朔	彡翌祭壹協彡
祖甲 九 年	1265 B.C.	正月甲申朔十二月戊寅朔	翌祭壹協彡翌
祖甲 十 年	1264 B.C.	正月戊申朔十二月癸酉朔	祭壹協彡翌祭壹
祖甲十一年	1263 B.C.	正月壬寅朔十三月丁酉朔	祭壹協彡翌祭壹協
祖甲十二年	1262 B.C.	正月丙寅朔十二月辛卯朔	彡翌祭壹協彡
祖甲十三年	1261 B.C.	正月辛酉朔十二月乙酉朔	彡翌祭壹協彡
祖甲十四年	1260 B.C.	正月乙卯朔十三月己酉朔	彡翌祭壹協彡翌
祖甲十五年	1259 B.C.	正月己卯朔十二月甲辰朔	翌祭壹協彡
祖甲十六年	1258 B.C.	正月癸酉朔十二月戊戌朔	祭壹協彡翌祭壹協

祖甲十七年	1257 B.C.	正月戊辰朔十二月壬戌朔	祭壹協彡翌祭壹協彡
祖甲十八年	1256 B.C.	正月辛卯朔十二月丙辰朔	彡翌祭壹協彡
祖甲十九年	1255 B.C.	正月丙戌朔十二月庚戌朔	彡翌祭壹協彡翌
祖甲二十年	1254 B.C.	正月庚辰朔十二月乙亥朔	翌祭壹協彡壹翌祭
祖甲廿一年	1253 B.C.	正月甲辰朔十二月己巳朔	祭壹協彡翌祭壹協
祖甲廿二年	1252 B.C.	正月己亥朔十二月癸巳朔	壹協彡翌祭壹協彡
祖甲廿三年	1251 B.C.	正月壬戌朔十二月丁亥朔	彡翌祭壹協彡
祖甲廿四年	1250 B.C.	正月丁巳朔十二月壬午朔	彡翌祭壹協彡
祖甲廿五年	1249 B.C.	正月辛亥朔十二月丙午朔	翌祭壹協彡翌
祖甲廿六年	1248 B.C.	正月乙亥朔十二月庚子朔	祭壹協彡翌祭壹協
祖甲廿七年	1247 B.C.	正月己巳朔十二月甲午朔	祭壹協彡翌祭壹協
祖甲廿八年	1246 B.C.	正月甲子朔十二月戊午朔	祭壹協彡翌祭壹協彡
祖甲廿九年	1245 B.C.	正月戊子朔十二月癸丑朔	彡翌祭壹協彡
祖甲三十年	1244 B.C.	正月壬午朔十二月丙子朔	彡翌祭壹協彡
祖甲卅一年	1243 B.C.	正月丙午朔十二月辛未朔	彡翌祭壹協
祖甲卅二年	1242 B.C.	正月辛丑朔十二月乙丑朔	彡翌祭壹協
祖甲卅三年	1241 B.C.	正月乙未朔十二月己丑朔	彡翌祭壹協

以上是按照董氏以前 1273 年為祖甲元年的標準記下來的，照這個標準，董氏嵌入祀譜再來配列祖甲時的甲文，都還相合。若要改前 1149 年為祖甲元年，也要能夠把董先生舉出的甲骨文配合好才可以。不過這裡卻有一個問題，就是前 1149 年，和前 1273 年的季節完全不同，也就是陰曆和陽曆的對應點完全不同。因而各年閏月的所在以及各年有無閏月也完全不同。在祖甲的三十三年中，以前 1273 年為祖甲元年，其中有閏月的是：祖甲三年，祖甲六年，祖甲九年，祖甲十一年，祖甲十四年，祖甲十七年，祖甲二十年，祖甲二十二年，祖甲二十五年，祖甲二十八年，祖甲三十年，祖甲三十三年。若以前 1149 年為祖甲元年，其中有閏月的為祖甲元年，祖甲四年，祖甲七年，祖甲十年，祖甲十二年，祖甲十五年，祖甲十八年，祖甲二十年，祖甲二十三年，祖甲二十六年，祖甲二十八年，祖甲三十年。在這種閏月完全不同情形之下，縱然各月朔干支同在一個系統之中，但因閏月而使其中月建不同，使得前

1273 年，和前 1149 年及以後各年很有差異。董氏所舉以前 1273 年為祖甲元年的所有適合的甲骨文，也就無法適合以前 1149 年為祖甲元年的各項日期，除非把置閏的原則改變一下，這個新的設計也就無法適應。

董先生的《殷歷譜》是認為商代是「無節置閏」的，也就是必需認為商代已經有了「二十四氣」的分別，然後才能把二十四氣之內，其中十二氣認為中氣，另外十二氣認為節氣。這二十四氣的創立，經過非常複雜的。第一步是決定冬夏二至，第二步是觀察到晝夜平分之點，為春秋二分。這個二至二分，是世界上諸歷法所共有的。就這四個基點來說，創立四分歷即已夠用了。第三步是把冬至到春分，春分到夏至，夏至到秋分，秋分到冬至，在這四段之中，平均分配的把每一個段落再各分為兩個段落。就從四個段落，變成為八個段落。這些新畫出來的分段點，就被叫做立春、立秋、立冬。這只是中國歷法所特有的，在西方歷法，就沒有這種設計。

但是這八個段落，依舊對於一年的十二月不能適相配合，於是在第四步就找出來八和十二的最小公倍數，二十四這個數目，把這每一段再分為三段。這樣就可以每個月佔有兩段，恰好把節氣和月份平均分配。（又再從二十四氣更進一步，擴展成為七十二候。）在這二十四氣之中，若從立春算起，單數的包括四立在內，被稱做節氣，雙數的包括兩至兩分在內，被稱做中氣。這一層一層的發展，其完成時期不會太早，是很明顯的。如其在甲骨文找不出來有二十四氣的確證，就不可以認為商代有一個節氣與中氣的觀念在那一個時代存在過。

二十四氣的觀念最早只能推溯到戰國晚期，《呂氏春秋》的時代。以前都是模糊不清的。《夏小正》是戰國較早時期的書，此書中就沒有憑日至來分節氣定農時的想法，完全憑星象的位置來定農時。這是早期的看法。至於《詩經・豳風・七月》雖有「春日載陽」、「春日遲遲」、「為此春氣」等句，但什麼是春？並不清楚，其用時自應已有四季的觀念。但並非有「立春」這個節氣，到了立春以後才算春。看來只是過了新年就是春，春夏秋冬是跟著月朔走的，而不是跟著節氣走的。在古代禮節中，「告朔」的禮是一個重要的事，天子也只聽見過用「頒朔」，而不聞「頒春」。至於「先春三日，大史謁之天子曰，某日立春，盛德在木」，立春之日，天子迎春東郊，只是〈月令〉篇中最重要的一條，不能上溯。商代是十分重祀的，每祀必卜。如其有立春、迎

春這些禮節，何以在甲骨文中一點痕跡也沒有？

《春秋》隱公元年「元年，春，王正月」，這個「正月」是周歷的正月，是遵照周王頒定的正月，也就是建子之月。建子之月尚未「立春」，此處認為是春，和〈月令〉不合。這就表示著，在春秋時期，春是從正月開始，既已過年，就是新春，並沒有立春節這個說法。也就顯然的表示，在春秋時代並不用二十四氣這種新設計。春秋時代既然還未曾用二十四氣的新設計，又怎樣能證明遠在商代就已採用〈月令〉的主張，用二十四氣說？又利用二十四氣分為節氣和中氣，再採用「無節置閏」的方法？

《殷歷譜》以為殷代是「無節置閏」的，其基本觀點，必需證明殷代一年中有「節」這一個制度才可以。其中主要的根據，是在《左傳》昭公十七年，「玄鳥氏司分者也，伯趙氏司至者也。青鳥氏司啓者也，丹鳥氏司閉者也。」分和至指的是春秋分和冬夏至應當不成問題，至於啓和閉，據杜《注》說：「青鳥鶬鴳也，以立春鳴，立夏止。」「丹鳥鷩雉也，以立秋來，立冬去。」孔氏《正義》說：「立春立夏謂之啓」，「立秋立冬謂之閉」。董先生認為古代既已有立春立秋，也當然有節氣，有節氣也就有二十四氣，所以無節置閏，在商代是有證明的。不過現在看來，郯子是魯昭公時人，已在春秋晚期，只能證明春秋晚期的看法，並不能確實推到商代。況且杜《注》已到了晉代，而孔氏《正義》更晚到唐代。郯子所說已經不十分清楚，更不可以根據晉代到唐代的看法，就認為是商代的制度。再以內容來說，杜《注》只指明為春秋二季，其中並不含有立春及立秋兩個節的定點，指明立春與立秋的，是孔穎達。這種「增字解經」的辦法，不能認為是證據的。所以「無節置閏」在文獻上並無法證明。

無節置閏的辦法，既然在本身上並無堅強依據，只是一個假設，也可以說是一個巧妙的假設。對於以前 1111 年為主要基點的殷代年歷解決不少的難題。如其不採用這個假設，殷代歷譜中用前 1111 年做基點，就無法排下去。現在既然知道前 1111 年這一個基點不可靠，那麼這一個假設也用不著保留下去了。當前的問題，只是如其不用無節置閏這一個假設，究竟有什麼更好的辦法來代替。如其用「無中置閏法」還是採用「二十四氣說」，縱使好些，也是「五十步笑百步」。也就是必需把「二十四氣」的成分擺脫掉，方才可以談商代的置閏法，不致為成見所拘限。

　　如其討論商代的置閏法，第一步先要看一看商代和後代的置閏法究竟有什麼不同。凡是和後代相異的，都得顧及到依文化演變的程序，有無可能性。對於商代的置閏法，做一種假設當然是可以的，不過總要能找到根據，看一看是否可能，要避免一種全憑主觀的臆斷。依照《殷歷譜》整理甲骨閏月的結果，商代閏月計有兩個系統，一種是年終十三月為閏月，另一種是在閏年中有閏三月，閏六月，閏九月（還另外有可能閏十二月）。卻未發現到閏二月，閏四月，閏五月，閏八月，閏十月，閏十一月（有些是誤認的）。這個意義，是不平凡的，是應當特別留意的，因為其中可能藏著一個問題。而這一個問題又可能是解決商代閏法的一個關鍵，不能就此忽略下去。

　　商代的三月是什麼？是春分所在的那一個月。六月是什麼？是夏至所在的那一個月。九月是什麼？是秋分所在的那一個月。十二月是什麼？是冬至所在的那一個月。如其在那一個時期，除去二分和二至以外，沒有涉及到別的節氣，那就會如其在三月裡面沒有春分，便將三月以後那個月算作閏月，那就閏月內就含有春分了。如其在六月裡面沒有夏至，便將六月以後那個月算作閏月，那就閏月內就有夏至了。九月對於秋分的關係，以及十二月對於冬至的關係，也是一樣的來決定有無閏月。如其不是這樣，就無法來解釋為什麼商代的閏月，是閏到三月，六月，九月，以及可能的十二月。

　　至於十三月的出現，那就更為簡單，只要這一年十二月內還未遇到冬至，那就把十二月以後的那個月算作「十三月」。在「十三月」之內就一定含有冬至了。當然這種以「十三月」來作為閏月的辦法，比閏三月、閏六月、閏九月、再閏十二月的辦法還要粗疏些。不過專以氣候來說其中影響不會太大。尤其閏六月和閏九月都已在夏秋之際，對本年更換衣著，沒有太大的問題，對於下一年，和用十三月的辦法，完全一樣。

　　這兩種辦法，其中用三、六、九月（以及十二月）來置閏的，可以稱做「無二分二至置閏法」，其中在年終加置十三月的，可以稱做「無冬至置閏法」。這兩種辦法雖然是「無中置閏」的初步，卻不能算做「無中置閏」，因為既未曾有「節氣」，怎樣能把二分二至算做「中氣」？只是從「無二分二至置閏法」進一步變成了「無中置閏」，是非常自然的。「無節置閏」創始極不自然，若從「無節置閏」再變為「無中置閏」就不可想像了。

　　依董先生的考訂，祖甲時代應當屬於三六九月置閏時期。現在做一個修

訂，以西元前 1149 爲祖甲元年（董先生以 1273 B.C.，爲祖甲元年），將平年及閏年的情況，錄在下面：

祖甲 元 年	1149 B.C.	正月庚午朔十二月乙未朔	
祖甲 二 年	1148 B.C.	正月甲子朔十二月己丑朔	
祖甲 三 年	1147 B.C.	正月己未朔閏六月丙辰朔	十二月癸丑朔
祖甲 四 年	1146 B.C.	正月壬午朔十二月丁未朔	
祖甲 五 年	1145 B.C.	正月丁丑朔十二月壬寅朔	閏十二月辛未朔
祖甲 六 年	1144 B.C.	正月辛子朔十二月丙寅朔	
祖甲 七 年	1143 B.C.	正月乙未朔十二月庚申朔	
祖甲 八 年	1142 B.C.	正月庚寅朔十二月甲寅朔	閏十二月甲申朔
祖甲 九 年	1141 B.C.	正月癸丑朔十二月戊寅朔	
祖甲 十 年	1140 B.C.	正月戊申朔十二月癸酉朔	
祖甲十一年	1139 B.C.	正月壬寅朔閏六月己亥朔	十二月丁酉朔
祖甲十二年	1138 B.C.	正月丙寅朔十二月辛卯朔	
祖甲十三年	1137 B.C.	正月庚申朔十二月乙酉朔	
祖甲十四年	1136 B.C.	正月甲寅朔閏三月癸未朔	十二月己酉朔
祖甲十五年	1135 B.C.	正月戊寅朔十二月癸卯朔	
祖甲十六年	1134 B.C.	正月癸酉朔閏九月戊戌朔	十二月丁卯朔
祖甲十七年	1133 B.C.	正月丙申朔十二月辛酉朔	
祖甲十八年	1132 B.C.	正月辛卯朔十二月丙辰朔	
祖甲十九年	1131 B.C.	正月乙酉朔閏六月壬午朔	十二月庚辰朔
祖甲二十年	1130 B.C.	正月己酉朔十二月甲戌朔	
祖甲廿一年	1129 B.C.	正月癸卯朔十二月戊辰朔	
祖甲廿二年	1128 B.C.	正月戊戌朔閏三月丙寅朔	十二月壬辰朔
祖甲廿三年	1127 B.C.	正月壬戌朔十二月丁亥朔	
祖甲廿四年	1126 B.C.	正月丙辰朔十二月辛巳朔	閏十二月辛亥朔
祖甲廿五年	1125 B.C.	正月庚辰朔十二月乙巳朔	
祖甲廿六年	1124 B.C.	正月甲戌朔十二月己亥朔	
祖甲廿七年	1123 B.C.	正月己巳朔閏九月乙丑朔	十二月癸亥朔

祖甲廿八年	1122 B.C.	正月癸巳朔十二月丁巳朔	
祖甲廿九年	1121 B.C.	正月丁亥朔十二月壬子朔	
祖甲三十年	1120 B.C.	正月壬午朔閏三月庚戌朔	十二月丙子朔
祖甲卅一年	1119 B.C.	正月丙午朔十二月庚午朔	
祖甲卅二年	1118 B.C.	正月庚子朔十二月乙丑朔	閏十二月甲午朔
祖甲卅三年	1117 B.C.	正月甲子朔十二月己丑朔	

　　以上祖甲元年至三十三年，用「無二分二至置閏法」推算的結果，對於閏年的安置，以及對於甲骨的適合，也並不感到任何的困難。不過還有若干差異。譬如祖甲三年閏三月，董氏以為閏九月；祖甲五年閏九月，董氏則在祖甲六年閏六月；祖甲八年閏九月，董氏則在祖甲九年閏三月；祖甲十一年閏六月，董氏則在十一年閏十二月；祖甲十四年閏三月，董氏則在十四年閏九月；祖甲十六年閏九月，董氏則在十七年閏五月；祖甲十九年閏六月，董氏則在二十年閏正月；祖甲二十二年年閏三月，董氏則在二十二年閏十月；祖甲二十四年閏十二月，董氏則在二十五年閏七月；祖甲二十七年閏九月，董氏則在二十八年閏三月；祖甲三十年閏三月，董氏則在三十年閏十二月；祖甲三十二年閏十二月，董氏則在三十三年閏九月。其中閏月仍然沒有一個相同的。所幸的是各年正月的月朔，以前 1149 年為祖甲元年的（用無二分二至置閏法）和以前 1273 年為祖甲元年的（用無節置閏法）大致還相符合（以前 1149 年為元年，用無節置閏法，就差不多全不相符）。這樣董先生所舉甲骨文中的證據，也一樣的可用。

　　當然，也還有一點小問題，還要進一步去追索。以前 1149 年為元年的和前 1273 年為元年的兩者比較，雖然大部分符合，但是其中的祖甲六年，用新擬定的是正月辛丑朔，而董氏卻是正月辛未朔；祖甲十七年新擬定的是正月丙申朔，而董氏卻是正月戊辰朔；祖甲十九年，新擬定的是正月乙酉朔，而董氏是正月丙戌朔；二十年是正月己酉朔，而董氏是正月庚辰朔；二十五年新擬定的是正月庚辰朔；而董氏的是正月辛亥朔；二十八年新擬定的是正月癸巳朔，而董氏的是正月甲子朔；三十三年新擬定的是正月甲子朔，而董氏的是正月乙未朔。這些不同就要看是否會影響到甲骨文的證據。如其影響到了，那就關係相當的大；如其影響不到，那就新擬家的辦法，自然可以有進

一層的保障。

第一，關於祖甲六年一項，董先生是有一片甲骨作爲證據的：

> 癸未卜，王在豐貞。旬亡囚，在六月。甲申，工典，其酒翌。
>
> （癸巳）卜，（王貞，旬），亡囚。在（六月甲）午酒（翌自上）甲。（後上，
> 一五，九）

這是祖甲時代的卜辭，而且依祀譜來推，非在祖甲六年不可。（加上翌祭，無可
移動。）但董表此年有閏月，並且就是閏六月。在董表中，是放在閏六月，而
按新擬的，卻仍是在六月。和這段甲骨文仍然全然符合。

第二，關於祖甲十七年，董氏沒有甲骨文證明，可以不論。

第三，關於祖甲十九年，乙酉是丙戌的前一天，甲骨文中只用干支紀日
不用數字計日。反正只要這一天在這一月就夠了，沒有什麼問題。

第四，關於祖甲二十年，董氏表在這一年閏正月，正月庚辰朔，閏正月
庚戌朔。己酉是庚戌的前一天。董先生表中，閏正月小，而新擬的以前 1130
年爲祖甲二十年，正月大。所以新擬的與董氏舊擬的，同爲二月己卯朔，這
就沒有問題了。

第五，關於祖甲二十五年，這是新擬定和董氏原擬很不一致的一年。不
過這一年董先生卻未找到甲骨文中可用的證明，此年可以存而不論。祖甲二
十八年，三十三年，也是同樣的情形，在甲骨文中並無證據。這就不妨礙所
擬定置閏方式的提出了[1]。

三、祖甲時期曆譜的新擬定

《殷曆譜》中所舉和新擬定的方式相合的，卻全部可用，沒有例外。除
祖甲六年一條已經在前面舉出外，現在再把其餘各條列下。

---

1 關於祀譜問題，可能引起懷疑，是否如以前 1149 爲祖甲元年，可以把以前 1273
爲祖甲元年的祀譜完全用上去？答覆是這樣的：因爲每三年一閏，總日數完全一
樣，商代祭祀是以旬爲單位去配的，編製時不涉年月，年月是後配上去的。如其
祖甲元年正月庚午日爲庚午日，那就只要找到一個正月庚午朔的，作爲元年正月朔，
後面的祀譜，彼此間的差異，就非常小。

(1) 癸卯（卜，王）貞。旬（亡回）甲辰（工典，其翌）在四月。

　　癸丑卜，王貞。旬亡回。在四月。甲寅，酒翌自上甲。

　　癸亥卜，王貞。旬亡回。乙丑，翌日于大乙，在五月。

　　癸酉卜，王（貞。旬亡）回，（甲戌翌日）大甲。

二年四月癸巳朔，五月癸亥朔。翌祭先王，亦合。(《佚》九六〇)

(2) 癸巳卜，□貞，旬亡回。甲午，彡上甲，在十二月。(六 W 三五)

二年十二月己丑朔。有癸巳及申午，有彡祭，與此相合。

(3) 乙酉卜，旅貞。王其田于□，往來亡災。在一月。出乙酉。彡于祖乙，又（勺）歲。(《金》一二三)

三年正月己未朔，乙酉在正月十三日，有彡祭。與此相合。

(4) 癸亥，（王卜貞，翌）甲子三酒，翌日。自上甲衣至多后。卜回，三月。

　　丙子卜，行貞。翌丁丑，翌日于大丁。不冓雨。在三月。(《粹》八五，《金》七)

　　庚辰卜，即貞。翌（辛巳），翌日于小（辛亡）它。五月。

　　甲申卜，即貞。翌乙酉。翌日于小乙，亡它。五月。

　　（丙）戌卜，即貞。翌（丁亥，翌日于）父丁亡（它）。五月。(《粹》二八八，《誠》一五七)

三年三月戊午朔，四月丁亥朔，五月丁巳朔。丙子、丁丑在三月，庚辰、辛巳、甲申、乙酉、丙戌、丁亥均在五月。三月丙子翌大丁，五月乙酉翌小乙，丁亥翌父丁，亦皆與歷譜相合。

(5) 癸卯卜，王貞，乙巳其酒祖乙。彡，亡它。在七月。(《卜》上，二〇)

這是五年七月卜的，有彡祭祖乙，與卜辭合。

(6) （甲申卜）尹（貞，翌）乙酉協于大乙，亡它，在八月。

　　丙子卜，尹貞，翌丁丑，協于祖丁，亡它，在十月。(《珠》三六九)

這是七年八月和十月的卜辭，祀譜和年歷相合。

> (7)庚辰（卜，即）貞，王賓兄庚彡，亡尤，在二月。(《珠》三七三)

祀譜七年二月　祭祖庚，與此相合

> (8)甲戌卜，尹貞，王賓大乙，彡夕，亡囚。貞亡尤在十月。(《卜》下，
> 二四)

祀譜八年十月乙亥，彡大乙。甲戌夕爲乙亥的前夕，所以稱「彡夕」，與卜辭
合。此年秋分不在九月，本應閏九月。據此卜辭，知此年未閏九月，因冬至
仍不在十二月，當爲閏十二月。

> (9)癸亥卜，尹貞，旬亡囚，在十一月，乙丑翌日小乙。丁卯翌日父丁。
> (《束》八)
> （癸巳）卜，旅（貞），旬亡囚，（在）十二月，遘癸未祭，甲午壹上
> 甲。(《前》一，二，六)
> 癸亥（卜，王）貞，旬亡（囚），在三月。乙（丑），協小乙，丁卯，
> 協父丁。
> 癸酉（卜，王）貞，旬亡囚。在四月。甲戌，工典，其酒彡。
> 癸未（卜），王貞，旬亡囚，在四月，甲申，酒（彡）上甲。
> 癸巳卜，王貞，旬亡囚，在四月，菁示癸彡，乙未彡大乙。
> 癸卯卜，王貞，旬亡囚。在五月，甲辰，彡大甲。
> 癸丑卜，王貞，旬亡囚。在五月，甲寅，彡小甲。(七 P.七八)（《後》
> 下，一○，七)

前兩條是有關祖甲十年的，這一年正月戊申朔，十一月癸卯朔，十二月癸酉
朔。十一月有翌祀，十二月有祭和壹祀，與此相合。至於祖甲十二年，正月
壬寅朔，二月壬申朔，三月辛丑朔，四月辛未朔，五月庚子朔，三月有協祭，
四月和五月有彡祭，均與卜辭相合。這一年新擬的王當閏六月，不過甲骨只
到五月爲止，未到閏六月。

> (10)甲辰卜，行貞。王賓癸甲協，亡尤，在十月。
> 乙亥卜，行貞。王賓小乙協，亡尤，在十一月。

> 丁丑卜，行貞。王賓父丁協，亡尤。
>
> 己卯卜，行貞。王賓兄己協，亡尤。
>
> 庚辰卜，行貞。王賓兄庚協，亡尤。

新擬的及董氏原定，祖甲十二年均爲正月丙寅朔，無閏月。十月均有甲辰，十一月均有乙亥、丁丑、己卯和庚辰。並且按週排下，十月及十一月均有協祭，與卜辭完全相合。尤其這一片甲骨具有父丁（武丁）、兄己（祖己）、兄庚（祖庚），亦正與祖甲卜辭相合。

> (11) 癸酉卜，（旅）貞，翌甲（戌）三酒協于上甲，其彗又勺歲二牢，
> 貞五牢在七月。
>
> 丙戌卜，旅貞，翌（丁）亥（協于大丁亡它）。
>
> 丙申卜，行貞，王賓外丙協，亡尤，在八月。
>
> 己亥卜，旅貞，翌庚子，協于大庚。亡它。（在）八月。
>
> 辛丑卜，行貞，王賓大甲。夾妣壬。協，亡尤。
>
> 壬寅卜，行貞。王賓叔，亡尤，在八月。
>
> 壬子卜，行貞。王賓大戊，夾妣壬，協，亡尤。
>
> 丙辰卜，旅貞。翌丁巳協于中丁，衣，亡它。在八月。
>
> 己巳卜，行貞。王賓祖乙，夾妣己，協，（亡尤）。
>
> 庚（申卜，行）貞。（王賓）祖辛，（夾妣庚，協亡尤）。（《後》上，二、
> 七，三、四）

此爲祖甲十三年，新擬爲前 1132 年，與新擬及董譜均合。前 1132 董氏以爲有閏月，不合，照「無二分二至置閏法」無閏月，即相合。丙辰卜一行，依董氏丙辰在八月，但丁巳在九月，董先生注「丙戌七月晦，丙辰八月晦，凡繫月皆以卜之日爲準」，但以 1132 B.C. 爲準，九月爲戊午朔，丙辰丁巳皆在八月，無此疑問。夾即奭，意同匹配的配，衣祭即是殷祭，亦即大祭。

> (12) 丁巳卜，（旅）貞。王（賓）祖丁（彡），亡（尤）在正（月）。
>
> （庚午）卜，旅（貞，王）賓（般庚）彡（亡）尤（在正）月。
>
> 乙亥（卜，旅）貞。王（賓）后祖乙，彡，亡尤（在正月）。
>
> 己卯卜，旅貞，王賓兄己，彡，亡尤，在正月。（《金》六）

癸酉卜，行貞。王賓中丁奭妣癸翌日，亡尤，在三月。(《庫》一二○四，一一八三)

祖甲十四年新擬的是甲寅朔，董氏爲乙卯朔，其中俱有丁巳、庚午、己亥、己卯各日祀典亦無問題。三月新擬的爲癸丑朔，董氏爲甲寅朔，其中俱有癸未日，也沒有問題。

(13) 甲戌卜，尹貞，王賓夕福。亡囚，在六月。
　　乙亥卜，尹貞，王賓大乙，祭亡囚。(《粹》一三七)。
　　壬申卜，旅貞。王賓外壬協，亡尤，在八月。(《金》七九)
　　乙酉卜，行貞。王賓匚乙彡，亡尤，在十月。(《金》三四○)
　　丙戌卜，行貞。王賓匚丙彡，亡尤，在十一月。(《金》二六○)

　　此兩片董氏附注說「此兩殘片之拼合，得知十一月之朔日爲丙戌。乃祖甲祀譜中年歷與祀統安排之重要基點。」

　　甲辰（卜，行）貞。翌（乙）巳（彡于小）乙，亡它。
　　丙午卜，行貞。翌丁未，彡于父丁。亡它，在正月。(《前》一三○、八)

祖甲十八年爲祖甲歷譜最重要的一年。在此年中找到了月朔和祀譜符合的一點。這一年的朔日是不能改動的。依董氏祀譜，祖甲十八年正月辛卯朔，六月己未朔，八月戊午朔，十月丁巳朔，十一月丙戌朔，完全和甲骨文符合。依照新擬的，當爲前1132年，本來董氏《年歷譜》是正月辛酉朔，其中有一個閏三月。不過用「無二至二分置閏法」重排，這一年無閏月，閏月在十六年，正月爲辛卯朔，六月爲己未朔，八月爲戊午朔，十月爲丁巳朔，十一月爲丙戌朔，與董氏擬的前1256年，爲祖甲十八年的，完全相同。

　　至於十九年正月朔，新擬的爲乙酉朔，其中含有甲辰及丙午兩日，也沒有問題。

(14) 癸未卜，王貞。(旬) 亡囚，在八月甲申，彡癸甲。
　　癸巳卜。王貞。(旬亡) 囚，(在八月) 甲 (午彡) 羌甲。(《零》七)

依新擬的，祖甲二十年正月己酉朔（董氏《年歷譜》前1130年，正月爲庚辰朔）。

因爲新擬的，是前 1131 年閏六月，下推一月，所以正月爲己酉朔，與董氏所
定閏正月庚戌只相差一日，沒有什麼關係。八月與董氏所擬的（1254B.C.）完
全相合。所以這一條也不成問題。

> (15)癸丑卜，王曰貞。翌甲寅，三酒協。自上甲，衣至多后，余一人
> 亡囚。茲一品祀。在九月。菁示祭奠龕。（《金》一二四）

這是祖甲二十二年的卜辭。董氏祀譜，此年正月己亥朔，九月己未朔。其中
有癸丑日，並有協祭及壹祭。新擬的在前 1128 年，正月戊戌朔，早己亥一日，
大致相符。只是此年如採用「無二分二至置閏法」，應當有一個閏三月。如有
一個閏三月，那就九月是甲子朔，其中無癸丑和甲寅。只有沒有這個閏月，
而是用「無冬至置閏法」，將閏月擺在年終，那就九月爲甲午朔，其中有癸丑
和甲寅，並且祭祀也是協上甲，壹示癸。因此，再對照以前的第(8)條，可知
祖甲中期以後，似還一度仍舊採用年終置閏的辦法。當然這一年是一定有閏
月的，因爲在下一條看出十月應當爲戊子朔。那就在二十二年時閏月已經閏
過了。

> (16)癸丑卜（即）貞。翌甲（寅），上甲彡，勺□，其告。貞，从告。
> 十月。（《粹》八四）

依照新擬的及董氏祀譜，二十三年俱是正月壬戌朔。十月戊子朔，與此相合。

> (17)甲戌卜，王貞。翌乙亥，彡于小乙，亡囚，在正月。（《錄》三〇五）

新擬的爲祖甲二十四年正月丙辰朔，董氏祀譜爲正月丁巳朔，正月俱有乙亥，
與此相合。

> (18)庚辰卜，行貞，翌辛巳，彡于祖辛。亡它。
> 丙戌卜，行貞，翌丁亥，（彡）于祖丁。亡它，在十二月。

這是在祖甲二十五年。依董譜二十五年閏七月，依新擬的二十四年閏十二月。
此爲二十五年十二月，俱和二十四年各月，中間隔了一個閏月。董譜此年十
二月丙午朔，新擬的爲乙巳朔，朔日早一天，所有的日子也只差一天，卜辭
中的庚辰、辛巳、丙戌、丁亥，都在十二月內，沒有問題。

(19)甲戌卜，行貞，翌乙亥，祭于祖乙，亡它，在八月。

丙戌卜，行貞。翌丁亥，祭于祖丁，亡它，在九月。

（甲）辰（卜），行貞，翌乙巳，祭于小乙，亡它，在九月。（《庫》
一○三二）

這是祖甲二十九年的卜辭。董譜八月甲寅朔，九月甲申朔。新擬的是八月甲寅
朔，九月癸未朔，都是在八月有甲戌和乙亥，九月有甲辰和乙巳，彼此相合。

(20)庚寅卜，（行）貞。翌辛卯，協于祖辛，亡它。在九（月）。

丙申卜，行貞，翌丁酉，協于祖丁。亡它。（《續》一、一八、五）

這是祖甲三十年的卜辭，董譜九月戊寅朔，新擬的九月也是戊寅朔（這是前1120
年），董氏《年歷譜》，此年閏五月，則九月爲丁未朔，八月才是戊寅朔。但
若依「無二分二至置閏法」或「無冬至置閏法」，則此年沒有閏五月，九月爲
戊寅朔，與此相符。

(21)乙巳卜，尹貞。王賓大乙彡，亡尤，在十二月。

丁未卜，尹貞。王賓大丁彡，亡尤。

甲寅卜，尹貞。王賓大甲彡，亡尤，在正月。

庚申卜，尹貞。王賓大庚彡，亡尤。

丁丑卜，尹貞。王賓中丁彡，亡尤。

乙酉卜，尹貞。王賓祖乙彡，亡尤。

辛卯卜，尹貞。王賓祖辛彡，亡尤。

丁酉卜，尹貞。王賓祖丁彡，亡尤，在二月。

丁巳卜，尹貞。王賓父丁彡，亡尤，在三月。（《粹》二○七、一七
六、二六八）

這是祖甲三十年到三十一年的卜辭，也就是新擬的前1120年及前1119年兩
年的卜辭。依照董氏《中國年歷譜》，前1119年的正月爲乙巳朔，乙巳日不
在前1120年，這就有點問題。按前1120年，七月大，八月小，九月大，十
月小，十一月大，十二月小；前1119年正月大，二月大，三月小；正月和二
月是連大月，十一月和十二月不是連大月，完全是按照現在歷象知識計算出

來的，古代曆象知識無法做一個正確的決定。（即就近代來說，六十七年，1968
年，九月二日，台灣日曆爲陰曆七月三十日，香港日曆則爲八月初一日，此因香港方面據
萬年曆，而台灣是重新推算的，故有此差異）。今據此處甲骨，所以正月仍應爲丙
午朔，亦即是七月大，八月小，九月大，十月小，十一月、十二月大，正月
小，二月大，三月小，四月大。亦即乙巳在十二月，丁未、甲寅、庚申、丁
丑、乙酉、辛卯俱在正月，丁巳在三月，均與卜文相合。

　　　　（22）丙午卜，（行）貞。王賓匚丙彡，亡（尤），在正月。（《卜》一五八）

此爲祖甲三十二年卜辭，董譜正月辛丑朔，依新擬前 1118 年正月庚子朔，正
月均有丙午日，與卜辭相合。

　　祖甲時代的年曆，在《殷曆譜》中是一個關鍵的段落。把祖甲的曆譜排
好以後，以這一段爲基礎，才可以上溯到武丁時代，下推到帝乙及帝辛時代。
以上有關祖甲時代的工作，依照最簡單而比較原始的置閏法，就可以把祖甲
時代幾個關鍵性的卜辭，完全放得進去，毫無遺憾。這一個初步工作是具有
特別意義的。以下再根據祖甲時代的基準，來推算帝乙及帝辛時代的年曆，
就可以和西周的武王初年銜接了。

四、帝乙時期曆譜的新擬定

　　　　以下先將帝乙時代和帝辛時代兩種不同的年曆加以比較，然後再討論
甲骨文中相符的各點，先列入帝乙時代各年，以下前列的是董譜，後列的是
新擬。

年　數	董　　氏　　原　　擬				新　　　　擬			
	西元前	正月朔	閏　　月　　朔	12月朔	西元前	正月朔	閏　　月　　朔	12月朔
元　祀	1209	戊子		癸丑	1085	戊子	（12）癸未	癸丑
二　祀	1208	癸未	（3）辛亥	丁丑	1084	壬子		丁丑
三　祀	1207	丁未		壬申	1083	丁未		壬申
四　祀	1206	辛丑	（12）丙寅（當閏）	丙申	1082	辛丑	失閏（3）庚午	丙寅
五　祀	1205	乙未		庚申	1081	乙未		庚申

六　祀	1204	庚寅		乙卯	1080	庚寅		乙卯
七　祀	1203	甲申	(10)庚戌(當閏)	己酉	1079	甲申	失閏(12)己卯	己酉
八　祀	1202	己卯		癸酉	1078	己卯	補(12)癸酉	癸卯
九　祀	1201	壬寅		丁酉	1077	壬寅	(12)丙申	丁卯
十　祀	1200	丙寅	(6)甲子	辛酉	1076	丙寅	補(12)辛酉	辛卯
十一祀	1199	庚寅		乙卯	1075	庚寅		乙卯
十二祀	1198	乙酉		己酉	1074	乙酉	(6)壬午	己卯
十三祀	1197	己卯	(2)戊寅	癸酉	1073	己酉		癸酉
十四祀	1196	癸卯		戊辰	1072	癸卯		戊辰
十五祀	1195	丁酉	(11)壬戌	壬辰	1071	丁酉	(3)丙寅	壬辰
十六祀	1194	辛酉		丙戌	1070	辛酉		丙戌
十七祀	1193	丙辰		庚辰	1069	丙辰	(9)壬子	庚戌
十八祀	1192	庚戌	(7)丁丑	甲辰	1068	己卯		甲辰
十九祀	1191	甲戌		己亥	1067	甲戌		己亥
二十祀	1190	戊辰		癸巳	1066	戊辰	(9)甲午	癸亥
廿一祀	1189	癸亥	(8)己未	庚辰	1065	癸巳		丁巳
廿二祀	1188	丁亥		辛亥	1064	丙戌		辛亥
廿三祀	1187	辛巳		丙午	1063	辛巳	（失閏）戊寅	丙午
廿四祀	1186	乙亥	（失閏）	庚子	1062	乙亥		庚子
廿五祀	1185	庚午		甲子	1061	庚午	補(12)甲子	甲午
廿六祀	1184	癸巳	(9)己未	戊子	1060	癸巳	(12)戊子	戊午
廿七祀	1183	丁巳		壬午	1059	丁巳		壬午
廿八祀	1182	壬子		丁丑	1058	壬子	(9)戊申	丙午
廿九祀	1181	丙午	(5)甲戌	辛丑	1057	丙子		庚子
卅　祀	1180	庚午		乙未	1056	庚午		乙未
卅一祀	1179	甲子		己丑	1055	甲子	(6)壬戌	己未
卅二祀	1178	己未	(正)戊子	癸丑	1054	戊子		癸丑
卅三祀	1177	癸未		丁未	1053	癸未		丁未
卅四祀	1176	丁丑	(10)壬申	辛未	1052	丁丑	(12)辛未	壬寅
卅五祀	1175	辛丑		丙寅	1051	辛丑		丙寅

帝乙時期的閏月是置得相當紊亂的,從甲骨材料中表示出來,很清楚的有失閏和補閏的情形。這是與任何一種置閏方法都不能適合的。這種情形只有用董先生的「殷代制度中兩派」的說法來解釋。這是說祖甲是一個熱心的改革者。從祖甲時期開始,甲骨文的書法顯然經過了一番整理。同時置閏的方法也從十三月法(應即是用的「無冬至置閏法」)改爲年中置閏法(三、六、九、十二月置閏法,應即是無二分二至置閏法),這使曆法更精細些,確是一種進步。當然從三、六、九、十二月置閏法,過渡到「無中置閏法」需要一步更深的改革,若從無中置閏再過渡到「無節置閏法」就要作最深那一步的改革。(實際上「無節置閏」,確比「無中置閏」更爲進步,可惜歷來改革陰曆的各種方式之中,沒有人想到這個最進步的方法,而安於「無中置閏」的現狀。直到董先生做《殷曆譜》時,才因爲需要而推想到這個方式,但激烈討論改革陰曆的時期早已過去了。)

祖甲的這種改革,到了武乙、文武丁時代,因爲還幻想武丁時代龐大國力的再現(祖甲是個賢君,勤政愛民,但他的成就似乎只是內政方面,在國力方面,成就不夠輝煌)。可惜這些好大喜功的國王們,只是在表面上學到了武丁的形式,實質上還是成就有限,所以到了帝乙時期,又考慮恢復祖甲時的舊制,這是出於客觀的立場,而採用更爲進步的方式。不過祖甲舊制廢棄已久,而商代觀測又比後世爲疏闊(周公測量臺設在登封,是周初開始建造的,商代沒有),重新恢復進步的舊制,一定有許多困難,這就成爲失閏和補閏的原由,業經董氏指出來的。因而在帝乙祀譜中,董先生用無節置閏法,我用無二分二至置閏法,對於這種歧異紛紜的狀況,都不能完全適用。只有依甲骨情形,推定其中失閏及補閏大致所在的月份。

爲了帝乙時的置閏法相當紊亂,對於甲骨文時期的認明,也相當費事。現在把各條一一舉例如下:

> (1)癸未,王卜貞,酒,彡日,自上甲至于多后。衣。亾它自囧,在四
> 月。隹王二祀。(《前》三、二七、六)

此段具有日名、祀典、先王名、月祀,在甲骨文中爲極重要的材料。依《年曆譜》此爲前1084年。這一年正月壬子朔,四月辛巳朔,對於此段甲骨恰恰符合。另外有關這一年的有兩段:

癸酉卜貞，王旬亡囚，在五月，甲戌，夕日癸甲。（《珠》三、七六）

癸酉王卜貞，旬亡囚，在十月又（一）甲戌，祭上甲，王乩（日大）吉。
（《前》四、一九、一）

這一年五月庚戌朔，十一月戊申朔。也都有甲戌日，與卜辭合。

(2) 癸卯，王卜貞，旬亡囚，在二月，（王）乩曰大吉，祭祖甲，協虎
甲。（《庫》一六一九）

癸巳，王卜貞，旬亡囚，王乩曰吉，在六月。甲午，夕羌甲，佳王
三祀。（《續》一、二三、五）

癸未，卜（貞）。王旬亡囚，在十月。甲申，翌日羌甲。（《續》一、
二三、四）

癸酉，王卜貞。旬亡囚，王乩曰吉，在十月又一，甲戌妹，工典，
其苪，佳王三祀。

癸未，王卜貞。旬亡囚，（王乩）曰吉。（在十）又二，（甲午）壹上甲。
（癸巳），王卜（貞，旬）亡囚，（王乩）曰吉。（在十）月又二，（甲午）
上甲。（《續》一、五、一）

癸亥（王卜貞）。旬亡（囚在）正月（甲子）壹小甲（協大甲）。（《後》上，
一九、一二）

(3) （癸）卯，王卜貞。其（酒夕自上甲至）于多后。衣（亡它，亡囚在五）
月，佳王四祀。（《善》三五六）

癸丑，王卜貞。旬亡囚，王乩曰吉，在五月。

癸亥，王卜貞。旬亡囚。王乩曰吉。在五月。甲子，夕大甲。

癸酉，王卜貞。旬亡囚。在六月。甲戌，夕小甲。王乩曰吉。

癸未，王卜貞。旬亡囚。王乩曰吉。在六月。

癸巳，王卜貞。旬亡囚，王乩曰吉。在六月。甲午，夕癸甲。

癸卯，王卜貞。旬亡囚。王乩曰吉。在七月。甲辰，夕羌甲。（《珠》
二四、三）

癸丑，王卜貞。旬亡囚。王乩曰吉。在七月。甲寅，夕虎甲。佳王
四祀。（《續》一、五一、二）

這兩段甲骨是帝乙三年到四年的卜辭，帝乙元祀是前1085年，這一年正月戊子朔，十二月癸丑朔。還有一個閏月，應當是十三月癸未朔。到帝乙二祀正月壬子朔，十二月丁丑朔。到帝乙三祀，正月丁未朔，二月丙子朔，三月丙午朔，四月乙亥朔，五月乙巳朔，六月甲戌朔，七月甲辰朔，八月癸酉朔，九月癸卯朔，十月壬申朔，十一月壬寅朔，十二月壬申朔。至於帝乙四祀，那就是一月辛丑朔，二月辛未朔，三月庚子朔。應當是閏三月庚午朔。因為失閏，成為四月庚午朔，五月己亥朔，六月己巳朔，七月戊戌朔，八月戊辰朔，九月丁酉朔，十月丁卯朔，十一月丙申朔，十二月丙寅朔。依照卜辭，癸卯為二月二十八日，癸未為六月十日，癸酉為十月二日，癸酉為十二月二日，癸未為十二月十二日，癸巳為十二月二十二日。第二卜辭，癸卯為五月五日，癸丑為五月十五日，癸亥為五月二十五日，癸酉為六月五日，癸未為六月十五日，癸巳為六月二十五日，癸卯為七月六日，癸丑為七月十六日。與歷譜全然相合。──以上每月各日用數字來記，只是為敘述的方便。因為商代只是有這個事實存在，卻不曾有過用數字記日的辦法，這是不可以誤會的。

（4）癸未（王卜）貞。旬（亡田）在（十二月。甲申，工典其鼎）。

　　癸巳王卜貞。旬亡田，在十二月。甲午鼎祭上甲。

　　（癸卯）工卜貞，旬（亡田）在正月，甲辰壹上甲，工典其協。（《卜》七八九）

以上一段卜辭，也是屬於帝乙四年的，此年十二月丙寅朔。癸未為十二月十七日，甲申為十二月十八日，癸巳為十二月二十七日，甲午為十二月二十八日，癸卯為次年正月（帝乙五祀，前1081年，此年正月乙未朔）初九日。此卜辭也和歷譜相合（在三年三月失閏過一次，照失閏以後按月次計算）。

（5）癸卯，王卜貞。酒，翌日自上甲至多后。衣，亡乡它自田。在九月，隹王五祀。（《後》上，二〇七）

　　癸卯，卜貞。王旬（亡田），在十月（又一，甲辰）翌見（羌甲）。（《前》三、二八、二）

　　癸卯，卜貞。王旬亡田，在正月，甲辰。酒鼎，（祭）上甲。（《續》一、五、六）

癸卯，（王卜貞。）旬亡（囚，王乩）曰吉。（在三月）甲辰（祭羌甲）彡
羑甲。

癸丑，王卜貞。旬亡囚。王乩曰吉。在三月。甲寅，祭虎甲，宜祭
羌甲，協羑甲。

癸亥，王卜貞。旬亡囚，王乩曰吉，在四月。甲子，宜虎甲，協
羌甲。

癸酉，王卜貞。旬亡囚。（在四）月。甲戌（祭）祖甲。協虎甲。（《金》
三八二）

以上一共四段卜辭，前二段屬於帝乙五祀，後二段屬於帝乙六祀。帝乙五祀
爲前 1081 年，帝乙六祀爲前 1080 年。爲著帝乙四祀三月失閏（也可能到十二
月才正式失閏），從帝乙五祀起就實際上等於建子，所以五祀六祀的月朔要算「建
子」的月朔，即五祀正月乙未朔，二月乙丑朔，三月乙未朔，四月甲子朔，
五月甲午朔，六月癸亥朔，七月癸巳朔，八月壬戌朔，九月壬辰朔，十月辛
酉朔，十一月辛卯朔，十二月庚申朔。至於帝乙六祀是正月庚寅朔，二月己
未朔，三月己丑朔，四月戊午朔，五月戊子朔，六月丁巳朔，七月丁亥朔，
八月丁巳朔，九月丙戌朔，十月丙辰朔，十一月乙酉朔，十二月乙卯朔。其
中五祀九月有癸卯日，十一月也有癸卯日、甲辰日。六祀正月有癸卯日、甲
辰日，三月有癸卯日、甲辰日、癸丑日、甲寅日，四月有癸亥日、甲子日、
癸酉日、甲戌日，均和卜辭相合。

(6) 癸未，王卜貞，（旬亡囚）。王乩曰吉，在五月，甲申宜祖甲，隹王
七祀。

癸巳，王卜貞，旬亡囚，王乩曰吉，在五月，甲午協祖甲。

（癸卯，王卜）貞。（旬亡囚，王）乩（日吉，在五）月。（甲辰，工）典
（其酒）彡。（《佚》五四五）

帝乙七祀（前 1079）正月甲申朔，三月當閏未閏。所以五月是壬午朔。在五月
內有癸未日、甲申日、癸巳日、甲午日、癸卯日、甲辰日。當然這一年也可
能在十二月置閏，不過也是當閏未閏。不論在三月失閏或者在十二月失閏，
都可能把帝乙八年從實際上「建子」，再進一步變成實際上的「建亥」。

(7)癸酉，王卜貞。旬亡囚，王乩曰弘吉，在二月甲戌祭小甲，壹大甲，隹王八祀。

癸未，王卜貞，旬亡囚。王乩曰吉，在三月，甲申壹小甲，協大甲。

癸巳，王卜貞，旬亡囚。王乩曰吉，在三月，甲午祭戔甲，協小甲。

（癸）卯，王卜貞。（旬亡）囚。王乩（曰吉）。在三月（甲）辰，祭羌甲，壹戔甲。（《庫》一六六一，《新》一）

這是帝乙八祀（前1078）的卜辭，這一年因爲兩次失閏的緣故，把正月比標準提前了兩個月，就成爲中國有歷史以來第一個建亥年。這一年正月己卯朔，二月戊申朔，三月戊寅朔。癸酉是二月二十六日，癸未是三月六日，癸巳是三月十六日，癸卯是三月二十六日，都相符合。但是兩次失閏，形跡特別顯著。從建丑變成建亥，一年中的寒暑差了三分之二的季節，不可能察覺不出來。董先生從甲骨中找出來失閏的事實，其結論是不可移易的。只是他的解釋，認爲可能爲帝乙恢復舊制，倉卒中忘掉置閏，這就解釋還不夠使人滿意。我的看法是帝乙故意要這樣做。因爲既然稱「祀」不稱「年」，祀的範圍是一祀專以祭祀一周爲限，不必再涉及到天時的年。所以每一個「祀」應當只以十二個太陰月爲限，用不著再參差不齊，失掉了純粹「祀」意義。這就是要把「祀」擺脫「太陽年」的限制，結果把「祀」相當於一個「回回歷」的年，一種純粹的「太陰歷」的年。但是這和一般的風格習慣相背馳的。結果是第一次「失閏」，還支撐了三年時間，到第二次「失閏」就一年中便補閏了。從此以後，第二年又補閏一次，完全恢復了「建丑」的事實。

(8)癸巳卜，（黹）貞，王旬亡（囚），在二月，甲午，祭戔甲，協小甲。

癸卯卜，黹貞，王旬亡囚，在三月，甲辰，祭羌（甲）壹戔甲。

癸丑卜，黹貞，王旬亡囚，在三月。甲寅，祭虎甲，壹羌甲，協戔甲。

癸亥卜，貞，王旬亡囚，在三月。甲子，壹虎甲（協戔甲）。

癸酉卜，貞，王旬亡囚，在四月，甲戌，祭祖甲，協虎甲。

（癸未）卜，貞，（王旬）亡囚。在（四月）甲申，（壹祖甲）。（《珠》二四五）

丁未卜貞，父丁日，其宰，在十月又一，茲用，隹王九祀。（《珠》

三九一）

九祀是前 1077 年，在八祀年終是補過一次閏月的，如其不補閏，那就九祀正月為癸酉朔，下推各月，與上引的卜辭無一相合，如其補閏過，那就正月為壬寅朔，二月為壬申朔，癸巳為二月二十二日，甲午為二月二十三日；三月為辛丑朔，癸卯為三月三日，甲辰為三月四日，癸丑為三月十三日，甲寅為三月十四日，癸亥為三月二十三日，甲子為三月二十四日；四月辛未朔，癸酉為四月三日，甲戌為四月四日，癸未為四月十三日，甲戌為四月十四日，各日均相合。至於十一月為丁酉朔，丁未為十一月十一日。此段卜辭稱文武丁為父丁，非帝乙時期不可，帝乙九祀[2]，也在卜辭中標明，而日期也和以前的卜辭相合。

帝乙九年應當閏九月（或者閏十二月，結果一樣），這個閏月是照閏的，所以沒有什麼變動，到帝乙十年再補上一個閏月（大約是閏十二月），到帝乙十一年就全部月份復原了。所以在四祀開始，除去八祀等於建亥以外，計有四祀、五祀、六祀、七祀、九祀、十祀，一共有六年的時期，等於用建子的年歷。這也許影響到商朝周圍的各民族。有的就從此改用建子的辦法。周人採用建子，不知道從什麼時候開始，若據猜度，那麼帝乙有一個時期的建子，也許是周人建子的一個開端。當然，這還需要證明的。

以後幾年中沒有卜辭來證明，但顯然恢復了正常的月建，到了帝乙十三祀，就有卜辭證明確已恢復建丑了，以下就是十三祀那一個卜辭的引證。

(9)癸卯，（王卜）貞，旬（亡囚），王乩曰（吉，在）六月，甲辰，彡虎（甲）。

癸丑，王卜貞，旬亡囚，王乩曰吉，在七月。

癸亥，王卜貞，旬亡囚，王乩曰吉，在七月。

癸酉，王卜貞，旬亡囚，王乩曰吉，在七月。

癸未，王卜貞，旬亡囚，王乩曰吉，在八月，工典其彡。

癸巳，王卜貞，旬亡囚，王乩曰吉，在八月，翌上甲。

（癸卯），王卜貞，旬亡囚，王乩曰吉，在八月。（《珠》二四四）

---

2 祖甲時期也稱武丁為「父丁」，不過祖甲時代稱「年」不稱「祀」，這裡標明「九祀」，自然只能屬於帝乙時期。

這一段卜辭是十三祀的卜辭，依照董氏祀譜，帝乙十三祀（前 1197 年）正月為己卯朔。依「無節置閏法」應當閏二月，所以六月為丙子朔，七月為丙午朔，八月為乙亥朔，與卜辭相合。若以前 1073 年為帝乙十三祀，閏月在前一年（前 1074 年）已經閏過，正月為己酉朔，中無閏月，所以六月也是丙子朔，七月也是丙午朔，八月也是乙亥朔，同樣的和卜辭相合。以下帝乙十六祀當有一條卜辭，因為照董氏的及新擬的均同樣相合，沒有任何問題，所以不再列舉。

> (10)（癸卯），王卜貞。（旬亡囚，王）乩曰吉，在二月，甲（辰）協日祖甲，隹王廿（祀）。
>
> 　（癸）亥，王卜貞。酒，彡日，自（上甲至）于多后，衣，亡它（在囚，王乩）日吉，在二月，隹王廿（祀）。
>
> 　王廿祀，彡日上甲。（《卜、二二八》）。
>
> 　癸巳卜，泳貞，王旬亡囚，在六月，工典其彖。
>
> 　癸丑卜，泳貞，王旬亡囚，在六月，甲寅，酒，翌上甲，隹王廿祀。
>
> 　癸酉卜，泳貞，王旬亡囚，甲戌，翌大甲。
>
> 　癸巳卜，泳貞，王旬亡囚，在八月。
>
> 　癸丑卜，泳貞，王旬亡囚，在八月，甲寅，翌日羌甲。
>
> 　癸酉卜，泳貞，王旬（亡囚）在九（月）。（《國》三、八一；《續》六、五、二一）

這幾段卜辭，標明了「隹王廿祀」，與帝乙二十祀日辰相合，祭祀亦符，自屬帝乙二十祀的記錄。只是其中「癸巳」卜辭，前一個是標明六月，後一個標明八月，實際上前一個癸巳在五月，比六月早兩天，後一個在七月，比八月早兩天，董先生附注疑為寫錯了。不過卜辭為國王卜的，不可以這樣的疏忽。可能癸巳日卜旬指一旬的吉凶，這一個癸巳所卜的旬，大部分在六月，所以寫為六月，另一個癸巳所卜的旬，大部分在八月，也就寫做八月了。這幾個卜辭按前 1190 或前 1066 年算，都可以合適。

> (11)癸未卜，泳貞，王旬亡囚，在正月，甲申，祭祖甲，協虎甲。
>
> 　癸卯（卜貞），王旬（亡囚），在四月。

　　癸丑（卜貞）王旬，（亡田），在四（月，甲寅）彡（日大甲）。

　　癸亥卜貞，王旬亡田，在五月甲子，彡日小甲。

　　癸酉卜貞，王旬（亡）田，在五月。

　　癸（巳卜貞），王（旬亡田），在（六月甲）午（彡日羌甲）。

　　癸丑卜貞，王旬亡田，在六月，甲寅（工）典其彡。

　　癸酉卜貞，王旬亡田，在七月，甲戌，翌日上甲。（《前》一、七一；
　　《續》一、四、三；《國》二、一二、三）

這是帝乙二十一祀的卜辭，依照置閏的原則，前1066年十二月應當還有一個閏月，但依前 1065 年的月份中日辰計算，這一次閏月又是當閏未閏，在前1065年的年終，補閏一個閏十二月，才能完全符合。不過這個閏月一定是即時補閏過的，因為在二十三祀（前1063年）三月及五月均有卜辭，若不補閏，此項卜辭就不能適合，現在可以適合，就證明確已補閏了。

　　（12）癸未，卜貞，（王）旬亡田，在（三）月，甲申，工（典）其酒彡。

　　　　癸未，卜貞，王旬亡田。在五月。甲申，彡癸甲。（《珠》四九五）

帝乙二十三祀（前1063年），正月辛巳朔，二月庚戌朔，三月庚辰朔，四月己酉朔，五月己卯朔，三月及五月均有癸未，祀典亦符。此年六月（或十二月）當有一個閏月，所以董表因為二十四年（前1186年）的正月非是乙亥朔不可，所以在《年歷譜》中標明此月是當閏未閏，也就是在這祀失閏一次，才能講通。但照前 1062 年算，此年也是有一個閏月，乙亥是建子月，所以就以前1062年算，也是失閏過。

　　（13）癸亥，王（卜貞，旬亡田）王乩曰（大吉，在八月）。

　　　　癸酉，王卜貞。旬亡田。王乩曰大吉。在九月，甲戌，翌癸甲。

　　　　癸未，王卜貞，旬亡田，王乩曰大吉，在九月。甲申翌羌（甲）。

　　　　癸巳，王卜貞，旬亡田。王乩曰大吉，在九月，甲午翌虎甲。

　　　　癸卯，王卜貞，旬亡田，王乩曰大吉。（《前》四、六、五；《續》五、
　　　　一六、二）

　　　　癸丑，王卜貞。旬亡田。在十月又二，王乩曰大吉，甲寅，壹小
　　　　甲，協大甲。

> 癸亥，王卜貞，旬亡囚。在十月又二，甲子，祭戔甲，協小甲。
> 癸酉，王卜貞，旬亡囚，在正月，王曰大吉，甲戌，祭羌甲，
> 壹戔甲。
> 癸未，王卜貞，旬亡囚，在正月，王曰大吉，甲申，祭虎甲，
> 壹羌甲，協戔甲。（《金》五一八）

這是二十四年（前 1062）到二十五年（前 1061）正月的卜辭。二十四年正月乙亥朔，八月壬寅朔，癸亥爲二十二日；九月辛未朔，癸酉爲三日，癸未爲十三日，癸巳爲二十三日；十二月庚子朔，癸卯爲四日，癸丑爲十四日，癸亥爲二十四日。這一年仍未把失閏補起來。在帝乙二十五祀中，正月仍是庚午朔，癸酉爲正月四日，癸未爲正月十四日。其補閏應在二十五祀年終，原來十二月甲午朔，再加閏月爲甲子朔。那就在帝乙二十六祀的正月不論是以前 1184 年算或者以前 1060 年算就一樣的同爲癸巳朔。照董氏算法，1184 B.C. 爲閏六月，新擬的算法，前 1060 年爲閏三月（也可能爲閏十二月）。其結果仍是相同的，也就是帝乙二十七祀爲壬子朔。

(14) 癸丑卜，祉貞，王旬亡囚，在四月，甲寅，彡日戔甲，曰則祖乙祭。
> 癸亥卜，祉貞，王旬亡囚，在五月甲子。彡日羌甲。
> （癸酉卜）祉貞。王旬（亡囚，在五月甲）戌，（彡日）虎甲。（《前》一、四二、一）
> 癸丑卜（貞），王旬亡（囚），在六月，甲（寅）酒翌上甲。
> 癸亥卜貞，王旬亡囚，在七月。

這是二十七祀的卜辭，四月丙戌朔，五月乙卯朔，六月乙酉朔，七月乙卯朔，和卜辭中的日辰都相合。

(15) 癸酉，（王卜貞，旬）亡囚。（王曰）吉，在四（月，甲戌）翌上甲。
> 癸未，王卜貞，旬亡囚，王曰吉，在四月。
> 癸巳，王卜貞，王曰(吉)，在五月。甲午，翌大甲。（《契》一〇六）
> 癸丑卜，在祼（貞）。王旬亡囚。（甲）寅，翌虎甲，在八月。（《菁》一〇、二）
> 癸未，王（卜貞），旬亡（囚，在）九月，王曰大吉。

　　癸巳，王卜貞，旬亡回，在九月。王乩曰大吉，甲午，祭上甲。(《金》
五七九)

這些卜辭是帝乙晚期的記錄，前三行是在三十二祀的卜辭，次行是三十三祀
的卜辭，又次二行是三十四祀的卜辭。三十二祀新擬的是正月戊子朔，董擬
的是正月己未朔，不過董氏認爲閏正月戊子朔，所以四月同爲丁巳朔，五月
同爲丙戌朔，都與卜辭相合。三十三祀新擬的爲正月癸未朔，董擬的也同爲
正月癸未朔，因而八月同爲己酉朔，也都與卜辭相合。三十四祀正月丁丑朔，
九月同爲癸酉朔(雖然董擬此年閏十月，新擬的此年閏十二月，都與九月無涉)，也都
與卜辭相合。

五、帝辛時期歷譜的新擬定

　　帝辛時代的歷譜，和帝乙時代的歷譜排法不能相同，因爲董氏認爲帝乙
共有三十五年，新擬的未改；至於帝辛時代，董氏認爲有六十三年，可以盡
量去排，非常容易適合，但這是不可能的，新擬的只認爲可能爲二十五年，
就不能再依董氏的排法了。

年　數	董　氏　原　擬				新　　　擬			
	西元前	正月朔	閏月朔	12月朔	西元前	正月朔	閏月朔	12月朔
元　祀	1174	乙未		庚申	1050	乙未	(12)己丑	庚申
二　祀	1173	庚寅	(7)丙辰	甲申	1049	己未		甲申
三　祀	1172	甲寅		戊寅	1048	癸丑		戊寅
四　祀	1171	戊申		癸酉	1047	戊申	(9)癸卯	壬寅
五　祀	1170	壬寅	(3)辛未	丁酉	1046	壬申		丁酉
六　祀	1169	丙寅		辛卯	1045	丙寅		辛卯
七　祀	1168	辛酉	(11)乙酉	乙卯	1044	辛酉	(6)戊午	乙卯
八　祀	1167	乙酉		己酉	1043	甲申		己酉
九　祀	1166	己卯		甲辰	1042	己卯	(12)甲戌	甲辰
十　祀	1165	癸酉	(9)己亥	戊辰	1041	癸卯		戊辰

十一祀	1164	丁酉		壬戌	1040	丁酉		壬戌
十二祀	1163	辛卯		丙辰	1039	壬辰	(9)戊午	丁亥
十三祀	1162	丙戌	(6)癸未	庚辰	1038	丙辰		辛巳
十四祀	1161	庚戌		乙亥	1037	庚戌		乙亥
十五祀	1160	甲辰		己巳	1036	甲辰	(6)辛丑	己亥
十六祀	1159	己亥	(2)戊戌	癸巳	1035	戊辰		癸巳
十七祀	1158	壬戌		丁亥	1034	壬戌		丁亥
十八祀	1157	丁巳		壬午	1033	丁巳	(3)乙酉	辛亥
十九祀	1156	辛亥	(2)癸丑	乙巳	1032	辛巳		丙午
廿　祀	1155	乙亥		庚子	1031	乙亥	(12)己巳	庚子
廿一祀	1154	己巳	(7)丙申	甲子	1030	己亥		甲子
廿二祀	1153	癸巳		戊午	1029	癸巳		戊午
廿三祀	1152	戊子		壬子	1028	戊子	(9)癸丑	壬午
廿四祀	1151	壬午	(4)庚辰	丙子	1027	壬子		丙子
廿五祀	1150	丙午		辛未	1026	丙午		辛未

　　這二十五年的對照，可以看出新擬的和董氏原擬的各月的日辰是大致符合的。再看一看《殷歷譜》的帝辛祀譜，原和帝乙祀譜相銜接的，如其帝乙祀譜中新擬和董氏舊擬的可以彼此都能符合，那麼帝辛的祀譜也一定互相符合。現在的問題，只是董先生原定的帝辛祀譜是六十五年，而新擬的只有二十五年，在六十五年中可以完全放進去的，那就短短的二十五年就無法容納了。現在重要的一點，就是怎樣才可解決這一個困難問題。

　　董作賓先生〈征人方日譜〉是一個功力極深而材料極好的著作，要想重作一番安排，是一個不可能的事。只是所有的重要材料都集中到十祀以前，而十祀以前的各種安排，凡是用董先生所擬的日期都可以適用的。現在對照一下，用新擬的日期也一樣可以適用。在這一個段落中，是沒有什麼問題的。所有成問題的，只是十一祀以後的各祀。

　　董先生的祀譜，因為把六十五祀全排出來，實在過長，他只排到五十二祀，也就夠用了，他說：

> 自帝乙元祀，至帝辛五十二祀，凡列祀統八十七，前後八十七年，此
> 八十七年，祀統逐漸前移，以彡祭爲例，帝乙初年，彡祭多在四五月，
> 至帝辛五十一祀，彡上甲復退至五月，故所有五種祭祀之在各月份者，
> 幾已可以容納，無須更排至帝辛之六十三祀也。

的確，凡董先生當時能找到的材料都已完全放進去，一點也沒有困難。只是
在帝辛祀譜之中，還是空檔太多，給人一個不必排列這樣許多年的感覺。把
帝辛祀譜和帝乙祀譜來比，就遠不如帝乙祀譜的緊湊。這就應當修正一下，
才算合理。

十一祀正月一日丁酉朔，正值日食。董先生的附注說：

> 此正月丁酉朔，值定朔。有日食周期可推證。爲本譜中帝辛在位年殷
> 正建丑之重要基點。

用日食來證明「定朔」是不錯的，其爲「殷正建丑」之基點，也是不錯的。
只是定朔和平朔也不過相差一日（也可能不差）。商代並無定朔的知識，這種證
據並無太多應用的實際價值，可以不管。

董先生引證了《歷代鐘鼎彝器款識》中的「兄癸彝」，原文是：

> 丁子（巳）王錫雋关貝。在寒。同作兄癸彝，在九月，惟王九祀。協日。
> 丙。

董先生附注說：

> 此銘器、蓋，同文。帝乙九祀九月有丁巳，無協祭。此有協祭無丁巳。
> 然此器必屬於乙辛之世，疑日干或有誤記。爲兄癸作彝，其日干或當
> 爲癸巳與？存以待考。

日干不應當誤記，不過在帝乙九年九月，當時是翌祭開始而非協祭。問
題就在這一點，是否除去彡祭以外，都可統稱協祭？因爲彡祭是主祭，而其
他的四種都是副祭。所以在彡祭開始時還要特別標明：「彡日，自上甲至於多
后，衣。」衣祭就是殷祭，也就是一個大祭，表示著只有彡祭是一個大祭，
其他的都是輔助的祭祀。

　　但是四種輔祭，地位似乎還不盡相同。翌祭的可能的規模雖然比彡祭應當小，不過翌祭還是每次單獨舉行，不與其他祭祀同日舉行。至於「祭」，「協」和「壹」那就三種祭祀可能同日舉行，也可能不同日舉行。如其三種祭祀可以一天時間祭畢，就表示三種祭祀的規模不大，禮節不多。不能和衣祭這種大祭相比了。

　　帝辛十一年七月，是帝辛從征人方返殷之月，而八月甲子朔，正是翌祭的最後一天，也正是一個新的開始。從這一天開始，為著向商的先王告成功，自有重新大祭的必要。也就是在這一天重計禮節（工典），另外再開始一次彡祭，以示隆重。從這一點來看，也就可以解決帝辛十一祀以後的祀典長期空檔，而從三十七祀開始，又突然多了七年連續不斷祀典卜辭的問題。這裡並不能用十一祀以後的甲骨亡失掉來解釋，因為十一祀征人方的卜辭具在，而十一祀以後祀典的卜辭卻一片也沒有。除非認為董譜中三十八祀以後的卜辭就是實際上十二祀以後的卜辭，沒有更好的辦法。

　　十一祀和三十七祀因其日辰是大體相同的，今比較於下：

十　一　　祀	三　十　七　　祀
正　月　丁酉朔	正　月　丁酉朔（中有癸卯癸丑癸亥）
二　月　丁卯朔	二　月　丙寅朔（中有癸酉癸未癸巳）
三　月　丙申朔	三　月　丙申朔（中有癸卯癸丑癸亥）
四　月　丙寅朔	四　月　乙丑朔（中有癸酉癸未癸巳）
五　月　乙未朔	五　月　乙未朔（中有癸卯癸丑癸亥）
六　月　乙丑朔	六　月　甲子朔（中有癸酉癸未癸巳）
七　月　甲午朔	七　月　甲午朔（中有癸卯癸丑癸亥）
八　月　甲子朔	八　月　癸亥朔（中有癸酉癸未癸巳）
九　月　癸巳朔	九　月　癸巳朔（中有癸卯癸丑癸亥）
十　月　癸亥朔	十　月　壬戌朔（中有癸酉癸未癸巳）
十一月　壬辰朔（閏十月或）	十一月　壬辰朔（中有癸卯癸丑癸亥）
十二月　壬戌朔（閏十一月或）	十二月　辛酉朔（中有癸酉癸未癸巳）

所以董作賓先生放在三十七祀以後的，若認為在十一祀以後仍可適用。以下是祀譜中三十七祀以後的一些例證，再予以分析。

(1)（癸亥）卜貞。王旬亡囚。（在）正月，甲子，翌日羌甲。（《續》一、
　　二三、三）

這一個卜辭，董先生是列在三十八祀的。照董譜，三十八祀正月庚申朔，癸
亥爲四日，甲子爲五日，可以放得進去。但所以得爲庚申朔的，是董譜三十
七祀閏十月。新擬的十一祀，雖同爲丁酉朔，此年卻無閏月。因而十二祀正
月爲壬辰朔，月內無癸亥和甲子，因而在十二祀無法插進去，好在董譜四十
祀正月己酉朔，五日癸丑，十五日癸亥。甲子日翌羌甲，和此卜辭也相符合，
所以這個卜辭可以認爲係十四祀正月癸亥的卜辭，仍然不生問題。

(2)癸巳，王卜貞。旬亡囚，在十月有二，甲（午），翌日大甲。
　　癸卯，王卜貞。旬亡囚，在十月有二，甲辰，翌日小甲。
　　癸丑，王卜貞。旬亡囚，在十月有二。
　　癸亥，王卜貞。旬亡囚，在正月，甲子，翌日羕甲。（《珠》二一七）
　　癸酉，（王卜貞。旬亡囚。）王乩（日吉。在正月甲戌），翌日（羌甲）。
　　癸未，王卜貞。旬亡囚，王乩日吉，甲申，翌虎甲。
　　癸巳，王卜貞。旬亡囚，王乩日吉，在二月。
　　癸卯，王卜貞。旬亡囚，在二月（甲）辰，翌祖甲。
　　癸丑，王卜貞，（旬亡囚，在三月）。（《續》一、五　、六）
　　癸巳，王（卜）貞。旬亡（囚），在四月，甲（午），祭小甲。協（大
　　甲）。
　　癸卯，王卜貞。旬亡囚。在四月，甲辰，壹小甲，協大甲。
　　癸丑，王卜貞，旬亡囚，王乩日弘吉。甲寅，祭羕甲，協小甲。（《珠》
　　二七四）

這是十四祀十二月到十五祀四月的卜辭。十四祀是前 1037，十五祀是前
1036。在前 1037 年，殷正十二月當爲丁亥朔，中有癸巳、癸卯和癸丑。到前
1036 年，殷正正月是丙辰朔，中有癸亥、癸酉和癸未。二月丙戌朔，中有癸
巳和癸卯。三月乙卯朔，中有癸丑。四月乙酉朔，中有癸巳、癸卯和癸丑，
均與卜辭相合。

(3)癸巳王（卜在）八桑貞，（旬）亡囚，在（四月），甲午，壹小甲，協大甲。(《前》一六、六)
癸巳卜，在八桑貞。王旬亡囚，在四月。(《後》三、一一、一一)
癸亥卜，在□貞。王旬亡（囚），在五月，甲（子祭）虎甲，壹（羌甲），協戔（甲）。
癸酉卜，在霍貞。王旬亡囚。
癸未卜，在霍貞。王旬亡囚，在六月。甲申，祭祖甲，協虎甲。
癸巳卜，在霍貞。王旬亡囚，在六月。甲午，壹祖甲。
癸卯卜，在林（貞。王旬）亡囚。(《續》三、二九、三)
丁卯，王卜貞。今囚巫九备。余其从多田于多白。正盂方白耑。衣。翌日步，亡尤。自上于敹示。余受右不菑災（囚）告于茲大邑商。亡徭在囚。（王乩曰）弘吉。在十月。遘大丁翌。(《甲》二四、一六、三、二、〇二五九；《粹》一一八九；《後》上，二〇、九)

按十四祀（前1037），四月己卯朔，中有癸巳。五月戊申朔，中有癸亥及癸酉。六月戊寅朔，中有癸未、癸巳及癸卯。都是對的。至於丁卯卜辭，在十月遘大丁翌。此年十月丙子朔，無丁卯。但到前1036（十五祀）十月己亥朔。丁卯日亦正值翌大丁之日，乃與卜辭相合。

(4)癸未（王卜）在臬貞。旬亡囚（王乩曰）弘吉。在三月，甲申，祭小甲。（壹）大甲。隹王來正盂方白耑。
癸卯，（王卜）在𠷎（餗貞。旬）亡囚（在四月）甲辰。祭（戔甲）。協小甲。
癸丑，王卜。在𠷎餗貞。旬亡囚。在四月，甲寅，祭羌甲。壹戔甲。
（癸亥），王卜。（在）𠷎，餗貞。旬亡囚。王乩曰弘吉。在四月，甲子，祭虎甲。（壹羌甲，協戔甲）。
癸酉，（王卜，在）𠷎，餗（貞。旬亡）囚。王（乩曰）吉。在五（月，甲戌壹）虎（甲，協羌甲）。
癸未，王卜。在𠷎，餗貞。旬亡囚。王乩曰吉。在五月，甲申，祭祖甲，協日虎甲。
癸巳，王（卜貞。旬亡囚。王乩）曰大（吉。在五月，在𠷎餗）。

（癸卯），王卜貞。旬亡囚。王乩曰弘吉。（在六月）甲辰，協祖甲。王來正盂方白蚩。（《續》三、一九、二：《絜》一一一：《後》上，一八、六：《前》一五、七：《後》上，一八七：《前》二、四、三）

以上的卜辭，應當屬於十五祀的，當爲前 1036 年。這一年按歷象應當閏六月。不過事實上是閏三月。這可能因爲閏三月是「以無春分之月爲閏月」，應當以晝夜平分之日爲準，觀測稍有不精，就會移前或移後的原故。

這一年殷正正月應爲甲辰朔，二月爲甲戌朔，三月爲癸卯朔。閏三月爲癸酉朔。再望後，四月爲壬寅朔，五月爲壬申朔，六月爲辛丑朔，七月爲辛未朔，八月爲庚子朔，九月爲庚午朔，十月爲己亥朔，十一月爲己巳朔，十二月爲己亥朔，其中各日是都和卜辭相合的。

(5) 癸酉，（王卜貞。旬亡囚。）王乩（曰吉。在十一月，甲戌），翌日大甲。

癸未，王卜貞。旬亡囚。王乩曰吉，在十一月，甲申，翌日小甲。

癸巳，王卜貞。旬亡囚。王乩曰吉。在十二月。

癸卯，王卜貞。旬亡囚，王乩曰吉。在十月又二。甲辰，翌日羐甲。

癸丑，王卜（貞）。旬亡囚。（王）乩曰吉。（在十月又二），甲寅，（翌日羐）甲。（《佚》四二八、正反兩面）

這是十六祀（前 1035）的卜辭。這一年十一月癸亥朔，十二月癸巳朔。和卜辭正相符合。

(6) 癸亥，卜貞，旬亡囚，在十（二）月，甲子，翌日祖甲。

（癸酉），卜貞。（王旬）亡囚。在十二月，（甲戌），工典，其酒其茵。

（白瑞華的照片）

這是二十一祀（前 1030）的卜辭，這年十二月甲子朔，月內有甲子和甲戌，與卜辭相合。

(7) 癸巳卜，扗（貞），王旬亡囚。在十月。甲（午），翌日羐甲。

癸卯卜，扗（貞），王旬亡囚。（在）十月。甲辰，翌日羐甲。（《後》下，二、八）

這是二十四祀（前1027）的卜辭。這一年十月癸未朔，癸巳和癸卯均在十月以內，和卜辭相合。

(8) 癸未卜，爭貞。王旬亡囧。在十月，甲申，翌日小甲。

癸卯卜貞。王旬亡囧。在十月，甲辰，翌日爰甲。（《金》七四三）

這是二十三祀（前1028）的卜辭。這一年十月癸未朔，癸未和癸卯都在十月以內，和卜辭相合。

(9) 癸亥卜，㳄貞，王旬（亡）囧。甲子。（祭小甲，壹大甲。）

癸酉卜貞，王旬亡囧，在正月。甲戌，祭爰甲，協（小甲）。（《珠》一二五五）

這是二十五祀（前1026）的卜辭，此年正月丙午朔，二月乙亥朔。甲戌為正月二十九日，在二十四祀十二月有「癸未——甲申」「癸巳——甲午」「癸卯——甲辰」三旬，而正月有「癸丑——甲寅」「癸亥——甲子」「癸酉——甲戌」三旬。以祀典來排，也可以排作：

十二月	癸未甲申	祭上甲		
	癸巳甲午	壹上甲		
	癸卯甲辰	祭大甲	協上甲	
正　月	癸丑甲寅	祭小甲	壹大甲	
	癸亥甲子			
	癸酉甲戌	祭爰甲	協小甲	
二　月	癸未甲申			
	癸巳甲午	祭羌甲		
	癸卯甲辰	祭虎甲	壹羌甲	協爰甲

董先生表中前一段（第(8)段卜辭）屬於五十祀（前1125），此段在五十一祀（前1124）排入，因為那年（前1124）二月為甲戌朔，與卜辭在正月的不合。現在改為二十五祀（前1026）就沒有問題。

(10) 癸卯卜貞，王旬亡囧。在五月，在曹鍊，隹王來正人方。

> 癸亥卜貞，王旬亡囚，在五月，在曹蒞。(《續》三、一八、四)
>
> 己酉戍鈴，尊俎于召。(中略) 唯王十祀協日五。往來東。(《歷代鐘鼎彝器款識》卷二，乙酉戍命彝)
>
> 丁巳，王省夒京。王錫小臣艅夒貝。王來征人方。隹王十祀又五，彡日。(《殷文存》上，二六、七)

這裡第一條甲骨和第二條及第三條銅器，應不屬於同一年的，第一條甲骨應屬於十一祀五月，往來征人方之時。十一祀五月，也有癸酉、癸丑、癸亥三旬，和此處卜辭一樣。在〈正人方日譜〉內，只收有「癸卯卜，黃貞，王旬亡囚，王來征人方」一條(《骨》十四之一)。又「癸亥(王卜貞)，旬亡囚，王來(征)人(方)」一條(《骨》十五之一)，卻未收此二條卜辭。因為此二條在曹蒞，所以未收入。其實曹蒞可能在商的附近，與其他卜辭的「分」接近。而彼此均標明「王來正人方」，也表示正是一回事，而不屬於十五祀的。

至於第二和第三項的銅器。那當然是十五祀，因為已標出來十五祀了。第二項丁巳的銅器，可能在九月或十一月，其時正有彡祭，也在月內有丁巳日。第三項己酉的銅器，可能在閏三月或五月，因為當時有協祭，也有己酉日。

> (癸丑王)卜貞。旬亡囚，王乩(日吉)。在正(月)，甲寅，彡癸(甲)。
>
> (《粹》一四、六三)

這是可能在八祀的。八祀為前 1043 年，正月當為乙酉朔，如其當時算作大月，那就三十日為甲寅，祀典為彡羌甲。這一點對於合天的歷譜要修改一下。但只有修改一下，才能把這一片卜辭放進去。

> (11) 戊辰从師，錫𢆶邕卣，賓貝。用作父乙寶彝。在十月(在十月一)。
> 隹王廿祀。
>
> 協日，遘于妣戊，武乙配，龏一，旅。(《殷文存》上，十九)

這個銅器是一個引起問題很大的史料。這是帝乙或帝辛的銅器，沒有問題，可是依照董先生的歷譜，不論帝乙或帝辛時期，在二十年那年的十一月都沒有戊辰這一天。董先生是十分看重這一個銅器的，並且在《殷歷譜》內這是一個最為看重的銅器，因為和歷譜不合，就不得不把「用作父乙寶彝在十月

一」(即是在十一月)改爲「用作父乙寶彝在十月」,把這一個「一」字認爲是銅器上的裂紋而不是字。其實這個銅器不僅字大,而且每一個字都十分清晰,決不像有些銅器不僅字跡細小,而且有鏽,往往被剔壞的那樣。當作這個「一」是裂紋,理由很不充分。只因爲董先生的歷譜上帝辛時代「二十年十一月戊辰」,這個日子是不存在的,所以只有認爲是裂紋,才可以講得通。其實在帝乙時代,不論是董先生原設的前 1190(或者按新設計的前 1030)都可以在此年十一月內找出戊辰日。但是董先生一定認爲「先妣特祭」一定是要和先王的協祭相接。在帝辛二十年,董先生可以在十一月排出武乙的協祭,而帝乙的二十年卻不能。這就除去改掉銅器上的一個字,沒有其他的好辦法。

　　無論如何這個很清楚的字是不可以去掉的。事實自事實,理論是要根據事實的,如其發現了事實和理論不符,只能改換理論,卻不便曲解事實。就現存甲骨文的材料說,現存的祭先王的材料足夠整理出一個系統來。而特祭先妣的材料,確實太少,不能只用祭先王的系統來比附。這些個別的現象,只有個別的認定,所以此處不便採用改字辦法,寧可承認事實,認爲是帝乙時代的器物。

　　當董先生寫《殷歷譜》的時候,就發現這一條材料太好了。只因爲月份不合,曾經考慮過好幾天,處理這一個棘手的問題。最後因爲其他材料都對於董先生的設計符合,董先生才自信很深,把這個「一」字認爲裂紋,來解決這一個困難。現在時移世變,使得「前 1111 年」這一個基點不能再信,對於這一個基點不能相容的證據也就得加以重視。因而處理方面只有更嚴格一些,不接受刪字或改字的方法。

　　中央研究院史語所發掘到的「司母戊」大鼎,在現今所知的商周銅器中,是一個最大的鼎。「司母戊」就是母戊生前或死後所作。這個大鼎是不尋常的,也可以看出當時對於妣戊的地位並非一循常例,而是和國王一樣的重要,甚至超過國王的重要。

　　(12)庚申,王在東闌。王格宰㭰从,錫貝五朋。用作父丁尊彝,在六月。唯王廿祀翌又五。

這一條金文董先生認爲只可能在帝辛時期而不可能在辛乙時期的,因爲:

　　「廿祀翌又五」與「廿祀又五翌」、「廿又五祀翌」並同。即廿五祀之

翌祭也。帝乙廿五祀六月丁卯朔，無庚申，雖有翌祭，不能容此銘文。

按董先生把帝乙廿五祀排到前 1185 年，此年確無法排入六月庚申日，不過新排的在前 1061 年，正月庚午朔，二月己亥朔，三月己巳朔，四月戊戌朔，五月戊辰朔，六月丁酉朔。六月是可以有庚申日的。只是按照董先生的祀譜，六月最後一旬爲乡祖甲，還不在翌祭範圍。不過「工典」的排列，董先生有時就排在協祖甲的後一旬（如二十四祀，三月甲戌協祖甲），到甲申旬「工典」也有時排在協祖甲的後二旬（如二十五祀，正月甲子協祖甲，經過一個甲戌空旬，到二月甲申才「工典」）。如其依照二十四祀接著一旬就排「工典」，那就乡祖甲就提到上旬的甲寅，而甲子旬庚申日就是乡期已過，到了翌祭的開始了。所以這一個銅器銘文，認爲在帝乙二十五祀，還是可以適合的。

六、《逸周書》中的月食問題

《逸周書・小開篇》有一段關於文王三十五年的月食的，說：

維三十五祀，王念曰：多□。正月丙子，拜望，食無時，汝開後嗣謀。

這一段在《殷歷譜》中是一個非常重要的證據，因爲在甲骨文中誠然有好幾個月食，這些月食也可以算出最大的可能性在那一年，可是都屬於第一期的，還不能決定屬於那一個國王的時代。只有《逸周書》這一段記載了文王三十五祀的月食，確是一個最好的資料。可惜語辭太簡，解釋還有游移，但是總算可以用的。

這一段董先生根據文王在位五十年，武王十二年伐紂，從前 1111 年算起，文王三十五年是前 1137 年，依照奧泊爾茲的《日月食譜》[3]，奧氏《日月食譜》中爲前 1136 年，此年儒略曆一月二十九日，儒略周日一三〇六一六二，標準時十五時十九分月全食，文王在豐，加時七時十五分，應爲二十二時三十四分，亦即十時三十四分初虧，所以在周地是乙亥日晚間可見到月食。復圓時間在晚間十二時以前，丙子是第二日，按照「朝日夕月」的祭祀，不可能到第二天晚間才祭月。其中還有疑點。不過除這一個時期可以在奧氏〈月

3　Theador Von Oppolzer, *Conon der Finsteruise*, 1877.

食表〉查到附近日子中可以有月食以外，其他所有的年代假定，在文王三十五年正月，甚至文王四十五年正月都沒有月食（不論周正或殷正，都是一樣的沒有月食）。這一條對於董先生的自信，是有關鍵作用的。

但是若以前 1025 年爲武王克商之年作爲基準來計算，並且認爲武王伐商在武王十一年，那就照數上推，文王三十五年是前 1051 年。這一年周正十二月十五日確有一個月食。據奧泊爾茲的《日月食譜》，前 1051 年（通用年歷爲前 1052 年）十二月十日，儒略周日一三三七五二四，五時二十三分開始月食。在周都加七時十五分，當爲正午十二時十五分，不能看到月食，所以這一個時間不能用。除此之外，只有前 1053 年（奧氏譜爲前 1052 年）一月三十日，儒略周日一三三六八四四，正午十二時五十五分有一個月全食。周都加七時十五分，是晚間八時十分，正好看見。這一天應當爲殷正正月十五日，干支爲丁酉。

這一天雖然可用，卻又發生許多要解決的問題。其中所包括的，至少有以下各點：

(1)拜望的日期與月食日期的問題。

(2)文王的訓辭究竟是當晚的還是以後的？

(3)文王的五十年究竟起訖在那些年？武王伐商之年究竟在武王那一年？

(4)周正建子究竟從什麼時候開始？

關於第一點，《逸周書》所記拜望的日子是丙丁，而在前 1053 月食的日子卻是丁酉。丁酉的前一天是丙申。如其是古文隸定的錯誤，只有丙申可以誤寫爲丙子，而丁酉卻不可能錯成丙子。因爲古文的申字寫作 ，尤其當戰國時期，字跡潦草，這個申字被誤認爲子字，甚有可能。十四日拜望，那在上古天算不精確的時代，把朔望移前移後一天，本是常事。再檢查《逸周書》這篇的詞句，文王訓誡武王，還是著重在拜望，不僅是月食。月食本來常有，而此次是月食正在拜望之後，拜望未能消弭月食，就發生了應當自行檢討及自行警戒的問題。這也就是只提拜望的日子而不言月食的日子的主要原因。拜望應當只限於正月的，拜望以後，不應當有月食，拜望的次日就發生月食，這個月食是非時的，「食無時」也就是說「食非時」。不然「食無時」三字就不必用了。

關於第二點，一般清代校《逸周書》的學者們，多懷疑「王念曰」三字，

應當移後。其中陳建衡的《逸周書補注》，就認爲「王念曰」三字應當移後在下文「嗚呼」二字之前。他說：

> 「五祀」下舊有「王念曰多曰」五字。按「王念曰」當在下文「嗚呼」之上。今移置彼，而衍下「曰」字，並此處「多曰」二字。

而朱右曾《逸周書集訓校釋》，說：

> 「三」當爲「四」，「王念曰多曰」句當在「拜望」句下。望日月相望也。《周禮》「太僕贊王鼓，日月食亦如之」。《春秋傳》曰「日食諸侯用幣於社，伐鼓於朝」。月食無文，準太僕之文，當亦用幣，故曰拜望也。見月之眚，念德之明。若天詔之，開後嗣謀也。文王四十五祀，以周曆推之，是年商正月癸亥朔，十四日得丙子，古曆疏，有晦而食者，故十四望。

此處包括三個問題：第一是「王念曰」三字當移後，第二是拜望爲的是月食，第三是依三統曆法，文王三十五祀爲前 1142 年，其年正月無丙子，故改爲四十五年（前 1132 年）。朱右曾所據的曆法是錯誤的，董作賓先生已有駁正，此條不算。其第二項認爲拜望爲救月食，實際上拜望和救月食也不是同一件事。不過所有讀到此篇的人，都很容易認爲拜望即是救月，不足爲異。因此，他和陳建衡一樣的看法，也主張把「王念曰」三字移後。換句話說，如其認爲文王的教訓、拜望及月食三件事是同時發生的，那就「王念曰」三字確應移後。如其三件事不是同時發生的，即拜望最早，月食在後而文王的訓辭更在後，那「王念曰」三字就不應當移後了。同理，因爲「王念曰」三字在前，和一般人的設想不同，也就表示著三件事並不是同時發生，而文王的訓辭更在月食以後好幾天；所以文中用「王念曰」不用「王曰」或「王若曰」。「念」字，正表示著對於某一件事情的回想。

　　第三，關於文王五十年的起訖年代問題，是從武王的年數來推定的，而武王的年數又從武王伐商確實的年代來推定。文王的總年爲五十年，根據《尚書・無逸篇》，是不生問題的。所成問題的，是武王伐商在武王幾年的問題。關於武王伐商的年代，至少有三種不同的說法：

　　（1）認爲在武王十一年，主要的是《尚書序》「惟十有一年武王伐殷」，《新

唐·歷志》載僧一行的推算，也認為「十一年庚寅，周始伐商」。

(2)認為在武王十二年，主要的是《管子》及《呂氏春秋》。

(3)認為在武王十三年的，主要的是《尚書·洪範》，「惟十有三祀，王訪
於箕子」。

我在寫〈金文月相辨釋〉的時候，是用的武王十一年伐商說，因而假定前 1051
年是文王三十五年，並且當時用粗略的方法，估計 1051 年一月可能有月食，
所以就以為此年不誤。現在查了一下，月食不在此年一月，而是在上年的十
二月，並且此月月食在中午看不見。所以十一年伐商說必須放棄。但是前 1052
年一月或前 1053 年十二月都沒有月食。只有前 1053 的一月才有月食，因而
文王三十五年只有前 1053 年可用。也就是說只能採用武王十三年伐商說。只
是若按建丑歷或建寅歷，仍可認為武王十二年伐商。

武王十三年伐商說，從來各種歷譜或年表都不曾用過的，一般最普通的
還是十二年說，其次是十一年說。因而大家根據歷譜，也都不過問十三年說。
但從史料的權威性來說。《尚書》的地位是不可以忽略的。所以如其十三年說
對各方合適，也就應當採用十三年說。若採用十三年說，那就前 1037 年為武
王元年。前 1087 年為文王元年，前 1053 年為文王三十五年。

第四，關於周人建子的問題，我過去以為是周人本族的習俗。當假設前
1051 為文王三十五年的時候，我也想到建子月是周人的正月。但前 1053 的
月食卻不在建子月而在建丑月。這就表示文王三十五祀時，所用的歷法，是
遵從商人的歷法。到了文王「受命稱王」之時，才把建丑歷法改為建子歷法。
也就是以冬至為一年之始。依照《尚書大傳》及《史記》，文王受命七年而崩。
此當為漢代今文家說。這裡所說應當是文王四十四年始稱王，那就文王稱王
當在前 1044 年。文王的年齡大致是活了六十歲，那就文王到五十四歲才開始
稱王。《尚書·無逸篇》說「文王受命惟中身」，中身指五十幾歲，這一點也
是不錯的。

除去《逸周書·小開篇》以外，還有〈酆保〉、〈寶典〉及〈世俘〉三篇
記載了干支。〈世俘篇〉的干支和《漢書·律歷志》引《古文尚書》的相同，
已經證明在前 1025 年以外。其餘尚有兩篇，今解答如下：

一、〈酆保篇〉：「維二十三祀，庚子朔。九州之侯，咸格于周。王在酆，
昧爽，立于中庭。」文王二十三祀，從前 1087 算起，應當是前 1065 年。不

過原文只有日沒有月，因而不知道是那一個月；不過殷正的正月正是最冷的月份，不適宜於召集四方諸侯。依照《尚書》，〈康誥〉和〈多士〉都在周正三月，而〈多方〉在周正五月。其中〈康誥〉爲徵集各處的人來創建新都，所以在周正三月（即建卯之月）方始向煣，就徵集起來，爲的是趕時間，早點完成，以免妨害秋收。〈多士〉是只限於附近的商遺民，所以也比較早些。至於〈多方〉，那就包括的廣泛了。因此就舉行在周的五月（殷正的四月，夏正的三月）。就季節來說，是洛陽最好的時間。

若以周正五月或殷正四月來說，那就此年爲辛酉朔。古代歷算較疏，自可以認庚申爲月朔，依照前方的證明，因爲隸定的錯誤，丙申被認爲丙子，那就庚申被認爲庚子也是同樣的理由。《逸周書》錯誤脫落，不可勝數，其前自應當脫落「四月」二字，即「維王二十三祀，四月庚申朔，九州之侯，咸格于周」才合原意。

至於〈寶典篇〉：「維王三祀，二月丙辰朔，王在酆，召周公旦。」這個王是武王。其時武王已稱王，當然用建子正朔，此年二月戊辰朔。丙辰當爲戊辰之誤。當然三祀的三亦可能爲五字的誤，五祀二月丁巳朔，當然也有丙辰的可能。對於這一條，《新唐書・歷志》僧一行把三祀改爲元祀，因爲只有改爲元祀，才能和一行以前 1111 爲武王伐商的系統符合（董作賓先生是全部接受僧一行的系統的）。不過如其有誤，也只能將五字錯爲三字，而不可能把元字錯爲三字。因爲三字和五字，都是上下兩橫。其中的交叉形，在古代木簡上有變模糊的可能，以致轉寫時誤會。至於元字那就不可能誤爲三字了。

七、結論

《殷歷譜》在中國古歷法中是一個開創的工作，其中當然具備很大的冒險性。大致說來，董先生去掉了歷代相傳用「三統歷」來算古歷的包袱，去尋求一個合天的歷法作爲標準，然後把甲骨的祀譜加上去，可稱特識。但是千慮之失，仍可能發生。他採用僧一行的算法，以前 1111 年爲武王伐商之年，就產生了基本上的阻礙。本來僧一行實際上不僅精於歷法，而且對於古書的了解也相當的深。只可惜他曲解了《竹書》原文，並且還採用英雄欺人的辦法，在引用古書時也紛紛改字，來幫助他自己的假設。這在一種科學性的工

作上是不能允許的，董先生過分信從了僧一行，把僧一行裝飾過的材料，認為唯一的根據。即使其他方面正確，在此也不免造成極大的偏差。

除去前 1111 這一年不可信據以外，還有一點，就是「無節置閏法」。若要採用「無節置閏法」，其先決條件必須證明商代已有「節氣」或「節」才可以做初步的假定。但是在二十四氣之中，冬至、夏至、春分、秋分四個中氣是天然的，而立春、立夏、立秋、立冬四個「節氣」是人為的。其他的「節氣」、「中氣」都是人為的。所以「中氣」的發現在前，而「節氣」的擬定在後。在西方國家裡，直到如今，還只知道二至二分四個「中氣」，其他的二十氣，從來就無此一說。中國歷法的進展，如其早知閏法，只應當「無節置閏」從「無中置閏」經長期演變而來，決不可能未有「無中置閏」法之前，就先採用「無節置閏」法。如其相信商代有「無節置閏」法，初步條件，必需有確實證據，證明商代以前有「無中置閏」法才可以，這當然是辦不到的，所以「無節置閏」這個假定，不堪採用。

董先生的《殷歷譜》是一部好書，只因為採取了一個前 1111 年武王伐紂說，又採取了另一個不能接受的臆斷「無節置閏」說，就在全書不僅僅是兩個小疵，而是在全書中是兩個巨累。如其《殷歷譜》還可以應用，就一定要把這兩點加以改正，這就是本篇文寫出的目的。關於前者，本篇採用了我一貫的看法，以前 1025 代替前 1111。關於後者，本篇提議採用一個比較合理的看法，以「無二至二分置閏法」來代替「無節置閏法」。拿這兩點做基礎，就對於《殷歷譜》做了些必要的修正，因而在《殷歷譜》中，原來許多可以應用的貢獻，都保留下來，使得《殷歷譜》可以和周武王伐殷比較可靠的年代，前 1025 年相銜接。當然這一點還要感謝董先生，他又做成了《中國年歷譜》，使研究的人脫離了錯誤的三統歷，給我們一個比較正確的、客觀的歷譜底本。

現在把殷周年代，修正了董先生的意見，從武丁時代算起，列表如次：

商周王名	年數	西元前紀元
武　丁	59	1215-1157
祖　庚	7	1156-1150
祖　甲	33	1149-1117
廩　辛	6	1116-1111

康	丁	8	1110-1103	
武	乙	4	1102-1099	
文武丁		13	1098-1086	前 1087 爲周文王元年
帝	乙	35	1085-1051	
帝	辛	25	1050-1026	前 1037 爲周武王元年
周武王		4	1025-1022	前 1025 爲周武王 13 年
成	王	21	1021-1001	前 1016 周公歸政
康	王	19	1000-982	
昭	王	16	981-966	
穆	王	50	965-916	
龔	王	16	915-901	
懿	王	17	900-884	
孝	王	22	883-862	孝王及夷王總年數爲 30 年
夷	王	8	861-854	
厲	王	12	853-842	
共	和	14	841-828	共和時期仍用厲王紀元故厲王總年數爲 26 年
宣	王	42	827-782	
幽	王	11	781-771	

到前 770 爲平王元年，以後就是東周時代了。

在本篇有關商代問題以外，其中周成王和康王的年數問題，過去所做的幾篇中，對於這一件事說得不夠，現在就此補充一下。依照《尚書·顧命篇》，成王崩時，康王已屆成年，今假設成王十八歲時康王生，成王崩時康王十六歲，那就成王崩時當爲三十三歲。如其成王在位二十年，那就武王崩時成王爲十三歲。在周公輔政時成王稱爲「孺子」，所以成王在那時的年歲不應當太大，即成王在位年數不可能少於二十年。

據〈顧命〉：「惟四月哉生魄，王不懌，甲子，王乃洮頮水，相彼冕服，憑玉几。」如其成王年數爲二十年，那就這一年是前 1002；如其成王年數爲二十一年，那就這一年爲前 1001。前 1002 的四月是丙辰朔，甲子爲初九日，前 1001 年四月是庚戌朔，甲子是十五日。哉生魄是始生魄，約當初三

或初四日，至初九日爲第七日，至十五日爲十三日。從發病到病勢嚴重，如其爲某種傳染病，那就都有可能。也就是成王在位年數爲二十一年，應當是合理的。

按照《漢書》二十一〈律歷志〉下，引《古文尙書・畢命》：「惟（康王）十有二年，六月庚午朏，王命作冊豐刑。」若按成王年數二十年算，康王元年在前1001，十二年爲前990，六月乙巳朔，不可能有「庚午朏」。若按成王年數爲二十一年，康王元年在前1000，十二年爲前989，此年六月爲己巳朔，庚午爲初二日。朏就是朔，亦即此月在當時算作庚午朔。古代朔望比定朔或前一日或後一日是常事，上文說成王的年數爲二十一年，成康兩代的年數，總爲四十年，那就康王的年數爲十九年。就以上所討論的，周代各王的年數大致可以決定了。只有孝王和夷王總年三十年，尙未能決定。不過周代金文現在還正在繼續不斷的出土，這個問題是不難解決的。

做商周年歷的工作，實際上是一點一滴拚湊上去的，其中所需要的全是工夫，半點天才也用不上。這種工作有一點像拼畫塊遊戲（puzzle）的辦法。只有一個對的答案，在做的時候，只有細心的去做，忍耐的去做，絕對不許把感情好惡加上去。（譬如已如友人魯實先教授，他的爲人治學都非常誠篤，好學不倦，就十分可惜的專和董先生作對，費了不少功力，而其結論完全不可靠。）現在這篇的工作實際上是把董作賓先生拚對的採用了一大部分，不對的拆掉了一小部分。當然這個工作目前距離完成尙遠，後之視今，亦猶今之視昔，將來一定還需要更多的改革的。

附　記

此篇係去年寫成的，因爲在國外，一時未覓到嚴一萍先生的《續殷歷譜》，未能參考。到了最近，方才獲得此書，正好本篇校稿已到，此書可以補充本篇的，還有不少。不過時間上實在來不及詳爲考訂，只好就其中四點重要的材料來補充一下。

一、《續殷歷譜》第249至255頁，說到帝乙二十一祀的月譜在一塊卜骨上，由各處拼湊而成的。按照原設計爲西元前1189年，今新訂爲西元前1065年，只因在西元前1066年有一個閏九月，所以此年各月的月朔要推前一個月。即帝乙二十二祀是正月小（建丑）癸巳朔，二月小（建寅）壬戌朔，三月

大（建卯）辛卯朔，四月大（建辰）辛酉朔，五月小（建巳）辛卯朔，六月大（建午）庚申朔。比《續殷歷譜》雖然提前一個月，但因西元前 1189 年照《殷歷譜》有一個閏八月，所以到九月以後月朔干支仍然彼此相同。至於連小月一層，也和《續殷歷譜》一樣，不能更改。

二、《續殷歷譜》第 282 至 288 頁，根據小川睦之輔氏所藏的卜辭，證明此項卜辭只有祖甲十三年可合。但《殷歷譜》此年十二月大，必需改為小月，才能在次年正月為甲寅朔。亦即此年發生連小月的現象。今依照改訂歷譜，祖甲十三年在西元前 1137 年，此年十二月小，次年正月為甲寅朔，可以直捷適合，不必以連小月來解釋。

三、《續殷歷譜》第 179 至 186 頁，及附表 187 至 222 頁，根據京都大學人文科學研究所的一片腹甲，有六祀五月壬午的記錄。只有文武丁六祀才有可能。但原譜六祀五月無壬午，因此要把原譜稍作修訂才可以。按原譜文武丁六年為西元前 1217 年，今新訂的文武丁六祀當為西元前 1093 年，五月原為癸卯朔。但因四月無春分，所以應有一個閏月。五月移到下月，就成為五月癸酉朔，十日壬午，與嚴一萍先生改正，結果相同。

四、《續殷歷譜》第 262 至 268 頁，關於閏譜的問題。是在帝辛十祀九月，必有一閏月，對於九月以後的干支才能符合。原譜是以西元前 1165 年為帝辛十祀，此年加入一個閏九月，恰好符合。至於新擬的是以西元前 1041 年為帝辛十祀，正月為癸卯朔，九月為己亥朔。在前一年（前 1042 年）閏十二月，閏月已經閏過，不必再閏九月才能符合。所以此條對於新擬的仍然是可用的。

七、考古學及文字學

釋　築

　　契文中方國之名有所謂𠂤方者，爲殷人西北之大敵，其字迄未定釋。其結構在上部之𠂤，葉玉森早已釋作工，唐蘭更引用至此字上部，已爲治契者公認定論，自無異說。其下部之凵形，在契文中多不作口字用，最多者當被認爲筮盧，以承物者。惟工字下承筮盧，則亦難爲確解。此斯字所以扞格難通，而不能輕爲論定者也。

　　此字自孫詒讓始，已爲試釋，孫氏釋昌，王國維釋吉，林義光釋鬼，葉玉森釋苦，惟唐蘭因𠂤及𠂤在甲骨文中爲工字已無疑義，改定此一部分爲工字[1]，因此此字爲从口，工聲，即邛字[2]，假作邛崍之邛，唐氏以爲邛國在殷時當甚強盛，故爲西方之鉅患也。以上各說，孫王林葉之意，證據皆不充分。鬼方一說雖近是，但甲骨文中別有鬼方一名，且工之與鬼，音讀相去尙遠，不能輕爲通轉。至於唐蘭一說，甲骨从口之字，口形皆較小，而較大之口形，多不作口解，唐氏亦自知之。今釋作邛，已稍牽附。而況邛崍一名，始於西漢，以前未通中國。所謂邛國在殷時當甚強盛，純係揣測之辭，無歷史上之根據。況甲骨文中已有蜀字，〈牧誓〉所稱助周之西南各族，但有庸、蜀、羌、髳、微、盧、彭、濮，曾無一語及於邛人，若果邛人可以犯殷，以地望論，必當已兼有庸、蜀，此事實所未曾有，其說當然不能成立也[3]。

　　今欲擬定　字較爲合理之詁訓，必當從字義及史事兩方面入手。如其不能在史事有所根據，則雖千言萬語，皆成虛構。若從史事方面求得根據，亦

1　見李孝定先生《甲骨文字集釋》，1589。
2　唐蘭《天壤閣甲骨文釋》，頁 53-54。
3　蜀在戰國時仍爲四川境內最大之國，秦惠王伐蜀，張儀稱蜀爲戎狄之長，見《戰國策·秦策》。

必在字形音訓求其確切相關，如其真有可能，則不妨先成立假設再行求證。

殷人在西北之大敵，自當先數鬼方，今鬼方一名既不適用於囝方，自惟有更思其次。蓋西北游牧部落，種類繁多，決非一族，戰國以前載籍不足，難於悉從徵考。即就漢世而言，已有匈奴、鮮卑、烏桓、月氏、丁令、烏孫諸大族，而東夷之挹婁、韓、濊，西方之氐羌，以及西域天山南北兩道城郭諸邦尚未計入，自南北朝以及明清，其繁複亦復類是，原不可一概言之。王國維作〈鬼方昆夷玁狁考〉引據精詳，誠爲名論。但謂其啓發新義，有裨後學則可，若固執以求，竟謂商周時代在北方活動之游牧民族，僅此一種，則蔽之甚矣。是則鬼方以外，在殷商時代，尤其在武丁時期，仍必別有強大之族，無可疑者。

周之先世古公亶父略與武丁同時，其侵周疆土者，即是獫鬻而非鬼方。《孟子・梁惠王》下篇云：「惟仁者爲能以大事小，是故湯事葛，文王事昆夷；惟智者爲能以小事大，故太王事獫鬻，句踐事吳。」孟子時代遠在秦焚書之前，其說自有所本。《史記・匈奴傳》注，亦引應劭《風俗通》稱「殷時曰獫鬻」，與此正可互證。至於《孟子》亦稱「太王居邠，狄人侵之」，此狄人亦指獫鬻而言，蓋狄者雖原爲北方夷族之一種，然已久爲註稱，故亦可以指獫鬻矣。

春秋時代狄秋，大別之曰白狄、曰赤狄。白狄釐姓，居於恆代，赤狄隗姓，居於澤潞[4]，各有邦國，不相統屬。其隗姓爲鬼方之後，誠如王氏國維所論。以地望言，鬼方應以山西東部及南部爲主，而蔓延及於各地。春秋時滅魏國者，及晉公子重耳出奔者，皆赤狄也。再據《左傳》閔公元年，晉獻公滅耿、滅霍、滅魏，賜趙夙耿、賜畢萬魏，以爲大夫。「魏」字雖號稱爲「魏大名也」，但溯其源流，亦當由於爲鬼方舊地。魏國在《左傳》杜《注》未言所在，《詩・魏風・正義》言「〈地理志〉河東郡有河北野，《詩》魏國也」[5]，清《一統志》以爲「河北縣故城，在今山西芮城東北一里」，是則鬼方故地自山西東南部緣中條山以至山西南部黃河沿岸，其區域不可謂不大，自不必舉陝西、甘肅諸地而盡歸之也。

---

4 白狄釐姓(媈姓)出於《世本》，至於春秋時赤狄各邦多爲隗姓，詳見顧棟高《春秋大事表》，及陳槃先生《春秋大事表・列國爵姓及存滅表譔異》。

5 《漢書・地理志》「河東即河北縣」下班氏自注：「《詩》魏國，晉獻公滅之，以封大夫畢萬。」

　　玁狁之地既與鬼方之地有別，則玁狁與鬼方自不宜混而爲一。玁狁之名不見於甲骨。甲骨鬼方之外，雖則有土方，亦與商人爲敵，但土方或當屬之於唐杜，與玁狁應非一族。是甲骨中指玁狁者亦必有其字。甲骨中於方國多以方稱，語多省減，此例亦延及周漢。春秋多省名，故晉重耳但稱曰晉重。準之方國，則大彭亦稱曰彭，豕韋亦稱曰韋。《詩・商頌・長發》「韋顧既伐，昆吾夏桀」，鄭《箋》曰：「韋即豕韋，彭姓也。」《漢書・韋賢傳》：韋孟諷諫詩曰，「肅肅我祖，國自豕韋」，即豕韋之後省稱韋姓也。其他氏族之中，如應劭《風俗通義》所說：「鞮氏晉銅鞮伯華之後」[6]，「灌氏斟灌氏之後」[7]，皆以省字爲姓。其斟尋之後，見於《廣韻》侵韻者凡有尋、鄩、鄩三姓。循此例而推，則玁狁自可單稱作狁[8]，狁字在古音中與築字全同，是玁狁依舊例自可稱爲有狁、狁方，或有築，築方矣[9]。

　　築字不見於甲骨文，依據《說文》，此字爲從木筑聲，而筑字又爲從巩竹聲。再求巩字，則命意爲懷抱，而其形則爲從丮工聲。而丮字篆文作𦥔，甲骨文作𠬞，《說文》云：「持也，象手有所丮據也，讀若戟。」此築字從聲部分數度新用，其中必有變革之跡。

　　築字及筑字從竹得聲一事，根本即可懷疑。甲骨文雖有竹字，但竹部之字，如簠、簋、箕、箙諸字，俱不從竹。甲骨時代，版築之事，已甚普遍，除《孟子》及《史記》所言傅說版築之史事以外[10]，殷虛現存版築之跡甚多，具見中央研究院史語所之歷次發掘報告。殷代既存在此一普遍事實，不應無此築字。但依甲骨文之慣例不宜從竹，則亦必有不從竹之字而訓爲版築之築者。

　　再就筑字而言，筑之爲器實出於戰國，雅樂之中，有瑟無筑。商代尙無

6　《通志・氏族略》引。

7　《通鑑・漢紀》胡《注》引。

8　狁亦姓氏之一，鬻熊爲楚始祖，當爲周文王師，或亦出於鬻國，惟楚人自稱爲高陽氏之苗裔耳。狁雖爲夷狄之國，但亦自可受教於中原，例如舅犯、由余皆出於戎。舅犯於禮儀，略不及趙衰之文，但其智略則出諸臣之上。

9　見董同龢先生《上古音韻表》，頁 126。

10　《孟子》所說是〈告子篇〉下「傅說擧於版築之間」，《史記》所說築于傅險，《書序》作傅巖，依託之〈說命〉從之。

筑之一物，不宜築字反而以筑得聲。依本末先後而言，則築在先，筑字在後，筑字可從築之初文得形，而築字不可能从筑之形聲得聲。而況筑爲樂器，凡樂器中簫箎之屬，亦皆从竹得形，非从竹爲聲，即在竹部之中，其他各字亦皆从竹得形，無若筑字以竹爲聲者，以竹得聲之說，甚不合於竹部中諸字之習慣用法。而筑之爲器，不由懷抱，以筑爲形亦全無根據。頗疑許氏本亦不能解決此字結構，原文當作「从竹从巩」。其从巩竹聲之事，蓋是後人改定，此類之事在《說文》中甚爲常見，段玉裁已指出不少，不足爲異。問題但在筑字與巩字究竟有若何關係而已。

今按巩字實應从工得聲，即《唐韻》讀爲「居悚切」者，其从巩得聲之字，如恐、㓖、㧬、鞏、鞏等，皆確然从巩得聲，則巩字从工得聲似無可疑。惟有筑字所从究係何字，此則當詳爲考索者。

若筑不从竹得聲，則當依常例以竹爲形，而得聲部分，當爲類似巩字之字而非巩字。此類似巩字之字當即築字之初文。其中線索，則惟有從諸字共同採取之「工」字探索之。

《說文》築字之古文作𡍮，未知所從。審其上部，當爲竹字之訛誤，其下部則从土。惟中部需鉤稽比較以定其眞。按此部份作𢼸者與甲骨文之回字實有類似之結構，即此字爲上挾下廣之凸形體。《說文》中之古文，從戰國經漢，屢經訛變，從回至𢼸實不過分歧異。如此則築字原文當爲回，其中所含之卩形，亦即實爲築字中之「工」字所肇始。若以此字爲基本而加以變化，則筑字原文實不作筑，而當作𥶙，其作筑者，因省口字，遂成从竹从巩而與巩字相混耳。據此，回字實當爲築字之初構。

工字小篆作工，與小篆之巫字相近（巫字甲骨作玊，象兩玉交互重疊之形，秦〈詛楚文〉之巫字與此相同，與小篆之結體大異），故或以象巧飾，或以爲象規矩。若以甲骨文之工字衡之，其中固有作工形者，但亦多作𠙵或占，既非巧飾，亦難釋爲規矩。惟有認爲杵形，庶或近之。此類之杵，乃是巨木，數人扛之用以版築，至今華北築牆，猶或用之。字亦作杠[11]，孟子言徒杠成，即以巨木架爲步橋也。再引申爲車程，即車中支轂之柱，此在車中之木亦選巨而圓

---

11 工字原與杠字同義，見于鬯《說文識》，及章炳麟先生《文始》。此亦可以證明工字原爲巨木，非規矩也。

者，猶如版築所用之杵也[12]。

《詩經》屢見築字，如築室百堵，築室道謀之類，而金文則鮮見此字。蓋金文多爲銘功感賜之文，遣詞用字範圍有限也。惟戰國器中「子禾子釜」有築字，其器刻畫較細不甚清晰，吳大澂《說文古籀補》作，容庚《金文編》從之，惟林義光《文源》引作，其下部从中不从木，當較確。蓋吳氏確知此字爲築以後，其下之木雖不能全據原器，亦竟以意爲之。惟林氏較爲慎重，照器文描，今雖不能知其所从，終屬非常有用也。按林氏所描之中形，非中字，亦非木字，當即口字，其中直畫，當屬剔字誤刻者。如此則戰國時築字應作「筑」，亦即築字爲从「竹」从「工」从「丮」。再申言之，此字實爲筑字，借用爲築。築字之原文，當爲从「舌」从「丮」，其結構當爲「䂓」，乃從甲骨之舌字（亦即𡆧字）變化而出也。

再從𡆧字之結構而言，上部之爲杠形，甚爲明白，其下部則有時作，有時作，此種形式，一般均象筀盧，但巨木之杠，其下無用筀盧承受之理。則八其亦必別有所象。按甲骨阱字从鹿从，羅振玉謂爲「穿地似陷獸」者。以此例之，則此形當象兩版之間以築土之坑陷。其再加形者則正象人用手持杠以築土也。

築字既以工字爲主形，故古者水土之事爲司工（即司空）之事。《尚書・堯典》言「伯禹作司空」，職在平水土。《周禮》雖亡〈冬官〉，無從確定司空之職。但據《禮・王制》，則謂司空「量地以制邑，度地以居民」。孔穎達《疏》謂「足明〈冬官〉有主土居民之事」。依託之《尚書・周官》言：「司空掌邦土，居四民，時地利」，正亦依據有自，非泛言也。皮錫瑞〈王制箋〉[13]云：

> 案司空，依今文說當爲三公之司空，不當爲六卿之司空，《韓詩外傳》曰：「三公者何？曰司空、司馬、司徒也。司馬主夫，司空主地，司徒主人」。《漢書・百官公卿表》同，《白虎通・公讀篇》曰：「司馬主兵，司徒主人，司空主地」，引《別名記》同。《御覽》引《書・大傳》曰：「溝瀆壅遏，水爲民害，則責之司空。」《論衡》引《書・大傳》曰：「城郭不繕，溝池不修，水泉不障，水爲民害，則責之地公。」蓋司空

---

12 見《周禮・輪人》鄭《注》。

13 此書不在手邊，今據柳詒徵先生《中國文化史》上冊頁 147 引。

　　一名地公，正掌度地量地之事，此夏殷官制與〈周官〉六卿不同者也。

　　今案今文〈王制〉言三公[14]，古文《周禮》言六卿，其來源均出於戰國而學說略異。司空爲水土之官，則無不同，惟《周禮》分其事於地官司徒[15]而已，但就〈考工記〉而言，仍可見治理水土之跡也。工官之職總領百工，水土之任，重於其他工事。而城郭、溝洫與隄防，實皆水土工事之要者。《禮記‧郊特性》：「天子大蜡八……祭坊與水庸事也。」《正義》曰：「祭坊與水庸事也，是營爲所須之事，坊者所以畜水，亦所須郭水，庸者所以受水，亦所以泄水。」凡坊與庸皆經版築而成，則謂水土之事，版築爲先，非過言也。工事既以版築爲先，而工字又與杠原爲一字，則囜字在形聲方面既解釋難通，在會意方面築字之可能性，較其他任何字之可能性，皆遠爲優越，則釋囜方爲築方，亦即鬻方，在史事及地望方面，亦無較此更爲合理者，除有新發現之材料，與此假設衝突外，此時固不妨定此假設也。

　　誠然，如此證明，轉折太甚，費力亦多。或以爲太王時獯鬻既在北方，其地望與囜方正合，如能證明工與獯可以相通，豈不更爲直捷？答曰：「此非可以輕易爲之也。」蓋若是，則(1)不能解釋囜字之賦形命意，於其下部之或　，僅能不予理會。(2)築字之構成經過，甚爲繁複，不能不予解析。(3)獯字據《切韻殘本》及《唐韻》、《廣韻》均爲許云切，屬於曉紐諄部，而工字則《切韻》、《唐韻》、《廣韻》均爲古紅切，屬於見紐東部，不能輕易通轉。若據《史記集解》引應劭、晉灼、韋昭諸說，以爲殷時獯鬻即漢時匈奴，匈字爲許容切，與工字同屬東部，較易通轉，但匈奴之稱，出於戰國，〈王會篇〉雖有匈奴之稱，此篇亦中經竄亂，不可盡據。今日材料不足，誠未敢以匈奴一語，上溯殷商。亦猶築字假之古音爲$\hat{t}iok \rightarrow \hat{t}iuk$[16]，遂謂可與突厥之 turk 爲對音。古代游牧民族經常來往中央亞細亞，東至太平洋岸，而至歐洲，誠爲常事。但分合頻繁，古今異制，此不得不深期慎重者矣。

14　〈王制〉雖爲漢文帝時博士所述，但其説亦採自舊説。

15　《周禮》司徒掌度地之事，而〈王制〉司徒之事，則《周禮》分爲冢宰。

16　據董同龢先生《上古音韻表》。

漢代的「史書」與「尺牘」

　　在中國古代書法之中，保存墨蹟至今，而且較爲豐富的，是要算在西北亭隧中所發現的漢代木簡了。在漢簡以前，尚有若干墨蹟保存下來，如同一部分的甲骨，長沙發現的楚國帛書和竹簡，自然也甚爲重要。不過這些實物的數量都不能和漢簡相比。並且就書法的進展來說，漢代的書法是已經成爲一種藝術，就是所謂「尺牘」，在戰國以前，似乎尚未曾被認爲是藝術的一種。

　　中國的書法，從甲骨文、金文，到戰國時代的秦文及六國文字，可以算做一個時期。從漢代至於現代，可以算做另外一個時期。前者不妨稱爲篆書時代，後者不妨稱爲隸書時代。從甲骨文到戰國文字，其中是有不少變化的，但不論如何變化，都可以歸入「篆書」這個範疇之內。從漢代以後直到現代，除去偶然在應用還可以看到篆書的痕跡，例如印章、碑的篆額、少數的篆文碑，以及文人仿古的藝術作品以外，應當都是「隸書」及隸書的變體。這一類屬於隸書系統之下的，如同隸書、章草、北碑書體、草書，唐以後的楷書、行書、六朝別字、日本的片假名、平假名、契丹文字、女真文字、西夏文字、韓國的諺文、刻書的「宋體」，以及注音符號，都是屬於「隸書」範疇之內。

　　篆隸的過渡時代，應當是秦代，因爲秦代通行的小篆，尚爲舊有大篆的遺法。現今可以考見的秦刻石、秦權、秦量之屬皆是小篆。不過隸書是在秦代創始的，這就形式了後世新書法的開端。

　　篆書是一種方嚴而規律的結體。當篆書通行的時代，肄習篆書雖然也需要相當大的功力，但因爲篆書究竟比較圖案化，是不會被人認爲是具有個性的藝術的。所以在戰國時期諸子中的記述，只有精美的雕刻和繪畫，動人的音樂，卻從未有高貴的書法出現。到了《漢書・張蒼傳》：「好書律歷」和《漢書・淮南王安傳》：「好書鼓琴」，這可以解釋做「書法」的開始。不過這裡所

說的「書」固然可以認爲書法，也未嘗不可認爲書籍，並且若作爲「書法」的解釋，應包括文字的學習、字體的標準、筆畫的排列在內，和後世純美術的觀念不同。到了《漢書‧張安世傳》，說他：「用善書給事尙書」，這個書當然是指書法，不過這裡可以代表的意思，還是尙書爲發布詔令的機關，需要善書寫的人來抄寫詔令，也還是指應用而不是指藝術。例如在沒有打字機的時候，西洋的公文發布，也要用寫好字的人去抄，但西洋的文字並未發展成爲一種藝術。

書法正式成爲藝術，應當出於西漢的晚期。《漢書‧游俠傳》：「陳遵⋯⋯性善書，與人尺牘，主皆藏去以爲榮。」尺牘就是長漢尺一尺（約爲市尺七吋），寬漢尺三四吋的木板，用來作私人通信之用的。照現在尙存的漢代的牘來看，凡是通信大都係用草書來寫。《漢書‧北海敬王睦傳》：「善史書，當世以爲楷則，及寢病，（明）帝驛令作草書尺牘十首。」正可看出寫尺牘在原則上是要用草書的。平時私人通信原來已用草書，至於對皇帝卻是應當用隸書上奏的。這是因爲草書尺牘已經成爲藝術，所以漢明帝向北海敬王索取草書的尺牘。也就表示著，篆書和隸書在漢代不是藝術，只有草書才有藝術的性質。

草書是藝術，在意義上本不難了解。書畫同源一事在歷來的藝術家大概都是同意的。漢代的繪畫墨跡，現在尙不難考見，大都疏落有致而注重線條的神采，這種線條的表現方法，正和漢代草書有相關之處而和篆隸的方法距離較遠，也就顯示著爲甚麼到草書才能和藝術發生關連。書畫的相關至少需要兩種因素，第一是工具的相關，第二是線條種類的相關。僅僅工具的相關還不夠，必須線條種類相關才能說上相關。現在可以確實知道，自有甲骨文以來已有毛筆，已有　枲做成的墨。不過工具儘管一致，但寫字的方法和繪畫的方法並不相同（當然文字可能從圖畫變來，但成功爲文字以後，就不是圖畫了），因而文字也就未曾成爲藝術。直等到草書普遍以後，草書任情揮灑，不受規格上工整的限制，可以盡量把繪畫的方法用在書寫之上，從此書畫的性質便可以合而爲一，而書法也就自然成爲藝術了。

不過書法的標準，最先還是從應用而來的。這種應用的書法，被稱爲「史書」。在《漢書‧元帝紀》，稱元帝「多材藝，善史書」。錢大昕的《二十二史考異》說：

　　漢律，試學僮能諷九千字以上，乃得爲史（見〈藝文志〉），〈貢禹傳〉：「武

帝時，盜賊起，郡國擇便巧史書者以爲右職。俗皆曰：『何以禮義爲？史書而仕宦。』」〈酷吏傳〉：「嚴延年善史書，所欲誅殺，奏成於手中，主簿近史不得聞知。」蓋史書者，令史所習之書，猶言隸書也。善史書，謂能識字作隸書耳，豈皆盡通《史籀》十五篇乎？〈外戚傳〉：「許皇后聰慧，善史書。」〈西域傳〉：「楚主侍者馮嫽，能史書。」〈王尊傳〉：「少善史書。」《後漢書·安帝紀》：「年十歲，好學史書。」〈皇后紀〉：「鄧皇后六歲能史書」，「梁皇后少好史書」，〈章八王傳〉：「安帝所生母左姬善史書」，〈齊武王傳〉：「北海敬王睦善史書，當世以爲楷則。」〈明八王傳〉：「樂成靖王黨善史書，喜正文字。」諸所稱善史書者，無過諸王、后妃、嬪侍之流，略知隸楷已足成名，非真精通篆籀也。《魏志·管寧傳》：「潁川胡昭善史書，與鍾繇、邯鄲淳、衛顗、韋誕，並有尺牘之跡，動見模楷。」則史書之即隸書明矣。

這裡錢氏的《考異》是駁斥顏師古《注》引應劭說，解釋史書爲「周室王太史所作大篆」而發的。本來「史書」一辭在《三國志》作者尙和漢代通用的方法相同。則在應劭的時代（東漢獻帝時期），決不會不知道漢代的一般用法。應劭的錯誤只是對於「史書」的解釋，加以揣測而求之過深。漢代有許多通用習語本是難於求其確切意義的，例如「三老五更」一詞，蔡邕就硬讀爲「三老五叟」，當然蔡邕也是錯誤的，可是「三老五更」正確的來源也是不能明瞭。從這一點來看，應劭雖然是漢末的人，卻並不能因爲他是漢末的人，就不加分辨而採取其說法。《漢書·元帝紀》所稱漢元帝「多材藝，善史書」，和鄧皇后、梁皇后、左姬等的善史書相同，當然不可以解釋做大篆。錢氏的分析是不可動搖的，不過從另一方面來說，不指元帝當時所寫史書的類別，而是要追究史書的來源，卻也可以作一種另外的看法。假如應劭的原注爲「史書出於大篆之《史籀篇》，漢世以指隸書」，那就比較無大誤了。

《漢書·王莽傳》上：

> 徵天下通一藝，教授十一人以上，及有逸禮、古書、毛詩、周官、爾雅、天文、圖讖、鍾律、月令、兵法、史篇文字，通其意者，指詣公車。

其中「史篇」二字下，顏師古《注》：

> 孟康曰：「史籀所作十五篇，古文書也。」師古曰：「周宣王太史籀所
> 作大篆也。」

顏師古《注》「史篇」二字的解釋，正和他所引應劭《注》「史書」二字的
解釋，完全相同。這就是表示著，應劭和顏師古都是認爲「史書」和「史篇」
是同樣的。

那麼「史篇」的內容，以及和漢代隸書的關係，現在應當予以討論，才
能顯出史篇與史書的關係，來看應劭及顏師古說法究竟有多少可靠性。

關於漢代書體的淵源，見於許慎《說文解字‧序》：

> 宣王太史籀著大篆十五篇，與古文或異。……秦始皇初兼天下，丞相
> 李斯乃奏同之，罷其不與秦文合者。斯作《倉頡篇》，中車府令趙高作
> 《爰歷篇》，太史令胡母敬作《博學篇》，皆取史籀大篆，或頗省改，
> 所謂小篆者也。是時秦燒滅經書，滌除舊典，大發吏卒，興戍役，官
> 獄職務繁。初有隸書，以約趣易，而古文由此絕矣。自爾秦有八體，
> 一曰大篆，二曰小篆，三曰刻符，四曰蟲書，五曰摹印，六曰署書，
> 七曰殳書，八曰隸書，漢興有草書。尉律，學僮十七以上始試，諷籀
> 書九千字乃得爲史。又以八體初之，即移太史並課，最者以爲尚書史。
> 書或不正，輒舉劾之。今雖有尉律不課，小學不修，莫達其說久矣。
> 孝宣皇帝召通《倉頡》讀者，張敞從受之。涼州刺史杜業，沛人爰禮，
> 講學大夫秦近亦能言之，孝平皇帝徵禮等百餘人，令說文字未央庭中，
> 以禮爲小學元士。黃門侍郎揚雄，采以作《訓纂篇》。凡《倉頡》以下
> 十四篇，凡五千三百四十字。群書所載，略存之矣。

後一段「孝平皇帝徵禮等百餘人」，實在那是〈王莽傳〉所說的徵集通「史篇
文字」的那回事。照此所說「史篇」即是《倉頡篇》。亦即是因爲漢時古文大
篆早已不能通曉，一般所能追溯的，只到用小篆書寫的《倉頡篇》爲止，不
再能上通之於《史籀篇》。誠然，就淵源來說，《倉頡篇》和《史籀篇》有相
承之緒，不過《倉頡篇》和《史籀篇》字體不同，因而《倉頡篇》就不能代
表《史籀篇》。到了漢代，通用隸書，甚至於《倉頡篇》亦已隸書化，更非秦
代之舊（從漢簡中隸書的《倉頡篇》便可證明），所以就淵源來說，漢代的「史書」
可以說自《史籀篇》承襲而來，但就漢代史書的實際性質來說，是和《史籀

篇》全然是兩回事。因而應劭及顏師古所說，雖不能說全無根據，卻與漢代
實際情形並不相符。再就「史書」的名稱上來說，當然是有兩個可能：(一)
是從《史籀篇》的「史」字逐漸轉變而來。(二)從秦尉律「諷籀書九千字乃
得爲史」的「史」的資格而來。現在因爲材料不夠，不能多爲揣測。不過就
漢人對於「史書」認爲是一種應用的文字來說，寧可相信第二個可能，因爲
尙近真實些。不過縱然是屬於第二個可能，也不會被漢代當時士大夫所稱引，
因爲比較第一個可能，在傳述上總會顯著太俗了。

　　依照〈張蒼傳〉和〈淮南王安傳〉所說的「好書」，應當包括較廣的範圍，
和《史記・項羽本紀》：「學書不成去學劍，學劍又不成，……籍曰『書足以
記姓名而已，劍一人敵，不足學，學萬人敵。』」中所要學的「書」是同一類
型。項羽學的書並非學書法藝術，要做一個書家。而是要依照尉律，要諷誦
九千字，知道了字中的意義及結構，要去應用。也就是學書是做文史的條件，
學劍是做武吏的條件。在秦漢時代吏亦稱作史，作史需要的書，也就是史書
了。至於張蒼，本是一個精通史事的人，不會不注意與吏事有關的史書；淮
南王安雖於學無所不窺，不過當時的所謂「學書」，正是治「小學」書，小學
本爲治學之門徑，則其留心於此，也不足深怪。

　　史書講究的工整與正確，但不太注意工整與正確的卻別有「草書」。「漢
興有草書」，草書並非正式法定的文字，他的功用是屬稿和通信，因爲不受到
拘束，就得到了較高藝術上的效果。《漢書・游俠傳・陳遵傳》：「性善書，與
人尺牘，主皆藏去以爲榮。」以及前引《後漢書・北海敬王睦傳》：「善史書，
當世以爲楷則，及寢病，帝驛馬令作草書尺牘十首。」《後漢書・列女傳》：
「皇甫規妻，善屬文，能草書，時爲規答書記，眾人怪其工。」都是可以看
出草書的藝術價值，高於隸書的藝術價值。

　　當然凡是一種藝術的被承認，決不是突然發生的，一定也有其他方面的
連帶關係。依草書使用的工具和作篆書隸書是相同的，草書既然被承認爲藝
術，那就篆書隸書也會連帶的被注意。這一點在漢靈帝時就很顯然的從「尺
牘」擴張到「鳥篆」了。《後漢書・蔡邕傳》：

　　初帝（靈帝）好學，自造《皇義篇》五十章，因引諸生能爲文賦者，本
　　願以經學相招，後諸好尺牘及工書鳥篆者皆加引召，遂至數十人。侍
　　中祭酒樂松賈護多引無行趣勢之徒並待制（按當作待詔，此唐人諱武后嫌

名所改）鴻都門下，喜陳方俗閭里小事，帝甚悅之，待以不次之位。又
市賈小民爲宣陵孝子者數十人，悉除爲郎中太子舍人。⋯⋯邕上封事
曰⋯⋯「臣聞古者取士，必使諸侯歲貢，孝武之世即舉孝廉，又有賢
良文學之選，於是名臣輩出，文武並興，漢之得人，數路而已。夫書
畫辭賦，才之小者，匡國理政，未有其能。陛下即位之初，先涉經術，
聽政餘日，觀省篇章，聊以游意，當代博奕，非以教化取士之本。而
諸生競利，作者鼎沸，其高者頗引經訓風喻之言，下則連偶俗語，有
類俳優。」

這是從尺牘而推衍，及於其他。不過當時鴻都待詔，除過尺牘鳥篆以外，還
要兼擅辭賦。也是由於尺牘和辭賦都是藝術而有相關性的。當然，蔡邕本人
就是一個擅長草隸的書家。並且鴻都待詔的等次也是靈帝命他審查的。他對
鴻都待詔的原則上，他本不是一個反對的人。他反對的是靈帝用人太濫了，
其中有一部分屬於倖進之流，應當加以淘汰。

　　東漢桓靈之際，立碑最多，《隸釋》和《隸續》所收的，大都是屬於這一
個時期。這許多碑的書法。顯示著不同的個性，當然對於書法還是注意的。
不過寫字的人在碑上並無地位。只有西嶽〈華山碑〉有「郭香察書」四字，
所謂察書，就是對於書體的糾正，也就是「書有不正輒舉劾之」是屬於同一
的性質。因此書碑人的地位還並不高。就中如張遷碑，其書法在漢碑中確屬
造詣很高的，但書碑人卻是一個文理不通的人，甚至於把「爰暨於君」寫成
「爰既且於君」！此碑的文章本就不太高明，但書碑的人連這一點小學常識
也沒有。當然這個書碑的人在蕩陰縣（原碑所在地）的地位也不會怎樣高了。
所以一般講來，漢代書寫正楷的人還是書匠一流，不是被重視的。至於熹平
石經由蔡邕書寫，那是特重六藝，應當別論了。

　　《世說新語・方正篇・注》引宋明帝〈文章志〉說：

太元中新宮成，議者欲屈王獻之題榜，以爲萬代寶。謝安與王語次，
因及魏時起陵雲閣忘題榜，乃使韋仲將懸梯上題之。比下，鬚髮盡白，
裁餘氣息，還語子弟云：「宜絕楷法」。安欲以此風動其意。王解其旨，
正色曰：「此奇事，韋仲將魏朝大臣，寧可使事若此，有以知魏德之不
長。」安知其心，迺不復逼之。

韋仲將（韋誕）題榜事，當然是一個極端的例子。因為題榜本不必懸上高梯的，只要先寫好了匾額，再掛上去就可以了。魏明帝修清宇臺，因為一時疏忽，將一個未曾寫好的匾釘上去，不能再取下來寫，致有此失。謝安請王獻之寫太極殿匾，當然是先寫好，再釘上去，但王獻之仍然不寫，為的是寫篆隸是匠人的事，他不願意去做。

《晉書・衛瓘傳》引衛恆〈四體書勢〉稱古今傳者，古文有邯鄲淳，其祖敬侯（衛覬）；篆有曹喜、邯鄲淳、韋誕、蔡邕；隸有王次仲、師宜官、梁鵠、毛弘、左子邑、劉德升、鍾繇、胡昭；草有杜度、崔瑗、崔實、張伯英（張芝）、伯英弟文舒（張昶）、姜孟穎、梁孔遠、田彥和、韋仲將（韋誕）、羅叔景（羅暉）、趙元嗣（趙襲）、張超。其中有一個可注意的現象，即擅長草書的比較多，而且時代也還有比較早的。也可以顯示著草書比較重要。

以下各條，可以看出漢魏以來草書的被人重視：

> 漢世安平崔瑗，瑗子實，弘農張芝，芝弟昶，並善草書，而太祖（曹操）亞之。（《魏志・太祖傳》建安二十五年《注》引張華《博物志》）
>
> 胡昭善史書，與鍾繇、邯鄲淳、衛覬、韋誕並有名，尺牘之跡，動見模楷焉。（《魏志・管寧傳》）
>
> 衛瓘學問深博，明習文藝，與尚書郎敦煌索靖俱善草書，時人號為一臺二妙。……子恆，善草隸書。（《晉書・衛瓘傳》）
>
> 崔浩既工書，人多託寫《急就章》（按急就章為草書），……所書蓋以百數。（《魏書・崔浩傳》）

所以東漢魏晉以來，書法還是以草書為主。衛恆〈四體書勢〉開始講到行書，稱：「魏初有鍾胡二家為行書，俱學之於劉德升，而鍾氏小異，亦各有巧，今大行於世云。」即行書為隸書之變，而略參以草書之勢的。這一種特殊字體在斯坦因發現的高昌晉簡中看較為清楚。即結體仍為隸書（不是草書），而用筆卻比隸書更為任意些。這就形成兩種趨勢，第一是成為隋唐以來的楷書，第二成為隋唐以來的行書。

無論如何，書法在南北朝雖被人注意，但過去認為匠人工作的餘風，還多少存在著。《顏氏家訓・雜藝篇》：

> 真草書跡，微須留意。江南諺云：「尺牘書疏，千里面目也。」……此

> 藝不須過精。王褒地冑清華，才學優敏。後雖入關，亦被禮遇。猶以
> 工書，崎嶇碑碣之間，辛苦筆硯之役，嘗悔恨曰：「使吾不知書，可不
> 至今日耶？」

古人書碑用書丹之法，不似後人書在紙上，再貼到碑上去刻，因此寫起來要
麻煩。不過也是還有因為將書畫工作的人認為工匠的看法，才致於此。這種
心理亦見於《家訓‧雜藝篇》所述顧士端及劉岳事。又唐時閻立本被人稱為
「畫師」而忿慨（見新舊《唐書》本傳），也是出於同樣的背景。

因為書法藝術的中心是行草，而行草以南方為主。所以北方的書藝不如
南方。《北周書‧趙文深傳》：

> 文深雅有鍾王之則，筆勢可觀，當時碑榜媚深及冀俊而已。……及平
> 江陵之後，王褒入關。貴遊等翕然並學褒書，文深之書，遂被遐棄。
> 文深慚形於悚色。後知好尚難反，亦攻習褒書。然竟無所成，轉被譏
> 議謂之學步邯鄲焉。至於碑榜，餘人猶莫之逮。王褒亦每推先之。宮
> 殿樓閣，皆其跡也。

南朝禁止立碑，現在所看到南朝的碑太少。不過從劉宋的爨龍顏，以及蕭梁
時代的墓闕，字體仍然和北碑一致。阮元《揅經堂集》有「南北書派論」及
「北碑南帖論」，直論至唐宋以後。在現在看來，實是兩種不同的字體。所謂
「碑體」乃是漢代史書之遺，結體工整，多古意，而有匠氣。所謂「帖體」
乃是漢代尺牘之遺，出於文人士大夫之手，筆墨縱肆，而影響於後代者較大。
帖體為後人摹習，日漸失真，古意遂失，有時其氣勢尚不如碑體。歐陽修《集
古錄》謂：「南朝士氣卑弱，書法以清媚為佳。北朝碑誌之文，辭多淺陋，又
多言浮屠，其字畫則往往工妙。」其言一部分是對的，因為碑多為真蹟，而
帖多由轉摹，故碑較佳。但就帖而言，如右軍書蘭亭，卻是定武本存碑意最
多，而元明轉摹之本，更多側媚之筆。這個意見到康有為的《廣藝舟雙楫》，
就變本加厲，不僅重碑輕帖，而且進一步「卑唐」。現在看來，誠然不必像六
朝人輕視碑榜，也不必像康有為認為只有碑榜才是書法藝術。碑榜的法度是
可以重視的，不過真正書法藝術是行草，卻也應當加以體會才對。若一味重
碑輕帖，那就是捨本逐末了。

中國文字之特質及其發展

一、中國語言文字及字書

　　中國，是眾所周知的，在亞洲，在世界是一個很大的國家。但是由於特殊地形的影響（山地占面積多半，並且全國被山脈、沙漠及大洋所包圍），使得中國在一個長的時期和外界有一個相當程度的隔離。

　　這種相當程度的孤立，使中國文化形成特殊化。例如單音語系和符號文字就是其中重要之點。這種單音語系怎樣形成的，可能相當複雜，迄今尚未能追溯，未能斷定。並且漢藏語系的單音形式，在世界上還是獨一無二的，也無法對別的音系的發展過程，加以比較。如其要和別的語系比較，只能說這一點——即中國語言是經過變化而成的。至於中國文字如其比較埃及或美洲印第安人的象形文字，卻可以看出中國文字的形成，是在獨立發展狀態下進行的。其完成時期，大約在殷商時代。

　　中國民族可以溯原到「夏」人。「夏」是一個王國形式的國家，大約在山西的南部及河南的西部。不過依照晚近考古的成績來看，可能在文化上與彩陶文化有若干的關聯。夏人四鄰可能都是些戎狄，而這些戎狄也說著種種不同系統的語言。因為夏人文化的進展和傳播，戎狄自然也接觸和採取夏人的文化。就商人來說，也許不一定就和夏人出於同源，但是顯然的商人是採取了夏人的文化和語言。這就是所謂「雅言」。不僅商人用雅言為標準，後於商人的周人也是以「雅言」為標準。

　　從商至周末，總共一千多年，在這一個長期段落之中，許多部落成為城邦，而城邦又演成為王國。在前 221 年，秦始皇繼續的滅了六國而統一中原成為帝國。在統一了中國之後，他把以前各國採用不同的文字劃一了，這些

各國的遺留，現在還可以在發掘出來的印璽、錢幣、陶器，以及銅器中的銘文看到。

秦時的標準字體叫做小篆。小篆是從大篆變來，因爲小篆的筆畫比大篆簡單，所以對大篆來說，稱爲小篆。小篆的字彙是依據當時宰相李斯所作的《倉頡篇》作爲標準。從小篆變出，使得書寫更爲便捷的是隸書。在隸書初行時也許並不算一種正式的字體，只是爲著公文上的應用，一般文吏用來比較方便，就很快的通行起來。到了漢代，最初可能有些正式公文仍以小篆爲主，但其後漸由隸書代替，在敦煌及居延發現的漢簡，漢武帝時代的公文，已經都是用隸書。只有極端鄭重的場合中，如王莽所造的標準銅量才用上小篆。此外只有印璽用小篆來刻，一直沿襲到後代。

因爲一般人在社會中使用的是隸書而不是小篆，所以對戰國以前的字體是不熟悉的。漢代經學中的今文古文問題，就是因爲從漢代初期開始，五經已經用隸書書寫；至於舊存的用古代文字書寫的經書，反而不能被一般儒生熟悉了。

小篆在漢代雖然逐漸不能通用，但小篆仍然是漢代法定的文字。在東漢永元十二年（西元 100 年），對於五經都能貫通的許慎，完成了中國第一部正式的字書《說文解字》。這也是首次採用部首或偏旁來編成的第一部中文字典，也是第一部解釋中國字之學源的字典。這部書流傳以後，就成爲用今體來追溯古文的唯一根據。並且也成爲後世用偏旁來編次中國字所成字典的先驅。

除去《說文解字》以外，李斯的《倉頡篇》，加上趙高的《爰歷篇》和胡毋敬的《博學篇》，總稱「三倉」，在秦漢是當作字書用的。此外史游的《急就篇》，雖然每句的字數和《倉頡篇》不同（《倉頡篇》四字一句，《急就篇》是三字及七字一句），但每句仍自成文理，和《說文解字》以每一個字爲一個單位不同。這種三倉的傳統，後來形成了《千字文》、《百家姓》、《三字經》，以及《四言雜字》、《七言雜字》等，都可以說是三倉系統下讀物。

在漢代時期，或者是在西漢初期，有一種比較《倉頡篇》進步的方式，就是將各類的同義字排在一起，不拘一句的字數多少。這就形成了分類訓詁的辭彙，這部書就是《爾雅》。對於《爾雅》形式繼起的著作，還有《方言》、《廣雅》《釋名》和《小爾雅》，這種分類的字書，也就爲後世講訓詁的主要根據。依照《漢書·藝文志》，《爾雅》有兩種注本，一種是劉歆的注本，另

外是犍爲文學的注本，但是他們卻未想到做成《說文》部首的形式。

除去這些後世算在經部的字書以外，後世把它列在集部的辭賦，實際上也是一種作爲字書功用的篇籍。從司馬相如、揚雄、班固、張衡到西晉的左思，他們的功力除去搜集宮室制度、人情風俗以外，還有鳥獸草木之名，這些名物的搜集，無疑的，也是被人當作字書來看待。

《說文》以後，循著《說文》的體例而編輯的，有梁代（502-566）顧野王的《玉篇》。這部書一共有五四二部首，比《說文》多出兩部。《玉篇》收字雖多，可是在唐宋時期仍有不少新增的字，非顧野王之舊。在《古逸叢書》內有黎庶昌在日本找到的殘本《玉篇》，可以說是顧野王的原書，可惜只有四卷，只能大致看出原書的面目。

在宋代（1031-1039）的時候，又有一部新的字典出現，這就是收字更多的《類篇》。《類篇》的來源是從韻書改編的。而韻書卻別具源流，其中第一部韻書要算《切韻》。

《切韻》是在隋代的 601 年出現的，這是陸法言「集古今南北之音」的一部創作。所以這部書是一種學術上研究的書，而非純爲做詩賦的人查韻用的。不過既然標出古今南北之音，所以此書是盡量的求其分而不是求其合，就全部中國來說，是不可能有任何一個時代或者任何一處地方有這麼複雜的字音讀去。《唐韻》的規模是大致依照《切韻》的，不過《唐韻》就已標出合用和獨用，這就表示唐代實際上標準讀詩的韻不似《切韻》那麼複雜。羅華田先生所著的《唐五代西北方音》，是根據敦煌發現用藏語字母標音的《千字文》而作歸納的，雖然藏語字母和中國語多少有些出入，但其紐韻分合不會太錯，由其中的讀音看來，顯然比《切韻》系統寬得多。

從《切韻》衍出的韻書，唐代有《唐韻》，宋代增加成爲《廣韻》，再增加成爲《集韻》，《集韻》的字數在韻書中是最多的。但是《切韻》的分韻太多，在實用方面是非常不切實際的。唐代雖然已行合用的制度，還未正式合併韻部，到金時平陽人（平水）劉淵把韻部正式合併起來，這就是所謂《平水韻》，明清以來的詩韻都是從《平水韻》這個系統下來的，清代除去官書《佩文詩韻》、《佩文韻府》用的都是《平水韻》分部以外，阮元的《經籍纂詁》，因爲避免代替《康熙字典》的嫌疑，所以不用部首而用韻部，並且因爲《佩文詩韻》是友書，因而也就應用《佩文詩韻》的韻部，來做檢查的指引了。

　　從明代起梅膺祚編的《字彙》，可稱是中國字書中一大改進，梅氏的《字彙》所分的部首是按照筆畫的多少的先後的，在各部中再按照筆畫規定各字的次序，就檢查的方便來說，比《說文》以後各書以性質來排列，要簡明得多了。所可惜的，是梅氏並不曾貫徹以檢查為主的這個原則。梅氏書中如同「帝」在巾部，「平」在干部，「無」和「燕」在火部，「王」在玉部，「尹」在尸部，「舉」在臼部，「奉」在大部，都是完全依照楷書的形式，與原有六書體制無關。但從別一方面來看，如同「和」在口部，「字」在子部，「甚」在甘部等，又完全不從楷書結構中求其易檢的原則去排比。所以此書實在是進退失據，為例不純。為著檢查方便起見，部首筆畫的方法，總不失為一種可用的方法。只是梅氏的分部方法，以及字的歸部處置，實在嫌過分輕率，鹵莽從事，許多地方既不方便，亦不合六書原則，引起無限的糾紛。此書早就應當有人改革，無奈自明代《正字通》就全用梅氏的分部，清代惟一通行的字書《康熙字典》更完全採用梅氏的方法。於是梅氏方法，成為積習。近來林語堂氏雖然曾經有計畫的歸併梅氏部首為八十部，較為合理。不過林氏卻想推行他自己的「頭尾檢字法」，以致未曾好好的把新部首辦法做下去[1]。此外在日本字書中，雖然未曾把部首徹底的改革，但用一部「互見」的方法，例如和字分在口，卻在禾部也列入和字，下寫見某一頁的和字，這就給人不少檢查的方便，但新部首究竟是合理的方法，值得推行的。

二、《說文解字》與古文字的認識

　　在《說文解字》中包括了三種不同的字體：小篆、隸書以及古文，小篆和隸書在漢代是法定的文字，古文卻來自不同的淵源。其中一部分是從漢代

1　在各種檢字法之中，原以四角號碼為最通行，但現在為了電腦的發展，四角號碼已不夠應用，為著更求便利，已經發展了更多的系統，變做了群雄割據的局面。不過分部檢查之法，究竟與中國字的結構有關，編字典時只能兼用各種號碼，而不可能廢棄分部。五十五年三月七日《中央日報》林語堂〈論部首的改良〉，即曾提出具體的方法。最近《國立編譯館刊》第 1 卷第 3 期，曹樹鈞〈中文字典分部查字法之新研究〉，建議各點也很值得重視。總之新部首的中文字典一定會有人編輯，來代替梅氏進退失據、檢查不便的舊法，只是希望能夠越早出現越好。

出土的古器物上錄出來，一部分是從周代遺址中尋出的簡牘，大致是在戰國時代書寫的，至於秦火未及的書籍殘餘，被漢代人認爲是「古文」的，也屬於戰國時的文字。因爲是戰國文字，所以《說文》中的所謂「古文」多與金文的結構不相符合。關於金文的發現，依照《說文‧序》，說「郡國往往於山川得鼎彝」，而且《漢書》中也有對於古器物的記載，只是當時未曾像宋代以後那樣有系統的整理罷了。

西漢末年「古文學」的創立是中國經學史上的一件大事，當時古文學的經師所據的經典，大概是兩部分，一部分是在漢武帝時期，魯恭王壞孔子宅來修他自己的王宮，在牆壁裡面出現的古文經書，另一部分是皇帝秘府收藏的舊籍，未曾被人用隸書改寫的。前一部分是《尙書》，後一部分中最重要的是《左傳》和《周禮》。這些書籍因爲對經學的研究增加了非常重要的新的內容，並且影響到東漢以後的經學方向。其中所有的字體，和小篆不同的，也大致都收入了《說文》中「古文」之內，並且除去《說文》以外，曹魏時代的《三體石經》也收入了古文的字體，這些字體除去了有些是抄寫走樣的字體以外，其中比較可信的，無疑也屬於戰國的字體。除此以外，還有西晉太康三年（282）在汲郡出現的大批竹簡，其中最重要的是《竹書紀年》。這些出現的古代書籍，也屬於戰國的字體。不過戰國時六國的字各不相同，也就無從作系統的整理。

孔子故宅的壁中書可能殘缺太甚，並且不易訓釋，古文學派師承之中，《尙書》還是以今文的二十八篇爲主。河內女子曾獻過一篇〈泰誓〉，後來也亡失。所以魏晉之際，《古文尙書》並無傳述。也就在這個時期，王肅一派的學者，偽造《古文尙書》二十五篇，到東晉時再獻出來，形成了正式的典籍。這個偽《古文尙書》是用古文的結構再寫成隸書的，就是所謂《隸古定尙書》。《隸古定尙書》有些字確有根據，有些字卻由於杜撰，這就使古文問題更爲複雜。宋郭忠恕的《汗簡》搜集了宋代初年所能搜集到的古文，在當時古文是真偽雜糅，所以郭忠恕的書也是可以參考而不能完全相信。

除去了《說文》以來的「古文」是一個有問題的文字結構以外，並且從《魏書》以來對於古代文字的書寫方法也有一個錯誤的觀念。從那時開始，把古文叫做「科斗文」或者「蝌蚪文」。這是認爲周以前的文字是形如科斗的。這種科斗文的誤會，可能由於對於鳥蟲書的形式，誤認爲原始的古代文字而

來。鳥蟲書是一種用鳥形作爲裝飾的書體,有頭部較粗尾部較爲尖銳的現象。這種書體是出現在春秋晚期及戰國初期,通行地帶爲中國的長江流域一帶(即吳、楚、越的區域),只是一種裝飾的文字而不是一種實用的文字。因爲這種字體難於辨認,多少有些神秘的感覺,在貴古薄今觀念之下,於是就被認定爲三皇五帝時的文字。再加引申,凡是古代文字也都被認爲科斗文,而模刻金文的,也都變成尾端尖銳的形式了。汲冢《竹書》的戰國文字是被認爲科斗文的,但這個科斗文的形式未被說出來。薛尚功的《鐘鼎彝器款識》初刻本是刻石的,現存宋拓殘本,所有模寫金文大致還和原文相近。到了明清的薛氏《款識》刻本,那就變成尖銳尾端,完全失掉了金文書寫的習慣了。這當然是受到了科斗文設想的關係。直到了阮元刻他的《積古齋鐘鼎款識》,才恢復了金文書法固有的形式。

三、中國文字結體的歷史觀察

中國文字應當從圖畫形象發展出來的,然後再加以增飾,成爲文字的形式,是可以溯源到簡單繪畫到較爲原始的時代的。在彩陶文化的仰韶期中,已經在陶器上發現種種的圖形,但卻和象形文字沒有發現什麼聯繫。不過在仰韶文化中的西安半坡陶文中,卻發現有類似文字的符號,李孝定首先表示應是初期的文字,郭沫若也和商代族徽比較,認爲是族徽。雖不一定就十分正確,可是屬於一種類似文字的符號,應無疑義。到了殷墟發現的文字,就可以認作正式的文字了。

《說文‧序》中說到了結繩和八卦都是在創造文字以前的記事方法。這裡的記述是相當矛盾的。結繩記事一件事,是有充分理由可以相信的,至於八卦的性質就另外是一回事了。結繩記事在希臘史家希羅多德(Herodutus)的書中就說到波斯王大流士(Darius)就送過繩結表示意義給雅典。而且結繩的用途還曾在琉球、南太平洋以及非洲保存著,這些事實都強有力的支持中國古代曾經有結繩記事的事實存在。從西安半坡陶文的發現,更直接證明和結繩方法,有多少的聯繫,使我們懷疑安陽四盤磨獸骨的刻文以及周豐鎬遺址骨片上類似的文字都是和結繩有些關係。至於中國古代的數字,也顯然的可以看出結繩的遺跡的。

　　至於《易經》中的八卦，也許由結繩引申出來的，不過決非結繩的全部功用。據屈萬里先生的推斷，《易經》是在西周初年編纂的，大致可信。無疑的，《易經》中包括了若干中國人的人生哲學理論，但《易經》本書的正式應用還是以占卜爲主要目的。

　　陰陽的符號「—」和「--」。以及八卦乾（☰）爲天，坤（☷）爲地，坎（☵）爲水，離（☲）爲火，震（☳）爲雷，艮（☶）爲山，巽（☴）爲風，兌（☱）爲澤，也爲的是卜筮之用，不是概括一切的。因爲對於原始民族所接觸的自然現象，八卦實在無法包括。也就表示先有八卦卜筮的方法，才把自然中幾種現象裝進去，而不是歸納了八種可以包括一切的原素，然後再用八卦形式來代表的。試看一看《易經》中的〈說卦傳〉，就知道每一卦所代表的事物都十分廣泛，可是卻無法做邏輯上的解釋。〈說卦傳〉的指示，是神秘的，對於占卜時可能有用，對於真實性的尋常日用卻不是實際性的。固然在遠古的中國，可能分爲不同的文化與不同的建國，可是在實際的生活中，卻很難想到把八卦來派到一般的用途上。因爲八卦在有限的表現上，也就是文字的發展不會經過八卦這一條線。

　　甲骨文是被認爲中國最早的正式文字（除去西安半坡的符號還不能完全確定以外），其發現的地區還限在殷虛附近（西山境內有一點，還沒有大批的發現），鄭州是安陽以外的殷商時代非常重要的遺址，也沒有文字的發現。這項事實誠然不能說明文字是在那個時期稍前創造的，卻多少指示著文字在安陽時期有一個更前進的新發展。

　　甲骨文是刻在龜腹甲及牛胛骨的上面。鐫刻文字的目的，是因爲商王重視龜卜，差不多每件事情都要占卜的。占卜的程序是預先龜甲（或牛胛骨）鑽孔後，用火來灼炙之下，看其裂紋，來定吉凶，然後再將占卜的事刻到旁邊，以備徵驗。刻上去的是占卜的人也就是當時的史官。

　　主要的造字原則在甲骨文中已全部具備。也就是說中國文字發展的趨向，在殷商時代使用甲骨文時已完全決定了。這幾個造字的原則是：

　　(一)象形：描繪人體、鳥獸、蟲魚、草木、自然現象以及人工造成的器用。

　　(二)指事：指出抽象的意念，或者物體的方位、形質，以及數量。

　　(三)象聲字：借用別的同聲字來代替無法象形或指事的事物。這裡可以

包括兩類：即單純的借用別的字的聲音，或者除去借用聲音以後，再加上一個符號，表示這個字已經作了別的用途，而這個符號（多半是另外一個字加到這個字的旁邊或上下），就表示和這符號同類[2]。

（四）複合表意字；複合二字或二字以上，來表示一個綜合的意義。

以上四種不同的造字方法，就成爲殷商時代以及後代中國字體作成的基本方式。以上四種，如其用六書的規範來比擬，那就象聲字便可分爲兩種：「假借」和「形聲」。因爲假借和形聲的關係十分密切，所以在這裡把它們算做一類比較更容易了解些。總括以上各類再加上「同意字」，即轉注，就成爲六書。問題只在現在要講的範圍只在「字形組合」方面。轉注一項與字形組合無關，所以不講。其實「假借」一項，如其以「字形組合」爲限，也可以不講的。因爲現在要講形聲字的淵源，所以帶著講一下。

甲骨文是在十九世紀晚期發現的，但對於考證和辨認的工作卻要溯源於乾嘉以來在經學及金文方面的長期準備。當甲骨發現以後，開始工作的人要算對於乾嘉經學有深厚造詣的孫詒讓，以後羅振玉和王國維才能繼續作廣泛的工作。孫詒讓曾經在《周禮》方面做過精確的工作，成就了他的《周禮正義》，同時他也做了非常堅實的《墨子閒詁》，可惜他逝世較早，因而主要的工作要等待後起的學者。至於第一個把甲骨文拓片出版的人，要算劉鶚，他首先石印他的《鐵雲藏龜》。

甲骨文是商代的遺物，本來毫無問題。只因爲出土的情形在清朝末年及民國初年還不甚明瞭，就被有些學者懷疑它是出於僞造。誠然，有些少數的甲骨文龜版或骨片是出於僞作的。但這些僞物並不是憑空造作的，而是根據真物來仿造的。實際上僞造的人對於商代文物生活習慣不熟悉，以致漏洞百出。現在僞造的甲骨已完全可以剔出來，不成問題。至於原有的甲骨雖然不僞，可是還有些學者具有成見，一直不肯相信，例如章太炎先生就是這樣。

---

2 這一段包括「六書」中的假借和形聲。不過假借和形聲本來是同源的。同聲假借在全世界任何一種文字中，都是非常習見的。現在所有各國的拼音字母，最先也還是同聲假借，中國境內各民族，如保儸及摩些都是用的單音節文字，但凡是同音的，就只有一個字。如其有不同的意義，也不加別的符號，只用上下文來辨別。中國的形聲字，在世界文字中是一個特例，實際上不過在假借的文字上加一個意符罷了。

後來章太炎終身不談甲骨問題,但是有人如同做〈甲骨文理惑〉的徐英,居然悍然做下去。但是甲骨文字的真實事實擺在面前,這些顯然錯誤的文字,也沒有再批評的必要了。

從 1930 到 1937,中央研究院史語所在安陽的發掘,是有關甲骨的第一批發掘。發現的除去數萬片的甲骨以外,還有大量的商代遺物,以及重要的商代宮室、墳墓以及民居的遺址。這些甲骨的拓片,都刊行在中央研究院史語所所出的《小屯》內。這部甲骨的總集至今為研究甲骨的重要參考資料。

銅器的銘文是用在王室及封建貴族的器物上,從商朝經過西周一直到戰國時代。從商朝到戰國時代,文字和器形以及裝飾都有很大的變化,但其傳統因革還是可以追溯的。漢代的古文學就是從古代文字傳統蕃衍下來的。其中的許多學者到東漢時代已經有了相當的貢獻,許慎就是其中之一。他的《說文解字》就是古文學中一個重要的貢獻。

自有《說文解字》一書以後,一直到宋代,在這一千多年之中,發展不大。唐代中期,李陽冰曾加刊定。只是在李氏環境之下,他保存這部書的力量大,而訂正書的力量小。直到五代之季和宋代初年,南宋徐鉉、徐鍇兄弟對《說文》再加校正,這才把《說文》的刊校,導入正軌。再到北宋中期(十一世紀前期)著名的散文作家歐陽修編輯了金石書籍先導的著作《集古錄》,這才引起了學者對金石文字的注意。

在《集古錄》以後,許多對於金石文字的書都一一出現了。其中如呂大臨的《考古圖》,宋徽宗的《宣和博古圖》,薛尚功的《鐘鼎彝器款識》,王俅的《嘯堂集古錄》,都是搜集古代器物加以著錄,並且對於銘文加以解釋。這些釋文的來源,當然是以《說文》中所載的小篆為基礎,然後再比照原文找到相關的字句。這也使得《說文》更被人重視。

宋人對於金文的釋文,因為憑藉不夠,其中充滿了錯誤,曾經被清代的學者批評過,不過他們創始之功也是不可埋沒的。王國維〈宋代金文著錄表序〉(見《觀堂集林》六)說:

> 趙宋以後,古器愈出。祕閣太常既多藏器,士大夫如劉原父、歐陽永叔輩,亦復蒐羅古器,徵求墨本。後有楊南仲輩之考釋,古文之學勃焉。中興伯時與叔復圖而釋之。政宣之間,流風益扇,籍史所載,著

> 錄金文之書，至三十餘家，南渡以後諸家之書猶多不與焉。國朝乾嘉
> 以後，古文之學復興，輒鄙薄宋人之書以爲不屑道。竊謂《考古》、《博
> 古》二圖摹寫形制，考訂名物，用力頗鉅，所得亦多，乃至出土之地，
> 藏器之家，苟有所知，無不畢記。後世著錄家當奉爲準則。至於考釋
> 文字，亦有鑿空之功，國朝阮吳諸家不能出其範圍。若其穿鑿紕繆，
> 誠若有可議者，然亦國朝諸老所不能免也。

這可說是一個持平之論。因爲一直到民國時期對於金文的著述，還不能不推
溯到宋人的影響。

到了元明兩代，考古的工作遲緩下來。到了清代初年，顧炎武及朱彝尊
便開始做先驅的工作，把古文字做系統的研究，使得古代史料的整理從寂寞
中復活。到了乾隆一代，更堅強的受到了漢學方法的影響。乾隆皇帝命令翰
林院編次《西清古鑑》及《寧壽鑑古》二書，這是以《宣和博古圖》爲範本
的。同時私人出版的圖錄也在此風氣之下出現。其中最爲重要的是阮元的《積
古齋鐘鼎款識》，和吳式芬的《筠清館金文》。阮書包括對於早期遺存的材料
加以較爲謹慎及較爲周詳的訓釋，吳書則搜集當時的材料更爲完具。

在清朝這一代之中，對於銘刻上文字的訓釋更有可貴之處。從顧炎武以
下，江永、戴震、錢大昕及王念孫、王引之父子都有很好的收穫。尤其是段
玉裁及王筠在《說文解字》的箋註上很有些可貴的特見。戴震曾致力於經學
文字學以及古算學，其方法影響到他的弟子段玉裁，所以段玉裁書在邏輯的
運用上比同時的學者更爲精當。自段玉裁的《說文解字注》刊行以後，凡是
講到《說文解字》的，幾乎無一人不受到他的影響。晚清以來，研究古文字
的成績，超越前代。在清代晚期，各家對於金文的成就，已經達到了一個相
當高的階段。段玉裁雖然未曾把金文採入他的《說文注》內，可是他的成就
幫助金文的研究相當的大。晚近的學者批評段氏的成就是無可置議的，雖然
他也有他的錯誤，但以他的成就來說，他的錯誤分量上就太小了。

在清季及民國建立以後，在金文以及甲骨文方面都有卓越的進展。其中
除去東方的學者，中國人及日本人以外，西方的學者也有非常好的貢獻。他
們著述之中有不少的考釋、論文，以及字典。這許多成績都是和《說文》有
關的。但是編輯起來也實在太費事，總不免掛一漏萬之嫌。丁福保的《說文

解字詁林》（編於民國二十六年）是一個對於《說文》方面的總結集，將那時的
金文和甲骨也收進入一部分，在民國五十年時，臺北商務印書館再行發印。
此書搜集《說文》方面的著作可稱完善，可惜對於金文甲骨方面搜集得不夠。
徐文鏡的《古籀編》，以古籀爲限，檢查當稱方便，可惜出版時期還嫌太早，
而徐氏這許多年年老多病，也無法補充材料。至於專限於金文或甲骨的字典，
金文方面因爲不集中，現今通行的只有容庚的《金文編》，當然覺得很不夠。
做甲骨的比較多，有商承祚的《殷虛文字類編》，朱芳圃的《甲骨學文字編》，
孫海波的《甲骨文編》，金祥恆的《續甲骨文編》以及李孝定的《甲骨學文字
集釋》，比金文方面的工作豐富多了。但許多問題仍隨時在進展之中，現在看
來，又有重作補訂或重新編輯的必要了。

四、隸書的發展

隸書是從小篆變化而成的，與六國的書體無關。不過在六國時期，把篆
書的用筆變成了輕便的橫和直，卻是一個共同的趨勢。在長沙發現的楚簡和
帛書中在這一點可以看得很清楚。秦楚兩國的文字可能有一些分別，不過用
筆的方法，卻可能互相影響。

依照王國維作的〈史籀篇疏證序〉及〈戰國時秦用籀文六國用古文說〉，
在七國之中，秦是繼續西周的傳統的，再從春秋以來的秦刻石如同〈石鼓文〉
（據先鋒、中權、後勁三本）及〈詛楚文〉（現存宋人瘦刻本），上溯西周金文下繼
秦始皇石刻及秦二世時的秦權銘刻，可謂相承有序。而就西周金文到秦時小
篆，其方向可以說是日趨簡易。

這種舊式的字體，也就是西周以來相承的字體，是被後人稱做「籀文」
或「籀書」的。這個籀文或籀書的來源，可能是《史籀篇》開始是用「太史
籀書」四個字。太史籀書是可以作兩種不同的解釋的，一種是「這部書是太
史籀所作」，太史籀是一個人名。另外一種解釋是許慎《說文解字·序》：「學
僮十七以上始試，諷籀書九千字，乃得爲吏。」這是出於秦法的「尉律」，秦
時的需要是小篆（或者甚至是隸書），沒有一定讀古文的必要，所以「諷籀」的
意義是等於徐鍇所釋的「諷誦」，或者如段玉裁所說：「諷籀連文，謂諷誦而
抽繹之」，不應當是一個人名。如其太史籀書的籀不是人名，那就太史籀書當

爲「太史選擇文字」，與造字或字體並無直接關係。不過《史籀篇》如其初稿用古體寫成的，那就把籀文當做古體字也沒有什麼不可以。

因籀文的筆畫比較繁複，而且和以前的古文又不同，那麼籀文在秦代的八體之中，實在與大篆沒有什麼分別。換一句話說，籀文和小篆是相應的，籀文的省減體就是小篆。

秦國所以比東方國家對於西周舊制更爲保守，是因爲秦國的基本地區也就是周的舊都豐鎬所在。這一個特殊的區域，曾經被周的文化所覆蓋，從周初到西周之亡（771 B.C.）大約是二百五十多年或者甚至到三百年。後來這個區域曾經一度被夷狄侵據，宮室被焚燒，書籍被損壞，直到秦重新收復這個地區，雖然文化的遺留不多，但因爲習慣上的原因，還是把文字上舊的傳統保存下來。

照著《說文解字》所述，而且依照秦權秦量的詔板都是標準的小篆。但是不論是大篆或小篆，都是過於屈曲，不能成爲最適宜於日常實際應用的文字，不論爲著公家的應用或爲著私人的應用都是一樣。從壽縣楚器的銘文以及長沙竹簡及長沙帛書中來看，就可看出比較迅速書寫的筆畫。這些方面用筆的筆勢，正和隸書及草書有共同之處，這一點也可以對隸書及草書的來源多一層了解。

照《說文·敘》內說，隸書是在秦時的程邈創作的。《晉書·衛恆傳》和衛恆的〈四體書勢〉說程邈是雲陽的縣掾，在獄中監禁了十年，他就把小篆的書法改成更簡單的形式。而這個新的書法，被廣泛使用之後，秦始皇不僅把他釋放，並且任用他爲御史，這在《說文》中未曾說到。不過衛恆是晉朝五胡亂華以前時代的人，他當然可能根據漢代遺留下來的史料，而現今所看不到的。

依照現今所能找到的戰國史料，我們不能說隸書是一個全新的創造。但是這也是毫無疑問的，隸書筆畫及排列是由程邈加以系統化的排定。結果一種高度適用而且簡單和經濟的字體在公私的工作上通行下去。隸書誠然是以篆爲基礎來做出來的，不過隸書不僅好在易寫，更好在易認。這就把隸書帶到秦漢時代的日常應用上。從漢簡上的字體來看，早到漢武帝時代（紀元前二世紀後半），所有的官方文件已經採用了隸書。這一個普遍的變化，顯示著隸書曾經長期的採用，一直上推到秦始皇時期。

　　到了東漢時期，大量的石刻碑銘出現。除主要的篆額以外，只有極少數的碑銘，如同〈袁安碑〉和〈袁敞碑〉才用小篆。這個事實表示著小篆已經成為過時的字體，已經陳舊而不適於應用了。

　　再回頭看一看西漢時代有關書體的記載。在西漢晚年學術上有一個嚴重的爭論，也就是所謂今文學和古文學的爭論。今文是指的口耳相傳的經典用隸書來寫的以及用隸書寫出的傳文及注釋。古文是指秦火劫餘的殘存古籍，例如《周禮》及《春秋左氏傳》，被帝室秘府所保存，或者漢武帝時魯恭王在孔子故居所得的《古文尚書》等。因為古文在那時已不通行，一般儒生都是只根據隸書寫的典籍，如其還有人想參用點舊有古文的材料，便毫無問題的受到了四方八面的攻擊。這個事實便深深的表示著，隸書在漢代推行的程度，是如何的廣泛。

　　從秦代以後，隸書經過了四百多年的演變，隸書的用筆也有些不同了。譬如隸書的橫畫本來是所謂「蠶頭雁尾」的，但到了後來橫畫的後部也就停頓一下，不再取所謂「雁尾」的形式了。這就是隸書變為楷書的第一步。

　　在楷書和隸書之間，實在沒有一個明顯的分界，甚至楷書也未曾有過明確的定義。只有一件事可說，楷書實是隸書中變體的一種，而且這種變化也是逐漸形成的。但是有件事卻很清楚，即從西漢以來，直到東漢，不論寫在木簡之上或是寫在紙上，都是扁扁的長方形，到了三國時魏代以後，就變得成為正方形了。這個字形的改易，可以說是楷書形體的開始。因為正方的字形就會使橫畫的尾端受到限制而加重其停頓。這當然就把隸書的體勢變成了楷書的體勢。

　　試比較一下，拿東漢時代的〈曹全碑〉來比西晉時代的〈辟雍碑〉，就知道東漢時代的字體，橫畫為取姿勢，比較自由；而西晉時代的字體，橫畫被限制在一定範圍中，比較規律。當然，兩個碑都被稱做隸書。再拿〈辟雍碑〉和東晉時代的〈爨寶子〉來比較，〈辟雍碑〉是被認為隸書的，〈爨寶子〉是被認為楷書的，其基本用筆方法卻非常類似，只是橫畫的尾部停頓的方式稍有不同。雖然，這種猶存隸體的楷書，從東晉到南北朝，中國的南部和北部凡是石刻所表現的，並無多大的分別，只是南朝禁碑，而北朝不禁碑，因而南朝石刻甚少，而北朝較多。因此凡是遇見了這種體式的字，普通都叫做「北碑體」，甚至還叫做「北魏體」。

　　將近四百年的時間，從魏晉到唐，楷書的形式才算成熟。其中著名的書家如虞世南、歐陽詢、褚遂良、薛稷都可作為代表。再比較敦煌佛洞的唐初題記，也看的可以清楚。這是無疑的，將王羲之的行草書法，拿來適用在楷書上。雖然這個變化也應當是漸變的。實際上王羲之的真蹟究竟在唐代還有多少，是一個疑問。唐人所謂右軍墨蹟，就可能不純出於右軍手筆而是取自南朝晚期的智永。智永是右軍後代，藏有不少右軍手書，但也夾雜著智永的臨本，甚至是智永的作品。這種王羲之和智永不分的情形，就使所謂王羲之的字體代表的時代更後。唐初因為唐太宗崇尚這種字體，於是成為風氣，使得唐人的書法起了一個很大的變化。

　　就唐代來說，從中唐以後也有一個顯著的變化，顏魯公是一個關鍵人物，中唐以後，幾乎沒有人不受到顏魯公的影響。其中最顯著的是柳公權，柳公權的書法實際上就是以顏魯公書法的體勢為基本，加上歐虞的峻拔來做潤色。換言之，就是把顏體的肥改為歐體的瘦，但其骨架還是顏體的。到了宋代，宋人雖然注重「意態」，還是從顏體出來的。無論如何，唐宋的分別，不如初唐和晚唐的分別大，而初唐和晚唐的分別，又不如唐代和南北朝的分別大。因為唐代以後，才是真正的楷書，南背朝的碑銘只算是隸楷之間的一種書法，一般說來把這種書法稱做「北碑」或「魏碑」。

　　楷書中一個重要的變化，恐怕要算宋代刻書以後，因為刻板的方便，有時字體不免直畫較粗，橫畫較細，但這是偶然的現象而非普遍的。到了明代晚期，即嘉靖以後，這種刻法普遍化了，並且加上去一個名稱，叫做「宋體」，其實宋版書的書體，多半是依照歐陽詢體，橫輕直重的書體只是刻板中的一個偶然現象，宋時刻工不見得故意去做。但自從明人有意的去做以後，演變到萬曆以後更為固定化，這就形成了清朝一代的刻書字體，以至於日本的秀英及築地兩種鉛字也都承襲了這種風氣。

五、草書及行書

　　在秦代整理隸書以前，已經早有草書了。從長沙竹簡來看，在戰國時的楚國，對於草書的運用已經到了很純熟的境地。在《史記》的〈屈原賈生傳〉中也說到屈原奏議的「草」稿。

　　《說文・敘》說到草書是起於漢代的。這可能指漢代專用的「章草」而言。即使章草在漢代正式形成，其演變決非短期間所能就，從簡單圖畫變爲文字的過程當中，所有的筆畫也沒有遲緩描繪的必要。經常日用，一定會有迅速去寫的時候。這就自然而然的會推到春秋戰國時期，而漢代章草其源流一定是要推到以前幾百年的時候。

　　雖然，草書是從一般的習慣演變而成，但爲著標準化，爲著易寫易讀的原故，也有作成一個模範草式的必要。《急就篇》是漢代史游作的，其中「急就」二字，顯然是指示章草。也就是這部書爲的是作爲章草的範本，和《倉頡篇》作爲小篆以及隸書的範本有同類的用意。所以《急就篇》原文應當是以章草爲主的。不過依照敦煌發現的漢簡中的《急就篇》來看，《急就篇》卻是用隸書書寫。這又意識到《急就篇》的創作本來是爲的一種速寫的範本，也就是用隸書來速寫的範本，不一定就是章草。《急就》只是三倉各篇的縮本，如其原則上用速寫的辦法，也自然的形成爲草書書寫的書籍。照這條路發展，也就自然的演變成爲標準章草示範的書。所以自漢到晉，標準章草是以《急就篇》爲主的。其中章草書家例如索靖、鍾繇、皇象、衛夫人以至王羲之都被稱爲章草專家。現在僅存的一種只有三國時吳國的皇象本爲最早。這個皇象本《急就篇》，也就是元時趙孟頫臨本及明時宋仲溫本的祖本。

　　如其把漢簡中所寫的章草文字和幾種《急就篇》來比較，顯然的彼此相似部分是相當多的。只是草書本《急就篇》做過一種標準化的工作，而漢簡中的章草卻不曾做過，這就是在漢代的章草（或草書）未曾被學者整理過的事實。同樣的情形，行書之於楷書也和章草之於隸書是類似的。就行書來說，就始終沒有學者來把它標準化過。除去章草以外，在草隸之間也還有一種比較章草更近於隸書的體式。這也就排除了隸草各自爲獨立體式的成說。所以清代的學者就把這種體式稱爲「草隸」，鄒安曾根據石刻作有《草隸存》。

　　章草在重要的部分是和隸書相符的，有些部分還可看出來戰國以來傳統的性質，這是表示章草並非純係隸書變成，而是章草的本身還有一個獨立的發展。因此對於章草的辨認有時頗不容易。不過章草是在隸書通行的時代使用的，多少總會跟著隸書走。等到隸書變成了楷書，章草也會跟著去變化，因此楷書時代的草書不再被稱爲章草了。草書的類別就成爲下列兩種：（一）狂草，這是一種十分自由的書體。章草雖然迅速寫成，但每一個字都是分隔

的，狂草卻是相連不斷，因而更增加了認識上的困難。從晉代以後的草書，凡是章草的，普通應當歸入狂草一類，不過其中任意的程度還是各不相等的，因而辨識上的難易也還是各不相等。無論如何，草書的習慣究竟和楷書的習慣殊少關聯，也就是使楷書不得不轉化而成爲行書。（二）行書，行書是從楷書演化的，雖然有一部分筆勢從草書演化而來，但凡草書筆畫和楷書迥異的地方，就不被行書所採取。所以行書可稱爲楷書化的草書。因爲行書對於楷書比較接近，也就比較合於適用。這樣就使得比較之下，顯出狂草比章草更難辨識，行書就比章草易於辨認。

不論狂草或行書，都是到唐代才算成熟的。但其來源卻可以溯至晉代。六朝的碑因爲正式字體是隸體，總是保持隸體的波磔，和唐碑的用筆迥然不同。至於晉宋六朝的平時應用的書牘，爲求取便利，實已樹立了行楷的先聲。就現有晉人的遺蹟來說，陸機的〈平復帖〉是章草，和漢簡中所表現章草的體勢，相去不遠，但在新疆發現的李柏書牘卻是行楷，距離唐人的書法就相當的接近。從章草推演下的狂草，以及由實用而演成的行楷，都和碑的銘刻體勢不同，卻大量的包括在由真蹟而覆刻到石版的帖上面。

自從「帖」的覆刻和墨拓通行以後，帖就成爲最普通的書法標準，而六朝認爲楷則的「碑」，反而不再有人去理會了。這一點宋代以後是非常顯著的。若推究其原，當然和唐太宗特別重視王羲之的書法形成了社會上的一般風氣有關。因而正式的行書便要推之於唐代了。不過行書和草書的界限還是不十分明朗的，宋元明清的人行書中還是雜有草書，爲著使行書更容易辨認，更適合於實用，怎樣別出難以辨認的草體來完成標準的行書，還是一個等待完成的工作。

在草書和行書以外，還有一種供一般社會的方便而造成的，就是所謂「簡體字」。「簡體字」或「簡字」可以溯源到篆書時代。所謂小篆之小，實際上就是指省略或簡省的意思。在《說文》中許多字還指出來「人人」某「字」而省。這許多的省文有些是不甚切合的，有些確實真是如此。到了漢代，漢簡中的隸書也頗有省文。到了六朝，因爲國家常在動亂時期，在一般社會之中，對於文字的標準更不講求，所以別字比漢時更爲顯著，而簡字也更爲通行。六朝的碑別字清季已有趙之謙的《六朝別字記》，羅振鋆的《碑別字》及羅振玉的《碑別字補》等書，但是敦煌卷子的發現，其中包括佛經、變文、

俗曲等等書籍，許多地方都可以找到別字和簡體。這許多簡體字也沿用到宋元以後。在劉復和李家瑞的《宋元以來俗字譜》中的俗字，可以溯到唐代甚至溯到六朝的真不在少數。當然自從宋代通行木刻書籍，小說也隨著盛行，簡體字在小說中也大量流行著。至於簡體字被注意是近五十年來的事，因而在一些地方通用了簡體字。當然在實用上來說，這個簡化的問題還未能充分解決[3]。

六、中國書法的展望

中國的文字是和繪畫用同一的工具，筆和墨，來書寫的。因此中國的書法也被認為一種藝術，和繪畫成為藝術一樣。一切藝術都是藝術家的人格表現，如其書法也是一種藝術，書法也無疑的是書家個性的代表。就書法的發展來說，中國文字在篆書時代（包括甲骨、吉金、小篆等），確然含有裝飾的成分，尤其春秋晚期以至戰國的「鳥蟲書」，裝飾的成分更為顯著。不過這些書法是趨向於圖案化，表現書家個人性格的地方不多。在彝器中從來沒有書家署名的。秦始皇及二世的石刻以及秦權秦量也都未曾署名。甲骨中雖然有貞人的名字，但所表示的只是對於貞卜負責，而不是表現書法。所以中國文字在篆書時代，雖然有精粗優劣之分，但這和西方拿字母做圖案裝飾一樣，表達的並非書寫人的個性。

到了漢代隸書通行以後，因為筆勢的控制對於書寫者較為困難，就使得每一個書寫者具有不同的筆法。這種對於個性的施展當然也適用於草書、楷書和行書。這也就樹立了中國書法形成為藝術的基本事實。

在前第一世紀的後半，「史書」這個名辭在《漢書》上出現了。「史書」這個名稱的解釋，雖然前人有許多不同的意見，不過在漢人通用習慣之下，史是指公署中的掾史，史書應當就是用到正式文書上的整潔隸書。漢代的正式公文用隸書去寫的，在敦煌漢簡和居延漢簡中都可以看到。這些用隸書書寫的公文，可以看出來是要受過很好的訓練才能做到，並非每一個人都可以寫得這樣的好的。隸書用筆不論橫畫、直畫以及斜畫，其變化都比篆書為多，

---

3 參看《自由中國》13 卷 3 期，周法高〈論簡體字〉。

這就構成了「史書」成為一種藝術的條件。到了西漢晚期及王莽的時代，陳遵就變成了著名的書家，收到他書信的人都把他的手蹟珍重的保存起來。這就顯示書法進一步的發展：第一，書法的重視已由端正的隸書移到書牘上的草書；第二，書家在社會上有其地位，這就使書法更成為藝術的一種了。

當然陳遵書法的被重視，還因為他的社會地位特殊，也成為被重視的一個因素，不是純然憑藉書法的藝術的造詣的。但是到了東漢晚期，靈帝時代，書法的被重視就和書家的社會地位並無關係了。光和元年（178 A.D.）靈帝就把一些擅長書法的人任為鴻都門學生，高第者後來升至郡守。這種帝王對於書法的提倡，對於社會上的重視書法是有直接的影響。

從東漢末年以及魏世出名了一些書家，到兩晉時期就成為書法的黃金時代。其中王羲之和其子王獻之就成為最重要的人物。王羲之的書法影響到唐人書體，可以說是一個革命性的傾向。從此以後，楷書成為兩種不同的形體：第一是碑體，第二是帖體。碑體所指的字，是包括漢秦代到隋代的石刻。不過除去篆隸以外，專論楷書那就以南朝晉宋以後，北朝從十六國到北魏北齊北周以至於隋，特別專指北魏一代的北碑。帖卻是指流傳的真蹟，寫到紙上面的，從魏晉開始直到陳隋，並且連貫到唐，以至於唐代以後。

從唐代開始，碑和帖的結體用筆是一致的，沒有什麼問題。問題是在唐以前。就粗淺的觀察來看，現存的帖多屬於東晉南朝，而碑是以北朝為代表，很容易被人認為南朝字體和北朝字體根本不同。所以就曾經有說是由於地域性的。但是稍加留意，南朝雖然因禁止碑而碑少，但南朝時的南部，與北朝沒有直接文化交流關係，在雲南區域的〈爨寶子碑〉及〈爨龍顏碑〉，就和北碑體式全然一致。這且不說，更重要的，就是蕭梁時代，南京的幾個墓闕題字，這是標準南朝的，也和北碑用筆一樣。在這些明顯的證據之下，我們決不能說在東晉南朝時代，南方碑版字體和北方有任何的不同，也就是說在最正式的楷書形體上，南北的寫法是一致的。

但是「帖」也確有其來源。現在所有的南北朝碑刻的書體是特別鄭重的書體，也就是曾經加以做作的書體。在一般尋常日用的書體，當然是隨便得多了。這種尋常的書寫文字，在新疆發現的晉代李柏書牘，就很接近唐以後的楷書。再看敦煌的六朝寫經，也比較上和唐人寫經接近而距離北朝碑銘用筆為遠。這就表示著唐以來相傳的帖體並非憑空造作出來，也非唐人所能全

部偽造。其唐以前名人墨本，誠然有些出於隋唐時代的雙鉤或臨摹，把隋唐人用筆的特質也許加進去一點，但其中仍有前人真蹟，決不能一律鉤銷。所以碑帖體式之不同，只是當時用法上之不同，而非有南北之分，更非有真偽之異。

不過唐人的碑刻，受到「帖」的書法影響，講求書法上用筆的解放。於是唐人楷法雖然看起好像仍然工整，但每一橫，每一直都是「寫」成的，而不像以前「做」成的。在書法的批評上，也許會認為六朝人「雅」而唐人「俗」；也許會認為唐人「工」而六朝人「拙」。不論在批評上「尊唐」或「卑唐」，但唐人在書法進展上的影響是相當的巨大的。因而帖的寫法一直延長到宋，宋人守著唐人方法，變動不大。在十九世紀，有一班書法宗師提倡北碑書法，餘風所至，確有人把北碑書法再抬出來。但這只是在藝術方面多少樹立一個新的方向。至於社會上的應用上，當然還是帖的世界。

書畫同源的原則是在中國被普遍承認的，在過去有許多畫家即是書家，也有許多書家成為畫家。這是因為中國畫都是用線條鉤勒而成，和書寫的條正有相關的一致性。

當著筆尖觸到紙上的時候，書家和畫家是一樣的控制著筆來應用最適合的壓力和速度，在一個筆畫中不同的位置上，使用不同的壓力和速度，一個畫家或個性就這樣的表達出來了。他們在時間、地位、技巧，以及傾向表現著他們藝術上的成就，並以不同的變化，供給後代對於藝術上評價的基礎，使後代有所準則或比較。

書畫同源這個原則對於書和畫影響到許多不同的方面，除去純藝術的造詣而外，在實用方面，中國的學者要費很多的時候和工力來學習書寫的技巧。因為社會上重視書法，以致在朝廷對於進士的殿試，也以書法作為名次高下的標準。不但如此，一些尚書以及督撫的奏議，也需要書法好的去寫。這都是清代的發展，也看出中國書法上的發展。

至於畫法方面，畫家的工具只限於毛筆和水墨或水彩。這當然是受到相當限制的。誠然在中國、日本，以及韓國的畫，因為工具的限制和西方畫家的畫有所不同。但就在這個工具限制之內，許多畫家還是憑藉其天才及個人的觀點創造出他們特殊的表現。

關於進行簡體字問題，我是覺著在書寫上可以用簡體而在印刷上還是以

保留繁體為是。因為中國固有文化的遺產太多了，拋棄實在有些可惜。現在
採用的簡體字，不論是那一個系統，其改革不過僅至中途。如丸之走阪，不
達底不止。目前從簡字學起的人，對繁體已感難認，將來簡體字當然還要增
加，其更不認識繁體，自在意中。再就文字的應用來說，目前電腦的採用，
已經一天一天的推廣，真適合於電腦應用的，只有併音文字（用拉丁字母或注
音符號），其他方法如採用舊式電報號碼或設法將漢字直接打入機器，都是不
經濟不實用的。即令勉強採用，將來仍然需要更換。繁體誠然不能適於電腦，
但為著尊重文化的關係，可在電腦領域以外保存。簡體既不適於科學上操作，
又無文化上背景，不論以後時間多長（幾十年或幾百年）勢必歸於淘汰。所以
與其改革文字改到中途，採用簡體，還不如在普通應用範圍中採用繁體為是。

釋武王征商簋與大豐簋

　　武王征商簋是最近的發現，出土地點在陝西臨潼驪山附近，除去了這件銅器以外，還有大批的銅器。這是一個西周值得紀念的重器，爲什麼會在驪山附近的零口鎮發現？爲什麼不在豐鎬一帶發現？這就表示著西周的滅亡，幽王是逃在驪山被犬戎所殺的。那麼當著幽王逃亡時，也曾經攜帶了一些重器，在緊急時被埋藏，所以犬戎未曾找到。至於《文物》上的報告認爲是一個家族（普通的家族）所有，那是不切合原來狀況的。

　　這個器的銘文，是：

> 武王（合體文）征商，惟甲子朝，歲鼎（貞）克聞，夙（俶）又（有）商。辛未，王在闌丘（師），易（錫）又（有）事（使）利金。用乍（作）旝公寶尊彝。

這個器唐蘭和于省吾都有釋文，不過我還是用我自己的意見。

　　武王二字合文作珷，唐于兩氏都不承認是合文。因爲金文中有「珷王」或「玟王」這種稱法，若認爲珷爲武王是合體，豈不變成重複？但是這個器非武王自作，而是名爲「利」的所作。因此就不可以直呼武王爲「武」，而必把「王」字帶出來。雖然事在周初，其時稱呼習慣在現在尚未詳悉。不過人臣稱呼人君總會有一個禮貌，所以仍以認爲合文爲是。至於玟王、珷王等稱呼，那是後來的發展，不必和早期一定完全一樣。

　　甲子朝是武王十二年周歷二月二十五日。因爲這是在「既死魄」以後的時期，唐于二氏都認爲是「殷歷二月五日，夏歷正月初五」，這是不對的。因爲五日月亮早已出現，非用「既生魄」來記不可，絕對不可能還認爲「既死魄」。這是極淺顯的常識，不需要曲解的。

「歲貞克聞」，于省吾認爲歲貞是卜歲，這是對的。意指在武王伐紂以前，就曾經卜歲，並且卜歲得到吉兆。既已克商，這個卜占已經應驗，也就記出來了。唐蘭認爲是「越鼎」，越鼎是取九鼎，那就相當有問題。歲字作戊，中有兩點，指割草的鐮刀，與斧鉞的鉞不同，不可認爲鉞字假爲越字。至於「定鼎」之說，問題尚多，還是以不輕易引用爲是。「克昏」唐蘭認爲克勝昏君，于省吾認爲「昏」爲「聞」字的假借，不過昏字和聞字，在音讀上還多少有一點距離，聞字雖義訓稍嫌迂曲，但字本是聞字，只好訓作聞。「夙」當爲「俶」的借字，俶有商，言始有商。《爾雅・釋詁》：「俶落權輿，始也」，《詩・載芟》：「俶載南畝」，《儀禮・聘禮》：「俶獻無常數」，鄭《注》：「始獻四時新物，無常數也」，所以始有商可以說是「俶有商」。此字唐蘭以爲夙字爲縮字的假借，于省吾用夙字本義，但不如認爲俶字假借爲好。

辛未爲甲子以後第八日，實際已到了三月。所以不標出三月，是因爲甲子對於周朝建國來說，是一個十分重要的紀念日，可以不必再繫年月。甲子既未繫年月，辛未承甲子而來，自無再繫月的理由。周初制度大致沿襲商代而來，甲骨以記日爲主，繫月的極少。因爲祭祀採用旬制，旬是跨月的，有時再加上月，反爲繁贅。如其在辛未上繫上三月，在行文體製上，甲子便應當繫上二月。甲子本不需繫月，在銘文中，甲子爲主，辛未爲賓。若甲子因辛未而繫月，便成本末倒置。當然辛未也不需繫月了。

闌師依唐蘭的考證，應當是安陽附近的地方，他說：「見宰㭴角作鬵，1953年安陽後岡發現宰鼎作鬵，此銘作鬵，據宰鼎，闌地有太室，當在殷都附近。」這是不錯的。不過闌師以師名，應當屬於高地，而安陽附近的高地，大致都在安陽以西。闌地有太室，是屬於離宮別館，也不必距安陽太近，只表示一個重要的地方。所以其地可能在孟津以北，野王（懷慶）附近。

旛公可能是古公亶父。在周的時代，是以宗室爲主，異姓在後的。利在當時賜金作銘，地位絕不低，很可能也是古公亶父之後。因其與周出同源，在這個非常值得紀念的機會中，自不妨鑄作重器，來尊重與周相同的祖先的。誠然，如其爲太王子孫，等到分宗命氏之時，對周室來說，已經自成一個小宗（在分別的宗來說，是一個大宗），但追懷先世，卻也並非絕不可以的。譬如周公後人還是可以作器紀念文王，邢國的國君也還可以作器紀念周公的。

這一個器就周代來說是最早的一個器。武王以甲子日勝紂，衆書一辭，

原不必再事疑問。不過有此器以後,〈武成〉〈牧誓〉諸篇,更可以證明是信
史。于省吾懷疑〈牧誓〉,認爲文字平易,應屬晚出。不過文字平易並不能證
明一定晚出,因爲周初的《詩經》各篇,亦有平易的,非必晚出。而況早出
文字,後來爲了通行容易,也可能加以更改,卻不能說本來沒有忠於原作這
一回事的。

　　不僅這一個器是周代最早的器,而且在金文之中也是出現最早生而稱徽
號的。當然最早自稱徽號的可能是商湯。〈商頌〉:「武王載旆,有虔秉鉞,如
火烈烈,則莫我敢曷。」《毛傳》:「武王,湯也。」《史記·殷本紀》:「湯
曰,吾甚武,號曰武王」,此當爲徽號以及諡法之始,也可以說是生稱徽號之
始。(堯曰放勳,舜曰重華,可能與此不同。放勳與重華,在諡法中亦不用。)自商湯
自稱武王,周武王生稱武王更可以此器切實證明。後來龔王及懿王生而稱號,
自不足怪。以至於楚國的懷王義帝,南越的趙佗自稱南越武帝,也都是淵源
有自,並非自我作故,無所憲章。甚至《左傳》中石碏稱「陳桓公方有寵於
王」亦非事後追稱。至於唐劉蛻說古無生而稱諡之事,以致裴度將得意的古
器毀掉,當時或以爲美談,如今看來就只夠做笨拙雜誌卡通的資料了。

　　大豐簋是清末在岐山出土的。其銘文是:

乙亥,王又(有)大豐。王凡(風)三方。王祀于天(大)室,降天(大)
亡(荒)。又王衣(殷)祀于王丕顯考文王,事(使)喜(釐)下帝。文
王見在上,不顯王乍惠(德)不斁(肆)。王乍庚(賡)不克三衣(殷)
王祀。丁丑,王鄉(饗)太祖,王降乍(祚)。賜爵復釐。隹朕又(有)
慶。奉揚王休于　　。

這個器據陳介祺〈毛公鼎拓本題記〉說:「道光末年出于岐山」,吳大澂《愙
齋集古錄膡稿》說:「與毛公　鼎同時出土。」陳介祺《簠齋吉金錄》說:「武
王時器」,孫詒讓《古籀餘論》說:「此簋文字古樸,義難通曉。審釋文義,
似是周武王殷祀祖考時助祭臣工所作。」不錯,此爲周初製器,假借字用得
太多,以致義難通曉,如其依假借字義釋明,也就大致可以通讀了。

　　衣祀就是殷祀,早已由孫詒讓指出,自無問題。其餘各處也有不少非常
明顯的假借字,如其不加詮釋將有不可想像的曲解,而且這些曲解一直存到
現在。例如把應當釋爲「大荒」的「天亡」認作人名,作器的人名叫天亡,

甚至把此器也叫做天亡簋。天亡二字怎樣可以做人名？而「不克三衣王祀」，認爲周代廢除了三代殷王的祀典，其實封宋就是爲保存商朝的祭祀，說周武王時強調廢除商代的祭祀，這也很有問題。

這個器銘的中心思想，是周王獲得了豐年，而豐年的獲得是由於王祭祀上帝及王的顯考文王，才降福下來。爲著慶祝，賜爵於群臣，所以做這個吉金作爲紀念。豐年既然是這個器的中心事件，所以譯文也應當循著這個路線去找頭緒。

「乙亥，王又大豐」，是指這一天王開始獲得豐年，也就是說這一天做豐年的祀典。「王凡三方，王祀於天室」，這是說王做了兩種祭祀。第一是王凡三方。凡字是風字的假借字，「風三方」是指祭三方風。四方風的名稱，甲骨中已有。所以周初祭三方風是可以的。三方風應指東風、西風和北風。在關中地方，東風和北風一定可以下雨，西風如其是西北風也可能下雨。南風吹來，一般是不下雨的，所以求雨或感謝雨，應當是偏重東西北三方的。董仲舒求雨閉南門，很可能出於傳統上的方式。「王祀於天室」，天室亦即是太室。早期天字或大字有時可以通用，所以「大邑商」也可以寫成「天邑商」。祀於大室是除祀三方風以外，又在太室祭祀上帝，並以祖先相配。

「降大荒，又王衣祀于王不顯考文王，使喜下帝。」大荒，原作天亡，天字與大字同用，亡字爲荒字的假借字。器慶豐年，荒年正爲豐年的反面。荒字本從亡得聲，所以亡字可以作荒字的假借字。又字爲佑字的假借字，劉心源《奇觚室吉金文述》說：「又王讀佑王，謂助祭也。」金文中佐（左）或佑（右）來助祭是常見的事。此器中沒有說佑王的是誰，不過依理應當是周公。因爲下文談到「不顯考文王」，這裡的「不顯考文王」依文義是同屬於武王及助祭的，所以助祭的亦即作器的應當是武王的弟，而且輔助武王的。喜通作僖或釐，事與使通。事喜下帝，意即使福下降於上帝。

「文王見在上，不顯王作德不肆，王作賡不克三衣王祀。」這裡「文王見在上」是說，文王在天上可以看見。不顯王作德不肆，言武王的德業宏肆。「王作賡不克三衣王祀」是說武王賡續的祭祀能夠把這個重大的殷祀做了幾次。三在此處表示屢次的意思。

「丁丑，王饗大祖，王降祚。」大祖是指周的太王，武王祭祀文王以後，再祭太王。王降祚是指在這個祭祀之中又降福祚於王。「賜爵復囊，佳朕有

慶」，這是說在大祭之後，以祭神的酒賜典祭的人，大射既畢，然後再歸弓矢於櫜。「唯朕有慶，奉揚王休于障」意思甚明。不過作器的人，只有此處有一個主詞「朕」，這個「朕」當然不是武王，但是不把名字記出來，這一點卻與一般金文的慣例不合。因此作器者就可能是一個重要的人，不必再把名字記上了。

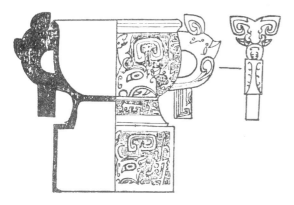

圖版一　武王征商簋器形

圖版二　武王征商簋銘文

圖版三　大豐簋器形

圖版四　大豐簋銘文

秥蟬神祠碑的研究

秥蟬神祠碑是在十九世紀末期在平壤的西南發現的。碑中所記的時代是（建）武□年四月戊午，建武是漢代光武帝的年號，在武字以後只有一個字不能辨認，就表示只有建武元年到建武十年的可能，也就是公元 25 年到 34 年間所刻的碑文。至於四月戊午，那就在建武元年、建武二年、建武三年、建武四年、建武五年、建武八年，在四月都有戊午。尤其是以建武八年，四月戊午朔。所以最大的可能，是建武八年，亦即公元 32 年。

碑的銘文剝蝕得很厲害，現在勉強認得出來的，是：

> □武□年四月戊午，秥蟬長□
> □□建丞屬國會□□宗□立
> （平）山神祠刻石。辭曰，
> □惟平山君，德配代當，承天幽□。
> □佑秥蟬，興甘風雨，惠民立工。
> □式壽考，五穀豐（登），盜賊不起。
> □執（蓋）臧。出入吉利，咸受神光。

其中有些需要解釋的，今舉例如次：

一、蟬長

秥蟬是漢代所置的縣（約相當於今韓國的郡），屬於樂浪郡（郡約相當於韓國的道）。長是縣的長官（知事），《漢書·百官公卿表》：「縣令，長，皆秦官。掌治其縣。萬戶以上為令，秩千石至六百石；減萬戶為長，秩五百石至三百

石。」就是說每一縣夠一萬戶的，設縣令；在一萬戶以下，設縣長。秥蟬縣戶口不及一萬戶，所以是縣長。

在刻石中後段，是有韻的，其韻腳是嵩（依照 Bernhard Karlgren 的 Grammata 的嵩字，和崧字音義相同的崧字，讀 sioong）、蟬（Grammata 沒有此字，今據董同龢《上古音韻表》稿作 ziän）、工（Grammata 讀 Kung）、登（Grammata 讀 tong）、臧（Grammata 讀 tsiang）、光（Grammata 讀 Kwâng）。漢代用韻甚寬，不過最後收聲的子音 n，ng 或者 m；是決不相混的。在漢詩中及漢代頌辭中，都是這樣。此處只有蟬字一個字特殊，可能是當地的讀音是用 ng 收聲而不是用 n 收聲的。這一種狀況，在漢代縣名用當地讀音，例如敦煌讀屯煌之類，也很常見。

二、丞，屬國

丞是縣長的丞，《漢書・百官公卿表》說令長以下「各有丞尉」，丞是令長的「副貳」，尉是維護治安的。屬國，《漢書・百官公卿表》：「農都尉，屬國都尉皆武帝初置。」《漢書・霍去病傳》：「分處（匈奴）降者，於邊五郡故塞外，而皆河南，因其故俗為屬國。」《注》師古曰：「不改其本國之俗。」這裡所說的屬國，是在縣以外，一些自治的地方。

三、代，嵩

代就是岱的借字，岱山指泰山。嵩是嵩山。《尚書・堯典》「歲二月，東巡守至於岱宗」，岱宗就是泰山。此時只有四岳，就缺少了一個中岳。《爾雅・釋山》：「河南華，河西岳，河東岱，河北恆，江南衡。」這是戰國時代或者漢代初年的敘述。其中是以岱（泰山）為東岳，岳山（即陝西鳳翔以北的岳山或嶽山）為西岳，華山為中岳，恆山為北岳，衡山為南岳，這是有關五岳最早的敘述。到了鄭玄做的《周禮注》，在〈春官・大司樂〉以下的注說「五岳，岱在兗州，衡在荊州，華在豫州，岳在雍州，恆在并州」，完全和《爾雅》一樣不用中岳嵩山之說，這是非常有斟酌的。五岳有嵩山之說，始見於《孝經鉤命訣》：「五岳，東岳岱，南岳衡，西岳華，北岳恆，中岳崧。」（見《詩經・毛傳》的孔穎達《疏》引在〈大雅・崧高篇〉下）《孝經鉤命訣》為緯書之一，讖緯起

於哀平之際（漢哀帝及平帝在西漢晚期），所以此說甚晚。可以看到一直晚到西漢晚期，才用崧山來代替在陝西西部的嶽山。此碑爲東漢初年所刻，比較西漢哀平之際，晚不了太多的年數。不僅以嵩和岱並稱，認爲嵩山是五岳之一，而且此字還寫嵩作不崧。崧是从山从松，是一個形聲字，因爲嵩山原來作「崇高山」，從崇高變爲崧高，再從崧高變爲嵩，其中是有跡可尋的。

關於「崇高」二字，實從《詩經・大雅・崧高篇》「崧高維嶽，峻極於天」轉來的。崧高在今文《詩經》本作崇高。崇高在這裡是形容詞，而形容嶽山的（嶽和岳本一字），嶽山即是陝西的太岳山，與河南的「太室山」無干。從漢武帝起才以太室爲中岳，於是逐漸的蒙嵩山的名，到東漢初年已經成了通俗的常識了。

四、蓋臧

蓋臧即蓋藏，《禮記・月令篇》，孟冬之月，「命百官謹蓋藏，命有司循行積聚，無有不斂。」所以蓋藏是指收藏府庫中的屯聚。在漢代也成爲通行用語。《漢書・食貨志》：「漢興，接秦之敝。民失所業而大饑，凡米石五千。……天下既定，民無蓋臧，自天子不能具醇駟，而將相或乘牛車。」無蓋臧，《注》蘇林曰：「無物可蓋臧。」所以蓋臧也指民間的儲蓋。此處蓋臧的蓋字已剝蝕掉，不過這一個字一定是一個蓋字，才可以語意完足的。

The early use of tally in China[*]

Knotting string is said to have been the earliest form of record keeping in Chinese culture. This method of keeping records is also found in the Ryukyu Islands as well as among the Indian tribes in South America. In the case of the Indians, the knots indicated the dates of festivals or eclipses. The Indians of British Columbia, instead of using knotted string, are found to have used sticks and hairs to show the numbers of different animals.[1] These facts show that strings or sticks have been widely used for record keeping among the primitive peoples of the world. Their ways of using them may offer valuable comparisons with the ancient custom of the Chinese people.

Both strings and sticks were widely used during the development of Chinese culture. The use of sticks is particularly significant. Many aspects of ancient Chinese culture were related to the use of sticks, and traces of such use are still observable in many Chinese cultural phenomena.

Firstly, the Chinese numerals may be traced to the use of notches in sticks. The relics discovered in Pan-p'o at Sian indicate that the numerals may be the earliest form of Chinese characters.[2] This finding casts doubt on the hypothetic assumption that hieroglyphics or pictorial symbols appeared first in the development of Chinese characters and also helps to explain the origin of Chinese

---

[*] I am indebted to Dr. Tzay-yueh Tain for his assistance in the preparation of this article.

[1] Franz Boas, *General anthropology* (Boston: Heath, 1938), 271.

[2] Chung-kuo K'o-hsüen-yüan: *Hsi-an Pan-p'o* 西安半坡 (Peking: 1963), 197.

numerals and the manner in which they were first written down. These notches in sticks can be compared to the marks on notched tallies. Such a comparison may help to explain why the ancient Chinese numerals were arranged as they were.

Secondly, the mechanical counting tools of the modern world can be traced back to the calculations by means of sticks and the abacus of the Chinese people. Stick calculating is a method which uses sticks instead of writing. The sticks are arranged in different denominations of singles, tens, hundreds, thousands, and so forth. To represent a desired number, the sticks are placed into position according to their respective denominations. Each position is limited to five sticks. If the number exceeds five in any position, then different forms of arrangement are used. Addition is performed by adding sticks and subtraction by taking them away in a manner similar to the way in which the beads on an abacus are manipulated. In principle, stick calculating is the same as abacus calculating. The only difference is that the abacus has beads instead of sticks. If the abacus is acknowledged to be related in any way to the modern computer, we should recognize the fact that stick calculating in China was its earliest forerunner.

Thirdly, bamboo was traditionally cut into oblong slips for use as writing material. Therefore, early Chinese books were in the form of bundles of slips connected and bound together by cords. This is quite different from the Babylonian bricks or Egyptian papyri, and is due to the Chinese special system of using sticks. In the post-Han period, when paper became widely used in China, books were written, and later printed, in vertical columns in imitation of the old form of collected slips.

Fourthly, chopsticks also fall into the category of the uses to which sticks were put. Chopsticks, like other kinds of Chinese sticks, are usually made of bamboo, occasionally of wood. They were one of the earliest attempts to use tools instead of hands. This is a further extension of the other usages of sticks which have already been alluded to. The use of sticks in divination, as in the case of the *Book of changes*, is another form of stick using.

Aside from these examples of the use of sticks, the most important and the most widely diffused over the world among non-Chinese speaking peoples is as tallies. A tally is a combination of two sticks with matched notches for use as a certificate of monetary credit, as an order of purchase, as a passport, or as an identification of the status of an aristocrat. As described in ancient records and discovered among the artifacts in modern archaeological finds, tallies may be made of wood, bamboo, bronze, or even the most expensive jade.

Now, I would like to itemize the different froms of Chinese tallies.

The earliest known tallies are notched sticks of wood or bamboo. Their use was recorded by ancient scholars in the classics. In the *Hsi-tz'u* 繫辭，or *Commentary on the appended judgments of the Book of changes*, it is said that in remote antiquity the ancients used knotted strings in the conduct of government affairs. It is also said that in later times the sages substituted records it the form of notches on sticks for the purpose of managing the various officials and supervising the people.[3] This explanation of the origin of Chinese record keeping is just a hypothesis, but it is a hypothesis so full of possibility that we can find no logical ground to reject it.

According to the classics, the first stage in the evolution of Chinese writing was the formation of shu-ch'i 書契. Here shu means to write with a brush and cu'i means to carve with a knife.[4] Many scholars are of the opinion that in ancient times the characters on wooden or bamboo slips were carved. This opinion is not substantiated by material evidence. Among recent archaeological finds, there are no carved slips except for those with cut marks on the side intended to be used as tallies. A close examination of the slips will show that it would be very difficult to inscribe characters on such thin pieces of wood or bamboo. That is why it was never in fact done. Thus the early use of ch'i or carving is limited to the tally only.

Now, let us examine the construction of the ancient character ch'i for a moment. Its meaning and its application will become clear through such an

---

[3] *Chou-i chien-I* 周易兼義，8/4 (Taipei: I-wen, 1955 reprint), 166.

[4] Ting Fu-pao, *Shuo-wen chieh-tzu ku-lin* 說文解字詁林 (Taipei: Commercial Press, 1959 reprint), 1865-66.

examination. The character ch'i 契 is composed of three parts. The bottom part is the character ta 大, which is a variation of mu 木, which means wood. The upper part is composed of chieh 丰 and tao 刀. The latter, tao, means a knife while the former, chieh, is a depiction of notched teeth. Therefore it is clearly a tally. This shows that in ancient times carving was limited to the tally as we have asserted above. And this is supported by archaeological evidence.

This kind of tally may be considered to be the original form. There are many records from the Chou dynasty through the Han concerning the uses and forms of the wooden or bamboo tally. Moreover, some genuine specimens of tallies have been found in the Tun-huang and Chü-yen sites, which fact indicates that tallies were widely used in the ancient Chinese world.

Aside from wood or bamboo, the tally could be made of bronze. Both seals and tallies were used in ancient China and both could be made of bronze. For identification purposes, they were used in a similar way. In the ruins of Anyang, a seal was found. Some scholars contend that though seals were widely used in the ancient Near East, it is still possible that the ancient Chinese conceived of them independently. They claim that the seal is of Chinese origin, but they cannot prove it. The finding of many things of Western origin such as the chariot and the spear in the Anyang ruins indicates the possibility that the Anyang civilization was not as homogeneous as has been supposed. Thus whether the seal was of Chinese origin is still difficult to say. However, the use of the seal by the Chinese gradually became common during the Warring States period. During the Ch'in-Han period seals became the standard form of legal identification from the emperor down through the different ranks of officials in all parts of China. The seal thus replaced the tally for the most part. In the "Yü-fu chih" 輿服志 (Treatise on carriage and dress) of the *Hou Han shu*, it is said that a seal was provided for every official in charge of a management post. [5] Tallies, on the other hand, were only given in special cases. The seal was also used in lieu of signature by private persons. This use may

---

[5] *Tung-kuan-shu* 東觀書, quoted in the commentary of *Hou Han shu* 後漢書；see *Hou Han shu chi-chieh*, 30/15 (Taipei: I-wen, 1955 reprint), 1386.

have started during the Warring States period, and has continued through the Ch'in and Han periods down to the present time. It is very common among the modern Chinese as well as Japanese and Koreans. But study of the evidence indicates that in early times the use of various kinds of jade tallies was more important than that of seals.

Excavation has revealed the presence of jade in many Shang and early Chou sites, but seals have been found in very few of them. This is just the reverse of the findings at sites later than the Warring States and Ch'in-Han periods. In the *Chou li* it is recorded that the main varieties of jade are in five patterns: kuei 圭, pi 璧, chang 璋, huang 璜, and tsung 琮.[6] These are called the wu-jui 五瑞 or five auspicious (jade tablets) in the *Po-hu t'ung* 白虎通. According to the terminology used by scholars in the field of Chinese archaeology, kuei is identified as a jade knife or jade ax, pi as a jade disc with an aperture in the center, huang as half of a pi sometimes used as a main part of a jade pendant, and tsung as a jade tube. All these patterns are familiar items in collections of ancient Chinese jade. But it is very significant that no example of a chang has been positively identified.

In the classics, the term chang is frequently mentioned. For example, in the *Book of poetry*,[7] a chang is referred to as a toy for a new born boy. For a new born girl, the toy is not a chang, but a wa 瓦 or piece of pottery. This statement is often quoted by the Chinese people in referring to the birth of a male child. However, nobody knows how to describe a chang, except that it was an object made of jade. Since it was so common and so important, why have no examples of chang been found so far? I am of the opinion that the fact that no chang has been identified as such does not mean that no chang exists. What it probably means, instead, is that scholars have failed to recognize it.

The problem of identifying just what a chang is stems from the explanation of the word chang in the *Shuo-wen*. It is said there that the chang is a half of a

---

6 Sun-I-jang, *Chou-li cheng-i* 周禮正義 (Kuo-hsueh chi-pen ts'ung-shu ed.), 1-13.
7 *Mao-shih chu-su* 毛詩注疏, 11-2/10-12 (taipei: I-wen, 1955 reprint), 387-88.

<u>kuei</u>.[8] Later commentators on this definition have described the <u>chang</u> as having a hole and stated that if it is separated into two halves, there must be half of a hole on the side of each half. This explanation is unclear. Ever since the *Shuo-wen* was compiled (c. 100) no actual half ax or half knife has been discovered. If we cling to this definition of <u>chang</u>, its identification will remain impossible. A commentator named Hsü Hao (1810-1879) of the Ch'ing dynasty stated that the object normally considered as "half of a <u>kuei</u>" should not be considered as such. A <u>kuei</u> in his opinion, is indeed the half of a whole. Separately, they are called <u>kuei</u>, but when put together, they constitute one <u>chang</u>. In other words, the <u>chang</u> is a set of two <u>kuei</u> which are used as counterparts in one unit. And the unit is called a <u>chang</u>. In actual usage, one is to be held in the office while the other is given to the messenger as a means of identification. This is a new idea and a very valuable one in the effort to identify the <u>chang</u> among the thousands of pieces of ancient Chinese jade.

Unfortunately, scholars in the Ch'ing dynasty did not pay much attenchition to Hsü Hao's opinion. Everybody still clung to the obscure *Shuo-wen* explanation. This conflict can best be resolved by re-examining the archaeological finds. But Ch'ing dynasty antiquarians did not take the hint from archaeology. Consequently a category of jade which can clearly be identified as <u>chang</u> was given many unsuitable names during the time of the Ch'ing dynasty.

This category of jade occupies a very important position among all types of ancient jade. It is a disc with a cavity in the center and with teeth around the circumference. The teeth are irregular in size as well as in arrangement. This type of jade is identified as <u>hsüan-chi</u> 璇璣. It was believed by Wu Ta-ch'eng (1835-1902) to be an astronomical instrument. Since there was no better explanation, many scholars accepted his idea, including Berthold Laufer in his outstanding work *Jade, a study in Chinese archaeology and religion*. Although Laufer was somewhat doubtful of the explanation, he could not offer a more satisfactory one.

---

8 Ting Fu-pao, *Shuo-wen chieh-tzu ku-lin*, 140-41.

Wu Ta-ch'eng's theory was based on the chapter "Shun-tien" 舜典 in the *Book of history*. It is said there that the ancient king brought into harmony the seven regulators (prayed for the regularity of the seven luminaries) with hsüuan-chi and yü-heng 玉衡. What are hsüang-chi and yü-heng? If we compare the explanation given in the *Shuo-wen* (c. 100) with those expressed a little later by Ma Jung (76-166), Cheng Hsüan (127-200), and Ts'ai Yung (133-192), we find that a significant change has taken place, The *Shuo-wen* defines both hsüan-chi and yü-heng simply as jade, but the scholars in the later part of the Eastern Han said that they were astronomical instruments. This shows that the theory that hsüan-chi and yü-heng were astronomical instruments was strictly a later development. It should not be accepted as the original meaning of hsüan-chi and yü-heng. If this explanation is only a product of the late second century, it certainly should not be applied to the Chou dynasty.

Moreover, jade is fragile and is not very suitable for use as any part of an instrument with moving parts. The theory of Han scholars that jade objects were used as parts of an instrument or machine was just a fantasy. Such interpretations are not reliable. However, since this explanation has formed a tradition of its own, Wu Ta-ch'eng accepted it and used it in order to identify the jade discs with toothed edges. If the toothed jade was really a part of a machine, it most closely resembles a gear. If it were any kind of gear, however, the teeth would have to be regular, for no gear has irregular teeth. Furthermore, the irregularly arranged teeth on the so-called hsüan-chi are very narrow. The only comparable object would be, say, the toothed edge of a key. Taking all these points into consideration, such a disc with irregular teeth should not be considered to be a gear, and the only possibility is that it is a kind of tally.

According to the *Chou li*, the only type of jade object with teeth was the chang and one kind of chang which was especially designed to raise troops was called ya-chang 牙璋,[9] or tusked chang. After a re-examination of the extant

---

[9] Sun-I-jang, *Chou-li cheng-i*, 13.

examples of ancient jade, we would argue that the jade disc with teeth should be identified as chang, and the jade disc with three wings and with teeth on the wings should be identified as ya-chang. Both of these have been referred to as hsüan-chi and thus wrongly considered to be astronomical instruments.

Aside from chang, there are other varieties of jade. For example, the tiger-shaped jade (it is called hu 琥, a composite character consisting of the symbols for jade and tiger) was said in the *Shuo-wen* to be an auspicious jade tally designed for raising troops. No mention of such use of the hu can be found in the *Chou li*. Sun I-jang (1848-1908) has stated that the use of hu to raise troops was a practice of the Warring States period, not of the Chou dynasty, for it is first recorded in the *Lü-shih ch'un-ch'iu*. [10] If we compare the extant hu from the Warring States period with the Shang jade tiger (from the George Eumorfopoulos Collection in London), we will find that they both have irregular teeth on the tiger's head and tail. These articles were used as tallies. They could come in different shapes, but had as a common feature teeth of irregular sizes.

During the Warring States period the tally used to raise troops was changed from jade to bronze and was called hu-fu 虎符. The term hu-fu first appears in the biography of Lord Hsin-ling in the *Shih chi*, in which a very exciting story of the stealing of a hu-fu in order to relieve the state of Chao is given. [11] There are bronze tiger tallies among archaeological finds which are called hu-fu of Yung-ling ang Hsiu-ch'i. Both of them have been shown in a study by Wang Kuo-wei (1877-1927) to be relics of the state of Ch'in from the Warring States period. The use of the tiger tally was continued throughout the two Han dynasties as evidenced in the *Han shu* and the *Hou Han shu*.

The chieh 節 was also used as a kind of identification. In the "Treatise on the bureaucracy" in the *Hou Han shu*, the Fu-chieh ling 符節令, or the Director of the

---

10 The particular passage in which this information is given cannot be found in the present text of the *Lü-shih ch'un-ch'iu* 呂氏春秋, but survives in a quotation in the *T'ai-p'ing yü-lan* 太平御覽, chüan 808（Taipei: Hsin-hsing, 1959 reprint）, 3522.

11 *Shih chi* 史記，77/4（Taipei: I-wen, 1955 reprint）, 958.

Department for Tallies and Tokens, had the duty of keeping both fu and chieh. The chieh was a tasseled staff given to an imperial messenger to show his authorization. Because the pole was made of wood, no actual examples have surived the ravages of time. But we can still see them in Han paintings. The chieh can be considered as an extension of the tally. The original meaning of the word chieh is joint or knot of wood or bamboo. In that sense, it may be related to the notches on the edges of tallies.

Henri Michel has suggested that this kind of toothed jade might be an astronomical instrument, because each of the three parts around the disc shows the same arrangement as the seven points in the Great Dipper. [12] I do not find this explanation convincing. To triplicate the points of the Dipper around the disc does not make sense for purposes of observation. The use of the seven points seems more likely to be a code in the pattern for a tally. This code was used only for certain particular discs because other jade discs could not be adapted to this code.

In conclusion, there were various kinds of Chinese tallies as recorded in the classics. The most common ones were made of wood or of bamboo in sizes like those of wooden slips or bamboo chopsticks. These different kinds of tallies were used for a long time, even after the invention of paper. Besides wood and bamboo, other materials were adapted to the making of tallies. A bronze tally for military use in the Warring States and in the Han dynasty was in the form of a tiger. It was so important it was controlled by the emperor himself.

In the Early Chou there were no tiger tallies to raise troops. The Chou kings used the chang or toothed tally made of jade to authenticate messages. However, no extant chang was ever identified as such during the Sung dynasty. This was caused by the misunderstanding of scholars who identified toothed jade discs as jade plates, astronomical instruments, or axes. The only satisfactory explanation, in my opinion, is that these irregularly toothed jade discs should be regarded as tallies.

---

[12] "Sur les jades astronomiques chinois", in *Melanges chinois et bouddiques* (Bruxelles: 1951), 151-60.

On the Chinese Ancient Characters

A

I. The Chinese Language and its Lexicons

China, as is well known, is one of the largest nations is Asia and in the world. However, due to its geographic environment--mountainous areas with towering mountain ranges, deserts, and oceans--for a long period China remained veiled and isolated form the Western world.

This relative isolation resulted in one of the distinctive features of this culture; namely, its monosyllabic language and hieroglyphic characters. The origins of this monosyllabic language has yet to be determined with any certainty, mainly due to the fact that it is seemingly a unique phenomenon. A comparison, however, with related languages may indicate that this language is a variant form of a distinctive type. Compared to Egyptian and American Indian scripts, the hieroglyphic Chinese characters may be independent creations that evolved sometime around the Shang Dynasty.

The Chinese people trace their origins to the Hsia people, a feudal state covering Southern Shansi and Western Honan. Those who lived across and beyond their frontiers were the so-called "barbarians". These barbarians employed a different type of language. However, as Chinese culture gradually extended outward, these barbarians naturally came into contact with its language and people. It is our conjecture that originally the Shang people were not Chinese; however, that over an extended period of time, they adapted the culture and language of the Hsia people. Naturally, therefore, the Shang people should be considered as being a branch of the Chinese.

From Shang to Chou, more than one thousand years elapsed, and during that time, tribes evolved into city-states and city-states in turn developed into kingdoms. In 221 B. C., Ch'in Shih-huang successfully unified the Seven Kingdoms to form an empire and for the first time, China became a political unit. Before this time, the people of the Seven Kingdoms used hieroglyphic Chinese Characters but these hieroglyphs differed in form as compared to the scripts inscribed on the various relics discovered at various ruin sites in the different regions of the Chinese mainland.

The standard script of the Ch'in Dynasty was called "hsiao-chuan" or "small turned lines", generally translated "small seal". This particular script was made the standard form of writing by the Prime Minister Li Ssu in his text book *Ts'ang-chieh Pien*. A variant form of the "small seal" script called the "li-shu" or "clerk script" was also in use. This latter script was not for formal usage but being relatively easy to write, it was employed mainly for practical, everyday writing. Approximately one hundred years from the beginning of and up to the end of the Han Wu-ti Dynasty, the li-shu or clerk-script was used extensively in the records of the Northern frontier.

After a period of time, both the chuan-shu and the li-shu were established as standard forms of writing. In the twelfth year of the Yung-yuan (100 A. D.) and eminent scholar Hsü Shen undertook his great work, the *Shuo-wen Chieh-tzu*, the first dictionary of Chinese characters. This work exhibits several notable features. For example, this dictionary was the first to introduce the use of radicals and contained 9353 characters. Moreover, this was the first dictionary of Chinese etymology with explanations the used the li-shu in order to explain the chuan-shu. Therefore, it was to become the original source and the key to ancient Chinese characters; that is, the basic Chinese etymological dictionary.

Above all the *Shuo-wen* was the first work to arrange characters with etymological explanations of the characters. The *Ts'ang-chieh Pien* and the other works that followed and supplemented it were considered to be wordbooks or glossaries but they provided no explanations. Similarly, works such as the *Erh-ya*, *Fang-yen, Kuang-ya* and *Shih-ming* contained numerous characters and even some verses of the poetic genre known as "fu" and were used as glossaries but they too originally were without explanations or notes. According to the "Yi-wen Chih" or "The Record of Classics and Literature", of the *Han-shu*, there existed two types of commentaries to the *Erh-ya*; one by the "wen hsüeh" of Chien-wei Province and the other by Liu Hsin, but none of these were compiled by the original author as in the case of the *Shuo-wen*.

The *Yü Pien* by ku Yeh-wang in the Liang Dynasty (502-566), followed the *Shuo-wen* as the second dictionary of its kind. Following the same sys-tem as the *Shuo-wen*, the characters were classified under 542 radicals, two more than in the *Shuo-wen*. However, the *Yü Pien* contained a greater number of characters and additions were later made in the T'ang and Sung periods.

In 1031-1039 of the Sung period another new dictionary listing still more characters was compiled; this was the *Lui Pien*. It was produced from the rhyme books. The first one of the rhyme books is *Chieh-yün*.

In the Sui period (601), a systematic rhyming dictionary, the *Chieh-yün*, made its appearance; it shared many common features with the etymological dictionaries which preceded it. Through the Sui, T'ang, Five Dynasties, and the beginning of the Sung, the rhyming dictionary went through a process of change and enlargement. Specifically beginning with the *Chieh-yün* and through the succeeding works, *T'ang-yün, Kuang-yün* and finally, the *Chi-yün* which is the largest rhyming dictionary ever compiled. On the other hand, the *Lui Pien* integrated all the characters listed in the *Chi-yün* and thereby, became the largest etymological dictionary of its kind.

With the appearance of the *Tzu Hui* in the Ming Dynasty, a major change in the system used in the dictionary was introduced. In contrast to the *Shuo-wen*, the *Tzŭ-Hui* employed a system of counting the number of strokes, beginning with the radical of the first character. The "stroke system" simplified the task of locating characters, as contrasted with the system in the *Shuo-wen*; however, the accurate recognition of a radical within a character was not without its difficulties. Therefore, this system, which was later adopted by the *Kang-hsi Tzǔ-tien* and most modern Chinese and Japanese dictionaries, was employed mainly for its simplicity and convenience and not necessarily for its scholastic value.

II. *Shuo-wen* as the Basic Source in the Identification of Ancient Characters

In the *Shuo-wen* there are three types of characters; namely, the "small seal", the "clerk script" and the so-called "ku-wen" or "ancient character". The small seal and clerk script were legal scripts in the Han period but the "ancient character" originates from a different source. It is derived from the inscriptions on ancient bronzes, mostly from the ancient ruins of the Chou Dynasty in which the archaic scripts were found, most of which belong to the period of the Warring States. The bronze inscriptions as recorded in the *Han-shu* were limited in number and therefore, were not arranged in a systematic manner as they were in the Sung Dynasty. In the *Shuo-wen* there are a few characters identified with those of Chou bronze. The scripts of the Warring States period were categorized into many types for the sake of identification. The most famous ones were the *Ku-wen Shang-shu* or the "Book of History in Ancient Script", *Chou-li*, and *Tso-chuan*; the studies conducted on these works gave rise to a new school at the end of the Former Han Dynasty. This school was called "Ku-wen Hsioh-p'ai" and it exerted lasting influence on the scholastic trends of the Later Han Dynasty. The script as contained in the *Shuo-wen*, however, has passed through many hands and differed from the real, archaic inscription. Thus, not only was the 'Ku-wen" or "ancient script" from the *Shuo-wen* not perfectly reliable but the stone inscriptions as contained in the *San-ti Shih-ching* or "Classics in Three Styles" of the Wei Dynasty were also not perfectly reliable. This shows that only the small seal and the clerk script which were the legal scripts of the time are the only available scripts that can be approached with assurance and certainty.

Because there were only very few scholars who had actually seen bronze inscriptions for themselves, a quasi-ancient style of script called the "K'o-tou wen" or "tadpole character" was used among scholars. The so-called "ancient script" was first included in the *San-ti Shih-ching* and subsequently in the "Pi-lo-pei" of the T'ang period, the *Han-chien* by Kuo Chung-Shu and the *Ku-wen Ssŭ-sheng Yün* by Hsia Su in the Sung period. Hsüeh Shang-kung's *Chung-ting kuan-chih* or "Inscriptions for Bells and Tripods" makes faithful transcription from bronze vessels; this can be seen in those pages that remain today, printed from ink-squeezed plates; that is, the stone tablets with the original inscriptions. However, the reprints from wooden blocks have been changed into the "tadpole style" as in the case of former scholars. Until Yüan Yüan of the Ch'ing Dynasty issued his *Chi-ku-chai Chung-ting Kuan-chih*, the exact form was those that appeared in a book from wooden blocks.

III. A Historical Sketch of the Development of Characters

Chinese characters developed from hieroglyphs and reaching further back, they may be traced to the simple picture-drawings of primitive times. The depiction of animal figures can be found on painted pottery but no relationship has been established, linking them with hieroglyphs. Some Signs on the pottery vessels from panp'o of Sian may be considered as the earlier origin of the characters and the characters inscribed on the oracle bones of the Yin-Shang period may be rendered as the earliest extant real characters.

The "Introduction" of the *Shuo-wen* notes that knotted strings and the eight trigrams were used in keeping records prior to the use of characters. There is, however, a great deal of controversy regarding the truth of this statement. It is true that the method of knotted strings has been referred to by the Greek historian Herodotus who mentions that King Darius sent knotted strings to Ionia. Furthermore, they have appeared in the Ryukyu Islands, the South Pacific, and on the African continent, furnishing strong evidence that it existed in ancient China.

However, the so-called eight trigrams are much too simple to be used as a means of keeping records.

The eight trigrams are found in the *Book of Changes* and constitutes its nucleus. Recent scholars have suggested that the *Book of Changes* was compiled in the Tenth or eleventh Century B.C., at the beginning of the Chou Dynasty. Without doubt, certain ideas with philosophical implications of a Chinese nature are found in this work; however, the principal use of the *Book of Changes* was limited to purposes of divination.

The terms "yin" (--) and "yang" (—) and the eight trigrams for heaven (☰), earth(☷), water(☵), fire(☲), thunder(☳), mountain(☶), wind(☴), and swamp (☱) were used mainly for divinatory purposes and by no means were they intended to deal with every aspect of the primitive world. As we learn in the "Shuo-kua-chuan" or "Discussion of the Diagrams", appended as supplementary material to the *Book of Changes*, each diagram covers a wide range of things and can be applied without any logical explanations. This indicates that the contents of this book are suited to the practice of divination but are too obscure for everyday use. Although ancient China was divided into separate nations, in none of these nations was the eight trigrams ever used in the place of words.

The only possible conclusion is that the knotted strings were in use in diverse regions but that the original pictographs came into being in a limited area. From its use within that limited area, these pictographs gradually extended outward. And thus, the first step in the development of the Chinese character took place.

"Chia-ku" or oracle bones are considered the earliest writings of China except the signs of Panp'o and their discovery has been limited to the area of Yin-Hsu; that is, the Anyang County of Ho-nan Province. The fact that the Cheng-chow site, which does not antedate Anyang by too many years, did not yield any relics with scripts has never been explained. This indicates, perhaps, that the use of hieroglyphs on oracle bones was a rather new development in the period of Hsiao-tun (or Yin-Hsü) (circa 1300 B.C.)

Oracle bones are made up of bones of cattle or tortoise shells on which inscriptions have been made. A study of the inscriptions reveals that the king practiced divination whenever beset with doubts regarding some matter and the diviner had faithfully recorded the questions posed by the king.

The basic formative principles of Chinese writing had appeared in the oracle bone inscriptions; they may be classified as follows: (1)Pictograms to depict human bodies, animals, insects, plants, natural and artificial objects. (2)Ideograms indicating abstract ideas or the position and the measurement of things. (3)Phonograms which included the borrowing of sound and the combination of pictogram and sound. (4)Combination of two or characters to express a single meaning. All of these principles are still in operation as the bases for the written character.

Oracle bones were first discovered toward the end of the Nineteenth Century and due to the fact that the bases of paleographic research had been established ever since the Chienlung-chiaching period, the identification of the inscribed scripts was accomplished with relative ease.

When the oracle bones were first discovered, although in small and limited numbers, those scholars with long experience in the study of bronzes and the classics showed great interest in them and in fact were the most suited to undertake the study of these bones.

Sun Yi-jang, an eminent scholar, was one of the first to take up the study of these oracle bones. He had done outstanding work on the *Chou-li* and on bronzes. Though he had few sources available to him, he opened up this area of research for later scholars such a Lo Chen-yü and Wang Kuo-wei.

The scientific explorations at Anyang by the Academica Sinica between 1930 and 1937 was the most productive period in the course of oracle bones research. Thousands of pieces of bones and shells were unearthed. The sets of transcribed ink-squeezed plates, *Hisiao-tun*, still comprise one of the most important sources for this field of study.

Bronze inscriptions were used by the royal family and the feudal lords from the Shang Dynasty through Western and Eastern Chou up to the time of the

Warring States. Many changes occurred but the traditional line can still be traced. In the Han Dynasty the ancient inscribed bronzes appears to have influenced some scholars toward a trend of study called the "ku-wen-hsüeh" or "study of ancient forms of writing". Hsü Shen, the compiler of the "*Shuo-wen*", was the most important among these.

But for a long time, as long as ten centuries, no new developments were made in this field of study. However, at the beginning of the Sung Dynasty, two brothers of the Hsü family, Hsü Hsüan and Hsü Kai studied the *Shuo-wen* from the standpoint of textual criticism and introduced a new era in the history of paleographic studies. In the Middle Age of Northern Sung (early Eleventh Century), a famous poet and prose writer, Ou-yang Hsiou, compiled his famous *Chi-ku Lu* or "Collection of Ancient Inscriptions".

Following the appearance of the *Chi-ku Lu*, a number of major works in the field of ancient inscriptions were brought forth. Among these the following are extant: *k'ao-ku T'u* by Lü Ta-lin (compiled in 1092), *Hsüan-ho Po-ku T'u*, a compilation undertaken at the orders of the emperor (1107), *Chung-ting Yi-chi Kuan-chih* by Hsüeh Shang-kung (1144), *Hsiao-tang Chi-ku* by Wang Chiu (1176). In all of these works, the original inscriptions were deciphered and identified with modern characters. The identification of characters was based on a careful and meticulous comparison of the original inscription with the small seal characters of the "*Shuo-wen*".

The identification of characters constituted a new field of study for the Sung Scholars and therefore, their studies contained many errors, which were subsequently criticized by the scholars of the Ch'ing period. For example, Wang Kuo-wei (1877-1927) writes: "After the Chienlung-chiaching periods of the Imperial Dynasty, there was a renaissance in ancient studies. Scholars looked down upon the books of the Sung Dynasty and did not desire to quote from them. With regard to my personal opinion, the *k'ao-ku T'u* and the *Po-ku T'u* were well written. Their work on the depiction of figures and their discussion of the ancient systems of writing reveal many achievements...With respect to the identification of characters, the Sung scholars have achieved an original accomplishment. Great scholars such as Juan Yuan and Wu Ta-ch'eng are unable to go beyond these sources. Without doubt, many errors are found in their works; however, this was not entirely avoidable by these eminent scholars of the Imperial Dynasty. "This passage indicates that the studies made by the Sung scholars formed the basis for the investigative efforts of the later Ch'ing and Min-Kuo scholars.

Through the Yüan and Ming Periods, archaeological studies were generally dormant. At the beginning of the Ch'ing Dynasty Ku Yen-wu and Chu Yi-tsun emerged as precursors in a movement, which emphasized the systematic study of ancient classics and characters, setting a basis for a fresh approach to the study of ancient sources. The Emperor Ch'ien-lung was strongly influenced by the method of the "Han school". He issued orders to the scholars in the Imperial Academy to compile the works *Hsi-ch'ing Ku-chien* and *Ning-shou Chien-ku*, with the *Hsüan-ho Po-ku T'u* serving as the model. Private publications on the inscriptions of bronzes, which were to be compiled in a similar style were also emerged. The most famous ones are Juan Yüan's *Chi-ku-chai Chung-ting K'uan-chih* and Wu Shih-fen's *Chün-ku Lu Chin-wen*. The former work comprised one of the earliest examples of a careful and detailed study in the Ch'ing Dynasty while the latter was one of the most complete of that period.

Along with the study of inscription, in the Ch'ing period great weight and value was placed on philological studies. Following Ku-yen-wu, Chiang Yung, Tai Chen and Ch'ien Ta-hsin were the preeminent figures of this particular field of study. However, Tuan Yü-ts'ai's commentary to the *Shuo-wen* was regarded as the most valuable work with respect to the study of characters. Tai Chen who had devoted his energies to the classics, philology and mathematics was the mentor of Tuan. Influenced by his teacher, Tuan developed his studies in a more logical manner as compared to other contemporary scholars. During the period Tuan was active as a scholar, the study of bronze had achieved relatively high standards. Although Tuan did not use bronze studies as evidence in his research, he did produce very useful explanations for bronze study. Numerous scholars of later years criticized Tuan for the uncritical confidence that he placed on his approach; however, there is little doubt that his considerable achievements outweigh faults his studies may contain.

In the early part of this century, there was increased activity with respect to both the study of bronzes and oracle bones, both on the part of oriental--Chinese and Japanese--as well as Western scholars. Their efforts resulted in the publication of many new findings, research papers, and also new dictionaries. All of the combined to exert great influence on the study of the *Shuo-wen*. The *Shuo-wen Chieh-tzŭ Ku-lin* by Ting Fu-pao, published in 1937, brought together all the available studies on the *Shuo-wen* and the characters included therein and also included the researches that had been done on bronzes and oracle bones. (A reprint of this work, without revisions, was issued in Taiwan in 1960.)

A number of specialized dictionaries for bronzes and oracle bones have been published, all arranged according to the system used in the *Shuo-wen*. For oracle bones, the first dictionary to appear was Lo-cheng-yü's *Yin-hsü Wen-tzŭ Lui-pien*; this was followed by the *Chia-ku Wen-pien* prepared by Sun Hai-po. And more recently, we have Chin Hsiang-heng's *Hsü Chia-ku Wen-pien* and Li Hsiao-ting's *Chia Ku Wen-tzŭ Chi-shih*. As Far as dictionaries of bronze inscriptions age concerned, the *Shuo-wen Ku-chou Pu* of Wu Ta-cheng is the earliest one, followed by the *Chin-wen Pien* of Young Ken. The latter work has been revised but has not incorporated the more recent findings in this field.

IV.   The Development of the Li-shu Style

The li-shu is a variation of the small seal and is not related to the characters of the Kingdoms of the Warring States, with the exception of the Ch'in Kingdom. According to Wang Kuo-wei's *Shih-chou-pien Su-cheng Hsü* and *Chan-kuo Shih Ch'in Yung Chou-wen Liu-Kuo Yung Chou Wen Sho*, only the Ch'in state followed the old style of chou, and it was used to write *Shih-Chou Pien* specially. This old style was termed "chou-shu"; it was more complex with respect to strokes and closer to the bronze inscriptions as preserved in the *Shuo-wen*. In the Ch'in

Dynasty, there were eight different styles with regard to characters. "Chou-wen" is basically the same as ta-chuan (large seal) in contrast to the hsiao-chuan(small seal).

This conservatism of the state of Ch'in is derived from the fact that the "Ch'in" empire occupied an area that had formerly been of Chou and on which the capital Fung-Hao had been situated. This particular area had been the centre of Chou culture from the beginning of Chou to the year 771 B.C., a period spanning more than two hundred years and perhaps up to three hundred years. Since the area had been occupied by barbarian tribes, in the process of recovering this area by the state of Ch'in, numerous buildings were lost in the conflagrations and many books were lost. However, those traditions such as script styles remained and were accepted by the ruling family. In the middle period of the Spring and Autumn, the script underwent a slight change and became more complex in form as evidenced by such styles as the chou-wen and the ta-ch'uan. But such styles of writing proved to be impractical and necessitated a process of simplification which resulted in the hsiao-chuan or small seal. This hsiao-chuan was adopted as the formal or legal script of the Ch'in Dynasty.

As shown in the *Shuo-wen*, and shown in the script used in engraving edicts on weighing stones or on measuring vessels was the small seal. However, the script style of both the large and small seals was very cumbersome and impractical in terms of simple, everyday use, whether for formal or private, personal purposes. From the Chu bronzes excavated at Shou-hsien or the silk and bamboo slips from Ch'ang-sha, the scripts were improved into a style with rapidly executed strokes. Similar evolution of styles occurred in the Ch'in state and gave rise to the li-shu and the ts'ao-shu. The preface to the *Shuo-wen* mentions that the li-shu was an invention of Ch'eng Miao. A passage by Wei Heng, quoted in his biography contained in the "Chin-shu", states that Ch'eng Miao was a clerk in the offices of Yün-yang County. During the period of imprisonment which lasted for ten years, Ch'eng Miao compared and arranged the strokes of the seal style in order to create a new and simpler script. Due to the ease of this newly developed script, it was widely adopted for official usage. Ch'eng Miao was, as a result, released from prison and promoted to the post of Imperial Secretary by the Emperor Ch'in Shih-huang. In the history of the development of the script during the Warring States, it would not be entirely correct to call the li-shu a wholly original creation. However, there is no doubt that the systematic arrangement of strokes of the li-shu was accomplished by Ch'eng Miao, resulting in a script highly practical for official use and far simpler and more economical in terms of effort. Since the li-shu had been arranged on the basis of the small seal characters, the latter was easily identifiable as component parts. This brought about in the Ch'in-Han periods a remarkable standardization of the li-shu for everyday use. A study of the Han wooden slips shows that from the time of Emperor Han Wu-ti (the latter half of the Second Century B.C.) every type of official document employed the li-shu. This sweeping change indicates that the adoption of the li-shu had been in process for a long period of time and that it must have been an important script ever since the time of Emperor Ch'in Shih-huang.

Toward the end of the Former Han Dynasty, a serious controversy developed between two schools, the "Chin-wen" and the "Ku-wen" schools. Chin-wen or "modern text" points to the classics that were transcribed from oral transmissions or from newly compiled commentaries. On the other hand, Ku-wen or "ancient text" referred to the archaic style which was preserved in the books that escaped burning such as the *Chou-li* the *Tso-chuan* of the Chun-chiu or those which were newly discovered in the walls of dwellings inhabited by the descendants of Confucius; for example, the *Ku-wen Shang-shu*. Chin-wen was written in li-shu and the Ku-wen in the style of chuan-shu. The association of li-shu with Chin-wen, the "modern text" school, indicates that the li-shu had become the predominant contemporary style of writing during the Former Han Dynasty.

Up to the Later Han Dynasty, a large number of inscriptions were made on stone tablets. Excepting a few scripts such as the small seal which was used in the Yüan An and Yüan Ch'ang tablets, these inscriptions were done in the li-shu. This fact clearly suggests that the small seal had, by this time, become an outdated script and had become obsolete as far as practical use was concerned.

During the more than four hundred and fifty years that span the beginning of Han to the beginning of Chin, the script style underwent a gradual transformation. For example, the horizontal lines ere drawn with a definite stop at the end of the stroke instead of using a rush-like stroke at the end. This was the initial step which was to eventually result in the development of the k'ai-shu from the li-shu.

Between the k'ai-shu, which is a variant form of the li-shu, and the li-shu itself, there is no clear and definitive distinction, since the transition from the latter to the former was a gradual one. This much is, however, clear; in the Former and Later Han Dynasties, the characters inscribed on wooden slips or on stone tablets are all in a rectangular form but in the Wei Dynasty of the Three Kingdoms they were altered and took a square form. This change to the square form was also one of the changes which resulted in the k'ai-shu. In the case of these squarely formed characters, the brush stroke ending of the horizontal lines were greatly de-emphasized. This again was in accordance with the transition toward the k'ai shu.

A comparison of the Pi-yung Pei of Western chin and the Tsuan Pao-tzŭ tablet of Eastern Chin shows that the basic writing style was similar but that there is greater evidence of the k'ai-shu influence found in the latter. The calligraphers, therefore, considered the former to be in the style of li-shu while the latter was considered to be k'ai-shu. However the model, representative k'ai-shu style is to be found in the tablet inscriptions of the T'ang Dynasty; for example, the inscriptions since the time of the calligraphers Yü Shin-nan, Ou-yang Hsün, and Ch'u Sui-liang.

During the approximately four hundred years that lapsed from the period of Wei-Chin to the T'ang, the k'ai-shu passed through several changes. Therefore, in order to distinguish these, recent calligraphers have labeled those inscriptions coming before the T'ang as Wei-pei or Pei-pei (Northern tablet). The appellation, Wei-pei or Pei-pei, was used due to the fact that this style was generally used in the age of the Northern Dynasties and especially in Northern Wei. This Wei-pei script constitutes one variant form of the k'ai-shu.

At the end of the Ming Dynasty, one further evolution of the k'ai-shu took place. This was called the Sung style for wood block printing. In the Sung Dynasty the wooden blocks always followed the style of Ou-yang Hsün but were arranged in a more regular style. Up to the first half of the Ming, the wooden blocks used the current style of the Ming script. Until the Chia-ching times (1522-1566) many of the book printings were based on the Sung edition with some aspects arranged in a more regular style. This resulted in the formation of a new style which was to subsequently exert influence on the modern Chinese an Japanese styles of stereotyping.

V. Ts'ao-shu and Hsing-shu

The ts'ao-shu or the "grass script" had already been inexistence before the appearance of the li-shu of the Ch'in. The bamboo slips from Changsha of the Chu state show that the ts'ao-shu style of writing was being used with great skill in that period. The *Shin Chi* also notes that the great poet Chü Yüan had drafted a memorial using the ts'ao-shu.

The *Shuo-wen* states that the ts'ao-shu originated in the Han period. This may be implying that the chang-ts'ao (the ts'ao-shu peculiar to the Han Dynasty), was created in the Han period but that this rapid swift style of writing had been in existence for a long period of time. As the characters evolved away from simple picture drawings, there was no need to draw the strokes slowly, with care and exactness. This is the reason that the term "ts'ao-shu" might have been coined in the Chun-chiu or Warring States and the term "chang-ts'ao" in the Han although this style of rapid writing must have been in existence at a much earlier period.

However, the style of the ts'ao-shu simply followed popular usage and there was no set standard text for it. The *Chi-chiu Pien* compiled by Shih Yü at the end of the First Century B.C. was purported to be a standard text for chang-ts'ao. According to the Tunhuang wooden slips, the Han version of it was in the li-shu style, suggesting that "chi-chiu" simple meant "quick or rapid" and by no means referred to chang-ts'ao. This work was a summary of the *Tsang-chieh Pien* and contained important characters and naturally it became a standard text for the ts'ao-shu. This *Chi-chiu Pien* in standardized chang-ts'ao was allegedly written by the calligraphers from Han to Chin, calligraphers such as So Chin, Chung Yu, Huang Hsiang, Madam Wei and Wang Hsi-chih. The only extant copy is the one by Huang Hsiang of the Wu state in the period of the Three Kingdoms; furthermore, this particular text has been copied by Chao Meng-fu of the Yüan Dynasty and Sung Chung-wen of the Ming Dynasty.

When compared with the script used on the wooden slips, the chang ts'ao script in the *Chi-Chiu Pien* is definitely similar to that of those of the Former Han period. However, the *Chi-chiu Pien* was made into a standard work and original Han writing was not. This reveals that the ts'ao-shu, or chang ts'ao, in the Han Dynasty was not as strictly defined as it was to be by the scholars of later dynasties. The situation was quite similar to that of k'ai-shu and hsing-shu; there existed no definitive standards separating the various styles. There existed a style with extremely differing strokes and composition which was called ts'ao-shu but between this extreme ts'ao-shu and the formal li-shu, there existed numerous vitiations which precluded the determination of two definitive categories of styles. Therefore, scholars of the Ch'ing period coined the term "ts'ao-li" and Chou An compiled a work for stone inscriptions using this style of writing titled *Ts'ao-li Tsun*.

Although the main features of the chang-ts'ao differed with the li-shu, certain elements in its construction were still derived from the conventional style of the Warring States. For this reason the identification of the chang-ts'ao was never an easy task. As the li-shu evolved into k'ai-shu, a natural process of simplification took place with respect to the old fashioned chang ts'ao. This change took two forms. First, the development of the k'uang-ts'ao style ("unrestrained style") which was an extremely free form of writing in which no single character was separable in a given line. Naturally the style became increasingly difficult to identify. Second, there was the development of a modernized ts'ao-shu, from the ancient to a modern, current style. This style was called the "hsing-shu" or "running style".

With respect to the hsing-shu, the changes have come from the k'ai-shu directly and without regard to the traditional structure. Thus, the ku'ang-ts'ao is more difficult to identify than the chang-ts'ao but in contrast, the hsing-shu is more easily discerned than the chang ts'ao. Both of these styles are found in the reproductions of the stone-carvings; that is, the traced manuscripts of Wang Hsi-chih in various types of collections of ink-squeezed writings called "tieh" in Chinese or "chö" in Japanese. This does not mean to imply that these two styles were the creations of Wang Hsi-chih but that rather that his manuscripts had remained extant in contrast to the lost works of other scholars. This may have been largely due to the fact that Wang Hsi-chih's manuscripts were held in high esteem by T'ang T'ai-tsung and were gathered together from the various regions of his domain and preserved by inscribing them into stone. The new style employed by Wang was taken over by the public on a large scale and subsequently became the new and standard model of handwriting in the T'ang Dynasty; furthermore, it continued to exert influence in the ensuing periods.

Besides ts'ao-shu and hsing-shu, there exists another character of relatively simplified style called the "chien-tzu", that is, literally "simplified character". The "chien-tzu" may be related to the origination of the hsiao-chuan because hsiao-chuan simply means "simplified seal style". Moreover, in the stone inscriptions of found in Northern China, and in the scrolls of manuscripts from Tunhuang Coves as the Buddhist sutras and the fictional works many of these simplified characters are found. During the Sung Dynasty the wood block printing resulted in the publication of increased numbers of fictional works; which, in turn, saw an increased use of simplified characters. However, it is only in the past fifty years that scholars have considered this style with any esteem. Subsequently, it came to be adopted in China and in Japan. Regarding its practicality, however, some problems still remain.

These simplified characters may be the result of a process of adaptation of former, archaic, styles or may be entirely new creations. Adaptation is characterized by the following aspects: a) The adaptation of ancient characters.

b) The adaptation of non-classical common characters. c) Adaptations from the ts'ao-shu style. d) Adaptations through borrowing characters from the classics. e) Adaptations through borrowing characters of common usage. The process of creating new characters--in contrast to adaptation--is marked by the following aspects: a) The creation of new characters with sound or phonetics as the basic consideration. b) The creation of new characters with meaning or ideography as the basic consideration. c) The creation of simplified characters by the deletion of certain strokes.

VI. An overview of Chinese Calligraphy

The Chinese character is drawn with the same implement as used in painting, the writing brush. Therefore, calligraphy has always been considered as a form of fine art, sharing equal status with the art of painting.

Art, however, is essentially based on the expression of an artist's individual character. For this reason, calligraphy as an art form was suited only to the styles of li-shu, k'ai-shu, and ts'ao-shu, and the styles coming before the Han Dynasty, the variant forms of the seal style, could not be considered as constituting fine art. For example, the seal forms were employed as decorative designs and were always in the same form, evidencing little of the writer's individual character. In this regard, they are similar to the letters of the Western alphabet, which have many different forms but are never considered to be works of art.

When the li-shu was in usage in the Han Dynasty, the control of the brush for the sake of artistic writing was quite difficult. This was the cause of the great variance that exists in the different manuscripts which were written by different calligraphists. Some scripts were written with elegance; others with awkwardness. This revealed that the same script could be written differently in accordance with the difference of the individual character of the calligraphist. This was the bases for the emergence of famed calligraphers.

From the latter half of the First Century B. C., the term "shih-shu" or "expert writing" appeared in the *han-shu*. However, inferring from statements contained in the biographies, the term "shih-shu" seems to refer not necessarily to writing as art but to mundane writing which happened to be elegantly executed. However, this concept underwent a gradual change. At the end of the Former Han, at the beginning of the First Century A. D., a leader of society named Ch'en Tsen had the reputation for great skill in brush writing. Those who received letters from Ch'en Tsen preserved them and regarded them as valuable possessions. This stemmed from two factors: first, the artistic elegance of the writing and second, the social status of the writer.

Toward the end of the Later Han Dynasty, in the first year of Kuang Ho (178 A.D.) the Emperor Ling-ti appointed those calligraphers who exhibited outstanding ability to the Imperial College of Hung-tu Gate. (Where the picture of Confucius and his disciples were painted to indicate the emperor's reverence.) Some of these students were to be promoted to the post of Governor. Consequently, the art of calligraphy enjoyed the favour of the emperor and as a result, this influenced the rapid improvement of this particular art in later years.

During this period the most famous of the calligraphers emerged. The period of Eastern Chin (317-420 A.D.) was considered the golden age of Chinese calligraphy with Wang Hsi-chih and his son Wng Hsien-chih as the preeminent figures. The writing of these two calligraphers were reproduced in stone inscriptions as "t'ieh" during the T'ang and Sung Dynasties and exerted a great influence on the calligraphers of following periods.

Wang Hsi-chih's influence on the art of writing in the T'ang gave birth to a new and revolutionary trend. Thus, two categories of k'ai-shu came into existence, the "pei' and the "t'ieh". The "pei" includes the stone inscriptions from the Ch'in Dynasty to the Sui Dynasty, particularly the so-called "pei-wei" or Northern Wei style. The "t'ieh" includes the reproductions from the writing art of the Three Kingdoms through Ch'in and down to the Ming and Ching works, including the stone inscriptions from the beginning of the T'ang Dynasty.

Due to official custom and the influence of the examination system, the method of writing belonging to the "t'ieh" category predominated. This category of writing was the standard form until recent times. However, ever since the Nineteenth Century the scholars, influenced by archaeological findings and studies, revived the writing style of the Northern Wei and began to employ it for their personal use. Still, for the most part, pragmatic writing, so to speak, involving official drafts, letters, books and so forth were in the "t'ieh" style.

"Shu-hua-t'ung-yüan" or literally translated "writing-art-identical-origin" is a well-known phrase among Chinese calligraphers and painters. The phrase points to the fact that many calligraphers painters and many of the painters were at the same time calligraphers. This is due to the fact that in Chinese painting pictures are drawn with lines and in calligraphy, characters are drawn with strokes. Both lines and strokes are executed in a similar manner and moreover, the instrument used, the brush, is also quite similar in its physical construction.

When the tip of the brush touches the paper, the calligrapher as well as the painter must control the brush with respect to its pressure and swiftness of stroke. Through pressure and stroke, the individual character of the calligrapher or artist is revealed. They manifest time, space, skill and inclination, and the different variations achieved the bases for the evaluation of a particular work of writing or painting, in terms of their artistic merit.

The principle of "shu-hua-t'ung-yüan" exerted marked influence on both writing and painting in several different areas. With respect to practical writing, scholars came to place great emphasis on writing as an art and thus, spent a great deal of time and energy on acquiring its proper technique. In time this high esteem for the art of calligraphy lead to its being included in the requirements of the "palace-examinations" for the scholars of the Imperial Academy. (These scholars constituted a pool of potential candidates for official positions within the court.) Furthermore, memorials form ministers and governors were required to be written with acceptable calligraphic skill. This development occurred mainly in the Ch'ing Dynasty.

With respect to painting, the artist limited himself to the use of the brush and water in drawing lines. This technique proved to be delimiting. There is no question that great paintings were produced in China, Japan, and Korea, but due to the definite limitations of both technique and implements, their works never manifested the wide diversity evident in Western art. However, within the confines of such limitations, numerous painters produced outstanding creations, often expressing their personal viewpoint with a single stroke of the brush.

B

I. A Discussion of the Six Categories of Chinese Characters

To express a complex idea, the picture-drawing is inadequate to serve as parts of speech in the grammatical construction of a sentence. By the time of the oracle bones, the Chinese character had advanced to the stage where it could be used in the composing of sentences. The characters were used, moreover, not only for the depiction of various figures but also for the representation of sound. Thus, the necessity of dividing the characters into different categories arose. Liu-shu or fully translated "the six categories of characters" was first mentioned in the *Chou-li*; however, the bases for it had been in existence for more than one thousand years.

According to available evidences, the *Chou-li* was compiled in the middle period of the Warring States. At that time, the Chinese character had already been fully developed. However, there is no detailed explanation of the liu-shu in that work. At the end of the First Century, in the Later Han Dynasty, Cheng Chung for the first time labeled the six categories of the liu-shu. Later in the *Han-shu* Pan Ku designated these same categories in the "Yi-wen Chih"; finally, Hsü Shen dwelled on them in detail in his *Shuo-wen Chieh-tsŭ*.

However, the arrangement of the six categories as determined by these three scholars show a variance. The differing order shows the development in the relationship among these categories and indicates which ones were of an earlier date and which ones were of a later period. Views regarding such problems became a topic for extended controversy among the scholars from the Sung to the Ch'ing.

The arrangements of the six categories by Cheng Chung, pan Ku, and Hsü Shen respectively are presented below:

Cheng Chung: Hsiang-hsing (pictograms)

Hui-Yi (logical combination)

Chuan chu (synonyms)

Ch'u-shih (symbolic indication)

Chia chieh (phonetic loan)

Hsieh-sheng (phonetic combination)

Pan Ku: Hsiang-hsing (pictograms)

Hsiang-shih (symbolic indication)

Hsiang-yi (logical combination)

Hsiang-sheng (phonetic combination)

Chuan chu (synonyms)

Chia-chieh (phonetic loan)

Hsü Shen: Chih-shih (symbolic indication)

Hsiang-hsing (pictograms)

Hsing-sheng (phonetic combination)

Hui-yi (logical combination)

Chuan chu (synonyms)

Chia-chieh (phonetic loan)

Most scholars of the Ch'ing Dynasty borrowed the terms employed by Hsü Shen but adopted the arrangement as fixed by Pan Ku. This was due to the fact that most scholars leaned toward the explanations presented in the *Shuo-wen* of Hsü Shen but did not agree with his judgment of "symbolic indication" (chih-shih) as being the primary category in the order of classification.

Logically the six categories of characters should not be considered to be of a like class. The four categories of hsiang-hsing, chih-shih, hui-yi, and hsing-sheng describe the nature of a character; whereas, the final two categories of chuan-chu and chia-chieh describe the relationship between characters. Therefore, Tai Ch'en and Tuan Yü-ts'ai considered the former four to be "substantive" and the latter two to be "functional" in nature. This is a scientific and revolutionary concept in the explanation of the liu-shu. However, numerous scholars in studying the *Shuo-wen* were not in agreement with this concept which departs from conventional views. These scholars continued to consider all of these categories to be of equal status or class with respect to the origins of the method of creating characters, as noted by the ancients.

More recently scholars have introduced new methods of classification in contrast to the liu-shu system. For example in his work *Ku Wen-tzŭ-hsüeh Tao-lun*, T'ang Lan sets forth the following arrangement:

1. Hsiang-hsing (pictogram)

2. Hsiang-yi (ideogram)

3. Hsiang-yü (word representation)

4. Hsiang-sheng (sound representation)

5. Hsing-sheng (form and sound)

On the other hand, T'ang Lan made the following outline to illustrate the categories in his system of classification:

1. Fen-hua (separation)

    a. From hsiang-hsing to hsiang-yi

    b. From one hsiang-yi to a second hsiang-yi

    c. From one hsing-sheng to a second hsing-sheng

2. Yin-shen (extension)

    a. From hsiang-hsing to hsiang-yü

    b. From hsiang-yi to hsiang-yü

    c. From one hsing-sheng to a second hsing-sheng

3. Chia-chieh (borrowing)

    a. From hsaing-hsing to hsiang-sheng

    b. From hsiang-yi to hsing-sheng

    c. From one hsing-sheng to a second hsing-sheng

4. Chuan-chu (here it means transferring)

    a. From hsiang-sheng to hsing-sheng

5. Kuei-na (induction)

    a. From hsiang-yi to hsing-sheng

6. Tseng-yi (increase)

    a. From hsiang-yü to hsing-sheng

With reference to the terminologies used by Tai Ch'en, "substantive" (t'i) and "functional" (yung), the first five belong to the class termed "substantive" and the sixth to the "functional". This classification is more complex and less practical than the old method of categorization and therefore, by virtue of their clarity and practicality, the present writer adheres to the systems of Tai and Tuan.

Relatively clear definitions as to the meaning of the six categories of the liu-shu have been set forth by Hsü-shen and a synopsis of these are presented below. It may be noted that the explanations regarding the chuan-chu category is the least satisfactory with respect to clarity of meaning.

1. Hsiang-hsing (pictogram) refers to the category of characters which are written in the manner of pictures, using curved lines to depict the form of various objects.

2. Chih-shih (symbolic indication) refers to the category of characters which depicts a certain position or meaning, which can be comprehended by viewing the symbolic arrangement of the character itself.

3. Hui-yi (logical combination) refers to the category of characters which combines two characters to form an entirely new character with a new meaning.

4. Hsing-sheng (phonetic combination) refers of the category of characters which combines characters of form and sound.

5. Chuan-chu (synonyms) refers to the category of characters which retains a certain element while altering the construction of other parts and creating words of similar meaning.

6. Chia-chieh (phonetic loan) refers to the category of characters which borrows other characters of like sound since it has no character of its own.

All the explanation rendered above are clear excepting that which concerns "chuan-chu", which is ambiguous. Tai Ch'en asserted that "synonyms" offered the clearest explanation for chuan-chu. The present writer feels that it is quite useless, for the purpose of furthering the understanding of ancient Chinese characters, to offer awkward explanations on the relation between combination of strokes or on the mutual influence of sound between characters.

The other problem relates to the category of "yin-shen" or "extension". Generally, the Ch'ing scholars considered this to be a sub-type of chia-chieh while others included it under the classification of chuan-chu. According to Tai Ch'en, the former view is the correct one, for the chuan-chu is limited to synonyms. However, this controversy is limited to the liu-shu classification system; without the added category of "yin-shen" (extension), this problem would not exist.

This problem stems form the definition of chuan-chu as stated by Hsü Shen. He writes: "To construct a type from a common beginning, with the same meaning being mutually accepted; like 'k'ao' and 'lao'; this is called chuan-chu."

Here, Hsü Shen's definition is unclear. First, what is mean by "type" and what is meant by "beginning". Both words possess diverse meanings. Second, his examples of "k'ao" and "lao" have the same meaning, a similar construction, similar sound and identical origin. Thus, on the bases of his definition and his example numerous variations become possible. If one should consider every one of the liu-shu to constitute an equally fundamental rule a satisfactory explanation cannot be achieved.

Aside from Tai Ch'en's definition of chuan-chu as a synonym, other scholars offered other explanations; they affirmed that chuan-chu refers to:

1. Same characters which had changed their forms. For example, "lao" has one part turned to the right while in the character "k'ao" the same part faces the left.

2. The relation between every character and the first character in a group. Thus, from the group the chuan-chu may be divided into many branches but attributed to the leading one.

3. Two or more characters under the same radical, (that is, from one beginning
   and with the same meaning.)
4. Two or more characters with the same meaning and with similar sound.
5. The third, fourth and fifth tones all with the same meaning as the first tone
   are called chuan-chu.
6. The extension of meaning in the same character; this is called Yin-shen.

The above explanations, including the explanation of Tai Ch'en, add up to
seven different explanations. This diversity is a result of the original ambiguity in
the definition and example put forth by Hsü Shen. Practically speaking, the first
four categories alone are sufficient and the explanations of the chuan-chu are
superfluous. Among all the explanations, only Tai Ch'en's is relatively clear and
the present writer, for the sake of expediency, accepts his explanations as a
working definition.

This does not mean that the explanations of chuan-chu in the area of sound is
incorrect or that the comments on extension are useless; however, any explanation
of sound is useless for the explanation of the construction of characters and any
comments on extension strays far from the original definition and example as
given by Hsü Shen. Tai Ch'en's explanations are to be appreciated for their
simplicity.

According to Tai Chen, the category of extension cannot be related in any
way to chuan-chu. It can, however, be classified as one of the two branches of
chia-chieh or it may be either considered as an independent category outside of
the liu-shu or as a sub-category of liu-shu.

Regardless, the liu-shu must be considered the standard and the fundamental
system of classification; on the other hand, it must not be regarded as perfect and
beyond any further emendation.

II. The Pictogram

Pictograms most likely developed and evolved from picture-drawings, which
might have been very much like the pre-historic sketches found in caves or the

pictures used for communication by the American Indians. On the Chinese continent there exists a type of picture-correspondence among the Moso people, the Tibeto-Burmese speaking tribes living on the Northern borders of Yünnan Province. It is somewhat akin to the pictures of the American Indians but the picture-drawings of the Moso have been improved upon so that every unit of a picture has been assigned a particular meaning and is drawn in a fixed manner. A series of pictures cannot express a given sentence since it can be interpreted in different ways. The later development of the Moso pictures tended toward the possibility of sentence construction. Words, besides picture-nouns, were used as loan words from nouns with the same sound. The combination of pictograms and loan words made the construction of sentences possible. This is the process through which a written language begins to come into being.

Compared with the Moso pictograms, the development of the Chinese script indicates a high degree of specialization. The former moved from picture to sound but in the latter case, the development was from picture to both sound and meaning. Thus, the Chinese character developed in an increasingly complex manner. Even though the number of phonogram-combinations among Chinese characters is great, Chinese characters cannot be considered in a simple phonetic way.

This is the reason for the complexity with respect to the categorization of Chinese characters, which were classified into six categories or into four categories with two sub-categories. This caused a wide divergence between the written Chinese and the spoken language; that is, the formation of a way of expression independent of the spoken language and of the times. The Chinese character is in this sense a symbol which expresses meaning and is not an expression of the spoken language.

For these reasons, compositions in Chinese characters have retained a similar style for thousands of years; that is, the style prevalent in the Spring and Autumn and the Warring States periods are still used among some scholars of the present time. Moreover, it has spread widely into all areas of China despite the existence of differing dialects or into other cultures which do not speak Chinese at all.

This characteristic of unchanging continuity over a long period of time and of spreading into a vast area, marked by different cultures, reveal a special characteristic in comparison with other written languages. On the other hand, the symbolic nature of the Chinese character, especially in the wen-yen style, resulted in a simplicity of language which did not render itself easily to analytical expression and therefore to ideological development. Naturally, mathematical and philosophical statements can be translated into the wen-yen style, but the resulting translation is always rough and difficult to comprehend. Should one translate freely, the translated version would be far from precise. Moreover, the Chinese characters are definitely limited in regard to certain syllables. This prevents the Chinese language from functioning effectively in the field of science; most particularly in the fields of biology, chemistry, an medicine. In recent times, in concurrence with the Literary Revolution and the use of the "pai hua", the wen-yen style was adopted and adapted for use in scientific writing.

However, the problem of terminology remains a hindrance to scientific progress among Chinese scholars. A set of standard scientific terms have been created by the Chinese government but they are quite in-adequate and are useful n the compilation of simple materials only: high school text books, simple scientific reports, etc.

The only alternative open to Chinese scholars in the field of science is to either write in a foreign language or to write in the "pai-hua" style, interspersing Latinized terms and other borrowed word. This would be considered as falling in the category of "chia-chieh" as far as the traditional liu-shu classification is concerned.

However this may be, in other fields, the Chinese character has been used with great creativity and meaning. It has prevailed for millennia and has attracted countless number of creative artists and thinkers to it as a means to compose delicate sentences of wit and of philosophical meaning. From ancient times the Chinese character has been used to express profound and significant ideas with only a few syllables in extremely simple constructions. Although even now the wen-yen style is quite inadequate for scientific expression it holds great promise and potential in the field of literary expression.

The origins of the Chinese character, as mentioned previously, can be sought in the pictogram. Furthermore, these pictograms can be divided into different groupings: a) natural objects, b) animals and insects, c) plants, d) the human body, e) manufactured objects.

Some of the objects, for example, included under these headings are as follows:

a. Natural Objects

the sun	🔆	日
the moon	☽	月
the rain	☷	雨
the snow	羽	雪

b. Animals and Insects Etc.

fish	🐟	魚
swallow	🐦	燕
scorpion	🦂	萬 (a loan word for "ten-thousand")

c. Plants

wood	木	木
grass	ʬ	草

d. Human Body

man	人	人
child	子	子

e. Manufactured Objects

clothing	衣	衣
vehicle	車	車
tripod	鼎	鼎
door	門	門

Further illustrative comments on the following:

b) Animals and Insects Etc.

Animals such as 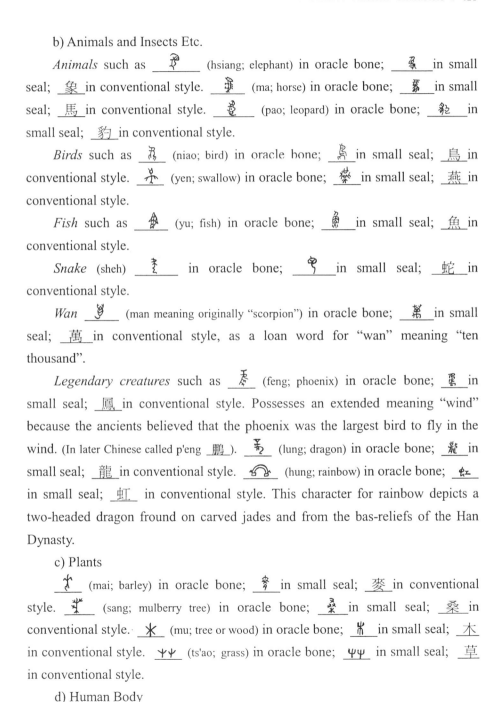 (hsiang; elephant) in oracle bone; ____ in small seal; 象 in conventional style. ____ (ma; horse) in oracle bone; ____ in small seal; 馬 in conventional style. ____ (pao; leopard) in oracle bone; ____ in small seal; 豹 in conventional style.

Birds such as ____ (niao; bird) in oracle bone; ____ in small seal; 鳥 in conventional style. ____ (yen; swallow) in oracle bone; ____ in small seal; 燕 in conventional style.

Fish such as ____ (yu; fish) in oracle bone; ____ in small seal; 魚 in conventional style.

Snake (sheh) ____ in oracle bone; ____ in small seal; 蛇 in conventional style.

Wan ____ (man meaning originally "scorpion") in oracle bone; ____ in small seal; 萬 in conventional style, as a loan word for "wan" meaning "ten thousand".

Legendary creatures such as ____ (feng; phoenix) in oracle bone; ____ in small seal; 鳳 in conventional style. Possesses an extended meaning "wind" because the ancients believed that the phoenix was the largest bird to fly in the wind. (In later Chinese called p'eng 鵬). ____ (lung; dragon) in oracle bone; ____ in small seal; 龍 in conventional style. ____ (hung; rainbow) in oracle bone; ____ in small seal; 虹 in conventional style. This character for rainbow depicts a two-headed dragon fround on carved jades and from the bas-reliefs of the Han Dynasty.

c) Plants

____ (mai; barley) in oracle bone; ____ in small seal; 麥 in conventional style. ____ (sang; mulberry tree) in oracle bone; ____ in small seal; 桑 in conventional style. ____ (mu; tree or wood) in oracle bone; ____ in small seal; 木 in conventional style. ____ (ts'ao; grass) in oracle bone; ____ in small seal; 草 in conventional style.

d) Human Body

(jen; man) in oracle bone; in small seal; 人 in conventional style.
(nü; woman dressed in ancient mode) in oracle bone; in small seal; 女 in conventional style. (shou; hand) in bronze inscriptions; in small seal; 手 in conventional style. (chih; teeth) in oracle bone; in small seal; 齒 in conventional style.

e) Manufactured Objects

Shelters: (kuo; suburbs) in oracle bone; in small seal; 郭 in conventional style. (men; door) in oracle bone; in small seal; 門 in conventional style. (hu; a single door) in oracle bone; in small seal; 戶 in conventional style.

Means of Transport: (chu; vehicle) in oracle bone; in small seal; 車 in conventional style. (chou; boat) in oracle bone; in small seal; 舟 in conventional style.

Vessels: (chüeh; goblet) in oracle bone; in small seal; 爵 in conventional style. (ting; tripod) in oracle bone; in small seal; 鼎 in conventional style.

In the examples set forth above every character forms a single pictogram which in turn represents a single object. However, besides the single pictogram, there are other pictograms which are formed through combination, thus forming another separate category of pictograms.

Among the pictograms formed by means of combining other pictograms, there are two classifications. First, those characters which are composed of two or more parts of which one part represents the main idea of the character while the other part(s) enlarges upon that idea or meaning. Second, those pictograms which have undergone slight alterations in some form or another in order to express a change in meaning. Chinese scholars have termed the former category "combined pictogram" and the latter, "altered pictogram".

Regarding the "combined pictogram" the examples below may provide some indications as to its nature.

(kuo; fruit) in small seal; 果 in conventional style. This pictogram combines two parts; ⊕ represents the picture of a fruit and 木 is the character for "mu" or tree. The combination is intended to show fruit on a tree. However, in the oracle bone style, it is written 果 which is a single pictogram and not a combination.

米 (mi; ground millet or rice) in small seal; 米 in conventional style. Former scholars determined this to be a combination of pictograms. However, according to the oracle bones, it is drawn 米 ; in which the points represent the grains and the line is not a character; therefore, this is a single, uncombined pictogram.

巢 (ts'ao; nest) was first found only in this small seal style; 巢 in conventional style. This pictogram consists of three different parts; 巛 depicts a bird; ㄓ depicts the parts of a nest; 木 depicts the tree in which the nest is to be found. This character therefore must be classified as logical combination and not a pictogram.

彗 (hui; broom). In oracle bone 彗 or 彗 showing the broom and the dust or hand. 彗 in conventional style. Therefore, this must be considered as an ideogram and not a pictogram.

眉 (mei; eyebrow) in small seal. In oracle bone it is drawn 眉 or 眉 showing the eye with eyebrows. 眉 in conventional style. This is also an ideogram and not a pictogram.

The class labeled "altered pictogram" is illustrated below:

矢 (chieh) in small seal and 矢 in oracle bone depicts the slanting of a head. 矢 or 側 in conventional style. This is also an ideogram and not a pictogram.

丫 (kuai) in small seal; 乖 in conventional style. This represents the horns of a goat and therefore, is a pictogram.

未 (wei; taste) 未 in conventional style. This is the same as 味 . In conventional style 味 and 未 in oracle bone style. It indicates a relation to wood, such as the spices that come from wood. Hence it is an ideogram and not a pictogram.

The systematic classification of Chinese characters, above all, requires a methodology that is scientific and simple. Complex, ambiguous categorizations can serve no useful purpose. The present writer therefore prefers to consider only the single, uncombined pictogram to be classified as a pictogram and suggests that other pictograms, made up of any manner of combinations be placed in other, different categories.

III. Ideogram

Ideograms or "chih-shih" refers to those characters that represent a thing or an idea and is a further development and modification of the pictogram. Ideograms are more complex than pictograms; not so much in the case of basic ideograms which may be comparatively simple but in the case of ideograms made up of different combinations. These combinations may consist of a sign combined with a sign, a pictogram combined with a sign, a specially constructed picture combined with a sign or a pictogram which may have one element within itself altered.

The basic or primary ideograms are based on very simple signs. The simplest illustration of this is the series of characters used to represent numbers.

一	一	represents one.
二	二	represents two.
三	三	represents three.
亖	四	represents four.
╳	五	represents five, depicted by two lines forming an "X".
∧	六	represents six, depicting a forked branch with two strings.
✛	七	represents seven, depicting a long string with a short stick.
)(	八	represents eight and depicts two curved lines, back to back.
九	九	represents nine and depicts a string with a hook.
╽	十	represents ten and depicts a string with a knot.
ㅂ	百	represents one hundred and depicts two circles held under a string.

_夕_ _千_ represents one thousand and depicts a figure of a puppet on a

string.

It can be assumed that the above series originated from an identical series of signs. Moreover, these signs have been attributed to the knotted ropes which Hsü Shen has pointed to as being the origins of written characters. However, Hsü Shen did not specifically state that these numeral characters were derived from the knotted ropes.

The reason for this reluctance can be trace perhaps to the fact that the Han scholars were always deeply influenced by the philosophy of "yin" and "yang" and the "five elements" and therefore, had a natural inclination to explain things in these terms, especially in order to provide a respectable scholastic bases. To explain matters by tracing the origins of characters to knotted ropes was overly simple for these scholars. In these ancient times research and conclusions based on ethnology etc. were not considered scholastically respectable.

In the section below the highly philosophical or metaphysical explanations of Hsü Shen are given and illustrates the approach of the Han scholars in general.

_一_ "One" traces its origin to the tao, the great beginning: the "tao" was based on the One, which in turn created, through separation, heaven and earth and transformed itself into all manifestation.

_二_ "Two"; two is the number of the earth because it makes a pair with heaven.

_三_ "Three" three is the way of heaven, earth and man.

_四_ "Four"; four is a "yin" number and shows a square being divided.

_五_ "Five"; five refers to the five elements, with two lines intersecting, depicting the involvement of yin and yang within heaven and earth.

_六_ "Six"; from the number six in the "Book of Changes". Yin is transformed into the number six; its original form is eight. Therefore six is a combination of _人_ (to enter) and _>〈_ (eight).

_七_ "Seven"; seven points to the correct position of yang which is shown by a horizontal line and a curved line which shows the light yin.

ㄢㄈ "Eight" eight shows two lines curving in opposite directions.

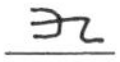

�ㄥ "Nine"; nine is a variation of yang, revealing a curved form.

In the above, Hsü Shen showed each character to be related to and derived from the "Yin-yang" philosophy. However, this philosophy must have been the product of a civilization much more advanced than what is generally labeled the "primitive world". As far as the oracle bones are concerned, they provide no indication whatsoever that there existed any relationship between these characters and the philosophy of "Yin-yang". The seminal principles of this theory might have originated as early as the Yin-Shang; however, its systematization was achieved in the *Book of Changes* of the early Chou Dynasty. There is no doubt that characters which symbolize numerical figures are apt to be used simply for practical purposes without any necessary connection to metaphysical thought such as the "Yin-yang". From this standpoint the explanations of Hsü Shen must be considered as being of little value in the study of the origins of this category of characters.

Aside from the characters symbolizing numbers, there are other ideograms of simple form; for example:

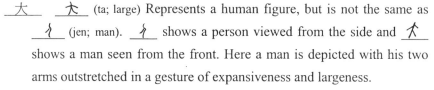

大　大 (ta; large) Represents a human figure, but is not the same as
イ (jen; man). イ shows a person viewed from the side and 大
shows a man seen from the front. Here a man is depicted with his two
arms outstretched in a gesture of expansiveness and largeness.

小　小 (hsiao; small) This character is made up of three small points.

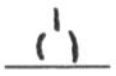

亘　曰 (hui; to turn) This character shows lines turning.

长 (ch'ang, as 長 in conventional style; means "long") depicts a person with
long hair.

入　入  (ju, 入 in conventional style; means "to enter") This character
shows or points toward the direction of an entrance.

Moreover, there are ideograms that are constructed of two main parts: a line or in some cases, another symbol as the basic part and a second symbol which indicates the main meaning by its relation to the basic part.

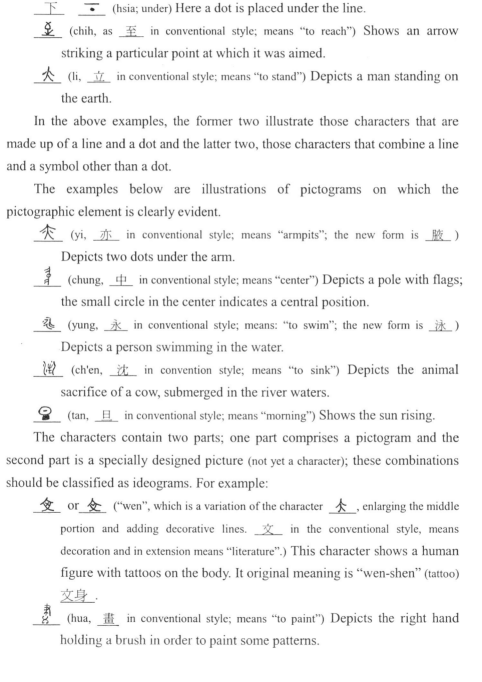

On the Chinese Ancient Characters ⊙ *627*

上　　二　(shang; on) Here a dot is placed above the line.

下　　二　(hsia; under) Here a dot is placed under the line.

至　(chih, as 至 in conventional style; means "to reach") Shows an arrow striking a particular point at which it was aimed.

大　(li, 立 in conventional style; means "to stand") Depicts a man standing on the earth.

In the above examples, the former two illustrate those characters that are made up of a line and a dot and the latter two, those characters that combine a line and a symbol other than a dot.

The examples below are illustrations of pictograms on which the pictographic element is clearly evident.

夾　(yi, 亦 in conventional style; means "armpits"; the new form is 腋) Depicts two dots under the arm.

中　(chung, 中 in conventional style; means "center") Depicts a pole with flags; the small circle in the center indicates a central position.

永　(yung, 永 in conventional style; means: "to swim"; the new form is 泳) Depicts a person swimming in the water.

沈　(ch'en, 沈 in convention style; means "to sink") Depicts the animal sacrifice of a cow, submerged in the river waters.

旦　(tan, 旦 in conventional style; means "morning") Shows the sun rising.

The characters contain two parts; one part comprises a pictogram and the second part is a specially designed picture (not yet a character); these combinations should be classified as ideograms. For example:

文　or　文　("wen", which is a variation of the character 大 , enlarging the middle portion and adding decorative lines. 文 in the conventional style, means decoration and in extension means "literature".) This character shows a human figure with tattoos on the body. It original meaning is "wen-shen" (tattoo) 文身 .

畫　(hua, 畫 in conventional style; means "to paint") Depicts the right hand holding a brush in order to paint some patterns.

尹 (yin, 尹 in conventional style; means "secretary".)

史 (shih, 史 and 事 in small seal style; 史 and 事 in conventional style; because these two characters were identical in ancient times.) This character means "service" especially with respect to some divine being. It shows a drill consisting of a bow or string with a special top being held by hand. (This type of bow-drill is still in use in China and was used among American Indian tribes.) Drilling holes into bones or shells was a method of causing cracks through heating; these cracks were later read for divine omens. The oracles were gradually transformed into historians and the character "shih" took on the meaning "history".

宮 (kung, 宮 in conventional style; means "palace") Shows the roof covering the palace sites.

正 (cheng, 正 in small seal style and 正 in conventional style; means "correct" or "regular") Shows a foot placed behind a square as a standard.

方 (fang, 方 in conventional style; means "square" but its original meaning might have been "side") Shows a plow with two sides which could be grasped by two men. The ancient Chinese plough was guided by two men on either side.

IV. The Changes in the Pictogram

There are some pictogram characters which have been transformed into ideograms through the changing of one part of the character or of one or more strokes within the character. This modification converts a pictogram into an ideogram, as illustrated in the examples provided below.

夨 (tsê, 矢 in conventional style) This character is derived from "ta" (大) and shows a person slanting his head.

烏 (wu, in small seal and 烏 in conventional style; means "crow") Depicts the crow as being totally black, obscuring even the eyes.

交 (chiao, 交 in conventional style; means "mutual") Shows a person with crossed legs. (This is under a traditional explanation showing incorrect new explanation based on the analysis of bones and bronzes says wu 武 showing a man on march with weapon and hsin 信 to be a phonetic combination.)

V. Logical Combinations

Logical Combinations may be considered a complex ideogram. The ideogram is a variation of a simple picture or pictogram with added symbols, modifications, or changes. The logical combination, on the other hand, is a combination of two or more given characters, often joined together with the addition of certain modifications.

The original Chinese term for "logical combination" is "hui-yi". ("hui" means "to meet, assemble, come together"; "yi" means "meaning".) In the definition given in the *Shuo-wen* it is stated that the "hui-yi" is a category of characters which combine characters from similar categories to indicate a new meaning, as "wu" 武 (brave) and "hsin" 信 (sincerity).

The character "wu" is comprised of two characters "chih" 止 and "ko" 戈. "Chih" means "to stop" and "ko" means "weapon". This particular combination means "to stop the use of weapons for the sake of peace; this is the way of bravery". With respect to the character "hsin", two characters "jen" 人 and "yen" 言 are brought together in juxtaposition. A combination of "jen" (man) and "yen" (word) expresses the idea that a man must keep his promise or word and that this is the way of sincerity.

Hsü Shen divided characters into two categories: "wen" 文 and "tsŭ" 字. "Wen" refers to simple symbols or figures and "tsŭ" refers to compounds. According to this classification, the two primary categories of pictogram and ideogram are to be classified as simple symbols and the later two categories of logical compound and phonetic compound are to be classified as compounds. Such categories as synonyms and phonetic loans, which are not original in the creation of characters, may be placed under either category, single or compound, in the structure of the strokes and characters.

Any logical compound must be made up of two or more original characters.

These original characters, which form the basic parts of the logical compound, may be both pictogram or both ideogram; or they may be made up of one or more pictograms and one or more ideograms. Moreover, other elements such as a diagram, a symbol, or a picture-like drawing may be included within these characters.

Therefore, the characters of the logical combination category may be formed according to several different arrangements. These possible arrangements are as follows:

1. The meaning being indicated from the order of the arrangement, from top to bottom, from left to right.
2. The character of the combination being of equal importance.
3. One character in the combination indicating the main meaning while the others serve in a subordinate role.
4. The same character being used twice in order to express the original meaning, extending the original meaning, or changing the original meaning.
5. A logical combination containing a picture-like drawing or symbol.

Naturally the number of phonetic combinations is greater than that of logical combinations. However, during the process of phonetic changes which took place over a period of thousands of years, most of the phonetic combinations altered their original pronunciation from that of the phonetic symbols. Some have considered phonetic symbols to be phonetic combinations and to explain them in terms of their meaning; that is, to consider them to be logical combinations.

Here is a well-known story concerning the great reformer and prime minister, Wang An-shin (1021-1086) of the Sung Dynasty. Su Tung-p'o, hearing that Wang An-shih, the Duke of Ching, had finished his book of terminology (*Tsū-shuo*), went to jest with him. He said, "you suggest that the character "tu" 篤 (sincerity) means to 'whip a horse'; I wonder what is humorous about whipping a dog?" (Because the parts that make up the character "hsiao" 笑 [laugh] have the meanings "bamboo" and "dog".) At another occasion, he showed the character for his name "p'o" 坡 and asked Wang its meanings. Wang replied that it meant "the skin of the earth". ("p'o" means "slope") Thereupon Su retorted, "Then 'hua' 滑 (smooth) must mean 'the bone of the water'!" While both 坡 and 滑 are just phonetic combinations, without any logical arrangement under each of them.

The major official change of other character categories into the category of logical combination concerned the new characters that were ordered by the Empress Wu Tse-t'ien (Reign: 684-704 A.D.) in 690 A.D. These seventeen newly created characters were in use for twenty years in place of the older characters. In the following are examples of these new characters.

坔 "ti" (earth, the original character is 地) This newly created character is comprised of 山 mountain, 水 water, and 土 soil. This contrasts with the original which was made up of 土 soil and 也 . The original form was 它 snake; it was used as a phonetic symbol.

圀 "kuo" (state or country) is a combination of 八 eight, 方 direction, and 囗 boundary. The character shows that all directions are contained within a boundary. This contrasts with the original 國 which is an older logical combination of 口 mouth and in extension "man", 戈 weapon, 一 line to indicate land, and 囗 boundary.

The method of logical combination is relatively popular in vulgar usage. In later centuries other combinations were created in place of traditional characters and were used in formal writing. Examples are provided below.

靝 for 天 (t'ien; sky). A combination of 青 blue and 氣 air. The original character 天 is an ideogram made up of 大 and 一, which indicates something atop a man's head.

鑫 for 興 (hsing; prosperous). The use of 金 gold three times in combination indicates the multiplication of money. 興 in small seal is 𦥔 and means to lift something with four hands.

灶 for 竈 (tsao; stove) is a combination of 火 fire and 土 soil. The original 竈 is a phonetic combination with 穴 cave, as the meaning symbol and 黿 frog, as the phonetic symbol.

To see forth other examples of logical combinations, four different types are given below. In each case the character is listed first in conventional style (hereafter, abbreviated as "c. s.").

    c. s. 爲 "wei". In oracle bones it means "to do". A combination of (yu; hand) and (hsiang: elephant), meaning to "to tame the elephant; to do".

    明 "ming" bright. (c. s. 明) Combination of (kuang; window) and (yueh; moon). In the oracle bones, it is written either as , showing the moon on the window or which is a combination of the sun and the moon to show light or brightness.

Secondly, there are characters which are comprised of two parts, of which one part is a single character and the other part is comprised of one character being used two times and at times, up to four times.

    受 shou; to receive. Shows the hands of different persons delivering a boat which is omitted. In the oracle bones and bronzes, it appears in a more complex form, with the boat represented as , showing two hands holding onto a boat. chou (c. s. 舟) means boat and is a variation of yu (c. s. 又 and 右) which means hand.

    雀 chui; short-tailed bird. chi, in small seal, meaning "gathering", but it in bones and bronzes are more simple with one bird only. This is a combination of "mu" (木 wood) with three birds perched atop it.

    野 "ye", in the oracle bones and in the bronzes. In the small seal 野 and in c. s. 野 . A combination of 土 tu; soil and two trees 木 "mu" and depicts a piece of land among trees. In the small seal it is a combination of 田 t'ien, field; 土 tu, soil; and a variation of 邑 yi, village or town.

    莫 mo. In small seal ; in c. s. 莫 , changed to 暮 . A combination of 日 jih; sun and four 屮 ts'ao or two 艸 ts'ao and indicates that the sun sets under the grasses.

Thirdly, there are characters which are formed by using the same character twice and thereby, changing its meaning.

珏 玨 chio, in samll seal; in oracle bone; means "strings of jade". ("yü" 羊 in bones; 王 in small seal; 玉 in c. s.)

友 yu, in small seal; and similarity in oracle bone; in bronze. A combination of two hands (yu, 又). The depiction of hand and hand indicates "friendship".

林 lin, in oracle bones; and in small seal. A combination of two trees (mu, 木) indicates "forest".

劦 hsieh, in small seal; as in bronze. The c. s. has been changed to 協 . The character means to co-operate. It shows a combination of three 力 li; strength which depicts the form of human muscles.

麤 chu, showing two deer in oracle bones; and three deer in small seal. The c. s. was converted to 粗 . The original meaning was to leap a great distance and later, was changed to mean "rough". It combines two and later, three deer.

Fourthly, there are those characters which combine more than two characters to express a relatively complex meaning.

福 fu; happiness; from the oracle bones. It shows 丅 shih; "table for a temple" (示 in c. s.) and tsun. In c. s. 尊 ; a combination of (c. s. 酉 yu) and two hands. "Yu" indicates "wine" and "tsun" depicts a large cup of wine for the spirits. The implication is that happiness will be bestowed by the spirits. In small seal and c. s. they have been changed to 福 and 福 respectively.

衛 or wei, in the bones, and in the bronzes. A combination of 行 hsing; to show going four ways and 方 (or) fang; square, with two or more feet to show guards defending an area. The simplified form, a square 囗 and two feet, written 韋 is also used as a loan word meaning leather.

The Transition form Ideograms to Logical Combinations

In its explanation regarding characters presented in the *Shuo-wen* the proportion of characters of the logical combination category was relatively large although much less than those of the phonetic combination category. However, upon tracing the development of those logical combinations backward through the bronzes back to the bones, it became apparent that these logical combinations were not in fact combinations but were rather single ideograms. This fact reveals that the characters of the logical combination category was a later development stemming from the ideograms and moreover, that these ideograms were modifications and derivations of the original pictograms.

Here are several examples to illustrate this development, from the bones through the bronzes and up to the stage of the small seal style.

祭 chi; to sacrifice. In c. s. 祭 .The *Shuo-wen* stated that this character is a combination of 示 shih; sacrificial table; 右 yu; hand; and 肉 jou; meat. The meaning is indicated by a hand which takes a piece of meat to the sacrificial table. This is clearly a logical combination. In the bronzes, it is similar to the small seal. However, in the bones it is written 祭 , 祭 , or 祭 with many variations and always in an abbreviated form. Inside the character, the dots showing the drops of wine are always emphasized. These dots are symbols and not characters, just as the symbol for the piece of meat is also not a character. Therefore, this character is not a logical combination but an ideogram.

祝 chu; a priest who specializes in prayer. In c. s. 祝 . In the *Shuo-wen* it shows a man 人 jen, with a mouth (口 kou) on the top, placed besides a sacrificial table, 示 shih. The mouth points to someone who speaks. In the oracle bones, however, the character appeared as 祝 , showing a sorcerer offering wine or as 祝 which showed a sorcerer with a large mouth near a table and as 祝 , depicting a sorcerer with a large mouth in the act of dancing.

介 chieh; intermediary or armor. In c. s. 介 . The *Shuo-wen* shows a combination of 人 jen; man; and 八 pa; eight or to divide. The character indicates that all men are in a state of separation of alienation and require an intermediary. However, in the oracle bones, it is written 介 . As Shang Cheng-tso stated, quoting Lo Chen-yü, the character shows a man wearing armour, the long stripe showing the leather straps.

周 chou; secret, density, circle, name of a state. In c. s. 周 . The *Shuo-wen* states that this is a combination of 用 yung; to use and 口 kou; mouth; and depicts a person skillful with his mouth; that is, skilled in the art of speaking. However, the formation of this character is different in the bones and bronzes. There, the character did not include "yung" in the combination. In the bronzes it was written 周 or 周 and in the bones 周 , indicating a land with dense crops.

涉 she; to wade. In c. s. 涉 . In the *Shuo-wen* 步 is shown and depicting two feet which means to walk. 水 shui; water or river. In the oracle bones, however, it was always written 涉 , which shows two feet with a line in the middle to indicate river. This line is not a character but a symbol.

歲 shi; year of Jupiter. In c. s. 歲 . In the *Shuo-wen* it was classified as a phonetic combination, with 步 pu as the meaning and 戌 hsu; a number symbol for time. But in the commentary of Tuan Yü-ts'ai it is also classified as a logical combination. In the opinion of the *Shuo-wen* "sui" should be considered to mean Jupiter. Since the orbit of Jupiter takes twelve years, starting from the point NNE. The twelve year cycle is a fixed cycle in ancient Chinese methods of calculating time.

However, in the oracle bones, the character for "sui" is written 戉 to depict a weapon which may be a sickle with two points. These two points may be based on two possibilities. First, they may be depictions of the footprints after the harvesting of crops or second, they may point to the two holes in the stone knives which were used for cutting the crops. The harvest was an annual event and therefore, one reaping or cutting meant one year.

tsou; to run. in c. s. 走 . In the *Shuo-wen* it is explained as being a combination of "yao" 夭 which means "to bend" and "chih" 止 which means "to on foot". It appears in similiar from in the bronzes. There does exist a question in that "yao" is depicted with two arms down while the top part of the character for "tsou" is drawn with one arm up. This character simply did not exist in the small seal. It appeared in the oracle bones only. While the character 走 did not exist in the bones. Therefore, this character 夭 is used only for the character "tsou" in the bones and it is an ideogram.

Yi; to increase or overflow. In c. s. 溢 . The original form 益 used to mean "benefit". In the *Shuo-wen*, it is shown as being a combination of 水 shui; water and 皿 min; basin. But in the oracle bones it is written 益 , showing the water filling the basin.

ching; trap. In c. s. 阱 . The *Shuo-wen* explains this as being a combination of 阜 fu; a mount and 井 ching; well. It depicts a well on some mountain for the purposes of trapping animals. In the oracle bones, it is written 阱 , showing a deer caught in a trap.

sheh; to shoot (an arrow). In c. s. 射 . The *Shuo-wen* explains it as being a combination of 身 shen; body or person and 矢 shih; arrow, placing it in the category of logical combination. However, in the bones it is drawn simply 射 and in the bronzes 射 , to show the action of the bow in the act of shooting. These original characters changed to form the character "shen."

wang; to look or the full moon. In c. s. 望 . The *Shuo-wen* explains this as being a combination of 臣 chen; subjects, 月 yüeh; moon, 壬 jen, which is a simplified sound for 庭 meaning court, a combination which means to go to court under a full moon. However, in the bones, it is 望 which shows a man with his eye emphasized and in looking; in the bronzes, it is 〔image〕 a man standing on earth and gazing at the moon.

〔image〕 heng; constant. In c. s. 恆 . The *Shuo-wen* explains that this is a combination of 二 erh; two, 心 hsin; heart and 舟 chou; boat. The implication is that the heart of the ruler and the hearts of his subjects are constantly in oneness as is the direction of a boat. On the other hand, Hsü-shen states that the ancient character of "heng" was comprised of "yüeh" (moon), implying that the moon is full and then wanes with unwavering constancy. In the bones, "heng" is written 〔image〕 to depict the moon.

〔image〕 hsün; a cycle of ten days. In c. s. 旬 . The *Shuo-wen* explains that it is composed of 包 pao; to wrap or include and 日 jih; sun. This combination shows the days being encircled. However, in the bones it appears like this 〔image〕 or 〔image〕 and shows only the encircling lines.

A study of the above variations show that the development of the ancient character proceeded from the original ideograms to the later logical combinations. Similarly, there was an evolution from the pictogram and ideogram toward phonetic combinations. This latter change will be dealt with in the following chapter on phonetic combinations.

八、文學

古詩十九首與其對於文學史的關係

一、古詩十九首與五言詩

　　中國唐宋以來「近體詩」可以說是合於時代的詩體,「詞」這一個體裁也可以說實際上是「近體詩」演變而出的。如其要追溯「近體詩」的源流,那就只能追溯到五言古詩和七言古詩。《詩經》體裁和《楚辭》體裁所去時代已遠,難得找上關係。所以五七言詩的生命,在中國文學史上,比《詩經》體及《楚辭》體延長得很多,截至現在已差不多有兩千年的時間。今後五七言詩的前途誠然不敢再說,不過五七言詩既然有這樣長的時間,那就當然十分值得注意的。

　　五言詩較七言詩的開始為早,這是不成問題的。不過五言詩從什麼時候開始,這就很成問題了。劉勰《文心雕龍‧明詩篇》說:「古詩佳麗,或稱枚叔。〈孤竹〉一篇則傅毅之辭,比采而推,兩漢之作乎?」其後徐陵編《玉臺新詠》,就指出〈青青河畔草〉等九首為枚乘之作。另外鍾嶸《詩品》的〈自序〉篇,指李陵為作五言詩開始的人,他說:「逮漢李陵,始著五言之目矣。……自王、楊、枚、馬之徒,詞賦競爽,而吟詠靡聞,從李都尉迄班婕妤,將百年間,有婦人焉,一人而已。」這裡鍾嶸不承認古詩若干篇屬於枚乘的傳說,直以李陵為五言詩第一人。但李陵也當然有問題,在鍾嶸以前,西晉時代摯虞的〈文章流別〉已經說「李陵眾作,總雜不類,元是假託,非盡陵制,至其善篇,有足悲者。」其實真李陵作品,只有《漢書》本傳仿《楚辭》的〈別歌〉,其他篇章自屬「假託」,那就不僅枚乘作五言有問題,李陵作五言也有問題。《文心雕龍‧明詩篇》所說:「至成帝品錄三百餘篇,朝章國采,亦云

周備，而辭人遺翰，莫見五言。所以李陵、班婕妤[1]見疑於後代也。」在此一段，劉勰對於枚乘不著一字，可見他對於枚乘作五言一事，本未曾以為故實，所指「故或稱」只是一個不可靠的傳聞，還不如李陵、班婕妤的可信。李陵及班婕妤五言詩既然未必可信，那枚乘就更不必說了。所以按照六朝人的看法，枚乘、李陵以及班婕妤雖都有做過五言詩的傳說，但一經核實，六朝時的學者也認為不盡可信。到了現代，更無法再把不能相信的傳聞當作信據。

有名作家的作品既然都不能指實，這就要數到無名作家的作品了。蕭統《文選》把〈古詩十九首〉排在「蘇李詩」之前，是經過一番斟酌的。蘇李詩具有疑問，蕭統的賓客是知道的；古詩中有一部分相傳是枚乘作，蕭統的賓客也是知道的。其中蘇武和李陵的名字勉強放上去了，枚乘的名字被刪掉，這是和劉勰的意見一致的。但就次序來說，〈古詩十九首〉排列在蘇李詩之前，也就代表著蕭統的賓客並不認為李陵為五言詩的創始者。而五言詩的創始者還是一些無名的作家。

五言詩的創始者屬於一些無名的作家這個觀念是正確的，不過就古詩十九首來說，其中的風格以及所涉的內容，都應當大致屬於東漢時代的後半期，而決不可能太早，李善《文選注》說：

> 五言並云古詩，蓋不知作者，或云枚乘，疑不能明也。詩云：「驅車上東門」，又云：「遊戲宛與洛」，此則辭兼東都，非盡是乘明矣。昭明以失其姓氏，故編在李陵之上。

---

1 《文選》選有班婕妤〈怨歌行〉一首，即以班婕妤為作者。又雜擬各詩選有江淹擬李都尉〈從軍詩〉及班婕妤〈詠扇詩〉各一首。劉勰亦以李陵與班婕妤並稱，可能相傳西漢時代的五言詩以李陵及班婕妤的作品為最著稱。不過李陵和班婕妤之間仍有分別。因為：（一）李陵為武帝時人，班婕妤為成帝時人。武帝時尚未聞有純五言的民歌，成帝時已有純五言的民歌，所以班婕妤作五言詩並非絕對不可能。（二）傳世的五言詩以班固的〈詠史〉為第一首無問題的詩。班固為班婕妤的姪孫，時代不算太懸殊，因而可能性也較為增加。不過為慎重起見，還是以不輕予承認為是。此外見於《文選》的還有一首〈白頭吟〉樂府，此詩雖後出，但本於古樂府而成。《宋書》有〈古辭白頭吟〉，《西京雜記》載有卓文君作〈白頭吟〉的故事。今案除去卓文君死在司馬相如以後，大約無甚問題以外，說司馬相如有意納妾，似乎不太可能。而且卓文君與蘇李同時，也不是五言詩體的時代。

所謂「辭兼東都」，其實是十九首中未曾涉及西都。再據風格來看，就可能沒
有一首是西漢時候的作品，所以成為疑案的，其關鍵在〈明月皎夜光〉那一
首。李善《注》認為所用的是武帝以前的曆法，因而此詩就可能在武帝以前，
李善《注》的本文說：

> 《春秋緯運斗樞》曰：「北斗七星，第五曰玉衡。」《淮南子》曰：「孟
> 秋之月招搖指申」（按招搖亦即玉衡），上云促織，下云秋蟬，明是漢之
> 孟冬，非夏之孟冬矣，《漢書》曰：「高祖十月至灞上」，故以十月為歲
> 首，漢之孟冬，今之七月矣。

如其李善《注》是正確的，那就「玉衡指孟冬」詩是作在武帝太初改曆以
前，但是李善《注》卻有兩件事誤會了。第一，漢初以十月為歲首，是承秦
制，非因高祖以此月至灞上而改歲首。秦以十月為歲首，是「以水總紀」，十
月為亥水，屬水。十月雖然為一歲之始，但十月還是「十月」，並未把「十
月」的名稱改為「正月」，漢代武帝以前也還是如此[2]。第二，秦代以及漢代
初期，既然只以十月為一年段落的開始，並未改月名，當然更不會改四季的
名，把「冬季」改為「春季」。所以武帝以前的「孟冬」，和武帝太初以後的
「孟冬」並無分別。也就是漢初的「孟冬」完全和唐代的「孟冬」相同，是
十月非七月。

所以「玉衡指孟冬」詩中的疑問，並不能用「改曆」的問題來解釋的。

劉大杰的《中國文學發展史》不相信此詩在漢武帝以前，這是對的。不
過他也被李善《注》這一個「改曆」的解釋所迷惑，他無法打破李善《注》
的錯覺，因而假設了兩個解釋：

第一：他認為此詩的原作，是出自武帝改曆以前，都是樂府民歌一類的

---

2 秦改十月為歲首，究竟十月還叫做「十月」，或者把十月改名叫「正月」，後人還
 有不同的說法。不過依《史記‧秦始皇本紀》說：「方今水德之始，改年始朝賀，
 皆自十月朔。」這裡的「方今」，顯然是始皇詔文。若司馬遷說「方今」，就不同
 了。詔文此處只說「皆自十月朔」，就表明秦代的十月還是叫做「十月」，並未改
 稱「正月」。《史記》《漢書》從秦始皇二十六年一直到漢武帝太初改曆，都只是
 歲首在「十月」，月名並未更改，四季的順序更不會顛倒了。所以李善《注》在此
 處只是一個誤會。

雜言體，經過東漢建安[3]文人的潤飾，才形成那樣完美的五言體，因此在時令上，還遺留著西漢初期的餘骸。

第二：是政府宣布改曆以後，這種事實還未遍及民間，因此民間還有沿用秦曆的。

其實這兩條解釋仍然無法成立的。因爲「玉衡」指某一個月，不論就詞彙來說或者就這一種[4]知識來說，完全是出在讀書人的範圍以內，不屬於一般民間思想。所以原來就不可能是「民歌」。而況「同門友」這一個問題，只有在漢武帝以後經過罷斥百家，表章儒術，然後設博士弟子，再經過若干年以後，如《漢書‧儒林傳》所說：「自武帝立五經博士，開弟子員……訖於元始，百有餘年，傳業者寖盛，支葉蕃滋，一經說至百餘萬言，大師眾至數千人，蓋利祿之途使然也。」職業的競爭激烈，才會有這種情形，既不可能是漢初背景，尤其不可能是漢初的民間背景。如其認爲是民間雜歌，失之無據。至於第二點民間偶或承用秦曆一事，因爲秦曆並未改四季，以及節候，對於農作的關係甚少。（此事和民國時民間襲用舊曆，牽涉到宗教上習慣，過年，過五月節，過八月節等娛樂上習慣，以及民間慣用二十四氣耕作等事，完全不同。）戰國時建寅曆本已通行，漢代民間只有通行建寅曆的證據（如崔實《四民月令》等）[5]，絕對無任何秦曆的遺留，存在民間（只有十月上計一事，是官方繼承秦代會計年度舊制，不是民間習慣）。所以第二點假設民間有秦曆的習慣一事，也不能成立。

雖然如此，即使李善《注》的說法不可信據，而「玉衡指孟冬」一句如其無法訓釋，一般的學者仍然只好勉強採用李善《注》。對於這一句，從李善《注》以後，也有一些勉強的猜測，卻一直沒有一個滿意的答覆。像劉大杰一類的看法，誠然恐怕他自己也未必相信，但壞的解釋也比沒有解釋好些。

---

3 五言詩的成熟時期，顯然早於建安，此處劉大杰認爲在建安時期才發展，失之估計太晚。

4 民間作品有一種民間作品的方式，其基本是通俗的。即使經文人改造，原始的形式仍然會遺留下來一些。至於〈明月皎夜光〉這一首詩，不僅作者的身分非是儒生不可，而且幾乎每一句都受到了《詩經》的影響（只有「六翮」出於《韓詩外傳》，但也和《詩經》有關係），這不可能是民歌改造的。

5 崔實《四民月令》見《齊民要術》、《太平御覽》諸書所引，嚴可均《全後漢文》有輯本，已接近完備，此書記漢代人四時的民間風俗，顯然以建寅及二十四氣爲主，並無任何舊官方以十月爲歲首的因素在內。

直到馬茂元的《古詩十九首探索》出版，引證了新的論據，這個問題才算稍有滿意的答覆。他說：

> 近世研究「十九首」的人，絕大部分都認為「十九首」產生於東漢末期。但也有人說其中還雜有西漢詩篇。問題的癥結在於〈明月皎夜光〉裡有「玉衡指孟冬」一句話。這據李善說，是西漢武帝太初以前的曆法。……經過許多人研究，李說並不可靠。將在本詩中詳加說明。這裡就不重提了。

這個關鍵問題怎樣的解決呢？他在〈明月皎夜光〉篇有一個交代，大意說：

> 星空是流轉的，在固定的季節月份裡，從斗綱所指的方位，又可以測定一天時刻的早晚。玉衡在半夜指西宮，但一過這固定的時刻，則玉衡漸漸向西北移動，所指不是西宮了。這句是就一天的時刻而言的。「孟冬」代表星空中的亥宮，並非實指十月的時令。詩中所寫都是仲秋八月的景象，這句更標明了具體的時刻，正當夜半與天明之間。……曹丕〈燕歌行〉的「星漢西流夜未央」和這句用意相同，不過曹詩是較為概略的敘寫。

他認為是「經過許多人研究」所得的結果。這「許多人」是誰呢？當然不是他自己。但他也說不出是「誰」。很清楚的，他並沒有「剽竊」的意思[6]，可是他也不明白的指示出來，其中必有緣故在。

　　這個答案也很簡單。就是此書的作者在中國大陸，而從研究獲得這個結論的人卻未在中國大陸。因為政治上的關係，雖然對於這個結論不能不用，但研究的人卻要避免不提。這就是其中所說不夠清楚的原因。如其把謎底揭露出來，這個結論的根據是我的：

　　〈古詩明月皎夜光節候解〉──1944 年，《文史雜誌》第三卷第一、二
　　　　　　　　　　　　　　　　　　　　　　　　　　　　　期合刊。

這一篇論文因為《文史雜誌》有香港重印本，並不難找，所以不必詳為引據了。

---

6 馬書未引《文史雜誌》，但注意到《國文月刊》有一段引證，方法上並無錯誤，至於王利器「做」《鹽鐵論》校本，襲取我的《鹽鐵論校記》（《史語集刊》第五本），卻一個字也不聲明，那就無法自解了。

　　古詩十九首既然不可能出於漢武帝以前，那就可以就此討論五言詩發生的問題。

二、五言詩的開始與進展

　　漢代以後一直到六朝，在詩的創作中，差不多全是五言詩的天下。這可以說是一個不尋常的變革。當然，五言詩也不是外來的，而是從民歌發展而成的。民歌所以成為五言也可以說「其來有自」。劉勰《文心雕龍‧明詩篇》說：

> 〈召南‧行露〉，始肇半章，孺子「滄浪」，亦有全曲。「暇豫」優歌，遠見春秋。「邪徑」童謠，近在成世。隨時取證，則五言久矣。

這裡所說的〈召南‧行露〉是指《詩經‧召南‧行露》詩：

> 厭浥行露，豈不夙夜，畏行多露。誰謂雀無角，何以穿我屋？誰謂汝無家，何以速我獄？雖速我獄，室家不足。

這首詩是長短句組成的，最前三句和最後二句是四言，中間四句是五言，雖然不是五言詩，但其中五言已經連續成四句了。
　　至於孺子「滄浪」見於《孟子‧離婁篇》：

> 有孺子歌曰：「滄浪之水清兮，可以濯我纓；滄浪之水濁兮，可以濯我足。」

劉勰說：「亦有全曲」，這是說如其除去兮字，全歌四句就都成了五言。不過詩中既然已有「兮」字，那就原歌在音樂上就不是全五言的音節。五言民歌在音樂上應當就是真的全五言的。所以其中仍然有不同處存在著。
　　再關於「暇豫」優歌，是見於《國語‧晉語》：

> 優施飲里克酒。中飲，優施起舞曰：「暇豫之吾吾，不如鳥鳥。人皆集於苑，己獨集於枯。」

這裡雖然四句中有三句是五言，但仍然是長短句體裁，不是純五言詩。這還是出於偶然，不能確認為五言詩的系統。

其中只有「邪徑」童謠確是一首真的五言詩。見於《漢書》卷二十七〈五行志〉中，載有成帝時民謠說：

> 邪徑敗良田，讒口害善人。桂樹華不實，黃雀巢其顛。故為人所羨，今為人所憐。

這一首確是一首五言詩。不過這是「民謠」而非「童謠」。民謠是成人所唱的，更非常可能還有一套完整的曲譜，和童謠隨口傳播是不同的。這首民謠，還一定可以聯上了當時許多流行歌曲（只是原文現在已經亡失了）。所以若要給這詩一個適當的名稱，那就「童謠」不如「民謠」好，民謠不如「樂府」好。在古樂府中有一首和這一首有關的，是：

> 邪徑過空廬，好人常獨居。辛得神仙道，上與天相扶。過謁王父母，乃在太山隅。離天四五里，道逢赤松俱。攬轡為我御，將吾上天遊。天上何所有？歷歷種白榆，桂樹夾道生，青龍對伏趺。（〈步出夏門行〉，見樂府的歌辭和《宋書・樂志》）

樂府中的句子是彼此互相抄襲的。此詩最後四句，就是〈隴西行〉的前四句：「天上何所有，歷歷種白榆，桂樹夾道生，青龍對道隅。」因此「邪徑過空廬，好人常獨居」，也顯然是「邪徑敗良田，讒口害善人」兩句經過若干次的轉變而成的。雖然面目全非，但「邪徑」「善人」（亦即好人）兩主要詞彙仍然留下。其次，漢樂府的一般特點是雜湊，因為是幾個曲湊成一支曲，其中上下句的意思，往往不相貫注，不相銜接。《漢書・五行志》所載這一首「民謠」就是「雜湊」的形式。這支曲既在漢成帝時流行，那麼原來各句必然分散在其他曲詞之中，時代就可能比這首流行曲早些。也就是五言體的流行，應當較成帝時為早。

所以在漢成帝時代，五言體的樂府，不僅已經通行，而且已經相當成熟。其傳世作品不多，只留下〈五行志〉中這一首的原因，就是在當時文士之中，並不認為五言詩是「文學作品」。例如成帝時的班婕妤，明明當時五言詩已經存在，見於《漢書》九十七〈外戚傳〉下的班婕妤傳所載的，卻不是五言詩，而是一篇仿傚《楚辭》的賦。這篇賦雖然是費了大力量，用了華美的詞彙，

但文學上的價值卻遠不及後代人替她代作的〈團扇詩〉（同樣，〈李陵傳〉所採的仿《楚辭》體，也不及後代人擬作的五言詩）。這就表示著民間文體的形成，最初是不被文人學子所重視，所以見於名家寫作的不多，等到真正被名家所接受時，那就這種體裁已流行了一個很長的時期了。

五言的旋律，照劉勰所指在《詩經·行露》詩中，已顯然具有，這是不錯的。但是四句是五言的旋律，一句也是五言的旋律。〈召南〉之中，有「平王之孫」一語，可能不算太早。在全部《詩經》之中，表面上好像以〈商頌〉為最早，但其中「奮伐荊楚」，「陟彼景山」[7]都具有疑問。在《詩經》全部之中，毫無問題公認為最早的一篇，可能屬於〈豳風〉的〈鴟鴞〉。這是周公所作，見於《尚書·金縢篇》。此詩不僅為《詩經》中最早的一篇，而且也是中國所有詩篇之中，能夠指明作者的第一篇。此詩每章最後各句如：「鬻子之閔斯」，「風雨所漂搖，予維音嘵嘵」都是五言的旋律。當然就〈鴟鴞〉一篇來說，其造句比較非常特別，在音節上頗有模仿「鳥語」[8]之處，也許不是商周以來傳統的方法。但無論如何，即使這種旋律是模仿「鳥語」而成，只要影響到後來，也應當加以注意的。所以這樣說來，「五言詩創自周公」雖然有一點故作驚人語，卻也不是毫無道理的。

除去《文心雕龍》所舉幾則有關五言詩的起源以外，在漢代還有一些和五言詩有直接關係的。

第一：在《漢書》九十七〈外戚傳〉，漢武帝李夫人傳說；

> 初夫人兄延年性知音，善歌舞，武帝愛之，每為新聲變曲，聞者莫不感動。延年侍上起舞，歌曰：「北方有佳人，絕世而獨立。一顧傾人城，再顧傾人國。寧不知，傾城與傾國，佳人難再得。」上嘆息曰：「善，世豈有此人乎？」平陽主因言延年有女弟，上乃召見之。

這首詩和漢以前各詩含有五言句的，確實不同，因為過去的各詩，至少

---

7 《詩經·鄘風》：「望楚與堂，景山與京」，楚即衛文公所建之楚丘，楚丘或以為在濮陽，或以為在城武。城武其南有高地，《水經》酈道元〈濟水注〉：「黃溝枝流，北逕景山東」，其地與商邱臨近，應即此處。若楚丘在濮陽，則景山在其南。

8 此處用傅孟真先生說，認此篇為仿「鳥語」。

其中有一句或兩句非五言，而這一兩句在詩中是主要部分，並非所謂「襯句」「過門」之屬。因此就只能認為全詩仍是長短句。只有這一首的「寧不知」三字在詩中（或歌中）屬於襯托的部分，在歌唱時儘管可以不用字而用無字的聲音帶過去。誠然此詩嚴格說來，仍不是五言詩，卻可說是在長短句中和五言詩最為接近的一首。漢武帝時期正是戰國到漢成帝時代一個中間的時期。因此也就不能不承認這一首〈北方有佳人〉具有從長短句到五言詩中間過渡的意義。

第二：《漢書》第九十卷〈酷吏傳・尹賞傳〉，引長安中歌：

> 何所求子死，桓東少年場，生時諒不謹，枯骨後何葬。

尹賞是成帝時人，與〈五行志〉所引民歌正是同時的。

第三：《後漢書》七十七〈酷吏傳・樊曄傳〉，引涼州人歌曰：

> 游子常苦貧，力子天所富。寧見乳虎穴，不入冀府寺，大笑期必死，
> 忿怒或見置。嗟我樊府君，安可再遭值。

樊曄是光武帝時人，已到了東漢初年，此時五言民歌已經成熟了。只是還限制在民間，未被文人當作文學作品用。

第四：班固的〈詠史詩〉：

> 三王德彌薄，惟後用肉刑。太倉令有罪，就逮長安城。自恨身無子，
> 因急獨煢煢。小女痛父言，死者不可生。上書詣闕下，思古歌雞鳴。
> 憂心摧折裂，晨風揚激聲。聖漢孝文帝，惻然感至情，百思何憒憒，
> 不如一緹縈。

自班固作〈詠史〉詩以後，詠史詩形成一種體裁。《文選》所選有王粲、曹植、左思、張載、盧諶、謝瞻、顏延之、鮑照、虞羲等人。而左思〈詠史〉，《文選》中就選了八首。所以班固原作也可能不只一首，現在只存了一首。班固的〈詠史〉，因為時代較早，顯得太質樸[9]，不過和後代各家詠史在方法上還

---

9 鍾嶸在《詩品》上說：「東京二百載中，惟有班固〈詠史〉質木無文。」

有共同之處[10]，《文選》未選班固這一首詩，只有在《太平御覽》等類書中才能找到，這是因爲在《文選》選定的時候尚未發現班固及他的這首詩在五言詩的發展上，居有關鍵性質的地位。不過從客觀的事實顯示著，到班固這個時期正是五言詩從民歌的地位變成文人詩的地位，因而這首詩也就成爲承先啓後的重要作品了。

班固是和帝時人，以後的五言詩有相傳爲順帝時張衡的〈同聲歌〉，再到桓帝時有秦嘉的〈留郡贈婦詩〉，以及趙壹的〈疾邪詩〉，靈帝時酈炎的〈見志詩〉，這以後就接上「建安七子」了。其中當然有不少的民間歌曲。在《玉臺新詠》、《晉書‧樂志》、《宋書‧樂志》以及郭茂倩《樂府詩集》，再加上類書所引的樂府，其中未列名氏的五言樂府，多數應當還屬於東漢晚期，亦即「桓靈」時期的作品。古詩十九首也不應當是一個例外，除去少數也許是「建安」時代或「建安」以後，就一般情況而論，大致也應該屬於桓靈以後的東漢時代作品。

三、古詩十九首內容的分析

古詩十九首既是出於無名的作家，其來源應當是從不著作者的樂府出來，而不是從一些名家的文集選出來。以後代的情形來看，詞就是唐宋時期的新樂府，在當時流傳的，除去少數知名作家的作品以外，其中流行的詞，例如敦煌發現的《雲謠集》就全出於無名的作家。這種情形是可以做解釋的，因爲原爲詩賦，那是流行於士大夫之間，士大夫的流傳詩賦，是先從知名的人士名下的作品選出的，所以先有人名而後才注意到詩。如其原爲樂章，那就是流行於一般人之間，一般人注意到是音樂本身，並不太注意這首詞是誰做的，所以樂詞流行，而原作者的姓名卻往往被忽略掉了。這種情況，不僅從《詩經》、古樂府、《雲謠集》爲然，直到現在的流行歌曲，其中寫詞的人也是一樣的不受人注意。所以古詩十九首不知作者是誰是合理的，如其勉強

---

10 在《文選》所選詠史各詩，除左思〈詠史〉詩有幾章實際是「述懷」，比較抒情的成分較多。其他諸人的詠史也大都就某一人或某一事加以批評，加上自己的看法。蕭統選陶潛詩多取田園之作，其實他有些詩未選入的：〈詠三良〉、〈詠荊軻〉、〈詠二疏〉也一樣是詠史的詩。從班固到陶潛，顯然的，都已成爲一種描述的方式，都是比較質樸，只有左思加有別的成分就不同了。

放上去枚乘、傅毅等人名就嫌勉強了。

　　古樂府的文辭優美的才被《文選》選入，以《晉書》《宋書》〈樂志〉來看，其中頗有很多首未爲《文選》所收。所以南北朝流傳的古樂府，當然有不少在隋唐以來遺失了。不過依據《文選》所載陸機〈擬古詩〉十二首，其中十首是在古詩十九首中，只有〈蘭若生朝陽〉和〈東城一何高〉二首不在十九首之內。而劉鑠的〈擬古〉二首就都在十九首之內。但這兩篇原作仍和陸氏所擬重複。若以陸氏所擬和十九首相比，則陸氏所擬十二首之中，有83.33%是在十九首之中，所以十九首的被人重視，在蕭統之前已經有大致的範圍了。

　　不僅十九首每一首取得被重視的地位，要經過了一些周折，而且十九首成爲被人重視的一個組合，更需要一些周折。這就需要一個長的時間。陸機是西晉時人，而且從吳至洛。十九首在西晉時已是「古詩」。那就成詩的時代一定不會是曹魏，而一定是早於曹魏的漢代。所以劉大杰認爲是「建安」時代，其下限失之過晚。再看一看〈青青陵上柏〉詩的「驅車策駑馬，游戲宛與洛」，正代表著「洛陽帝都多近臣，南陽帝鄉多近親」[11] 這兩處地方。這兩處地方形成了重要地區，不僅不可能是西漢時的情況，也同樣不可能是曹魏時代的情況。曹魏時代的重要城市是洛陽和鄴，南陽已變成了無足輕重的地位。「宛洛」並稱的事已不會再有了。至於「兩宮遙相望，雙闕百餘尺」，也是指東漢時代的，東漢時代洛陽有南宮北宮，兩宮相去七里，各有宮闕。至董卓之亂，洛陽宮室被毀滅。魏文（曹丕）都洛，皇居創徙，宮極未就，築金墉城以爲宮殿。至魏明帝始建南宮太極殿，而漢代北宮則爲芳林園，雖號稱兩宮，實質上和漢代已不相侔。此處兩宮闕，又顯然是漢而非魏[12]。

---

11 見《後漢書・劉隆傳》。

12 《三國志・魏文帝傳》，裴松之《注》：「按諸記書，是時帝居北宮，以建始殿朝群臣，門曰承明，陳思王植詩曰：『謁帝承明廬』是也。至明帝始於漢南宮崇德殿處起太極、昭陽諸殿。」所以魏文帝所居之宮，正門只有一門，即承明門。《水經注・穀水注》云：「穀水又東逕金墉城北，魏明帝（此處魏明帝當作魏文帝）於洛陽西北築之，謂之金墉城。……皇居創徙，宮極未就，止蹕於此。……南曰乾光門，夾建兩觀。觀下列朱桁於塹，以爲御路。東曰含春門，北曰遼門。」此中言「宮極未就，止蹕於此」，自是文帝時初都洛陽情事。所以承明門實是金墉城的乾光門，而建始殿實在金墉城中，金墉城在漢南宮之北，故稱爲「北宮」，實非漢代的北宮。到魏明帝以漢北宮故址爲芳林園，歷西晉以至北魏都未恢復北宮。《水經注》亦只有南宮及芳林園。

　　照原定計畫本來要把十九首每一首都做一個分析。現在因交稿時間的限制，姑止於此。不過也大致看得出來，十九首雖不是一人之作，也不是一時之作。但凡有積極證據的，都可以說是東漢時代，尤其是在班固以後，建安諸子以前這個時期。其中沒有積極證據的，也多半顯出來，作詩的時代，不論政治如何腐敗，職業的競爭如何激烈，人生的痛苦如何嚴重，還大致是一個平定的時期。其中並不像「子建咸京之作，仲宣灞岸之篇」，那樣具有深深的家國感。但另一方面看，這些詩所屬於的大致是桓靈時代，而桓靈時代雖然政府的政治混濁，而民間的經濟卻發展到一個相當的高度。不論在四川，在山東，在河南的漢代石刻畫像，多數屬於這個時期，不僅畫像本身是屬於民間財富發展的表現，而畫像上面也表現了一般富人的生活狀況以及勞動者工作的情形，這種財富發展之下，無疑的，樂隊的演奏，也更為普遍，更為加強。這也催促了樂府的發展。十九首正有不少是樂府的原詩。從這些詩中更可把樂府的內容，成功的比照出來。

崑崙山的傳說

一、崑崙二字的古訓詁

在中國神話傳說之中，山是其中的一個重要因素，在殷商卜辭中顯示著，河與岳是自然界中最重要的神祇。其中尤其是山岳，更帶著濃厚的神秘感。五岳的傳說，是從《尚書・堯典》開始。〈堯典〉的著述不會太早，五岳可能還是從單純的岳而成的。單純的岳，依照文獻上說，是在今山西南部的霍山，或者在今陝西西部的太岳山。關於這兩座岳山，因為商代的實力似乎不會到陝西的西部，所以商代的岳，還是以霍山為近似。

不論霍山或太岳山，都是在中原的西方，再從殷商來說，霍山在殷商的西方，從周來說，太岳山也在周的西方。這就意識到，岳的地位還是以西方為主的。五岳的發展，依照五方來分配，也應該是先有「岳在西方」這一個觀念，才會引申到其他的方位。

《詩經・大雅・嵩高》：「嵩高維嶽（岳），峻極於天，維嶽降神，生甫及申。」這裡的「嵩高」，三家詩本作「崇高」。也即是舊本原作「崇高」，《毛詩》改為「嵩高」；這要算作是後起之義。因為「崇高」和「嵩高」的解釋大有出入。「嵩高」指中岳嵩山而言（其實嵩字亦是漢人新創的字），而「崇高」只是一個形容辭，這一句的句主是嶽（岳），舉稱的岳，那就指示出來的不是嵩山，而是霍山或者是太岳山了。也就這首詩追溯著申和甫（呂）兩個姜姓國家，發源於岳山的神話。

從甲骨文岳字的字形結構來說，岳字是代表山的上面還有山，就成為特高的山（據屈萬里釋）。正可和《爾雅》所記的互證，《爾雅・釋山》：

丘一成為敦丘，再成為陶丘，三成為崑崙丘。

敦的意義是重厚，有分量；陶或者是峾或嶤的假借字，意義是高聳；三成的崑崙丘才是神聖之岳的本義。崑崙既然就是岳，神聖的岳，所以崑崙也就是崇高的、神秘的、聖潔的。中國歷來有不少關於崑崙的神話，也就可以和「岳」的崇拜，以及和「岳」的神話合併起來研究。

崑崙是一個複音節的名辭，若用單音節可以叫做崑，也可以叫做崙。崑崙的古音可能是 Kwên-lwên，崑或崙應當都可以讀成 Klwên[1]。倘若追溯這一個字的語源，可能多少有些「圓」的意義，從圓的意義，再轉為「天」，再轉為「洞」，再轉為「轉動」等等意義。直到近代漢語還保存著一些痕跡。例如圓或圜，就形成「囫圇」，天就形成為「穹窿」，「洞」就形成為「窟窿」，轉動及圓形的輪，就形成為「轂轆」。從別一方面來說，「崑」字或「崑崙」又有「混同」或「統攝」的意義，《說文解字》段玉裁《注》：「（昆从日从比），从比者同之義，今俗謂合同為渾，其實當用崑，或用崙。」揚雄《太玄經》「昆侖旁薄」亦即「渾淪旁薄」，林義光《文源》昆字上「曰象渾沌之形，非日字，今字以混為之」。這是對的，昆字原義實為穹蒼之穹，指天，其下的比字像兩個人的形，命意為眾。所以昆字是指天，指穹蒼，指渾沌，指渾圓。照這樣來說，崑崙山的實質是和「岳」相當，但崑崙又含有天的意義，所以就宗教儀式來講，崑崙丘的祭祀，即是圜丘的祭祀，從地理方位來講，崑崙山也可能就是天山的別稱。

當然，這裡天山的名稱，並非一定就指新疆中央的天山，天山的名稱，還可以西及帕米爾高原，還可以東及甘肅或青海的各山峰。其指定的範圍，還是具有很大的彈性的。

此外，在《漢書·郊祀志》中還有一段，講到崑崙和明堂的關係，證明了崑崙和天及圓形是有些同義的。〈郊祀志〉下：

> 初天子封泰山，泰山東北阯，古有明堂處，處險不敞。上欲治明堂奉高旁，未曉其制度。濟南人公玉帶上黃帝時明堂圖。明堂中有一殿，四面無壁，以茅蓋，通水，水圜宮垣，為複道。上有樓從西南入，名

---

1 依據董同龢《上古音韻表》，侖字古音可以為複輔音 Klwên，同理，睔字及綸字也一樣是複輔音，譬如絲綸的綸的輔音一般讀作 l，但「羽扇綸巾」的輔音，一般是讀作 k 的。

曰昆侖。天子從之，入以拜祀上帝焉。

明堂是圓頂，古來從無異說，公玉帶的設計，自是圓頂[2]，圓頂代表天的。從西南入，西南是坤方，表示從地至天。其中最可注意的，是這個祀天的殿，叫做昆侖，所以昆侖正表示高處與天相接的地方，這也是對於昆侖（或崑崙）命意的重要證據。

二、崑崙的傳說和產生的關連性

由《史記‧李斯諫逐客書》：

> 今陛下致崑山之玉，有隨和之寶，垂明月之之珠，服太阿之劍……此數寶者秦不生一焉，而陛下悅之何也。

此處顯然說崑山之玉其產地不是在秦國的境內。崑山即崑崙山，這是毫無問題。《爾雅》的崑崙丘，別本亦常作崑丘的，崑山之玉即崑崙山之玉，今討論崑崙的所在，在秦始皇以前（甚至以後）凡是講到崑崙的，都是認為在秦隴境內，或其以西地方，決無在秦國的東方的[3]，李斯既認為不在秦國境內，那麼這個崑山一定是指在秦國西方的地域。也就是說當時和闐的玉，已經輸入到了秦國。又《爾雅》：「西北之美者，在崑崙墟之璆琳琅玕焉。」這也是崑崙在西北的一個證據。

在中國漢以前古玉之中，確有不少的古玉是和闐玉。這個時期是遠在張騫奉使以前，中國和今新疆地帶已經有貨物的交易。這是表示著中國和西域」並無使節的來往，或者甚至並無商人的直接來往，但是玉這種商品顯然的可以經由河西走廊間接運到中國。中國人當時對於「西域」的地理形勢可能並不清楚，所以崑山或崑崙山應當是對於西域各大山的一個泛稱，卻未必就指某一個特定的山系。

《禮記‧玉藻》說：「天子佩白玉而玄組綬，公侯佩山玄玉而朱組綬，大

---

2 關於公玉帶的明堂圖，以及劉歆等人所設計的明堂，是和殷虛的建築有一貫相承的系統的，這一點高去尋在他的「侯家莊」考證中有一篇解說。

3 此時霍山亦入於秦了。

夫佩水蒼玉而純組綬，世子佩瑜玉而綦組綬，士佩瓀玟而縕組綬。」這裡所說的白玉，只有和闐玉才是這種顏色。至於山玄玉和水蒼玉那就在中原地區的玉，例如南陽玉、終南山玉，以至於河西走廊的祁連玉都是有差不多的色彩。〈玉藻〉所述的大體是根據周制，這也可以說周天子所佩的玉正是和闐輸入的。

在中國古代，玉是一種最高貴和尊嚴的代表性，因而天子的地位，也是用玉來代表的，依照《續漢書‧輿服志》，天子冕旒垂白玉珠。又〈輿服志‧注〉引《漢舊儀》，天子六璽也是用白玉，這一點一直沿襲到後代，凡是天子的璽都是白玉做成的。《尚書‧洪範》:「惟辟（君）作福，惟辟作威，惟辟玉食;臣無有作福作威玉食。」這裡「玉食」雖然可以用不同的解釋，例如可以把玉食當作珍貴的食物，也可以釋作用玉器來盛裝食物。可見玉是代表珍貴是無疑的。這種用法到了道教，例如玉清、玉虛都是仙境，而玉帝也就等於上帝，可見古代對於玉的重視。但是玉以白玉爲貴，天子是以白玉來代表權威的，而白玉又是從西方來的，這就無怪乎西方最重要的關塞叫做「玉門」了。

現在牽涉到的，是藍田產玉的問題。藍田在長安東南，如其中國的美玉真是藍田所產，就不必外求了。當然這是不對的，那志良在《大陸雜誌》第七卷，曾討論這個問題，題目爲〈藍田玉〉。

他根據了濱田青陵《有竹齋古玉圖譜》和章鴻釗《石雅》的意見，加以綜合，甚爲有用。不過我的看法，還是有些出入。藍田的玉，依照《漢書‧地理志》「京兆藍田」下本注，明說是「出美玉」而不是玉的聚地。《漢書‧東方朔傳》:「涇渭之南……其山出玉石金銀銅鐵」。涇渭以南的山就是秦嶺，也就藍田所在的山，此山是出玉的。章鴻釗說:「前陝西實業廳廳長田步蟾氏語予云，今藍田玉出終南山（秦嶺），色青而灰暗，如莱葉，故俗名莱玉，有重二斤許者。」據此談話，秦嶺出產暗綠色的「莱玉」是不成問題的，至於玉質的好壞，那就各個玉璞之間都有很大的差異，在大量開發之下，應當可以找到較好的品質的。（和氏璧就可能是一塊明澈而潔淨無瑕的南陽玉，因爲是產自「荊山」，與和闐玉在質料上不會相同的。）至於《漢書‧外戚傳》，漢成帝爲趙后起昭陽舍:「白玉階，壁帶往往爲黃金釭，函藍田壁明珠翠羽飾之。」這裡的白玉階，當然是白大理山，白玉沒有那麼大的。至於「藍田壁」，就可能是秦

嶺所產的玉做成的璧，不會是和闐玉璧的[4]。至於鄭榮《開元傳信記》：「太真妃最喜擊磬，明皇令採藍田綠玉為磬」，這裡所說的「綠玉」正和秦嶺玉色彩相符，也自屬秦嶺的玉。以楊貴妃（太真）來比趙飛燕（趙后），地位恰好相當，那麼正好給藍田璧是秦嶺玉一個支證[5]。作《天工開物》的宋應星是南方人，雖然許多記述都曾由目驗，他卻未去長安親訪藍田玉的產地。所以他說：「葱嶺所謂藍田，即葱嶺出玉別地名，後世謂即西安藍田者誤也。」這是頗有問題的，所以我們不必附會藍田為葱嶺，或者藍田為和闐，為崑崙。但是無論如何，《山海經》仍然是許多古代神話的總匯，仍然是研究中國古代神話的寶典。在《山海經》中，崑崙（昆侖）丘是諸山中的神山，而崑崙丘又是西王母居住的地方，並且也是產玉的地方，因而崑崙、西王母和玉是三者互有關連的。這就形成了中國神話中的一個重要的中心。崑崙丘在《山海經》中見於〈西山經〉、〈海外南經〉、〈海內西經〉、〈海內北經〉、〈海內東經〉、〈大荒西經〉和〈海內經〉。其中當然尚有許多矛盾的地方，這正是表示《山海經》是雜湊許多有關地域的故事而成，不僅作者無意做科學系統的編次，並且不出於一人之手，但是主要都是戰國人所述[6]。至於山經、海外經、海內東西南北經、大荒經、海內經的編次，只能表示幾個不同的纂述，其前後並不能代表時間，有人以此來分別纂述的先後，並不足為憑的。

---

4 在一個大廳堂，在四圍牆上做一條壁帶，隔二三尺鑲嵌一個同樣大小和差不多色彩的玉璧，這種玉璧當然是臨時特製的。只有用長安附近的材料才可以做到，但其用費仍然十分鉅大的。

5 長安在漢唐為都城，人口聚集，藍田玉也開發了。等到漢唐亡了，長安殘破，採玉的工作也停頓了。所以《魏書·李先傳》說李預不知真有藍田玉，竟以古玉為藍田玉，而明代陝西也是荒僻地區，玉也未能開發。

6 《山海經》是一個古代神話的總匯。雖然按地區排比，但這只是一個歸類法，和地區關係不深。目錄中或編入地理類，已經非實，至於有人想藉以考古地理，那就更走入歧途了。《四庫全書》將《山海經》編入子部小說家類（三），比較得實。因為古代神話還是接近文藝部分的。《四庫提要》和茅盾（玄珠）的《中國神話 ABC》對此書各有分析，雖然都有偏見，大致尚稱客觀。此書與《楚辭》的〈天問〉互為表裡，也可見其時代相當接近。其中地名雖有西漢初年郡名，也顯著在西漢初年曾經整理過。書中重複矛盾之處，所在多有，也表示雜湊的痕跡。王應麟《周書王會篇補傳》稱朱熹認為「因圖書而述之」，也就是說是根據圖書來解釋的。這些圖畫可能就是壁畫或其他畫幅如同馬王堆所出圖畫之類。這正是戰國時代的。

　　《山海經》的主神當然是帝俊，帝俊即帝夋（亦即甲骨文的高祖夋）[7]。這裡是帝嚳、帝顓頊以及帝舜的集合體，因為不屬本題範圍，在此不必多為申述。現在主要的是討論崑崙與西王母：

〈西山經〉：「昆侖之丘是實為帝之下都……河水出焉……又西三百五十里曰玉山，西王母所居也。西王母其狀如人，豹尾虎齒而善嘯，蓬髮戴勝，是司天之厲及五殘。」又：「三危之山，三青鳥居之。」。郭《注》：「三青鳥主為西王母取食者，別自棲息於此山也。」

郭璞《山海經讚》：「西王母：天帝之女，蓬髮虎顏，穆王執贄，賦詩交歡。」「三青鳥：山名三危，青鳥所憩（憩字據《藝文類聚》九十一改），往來崑崙，王母是隸。」

〈海內南經〉：「昆侖虛在其東，為虛四方。」

〈海內西經〉：「海內昆侖之虛，在西北，帝之下都。昆侖之虛，方八百里，高萬仞。上有木禾，長五尋，大五圍。面有九井，以玉為檻，面有九門，有開明獸守之，百神所在，在八隅之巖，赤水之際，非仁羿莫能上岡之巖。」郭《注》：「言非仁人及有才藝如羿者，不能登此山之岡嶺巉巖也。羿嘗請藥於西王母，亦言其得道也。」[8]

〈海內西經〉：「昆侖南淵深三百仞……北有肉珠樹、文玉樹、玕琪樹、不死樹。」

〈海內北經〉：「西王母梯几而戴勝，有三青鳥為西王母取食，在昆侖虛北。」

〈大荒西經〉：「西有王母之山……璇瑰，瑤碧，白木，琅玕，白丹青

7　帝俊或帝夋，一般注家多認為即帝舜。實際上這個夋字可溯源到甲骨文，是商代的遠祖。當然商代王室和帝舜並無直接關係。所以帝夋也就是帝嚳的異名，這個字並非夋字而當為嚳字的古寫。至於帝夋是人王還是神王，那又另是一個思辨問題了。

8　仁羿之仁與夷通，〈天問〉：「帝降夷羿，革孽夏民」。說羿本出東方的族姓的，郭《注》非。羿請藥於西王母的事，郝懿行《箋》謂出於《淮南·覽冥》篇及《歸藏》。《歸藏》今亡，郝氏據李淳風乙巳占，引《連山易》云：「有馮羿者，得不死之藥於西王母，恆娥竊之以奔月。將往枚卜於有黃，有黃占之曰吉……恆娥遂託身於……」

丹。」又：「西海之濱，赤水之後，黑水之前，有大山名曰昆侖之丘……
其下有弱水之淵環之，其外有炎火之山，投物輒然，有人戴勝，虎齒，
有豹尾，穴處，名曰西王母。」郭《注》：「河圖玉版亦曰西王母昆侖
之山。」（按「河圖玉版」古緯書，今亡。）

從這些材料看出來，西王母是住在崑崙山，或者住在昆崙山附近，也就是產
玉以及丹藥的地方。此外崑崙又是黃河發源之處。《史記・大宛列傳》說：

《禹本紀》言：「河出崑崙，崑崙其高二千五百餘里，日月相避隱為光
明也。其上有醴泉，瑤池。」

《禹本紀》雖亡，但司馬遷說出來，還有「日月相避隱為光明」一件事。雖
然不見於《山海經》，仍然是對於古神話來說，是十分重要的。因為依照中國
古代天文學，是分為渾天、蓋天和宣夜。宣夜認為日月星辰是虛懸著的，此
家到漢代未有師說。渾天認為天如雞子，地似卵黃。這是一種以地球為宇宙
中心的一種學說。蓋天是認為天圓而地方，天覆於上，地載於下，江河由地
之中心向四方流，這是在華嚴世界和但丁神曲世界以外的別一種構想（天上神
之所居，地上人之所居，可以和長沙馬王堆彩畫作一比較）。照這樣解釋，中國的中
心是在洛陽，而全宇宙的中心卻是崑崙，所以才能形成「日月相避隱為光明」
的現象。

從這個宇宙中心的觀念，便可引申出來更多神話上的關係。一個宇宙的
中心並且也是最高的山，自然的也是天地間交通的一點。所以崑崙是「帝之
下都」。在崑崙住居的，也是人神之間的西王母。據郭璞《山海經讚》說：

昆侖明精，水之靈府。惟帝下都，西姥之宇。嶔然中峙，號曰天柱。

西姥指西王母，天柱指從地上支撐天的地方。至於西王母的身分，郭《讚》
說是「天帝之女」。雖然今本《山海經注》未曾採錄（可能是佚失了），一定有
其根據的。

崑崙既然是人神相會之所，所以附近有軒轅之丘（《西山經》），又有帝堯
臺、帝嚳臺、帝舜臺、帝丹朱臺（《海內北經》），比較上更具有故事性的，還是
后羿和周穆王。后羿在中國神話之中，是一個很具有冒險性的英雄，只因為

在歷史上沒有給他一個適當地位，所以只剩下許多斷片了。程憬在重慶出版的《中央大學文史哲季刊》有一篇考證，把后羿和希臘的海克拉斯來比較，其中一次一次的冒險是有些類似的。這樣一個英雄，當然有資格向西王母請求不死之藥。

再就恆娥（或嫦娥）奔月的故事來說，〈大荒南經〉說：

> 東南海之外，甘水之間，有羲和之國。有女子名曰羲和，方浴月於甘淵，羲和者帝俊之妻，生十日。

郝懿行《箋》說：

> 《史記正義》引《帝王世紀》云：「帝嚳次妃娵訾氏女曰常儀」，〈大荒西經〉又有帝俊妻常羲，疑與此經羲和通為一人耳。

又〈大荒西經〉：

> 有女子方浴月，帝俊妻常羲，生月十二，此始浴之。

恆與常通，恆娥亦即是嫦娥，儀從我得聲，也就是常儀即嫦娥。嫦娥本帝俊妻，奔月故事又傳為后羿妻，在神話中的英雄，時常互換人名，原不足怪。不過恆字本從月，《詩經》「如月之恆」，嫦娥或恆娥在字形結構上和月字本有關係。至於「奔月」或「生月」那一個故事是原始的，就難以探索了。

恆娥既有帝俊妻一說，那麼除去后羿拜謁過西王母，如其帝俊是主神，那帝俊也可能有過拜謁西王母的故事。這個天子拜會西王母的故事，也自然把其中的英雄換一下人名，可以變為后羿，可以變為周穆王，也就可以再變為漢武帝了。

毫無問題的，《穆天子傳》是一部物語，不可以太認真的當作正式歷史來考證。只是其中牽涉到許多地理知識問題，若當作物語來研究，那就其中牽涉到的是戰國時的地理知識；若當作實錄來研究，那就其中牽涉到是周初的地理知識。依照《國語》、《左傳》以及《竹書紀年》佚文，周穆王雖然巡狩四方，卻未嘗走出了周王的國境，不可能遠至河西走廊以及河套地方。在《穆天子傳》中，雖然他是否遠到河西走廊，還不十分明顯；而敘及河套地方，卻是很明顯的。當戰國的開始時期，《左傳》著作的時代，還一點不知道河套

地方。直到趙武靈王開闢北疆，河套地方才歸入中國人地理知識以內。《穆天子傳》出於魏襄王家，正好纂集的時代比趙武靈王稍後，所以把河套地方列入穆王行程之內。從來研究《穆天子傳》地理問題，自丁謙、顧實諸人以次，無不當作實錄來看待，並且誇張的越走越遠，結果毫無是處。不僅周初地理知識方面，屬於完全不可能，即就戰國地理知識方面來說，也是不可能的，只有小川琢治〈周穆王の西征〉所對於《穆天子傳》地理位置的指定，雖然與周初地理知識不合，但就戰國人的地理知識來說，卻具有相當大的可能性。所以這篇研究還是有用的（見《支那歷史地理研究》續集）。

在傳說中，崑崙既然是天地溝通的地點，黃河發源於崑崙，那黃河也就和天相通了。李白〈將進酒〉詩：

> 君不見，黃河之水天上來，奔流到海去不回。

這是有根據的。《太平御覽》八引《集林》：

> 昔有一人尋河源，見婦人浣紗，以問之，曰：「此天河也。」乃與一石以歸，問嚴君平，云：「此織女支機石也。」

這裡黃河與天河相通的傳說，當然和「河出崑崙」的傳說是相通的。織女在傳說中也是「帝女」，這又和西王母是帝女的傳說具有關連性，但從另外一方面說，西王母的傳說也許還具有歷史的背景。除去女媧傳說以外，商的祖先溯自簡狄，周的祖先溯自姜嫄，《史記・秦本紀》所載秦的祖先顯然有母系傳統的痕跡，而古代傳說中還有「驪山女為天子」一說，這些往古的史事，自然也有變為不同傳說的可能。只是宇宙中心的崑崙丘和西王母傳說相關，比較更為不尋常罷了。

附：崑崙傳說與西王母的關連

中國古代顯然是有很多美麗的神話的。但是神話故事的保存，需要在三種不同態度之下，才能不至於遺失或轉變為假的歷史（predo-history）。第一種是基於宗教的信仰，絕對相信神話是真實的，如同以色列人和印度人對於舊的神話具有宗教意味，是不容批評或分析的。第二種是完全基於美的立場來利用神話，雖然可能對原有傳說有所添改，但神話的面目還是保存下來，或

者裝飾得使其更豐富些。希臘人的神話就形成這一種形式。第三種是用文化
人類學的觀點來處理神話傳說，使得若干只有口述的神話保存下來。

中國是一個龐大的區域，中國的民族是許多古民族匯合而成，其曾經有
這許多不同的美麗神話是一個不容置疑的事。所可惜的，現存的中國神話卻
只有大綱而無細節，給人一些需要探索的問題。這個原因當然是把古代神話
保存下來的，不是宗教的目的，不是利用神話來寫小說或史詩[9]，也未到文化
人類學發展的時期；而是這些著作的目的，都走到其他學術的領域去。譬如
《山海經》只是一部初期的地理書，間或摻雜些古代的巫術[10]，〈天問〉只是
利用神話題材的壁畫，來表達自己的感情，實際上還是一首抒情詩。《穆天子
傳》確實是一部最早的長篇小說，距離真的史記相當的遠。但對於西王母故
事一段，神話的意味還不算太夠。可能是古代中國，對於歷史太注意了。歷
史和神話是背道而馳的。過分的用歷史的敘述方法，也就自然的犧牲了神話
的趣味。

---

9 中國古代長篇小說及史詩是缺乏的。尤其是史詩，顯然的是由於《詩經》中抒情
　詩的普遍，以及周天子和諸侯對於史事記錄的重視，擠得史詩沒有發展的餘地。
　這樣的遙遙二三千年沒有這一類的著述。《漢武故事》敘漢武帝見西王母事，作者
　見及《穆天子傳》，顯然為晉代的人（因為張華《博物志》引及此書）；但去古已遠，
　篇中充滿魏晉文人觀念及道教氣氛，不能再當作神話傳說看待。直到明代陸西星
　試作《封神榜》，去古更遠，除去了用幾個古人名字以外，完全是明代的社會背景，
　與古代神話毫不相涉。只有近代人鍾毓龍做《古代神話演義》，倒是用心搜集古代
　神話，加以貫串，可惜其人受章回小說影響太深，對於中國及外國古代社會未曾
　注意，尤其對於日本、印度、希臘、羅馬、北歐等神話均較隔閡，寫出來的一點
　也不像神話。魯迅寫《不周山》，確很像神話體裁，可惜他只是意在諷刺，並未好
　好的寫。玄珠的《中國神話 ABC》是一部好書（又程憬一些專篇研究也很好），其
　中有不少好的提示，可是他並未寫這神話式小說。
10 長沙帛書，是戰國時代楚國人殉葬之物，其中所寫出的神祇，正和《山海經》所
　表達相類似。所以《山海經》正是以地理書為底子，而加上若干巫術繪畫的描寫
　的。《山海經》本來有圖畫的，隋唐以後遺失了。

說拗體詩

　　拗體詩是在近體詩之中，有若干句或全首是平仄不協調的，而這種不協調是出於故意這樣做作的。本來在古詩中無所謂平仄，即使形成為近體詩，也在齊梁以後，但其中也只有五言律詩而沒有七言律詩。就早期的五言律詩來說，也只有兩句平仄的調協而無所謂全詩平仄的調協。而全詩的平仄協調，現在雖然不能完全知道確實的時間，大致說出於隋唐之際是不會太錯的。拗體詩是要有全詩協律標準出現以後，才有產生的可能。不過其出現也非常的早，大致真正律詩出現不久，拗體律詩也就出現了。

　　一句平仄的調協較易，難在全首，以每句的第二字為標準，不論五言或七言，只有兩種形式：

　　　（一）＋　－　　　　　（二）－　＋　　　　　以＋代表平聲，以－代表仄聲
　　　　　　－　＋　　　　　　　　＋　－
　　　　　　＋　－　　　　　　　　－　＋
　　　　　　－　＋　　　　　　　　＋　－

　　這種情形一般來說要到初唐四傑（王、楊、盧、駱）時代，才能全部協調，不過四傑之中，還有不甚調協的，例如盧照鄰的〈梅花落〉：

　　　梅嶺花初發，天山雪未開，雪蒙疑花滿，花邊似雪迴。因風入舞袖，
　　　雜紛向北臺，匈奴幾萬里，春至不知來。

　　這裡構成的形勢，是

　　　　　　－　＋
　　　　　　－　＋
　　　　　　＋　－

十 一

還和齊梁時的結構相似，未能符合真正律詩的標準。這大約因爲〈梅花落〉
是一首樂府的原因，才用齊梁舊格，而四傑中其他的詩，也都多數採用律詩
新的規格了。其中最堪詫異的，還是王績的詩。王績隋人，入唐尙存，但時
代甚早。他的五言律詩，卻無一不合於新的規格。如其要討論律詩的成立，
王績要算最早的一個人。不過王績是文中子王通的弟弟。《文中子》這部書就
是問題很大的書，如其不是全僞，也是被徹底改過。如其《文中子》在唐代
被徹底重編過，甚至改寫過，那就王績的詩是否都被重新潤色過，就大有問
題了。這樣看來，王績詩中的規格，也就不能完全作爲律詩發展中的證據。

在初唐的時候，不僅律詩的規格已經成立，就樂府而言，〈梅花落〉是舊
樂，用了齊梁舊調，但從另一方面說，如其爲新的樂調，也就適用新的規格
了，如同沈佺期的〈獨不見〉：

盧家少婦鬱金香，海燕雙棲玳瑁梁。九月寒砧催木葉，十年征戍憶遼
陽。白狼河北音書斷，丹鳳城南秋夜長。誰爲含愁獨不見，更教明月
照流黃。

這詩構成的形式，是：

　　　十　一
　　　一　十
　　　十　一
　　　一　十

和後來律詩規格相符。但要注意的，是郭茂倩的《樂府詩集》，最後一句「更
教」作「使妾」。妾字的平仄是不調的，但爲了合樂，「妾」字卻比「教」字
爲佳，這就成爲拗體了。所以就律詩來說，爲著合樂，往往非改字不可，因
而使非拗體成爲拗體。也就給律詩不必全拘平仄這個觀念一個重要的啓示。

非樂府的律詩中，崔灝的〈黃鶴樓〉是一個非常著名的拗體詩：

昔人已乘黃鶴去，此地空餘黃鶴樓。黃鶴一去不復返，白雲千古空悠
悠。晴川歷歷漢陽樹，芳草萋萋鸚鵡州。日暮鄉關何處是，煙波江上
使人愁。

這首詩構成的形式是：

```
        ＋  －
        －  ＋
        ＋  －
        －  ＋
```

和律詩組法的規格相符的，就全詩構成說，不是拗體，而成為拗體卻在每句中的平仄上，這一點齊梁人士已經知道，所以這首詩的成為拗體，顯然是故意做成的。

這首詩宋代的嚴羽就以為唐代七律中的首選，因為把感情放到極致，用不依常調的方法表達出來。所以看來就十分「高大」了。現在倘若用一般的平仄，把這首詩改一下，再看一看結果怎樣，這首詩大致可以改成這種樣子：

> 昔人已逐孤雲去，此地空餘野鶴樓，野鶴頻年終不返，孤雲千古漫悠悠。晴川歷歷荊南樹，菸草淒淒漢北洲，日暮鄉關何處是，煙波江上使人愁。

倘若不比較原詩，大致看來，也還很有「氣勢」，只要把原作對照一下，那就顯然損失很大，凡是後改的部分，除去只有一個外表以外，都是無法趕上原作的。這就可以看出來，拗體在某一方面有其功能上的作用。

這一首黃鶴樓詩，對於李白來說，李白據說是很佩服這首詩的。不過不論如何，李白的〈金陵鳳凰臺〉詩，卻和這詩有相似之點，也有不同之點。李白的詩是：

> 鳳凰臺上鳳凰游，鳳去臺空江自流。吳宮花草埋幽徑，晉代衣冠成古丘。三山半落青天外，二水中分白鷺洲，總為浮雲能蔽日，長安不見使人愁。

這首詩的結構是：

```
        ＋  －
        ＋  －
        ＋  －
        －  ＋
```

　　所以第三句和第四句在全詩中是拗句，並就這兩句內部來說，第三句第三字的花字原則上應用仄聲，第四句第五字的成字應用仄聲，雖然一般講來，第一、第三、第五字的平仄，不算太嚴重，但到了三個字連用平聲，或三個字連用仄聲時，讀起來總有拗體的感覺了，所以仍然要算成拗體。因此這首詩就全詩結構或句中平仄兩方面來說，都是拗體。所以李白這首詩可能受到崔灝的影響，只是拗體的方法，有些不同。

　　至於命意方面，雖然同屬於登高感興之作。但立場卻有比較大的殊異，崔灝詩的重點是「芳草萋萋鸚鵡洲」，李白詩的重點卻在「浮雲蔽日，長安不見」。這可能崔灝詩感覺，是一個「處士」的感覺，而李白的感覺，卻是「逐臣」的感覺了。崔灝的詩既然是一個處士的立場，所表示的目的，也就是基於個人的出路。前四句對於感興方面的描寫，著重於眾觀事物，都是無常的，再回到當前的事物，是庾子山〈哀江南賦〉所提到的悲劇性的鸚鵡洲，而終於落在「日暮塗遠，人間何世」，而其終極是沒有出路的，只剩下灰色的「煙波江上」。這就成為具有廣泛性的存在主義的意識。

　　在李白詩中所表現出來的，既然是一個「逐臣」的感覺。那就「吳宮花草，晉代衣冠」決不是漫無所指。而是說在興亡代謝條件之下，所有的朝代，都逃不了毀滅的命運。所剩下的三山、二水，都是沒有情感的、機械的，和人生牽扯不上。所以最後落在「長安不見」的正題目上，「長安不見」用晉明帝「舉頭見日，不見長安」，屬於金陵當地的典故。而「浮雲蔽日」又顯然出於十九首中的〈行行重行行〉。把這許多點綜合起來，又表示太白的自請放還，決不是傳說中為〈清平調〉用語不慎，得罪了高力士和楊貴妃，而是太白確有用世之志，所以賀知章才薦為翰林學士，到了明皇天寶年間，環境一天一天的壞下去，李白和賀知章才先後自請放還，這當然不是一個偶然的事。一般討論李白的，總以為李白不過是一個「詩酒狂徒」，其實從賀知章的行跡看來，他一到天寶初年，就堅請還鄉一件事看來，他並非如何的清高，而是他已料到李林甫得信任以後，時勢已不可為。接著李適之、李邕等相繼被殺，李白的〈行路難〉詩：「陸機雄才豈自保，李斯稅駕苦不早，華陽鶴唳詎可聞，上蔡蒼鷹何足道。君不見吳中張翰稱達生，秋風忽憶江南行。且與樽前一杯酒，何須身後萬載名。」既然想到了身後萬載名，就不是真能忘卻身後萬載名，而是客觀環境之中，有不得不脫身而去的苦衷。（後來永王璘起義江南，李

白從永王璘，決非只希圖幾杯酒，而是別有抱負，但是也失敗了。）在這兩首詩之中，崔灝是根本找不著門路，李白找到了門路，而不得不放棄，所以情感上就現出了基礎上的不同。

在這兩首拗體詩之中，也多少看出情感的起伏。崔灝的情感一直是沈鬱的，用拗體的曲折來表示著，到了「晴川歷歷漢陽樹，芳草萋萋鸚鵡洲」兩句才正常化，也就是說激動的情緒到這兩句才清醒起來，然後理智上的分析，卻充分現出了悲劇的感覺，於是終於引不出一個出路，而終於使問題沒有一個結論。李白的詩用正常的平仄來做起句，表示著登臺的開始，情緒沒有什麼激動。等到第二句第三句才開始用拗體，表示著自然的推移不是問題，而問題卻出在人本的安排上面，以後吳宮花草、晉代衣冠都歸於幻滅。這毀滅的王朝雖然已經過去，而現在還是「浮雲蔽日」、「不見長安」，使人有無從援手的苦悶。這也就表示李白的懷抱，並非是遁世的，而是期望著有一個插手的機會。這一點和杜甫的志向，差異並不算太遠。這也可以推斷李杜的感情上還是好友的原因。

李白有兩首送杜甫的五律，也是用拗體的：

> 我來竟何事？高臥沙丘城。城邊有古樹，日夕連秋聲。魯酒不可醉，
> 齊歌空復情。思君若汶水，浩蕩寄南征。(沙丘城下寄杜甫)
> 醉別復幾日，登臨遍池臺。何時石門路，重有金樽開。秋波落泗水，
> 海色明徂徠。飛蓬各自遠，且盡手中盃。(魯郡東石門送杜二甫)

在這兩首詩中，「竟何」二字平仄不調，「別復」二字平仄不調，「臨」字平仄不調，「時石」二字平仄不調，「有金樽」三字平仄不調，「落」字平仄不調，「明」字平仄不調，「各」字平仄不調；「沙丘城」三字平聲連用，「有古樹」三字仄聲連用，「連秋聲」三字平聲連用，「不可醉」三字仄聲連用，「齊歌空」三字仄聲連用，所以這二首詩，都是拗體。我們不知道李杜兩人曾經互相討論過拗體詩沒有，不過這兩首都是拗體而且用不同方式的拗體（第一首多用連三字平或三字仄的拗體，第二首卻用平仄不調的拗體，方式完全不一樣），似乎不是一個平凡的事。

再看李白的另一首拗體詩：

> 蜀僧抱綠綺，西下峨嵋峰。爲我一揮手，如聽萬壑松。客心洗流水，餘響入霜鐘。不覺碧山暮，秋雲暗幾重。（聽蜀僧濬彈琴）

這裡「抱綠綺」和「爲我一」都是三仄聲連用，「峨嵋峰」是三平聲連用，當然是故意的。這裡故意這樣用，顯然是從拗體的平仄形容音樂的旋律，這又是另外一個用法。

至於拗體的七言絕句，如同賀知章的〈回鄉偶書〉：

> 少小離家老大回，鄉音無改鬢毛衰，兒童相見不相識，笑問客從何處來。

第二句「鄉音無」三平聲連用，第三句「兒童相」三平聲連用，而且「不」字平仄不調，這是著重在題目的「偶書」，表示匆匆中，未及把平仄調整。同理，岑參的〈逢入京使〉最後兩句是「馬上相逢無紙筆，憑君傳語報平安」，在「憑君傳」三字，三平聲連用。其實改爲「請君傳語」或「憑君寄語」平仄都調協。要這樣做又是表示匆匆的關係。（又唐代五言絕句，較多拗體，這是因爲五言絕句，從晉宋以來已經早有，在傳統上是不計平仄的。）

在李白的絕句中，如〈送孟浩然之廣陵〉：

> 故人西辭黃鶴樓，煙花三月下揚州。孤帆遠引碧空盡，惟見長江天際流。

其中第一句「西辭黃」、第二句「煙花三」、第四句「長江天」都是三平聲連用，第三句「遠引碧」卻是三仄聲連用，顯然是故意組成的。這裡應當是用曲折的拗句來象徵不能抑壓的感情以及長江波浪隨風上下。從反面說，例如李白的〈下江陵〉：

> 朝辭白帝彩雲間，千里江陵一日還，兩岸猿聲啼不住，輕舟已過萬重山。

這是本著自己的經驗，加上《水經注》所述「朝發白帝，暮宿江陵，其間千七百里，雖乘虛御風，不如此其疾也」的描寫，表示迅速無阻，所以平仄一貫下來，毫無阻滯，就成爲另一種表現的方法。

就拗體的應用來說，杜甫可以說應用最廣而且是最成功的一個人。杜甫以前的詩人，誠然已把拗體用在近體詩上，並且是有意的採用，不是無意的流露。但是：（一）還未創造出一個標準的拗體七律，（二）沒有做過一組幾首七絕全是拗體或者全不是拗體，（三）在一組七律和五律之中不以拗體爲主，但在起句之中偶用一二拗體來表示不平凡的動機，這些都是前人所未見的。至於杜甫的古詩因爲把拗體近體詩的句法加進去，使人覺得更爲奇古，又開了一個古詩（尤其是七言古詩）的新方面。

杜甫律詩中的標準拗體如同〈暮歸〉：

> 霜黃碧梧白鶴棲，城上擊柝復烏啼。客子入門月皎皎，誰家搗練風淒淒。南渡桂水闕舟楫，北歸秦川多鼓鞞。年過半百不稱意，明日看雲還杖藜。

這首詩的組織式是：

```
    ＋  －
    －  ＋
    －  ＋
    －  －
```

這是非常不規則的。若以第一句第二字「黃」字爲標準，昭律詩的平仄來訂正，那就「梧」、「烏」、「風」、「歸」、「看」、「多」、「雲」、「還」等字都應當用仄聲，而「鶴」、「擊」、「柝」、「月」、「渡」、「闕」、「半」、「百」、「不」、「日」、「杖」等字都應當用平聲；再分析一下，第一句和第二句的第四字和第六字都是當平用仄、當仄用平，第三句的「月皎皎」、第五句的「桂水闕」都是連用三仄聲，第四句的「風淒淒」和第六句的「秦川多」都是連用三平聲，第七句的「半百不」連用三仄聲，第八句的「看雲還」又連用三平聲。大致看來，上句在某一處拗，下句仍在某一處拗，只是拗的規模更爲增大。這種加強過的拗體，在功效上就使得全詩中不平的氣氛格外加強。

杜甫對於拗體的方式，確實增加許多變化，但其中含有感情的節律在內，不完全爲的是裝飾，也就是杜甫對於拗體的應用，推得更廣泛了，但在基本的觀念上，還是傳統的爲描述感情，不是有意的定出了許多公式來，做爲裝

飾上的用途。現在舉出兩種不同應用的律詩，作為示例。

第一種拗體詩為表示節令中的即興的：

> 去年登高郢縣北，今日重在涪江濱。苦遭白髮不相放，羞見黃花無數
> 新。世亂鬱鬱久為客，路難悠悠常傍人。酒闌卻憶十年事，腸斷驪山
> 清路塵。（九日）
>
> 冬至至後日初長，遠在劍南思洛陽，青袍白馬有何意，金谷銅駝非故
> 鄉。梅花欲開不自覺，棣萼一別永相望，愁極本憑詩遣興，篆成吟詠
> 轉淒涼。（至後）
>
> 春日春盤細生菜，忽憶兩京全盛時，盤出高門行白玉，菜傳纖手送青
> 絲。巫峽寒江那對眼，杜陵遠客不勝悲。此身未知歸定處，呼兒覓紙
> 一題詩。（立春）

這幾首節令詩雖然不是同時所作，但卻是在同一的作風下做出來的，都是一
些臨時遣興，不必過事雕琢，所以其中盡量的用俗詞口語來寫。雖然其中也
有感慨，但這些感慨還是比較輕鬆的。因此這些詩的拗體，只表示隨手寫成，
並無嚴重的考慮在內，正和賀知章的〈回鄉偶書〉以及岑參的〈逢入京使〉
是同類的。不宜認為杜老是刻意來寫成的。

第二種拗體是有關地方性的，但仍可分為二類，其第一類為隨意寫成，
不加雕琢，和節令即興一樣；例如：

> 浣花溪水水西頭，主人為卜林塘幽，已知出郭少塵事，更有澄江銷客
> 愁。無數蜻蜓齊上下，一雙鸂鶒對沈浮，東行萬里堪乘興，須向山陰
> 上小舟。（卜居）
>
> 卜居赤甲遷居新，兩見巫山楚水春，炙背可以獻天子，美芹由來知野
> 人。荊州鄭薛寄詩近，蜀客郗岑非我鄰，笑接郎中評事飲，病從深酌
> 道吾真。（赤甲）

這都是新居遣興之作，信筆寫來，相當隨便的，其中拗體，只是走向一種輕
快的極端方面。

至於有關地方的第二類拗體，就不同了，例如：

> 灩澦既沒孤根深，西來水多愁太陰。江天漠漠鳥飛去，風雨時時龍一
> 吟。舟人漁子歌迴首，估客胡商淚滿襟。寄語舟航惡年少，休翻鹽井
> 橫黃金。(灩澦)

這當然是一種故意的拗體，一點也不隨便，來形容灩澦灘險的艱難，當然是
另外一種情調。

　　在杜甫幾首鄭重的數首連詠之中，不是用拗體的，不過在幾首之中，卻
偶然發現了一些拗句。如同〈秋興〉八首中的「玉露凋殘楓樹林」，「凋殘楓」
三字平聲，「江間波浪兼天湧」、「江間波」三字平聲；「瞿唐峽口曲江頭」，「峽
口曲」三字仄聲，「昆吾御宿自逶迤」，「御宿自」三字仄聲。〈詠懷古跡〉中
的「支離東北風塵際」，「支離東」三字平聲，「風流儒雅亦吾師」，「風流儒」
三字平聲，「蜀主窺吳幸三峽」，「幸三」二字平仄均失調。自然，三字皆平或
三字皆仄，有時亦不是拗體，但遇到三字中可平可仄的時候，連用平聲或連
用仄聲就會顯出拗的意味，這些地方，改字並不難，杜老這樣用，實在是故
意的用，爲的是達到加強語氣的目的。

　　在杜甫的五言律詩之中，〈秦州雜詩〉可以說是古今五律之冠（蘇東坡學
杜五言，學得很像。但杜是創始的人，蘇東坡自然要遜一籌）。其〈秦州雜詩〉第一
首，就是正常律詩，偶有拗句：

> 滿目悲生事，因人作遠游。遲迴度隴怯，浩蕩及關愁。水落魚龍夜，
> 天寒鳥鼠秋。西征問烽火，心折此淹留。

其中「度隴怯」和「浩蕩及」都是三仄連用，而「問烽」二字又是平仄顛倒，
當然是一些拗句，但因爲氣勢一直下來，阻止不住，所以反而不覺得拗。杜
甫的七絕中，拗體比別人的七絕占的比例格外大。這可能是因爲杜甫希望新
創格調，不願追隨別人的緣故。唐代七絕成熟較早，自李白、王昌齡、王翰、
王之煥等名作以後，很難在標準規格上超過他們，因此他的路數，不是向高
古去走，卻是向凡近去走。所以他的許多七絕，都和他的「漫興」一類的律
詩走的同一路子。在他詩集之中，模仿太白、龍標的，可以說簡直沒有。當
然，唐人七絕被人欣賞的，還是太白、龍標以來的傳統形式，杜甫的七絕在
一般評詩著述之中，是評價不高的，但除去〈頌花卿〉、〈逢李龜年〉兩詩最

接近傳統形式的以外，也不是全無好詩，例如：

> 草閣柴扉屋散居，浪翻江黑雨飛初。山禽引子哺紅果，溪友得錢留白魚。（解悶）
>
> 商胡離別下揚州，憶上西陵故驛樓；爲問誰南米貴賤，老夫乘興欲東游。（解悶）
>
> 二月已破三月來，漸老逢春能幾迴。莫思身外無窮事，且盡生前有限杯。（絕句漫興）
>
> 腸斷春江欲盡頭，杖藜徐步立芳洲。顚狂柳絮隨風去，輕薄桃花逐水流。（絕句漫興）
>
> 懶慢無堪不出村，呼兒日在掩柴門。蒼苔濁酒杯中靜，碧水春風野外昏。（絕句漫興）
>
> 江深竹靜兩三家，多事紅花映白花。報答春風知有處，應須美酒送生涯。（江畔獨步尋花）
>
> 黃四孃家花滿蹊，千朵萬朵壓枝低，留連戲蝶時時舞，自在嬌鶯恰恰啼。

這些絕句的好處不是高古而是真切。當然高古確有高古的可貴處，但也不必完全忽視真切。在以上舉例中，一組詩之中，就有的用拗體，有的就完全不用拗體，可見杜甫在七絕中的拗體，只是隨興所至，並未曾加意去做。在宋人中不僅僅如楊誠齋的詩完全出於杜的絕句，而且蘇軾的名句「竹外桃花三兩枝，春江水煖鴨先知」又何嘗不從杜詩的「江深竹靜兩三家」改變出來？所以只要自己單獨走自己的路，不蹈襲別人的面目，總是有其意義的。

拗體的發現固然從近體的律詩和絕句出來，但其對於古詩上的功用，卻不下於近體詩，只是不曾被人注意罷了。無疑的，韓愈對於古體，差不多有革命性的功績，但其應用的方式，卻並非從漢魏或六朝的古體出來，而是把杜甫應用這拗體的原則放上去。試看韓愈的〈謁衡嶽廟〉詩：

> 五嶽祭秩皆三公，四方環鎭嵩當中，火維地荒是妖怪，天假神柄專其雄。噴雲泄霧藏半腹，雖有絕頂誰能窮。我來正逢秋雨節，陰氣晦昧無清風。潛心默禱若有應，豈非正直能感通。須臾靜掃眾峰出，仰見

突兀撐青空，紫黃連延接天柱，石摩騰擲推祝融，森然魄動下馬拜，松柏一逕趨靈宮，粉牆丹柱動光彩，鬼物圖畫填青紅，升階傴僂薦脯酒，欲以菲薄明其衷。廟令老人識神意，睢盱偵伺能鞠躬，手持杯珓導我擲，云此最吉餘難同。竄逐蠻荒幸不死，衣食纔足甘長終。侯王將相望久絕，神縱欲福難爲功。夜投佛寺上高閣，星月掩映雲朣朦。猿鳴鐘動不知曙，杲杲寒日生於東。（關鍵字平聲用雙圈，仄聲用×指出）

這是一首三十二句七古的長詩，其中凡是雙數的句子中的第三字，一律是平聲沒有例外。前八句中單數句子中第三字也全是平聲（只有一個例外，是第三句的「足」字，用仄聲。非常可能韓昌黎原詩用的是「多」字，不是「足」字，被刻本改造的「足」字不太通順，多字宋俗字作　，可能轉誤爲足。又宋人刻書常有改字的事，如同王維詩「空山一夜雨，樹杪百重泉」；在須溪校本中，就改爲「山中一半雨」，這是一個很著名的例子），至於第九句以後，凡是單數句中的第三字，就全部用仄聲，也沒有例外，這種排列法，顯然是有意去做，來構成一種特殊的感覺，在近體詩中是拗體詩，現在是古體詩，當然不算拗體而是正體。讀起來一點也不會覺得拗，只覺得更爲奇古，甚至於多年以來，這種排句整齊的平仄用法也不曾被人注意到，真可以說韓昌黎手法的高明處。當然在杜甫的古詩中，也曾經把拗體的句法加入進去。只是並像韓昌黎做得這樣整齊，即令指出來，證據也不算充分，不能像昌黎詩這樣的，一經圈點出來，就十分明顯，不需疑惑了。

　　杜甫影響到韓愈，韓愈也影響到李賀。韓愈的奇古是除去了把散文的命意和用字用到詩上去，利用了拗體的音節，其幫助是非常大的。李賀詩是做了成功的精麗，除去了深入的構思之外，也一定需要音節上幫助，例如李賀的〈金銅仙人辭漢歌〉，其第一句的「茂陵劉郎秋風客」，第二句的「夜聞馬嘶曉無跡」，第四句的「三十六宮土花碧」，每一句中第四字和第六字都是用平聲，顯然是有意的做拗體式的應用。在全詩中雖然不像韓愈那樣的規律，但其中第六字也多屬平聲，一直用到「波聲小」的聲字，無疑的唐詩到了李賀，已經形成了另外一個顛峰，他對於拗體的應用，也到了非常純熟的境地。這一點後起的李商隱也一樣的受到影響。

　　拗體詩的特點不是像漢魏詩那樣，完全不管平仄，而是不拘寫近體詩的

規格，要按照感情旋律的起伏，來控制平仄。這一點到了宋代，就成爲裝飾性的應用，比描寫情感的應用大。黃庭堅喜用拗體，也善於用拗體，卻是屬於裝飾性的目的比較重要。到了清初吳梅村（吳偉業）以長詩擅名，他的七古長詩也有其獨到之處。不過他卻完全採用了近體的平仄，嵌入古體之中，外表看來也還漂亮，可是完全不能用平仄來控制聲調，表現情感，在舊的批評標準上，也就可以說氣勢卑弱了。

九、典籍

古書重印問題

　　最近在《中央副刊》看到陳祚龍先生有關重印古書的文字，這的確是很值得注意的，因此我也很願意就我的看法來敘說一下：

　　翻印古書中的問題，當然最重要的是圖書的採訪，讀者的需要，圖書館庋藏上的方便，以及書店的成本，如其忽略了任何一點，這部書的刊行就不算成功。雖然，世界上不會有十全十美的事，只要缺點不十分嚴重也就過得去了。

　　版本的決定是一件相當困難的事，保存古籍和供給應用有時往往是互相衝突的。譬如《四部叢刊》的五經是無疏的單注，在校勘上自有其地位，可是就應用說來，就遠不如藝文翻阮刻的《十三經注疏》。胡偉克先生的二十五史，其中《史記》用的是南宋印北宋監本，這是現存的一部最早的《史記》印本，卻可惜只有集解，遠不如黃善夫本，甚至殿本，及瀧川《會注》用處大。所以憑什麼標準去選本子，其中大有出入。任何一種有價值的叢刊既然都有它的缺點，看來只有兩種分別刊行的辦法可走：一種是商務《古逸叢書》的辦法，專存古本，不講應用（當然，現在用不著像《古逸叢書》的大字本，有線裝《四部叢刊》那樣也就夠了）；另一種是藝文影印《十三經》《二十五史》那種辦法，以有用為主，版本次之。不過藝文還有改善的餘地。《十三經》還得附一個簡單的索引（至少要一個篇目的索引在每冊後面）。《二十五史》中除去王注兩《漢書》，盧注《三國志》，吳注《晉書》以外，其餘的能不用殿本最好不用殿本，殿本雖刻書在乾隆樸學盛行之時，可是還有妄改的地方（例如〈留侯世家〉角里先生宋本皆作角里，卻偏要改成甪，而不知甪字不合六書）。這些問題在印書時無從預料，只有盼出版家隨時改進。

　　版本的選擇是一件事，而書籍的選擇又是一件事。按理說來，凡是未曾

印過的，或印過而罕見的都值得重印。但如何選擇，又是一個難得決定的事。例如國藏善本叢書是一件十分有價值的工作，卻因戰事而停頓，變成決而不行。四庫珍本中，雖然終於印出，但有許多罕見則有之，珍卻未必。珍也可指有用而言，其中真值得讚揚如《武經總要》、《蜀中廣記》等究竟不多（嚴格說來，四庫本並不好，有些書被清代畫家畫的失真，完全不是那回事了），這又牽涉到當時動手選擇人的興趣問題。不過目前情形和過去稍有不同，現在如故宮博物院院長蔣慰堂先生，中央圖書館館長屈翼鵬先生都是擅長經史的飽學之士，假如經過他們審定之後，大致就不會有所偏頗了。

近來有些書縮印太小，的確不成話。其中像商務的《四部叢刊》、藝文《二十五史》印的還好，不過紙質應當至少用模造紙而不宜用新聞紙。裝釘方面現在台灣是精裝的線太短太細（精裝不可省材料），而平裝的書，面太薄，都不合規格，可能影響國際的銷售，應當注意。

至於線裝或洋裝那種好，一直是爭執不定，這要考慮到圖書館管理人的意見。國外圖書館除去沒有精裝，一定要買精裝的，國內也有這個傾向，因為只有精裝才便於管理，線裝雖可做一個布函去裝，但是不僅其中次序容易顛倒錯亂，而且還會遺失一二冊，增加管理的麻煩。古籍線裝是一個既成事實，圖書館管理人無可如何，新印的書如還要線裝，管理人除去暗中咒罵幾句以外，當然還可以抱一個「如能不買就不買」的消極抵制的辦法。

元月十九日寄自美國

《中國古代書史》後序

　　《中國古代書史》是錢存訓教授英文名著《書於竹帛》的中文增訂本。這部書接觸到許多書寫、銘刻、紙張、工具，以及一切有關中國書籍的許多問題，給予世界的學者對中國這個獨特性的文化及其貢獻一些更深切的了解，使得拘虛於西方書籍的發展，而不知天外有天的人們得以廣開聞見。自從這部書出版以來，許多大學的中國文學系及歷史系曾指定作爲參考書；同時一些重要刊物也撰作書評，加以推介。對於促進中國文化在世界上應有的地位是具有非常深切的意義的。只是原本用英文寫定，對於國內的學人仍然不如閱讀中文更爲方便，所以此次中文本的刊行，實在是一件值得慶幸的事。

　　中國古代的書寫方法和書寫工具，因爲記載不夠詳明，一直有許多誤會。此書經存訓先生廣爲搜集證據，澄清了不少問題。首先提示出甲骨中的許多因素，然後再申述銘刻的重要性，給予讀者一些新鮮的意念。譬如書中指出，甲骨文的字彙已經有四千六百多，其中僅小牛可以認識，比較金文使用的字彙，並不算少。周代製作金文時期，是可以寫長篇作品的，那麼以商代當時情形來論，應當也可以產生長篇作品，這個意見至爲正確。甲骨文用途特殊，所以辭彙不同，何況就現有的甲骨文來看，發展的程度已經相當的純熟。如其就現有可以認識的字，再加上形聲和假借來拼湊，把《尚書》中的〈盤庚〉中篇用甲骨文來寫，是不生太大的問題的（〈盤庚〉三篇之中，上下兩篇作者性格較爲仁恕，中篇作者性格較爲暴戾，不似出於一人之口，非常可能中篇爲原有記載，上下兩篇爲周代史官補寫的）。如其〈盤庚〉中這一篇文字曾經用甲骨文字體書寫過，再證以甲骨文中的「冊」字，可以證明古代文書必用許多根竹簡來寫，再行用繩索編連。也是意識到現存的龜甲及獸骨是本來用爲占卜，其用於記事，就一般性來說，只是占卜的附屬用途，而正式記事應仍靠用竹簡。

　　「簡」字是從竹的，金石文字中只能推溯到石鼓文，但文獻中《詩經》已有「簡」字，存訓先生用剖竹的方便來推定簡的製作，是一個創獲。簡的質料可以用竹製，也可以用木製。只是竹做成簡卻不能做成牘，木做成牘比做成簡還要方便些。古代的冊籍是用簡而不是用牘，所以簡的原始製作應當是竹製而非木製的。本來《詩經・衛風》所說的淇澳的綠竹，正在舊日殷商的境內。到了東漢初年，光武帝曾發過「淇園之竹」，唐時劉知幾曾經懷疑過北方是否產竹一事，不過他或者是未十分注意地理環境與特殊物產的事實。就一般情況來說，黃河水域各處是不產竹的。可是幾個特殊地區是以產竹著稱，例如陝西的華縣，河南的淇縣和輝縣都是產竹區。徐世昌因為住在河南輝縣的百泉，當地多竹，所以他自號水竹村人。這種特殊產竹地區的情形，直到現在仍和《詩經》時代一樣，也就意識到殷商時代竹子的來源，不是在遙遠的南方，而是在殷商的畿內。

　　竹簡以及類似竹簡的竹籤，在中國的使用是非常普遍的。其採用可以推到極遠古的時代。除了做記錄用的竹簡以外，其他如吃飯所用的箸，演算所用的籌，卜筮所用的策（甚至於馬鞭也叫做策，所以古代馬鞭也可能用竹鞭），都是同一類的竹簡或竹籤。直到後代紙已經用的非常普遍，可是神祠的香案上，官吏的公案上，還保持著籤筒以及從簡策演下來的竹籤。直到民國初年，官吏還沿襲舊制。在新式法院成立後，才廢掉籤筒（但在京劇的道具中仍可看到）。至於神祠中的籤筒，那就在今日的台灣或香港，還一直保持著。此外，清代抽籤的方法（這和《後漢書・劉盆子傳》的「探符」一樣），不僅在部員外放要用掣籤，甚至於決定達賴喇嘛的候選人，也間或用金瓶掣籤的方法。可見籤籌一類的傳統，對於中國文化及習慣的重要性。

　　對於中國書法的行款問題，在本書第九章中，存訓先生曾經提到中國文字的排列自上而下，自右而左的原因，和右手有關，是十分確切的。如其再找一下書寫和竹簡的關係，就更為明白。因為書寫時是左手拿簡，右手寫字，一般是一根簡一行字，並且為著左手拿簡方便起見，空白的簡是放在左邊的。等到把一根簡寫完，寫過的簡為著和空白的簡不相混，也就左手一根一根的向右邊推去，並且排好。在這種情形下排出的行款，總是寫好的第一根簡在最右，以次從右排到左，更由左手拿著的簡是直立的，而一般人手執細長之物是與手指垂直的；於是中國字的行款，成為自上而下，自右而左了。

至於中國字體的寫法，橫行時每字的筆總是從左上角開始向右去寫，所以橫行的字自左而右，應當是中國字最合理的排列（這和亞拉伯文自右而左的筆順正好相反）。其所以歷來橫行字的排列自右而左，還是受到古代竹簡排行的影響，事實上寫來是很彆扭的。現在日本、韓國的市招大都改為橫行自左而右了。台灣和香港目前的市招雖然仍是自右而左，但人類社會總需向方便的路走去，看來也不可能沿襲太久，改成為自左而右，是可以預見的事。

桑樹本來是野生的喬木，滋生在黃河三角洲，商湯禱雨桑林，〈鄘風〉稱「期我乎桑中」，《莊子·養生主》稱「合乎桑林之舞」，在甲骨文中也屢見桑林巫舞的記錄，顯示著古代桑林瀰漫著一些區域。蠶絲的採取，應當和大量桑林的存在有關。到了現在，中國北部除去還採取野蠶的絲以外，仍然還可以養育家蠶，民國初年山西省就辦過蠶桑傳習所，蠶絲的產品在山西的國貨陳列所展覽過，只是就客觀條件說，華北養蠶的氣候早已不如四川（三國時蜀漢就靠錦的出口），以後再趕不上長江下游，並且也趕不上珠江下游。更加上宋代以後，草棉逐漸移植中原，對於代替蠶絲的效用來說，比蔴好得太多（江南有黃道婆傳說，陝甘也是產棉區，卻無此傳說，顯示陝甘的棉不是從廣東海道傳來，因為在新疆高昌早就種草棉了），所以華北很少有家蠶蠶絲的生產了；但就歷史來說，仍不能忽略養蠶這一個事實。

從長沙馬王堆發現的彩繪來看，這種彩繪的方法，應當可以追溯到春秋或戰國時代的。《尚書·皋陶謨》（〈皋陶謨〉可能暫定為戰國時代作品，但所記之事應當更早）說到「日、月、星辰、山、龍、華蟲作繪；宗彝、藻、火、粉米、黼、黻、絺繡，以五采彰施於五色作服。」這裡指明了日、月、星辰、山、龍、華蟲在王的袞服上用繪，而其他比較簡單的圖案等用繡，正和馬王堆彩繪的禪衣可以參證。如其絲織品上可以彩繪，那就也當然可以用筆來寫字了（繪字今本作會，但馬鄭本的真古文作繪）。若再證以《論語》中的「子夏問曰：『巧笑倩兮，美目盼兮，素以為絢兮，何也？』子曰：『繪事後素。』」這個「素」字，一般注家都引〈考工記〉「凡畫繢之事，後素功」以為證。《周禮》鄭玄《注》說「素，白采也」，並不清楚。《論語》朱《注》說：「謂先以粉地為質，而後施五采」，說素功為施粉，也有失舊義。所以素就是《說文解字》所說的「白緻繪……取其澤也。」「素功」是把繪面打磨光澤，然後才能在上面繪畫。也就是說繪畫時先要做好光面的繪帛。在孔子時，繪帛既然可以繪畫，

自然也可以作爲寫字的用途了。

帛書的觀念爲用紙的第一步，存訓先生已經指明，現在再談造紙的開始。紙的發明雖然公認爲蔡倫的功績，但蔡倫仍然可能是一位改良的人，而不一定就是創始的人。其中最重要的證據是 1957 年在西安霸橋西漢墓中發現的許多古紙殘片。這些紙片經化驗以後，證明爲植物性纖維，並黏有蔴的殘存。當然這些紙片是否和後來的紙一樣作爲書寫之用是另一個問題，容以下討論。不過霸橋紙確是紙，而且是公元以前的紙，應當是不生問題的。

倘若比較霸橋紙和我所發現的居延紙，那就可以看出有趣的事實。霸橋紙是沒有文字的，居延紙有文字，而絕對的年代卻不清楚。當我做那篇〈論中國造紙術的原始〉的時候，把時代暫時定到永元十年（公元 98 年）的前後，這只能是那張紙最晚的下限。再晚的可能性不太多，而較早的可能性還存在著。因爲居延一帶發現過的木簡，永元兵物冊是時代最晚的一套編冊。其餘各簡的最下多數都在西漢時代，尤其是昭帝和宣帝的時期。如其討論居延紙的時代，下限可以到永元，上限還是可以溯至昭宣。只是爲了謹慎起見，當寫那篇稿子的時候，覺得寧可估計的晚些，不要估計的早些（在我做〈論漢代的陸運與水運〉的時候，我認爲漢代的商船不越過麻六甲海峽〔Strait Malacca〕，是從來講古代南海交通所有各種論斷之中，一個最保守的論斷，也是爲著謹慎的原故），所以只說了下限而不說上限。現在西安霸橋既然發現了類似的紙，那麼這片居延紙的年代就不需規定的那麼極端的嚴格了。雖然絕對的年代還不清楚，但從與霸橋紙的相關性看來，霸橋紙應當在某種情形之下可以寫字的。

當時我要把居延紙的時代壓後的原因，是因爲我當時以爲蔡倫造紙不僅是一個技術問題，還要加上質料的問題。蔡倫以前都是以廢絮爲紙，到了蔡倫才開始如《後漢書·蔡倫傳》所說：「造意用樹膚、蔴頭及敝布、魚網以爲紙。」這是不很正確的，因爲在霸橋紙造成的西漢時代，已經用蔴頭一類的植物纖維了。因而蔡倫造成的紙，不應當屬於質料方面，而是僅僅屬於技術方面。

如其蔡倫的紙屬於技術方面，其所造成的紙，一定比霸橋紙好，也一定比居延紙好。至於好到什麼程度，那是不妨加以推定的。因爲不論霸橋紙或居延紙都是民間所有，這些紙都是只能將就算做紙，其實都是厚薄不勻稱，邊緣不規則的。照〈蔡倫傳〉說：「元興元年，奏上之」，那奏上給皇帝的紙，

自然必需勻稱和規則。這是起碼的需要，也許就是當時可能的進展。如其真是這樣，這就在造紙的路程上，奠定了一個重要的基石，而開始使紙以書寫為主要的用途。

既然蔡倫以前的紙，是不勻稱、不整齊，那麼雖然可以用做書寫，其原有用途應當不全是為著書寫的，書寫只是附帶的用途，其主要的用途是什麼是需要再討論的。所以就得追溯到植物性紙的前身，動物性纖維的紙，以及所謂「漂絮」那一件事。

關於「漂絮」形成造紙的事，我在〈論中國造紙術的原始〉中，根據《說文》及段《注》的意見先申述過，陳槃先生再根據我的看法重申一次。「漂絮」對於紙的關係是有因果性的，但依照這些年中新材料的發現又得重新加以討論。

首先要問漂絮是漂洗什麼絮？是新絮還是舊絮？其次要問漂絮是做什麼用？為富人用，還是為窮人用？然後才好作進一步的申論。漂絮所漂的絮，依照文獻上材料來看，應當是舊絮不是新絮。新絮是清潔白皙的，用不著再漂。只要直接裝入袍內，便成絲棉袍了。所以要漂的，就是因為穿著了許多年的舊袍，裡面的絲棉從一片一片的便成了破碎的塊，再加上雜質和灰塵，使絲棉變了顏色，尤其是可能還加上氣味，就不能不再加以漂洗。漂洗以後，再撕成一片一片的形狀。雖然新絮的疏鬆潔白，是不可能再恢復的，不過漂洗以後比較黏緊一點的成張舊絮，仍然可以裝成為次等的絲棉袍的。這種成張的舊絮，不如新絮（今稱張棉）的溫煖，但裝多一點，仍然可以有其效用。從另一方面看，這種撕成無定形小張的舊絮，表面上卻比新絮要光滑。在非正式場合之中，也許更好作為書寫之用。

這種漂過的絮既然是用過的舊絮，而且還是用得差不多不堪再用的舊絮，經過漂洗、改造以後，當然是給窮人用而不是為富人用的。《論語》孔子說：「衣敝縕袍，與衣狐貉者立，而不恥者，其由也與？」縕袍指舊絮的袍，舊絮不如新絮煖，所以裝的臃腫，一看就知道。如其縕袍再加破敝，當然更不成樣子了，和裝狐貉之裘的人來比，是十分不成比例的。從這一點來看，漂絮的人當然也就是窮人了。《莊子·逍遙遊》說：「或以封，或不免於洴澼洸（即漂絮）」，也正是一個貧富的對比。舊絮既然為窮人裝袍之用，為了價廉易得，應當有時也用舊絲的代替品上場，這種代替品也就是從舊絲的動物纖

維內參用了舊麻破布一類的植物纖維，或甚至全部用了植物纖維，拿來打碎撕破，再用樹皮一類的黏性材料，黏結成一塊一塊無定形的薄片。拿這種代替品裝入袍中，雖然更不如舊絲絮的好，卻也一般可以作為保煖之用。霸橋漢墓中發現的紙張，其中都是不定形的碎片，卻不曾在上面書寫過一字，我不相信這是作為寫字用的紙張。最大的可能，還是次等「縕袍」之內所裝的「著」（也可能是〈公孫弘傳〉所說「布被」一類的覆蓋物，其中也有「著」的）。因為年深日久，袍的裡和面都腐敗化去了（也許裡和面是絲製的，那就更容易腐朽，如其是薄麻製的，也比這種較為堅緻的「紙」易腐些），只剩了內部的「著」，這就是所謂霸橋紙，但是這種「紙」卻和居延有字的紙屬於同類的形式和質料，如其把這兩處不同的發現連結起來，正看出西漢一代（或者西漢到東漢），從「假紙」到「真紙」的演變。也更可以看出中國紙的演變和埃及的紙草走的是完全不同的道路。更進一步來說，如其我們從(1)古代桑林，(2)育蠶，(3)用絲棉作著，(4)漂洗舊絲棉作著，(5)用碎麻破布作舊絲棉的代用品，(6)初期紙的作成及書寫，(7)造紙方法的改進可以供皇帝的御用，就知道「紙」這一種文化上的重要工具，發明的經過，真是一件不尋常的事。在人類文化史上是值得如何去推崇、去表揚的。

存訓先生這部大著，體大思精，牽涉中國全部書寫及銘刻的起源和演變，十分重要。承他不棄，要我來做跋。我本想就我所知道的一一的來介紹，並且補充一下。不過為著體裁，應當有相當的斷制。所以我只就其中幾個比較重要的問題，依照我的看法，再來引申一下，因為這是平常討論所討論不到的。當然對於一個問題，討論越多，也可能錯誤越多，這就希望存訓先生和讀者加以指正了。

附錄

勞榦教授著作目錄

任長正　編輯

前　言

　　勞榦(貞一)教授，湖南長沙人。生於 1907 年 1 月 13 日。中央研究院院士。曾任台灣大學教授，美國洛杉磯加利佛尼亞大學教授。勞先生是海內外知名的秦漢史魏晉南北朝史權威，文學家及教育家。學問淵博，著作等身。這個目錄就是為慶祝他九十華誕而編輯的。目錄共收集三百三十八項，計專書 19本，論文 196 篇，雜文等 123 篇。內容分五大類。為(1)專書，(2)論文，(3)雜文，(4)書評及序跋，(5)英文日文韓文著作。這個目錄較十年前為貞一師八秩榮慶所編輯的增加了許多，尤其在分類排列方面改良了不少。目錄仍以出版年代的先後次序排列。時值圖書資訊網路系統(Internet)發達的今日，線上書目(Online Bibliography)的儲備，線上檢索(Online Search)的諮詢，以及全文影像光碟 CD-ROM 的儲存，具有著驚人的進展與成果。這對中外學者在尋找資料及運用操作方面，既迅速又完整。而吾師的輝煌著作，更將繼續流傳廣遠及雋永。

(一)專著

1.《曬藍本漢簡釋文》，手稿（1936 年）。[1]

2.《居延漢簡考釋》（譯文），《中央研究院歷史語言研究所專刊》之 21（台北：1943 年）。[2]

3.《居延漢簡考釋》（考證），《中央研究院歷史語言研究所專刊》之 21（台北：1944 年）。

4.《居延漢簡考釋》，附《敦煌漢簡》校文、《居延漢簡》考釋簡號索引（上海商務印書館，1949 年）。

5.《秦漢史》（現代國民基本知識叢書第一輯）（台北：中華文化出版事業委員會，1952 年）。[3]

6.《魏晉南北朝史》（現代國民基本知識叢書第二輯）（台北：中華文化出版事業委員會，1954 年）。[4]

7.《初中歷史》（台北：臺灣省政府教育廳，1955 年）。[5]

8.《中國史綱》（台北：勝利出版社，1955 年）。

9.《居延漢簡》（圖版之部），《中央研究院歷史語言研究所專刊》之 21（台北：1957 年初版，1977 年再版）。

---

1 《曬藍本漢簡釋文》是勞榦教授在 1934-1936 年與余遜先生合作研究的成果。當時是將釋文手抄在西北科學團稿紙上，然後予以曬藍而成。共計 304 頁，3055 簡，分別為卷上卷下。原係勞先生保存，後捐給中央研究院歷史語言研究所傅斯年紀念圖書館，是一孤本，也就是現今所稱的「曬藍本」。

2 《居延漢簡》在李莊的手寫本，原分為釋文及考證兩部分，釋文 4 冊，考釋 2 冊。到南京後，又重新整理釋文（未附考證）交上海商務印書館出版，這是第二次印本。到台灣後，在台北共印兩種，一為居延漢簡圖版之部（此項圖版以前未印），一為居延漢簡考釋之部，附考證在內。圖版之部 1957 年初版，1977 年再版。考釋之部附考證，1960 年出版，這是第三次印本，1986 年再版，係經過整理後第四次印出。

3 此書 1952 年初版，1964 年四版，1980 年、1985 年、1986 年陸續再版。

4 此書 1954 年初版，1959 年、1970 年、1985 年陸續再版。

5 此書中國史部分完全由勞生生寫，只外國史部分由夏德儀先生寫。此外在教育廳初中歷史出版之前，有勝利出版公司及中華書局兩種初中歷史，其中勝利所出者，中國史為勞先生所寫，而中華所出者，中外歷史皆為勞先生所寫。教育廳本即以勝利出版者為藍本。

10.《敦煌藝術》（歷史文物叢刊第一輯）（台北：中華叢書委員會，1958 年）。[6]

11.《居延漢簡》（考釋之部）附考證，《中央研究院歷史語言研究所專刊》之 40（台北：1960 年初版，1986 年再版）。

12.《史記今註》（中華叢書）（台北：中華叢書委員會，1963 年）。[7]

13.《中國的社會與文學》（文星叢刊 40）（台北：文星書店，1964 年）。

14.《從士大夫到小市民》（雲天文庫）（台北：雲天出版社，1970 年）。

15.《勞榦學術論文集甲編》（台北：藝文印書館，1976 年）。[8]

16.《漢代政治論文集》（台北：藝文印書館，1976 年）。[9]

17.《成廬詩稿》（台北：正中書局，1979 年）。

18.《漢晉西陲木簡新考》（台北：中央研究院歷史語言研究所，1985 年）。

19.《古代中國的歷史與文化》（台北：聯經出版事業公司，2006 年）。

（二）論文

1.〈由九丘推論古代東西二民族〉，《禹貢》第 1 卷第 6 期（1934 年 5 月），頁 28-30。

2.〈禹治水故事之出發點及其他〉，《禹貢》第 1 卷第 6 期（1934 年 5 月），頁 30-32。

3.〈釋士及民爵〉，《史學年報》第 2 卷第 1 期（1934 年 9 月），頁 241-245。

4.〈論狄（方庭）〉，《禹貢》第 2 卷第 6 期（1934 年 11 月），頁 9-11。

---

6 此書有英文版，見本文第 301 條。中文版者 58 頁，英文版者 52 頁。兩者合訂在一起，但也有單行本。

7 此書是與屈萬里先生分擔校註，每篇有作者署名。

8 此論文集分上下兩冊，共有 1591 頁。內中收有 79 篇論文，66 篇為中文者，13 篇為英文者。這些論文大都是轉載《中央研究院歷史語言研究所專刊》及其他刊物在 1976 年以前出版的文章。書內的第 69 篇，有兩種情形發生：如果是"Miao and Chinese Kin Logic"，那就不是勞先生的文章，不知怎的錯排了進去，沒有來得及更正，而書已付印並賣出了若干冊，這是第一種情形；第二種情形是如果第 69 篇所登出來的是"On the Inscrikfion of Che Ling Tsun（矢令尊）"，那就是勞先生的文章，用來代替錯排進去者。

9 此書係從勞榦學術論文集摘出 11 篇，另行刊印。其書末附有勞榦學術論文集甲編目錄，第 69 篇標題是 "Miao and Chinese Kin Logic"，正是前條註釋中的第一種情形。

5.〈堯典著作時代問題之討論〉,《禹貢》第 2 卷第 9 期(1935 年 1 月),頁 30-31。

6.〈再論堯典著作時代〉,《禹貢》第 2 卷第 10 期(1935 年 1 月),頁 43-44。

7.〈漢代奴隸制度輯略〉,《中央研究院歷史語言研究所集刊》第 5 本第 1 分(1935 年 10 月),頁 1-11。[10]

8.〈鹽鐵論校記〉,《史語所集刊》第 5 本第 1 分(1935 年 10 月),頁 13-52。

9.〈漢晉閩中建置考〉,《史語所集刊》第 5 本第 1 分(1935 年 10 月),頁 53-63。

10.〈兩漢戶籍與地理之關係〉,《史語所集刊》第 5 本第 2 分(1935 年 12 月),頁 179-214。[11]

11.〈兩漢各郡人口增減數目之推測〉,《史語所集刊》第 5 本第 2 分(1935 年 12 月),頁 215-240。

12.〈中國丹砂之應用及其推演〉,《史語所集刊》第 7 本第 4 分(1938 年 5 月),頁 519-531。

13.〈論魯西畫像三石〉,《史語所集刊》第 8 本第 1 分(1939 年),頁 93-127。

14.〈從漢簡所見之邊郡制度〉,《史語所集刊》第 8 本第 2 分(1939 年),頁 159-180。

15.〈論魏孝文之遷都與華化〉,《史語所集刊》第 8 本第 4 分(1939 年 12 月),頁 485-494。

16.〈禮經制度與漢代宮室〉,《國學季刊》第 6 卷第 3 期,《北大四十週年論文集》(1939 年 12 月),頁 124-145。

17.〈伯希和敦煌圖錄解說〉,《說文》第 3 卷第 10 期(1943 年 5 月),頁 101-105。

18.〈漢代兵制及漢簡中的兵制〉,《史語所集刊》第 10 本(1943 年 5 月),頁 23-25。

19.〈漢武後元不立年號考〉,《史語所集刊》第 10 本(1943 年 5 月),頁 189- 191。

20.〈居延漢簡考釋序目〉,《史語所集刊》第 10 本(1943 年 5 月),頁 647- 658。

21.〈古詩明月皎夜光節候解〉,《文史雜誌》第 3 卷第 11-12 期(1944 年 6 月)。

22.〈漢簡中的武帝詔〉,《圖書季刊》新第 5 卷第 2-3 期(1944 年 6 月),頁 16-18。

---

10 《中央研究院歷史語言研究所集刊》,以下簡稱《史語所集刊》。

11 孫任以都教授將此篇譯成英文,登載在 *Chinese Social History Translations of Selected Studies*, by E-tu Sun and John De Francis, American Council of Learned Societies, Washington, D. C., 1956, pp. 83-102.

23.〈漢故郎中趙菿殘碑跋〉，《史學集刊》第 4 本(1944 年 8 月)，頁 84-86。

24.〈兩漢刺史制度考〉，《史語所集刊》第 11 本(1944 年 9 月)，頁 27-48。

25.〈漢代社祀的源流〉，《史語所集刊》第 11 本(1944 年 9 月)，頁 49-60。

26.〈漢簡中的河西經濟生活〉，《史語所集刊》第 11 本(1944 年 9 月)，頁 61-75。

27.〈跋高句麗大兄冉牟墓誌兼論高句麗都城之位置〉，《史語所集刊》第 11 本(1944 年 9 月)，頁 77-86。

28.〈兩關遺址考〉，《史語所集刊》第 11 本(1944 年 9 月)，頁 287-296。

29.〈漢代邊塞的概況〉，《邊政公論》第 3 卷第 1 期(1944 年 12 月)，頁 48-50。

30.〈陽關遺址的過去與現在〉，《邊政公論》第 4 卷第 9-12 期(1945 年 12 月)，頁 28-32。

31.〈論漢代的內朝與外朝〉，《史語所集刊》第 13 本(1948 年)，頁 227-267；又見於《中央研究院集刊外編》第 3 種《六同別錄(中)》(1945 年 12 月)。

32.〈象郡牂柯與夜郎的關係〉，《史語所集刊》第 14 本(1949 年)，頁 213-228；又見於《中央研究院集刊外編》第 3 種《六同別錄(下)》(1946 年 1 月)。

33.〈居延漢簡考證補正〉，《史語所集刊》第 14 本(1949 年)，頁 229-242；又見於《中央研究院集刊外編》第 3 種《六同別錄(下)》(1946 年 1 月)。

34.〈秦漢帝國的領域及其邊界〉，《現代學報》第 1 卷第 4-5 期(1947 年 5 月)。

35.〈論漢代之陸運與水運〉，《史語所集刊》第 16 本(1948 年 1 月)，頁 61-91。

36.〈唐五代沙州張曹兩姓政權交替之史料〉，《申報》(1948 年 1 月 17 日)。

37.〈中國古代思想與宗教的一個方向〉，《學原》第 1 卷第 10 期(1948 年 2 月)。

38.〈漢代察舉制度考〉，《史語所集刊》第 17 本(1948 年 4 月)，頁 79-129。

39.〈北宋刊南宋補刊十行本史記集解後跋〉，《史語所集刊》第 18 本(1948 年)，頁 497-502。

40.〈論中國造紙術之原始〉，《史語所集刊》第 19 本(1948 年 10 月)，頁 489-498。

41.〈釋漢代之亭障與烽燧〉，《史語所集刊》第 19 本(1948 年 10 月)，頁 501-522。

42.〈古詩「羽林郎」篇雜考〉，《文史雜誌》第 6 卷第 3 期(1948 年 10 月)，頁 41-45。

43.〈北魏洛陽城圖的復原〉，《史語所集刊》第 20 本(1948 年)，頁 299-312。

44.〈論漢代的游俠〉，《文史哲學報》第 1 期(1950 年 6 月)，頁 237-252。

45.〈「侯」與「射侯」後記〉，《史語所集刊》第 22 本(1950 年 7 月)，頁 126-128。

46.〈漢代的亭制〉，《史語所集刊》第 22 本(1950 年 7 月)，頁 129-138。

47.〈關於張騫墓〉，《大陸雜誌》第 1 卷第 1 期(1950 年 7 月)，頁 13。

48.〈敦煌及敦煌的新史料〉，《大陸雜誌》第 1 卷第 3 期(1950 年 7 月)，頁 6-9。

49.〈龍岡雜記——床與席〉，《大陸雜誌》第 1 卷第 5 期(1950 年 8 月)，頁 21。

50.〈本國史教科書的若干問題〉，《大陸雜誌》第 1 卷第 7 期(1950 年 10 月)，頁 4-6。

51.〈龍岡雜記——大石與小石〉，《大陸雜誌》第 1 卷第 11 期(1950 年 12 月)，頁 21。

52.〈傅孟真先生與近二十年中國歷史學的發展〉，《大陸雜誌》第 2 卷第 1 期(1951 年 1 月)，頁 7-9。

53.〈漢晉時期的帷帳〉，《文史哲學報》第 2 期(1951 年 2 月)，頁 67-80。

54.〈出版品概況與集刊的編印〉，《史語所傅所長紀念特刊》(1951 年 3 月)，頁 45-60。

55.〈戰國秦漢的土地問題及其對策〉，《大陸雜誌》第 2 卷第 5 期(1951 年 3 月)，頁 9-12。

56.〈論東漢時代的世族〉，《學原》第 3 卷第 3-4 期(1951 年 4 月)，頁 54-58。

57.〈敦煌壁畫中的「未生怨」故事〉，《大陸雜誌》第 2 卷第 7 期(1951 年 4 月)，頁 17。

58.〈從歷史和地理看過去的新疆〉，《大陸雜誌》第 2 卷第 8 期(1951 年 4 月)，頁 11-15。

59.〈關於漢代官俸的幾個推測〉，《文史哲學報》第 3 期(1951 年 12 月)，頁 11-22。

60.〈漢代的雇傭制度〉，《史語所集刊》第 23 本上冊，《傅斯年先生紀念論文集》(1951 年 12 月)，頁 77-87。

61.〈秦漢時代的中國文化〉，《大陸雜誌》第 4 卷第 3 期(1952 年 2 月)，頁 91-98。

62.〈資中城墼〉，《大陸雜誌》第 4 卷第 5 期(1952 年 3 月)，頁 16。

63.〈秦郡的建置及其與漢郡之比較〉，《大陸雜誌特刊》第 1 輯下冊(1952 年 7 月)，頁 423-432。

64.〈漢代的吏員與察舉〉，《考銓月刊》第 11 期(1952 年 8 月)。

65.〈簡牘中所見的布帛〉，《學術季刊》第 1 卷第 1 期(1952 年 9 月)，頁 152-155。

66.〈漢代的郡制及其對於簡牘的參證〉,《傅故校長斯年先生紀念論文集》,第 1 輯(1952 年 12 月),頁 29-62。

67.〈從士大夫到小市民〉,《民主評論》第 4 卷第 9 期(1953 年 5 月),頁 236-239。

68.〈南北朝至唐代的藝術〉,《大陸雜誌》第 6 卷第 9 期(1953 年 5 月),頁 28-31。

69.〈漢代常服述略〉,《史語所集刊》第 24 本(1953 年 6 月),頁 144-183。

70.〈漢代知識分子的特質〉,《民主評論》第 4 卷第 17 期(1953 年 9 月),頁 10-12。

71.〈漢朝的縣制〉,《國立中央研究院院刊》第 1 輯(1954 年 6 月),頁 69-81。

72.〈戰國時期的歷史地理〉,《中國歷史地理(一) 》(國民基本知識叢書)(1954 年 8 月)。

73.〈秦漢時期戰史〉,《中國戰史論集(一)》(1954 年 8 月)。

74.〈中國的石質雕刻〉,《中國文化論集(二)》(1954 年 12 月),頁 492-503。

75.〈漢代的政制〉,《中國政治思想與制度史論集(三)》(1955 年 4 月)。

76.〈中韓關係論略〉,《中韓文化論集(二)》(1955 年 11 月)。

77.〈玉佩與剛卯〉,《史語所集刊》第 27 本(1956 年 4 月),頁 183-196。

78.〈二千年來的中越關係〉,《中越文化論集(一)》(1956 年 4 月)。

79.〈論宗教的發展與中國的宗教〉,《民主評論》第 7 卷第 10 期(1956 年 5 月)。

80.〈中國古代的青銅器物〉,《大學生活》第 2 卷第 2 期(1956 年 6 月),頁 26-30。

81.〈李商隱燕臺詩評述〉,《文學雜誌》第 1 卷第 1 期(1956 年 9 月)。

82.〈陶淵明行年雜考〉,《自由學人》第 1 卷第 3 期(1956 年 10 月),頁 34-36。

83.〈千佛洞壁畫圖案的分析〉,《中國學術史論集(二)》(1956 年 10 月)。

84.〈正史(龍岡雜記)〉,《大陸雜誌》第 13 卷第 9 期(1956 年 11 月),頁 4-10。

85.〈漢代的西域都護與戊巳校尉〉,《史語所集刊》第 28 本上冊,《慶祝胡適先生六十五歲論文集》(1956 年 12 月),頁 485-496。

86.〈雲南境內的漢代縣治〉,《國立中央研究院院刊》第 3 輯(1956 年 12 月),頁 187-197。

87.〈論文章傳統的道路與現在的方向〉,《文學雜誌》第 1 卷第 4 期(1956 年 12 月),頁 14-17。

88.〈歷史的考訂與歷史的解釋〉,《學人》,《中央日報文史叢刊(一)》(1957 年),頁 13-19。

89.〈論中國國故學上的分工〉,《學人》,《中央日報文史叢刊(一)》(1957 年),頁 62-68。

90.〈史字的結構及史官的原始職務〉,《大陸雜誌》第 14 卷第 3 期(1957 年 2 月),頁 1-4。

91.〈高適籍里(龍岡雜記)〉,《大陸雜誌》第 14 卷第 6 期(1957 年 3 月),頁 5。

92.〈對於白話文與新詩的一個預想〉,《文學雜誌》第 2 卷第 2 期(1957 年 4 月)。

93.〈中國的社會與文學〉,《文學雜誌》第 2 卷第 6 期(1957 年 8 月)。

94.〈論漢代的衛尉與中尉兼論南北軍制度〉,《史語所集刊》第 29 本下冊,《慶祝趙元任先生六十五歲論文集》(1957 年 11 月),頁 445-459。

95.〈秦漢九卿考〉,《大陸雜誌》第 15 卷第 11 期(1957 年 12 月),頁 1-3。

96.〈敦煌千佛洞〉,《學術季刊》第 6 卷第 12 期(1957 年 12 月),頁 129-131。

97.〈歷史學〉,《中華民國科學誌續編》(現代國民基本知識叢書第五輯)第 1 冊(台北:中華文化出版事業委員會,1958 年),頁 95-102。

98.〈說王國維的浣谿紗詞〉,《文學雜誌》第 3 卷第 5 期(1958 年 1 月)。

99.〈枚乘〉,《中國文學史論集(一)》(1958 年 4 月)。

100.〈中國歷史上的治亂週期〉,《大陸雜誌》第 17 卷第 1 期(1958 年 7 月),頁 31-34。

101.〈鹽鐵論所表現的儒家及法家思想之一斑〉,《中國哲學史論集(一)》(1958 年 9 月)。

102.〈說簡牘〉,《幼師學報》第 1 卷第 1 期(1958 年 10 月),頁 1-8。

103.〈「李商隱評論」所引起的問題〉,《文學雜誌》第 5 卷第 6 期(1959 年 2 月)。

104.〈李商隱詩之淵源及其發展〉,《幼獅學報》第 1 卷第 2 期(1959 年 4 月),頁 1-10。

105.〈居延漢簡考證〉,《史語所集刊》第 30 本上冊,《三十週年紀念專號》(1959 年 10 月),頁 311-491。

106.〈史記項羽本紀中「學書」和「學劍」的解釋〉,《史語所集刊》第 30 本下冊,《三十周年紀念專號》(1959 年 10 月),頁 499-510。

107.〈國立歷史博物館漢唐文物特展的介紹〉,《教育與文化》第 223 輯(1959 年 11 月)。

108. 〈論漢代玉門關的遷徙問題〉，《清華學報》新第 2 卷第 1 期(1960 年 5 月)，頁 40-52。

109. 〈論神韻說與境界說〉，《文學雜誌》第 8 卷第 4 期(1960 年 6 月)。

110. 〈北魏後期的重要都邑與北魏政治的關係〉，《中央研究院歷史語言研究所集刊外編》第 4 種，《慶祝董作賓先生六十五歲論文集》上冊(1960 年 7 月)，頁 229-269。

111. 〈漢代的「史書」與「尺牘」〉，《大陸雜誌》第 21 卷第 1-2 期(1960 年 7 月)。

112. 〈三老餘義〉，《大陸雜誌》第 21 卷第 9 期(1960 年 11 月)，頁 16-17。

113. 〈關東與關西的李姓和趙姓〉，《史語所集刊》第 31 本(1960 年 12 月)，頁 47-60。

114. 〈論北朝的都邑〉，《大陸雜誌》第 22 卷第 3 期(1961 年 2 月)，頁 1-5。

115. 〈北魏州郡志略〉，《史語所集刊》第 32 本(1961 年 7 月)，頁 181-238。

116. 〈說類書〉，《新時代》第 1 卷第 7 期(1961 年 7 月)。

117. 〈論西京雜記之作者及成書時代〉，《史語所集刊》第 33 本(1962 年 1 月)，頁 19-34。

118. 〈北魏地理研究〉，《中國學術年報》第 1 期(1962 年 5 月)，頁 437。

119. 〈孔廟百石卒史碑考〉，《史語所集刊》第 34 本上冊，《故院長胡適先生紀念論文集》(1962 年 12 月)，頁 99-114。

120. 〈蔡琰悲憤詩出於偽託考〉，《大陸雜誌》第 26 卷第 5 期(1963 年 3 月)，頁 1-2。

121. 〈重印「新疆建置志」跋〉，《大陸雜誌》第 26 卷第 9 期(1963 年 5 月)，頁 1-2。

122. 〈秦代史論〉，《思想與時代》第 108 期(1963 年 7 月)。

123. 〈秦郡問題的討論〉，《大陸雜誌》第 27 卷第 10 期(1963 年 11 月)，頁 1-6。

124. 〈與嚴歸田教授論秦漢郡吏制度書〉，《大陸雜誌》第 28 卷第 4 期(1964 年 2 月)，頁 115。

125. 〈兩漢政府在西域的經營〉，《新疆研究》(1964 年 6 月)，頁 7-20。

126. 〈中國歷史的週期與中國歷史分期問題〉，《大陸雜誌》第 29 卷第 5 期(1964 年 9 月)，頁 1-8。

127. 〈六博及博局的演變〉，《史語所集刊》第 35 本，《故院長朱家驊先生紀

念論文集》（1964 年 9 月），頁 15-50。

128.〈敦煌長史武斑碑校釋〉,《香港大學五十周年紀念集》（1964 年），頁 315-319。

129.〈漢代的豪彊及其政治上的關係〉,《慶祝李濟先生七十歲論文集》上冊，頁 31-51；《清華學報》（1965 年）。

130.〈古社會田狩及祭祀之關係（重訂篇）〉,《史語所集刊》第 36 本上冊（1965 年）。

131.〈戰國時代的戰爭〉,《史語所集刊》第 36 本下冊,《紀念董作賓董同龢先生論文集》（1966 年 6 月），頁 801-828。

132.〈釋莊子天下篇惠施及辯者之言〉,《華崗學報》第 3 期（1966 年 12 月），頁 309-317。

133.〈戰國時代的戰爭方法〉,《史語所集刊》第 37 本上冊（1967 年 3 月），頁 47-63。

134.〈漢畫〉,《故宮季刊》,第 2 卷第 1 期（1967 年 7 月），頁 1-8。

135.〈從木簡到紙的應用〉,《國立中央圖書館館刊》新第 1 卷第 1 期（1967 年 7 月），頁 3-12。[12]

136.〈幾種古史上不成問題的問題〉,《大陸雜誌》第 35 卷第 4 期（1967 年 8 月），頁 101-103。

137.〈大學出於孟學說〉,《史語所集刊》第 38 本（1968 年 1 月），頁 277-284。

138.〈十干試釋〉,《大陸雜誌》第 36 卷第 11 期（1968 年 6 月），頁 16。

139.〈古文字試釋〉,《史語所集刊》第 40 本上冊,《恭祝總統蔣公八秩晉二華誕暨本所成立四十周年紀念專號》（1968 年 10 月），頁 37-51。

140.〈六書轉注試釋〉,《中國語文》第 23 卷第 4 期（1968 年 10 月）。

141.〈漢簡中的記時法〉（中文提要）,《史語所集刊》第 39 本（1969 年 1 月）。

142.〈釋築〉,《慶祝蔣復璁先生七十歲專號》（故宮博物院,1969 年 2 月），頁 35-39。

143.〈上巳考〉,《中央研究院民族學研究所集刊》第 29 本,《慶祝凌純聲先生七十歲論文集》（1970 年），頁 243-261。

---

12 勞榦著（用英文寫），喬衍琯譯成中文。

144.〈漢代政治組織的特質及其功能〉，《清華學報》第 8 卷第 2 期（1970 年 8 月），頁 228-247。

145.〈論儒道兩家對於科學發展的關係〉，《文藝復興》第 23 期（1971 年 11 月），頁 5-8。

146.〈漢代黃金及銅錢的使用問題〉，《史語所集刊》第 42 本第 3 分，《慶祝王世杰先生八十歲論文集》（1971 年 6 月），頁 341-390。

147.〈六書條例中的幾個問題〉，《史語所集刊》第 43 本第 3 分，《中華民國建國六十年紀念專書（三）》（1971 年 11 月），頁 319-333。

148.〈與李樹桐教授論史事書〉，《食貨月刊》第 2 卷第 7 期（1972 年 10 月）。

149.〈近六十年之秦漢史研究〉，《華學月刊》第 10 期（1972 年 10 月）。

150.〈中國文字之特質及其發展〉，《東方雜誌》第 6 卷第 10 期（1973 年 4 月）。

151.〈和千家詩七絕四十首〉，《文藝復興》第 46 期（1973 年 10 月）。

152.〈敦煌壁畫與中國繪畫〉，《雄獅美術》第 43 期（1974 年 9 月）。

153.〈周初年代問題與月相問題的新看法〉，《香港中文大學中國文化研究所學報》第 7 卷第 1 期（1974 年 12 月），頁 1-26。

154.〈漢代文化概述〉，《總統蔣公逝世周年紀念論文集》（1976 年 4 月）。

155.〈古詩十九首與其對於文學史的關係〉，《詩學》第 2 輯（巨人出版社，1976 年），頁 1-16。

156.〈六十年來的中國史學〉，《香港中文大學中國文化研究所學報》第 9 期（1976 年）。

157.〈從儒家地位看漢代政治〉，《中華文化復興月刊》第 10 卷第 2 期（1977 年 2 月），頁 52-55。

158.〈近代中國史學述評〉，《史學論集》（1977 年 4 月）。

159.〈秦的統一與覆亡〉，《史語所集刊》第 48 本第 2 分，《慶祝錢院長思亮七十壽辰論文集》（1977 年 6 月），頁 289-308。

160.〈戰國七雄及其他小國〉，《史語所集刊》第 48 本第 4 分（1977 年 12 月），頁 619-667。

161.〈釋狄與築〉，《董作賓先生逝世十四週年紀念刊》（1978 年 3 月），頁 41-44。

162.〈釋武王征商簋與大豐簋〉，《屈萬里先生七秩榮慶論文集》（1978 年 10 月），頁 337-341。

163.〈論周初年代和召誥洛誥的新證明〉,《史語所集刊》第 50 本第 1 分,《慶祝歷史語言研究所成立五十週年紀念論文集》(1979 年),頁 29-45。

164.〈秥蟬神祠碑的研究〉,《東方學志》第 23-24 期(1980 年 2 月),頁 319-321。

165.〈漢代尚書的職任及其和內朝的關係〉,《史語所集刊》第 51 本第 1 分,《紀念李濟屈萬里兩先生論文集》(1980 年 3 月),頁 33-51。

166.〈早期中國符契的使用〉,《簡牘學報》第 7 期(1980 年),頁 334-339。[13]

167.〈殷曆譜的重計問題〉,《新亞學報》(1981 年)。

168.〈「陳勝吳廣」「呂梁山」「范增」「吳回」「吳山」「吳俊卿」「吳昌碩」「吳大澂」〉,《中華百科全書》(中國文化大學出版,1981 年)。

169.〈商周年代的新估計〉,《中央研究院國際漢學會論文集・歷史考古組》上冊,《慶祝中華民國建國七十周年》(1981 年),頁 279-302。

170.〈中國建築之周廬與全部設計之關係〉,《國立歷史博物館刊》第 12 輯(1981 年 12 月),頁 4-6。

171.〈再論漢代亭制〉,《史語所集刊》第 53 本第 1 分,《趙元任先生紀念專號》(1982 年)。

172.〈從漢簡論「使君」之稱及東西堂之制〉,《大陸雜誌》第 66 卷第 1 期(1983 年 1 月),頁 1-5。

173.〈傳統文化與現代衝擊的適應問題〉,《中國文化月刊》第 40 期(1983 年 2 月),頁 22-31。

174.〈關於「關東」及「關西」的討論〉,《食貨復刊》第 13、14 期合刊(1983 年 7 月)。

175.〈從漢簡中的嗇夫、令史、候史及士吏論漢代郡縣吏的職務及地位〉,《史語所集刊》第 55 本第 1 分(1984 年 3 月)。

176.〈修正殷曆譜的新觀念及新設計〉,《香港新亞學報》第 14 卷(1984 年 8 月 15 日),頁 1-65。

177.〈論齊國的始封和遷徙及其相關問題〉,《食貨月刊》第 14 期 7、8 月合刊(1984 年 11 月),頁 294-300。

178.〈長安今昔談〉,《傳記文學》第 46 卷第 6 期(1985 年 6 月),頁 55-58。

---

13 勞榦著,鄭志民譯。

179.〈漢代的軍用車騎和非軍用車騎〉，《簡牘學報》第 11 期(1985 年 9 月)，頁 1-12。

180.〈未來世界最適應的宗教：佛教〉，《慧炬》第 257 期(1985 年 11 月)，頁 10-13。

181.〈對於「巫蠱之禍的政治意義」的看法〉，《史語所集刊》第 57 本第 3 分，《吳院長大猷先生八十壽辰論文集》(1986 年 9 月)，頁 539-552。

182.〈五四新文學的洗禮〉，《聯合文學》第 2 卷第 2 期(1986 年 10 月)，頁 206-209。

183.〈從文化傳統及文化將來討論大乘教在中國及世界的前途〉，《慧炬》第 270 期(1986 年 12 月)，頁 19-20。

184.〈釋漢簡中的「烽」〉，《中國文字》新 12 期，《嚴一萍先生逝世周年紀念特刊》(1988 年 7 月)。

185.〈從制度方面討論中國文化的展望〉，《歷史月刊》第 9 期(1988 年 10 月)，頁 14-17。

186.〈道教中外丹與內丹的發展〉，《史語所集刊》第 59 本第 4 分，《李方桂先生紀念論文集》(1988 年 12 月)，頁 977-993。

187.〈漢代的「塞」和後方的重點〉，《史語所集刊》第 60 本第 3 分，《歷史語言研究所成立六十周年紀念專號》(1989 年 9 月)，頁 507-526。

188.〈論煉丹術中用鉛的開始〉，《大陸雜誌》第 80 卷第 3 期(1990 年 3 月)，頁 1-2。

189.〈試論光武帝用人政策之若干問題〉，廖伯源畢業論文，勞貞一教授審查(見附錄第 25-27 頁)，《史語所集刊》第 61 卷第 1 期(1990 年 3 月)，頁 1-27。

190.〈歷史學的研究和應用〉，《歷史月刊》第 31 期(1990 年 8 月)，頁 118-121。

191.〈胡適之先生不朽〉，《胡適之先生百歲冥誕紀念特輯》，《傳記文學》第 57 卷 343 期(1990 年 12 月)，頁 40-42。

192.〈佛教的異化與佛教前途〉，《慧炬》第 334 期(1992 年 4 月)，頁 30-32。

193.〈從漢簡資料討論歷史走向和社會走向〉，《歷史月刊》第 58 期(1992 年 11 月)，頁 26-32。

194.〈從甲午月食討論殷周年代的關鍵問題〉，《史語所集刊》第 64 本第 3 分，《芮逸夫高去尋兩先生紀念論文集》(1993 年 12 月)，頁 627-638。

195.〈歷史與考古相互整合的一個方向〉,《聯經公司二十週年紀念冊》(台北:1994 年),頁 55-57。

196.〈殷周年代的問題——長期求證的結果及其處理的方法〉,《史語所集刊》第 67 卷第 2 期(1996 年 6 月),頁 239-262。

(三)雜文

197.〈建設首都一件最重要的事——市區擴張與江北工業區的建立〉,《中央日報》(1946 年 7 月 27 日)。

198.〈錦瑟詩解〉,《中央日報》(1974 年 5 月 26 日)。

199.〈西漢的藏賄事件〉,《中央日報》(1947 年 9 月 3 日)。

200.〈對於南京市的幾點認識〉,《學原》第 2 卷第 9 期(1949 年 2 月)。

201.〈漢代剛卯的制度〉,《公論報》(1949 年 11 月 9 日)。

202.〈周秦兩漢的「關」〉,《公論報》(1950 年 1 月 25 日)。

203.〈紀念傅孟真先生〉,《傅故校長哀輓錄》,原載《臺大校刊》第 101 期(1951 年 12 月),頁 72。

204.〈儒道與真常〉,《中國一周》第 101 期(1952 年 3 月)。

205.〈論今後的國史〉,《民主評論》第 3 卷第 14 期(1952 年 7 月)。

206.〈一個對於讀經問題的意見〉,《反攻》第 65 期(1952 年 8 月)。

207.〈中國書籍形式的進展〉,《今日世界》第 10 期(1952 年 8 月)。

208.〈河西走廊〉,《今日世界》第 13 期(1952 年 9 月)。

209.〈關於民俗改善〉,《台灣風物》第 2 卷第 7 期(1952 年 10 月)。

210.〈論興辦一個中國文學專科學校〉,《民主評論》第 4 卷第 4 期(1953 年 2 月)。

211.〈談讀書〉,《中國一周》第 146 期(1953 年 2 月)。

212.〈談古舞問題〉,《中國一周》第 176 期(1953 年 9 月)。

213.〈中國偉人小傳(三) 玄奘〉(華國出版社,1953 年 12 月)。

214.〈略論在美國的華僑〉,《中國一周》第 251 期(1955 年 2 月)。

215.〈儒家正統司馬光〉,《中國一周》第 278 期(1955 年 8 月)。

216.〈中學國文教材之補充與分配〉,《主義與國策》第 62 期(1955 年 11 月)。

217.〈美國的人種與華僑〉,《中國一周》第 293 期(1955 年 12 月)。

218.〈美國的交通〉,《中國一周》第 293 期(1956 年 1 月)。

219.〈一年來的歷史學〉,《教育與文化》第 10 卷第 11 期(1956 年 2 月),頁 4-6。

220.〈敦煌壁畫的藝術〉,《中央日報》(1956 年 8 月 15 日)。

221.〈對於李濟先生的簡單敘述〉,《政論周刊》第 105 期(1957 年 1 月)。

222.〈敦煌藝術的一個介紹〉,《大學生活》第 2 卷第 9 期(1957 年 1 月)。

223.〈李濟教授的學術地位〉,《教育與文化》第 16 卷第 2 期(1957 年 4 月)。

224.〈南方型的城市與北方型的城市〉,《中央日報》(1957 年 5 月 28 日)。

225.〈敦煌壁畫的臨摹與歷史博物館的壁畫〉,《新生報》(1958 年 3 月 23 日)。

226.〈從「五四」四十周年紀念談治學〉,《新生報》(1959 年 9 月 15 日)。

227.〈論治學的態度並論「格物」〉,《中央日報》(1960 年 8 月 7 日)。

228.〈鄭成功與中國海外的關係〉,《中華日報》(1961 年 4 月 21 日)。[14]

229.〈舊詩和舊詩上的啟示〉,《文星》第 7 卷第 4 期(1961 年 11 月)。

230.〈惡性補習問題〉,《文星》第 13 卷第 6 期(1964 年 4 月)。

231.〈敦煌壁畫的裝飾〉,《中國的社會與文學》(勞榦著)(1964 年),頁 93-106。

232.〈中國歷史中的政治問題〉,《中國的社會與文學》(勞榦著)(1964 年),
頁 143-148。

233.〈論國都的建置及唐代以前的都邑設計〉,《中國的社會與文學》(勞榦
著)(1964 年),頁 173-197。

234.〈到民主的路〉,《中國的社會與文學》(勞榦著)(1964 年),頁 217-224。

235.〈干支與紀年〉,《中國的社會與文學》(勞榦著)(1964 年),頁 225-228。

236.〈歡迎胡適之先生並談語言運動〉,《中國的社會與文學》(勞榦著)(1964
年),頁 245-247。

237.〈追悼胡適之先生並論「全盤西化」問題〉,《中國的社會與文學》(勞榦
著)(1964 年),頁 235-244。

238.〈悼濟安〉,《傳記文學》第 6 卷第 6 期(1964 年 6 月)。

239.〈董彥堂先生逝世三周年的懷念〉,《董作賓先生逝世三周年紀念集》(1966
年 11 月)。

240.〈古書重印問題〉,《中央日報》(1967 年 1 月 26 日)。

---

14 又見於《鄭成功復臺三百周年紀念專輯》。

241.〈勞榦先生來函〉,《中央日報》(1967 年 11 月 14 日)。

242.〈記袁守和先生〉,《中外雜誌》第 4 卷第 2 期(1968 年 8 月)。

243.〈大學時期以前的回憶錄〉,《中外雜誌》第 4 卷第 5-6 期(1968 年 11、12 月)。

244.〈關中雜憶(一)〉,《中外雜誌》第 5 卷第 1 期(1969 年 1 月)。

245.〈關中雜憶(二)〉,《中外雜誌》第 5 卷第 3 期(1969 年 3 月)。

246.〈「零與一」只是常識問題〉,《中央日報》(1969 年 4 月 1 日)。

247.〈二度陝北行(關中雜憶之三)〉,《中外雜誌》第 5 卷第 5 期(1969 年 5 月)。

248.〈學成之前十年憂患(關中雜憶之四)〉,《中外雜誌》第 5 卷第 6 期(1969 年 6 月)。

249.〈暫遊萬里少別千年(關中雜憶之五)〉,《中外雜誌》第 6 卷第 2 期(1969 年 8 月)。

250.〈寧羌舊事(關中雜憶之六)〉,《中外雜誌》第 6 卷第 4 期(1969 年 10 月)

251.〈桃花源記偶記〉(上、下),《中央日報》(1969 年 11 月 13、14 日)。

252.〈對於中國文字改革的意見〉,《新時代》第 9 卷第 2 期(1969 年 12 月)。

253.〈憶陳寅恪先生〉,《傳記文學》第 17 卷第 3 期(1970 年 9 月),頁 31-33。

254.〈中國歷史與民族精神教育〉,《從士大夫到小市民》(勞榦著)(1970 年),頁 1-3。

255.〈中韓的歷史關係〉,《從士大夫到小市民》(勞榦著)(1970 年),頁 95-98。

256.〈詩的欣賞與選讀〉,《從士大夫到小市民》(勞榦著)(1970 年),頁 130-131。

257.〈「渺」「眇」及其他通用字寫法與讀法〉,《從士大夫到小市民》(勞榦著)(1970 年),頁 198-199。

258.〈丁未新春從電視見芝加哥紐約大雪數尺慨然有作〉,《從士大夫到小市民》(勞榦著)(1970 年),頁 205。

259.〈對於觀光事業的幾個意見〉,《中華文化復興月刊》第 4 卷第 1 期(1971 年 1 月)。

260.〈記朱家驊先生〉,《浙江月刊》第 3 卷第 4 期(1971 年 4 月)。

261.〈勞榦教授來信〉,《食貨月刊》第 3 卷第 1 期(1973 年 4 月)。

262.〈秦漢時代的長城〉,《勞榦學術論文集甲編》(1976 年),頁 1083-1084。

263.〈詩的感受〉,《中華聯誼會通訊》第 22 期(1976 年 9 月)。

264.〈記張君勱先生並述科學與人生觀論戰的影響〉,《傳記文學》第 29 卷第 3 期(1976 年 9 月),頁 82-84。

265.〈華北名城與名泉〉,《中外雜誌》第 21 卷第 2 期(1977 年 8 月)。

266.〈勞榦教授的自述〉,《湖南文獻》第 6 卷第 4 期(1978 年 10 月),頁 53-58。

267.〈佛與菩薩的「姓」的問題〉,《中央日報》(1980 年 4 月 27 日)。[15]

268.〈五四的反省〉(一)(二),《中國時報》(1980 年 5 月 4、5 日)。

269.〈中國人的飲料的問題〉,《中央日報》(1980 年 11 月 20 日)。[16]

270.〈關於中文直行書寫〉,《中央日報》(1981 年 11 月 12 日)。

271.〈從民族文化精神看一神教信仰〉,《美國洛杉磯世界日報》(1994 年 4 月 13 日)。

272.〈陳寅恪與俞大綱偉佚詩〉,《慶祝中華益壯會創立二十周年特刊》,《美國加州益壯會會刊》第 28 期(1994 年)。

273.〈修憲最重要問題——明確總統否決權〉,美國洛杉磯北美南加州華人寫作協會,《文苑》第 11 期(1996 年 5 月 26 日),頁 8-9。

(四)書評及序跋

274.〈評曾資生著「兩漢文官制度」〉,《社會經濟集刊》第 7 卷第 1 期(1944 年 6 月),頁 142-143。

275.〈孫毓棠著「中國古代社會經濟論叢」〉,《社會經濟集刊》第 7 卷第 2 期(1944 年 12 月),頁 154-160。

276.〈胡煥庸著「縮小省區轄境命名之商榷」〉,《社會經濟集刊》第 7 卷第 2 期(1944 年 12 月),頁 173-174。

277.〈評史岩著「敦煌石室畫像題識」〉,《社會經濟集刊》第 8 卷第 1 期(1949 年 1 月),頁 157-163。

278.〈評方豪的「中西交通史」第一冊〉,《三民主義半月刊》第 3 期(1953 年 6 月)。

279.〈跋陳槃「春秋大事表列國爵姓及存滅表譔異(中)」〉,《史語所集刊》第

---

15 用「成厂居士」筆名發表。

16 用「成厂居士」筆名發表。

27 本(1956 年 4 月)，頁 183-197。

280.〈評雷夏「圓仁入唐求法巡禮記」及「圓仁入唐事跡」〉，《清華學報》新
　　第 1 卷第 2 期(1957 年 4 月)，頁 262-265。

281.〈孟森著「明代史」〉，《學術季刊》第 6 卷第 4 期(1958 年 6 月)，頁 133-134。

282.〈蔣夢麟「西潮」評介〉，《新生報》(1960 年 2 月 12 日)。

283.〈蘇瑩輝著「敦煌學概論」序〉(1961 年 7 月)。

284.〈李樹桐著「唐史考辨」序〉(1963 年 12 月)。

285.〈何炳棣著「黃土與中國農業的起源」跋〉(香港：中文大學，1969 年)。

286.〈評唐蘭「古文字學導論」〉，《香港中文大學中國文化研究所學報》第 3
　　卷第 1 期(1970 年 9 月)。

287.〈錢存訓著「中國古代書史」後序〉(香港：中文大學，1975 年)。

288.〈馬先醒著「漢簡與漢代城市」序〉(簡牘學會，1976 年)。

289.〈勞榦著「勞榦學術論文集甲編」自序〉(台北：藝文印書館，1976 年)。

290.〈勞榦著「居延漢簡圖版之部」再版序〉(台北：中央研究院歷史語言研
　　究所，1977 年)。

291.〈評余英時「論戴震與章學誠」〉，《香港中文大學中國文化研究所學報》
　　第 10 卷第 1 期(1979 年)，頁 219-225。

292.〈馬先醒著「簡牘學要義」序〉(簡牘學會，1980 年)。

293.〈馬先醒著「居延漢簡新編」序〉(簡牘學會，1981 年)。

294.〈「周士心畫集」序〉(簡牘學會，1981 年)。

295.〈張其昀著「中華五千年史　秦漢史」序〉(台北：文化大學，1981 年)。

296.〈蘇瑩輝著「瓜沙史事叢考」序〉(商務，1983 年)。

297.〈金惠著「創造歷史的漢武帝」序〉(商務，1984 年)。

298.〈彭雙松「徐福研究」序〉(富蕙圖書出版社，1984 年)。

299.〈「周士心陸馨如金婚畫集」序〉(自印，1995 年)。

(五) 英文及日文著作

300. "Six-tusked Elephants on a Han Bas-relief", *Harvard Journal of Asiatic
　　Studies*, Vol. 17 (1954), pp. 366-369.

301. "Frescoes of Tunhuang", *Collected Paper on History and Arts of China,*

Taipei（National Historical Museum, 1958）. [17]

302. "A View of *History and Culture of China*", *China Year Book 1959-60*（Taipei: China Publishing Co., 1959）, pp.11-31.

303. Review of six articles:

（一）Ho Ch'ang-ch'un, "Ch'in-mo nung min ch'i i ti yuan yin chi ch'i li shih tso yung". 賀昌群：〈秦末農民起義的原因及其歷史作用〉。

（二）Ch'en P'an, "Han chien sheng i". 陳槃：〈漢簡賸義〉。

（三）Ch'en P'an, "Han chien sheng i chih hsu". 陳槃：〈漢簡賸義之續〉。

（四）Ch'ien Ts'un-hsun, "Han tai shu tao k'ao". 錢存訓：〈漢代書刀考〉。

（五）Chang Ping-chuan, "Lun ch'eng tao pu tz'u". 張秉權：〈論成套卜辭〉。

（六）Tai Chun-jen, "Pu fen tai ch'uan t'i ti hsiang hsing". 戴君仁：〈部分代全體的象形〉。

Revue Bibliographique de Sinologie, No. 7（Paris, 1961）, pp. 62, 63, 64, 200, 221, 232.

304. "The Capital of Loyang: A Historical Survey", *Journal of China Society*, Vol. 1（Taipei, 1961）, pp. 36-39.

305. "City Life and the Chinese Civilization", *Proceedings of the First International Conference of Historians of Asia*, Nov. 25-30, 1960（Manila, 1962）, pp.326-331.

306. "From Wooden Slip to Paper", *Chinese Culture*, Vol. 8, No. 4（Taipei, 1967）, pp. 80-94.

307. "Fu Ssu-nien", *Biographical Dictionary of Republic of China*（ed. by Howard L. Boorman and Richard C. Howard; Columbia University Press, 1968）, Vol. 2, pp.43-46.

308. "The Division of Time in the Han Dynasty as Seen in the Wooden Slips", *Bulletin of the Institute of History and Philology*, Academia Sinica（Taipei, 1969）. Vol. 39, pp. 351-368.

309. "A Review of Joseph Needham's *Science and Civilization in China*, Vol. 4, Part 3", *American Historical Review*（1975）, Vol. 80, No. 2, pp. 459-461.

---

17 此書有中文版，見本目錄第 10 條《敦煌藝術》。

310. "The Corruption under the Bureaucratic Administration in Han Times", *Studia Asiatica: Essays in Asian Studies in Felicitation of Seventy-fifth Anniversary of Professor Ch'en Shou-yi*（ed. by Laurence G. Thompson; San Francisco: Chinese Materials Center, 1975），pp. 67-76.

311. "The Early Use of Tally in China", *Ancient China: Studies in Early Civilization*（ed. by David F. Roy and Tsuen-hsuin Tsien; Hong Kong: The Chinese University Press, 1978），pp.91-98.

312. "On the Inscription of Che Ling Tsun（矢令尊）",《勞榦學術論文集》（台北: 藝文印書館, 1976），pp.1405-1410.

313. "The nineteen old Poems of the Han Dynasty and some of their Social Implications",《勞榦學術論文集》（台北: 藝文印書館, 1976），pp. 1491-1516.

314. "The Periodical Circles in the Chinese History",《勞榦學術論文集》（台北: 藝文印書館, 1976），pp.1547-1567.

315. The History of the Han Dynasty, Vol. 1, Character text selections by Kan Lao, Vol. 2, selections with preface by Kan Lao, *Research Manual Series*（ed. by Ta-tuan Ch'en and Frederick W. Mote; Chinese Linguistics Project, Princeton University, 1983-).[18]

316.〈漢簡しこついて〉,《東方學》第 11 期（1955）。

317.〈儒道兩家の科學發展に對する ｝關係〉,《問題と研究》第 1 卷第 11 號（1972），頁 1-13。

318.〈訪勞貞一院士談高句麗好太王碑作者：高明士〉,《韓國學報》第 3 期（1983 年 12 月），頁 61-65。

319. "Chü yen Han chien", Written by Kan Lao, edited by Norma Farquhar,《居延漢簡》（台北: 中央研究院歷史語言研究所, 1986），revised edition. pp.1-145.[19]

---

18 Vol.1 是中文，是將所選的資料影印訂成一本，81 頁。Vol.2 是註釋，前面有一篇序，說明爲什麼選這些資料。註釋是用英文寫，336 頁。此書如果要寫成中文書目，可用「中國文史資料導讀──漢史部分。普林斯頓大學中國語言學研究組出版」。

19 《居延漢簡》（見本目錄專書第 11 條）在 1986 年再版時，附有一個很長的英文說明書，是勞榦教授寫成，再由 Mrs. Norma Farquhar 校訂過。

古代中國的歷史與文化

2023年6月二版　　　　　　　　　　　　　定價：新臺幣950元

有著作權・翻印必究
Printed in Taiwan.

著　　　者	勞			榦
叢書主編	沙	淑		芬
校　　對	鄭	秀		蓮
封面設計	蔡	婕		岑

出　版　者	聯經出版事業股份有限公司	副總編輯	陳	逸	華
地　　　址	新北市汐止區大同路一段369號1樓	總　編　輯	涂	豐	恩
叢書主編電話	(02)86925588轉5310	總　經　理	陳	芝	宇
台北聯經書房	台北市新生南路三段94號	社　　長	羅	國	俊
電　　　話	(02)23620308	發　行　人	林	載	爵
郵政劃撥帳戶	第0100559-3號				
郵撥電話	(02)23620308				
印　刷　者	世和印製企業有限公司				
總　經　銷	聯合發行股份有限公司				
發　行　所	新北市新店區寶橋路235巷6弄6號2F				
電　　　話	(02)29178022				

行政院新聞局出版事業登記證局版臺業字第0130號

國家圖書館出版品預行編目資料

古代中國的歷史與文化/勞榦著．二版．新北市．
聯經．2023.06．724面．14.8×21公分．
ISBN　978-957-08-6948-4（精裝）
[2023年6月二版]

1. CST：中國史　2. CST：文化史　3. CST：文集

617　　　　　　　　　　　　　　　　112007750